黄焕秋文集

黄焕秋　著

中山大学出版社
·广州·

版权所有　翻印必究

图书在版编目（CIP）数据

黄焕秋文集/黄焕秋著. —广州：中山大学出版社，2012.9
ISBN 978－7－306－04297－2

Ⅰ.①黄… Ⅱ.①黄… Ⅲ.①黄焕秋（1910～2010）—文集 ②教育工作—文集 ③中国共青团—团的建设—文集　Ⅳ.①G4－53 ②D296.2－53

中国版本图书馆 CIP 数据核字（2012）第 212665 号

出 版 人：	祁　军
策划编辑：	李　文
责任编辑：	余泓颖
封面设计：	林绵华
责任校对：	杨文泉
责任技编：	何雅涛
出版发行：	中山大学出版社
电　　话：	编辑部 020－84111996，84111997，84113349，84110779
	发行部 020－84111998，84111981，84111160
地　　址：	广州市新港西路 135 号
邮　　编：	510275　传　真：020－84036565
网　　址：	http：//www.zsup.com.cn　E-mail：zdcbs@ mail. sysu. edu. cn
印 刷 者：	广州市怡升印刷有限公司
规　　格：	787mm×960mm　1/16　31.375 印张　632 千字
版次印次：	2012 年 9 月第 1 版　2012 年 9 月第 1 次印刷
印　　数：	1—1050 册　　定　价：95.00 元

如发现本书因印装质量影响阅读，请与出版社发行部联系调换

黄焕秋照片集

▲ 1974年摄全家福。（摄于艳芳照相馆）

▲ 1979年2月18日—3月5日，率中山大学教师代表团一行12人访问香港大学、香港中文大学和香港理工学院。这是改革开放后内地第一个访港的高校教师代表团。

▲ 1979年4月23日—5月17日，以李嘉人校长为团长、黄焕秋副校长为副团长的中山大学学术代表团一行9人应邀访问美国，这是改革开放后中国第一个出国访问的高校学术代表团。（摄于哈佛大学）

▲ 1983年罗马尼亚团中央书记来访。（左一为时任中国共青团中央书记的胡锦涛同志）

▲ 1993年8月赴台北参加"中国现代化研讨会"时与蒋纬国先生（左一）合影。

▲ 1998年12月1日，庆祝黄焕秋教授荣获霍英东成就奖大会在中大小礼堂举行。黄焕秋教授因对我国教育事业作出杰出的贡献而荣获霍英东成就奖，是获奖者中唯一的教育界人士。

▲ 2004年11月7日,校庆80周年举行的许崇清校长铜像揭幕仪式,老校长黄焕秋教授(右三)和校党委书记李延保教授(右一)、副校长梁庆寅教授(左二)、人文学院陈春声院长(左一)等出席了揭幕仪式。许崇清教授是著名的教育家,是我校建校35名筹备委员之一,曾三次担任我校校长,时间长达20年。

▲ 2005年3月19日香港达德学院60周年纪念大会召开。1946年6月,黄焕秋在驻香港中共中央代表方和广东区委负责人尹林平的安排下,参加协助著名爱国人士陈其瑗筹办达德学院工作。

▲ 2009年是五四运动90周年。4月21日下午,团省委书记谭君铁(左一)到中山大学拜访慰问了老一辈共青团和青年工作者、原青年团华南工委书记黄焕秋同志,衷心感谢他为广东共青团和青年事业发展所作出的重要贡献,并向他致以节日的问候。

目　　录

序 ·· 郑德涛（1）
序 ·· 许宁生（2）

第一部分　学校发展 ··· （1）
　　分清路线是非，努力把我校科研搞上去 ·· （3）
　　谈赴香港访问情况 ··· （18）
　　开展高等教育研究　办好社会主义大学 ·· （21）
　　给耀邦、剑英、紫阳同志关于成立重点大学的信 ································ （25）
　　给省领导关于成立重点大学的信 ··· （29）
　　给尚志同志的信 ··· （30）
　　给东昌、辛白同志的信 ·· （31）
　　深切怀念杨庆堃教授 ··· （32）

第二部分　教学管理 ··· （35）
　　在本校教员团支部大会上的讲话 ··· （37）
　　关于本校1953年度第一学期教学工作情况的报告 ································ （39）
　　如何开展培养师资工作 ·· （50）
　　鼓励青年教师刻苦钻研继续上进 ··· （51）
　　培养独立思考能力，学好功课 ··· （53）
　　向全体教师报告"关于考试考查问题" ··· （56）
　　关于贯彻第一个五年计划的文教问题的报告 ······································· （58）
　　关心新生思想生活问题，切实解决学生各种困难 ································ （64）
　　把学生科学研究活动进一步开展起来 ··· （67）
　　中山大学1956—1957教学工作 ··· （69）
　　坚持勤俭办学，加强劳动教育 ··· （74）
　　关于"中山大学1959-1960年工作计划"的说明 ································· （79）
　　在聘请杨庆堃为我校名誉教授大会上的讲话 ······································· （81）

表彰先进　更好地开展创三好活动……………………………（82）
　　对文摘及情况反映第五期所作的批示……………………………（84）
第三部分　服务地方………………………………………………（87）
　　《珠江三角洲经济》创刊词…………………………………………（89）
　　资助珠江三角洲研究意义深远
　　　　——贺香港培华教育基金成立十周年………………………（90）
　　珠江三角洲经济发展回顾与前瞻研讨会开幕词…………………（92）
　　一次有历史意义的学术研讨会
　　　　——中国现代化学术研讨会纪要………………………………（94）
　　大学校长与企业家首次恳谈会开幕词……………………………（96）
　　香港基础设施与环境研讨会闭幕词………………………………（98）
　　香港珠还　前程似锦………………………………………………（99）
　　优势互补　共创辉煌
　　　　——祝贺香港回归与珠江三角洲经济发展研讨会开幕……（100）
　　珠江三角洲经济发展呼唤人才……………………………………（102）
第四部分　党务工作………………………………………………（109）
　　党的知识分子政策的伟大胜利……………………………………（111）
　　在全校落实政策大会上的讲话……………………………………（118）
　　在党委整风会议上的小结发言……………………………………（122）
　　解放思想，把我校的工作重心转移到教学科研上来……………（127）
　　深入学习贯彻六中全会精神………………………………………（136）
　　在全校思想政治工作会议上的总结（摘要）……………………（138）
　　认清形势，进一步肃清"左"的影响把学校工作做好……………（145）
　　全校思想政治工作会议上的总结讲话……………………………（149）
　　坚决按照十二大精神办好中山大学………………………………（159）
　　十二大文件第一期干部轮训班学习小结…………………………（162）
　　学习先进　帮助后进　加强党建…………………………………（169）
　　全党同心同德为建设现代化的社会主义中山大学而奋斗
　　　　——在中共中山大学第六次代表大会上所作的党委工作报告……（172）
第五部分　庆典致辞………………………………………………（185）
　　在广州英语培训中心开学典礼上的讲话…………………………（187）
　　在纪念辛亥革命70周年茶话会上的讲话…………………………（189）

在全校三八节上的祝贺词 ………………………………………… (191)
　　在建校58周年庆祝大会上的讲话 ……………………………… (192)
　　在我校首批授予硕士、学士学位暨颁发学位证书典礼上的讲话 … (194)
　　在梁銶琚堂落成典礼上的致词 …………………………………… (198)
　　在欢迎各地来宾、校友晚宴上的讲话 …………………………… (200)
　　在欢迎岭南校友宴会上祝酒辞 …………………………………… (202)
　　开拓辩证唯物主义教育理论的先驱
　　　　——隆重纪念著名教育家许崇清先生诞辰100周年 ……… (203)

第六部分　抗战教育 ………………………………………………… (207)
　　中国教育的新精神（上）
　　　　——新教育的背景因素与实质 ……………………………… (209)
　　中国教育的新精神（下）
　　　　——新教育的作用与基本精神 ……………………………… (214)
　　实施宪政与实现教育底民主性 …………………………………… (221)
　　抗战四年来的广东社会教育
　　　　——并以怀念尚仲衣、黄裳二先生 ………………………… (227)
　　难童教育的特点和实施要点 ……………………………………… (247)
　　开展平山的工作 …………………………………………………… (251)
　　中国新教育的基本内容 …………………………………………… (255)

第七部分　青年工作 ………………………………………………… (265)
　　青年学生到农村去的新篇章
　　　　——记中山大学乡村服务实验区 …………………………… (267)
　　广东学生当前的任务 ……………………………………………… (276)
　　广东青年工作历史上的几个问题 ………………………………… (291)
　　青年团华南工委和团广州市工委的筹建 ………………………… (317)

第八部分　文史序言 ………………………………………………… (321)
　　《许崇清文集》卷首言 …………………………………………… (323)
　　《中山大学史稿》序 ……………………………………………… (327)
　　文化青山
　　　　——香港达德学院概况 ……………………………………… (329)
　　《中山大学编年史1924—2004》序言 …………………………… (331)
　　为王将克作序 ……………………………………………………… (333)

《"一二·九"运动在广州》序 ………………………………………… (335)
《建国头三年的广州青年工作》序言 ……………………………… (337)

第九部分　党史回顾 …………………………………………………… (339)

达德学院建立的历史背景及其影响
　　——在香港达德学院福建校友会大会上的讲话 ………… (341)
达德学院建立的历史背景及其影响 ………………………………… (345)
建国初期华南分局领导下的广东青年工作 ………………………… (349)
刘田夫、梁威林等八位老同志联名给中央的报告 ………………… (356)
访谈录
　　——受命于破晓之前 ……………………………………… (359)
中大往事
　　——夕拾朝花 ……………………………………………… (364)
难忘达德 ……………………………………………………………… (370)
香港达德学院创建和被封闭的经过的回忆 ………………………… (372)
永远的彩虹 …………………………………………………………… (374)
许崇清和七战区编纂委员会 ………………………………………… (375)
光辉的一生
　　——纪念敬爱的老校长许崇清教授 ……………………… (380)
香港达德学院　再现历史风采 ……………………………………… (386)

第十部分　精神传承 …………………………………………………… (389)

老战士合唱团光辉的十年 …………………………………………… (391)

附　录 …………………………………………………………………… (393)

中大老校长黄焕秋逝世 ……………………………………………… (395)
忆黄老 ……………………………………………………… 王将克 (396)
忆焕秋同志二三事 ………………………………………… 梁必骐 (398)
怀念黄焕秋老校长 ………………………………………… 张维耿 (401)
人间重晚情
　　——黄焕秋同志谈向胡耀邦学习 ……………… 林耀先 (403)
怀念焕秋校长 ……………………………………………… 谢宗荣 (405)
卜　算　子·悼焕秋老校长 ……………………………… 芶锡泉 (406)
黄焕秋与许崇清 …………………………………………… 许锡挥 (407)
沉痛悼念我校老领导黄焕秋同志 ………………………………… (410)

南天星斗陨康园　风骨长存留心间
　　——缅怀原校长黄焕秋 ………………………………………… (412)
黄焕秋同志逝世 …………………………………………………… (419)
老校长带领中大走向世界 ………………………………………… (420)
老校长三起三落康乐园
　　——黄焕秋走完94年人生历程,爱才惜才之名为老教师们称道 ……… (423)
秋叔驾鹤西天去　风骨长留康乐园 ……………………………… (425)
星斗陨落　老校长长留心间
　　——黄焕秋曾带领中大穿越艰难时期使开明自由学术精神得以薪火相传
　　…………………………………………………………………… (429)
领导风范　感人至深 …………………………………… 刘美芙 (433)
忆焕秋老师 ……………………………………………… 劳励群 (435)
怀念黄焕秋同志 ………………………………………… 吕　坪 (437)
焕秋同志的崇高品格 …………………………………… 王文彬 (439)
深切怀念黄焕秋同志 …………………………………… 叶维平 (444)
良师益友黄焕秋同志 …………………………………… 黄菘华 (453)
缅怀黄焕秋同志 ………………………………………… 刘智莹 (459)
黄焕秋先生生平大事年表 ………………………………………… (464)

后记 ……………………………………………………………… (481)

序

郑德涛

2010年2月28日,元宵节,亦是开学的第一天,我们尊敬的老书记、老校长黄焕秋同志在这天的凌晨离我们而去,中大人沉浸在悲痛和深深的缅怀之情中。

焕秋同志早在1935年12月在中山大学就读时即参加革命。当时共产党领导的秘密进步团体"突进社"在中山大学成立,焕秋同志参加突进社,并组织突进社的进步活动,于1937年加入中国共产党。焕秋同志参与建立党组织的工作,并长期从事党的青年工作和教育工作,是华南地区青年运动的卓越领导者,也是我国著名的教育家和教育改革先驱。

抗战期间,焕秋同志在东江战区开展战时教育工作。解放战争时期,到香港参与筹办为党组织培养干部的达德学院,担任教员兼教务并从事建立党组织的工作。新中国成立后焕秋同志即历任中山大学教务长,学校党委副书记、副校长、校长、书记等,1982年当选中共十二大代表。1992年3月离休后,焕秋同志仍然满腔热情地支持学校历届班子工作,担任中山大学校友总会名誉会长直至生命的尽头,他为中山大学的事业竭尽毕生精力,为党的青年工作和新中国高等教育发展,作出了重要贡献。

在焕秋同志一生的革命生涯中,个人也曾遭遇过严重挫折,1959年他曾被错误定为右倾机会主义而受处分停职(直到1962年撤销);1966年"文化大革命"期间被审查,下放劳动,但焕秋同志崇高和坚定的革命理想信念始终未曾动摇。

焕秋同志逝世后,党中央和广东省委都对他一生的革命业绩予以高度肯定,正如悼词中写到:焕秋同志在七十多年的革命工作生涯中,对党、对人民、对革命事业无限忠诚。他认真贯彻党的路线、方针和政策,特别是党的知识分子政策;他热爱教育,热爱中山大学,热爱师生员工,发挥知识分子的积极性;他严于律己,不谋私利,勤政廉政,殚思竭虑。焕秋同志为党的事业奋斗、奉献一生。

《黄焕秋文集》的出版,寄托我们对焕秋同志深切的怀念!

2012年7月

序

许宁生

我 1982 年在中山大学本科毕业时，黄焕秋同志任我们的校长。他魁梧的身影总是透出一种忠诚与谦卑、执著与奉献的气质，给我们留下深刻的印象。中大人唤老校长一声"焕秋同志"，既充满尊敬而亲切之感，也凝集着中山大学历史发展的厚重与追求之情。

焕秋同志入学的文明路校区是中大创校的老校区，求学时随学校迁至石牌校区，经历了中大三十年代的蓬勃发展时期。毕业后曾应中山大学代理校长许崇清之邀任迁址坪石的国立中山大学新生部指导员。中大迁址康乐园后即一直在学校任职、生活，是中大人熟识和爱戴的老校长、老书记。文集记载着学校发展和老一辈中大人艰苦创业的历史，也记录着中国高等教育不断坚持教育改革、不断摸索创新曲折前进的历史。

黄焕秋老校长从 1933 年进入国立中山大学读书，直至在中山大学走完人生的最后历程，先后在中大学习工作 50 多年，其中数十年在学校的领导岗位上。他的一生是与中山大学的历史发展紧密联系在一起的，焕秋同志也把一生都奉献给了中山大学和人民的教育事业。1998 年，焕秋同志因对我国教育事业的杰出贡献而获首届霍英东成就奖，是五位获奖者中唯一的教育界人士，可谓实至名归。师生悼念焕秋同志的挽联表达了对老校长的崇敬和挚爱：

革命者忠心耿耿，道路崎岖，宽容似海；平生治校育材，

沥胆披肝。讵南天共仰高山，元夜忽沉星斗。

教育家盛德巍巍，勋劳超卓，廉洁如冰；今日摧梁折柱，

伤魂雪涕。知细草长怀春泽，大爱永在人间。

黄焕秋文集的出版，既表达我们对焕秋同志的缅怀，也是传承中山大学绵远流长的文化传统和精神。

2012 年 7 月

第一部分 学校发展

分清路线是非，努力把我校科研搞上去[①][②]

一、两年多来我校理科科研取得的一些主要成绩

1976年是极不平凡的一年。这一年，我们党和国家失去了伟大的领袖和导师毛主席，失去了敬爱的周总理和朱德委员长，又遭受了严重的自然灾害。在这种困难情况下，"四人帮"以为时机已到，变本加厉地从事破坏和捣乱，妄图大乱全国，从乱中夺权。我们面临着党变修、国变色的危险。在这关键时刻，以华主席为首的党中央英明果断一举粉碎了"四人帮"，挽救了革命，挽救了党，取得了伟大的历史性的胜利。我们党又有了自己的英明领袖华主席。

在毛主席革命路线的指引下，特别是自从1975年以来，在周总理代表毛主席向全国人民提出在本世纪内实现四个现代化把我国建设成为强大的社会主义国家的宏伟目标的鼓舞下，我校广大师生员工，在努力做好教学工作的同时，积极地开展了科学研究，取得了很大的成绩，促进了教育革命的发展。许多教师、工人、工农兵学员和领导同志发扬了"革命加拼命，拼命干革命"的精神，坚持科研为无产阶级政治服务、为工农兵服务、与生产劳动相结合的正确方向，刻苦钻研科学技术，努力做到又红又专。1976年，在自然灾害严重、"四害"横行的日子里，尽管"四人帮"对我校的科研工作的干扰破坏极其严重，科研第一线的许多同志牢记毛主席的教导，排除了干扰和阻力，克服了种种困难，用自己的实际行动顶住了"四人帮"的干扰破坏，用自己辛勤研究的成果批判了"四人帮"的奇谈怪论。目前，在华主席抓纲治国战略决策的指引下，我校科学研究呈现出生机勃勃的新局面。

两年多来，我校理科科研取得的主要成果从如下三个方面来谈。

---

① 本文系1977-XZ1100-001/07，1977年6月28日。
② 因时代的特征和作者个人的用语风格，为尊重原文献的表述，对本书一些表达和用词不按当下出版规范进行修改。原资料中表示数量的数字有的为阿拉伯数字，有的为汉字数字，出版时统一为阿拉伯数字。年份有的为2位，有的为4位，年份和月份有的为阿拉伯数字，有的为汉字数字，为符合出版规范，出版时年份统一为4位，数字统一为阿拉伯数字。

（一）农业和支农科研方向

我校坚决贯彻"以农业为基础，工业为主导"发展国民经济的总方针。广大师生在华国锋同志第一次全国农业学大寨会议的总结报告精神的鼓舞下，继续开展农业和支农的工作。其中取得显著进步和成果的有：水稻优良品种选育、水稻病虫害综合防治、马尾松毛虫核型多角体病毒和质型多角体病毒、菜粉蝶颗粒体病毒、纤维素酶研究、动植物激素的合成与应用、橡胶树矮壮素、细胞激动素、淡水鱼类饲料研究和湖区网河不恒定流计算方法等9个项目。

其中，生物系植物生理遗传教研室遗传组的教师和工人，几年来进行激光育种的研究，证明激光能对水稻植株的生长和发育产生明显的影响，能诱发水稻产生遗传变异，初步选出一些分别较原种具有丰产性能较好、成熟期提早、蛋白质较高的品系，送交农村试种。一般反映该品系米质好，生育期不长，比当家品种有增产，有的亩增产80～90斤。今年在铁场公社进行大面积示范试验早造500亩，连片150亩，据反映长势很好，估产可比对照增产100斤/亩。这个教研室的教师还参加育种实践，并和广大群众的育种实践相结合，深入开展杂交育种遗传规律、杂种优势理论、有性杂交规律和单倍体育种白化苗机理等研究，取得了一些可喜的理论成果（部分已在《遗传学报》、《植物学报》上发表），密切地配合了育种的群众运动，指导了群众育种工作的深入发展，受到了领导、科技人员和贫下中农的好评。

遗传组的同志特别是李宝健同志虚心向贫下中农学习，坚持理论和实践相结合，实验室研究和田间试验相结合，不怕苦，不怕累，刻苦钻研业务，大干社会主义的科学研究，使这项研究取得了可喜的进步。

在水稻病虫害综合防治方面，1973年以来，昆虫学专业坚持开门办科研，与四会大沙公社协作开展了大面积综防试验，取得了很好的效果，去年防治面积从四会扩大到肇庆市高要县共20万亩。防治效果得到巩固，并有所发展。就以四会大沙公社来看，综合防治措施得到了进一步的巩固和提高，有效地控制了水稻病虫害的危害，危害严重的"五虫"（三化螟、稻飞虱、粘虫、卷叶虫、稻蓟马等）、"三病"（稻瘟、白叶枯、纹枯等）有显著的减少，病虫发生面积比综防前的72年减少了51.64%，化学农药总用量比综防前减少了85.4%，农药防治费用每亩从综防前1.13元减少到0.14元，天敌显著增多，促进了农业生产的发展，保障了粮食的丰收。这个专业的部分教师，特别是古德祥同志，长期坚持在四会县大沙公社的生产第一线，和当地干部、贫下中农一起开展科学实验，虚心向贫下中农学习，为公社培训综防技术骨干，为综合防治试验取得成功作出了贡献。

在动植物激素的合成与应用方面，化学系有机化学专业对科研支农的方向坚定不移,发动师生密切地结合教学开展农用激素的研究工作。他们不但能够脚踏实地地搞好实验室的化学合成,不断提供各种新的激素供农业试验,还坚持送药到农村去,和贫下中农一道开展生物测试工作。参加害虫引诱剂研究的师生,深入到农村去,到大田抓虫,亲自养虫,有时一干就是十几天。他们几年如一日,不怕苦、累、脏,不分分内和分外,在实践中不断批判轻视农业的错误思想,加深对支农科研的认识,坚定信心,大家记着一个目标——"努力奋斗",做出可喜的成绩。

两年多来,他们还合成了橡胶树矮壮素(76-1),能使橡胶树矮化(蓬距为对照株的33.2%),并且有优良的诱导分枝作用。去年,他们合成了三种细胞激动素:XJ-1(6BA),XJ-2和XJ-3(PBA)。前两者填补了我省的空白,后者在国内是首次合成。到目前为止已供给108个单位用于水稻和小麦的单倍体育种、粮食作物增产及蔬菜保鲜等试验,取得了良好的效果。另外,他们还合成了多种激动素如甘蔗催熟剂、昆虫保幼激素。同时还合成了多种纯让水稻,能让花生、大豆增产的乙荃伐灭磷、三碘、苯甲酸等,有效地促进了农业生产。这些激动素经我校生物系遗传组、肇庆农科所、省农科院、省植物所等单位用于单培育种上,被一致认为效果好,可以推广。今年他们还将这个药物送交杨村柑桔场进行柑桔矮化试验,初步结果与橡胶树试验相似。

在放射性同位素在农业生物学上的应用方面,生物系同位素室和校内外有关单位协作,近年来从多方面开展了放射性同位素在农业生物学的应用,取得了一些具有理论和实践意义的初步效果,对解决某些科研、生产问题起了积极的作用。如:用C^{14}标记的3种氮肥增效剂研究它们在水稻植株及土壤中的残留量,已初步表明谷壳和糙米中氮肥增效剂的残留量都较低(在2.4PPM以下);用C^{14}标记的增产灵研究促进水稻增产的机理,已证明可促进叶片光合产物输向基部或穗部代谢旺盛的地方;用P^{32}研究草鱼鱼种对青饲料的消化吸收,证明草鱼鱼种能较好地吸收青萍、轮叶黑藻、鱼草等青饲料,总吸收率分别为45.4%、76.56%和51.91%,与试验结果一致。他们还用I^{128}标记人工释放激素LRH-I^{128}类似物研究其在鳞鱼中的作用机制,用C^{14}研究作物三系生物学特性。这些研究都有了一些初步的结果。①

在湖区网河不恒定流计算方法方面,珠江三角洲既是我省商品粮主要产地,又是我国最复杂的网河区,既难以掌握水性变化,又难以模拟实验,也没有行之有效的计算方法。数力系计算数学教研室部分师生和"珠办"协作,在国内第一次解决了网河不恒定流的电子计算方法问题,并已编制程序,应用于江新联围(包括11个汊口,22个河段)工程,为工程的建设提供了符合实际的数据。预计该工程完工后每

---

① 编辑将此段与下一段互换了位置,以与前文总述提及的"九个项目"顺序一致。

年可增产粮食2700万斤。李岳生同志,几年来顶住了"四人帮"的压力,坚持理论研究,同时坚持深入实际,和有关教师一道带领毕业生到珠江三角洲开展这项研究,出色地完成了任务,并在计算方法上有所发明创造,推动了我国水力计算的电子化。

此外,环境保护方面的茂名地区环境污染及人体健康调查、国防科研的天线革新、碳纤维研究等项都取得了较为好的成绩。

以上项目所取得的成绩,对于推动我国工农业生产的发展,开展工业学大庆,农业学大寨的群众运动,对于提高教学质量,提高科学技术水准都起到很好的作用。

(二) 工业科研方向

我校工业的科学研究项目占有较大的比重,取得的进展和成绩也很大。这些项目主要是:渔船螺旋桨试验研究;低压聚乙烯高效催化剂;电子计算机控制纹版自动轧孔机;海南石禄武富铁矿的形成时代、形成条件和找矿方向研究;铬矿渣除毒与综合利用制青砖;氯乙烯聚合新引发剂;高性能 AlNiCo 8 永磁合金的研究;氮分子激光器、可调谐染料激光器,激光准直仪等;蓝光灵敏硅光电二极管 zcu－L;用计算机实现数据检索;广州金笔用电子计算机实现32台注塑机群控(计算机已完成)计算技术;充敏树脂印刷固体版;密封胶、口服造影药——胆影眯钙的合成;合成抗菌素增效剂ＴＭＰ四氯化钛烯朴电解法制海绵钛;银—氯化银等可靠性;皮肤电极、热磁自助控温组件等项目。

数力系力学专业师生从事渔船螺旋桨试验研究工作,取得了较好的成绩。他们自1975年以来先后到省内重点渔港渔船厂调查研究,学习厂里渔船螺旋桨的实践经验,用环流理论进行了分析计算,并在船池进行了多方案的模型试验,造出了一种双变螺距螺旋桨,用在集体渔船上,与国际先进的荷兰楚思德Ｂ型桨比较,无论拖力、航速和节省马力方面都有所提高。今年1月,他们和电白县水产局在电白县博贺镇海鹰大队的120马力的拖网渔轮上进行了空船测试。在同一条渔船上先后装Ｂ型桨和双变螺距桨进行测试对比,结果显示,双变螺距桨比Ｂ型桨,同样航速时,节省马力12%。由于双变螺距螺旋桨适应我国木质渔船,效果较好,现在已在广东不少船厂推广。

在电子计算机控制纹版自动轧孔机方面,无线电物理科研组的教师结合教学,与佛山红棉厂的工人、技术人员一道,通过3年多的努力,于今年2月完成了整个系统的总调,轧出了花版上机试织。在全国工业学大庆会议期间,又解决了总调中发现的问题,3个组织都打出了纹版,织出了花布,基本上达到了原计划的要求,达到了国内的先进水平。在这项研究中,几位老师都发挥了很大的干劲,特别是陈云凤同志,自开展这项研究以来,为了解决技术上的难关和人力、材料不足等许多困难而努力工作、刻苦钻研，克服了家庭和生活方面的困难，把许多节假日、星期天，都用在钻研工作上，做了大量的工作，使这项研究取得了重大成果。

在海南石禄武富铁矿的形成时代、形成条件和找矿方向研究方面，几年来，地质专业师生参加全国富铁大会战，急国家所急，和有关单位的科技人员、兄弟院校的师生一起奋斗。他们在海南进行了三四个月的野外工作，任务重，条件很艰苦。他们虚心向兄弟单位的同志们学习，向铁矿的干部、工人学习，师生间也互相学习，政治思想上严格要求，工作上严肃认真，生活上吃苦耐劳，取得了思想业务双丰收。如老教师方瑞廉同志，在海南山区那种炎热的恶劣环境下，每天坚持野外工作，从不叫苦，从不要求照顾；梁百和同志每年都参加野外工作，刻苦认真地工作，去年连小孩病了、母亲摔伤了也为了工作没有回家。他们严肃认真地完成了大量的室内分析研究任务。从去年我校参加的七个专题小结来看，他们认为石禄武富铁矿是沉积或多变质的沉积矿床，时代属寒武——典陶系，主要含矿层位在寒武系，并在构造预测方面指出了今后工作地段，基本上完成了去年"解剖石禄"的会战任务。

在铬矿渣除毒与综合利用——制青砖方面，自1975年以来，化学系铬渣组的教师实行开门办学，开门办科研，他们发扬"一不怕苦，二不怕死"的革命精神，大干社会主义，和工厂的工人、技术员一道，利用铬矿渣一步法除毒制青砖解决了"三废"治理的老大难题。青砖残留的六价铬含量在0.14PPM以下，质量在100标号以上；流程简单，吃渣量大，而土法上马，适用于中小铬盐厂。这项成果在去年十月全国铬盐生产会议上受到了重视与好评，最近国务院环办选定这项成果参加全国环境保护展览。

在高性能AlNiCo 8永磁合金研究方面：金属物理专业部分师生在桂林电器所工人、技术人员的协助支持下，对这种合金生产工艺进行了较系统的研究，使小批量产品质量稳定在很高的水平上，已提供国防、工业部门使用。

这个组的教师王运新同志，长期患严重肝炎，一直处于全休或半休，但两年来一直带病工作，在AlNiCo 8合金微观结构对性能影响的研究中，自行设计和安装了电子显微镜复膜镀膜机，对这项研究起了积极的推动作用。

在电子计算技术应用方面，我校数力系计算室DJS－21型通用电子计算机从1973年9月投入使用以来，已为建筑、造船、航空、机械、钢铁、农机、轻工、水电、水利、水产、水文、气象、铁路、石油、地质等部门20多个单位解决了一批生产实际、科学研究中提出的计算问题，还为校内7个专业开设了专用计算机的课程，并协助一些科研项目进行大量的计算工作，为普及、推广电子计算机做了大量的工作，特别是在地下球壳结构应力计算、水坝设计计算、水文潮汐预报、水产资源预报、大型船坞设计、船型选优、电机设计、高层建筑设计、大桥设计等方面取得了显著成效。

（三）基础理论研究方向

尽管"四人帮"疯狂地破坏基础理论的研究，但我校许多从事基础理论研究的教师牢记毛主席的教导和周总理的指示，坚持研究工作，取得了一定的进展和成果，如概率统计的基础与应用研究、催化理论、引力理论及引力波探测、人疟动物模型研究、基本粒子理论研究、针麻原理研究以及"三志"编写等项目。

在概率统计的基础与应用研究方面，数学专业师生完成了许多理论联系实际的研究，同时使自己与工农生产息息相通，生气勃勃，教育革命也深入发展。去年他们承担了全国的重要项目，在台风、台风暴潮、洪水预报、汽车可靠性路面设计、高层建筑风振问题分析、南海渔业资源与环境因素相关分析等方面都取得了初步成果或完成了研究工作。理论研究自1975年以来已逐渐开展起来。去年下半年，他们采取组织"随机点过程""随机微分方程"讨论班的形式，开展概率论基础方面的研究。

在基本粒子理论研究方面，物理系这个科研组的同志，虽然分散在不同的专业，困难较多，但是，他们思想正确，坚持开展研究，在规范场和磁单极子研究中作出了较好的成绩，写出了几篇有水准的学术论文，达到了国外同类工作的水平。

要着重提出的是，两年多来，我校理科科学研究中，涌现了一大批先进集体和个人。他们所表现出来的革命精神和良好学风，是很值得我们学习的，需要大力表扬、大力提倡。总的说来有几个方面：一是坚持又红又专，他们认真学习马列主义毛泽东思想，自觉改造世界观，为革命刻苦钻研业务，认真读书，敢于创新，赶超先进水平，有雄心壮志；二是革命加拼命，大干社会主义；三是自力更生，艰苦奋斗，勤俭节约。我们许多的教师在参加科研的过程中，为了更好完成科研任务，苦干、实干，经常废寝忘食，勤勤恳恳地工作。有的老教师年纪大，身体有病，仍不畏艰苦和中青年教师、学员一样工作，常常走出去，到生产第一线去和工农相结合，表现了"文化大革命"后新的精神面貌。中年教师是我们科研的骨干，有的同志长期坚持在工农业生产第一线，和工农结合开展科学研究；有的同志个人身体有病，家里爱人也有病，有的小孩还小，他们都能想办法处理好这些问题，克服了各种困难，坚持开门办科研；还有不少教师常常利用课余时间进行大量的研究工作，还把许多节假日都用到科研工作上去，做出了成绩。不少年青教师热情高、干劲大、虚心学习，努力钻研业务，进步很快；有的同志已可以单独担负一些研究任务。许多教师刻苦钻研业务，有雄心壮志，又脚踏实地地工作，在科学上有所发明创造。这些都是应该大大加以发扬的。

二、深入揭批"四人帮"破坏科学研究工作的滔天罪责

多年来,"四人帮"及其在科教部门的死党,大量散布修正主义谬论,严重干扰破坏教育和科技战线的各项工作。我们必须在揭批"四人帮"的斗争中,联系学校的实际,划清路线是非,清除"四人帮"的流毒。现在就"四人帮"捣乱的几个问题,进行揭发和批判。

(一) 要不要科学实验与研究

"四人帮",不要科学实验,从不宣传毛主席关于三大革命运动的光辉思想。谁宣传了,他们就污蔑是把三大革命运动并列,是"不以阶级斗争为纲",是"折中主义"。他们有意把阶级斗争和生产斗争、科学实验对立起来,公然否定毛主席关于科学实验是社会实践之一、是人的正确思想来源之一、是革命运动之一的教导。

伟大领袖和导师毛主席对于科学实验的革命作用作出了很高的评价,把科学实验列为建设社会主义强大国家的三项伟大革命运动之一,提到反修防修、巩固无产阶级专政的高度来认识。这就充分证明了科学实验的重要性。根据毛主席的指示,三大革命运动的关系是很清楚的。阶级斗争是纲,同时三者又必须结合起来。只搞生产斗争、科学实验,不搞阶级斗争,路线不对头,不可能搞好生产斗争和科学实验。反过来只搞阶级斗争,不搞生产斗争和科学实验,没有雄厚的物质基础,无产阶级的政权就不可能巩固。周总理指出,我们要实现四个现代化,把我们的祖国建设成为一个社会主义强国,"关键是科学技术的现代化","科研必须走在生产建设的前面",我们要全面理解和贯彻毛主席的教导和周总理的指示,高度重视科学研究工作,搞好科研工作,为实现四个现代化作出贡献。

我们有些同志,存在抓阶级斗争搞政治运动保险、抓业务工作危险的思想,把教学、科研甚至教育革命当作单纯的业务问题,而不去抓,不敢抓,致使有些问题长期得不到解决,只抓了革命(革命也没有真正抓好),不促教学、科研,使科研发展速度受到很大的影响,这些都是片面的、错误的。我们一定要遵照毛主席的指示,三大革命运动一起抓,把学校各项工作迅速搞上去。

我们是综合性大学,理科方面,有一大批知识分子,且有各方面的专门人才,又具备开展各种科学实验的较好条件,我们国家的科技人员还不多,因此我们学校的教师是我国科学技术队伍不可缺少的主要组成部分,应该为我国科学技术的现代化贡献力量。同时,我们要为国家培养"有社会主义觉悟,有文化的劳动者",不开展科学研究是不行的。我们的教师只有通过深入地开展科学研究,业务上才能不断提高,才

能赶上科学技术日益飞速发展的形势,才能用最新的科学技术知识培养学生,学生也只有通过参加一段时间的科研训练才能学到比较全面的为人民服务的本领。由此可见,学校的科学研究不是可有可无或无足轻重的"分外事",它在三结合的新体制中是不可缺少的一部分,对于教师业务水平的提高、教材的改革和建设、教学内容教学方法的改革、提高教学质量、密切学校与社会的联系、改变三脱离的状况等都起着极为重要的作用。它与教学的关系是互相促进的。因此,把科学研究搞好、搞上去我们责无旁贷,是深入进行教育革命的需要,是无产阶级政治的需要,是阶级斗争的需要,也是发展社会主义生产的需要。"四人帮"破坏科学研究,已经使我们的科学事业受到了巨大的损失,使我们在一些科学领域与世界先进水平的差距扩大了,生产中一些差距性的问题长期得不到解决,科研大大落后生产建设的后面,拖了国民经济发展的后腿。这种状况再也不能继续下去了。我们一定要遵循华主席关于"现在要抓科研,三大革命运动一起抓,把科研搞上去"的指示去办。

(二) 要不要知识分子

"四人帮"长期以来极力破坏党的知识分子政策,肆意篡改毛主席对知识分子的估计,打击广大教师的社会主义积极性,把教师统统诬蔑为资产阶级知识分子,列为革命的对象,导致部分学生把老师当作"复辟势力"来批。"四人帮"骂老师是臭老九,"文革"前17年培养的大学生这也不懂,那也不会,只会挖社会主义墙角,对社会主义经济基础起破坏作用,说什么"知识分子是粪缸里的皮球","一定要压到底","打修正主义教育路线的枪弹,必须要穿过教师的身体"等等。在宣传报道中,电影里知识分子往往是反动人物。他们肆意践踏党的知识分子政策,把团结和改造分割、对立起来,破坏了知识分子和党的关系,否定知识分子的作用,在社会上造成了极坏的影响,在校内流毒很深。

"四人帮"对知识分子和党的知识分子政策的恶意攻击,充分暴露他们反对毛主席、反对无产阶级专政的丑恶嘴脸。毛主席指示:"无产阶级领导的以工农联盟为基础的人民民主专政,要求我们党员认真团结全体工人阶级、全体农民阶级和广大革命知识分子,这些是这个专政的领导力量和基础力量。没有这种团结,这个专政就不能巩固。""四人帮"把广大知识分子作为革命对象,这就不难看出,他们的罪恶目的就在于打击无产阶级专政的良好的基础力量——革命知识分子。

透过他们那样肆意地咒骂革命知识分子,正好从反面告诉我们:经过"文化大革命",广大革命知识分子在毛主席的革命路线指引下取得了很大的进步。毛主席说:"我们要经过'文化大革命',经过阶级斗争、生产斗争和科学实验的革命实践,建立一支广大的、为社会主义服务的、又红又专的工人阶级知识分子的阶级队伍。"

回顾我们通过"文化大革命"和三大革命所取的进步,我校广大教师和干部都深切体会到,知识分子走与工农相结合的道路是唯一正确的光明大道。毛主席还指出,对知识分子"为了改造,先要团结"。而"四人帮"及其余党则胡说什么"只有教育改造好知识分子,才能团结好知识分子"。他们把知识分子看成是"臭老九"、"复辟势力",要把他们永远按在深水之中。从这些反革命谬论中可以看出,由于他们把广大革命知识分子作为革命对象,所以,他们所说的教育改造也罢,团结也罢,都是欺人之谈,在这个问题上,同其他问题一样,我们同"四人帮"没有共同的语言。在我们党看来,绝大多数知识分子都是爱国的,爱我们的中华人民共和国,愿意为人民服务,为社会主义服务。"知识分子的问题首先是思想问题。"因此,对知识分子采取团结、教育、改造不但是可能的,而且是必需的。毛主席指出:"为了建设社会主义,工人阶级必须有自己的技术干部队伍,必须有自己的教授、教员、科学家、新闻记者、文学家、艺术家和马克思主义理论队伍。这是一个宏大的队伍,人少了是不成的……这是历史向我们提出的伟大任务。在这个工人阶级知识分子宏大队伍没有建成以前,工人阶级的革命事业是不会充分巩固的。"我们必须认真学习毛主席关于知识分子问题的论述,深揭狠批"四人帮",肃清他们的流毒,更好地落实党的知识分子政策。只有这样,才能把我校的教学、科研工作搞上去。

(三)要不要基础科学和理论研究

"四人帮"反对基础科学和理论研究,反对毛主席和周总理关于加强基础理论的指示。1970年,周总理指示"科学院要在广泛深入实际的基础上,把科学研究往高里提",此后又指示周培源同志"提倡一下理论","要重视理论方面的研究",后来又指示:"过去理论脱离实际,现在强调实际,对理论提倡不够。"在毛主席和周总理亲切关怀下,1972年前后,在加强基础理论的学习和研究方面,全国出现了大好形势。"四人帮"对出现的大好形势,又恨又怕。他们借"反复辟回潮"为名,通过围剿周培源同志的文章和科学院"汇报提纲",丧心病狂地把矛头对准毛主席和周总理,胡说"资产阶级顽固势力以加强基础理论为借口,制造了一股智育第一的妖风",是什么"回潮复辟"。阶级异己分子姚文元还鼓吹"自然科学的基础理论就是辩证法","基础理论的基础是马克思主义的哲学,最基础的理论是马克思主义,离开了马克思主义的理论,哪里有自然科学理论",公然鼓吹"代替论"背叛唯物论。同毛主席的教导唱反调。他们还抹煞理科特点,鼓吹"理工不分",把理科改掉;乱扣帽子,把实验室说成是"资产阶级的土围子",理论研究是"关起门来冥思苦想出来"的东西,是"理论至上"。他们妄图把人的思想搞乱,破坏我国基础理论的教学和研究。

科学技术的现代化是四个现代化的关键,而基础理论研究往往又是科技发展的先导。为了提高我国科学技术水平,早日实现四个现代化,必须大力加强科学和理论研究。周总理说:"如果我们还不及时地加强对于长远需要和理论工作的注意,那么,我们就要犯很大的错误。没有一定的科学理论的研究作基础,技术上就不可能有根本性质的进步和革新。"华主席也指出:"没有基础科学,应用科学就不会有新东西,也不可能是先进的。"通过批判"四人帮"的谬论,我们要把眼光看得远一点,要舍得花大力气,用大力量,把基础理论研究抓起来,搞上去。诚然,工农业生产中的科学技术问题,今后仍然会摆在首位,仍占多数。工农业生产中关键性的科学技术问题要集中力量突破。但是对各学科的基础理论问题,一定要有规划,要部署力量,要采取措施,领导要充分重视,给予支持,着重抓好。要按照毛主席的教育方针,综合大学的性质任务是把理科办好,为国家培养越来越多的基础科学研究人才。

进行基础理论研究要坚持理论联系实际的原则。有一些基础理论研究成果目前就可以得到应用,指导生产活动和应用研究,因此,要与应用研究紧密结合,不要脱节。但是有些研究的理论成果在相当一段时间里不能直接应用到工农业生产(技术科学)中去,或者可能在很远的将来才有实际应用的可能,也应该部署适当的力量长期坚持下去。对于这样的一些项目,不要说是"理论脱离实际"。对于有些项目研究,就是要以实验室为基地进行的,不可能走出去。比方像一些数学理论研究,在某一个时期就是要着重组织专门力量、集中时间认真读书、进行理论探索的,我们更不能说是"三脱离","关门搞科研",否则,担负这些研究的同志就会受到很大的压力,不敢搞下去。

(四)要不要刻苦钻研业务技术,又红又专

"四人帮"出于篡党夺权的反革命目的,竭力歪曲政治与业务,红与专的辩证关系,鼓吹"读书无用","技术无用",宣扬"学了专业,忘了专政","知识到手,人被夺走","卫星上天,红旗落地",这是"四人帮"形而上学猖獗、片面性的、典型性的表现,他们还打着批"智育第一"的旗号,疯狂反对德智体全面发展,把又红又专污蔑为折中主义,叫嚣"要专政,不要专业",鼓吹"社会主义的零蛋比修正主义的百分好"。狗头军师、国民党特务张春桥就抛出:"我宁要一个没有文化的劳动者,也不要有文化的剥削者、精神贵族。"这些反动谬论和罪恶行径在教育界造成极大的思想混乱,学生不努力学习文化科学知识,学校不敢抓基础理论的教学和研究,不敢抓考试质量,教师不敢钻研业务技术,不敢钻研自然科学理论,不敢读书,否则会被栽上"白专"、"智育第一"、"三脱离"的大帽子。这些严重破坏了我国教育事业、科技事业和生产建设的发展。

毛主席教导我们："建设强大的社会主义国家，无产阶级没有自己的庞大的技术队伍和理论队伍，社会主义是不能建成的。"华主席最近视察大庆时指出："应该说，我国的科技人员还是少的，水平也不高，我们不能满足于已经取得的成就，还要培养更多的技术人员。"

事实证明，要实现把我国建设成为现代化的社会主义强国的伟大历史任务，没有大批的政治觉悟高而又精通技术、精通业务的人才，是不可想象的。

"四人帮"打着批"个人奋斗"、"成名成家"来否定又红又专，反对为革命刻苦钻研业务，进而打击广大教师的社会主义积极性，破坏我国的科学事业。我们一定要划清个人奋斗、成名成家和个人为革命刻苦钻研业务的界线。不能把那些干劲大、为革命做出了成果、有贡献、发表论文多的说成是个人主义、追求名利。当然对于某些教师这方面的一些表现和思想苗头要给予帮助、教育。但要坚信广大教师的觉悟在走与工农兵相结合的过程中已经逐步得到了克服。我们要认识到，红与专是辨证的统一，广大教师首先要无产阶级政治挂帅，继续解决"为什么人"的问题，但是没有过硬的本领和熟练的技术，为人民服务也只能是一句空话。

我国的科学技术还比较落后，我们要大力宣传、鼓励广大师生为革命学习文化科学知识，学习技术，精通业务，又红又专。为革命刻苦钻技术，树立敢于赶超世界先进科学技术水平的雄心壮志，培养更多的水平更高的自然科学技术队伍，是我们教师理所当然的任务。

三、对今后科研工作的几点意见

当前，全党全国人民高举毛主席的伟大旗帜，认真学习《毛泽东选集》第五卷，为全面实现华主席提出的抓纲治国的战略决策而努力奋斗。我国国民经济必将出现一个全面跃进的新局面。

伟大领袖毛主席指出："阶级斗争、生产斗争和科学实验，是建设社会主义强大国家的三项伟大革命运动。"1956年，毛主席提出，要用五六十年的时间，在经济上赶过美国。敬爱的周总理遵照毛主席的指示，在三届人大和四届人大政府工作报告中，提出了要在本世纪内实现四个现代化的宏伟目标。周总理还强调指出："实现四个现代化，科学技术现代化是关键。科学研究应该走在生产建设的前面。"华主席最近在视察大庆油田的时候指出："我们要实现四个现代化，达到世界先进水平，就必须'狠批''四人帮'，肃清他们的流毒；必须坚持阶级斗争、生产斗争和科学实验三大革命运动。要脚踏实地地进行科学实验，还要培养更多的科技人员。应该说，我国的科技人员还是少的，水平也不高，我们不能满足于已经取得的成就。"华主席还号召我们:"就是要赶超世界先进水平。外国做到的,我们要做到;外国没有做到的,我们也要做到,而且要做得更好。"我们要响应华主席的号召,继承毛主席的遗志,动员起来,尽快地把科研搞上去,为全面实现四个现代化、把我国建设成为伟大的社会主义国家作出贡献。

粉碎"四人帮",科技人员大解放,科学事业大有希望,我国的科学技术必将突飞猛进,迅速发展。扫除了"四人帮"这个最大的绊脚石,我校理科的科学研究也一定会来一个大发展。为了把科研搞上去,争取我校理科研究今年取得成效,目前,应该抓好下面几项工作。

(一)要认真地全面的落实党的团结、教育、改造知识分子的政策,充分调动广大科技人员的社会主义积极性

要遵照毛主席的一贯教导,正确估计我国知识分子队伍的状况,正确认识知识分子在社会主义革命和建设中的重要作用,要在政治上信任他们,工作上支持他们,生活上关心他们。对于教师政治、业务、生活各方面的情况要全面了解,对于他们当前的安排和任用情况要认真加以研究。有科研能力的,除了担负一定的教学任务外,应该适当安排他们参与一定的科研工作,落实具体的项目和任务,以充分发挥他们的业务专长;目前,在科学研究中,许多具体的后勤等方面的工作如采购、领料等都需要教师自己去办,占用了他们较多的时间,学校应该改进机关工作,搞好供应,做好后勤工作。应该给各专业配备教学科研辅助人员,承担一些具体的工作,这对于加强实验室建设和管理、让教师有更多的时间和精力全心全意投进教学科研中去、这对加快科研步伐都是必要的。要有计划地帮助教师在政治上和业务上的不断进步,在业务工作上,要做到周总理五六十年代表中央政府提出的"必须保证他们至少有六分之五的工作日(即每周40小时)用在自己的业务上,其余时间可以用在政治学习和社会活动方面"。这个要求应该坚决贯彻实现。要鼓励他们发明创造,引导他们继续走与工农相结合、又红又专的道路。我们要努力营造为革命钻研业务有理、为社会主义科学事业做出成果有功、为实现四个现代化向科学进军光荣的风气。在科学上有所发现、有所创造,搞出了成绩,为人民作出了贡献的教师,应该受到尊重,要旗帜鲜明地大力表扬,要给予奖励。

在教师生活方面,学校应该逐步解决问题,如办好饭堂,改善服务态度,办好幼儿园等,使他们能尽量摆脱家务琐事,把更多的精力用到科研上去;对于青年教师,我们应该看到他们是一支非常有生气的力量,要热情地关怀他们的成长,业务上要有要求、有措施、有检查,让他们或脱产进修,或在担负教学科研工作中抓业务提高。对于外语的学习应该采取办外语夜校、短训班强化他们翻译专业和口语水平,使之能

在一两年内掌握一门外语。对于中年教师也要采取相应的措施,借此不断提高我们教师的业务水平。

(二) 要重视和加强基础理论研究

我校是综合性大学,理科的科学研究这几年来着重研究工农业生产中当前急需解决的课题,方向是对的,应该继续摆在首位。目前项目过多,力量分散,对于技术科学中带关键性的重大课题,如激光技术、计算机技术、自动化,要加强力量,争取有更大的发展。但是,对于科学技术的发展具有深远影响的基础理论研究是当前突出的薄弱环节,要引起足够的重视。早在50年代,周总理就指示:"如果我们还不及时地加强对于长远需要和理论工作的注意,那么,我们就要犯很大的错误。没有一定的理论科学的研究做基础,技术上就不可能有根本性质的进步和革新。"没有理论研究,没有独创性的见解,就难以赶超世界先进水平,就只能跟在洋人后面爬行。当然,这几年来,我们看到了理论研究的重要,做了一些工作,安排了一些重要的理论研究项目,取得了一些进展,但是重视不够,干扰和阻力太大。今后我们要努力落实周总理的指示,对于重大的理论课题和工农业生产技术上有指导意义的理论研究要大力加强,认真抓好,对于已经开展研究工作的基础理论研究,如基本粒子、天体物理(引力理论与引力波探测)、数学理论(如概率统计等)、催化理论、遗传工程学、断裂力学以及金属材料断裂韧性、新技术育种理论、针刺麻醉理论、人疟猴模等项目要加强领导,充实力量,积极开展研究,力争尽快拿出成果或取得较大的进步和突破。对于各学科的重大理论课题,有关的专业也应及早作出规划,部署力量,逐步开展研究。同时必须加强实验室的建设,重视实验室研究工作。

(三) 必须贯彻执行"百花齐放,百家争鸣"的方针

我们必须遵照毛主席的教导,"科学上不同的学派可以自由争论。利用行政力量,强制推行一种风格、一种学派,禁止另一种风格、另一种学派,我们认为会有害于艺术和科学的发展。艺术和科学中的是非问题,应当通过艺术界科学界的自由讨论去解决,通过艺术和科学的实践去解决,而不应当采取简单的方法去解决"。要逐步把各种学术活动开展起来。应该重新规定,每逢星期六下午,是学术活动时间,有关方面不能随意占用或挪作他用。由各系、各专业组织学术讨论会或学术报告会,学校定期组织全校性的学术报告会,活跃学术研究氛围。办好学报,自然科学版,不定期出版科研简报,进一步加强科技情报工作。发展国内外的学术交流,及时掌握国内外科技发展的动向,学习和引进先进技术以及科学理论,促进我校科学研究的不断

发展。

（四）要重视科研基地的建设

（1）对原有的科研机构要充实人员、加强领导、明确方向，尽快把科研工作搞上去。对近几年省委、省计委批准建设的省电子计算中心、激光农业应用实验中心、昆虫研究室和高分子化学研究室，过去几年只挂牌子，现在要真正健全起来，配备干部，明确编制，确定研究方向。

（2）新建一批研究室。经有关的研究，决定成立引力理论和引力波探测研究室、催化理论研究室、概率论研究室、遗传工程研究室、河口研究室，配备干部和专职科研编制，加快国家重点科研项目的进行。

对一些重要研究项目要成立比较稳定的科研组，给一些科研编制，保证研究计划按时完成。

（3）加强实验室和校办工厂的建设，发挥教学、科研和生产劳动三结合基地的作用。

对于学校现有的一些重要实验室，如电子显微镜实验室、105实验室、船模试验水池等实验室，要适当充实人员，加强领导，充分发挥他们在科研、教学中的校内基地的作用。对于一些对重要的新兴科学、基础理论研究有重要意义的实验室和先进科学仪器，要做出规划，逐渐建设起来。

校办工厂应该明确办厂的方针和指导思想，它是校内三结合的基地，应该为教学、科研服务，不应脱离教学和科研去单纯地搞生产，追求产值；要加强与有关专业的挂钩协作并解决领导体制问题。要明确任务，开展科学研究，把校办工厂真正办成校内三结合的基地，发挥它的作用，为学校科学研究搞上去作出贡献。

为使学校各项重点科研项目的研究得到保证，要明确配备科研专职编制。科研编制一般以占教师编制的10%～15%为宜。

（五）调动各方面的积极因素，大鼓革命干劲， 努力完成今年的科研计划

今年列入国家重点科研计划中，由我校负责的项目有概率统计基础与应用、引力理论与引力波探测、催化理论3项，参加的有海南武富铁矿成矿规律及找矿方向研究；列入广东省重点科研计划的有14项28个专题。还有一批属于中央有关部、省有关局下达的项目及去年结转的省重点项目共46项。对这些项目要认真抓好，特别要保证国家重点项目。要进一步调动参加科研的师生员工的积极性，完成今年计划。对

力量不足的还要落实。存在问题较多的项目要采取必要的措施，保证按计划完成。希望后勤部门要在物质上保证重点。对于学校自选的重点项目也要认真抓好，争取有重点进展，其他项目也应争取有更多的成果。

77届学员毕业实践有的本学期初已经开始，有的即将开始，要充分发挥工农兵学员在科研中的生力军作用，争取比去年有更好的成绩，能使学员在毕业实践中得到比较扎实的基本训练。

今年的科研任务是很繁重的，这是党和人民交给我们的光荣任务。各级领导一定要改变领导作风，下决心，花大力气，抓好科研工作。今后要全面检查各项科研的进展，特别是国家和省重点项目要认真检查一次，表扬先进，发扬成绩，发现问题要及时解决。今后要形成制度，年中年底即6月底、12月底进行检查对所有项目的计划执行情况要认真检查、汇报，重点项目要及时向有关部门汇报。

当前，我国形势一片大好，我校的形势也是一片大好。工农业生产以及其他各条战线捷报频传。许多兄弟单位的科研在毛主席科研路线的指引下结出了丰硕的成果。在这些捷报和成果面前，我们既感到形势喜人，又感到形势逼人。为了继承毛主席、周总理的遗志，在我们这一代人当中实现四个现代化，使我国经济走在世界的前列，我们一定要团结在以华主席为首的党中央周围，深挖狠批"四人帮"，团结战斗、鼓足干劲，千方百计地把我校的科研搞上去，继续深入开展教育革命，为争取抓纲治校今年初见成效、三年大见成效而努力奋斗。

谈赴香港访问情况[①]

1981年6月9日（根据记录整理）

我这次去香港访问，原是打算4月份去的，后因签证拖了一段时间，一直到5月24日才能成行，6月3日回到广州，前后共10天的时间。图书馆馆长连珍同志和副馆长黄汉华同志5月31日才到香港。此行主要是参加我校同香港大学及加州大学洛杉矶分校联合进行华侨史研究协议书的签字仪式，同时也访问了香港大学、香港中文大学和香港理工学院，同此三校的负责人及有关人士就为何加强合作、进一步开展校际交流问题，广泛地交换了意见。总的说来，收获是很大的。

第一个收获，是同港大、加大洛杉矶分校签订了三校联合进行华侨史研究的协议书。

三校协议书签字仪式是6月1日在香港大学举行的。加大洛杉矶分校方面，本来由斯文森副校长参加，后因签字仪式推迟举行，他回美国去了，委托成露西教授签约，故在协议书上签字的，港大是黄丽松校长，中大是我，加大洛杉矶分校则是成露西教授。签字仪式搞得相当隆重，各方面反应也相当强烈。香港几家报纸及电视台，当天就报道了此消息。我们这里，《人民日报》、《南方日报》、《广州日报》、《羊城晚报》及电视台也发了消息，转播了实况。刘玉莲同志从美国洛杉矶打出电话给我说，美国报纸也登了三校合作研究华侨史的协议书签字消息。

协议书是由三所大学经多次研究协商后定出来的，内容比较具体、实在，既有总的目标，又有年度计划，还有检查落实措施。三方对它是比较满意的。根据协议，三方都要出人出钱。从钱方面看，香港大学负担多一些，一共是20多万港币。像这样的研究计划，在我校学术交流上还是第一次，港大黄丽松校长很热情，他说对香港大学是个空前盛举。目前，我校正在按协议积极开展工作，进度较快，第一批校内资料6月份可望完成。第二批广州地区资料在7月份也可以基本完成。加州大学洛杉矶分校那边的工作，听说也是进展顺利。香港大学方面，现正聘请人员参加工作。今年底林家劲等两位同志去港大工作4个月，我们对此项研究工作是充满信心的。

第二个收获，是通过访问，密切了我校同香港几所大学的关系。

[①] 本文系1981－XZ1100－053/19，1981年06月15日。原题目为《报告去香港访问的情况》。1981年6月9日根据记录整理。

访港期间，我先后同香港大学、香港中文大学、香港理工学院三所大学的校长、院长、教授及有关人士交换了意见，商讨了今后的学术交流方案。香港大学十分热心同内地特别是同中大进行学术交流。黄丽松校长表示，他们已得到徐朗星先生基金会捐赠250万港币作为这方面的费用，用完还可再拨款。港大文学院李锷、赵令扬教授等的态度也很积极。港大已决定接受我校外语系张美芳、计算机科学系肖金声、郭志生等人到港大进修或参加工作，亚洲研究中心准备接受我校一名教师去进修经济学的课程，地理系准备进一步同我校合作进行城市规划的研究。港大还准备请我校历史学家胡守为同志去讲学。赵令扬先生准备本月26日来广州，同我们落实两校学术交流的具体方案。

在香港中文大学，我同马临校长、陈方正秘书长、文学院刘殿爵院长、社会科学院李沛公院长、工商管理学院张健民院长、计算机科学系与实验中心乐秀章和孔庆琛博士等，就如何加强两校的友好合作问题，广泛地交换了意见。他们对此都很热心、很支持。陈方正秘书长同意我校每年送四名交流学生到中文大学进修。香港中文大学还准备聘请李华钟同志去讲学。

在香港理工学院，我和李格致院长就教育的结构、改革和发展等问题进行了长时间的交谈，同卢景文副院长讨论了如何加强两校的学术交流问题，交换了意见。经过这些接触，加深了两校之间的了解及联系，这对今后进一步加强两校的合作，作用是很大的。香港理工学院对在职人员业余培训的经验，值得参考。

第三个收获，调节了在港的中大校友的关系。

在港的中大校友，由于种种原因，团结问题没有解决好。主要是一些校友之间有些隔阂，彼此有意见。我这次访港，看到这种情况有所好转。郑金祥、蛰龙等事先就做了联系工作，原来关系不甚融洽的校友一起设宴欢迎，盛况空前。曾宪梓还从新加坡打来长途电话，表示要做好校友的团结工作。这是令人高兴的事。

第四个收获，会见了岭南大学香港同学会的彭国珍、刘仲谦等先生。陈德泰先生因病去美国治疗，此次见不到他。岭大同学会对中大是关心的，有人提出假如在中大办医学院有困难，是否可以改办科技学院。

第五个收获，结识了一批热心的名设计师。何骏等先生表示愿意为我校校园规划做些工作。何先生准备26日同赵令扬教授一起来校访问。

此次访问香港，观感不少，主要有如下几点：

（1）香港的经济地位大大提高，已成为三大金融中心之一。由于得到东南亚财团的大力投资，香港正在建筑世界高水平的各种设施，并开发大屿山。目前香港的高中毕业生升学率只有2%，同香港的经济发展很不适应。因此香港大学等三校均增加学位和发展校外教育。香港准备增办一所大学。香港理工学院今年发学位证书。在香港因为工商业的发展和人口增加的需要，社会科学和医学发展很快。香港大学牙科医学院、香港中文大学医学院已建成，今年开始招生。

（2）香港几所大学行政办事效率高，制度简化，高度集中统一。上面提到的港大牙科医学院、香港中文大学医学院，从筹办、设计到投入……

（3）教师、行政人员都很年青。香港大学文学院院长李锷博士做了两年院长才42岁，香港理工学院院长卢景文、香港中文大学秘书长陈方正都是四十多岁，社会科学院院长李沛良只有30多岁，很多是杨庆堃教授一手培养的。教师、行政人员队伍精干，年富力强，很有生气。

（4）教学与科研关系处理得很好，不存在矛盾。所有教师都要负责几节课，校行政工作者也要兼些课。每个教师都要结合教学进行科学研究，搞科研才能提高教学质量。在课堂上，他们不是满堂灌，书上有的内容一般不讲，注意培养学生的自学能力，考试很灵活。他们还注意从社会上聘请兼职教师。这些兼职教师讲课，同实际结合得很紧，效果好。

（5）香港几所大学的经费，香港大学因有基金，经费比较充裕。香港中文大学因工资占经费总额70%左右，经费不足，但他们有社会的支持，有捐款，事业发展比较快。理工学院的经费比较多，名额已到饱和，准备着重提高，支持办一所新的理工学院。

（6）要注意处理好同三校教师的关系。香港中文大学对内地某大学有些意见。他们反映在同该校进行合作时，把香港中文大学提供的研究成果，说成是自己的成就，这个问题我们要注意。同时，香港几所大学之间有些单位有些教师合作得很好，但有些教师之间也有矛盾，我们在与他们的交往中，要注意避免卷进去。

（7）要警惕坏人的破坏。据了解，香港有个叫庄重文的，冒用美币贸易委员会香港区主席的名义。香港有一位地理教师，利用交流之机，收集情报资料，送发美日英等国家。我在香港大学看到一些别有用心的人利用香港大学的名义托派，还利用公开身份进来，同我们内部一些人拉关系。这些都是需要我们警惕的。中大毗邻港澳，对外交流活动频繁，这些问题更应引起注意。

开展高等教育研究　办好社会主义大学[①]

胡耀邦同志在党的十二大报告中指出："全面开创社会主义现代化建设新局面，首要的任务是把社会主义现代化经济建设继续推向前进。在今后二十年内，一定要牢牢抓住农业、能源和交通、教育和科学这几个根本环节，把它们作为经济发展的战略重点。"

教育和科学受到党和国家的重视，人们常说，现在是教育的春天，科学的春天。全国高等院校对高等教育研究工作正在蓬勃开展，出现了前所未有的喜人形势。我校对开展高教研究工作要有紧迫感，否则，我们就会落后，我们的事业就不能适应社会主义现代化建设发展的需要。我校高等教育研究室成立之后，我们要组织热心高教研究工作的同志，带动全校教师、干部，学习理论，总结经验，从理论与实践的结合上，全面、系统地开展高等教育科学研究，自觉地按照高等教育规律办事，进行改革，办好学校。

党的十二大报告，对教育在社会主义现代化建设中的地位和作用，作了科学的阐述，明确指出："教育是基础，科学是关键"，"普及教育是建设物质文明和精神文明的条件，又是建设精神文明的重要内容"。这是建国 30 多年以来一个宝贵的经验总结。

马克思主义认为，教育是一定的社会的政治和经济的反映，同时又给一定的社会的政治、经济以反作用。从生产力的发展来说，生产力中机器、劳动工具等物的因素，必须由劳动者创造、使用和改造，因而人是最活跃的因素，也是关键性的因素。发展经济最重要的条件是要有熟练的劳动力，进行社会主义现代化建设，没有掌握新科学技术的人才是不能实现的。马克思说，要改变一般的人的本性，使它获得一定劳动部门的技能和技巧，成为发达的和专门的劳动力，就要有一定的教育和训练。这明确地说明教育是提高劳动生产率的重要手段。列宁有一句名言："在一个文盲的国家内是不能建成共产主义社会的。"他还说过："每个青年必须懂得，只有受了现代教育，他们才能建立共产主义，如果不受这样的教育，共产主义仍然不过是一种愿望而已。"革命导师的这些教导，在今天，对我们都是十分亲切的。

中国各族人民在中国共产党领导下，取得新民主主义革命的伟大胜利，建立了人

[①] 本文载《高等教育研究》1983 年 1 月第 1 期，第 2～5 页。

民民主专政。在社会主义基本政治经济制度建立以后，我们需要解决的主要矛盾是人民日益增长的物质文化需要同落后的社会生产力之间的矛盾，努力运用社会主义制度的力量、运用现代科学的力量大力发展社会生产力，不断提高劳动生产率，逐步改善人民的物质和文化生活，这是社会主义革命、社会主义建设的根本目的，是党和国家在整个社会主义建设时期的根本任务，是符合社会主义发展的基本规律的，党的各项工作都必须服务于经济建设这个中心。为此，教育必须为社会主义现代化建设服务，必须与社会主义生产劳动实践密切结合。国家必须采取有力的措施普及教育，发展职业技术教育，发展高等教育，不断提高人民文化科学技术水平。同时，通过教育不断提高人们的思想认识水平，清除旧社会封建主义、资产阶级的腐朽思想，将青少年和全国人民培育成为有理想、有道德、有文化、守纪律的一代新人。教育就成为建设精神文明和建设高度社会主义民主的重要阵地。

过去，我们对这个问题的认识不是这样清楚的。在对待社会主义社会的主要矛盾这一根本性的问题有过错误的。很明显，由于提出"以阶级斗争为纲"，将大量人民内部的问题混淆成为敌我矛盾，将人民民主专政的职能看成只有专政、镇压，将经济建设这个中心任务和主要职能冲击了，将社会主义制度必须高度重视教育的任务忽视了。50年代后期，由于"左"倾思想和小生产观念的束缚，在我们党内相当普遍、相当长期地存在轻视教育、科学、文化和歧视知识分子的错误观念，严重地阻碍了国民经济建设的发展。尤其是十年内乱期间，"左"倾思想达到了极端，党的教育、科学事业和知识分子政策遭到严重破坏，使我国蒙受了一场灾难，教训是极其深刻的。

"文化大革命"是从高等学校"开刀"的。建国以来为社会主义建设培养了千千万万人才的高等教育，遭受空前浩劫。粉碎"四人帮"以后，尤其是在党的十一届三中全会以来，拨乱反正，医治了十年内乱的创伤，我国的教育科学文化工作正走上正轨，并得到一定的发展，呈现出初步的繁荣景象，党同知识分子的关系，比以前有了很大的改善。但由于高等学校在十年内乱期间停止招生，以致目前各条战线都出现青黄不接、人才缺少的状况。我们要在20年内实现国民经济翻两番的任务，大部分要依靠科学技术的发展来实现。迫切需要培养大量中级的、高水平的科学和管理人才。现在，广大青年和在职干部、职工，为四化建设而求学深造的愿望十分迫切。而高等学校要大幅度增收学生存在着种种困难。这个矛盾如何解决？这是当前高等教育面临的一个重要课题。

根据我国国情，走自己的路，是建设中国式的社会主义教育制度、我们开展高等教育研究、办好高等学校必须遵循的指导原则。为了适应我国社会主义建设的迫切需要和不断提高发展我国文化科学水平，我国高等教育制度、办学方式都必须进行改革，要采取多层次、多种形式办学。各类学校都应有自己的任务和培养目标。部属高等学校是我国高等教育的重要组成部分和骨干力量，应以提高为主，这一点是要明确的。在办好本科的基础上，要大力培养硕士、博士学位研究生，积极开展科学研究工作，努力将学校建设成为教学科研两个中心。同时，挖掘潜力，调动教师的积极性，利用学校设备条件，协同社会力量，开办业余大学或短期培训班，广开学路，培养人才。

开展高等教育研究工作，有全国性的问题，如高等教育的制度、政策、结构、布局等等。在高等学校内亦有不少亟待解决的问题，如专业设置、教学计划、师资培养、行政管理、思想政治教育工作等等。有不少新情况新问题，需要研究。

第一，按照我校情况看来，当前开展高等教育研究的主要课题，就是要学习贯彻党的十二大精神，提高教师和干部的理论修养和思想水平，正确领会和贯彻执行党的方针、政策，在政治上、思想上和党中央保持一致，加强团结，努力按照十二大的精神办好学校，进一步落实知识分子政策，改善教师的工作条件和生活条件，充分调动教师和职工的社会主义积极性，做好本职工作。

第二，要做好发展规划。胡耀邦同志说："所谓开创新局面，就是要了解新情况，解决新问题。"我们要通过深入调查研究，了解经济建设计划，进行人才预测，明确我们学校在全国和本省高等学校布局中担负的任务，研究学校的长远发展规划，看看我校专业设置布局结构是否合适，培养目标是否恰当，课程结构是否合理，招生人数多少。既要看国家建设的需要，又要考虑学校的实际条件，实事求是。我们既要肃清"左"的思想影响，又要克服保守思想和畏难情绪，看准了的，应该采取积极态度，有计划、有准备、扎扎实实地做好。一哄而起，或者是大起大落都是不行的，这方面我们有过不少的教训。这几年来，我校有了相当大的发展，目前应该着重巩固、充实、提高，抓好机构调整，进行改革，培养师资，努力改善教学科研工作条件，改善师生生活条件，为进一步发展做好准备，将前进中的重大问题研究清楚。

第三，建设一支又红又专的师资队伍和管理队伍，是我校当前需要研究的一个重要课题。目前，教师队伍老化，不少专业教师队伍青黄不接，结构不合理，提高中青年教师的任务很艰巨。如何发挥老教师的作用，发挥他们的专长？采取什么途径，可以让中青年教师成长得更快一些，更扎实一些？办好社会主义大学不仅要建设好师资队伍，而且需要一支得力的管理干部队伍，教辅人员队伍。目前，学校行政管理任务十分繁重，干部队伍老化，专业知识管理技术水平比较低，人员结构不合理，行政效率低，显得十分吃力。学校的行政管理工作，有许多事情还必须得到国家和社会的大力支持，才能得到解决，更加需要周详地研究。

第四，做好高等学校的思想政治教育工作，是建设社会主义大学的一个带根本性的重要任务，要经常重视、认真做好。学校思想政治教育的主要对象是学生，依靠谁去做好学生的思想政治教育工作？教师、干部、职工的思想政治工作如何进行？思想政治工作干部队伍如何组成？如何提高政治理论课的教学效果？如何通过专业课程教学思想性的提高，培养学生的共产主义世界观？在课外活动、社会工作和集体生活中对学生应有什么要求？很多问题都要通过对学生的深入了解，和学生建立密切的联系，进行调查研究，政治工作干部和教师密切结合，才能得到解决的。

第五，在教学方面有许多问题迫切需要进行改革。自恢复统一招生制度以来，已有三届学生毕业，各个专业都应该认真进行总结，修订教学计划。现在教学上问题不少，一是有不少系对专业的基础训练仍然不够重视，对公共科目、基础理论课程教学和实验抓得不紧，学生的业务基础不扎实；二是学生学得不活泼，死记硬背，独立思考、独立工作能力差；三是不少学生学习负担重，影响健康。这些情况，都必须认真进行调查研究，及早解决。

第六，大学必须大力开展科学研究工作，是当前一大问题。大家的认识并不一致，对于如何进行科研工作亦有很多不同意见。我们认为，大学不开展科学研究工作，教师不努力进行学术研究，教学质量、学术水平就不能提高，就失去活力，失去前进的力量。胡耀邦同志指出："必须加强应用科学的研究，重视基础科学的研究，并组织各方面的力量对关键性的科研项目进行'攻关'；必须加强经济科学和管理科学的研究和应用。"我们应根据这个精神，结合我校情况，积极开展基础科学的研究，贯彻理论联系实际的原则，急工农业生产和国防科技发展的所需，重视应用科学的研究，解决实际问题，并加强经济科学和管理科学的研究和应用。我们要按照国家和本地区经济建设、文化科学发展的需要和地区特点，拟订"六五"、"七五"期间的科研规划，进一步调整科研机构，集中力量，形成重点，建立科研梯队，发挥各学科协作的优势，形成学校的科研特色。将科研工作和培养研究生工作结合起来，将科研所（室）建设成为教学、科研的结合体，努力提高学术水平和掌握先进技术，成为当地以至全国的科研技术中心。

现在我国已有了开创新局面的雄伟目标，培养人才的任务十分迫切。我校全体教师干部要振作革命精神，努力学习马克思主义理论，加强教育科学和管理科学的学习，深入调查研究，总结经验，不断认识和掌握高等教育的客观规律，办好学校，为祖国社会主义现代化建设培养人才，为发展中华民族科学文化做出更大的贡献。

给耀邦、剑英、紫阳同志关于成立重点大学的信[①]

耀邦、剑英、紫阳同志:

最近,我和中山大学两位同事应美国美中关系全国委员会的邀请,并经教育部批准,赴美国、加拿大访问。这次访问美、加,主要是和美国岭南大学基金董事会商讨对我校的资助,考察美、加的高等教育制度,和一些高等院校签订或续签开展学术交流的协议,并且比较广泛地访问了我校校友,受到了他们的热烈欢迎。这次为期两个月的访问是成功的,对于帮助我们进一步办好中山大学也是很有启发的。

回校以后,赶上了听最近召开的中央工作会议精神的传达,我对中央所决定的一系列重大决策和措施,表示衷心的拥护。中央领导同志在谈到教育工作时,提出要集中力量在北京、上海、广州办好五所重点大学。现仅就这个问题谈一点个人的看法,供领导考虑问题时参考。

我们认为,中央准备集中力量首先办好几所重点大学,是因为我们国家底子还不厚,不可能一下子投放大量资金装备现有的全国重点大学。集中力量办好几所重点大学,有利于培养高质量的人才,提高学术水平;有助于以点带面,加强中央对全面抓紧办好全国高等学校的领导。因此,这种设想是积极的,并且是有战略意义的。

问题在于如何选择重点。我们认为作为全国重点大学要有一定的代表性。要考虑到历史情况、人才培养的需要、现实条件及在国内外的影响,使重点大学的作用能够得到充分的发挥。从这些方面来看,在广州,中山大学作为全国重点大学是比较合适的。条件也是具备的。

第一,中山大学是一所历史悠久、人才荟集、学风严谨、具有革命传统的大学。

中山大学是由我国伟大的民主主义革命家孙中山先生于1924年创办的,迄今已有59年的历史。

解放前,在我们党的影响和领导下,我校的进步师生,一直站在广东人民反抗帝国主义侵略和封建军阀、国民党反动统治斗争的前列。我们党的领袖毛泽东、周恩来、刘少奇、恽代英、萧楚女等同志,都曾莅校讲演和指导学生运动。许多著名教授、学者,如鲁迅、郭沫若、何思敬、邓初民、许德珩、王亚南、陈寅恪等,都曾应

[①] 本文系1983-XZ1100-004/04,1983年8月19日。原题目为《关于成立重点大学给耀邦、剑英、紫阳的信》。

聘来校任教。

在解放前,中山大学是全国规模最大的3间国立大学之一(北京大学、中山大学、中央大学),设有文、理、法、工、农、医、师范7个学院和研究院,和英、美、西欧各国著名大学有学术交往,互相承认学位。中山大学校址原设在广州石牌,校园占地面积是全世界大学最大的。全国解放后,1952年我国学习苏联进行院系调整,将中山大学的工、农、医、师范四个学院改为独立学院,将法学院的法律系、经济系调去武汉,社会学系、政治学系停办,并将中山大学在国内外有学术地位的知名语言学家王力教授等调去北京大学,著名天文学家邹仪新教授等调去南京大学,地质系陈国达教授等调去长沙成立中南矿冶学院。中山大学、岭南大学文理学院合在一起,只剩下中文、历史、外语、数学、物理、化学、生物、地理八个系。而数学、物理、化学的骨干教师亦多调去华南工学院。外语系法语、德语教授全部调到北京大学和南京大学,名闻中外的植物研究所、两广地质调查所也调出去了,中山大学受到很大的削弱。1952年,中山大学由石牌迁来原岭南大学校址。当时全部房屋连同原来农学院简易饲养房,总共只有8万平方米。当时正值朝鲜战争爆发,之后中央作出沿海地区不发展的决定。中大教学用房投资很少,近年才有所改变。

经过30年的艰苦奋斗,中山大学有了比较大的发展,特别是党的十一届三中全会以来,经过拨乱反正,落实党的知识分子政策,总结了30年来的办学经验,在教育部和中共广东省委支持下,我校的发展规模和教学、科研等项工作,迅速地得到恢复和发展。早在1982年,我校在校学生数就超过了"文化大革命"前的最高水平;教师与学生的比例,亦基本上达到部颁标准,这在全国还是少有的。在教学工作中,我们根据党的教育方针和国家的需要,努力提高教学质量,积极为四化建设培养人才。目前在校学生达6700多人,比1965年在校学生人数4100多人,增加了60%以上,其中本科生5247人,研究生389人,各种专修科、夜大学等学生1147人。在科学研究方面,也取得了较大的成绩。1978年至1982年,我校理科共进行了400项的研究,其中受到全国科学大会奖励的有28项,受到省、市奖励的有143项。如近年来我校微电子学研究,对国家做出了突出贡献。现在全国各行业应用我校物理系研制的ED—065微型电子计算机,取得72项研究成果,经过国家评审合格。又如高分子化学对复合材料碳纤维的研究对国防建设作出了贡献。文科方面,列入学校研究规划的有188项,其中承担全国有关学科研究规划的达66项,发表学术论文550多篇。文、理科共出版专著75部。

由于中山大学历史较长,为国家培养不少人才,在国内外有较大的影响,是一所知名的大学,各方面对中山大学的发展寄予了深切的期望。

第二,从现状来看,中山大学基础扎实、学科比较齐全,办学条件比较完善,并已初步形成了自己的特色，是一所很有潜力、很有前途的多学科性综合大学。

目前，中山大学设有中国语言文学、外国语言文学、历史学、哲学、经济学、管理学、法学、人类学、数学、力学、计算机科学、物理学、无线电电子学、化学、生物学、地理学、气象学等19个学系28个专业，受教育部委托和美加州大学洛杉矶分校合办的英语培训中心，培养出国人员以及为外国留学生补修汉语的汉语中心，科研机构设有东南亚史、古文献、高分子、昆虫、环境科学、计算中心、测试中心等7个研究所（中心）和29个研究室。目前正在筹办政治学系、图书馆学系、港澳研究所、加拿大研究所和微电子研究所。在全国的综合性大学中，中山大学的学科及研究机构是比较齐备的。

第二，中山大学有不少学科在全国是有影响的。在我国首批博士、硕士学位授予单位中，中山大学博士学位授予学科就有10个，硕士学位授予学科就有43个。理科方面的理论物理、概率论与数理统计、光学、有机化学、高分子化学、昆虫学，文科方面的汉语文学、中国各体文学、文化人类学、英语语言文学，都在全国占有重要的地位，有着广泛的影响。此外，引力物理、寄生虫学、鱼类学、微电子学、计算机软件、计算数学、中国哲学史、马克思主义发展史、中国近代史等学科，都有相当的实力，很有发展前途。

办好一所大学，关键是要有一支过硬的师资队伍。目前，中大有教师1500余人，其中教授74人，副教授256人，讲师593人。这些年来，由于我们采取了各种措施，加强了师资培训工作，整个师资队伍的素质有了很大的提高，青黄不接的现象已基本克服，各个主要学科老中青三结合梯队已初步形成，学术带头人亦基本具备。在这支师资队伍中，拥有不少学术造诣较深、教学和科研工作经验丰富、成就显著的专家、教授。特别令人高兴的是，近年来涌现了一批年富力强、才华横溢的中年教师。4年来，有150多位中青年教师出国进修，已有80多人回来，学习成绩优秀。近2年，还补充了150多名国内培养的经严格训练取得硕士学位的毕业研究生。依靠这样一支朝气蓬勃的师资队伍，我们一定能够把学校办得更好。

第三，中山大学在国外有着巨大的影响力和吸引力，办好中山大学具有深远的意义。

中山大学与孙中山先生的名字是联在一起的，因此，它在国外有着深远的影响。据悉，我校教师代表团于1979年首次访问美国，在台湾引起很大的震动。台湾匆忙决定1980年在高雄办一所中山大学，以与我们相抗衡，并争取吸收中大校友和华侨。因此，为了扩大影响，有利于台湾回归统一大业，我们必须努力办好中山大学。几十年来，中山大学的校友遍布世界各地，广大校友虽然身处他国异邦，但热爱祖国、关心母校的感情是很深的。校友分布国外之多之广，在国内大学中是不多见的。据了解，中山大学的校友及中山大学的前身之一岭南大学的校友，在海外及港、澳、台的影响是很大的。中山大学校友目前在台担任部长级官员及重要职务者不少，在美、加华人的亲台势力中也很有影响。做好中大海外校友工作对争取台湾回归祖国有密切关系。岭南大学校友在美、加、东南亚，特别是港澳工商界和学术界中有很大影响，不少人是海外重要知名人士。做好他们的工作，对扩大我党爱国统一战线，调动一切积极因素为四化建设服务，是有重要作用的。

中山大学地处祖国南大门，毗邻港澳，开展对外学术交流活动有着得天独厚的有利条件，有利于引进技术、人才和资金。近几年来，我们加强了同国外和港澳地区的学术交流活动，先后同美国、加拿大、法国、澳大利亚等国家和香港、澳门地区的10所院校建立了正式的校际学术交流关系，还同许多大学开展了学术往来，从而进一步扩大了中山大学在国外以及港澳地区的影响。

诺贝尔奖金获得者、著名科学家杨振宁教授今年初曾在香港指出，中山大学在中国的四化建设中，特别在华南地区有着十分重要的地位，并倡议在中山大学成立高级学术研究中心，现已由杨教授出面集资港币100多万元建设这个中心。这几年，许多港澳同胞、海外华侨出于关心中大，主动捐资捐物。至于慕名而来中山大学参观、访问、讲学的，更是数不胜数。

中央决定在广东实行特殊政策、灵活措施后，中山大学为此所承担的任务，比国内其他大学责任就更重要了一些。广州是南中国的重要门户，是革命名城，是我国经济建设、文化建设的重点城市，中央要在广州建设一所重点大学，我们认为这是英明的决策。

综上所述，中山大学无论是在师资力量、学术水平、办学条件方面，还是在国内外高等学校的历史地位、影响方面，都具备了作为全国重点大学的应有条件。同时，办好中山大学，对国内外、对华侨政策及统战工作，对引进科学技术、人才，对发展经济、发展文化都将发生良好的影响。为此，我们恳请中央在选择全国重点大学时，将中山大学定为全国重点大学，加强建设，加强领导。我们有决心也有能力把中山大学办成一所名副其实的全国重点大学，为振兴中华做出我们应有的贡献。

以上报告当否，请批示。

中山大学校长　黄焕秋
1983年8月19日

给省领导关于成立重点大学的信①

仲夷、林若、灵光、应彬、屏山同志：

最近，我们听了中央工作会议精神的传达，得悉中央决定集中力量，在北京、上海、广州办好五所重点大学。为了争取中山大学在新的情况下，成为一所全国重点大学，我们给耀邦、剑英、紫阳同志写了一个报告，现将这份报告抄报你们，请审阅。

据了解，中央有关部门原打算安排北京大学、清华大学、复旦大学、上海交通大学和中山大学五所院校为全国重点大学。但所说这个问题争夺很激烈，特别是北京、上海两地不少大学都在争取。现又有将北京中国医科大学代替广州中山大学之说。我们认为，从广州在全国的地位来看，应该有一所全国重点大学。中央领导同志关于在北京、上海、广州三地挑选五间全国重点大学的意见，是完全正确的，在广州确定一间全国重点大学是必要的。中山大学也完全具备了成为一所全国重点大学的应备条件。

如省同意这个意见，请出面向中央反映。

谨此报告，并致

敬礼

中山大学 黄焕秋
1983年8月17日

---

① 本文系1983-XZ1100-004/05，1983年8月19日。原题目为《关于成立重点大学的给省领导同志的信》。

给尚志同志的信[①]

尚志同志：

  您好！

  现送上我校给部及计划司的报告各一份，请于忙中一阅。

  这些年来，部都是以基数拨给高校教育经费的。部拨给中大的经费基数偏低而我校发展较快，广东物价又较高，又垫支世界银行贷款配套工程费用，经费十分紧张。最近，部又要我校压缩60万元的经费，困难就更大。好些应做的事，皆因经费短缺而无法去做，严重影响了学校各项工作的顺利进行。为此，我们恳请您关照一下，将重扣的73名研究生经费共28.8万元拨回我校，以解燃眉之急。

  月初，我曾修函着校长办公室罗立新同志专程赴京拜候，适您出国访问未归。今再写此信，祈请给予支持，解决为感。

  专此奉达。顺致

敬礼

中山大学　黄焕秋
1983年11月24

[①] 本文系1983-XZ1100-055/09，1983年11月24日。文中"尚志同志"为当时的教育部计划司司长。

给东昌、辛白同志的信[①]

东昌、辛白同志：

　　你们好！

　　早些时候，部在追加今年教育事业经费时，少拨给我校73名研究生的经费，以每位硕士生每年4000元算，少拨经费28.8万元。造成此情况的原因，我校在11月2日给计划司的报告（见附件）中已有详细说明。最近我校询问广东省高教局负责计财工作的李同志，她答复说，省高教局是根据教育部下达的表格的说明，要求我校填报1982年的基层报表的并没有错。

　　这些年来，部都是以基数拨给高校的教育经费的。部拨给我校的经费基数偏低，而我校发展较快，广东物价又较高，今年还要支付世界银行贷款配套工程费用100多万元，经费十分紧张。最近，部按中央规定又要压缩我校经费60万元，困难就更大。为此，恳请体念我校实际困难，将重扣的73名硕士生的28.8万元经费拨回我校，以解燃眉之急。

　　随函附上我校及广东省高教局给部的报告各一份，请于忙中一阅。

　　专此奉达。顺致
敬礼

中山大学　黄焕秋
1983年12月1日

[①] 本文系1983－XZ1100－055/11，1983年12月1日。文中"东昌、辛白同志"分别为当时国家教育部部长何东昌、国家教育部副部长黄辛白。

深切怀念杨庆堃教授[①]

杨庆堃教授是我国知名的社会学者、爱国的教育家。抗战胜利后，他回到广州岭南大学任社会学系主任，在校园附近的鹭江村，开展社区社会调查，取得成绩。当年我国社会学专家中有"北费（孝通）、南杨（庆堃）"之称。

社会学是一门重要的基础学科。1931年许崇清先生接任中山大学校长，文科增设社会学系，培育人才。从此，名师汇集，何思敬、周谷城、胡体乾、邓初民、萧隽英等教授来系任教。名师的身教言传，社会学系的同学团结进步，成为中山大学学生抗日救亡运动的骨干力量。1933—1937年间，我在中山大学文学院教育学系读书，经常去旁听何思敬和邓初民老师的课。他们是引导我走上革命征途的启蒙老师。我对社会学系培养人才的作用，有亲切的感受。

广州解放后，1953年8月我被调回母校中山大学工作。当时院系调整基本结束，全国高校停办社会学系。中山大学和岭南大学文理科系合并，校址设在康乐园。两校原有的社会学老师，另行分配教学、科研任务。杨庆堃教授早已离校去了美国。我认识杨庆堃教授是在我国实行改革开放政策、中美两国恢复邦交之后。1979年间，我先后参加中山大学教师代表团去香港和美国访问，主要任务是了解香港和美国的高校学科设置情况，开展校际学术交流。访问美国回来后，我们拟定学校学科发展方案，希望大力发展人文社会科学和应用学科，决定重建社会学系。

我们在访美期间，与美国岭南基金会主席富伦教授取得联系。富伦教授恳切表示希望基金会恢复与中国高校的联系。他告知我们，他在岭南大学的老同事杨庆堃教授来美国后，在美国匹兹堡大学建立社会学系，发展人文学科，开展新局面，被聘为功勋教授。杨教授还帮助香港中文大学建立社会学系，成绩很大。杨庆堃教授也是岭南基金会的老董事。我们回国后，拟定学校学科发展方案，李嘉人校长决定邀请杨庆堃教授来校访问，商量重建社会学系问题。

李嘉人校长因心脏病突发，于1997年12月不幸去世。1980年春初，我代表学校欢迎杨老回到康乐校园，听取他对中山大学重建社会学系的意见。杨老热情诚恳，详述他在香港帮助中文大学创建社会学系的经过和体会。他指出，中国社会学系停办

[①] 本文系2004年10月黄焕秋手稿。原题目为《亲切怀念杨庆堃教授》。

30年，现在重建，必须抓好师资培养工作。要先办硕士研究生班，争取时间做好本科课程的安排和各项准备工作。因为要办成中国第一流的社会学系，首先要明确办系是以社区研究为方向和为达到这个方向的整套课程，争取做好每个课程的师资配备、培养和提高。广州临近香港，建议要重视和中文大学社会学系的密切联系，培养、提高师资水平。他建议要早日争取美国岭南基金会的继续支持，选派教学骨干去美国匹兹堡大学社会学系进修提高，他可以就近关照。杨老介绍了美国岭南基金会的近况和申请补助的手续，并向学校推荐徐展华校友调回中大，派去美国进修。

杨老为中山大学重建社会学系和全国社会学师资培养工作做出重大的贡献。他爱国情深，待人真诚，对事认真负责。他对中国的文学和历史有深刻的理解。他治学、研究都从中国实际出发，关心社会进步。1984年4月，我和何肇发教授、桂治镛同志三人应邀去美国参加美国岭南基金会董事会会议，先到匹兹堡大学参观访问。杨老和富伦两位老教授亲自到飞机场迎接我们，我们深受感动。杨老和夫人为我们参加董事会会议前后行程、访问美国知名高校等都做了安排。匹兹堡大学第一副校长，为我们详细介绍了城市的变迁和大学的发展历程，对杨庆堃教授为发展人文学科做出的贡献表示敬意，还陪同我们去参观南北战争的战场古迹，讲述当时历史情况，盛情难忘。

我们三人到纽约参加岭南基金会董事会，受到新任董事会主席菲立博士和全体董事的热情欢迎和接待。我们共同祝贺中美两国人民的友好发展。我们向董事会陈述新中国成立后中国高等院校进行调整，中山大学和岭南大学合并，校址在岭南大学康乐校园，中大与岭大已成一家。改革开放后，中山大学学科设置有了新的发展，但存在不少困难，其中重建社会学系、理科设置更新和培养师资，困难较多，希望能得到岭南基金会的继续支持。董事会经过热烈的讨论，一致通过继续支持中山大学开展工作。首先支持中山大学重建社会学系和加强化学系的师资培养工作，并决定将原岭南大学存放在香港美国银行的款项及多年利息共30万美元，分3年归还给中山大学。我们对菲立博士和全体董事表示感谢。我们更深深铭记杨庆堃教授对中山大学和祖国高教事业的爱心。

1993年，杨老已近90高龄，身体不好，他坐着轮椅，带着全家子孙回来旅游。回到南海老家，他教育后人勿忘家乡故土，勿忘父母之邦。当时我已离休，新任校长邀我一起接待杨老。杨老亲切握着我的手，心情沉重地说："当年首届培养的硕士研究生，留校的大多数送去外国进修，回来的很少；当年到匹兹堡大学进修的几位骨干教师，又多已过早退休，未能发挥他们的作用，这样下去，我的期望，将前功尽弃。"我因不明情况，无言相对，感到非常不安。意想不到的，这次会晤，竟成永别。

　　杨老对祖国教育事业的支持是很有价值的贡献。他一片深情，对社会学事业更是锲而不舍。他崇尚实际的治学精神和实践，值得后人学习。如今我们纪念他，就是纪念他的爱国心，纪念他对专业的坚贞。他对中山大学的帮助，我们是感激不忘的。

第二部分 教学管理

在本校教员团支部大会上的讲话[①]

上月29日晚,我校教员团支部举行了本学期第一次支部大会,并请一部分教师参加。开始,由支部书记黄炳忠同志报告支委会改选后的初步分工和本学期支部的工作计划。接着,由黄焕秋同志作关于党目前在学校的中心工作与团的工作问题的报告。

在报告中,黄焕秋同志首先分析了目前我校经过院系调整后的基本情况,指出团结、稳定地工作,是全部工作的总要求,在这个总要求下,要有计划、有步骤地贯彻全国综合大学会议的精神,开展教学改革。为了教学改革的顺利开展,除加强学习苏联外,同时还要进行系统的政治理论学习(今年是学习中国现代革命史)与坚持时事政策学习(目前主要是学习我国过渡时期的总方针总任务)。为了保证教学工作计划的完成,必须加强党的领导,在"统一领导分工配合"的原则下,发挥各社团组织及民主党派的积极作用。

根据当前学校的基本情况和党在学校中的工作布置,教学改革是目前的中心任务。关于这个任务,黄焕秋同志极其详尽地作了分析。他指出,教学改革工作范围很广,而主要是教师和教材两方面的问题。

关于教师问题便是提高现有教师水平与培养新教师,两方面是密切联系不可分割的。在提高现有师资水平方面,首先要求要好好着重团结教师。必须坚持党对教育工作者争取、团结、改造的方针,纠正轻视、歧视、放任自流的态度,要发挥教师们的专长和积极的创造性,培养集体主义精神,使大家做到互相学习、互相帮助,共同提高教学质量。教学改革过程根本就是教师不断友爱团结、改造思想的过程,应该有步骤地细致地进行。应该着重注意,必须通过教师教学与研究工作实践,来提高业务水平和政治思想水平,同时要好好引导教师进行时事政策及理论学习。至于师资方面,黄焕秋同志强调指出,这是目前高等学校一个严重的政治任务,其中心环节在于提高党团员的业务水平,因为只有党团员熟识业务,才能团结教师,实现党在学校的具体领导。在这一方面,要求年青教师在长辈指导下,好好地努力进修,掌握业务,培养开课的能力,特别是基础教程更为迫切需要;而且,为了担负起培养建设社会主义的

---

① 本文载《中山大学校报》1953年11月12日第110期第1版。原题目为《在全校教员团支部大会上关于教学改革问题的报告》。

干部的伟大任务，更要求年青教师要认真学习老教师的长处，并确立培养自己达到苏联专家的水平的伟大理想。"万丈高楼平地起"，目前我们要努力做好打基础工作。在培养新师资的过程中，应该注意克服处理思想障碍，例如：个人主义作怪，不肯刻苦钻研；担任功课，觉得很难为情，"百年大计"，不如多学几年；强调客观困难，徘徊等待；害怕困难，信心不足等。只有扫清了这些思想障碍，新师资的培养工作，才能迈步前进，取得应有的效果。因此，每个年青的教师必须积极参加教研室、教研组或教学小组的工作，从教学实践中，按部就班来提高自己的水平，必须在培养目标确定以后，掌握某一学科的内容，学习组织教材的能力，积累教学经验，并不断提高新教育学的理论修养。同时，在进修内容上还应注意政治理论修养，提高自己的政治思想水平和加强教学的政治思想性。而为了完成这个培养任务，更须学好俄文，掌握学习苏联先进科学宝库的锁钥。

关于教学改革工作的第二个问题——教材问题，黄焕秋同志阐释说，这主要是苏联先进经验与中国具体实际相结合的问题。首先要求我们要钻进去，认真学习苏联教材，学习苏联教材的精神实质。其中值得注意的是如何提高教学内容的政治思想性，这一方面，主要在于：要根据马克思列宁主义的原则，即掌握马克思列宁主义的思想方法——辩证唯物主义与历史唯物主义的观点、方法来提出问题，解释问题；要在教学中运用各门科学的事实来证明辩证唯物主义与历史唯物主义的理论，加强学生的思想教育；要在教学中注意批判资产阶级腐朽的反动的理论和观点；还要结合我国的具体情况，贯彻爱国主义思想教育。黄焕秋同志提到教学改革的领导问题是当前的关键问题，指出，加强领导工作，主要在于提高全体教工的政治自觉，意识到培养人才是一项光荣任务，树立高度的责任感、专业心。其次，要发扬民主，加强集体领导力量，及应该集中力量，重点培养经验。第三，要注意工作的计划性。

说明了改革的主要问题及其要求以后，黄焕秋同志又具体指示了教员团支部的工作。经过这次支部大会，听了以上的报告，团员同志们对于目前教学工作的中心任务以及如何去完成这个任务，都进一步获得了明确而且深刻的认识，做好工作的信心也大大地提高了。

关于本校1953年度第一学期教学工作情况的报告[①]

一

我代表教务处向同志们汇报上学期的教学工作情况,请指正和批评。

上学期,我们在总路线光辉照耀下,依靠党和筹委会的领导,依靠全体教工同志的共同努力,教学改革工作已前进了一步。

上学期,本校工作从院系调整转入以教学改革为中心。在这新的开始时期,由于有了综合大学会议决议的正确指导,我们的工作进行得比较顺利。从上一学期开始我们就贯彻综合大学会议基本精神,在改进工作的过程中,我们对于下列三个问题,有了比较明确的认识。

(一)要不断以总路线的精神鼓舞全体教师和同学,提高教师和
同学的社会主义觉悟,在自觉基础上改进教学,努力学习

在上学期开学时,筹委会组织全体教师学习综合大学会议专题报告,并组织全体学生进行课前学习,收到很好的效果。教师们澄清了在院系调整时所遗留下来的各种混乱思想,认识了综合大学在国家过渡时期应培养科学建设人才任务的重要性,大大增强了光荣感和责任感。同学们进一步认识了学习是为了建设社会主义,因而提高了学习的积极性和自觉性,巩固了专业思想。再经过总路线的学习,精简节约运动、粮食问题、普选工作的学习,全体教工同学的认识,有了很大的提高。综合大学会议总结中指出,"要把高等教育的方针任务和国家总路线总任务密切结合起来",许多事例都说明了这一指示的正确性。将教学改革、专业思想巩固和国家总路线总任务的教育密切结合起来,才能产生无穷尽的力量。语言学系现代汉语教研组将政治思想工作

---

① 本文系1953-XZ1100-001/10,1954年1月1日。

与业务密切结合、不断提高学习积极性的经验,必须坚持和推广。

(二)必须贯彻计划性

在开学不久,筹委会根据综合大学会议的精神,结合本校实际情况,拟定了1953年度教学工作计划大纲,使全校工作有了方向和依据,并推动了全校各部门、各系、各教学组织开始重视计划工作,使教学、师资培养、科学研究等工作都开始有目的、有步骤地进行,集体力量初步发挥出来。

我校各部门、各系、各教学组织在初步实行计划工作的期间,存在很多缺点,缺乏经验,计划也比较粗糙,也还有个别系和教学组织对计划工作不够重视。从不重视到重视,从粗糙到细致,从没有经验到有经验,这是一定的发展过程,在实践过程中,将会逐步地明确。一个学期来的事实已充分说明:重视计划工作与不重视计划工作的效果,是完全两样的。根据教务处本身的经验,有了计划,目的要求明确,工作步骤层次分明,工作开始从被动转为主动,集体力量容易发挥,检查工作比较容易,还可以培养同志的组织性、纪律性。各系、各教学组织的经验也如此,如植物教研组、普通物理教研组等,由于重视计划工作,工作计划经过充分酝酿讨论,并订立严密可行的制度,因此工作上能收到较大的效果。

计划性是社会主义的原则,计划性的增强,就意味着社会主义因素的增长。我们不仅要重视计划工作,还必须逐步积累经验,为进一步实现全面计划化做好实际的准备。现在我们计划工作上最大的缺点,就是只有教学组织的计划,不注意拟定个人的计划。因而,系和教学组织工作计划的贯彻,就缺少了具体的保证和基础。这一点,要求全体教师同志能协力改进。

(三)加强团结,稳步前进

筹委会贯彻综合大学会议的基本精神,针对本校情况,提出了"加强团结,从稳定中求进步"的方针,各部门、各系和教学组织,基本上都能认真地执行。院系调整后,教师间团结合作的气氛是向上发展的。南来的教师,都能迅速安定下来,认真教学,并对教学改革及搞好团结工作起了很大的作用。如历史系杨荣国教授、中文系董每戡教授等,对教学改革和团结工作,都尽了很大的努力。

年轻教师与老教师的关系基本上是正常的,并有了新的发展。由于各系、各教学组织都重视师资培养工作,年轻教师依靠老教师的指导,在教学实践中,取得了很大的进步,新老关系一天天密切起来。

院系调整遗留下来的问题,正逐步解决。虽然,个别教师之间还有隔膜,但只要大家以诚相见，体会教学改革人才培养任务的重要性，必须合作团结，相信，这种个人意气，将会在我们为共同事业而奋斗的过程中很快消除掉。语言学系现代汉语教研组在总结中曾写着这样的句子："把六个人看成一个整体，是建筑在人民利益的基础上的友谊。"这是教师们高度自觉的表现。在期中教学工作检查时，各教学组织的经验亦如此，只要能彼此关怀，互相尊重，互相学习，密切联系，摆清情况，发扬民主，在教学实践中就会不断增长团结和友谊。特别是领导同志能以身作则，开展批评与自我批评，这是加强团结的关键。从这一学期的工作中，我们深深体会到：坚定的团结，就是完成教学改革工作的保证。

二

上学期，我们的工作取得了一定的成绩。特别是在期中教学工作检查以后，由于中南高教局工作组同志的帮助，我们认识到了工作上的优缺点和今后努力改进的方向。全体教师前进的信心大大加强了。

上学期，由于重视了政治思想教育工作，教师同学们的政治认识与教学积极性有了很大的提高，推动了教学改革工作不断地前进。但是，上学期政治思想教育工作还有不少的缺点，这一学期必须大力改进，这是教师同学们的普遍反映和要求。

上学期，我们抓紧了下列四项工作：①整顿、巩固教学组织；②学习苏联，改进教学；③培养师资；④改进领导。这几方面的工作情况，在期中教学工作检查小结中已有详细的报告。现在只将主要部分作概括的报告，并做了一些补充。

（一）整顿和巩固教学组织工作

上学期开始，筹委会依照综合大学会议决议的精神，明确提出：整顿和巩固教学组织，是我校教学改革的中心环节。在一个学期来教学组织巩固、成长的过程中，集体力量使教学质量不断改进，也使参加组织的成员的思想认识有了显著的改变。这使我们深切地体会到了教学组织的巩固和发展，标志着我校社会主义因素的增长。

上学期，我们进一步巩固健全了较好的教学组织，按照实际需要和可能，新成立了一些教学组织，也取消了个别条件不具备的教学组织。现在，全校共有教研组（室）14个，教学小组24个。全校教师除了8位如西语系、德文系、法文系、日文系等教师未参加教学组织，我们已基本上做到"组织起来"了。

我们是这样整顿和巩固教学组织的：第一，慎重推选教学组织的负责人，发扬民主，充分讨论推选，经系、教务处审议，提请筹委会聘任；第二，拟定教学组织工作暂行条例，明确教学组织的工作内容，主要要求集体备课，学习苏联科学理论及先进经验，搞好教学；第三，贯彻计划化，经过酝酿讨论，拟定教学工作计划并切实执行；第四，通过期中教学工作检查，发挥教学组织的主动性和组织、推动作用，从教学实践中加强团结。

通过期中教学工作检查，我们进一步了解了各教学组织的基本情况。这次我们向教工会推荐作典型报告的植物学教研组和现代汉语教研组，我们认为是本校具有代表性的教学组织。他们建立的时间较长，指导思想明确，重视工作计划，团结合作，发挥了每一个人的主动性与积极性，能重视教学上的各个环节，掌握并取得了一定的经验。根据这两个教研组的总结，我们对下列两个问题，有这样的体会：

1. 教研组怎样才能发挥集体力量

（1）加强领导，明确责任，学习先进科学理论，建立统一的思想基础。教研组负责同志一定要重视教研组的工作，把它作为重要的政治任务，负起责任，并带头积极学习苏联先进科学理论和经验。于志忱、王力两位同志，工作认真负责，肯钻研问题，对苏联的学术思想和先进的教学经验重视学习。统一的思想基础，是搞好教研组的先决条件。

（2）开展批评与自我批评，是提高思想水平，加强团结，推动教研组不断进步的动力。植物学教研组、现代汉语教研组全体同志都能积极求进步，互相关怀、互相尊重，经常开展批评与自我批评。特别是负责同志能认真检查自己，诚恳帮助别人，因此能做到全体成员团结合作，发挥所长。

（3）有制度，有计划，抓住中心环节，不断求进步。如植物学教研组很重视工作的计划性，建立了健全的工作制度，并重视检查工作，因而工作做得深入，贯彻性强。植物学教研组、现代汉语教研组能经常注意了解学生学习情况的发展，发现问题，研究解决，因而工作能不断改进。

2. 我校教研组发展的规律

一年半以来，我校教研组发展的情况可以总结出如下的规律：开始成立时，是抓紧集体备课和学习苏联先进科学理论。在这基础上取得了教学经验，备课有了基础，于是就进一步深入钻研苏联教材，重点集体备课，逐步地结合教学开展科学研究工作，并相应地健全制度，改进教学方法。如植物学教研组成立时，很多课程的开设都没有把握，主要是学术思想尚未形成，因而进行米丘林学说的学习。在初步明确学术思想后，进行重点集体备课，讨论关键性的问题，并逐步开展科学研究工作，加深对先进理论的认识。同时，把教学与指导同学学习紧密地联结起来。教务处曾邀生物系一年级同学开过座谈会，从他们所总结出来的学习体会和收获，比对与教研组的计划、步骤和要求是否完全一致的。

现在，有个别教学组织，存在着急躁情绪，尚未搞好第一步，就走第二步；个别教学组织在基本理论、学术思想还未搞好，就想开展专门性的科学研究工作。这种情况要注意改正。我们要一再强调：急躁不得，一定要打好基础，稳步前进。

（二）学习苏联，改进教学

学习苏联，这是教学改革的根本性质的问题。上一学期，各系各教学组织都很重视钻研教学大纲和苏联教材，并有计划地学习苏联先进科学理论和经验，取得了一定的成绩。学习苏联风气的形成，为今后科学研究工作树立了正确的方向。

翻译苏联教材工作亦有了新的开展，如数学系姜立夫、胡金昌、潘孝瑞、刘良琛等教师合译《解析几何学》一书，已经完稿，分送七间大学采用。去年暑假俄文突击以后，教师们都能坚持学习，不少教师公开读俄文教材，来充实教学的内容。有些教学组织已重视苏联教学经验的学习。

植物学教研组在学习苏联先进科学理论和教学经验、改进教材内容和教学方法方面，取得了比较系统的经验。在学习米丘林学说以后，教师们已能基本上掌握这先进的科学理论，组织处理教材，并初步开展科学研究工作。他们在教学方法方面，开始能全面认识讲授、实验、辅导、考试各个教学环节是不可分割的教学过程；在指导学生学习中，认识到从预习、听课、复习、实验、辅导到考试是获得知识和巩固知识的过程。教与学成为有机的整体，这一经验应值得重视和学习。

在学习苏联中，我们也遇到不少困难，主要是学生水平和专业要求的矛盾。大学的教学计划和教学大纲，是按照苏联专业设置的精神实质来拟订的。但是，我们中国高中毕业学生的程度，远比不上苏联十年制毕业的学生。因此，学习上存在很大的困难。特别是数学、物理、化学这三门科学，系统严密，同学学习上感到特别困难，教师和同学都产生了很大的苦闷。有些教师问："从专业要求出发？还是从学生水平出发？"我们的意见是：我们要求在四年的教学培养中，要使同学科学水平能力达到一定的专业规格，在施教上，则必须注意从大多数学生的实际水平出发，尽最大的努力，打好基础，循序渐进，逐步提高。如果离开学生的实际程度来进行教学，结果会使教与学都发生很大的困难。上学期，教师们都开始重视了解学生的学习情况，克服主观主义的教学态度，这是一个很好的现象。但是，还有个别教师仍存在着过高过急的要求，不注意课程间的联系及学生自修时间的分配，分配了过重的课外作业，造成了同学学习上偏废和忙乱的现象，使同学学习上感到更多的困难。因此，今后我们必须从这两方面来掌握：①注意各班的课程联系，以有计划的教学来指导同学有计划地学习，同时要注意研究现在实行的教学计划是否有修订的必要，应该怎样修订，准备意见提供高教部参考；②注意贯彻学习苏联与中国实际相结合的方针，要针对现在学生的水平，对教学大纲、教材内容进行必要的精简和补充。特别是数学、物理、化学三系，希望能好好研究解决这些问题。

（三）培养师资

从上学期开始，学校党委和行政十分重视师资培养工作。各系各教学组织都能从实际情况出发，结合专业发展需要和个人专长，有计划有目的地进行师资培养。提高原有师资与培养新师资并重。理科各系重点是培养新师资。培养方法是依靠教学组织，指定指导教师，结合教学工作进行提高。一部分则派到外校进修。教员团支部对新师资的培养工作起了组织和推动作用。团支部在教学实践中，以自己的模范行动及虚心学习的精神，用典型经验带动的方法，取得了很好的效果。

总结上学期培养新师资的经验，主要有四点：

（1）依靠老教师，搞好新老关系，加强团结，互相尊重，互相学习，取长补短，共同进步。在过去，本校新老关系基本上是很好的，上学期，由于党和行政的重视，系及教学组织抓得紧，不少老教师开始自觉地认识到培养新师资，是一个光荣和重要的任务，积极负责指导工作。由于党和行政的不断号召教育，团支部发挥了作用，年青教师认识到培养师资是党在高等学校的重要政治任务，进一步体会党对知识分子的政策，认识到依靠原有专家来培养新专家的重要意义。因而能积极主动和虚心地向老教师学习。正如物理系助教黄旭同志所说的："年青教师进修必须在老教师的指导下进行，否则寸步难行。"物理系主任周誉侃同志积极关怀年青教师的进修，从学术思想到教材组织，都能做到细致具体的指导，定出制度，经常检查，并能发挥年青教师的创造性，民主讨论。这是一个好的例子。

（2）培养目标必须明确，要从基础课做起，逐步提高。大多数的系和教学组织都能正确贯彻培养目标并取得成绩。个别系和个别教学组织由于对这一问题认识不明确，要求过急过高，必须纠正。有个别年青教师，急于教学，有贪多务得的现象，亦必须防止。各系各教学组织情况不同，要求亦不同，因此，师资的培养目标、期限，都应按照需要和实际情况来决定。

（3）要在教学实践中培养，防止脱离教学的倾向。进修方法主要是钻研教学大纲，分析苏联教材。期中教学工作检查时，我们介绍的物理学系的助教林贻堃、黄炳忠同志在教学实践中研究教学大纲，分析苏联教材，提高认识，增强教学效果，就是好的范例。

（4）经常注意年青教师的政治思想教育工作，关心他们，帮助他们解决实际困难，提高信心。一方面要使年青教师认识到进修内容应以业务与政治并重。另一方面要经常注意年青教师的思想情况及存在困难，帮助解决。特别是新毕业的助教、新开课的助教，在教学上、进修上存在困难都比较多。同时，又必须重视年青教师的特点，经常予以关怀和鼓励。

老教师的提高工作，主要是通过下列的方式来进行：

（1）集体研究苏联科学理论与先进经验。如生物系对米丘林和巴普洛夫学说的学习；语言学系学习斯大林的马克思主义与语言学问题；中文系学习"延安文艺座谈会报告"；普通物理教研组学习辩证唯物论与物理学的关系；自然地理教研组学习斯密特院士关于地球起源的学说；历史系学习历史唯物论、辩证唯物论、历史唯物论；教研室结合集体备课，进行对马克思列宁主义古典名著及米丘林、巴普洛夫学说的学习；等等。

（2）集体互助，边教边学。主要是通过集体备课，互相帮助，互相学习，依照历史系中国史教研组的经验，集体备课、互相帮助的效果很大，但必须明确一个问题：发挥集体力量，搞好教学，首先必须依靠每一个成员的自觉和主动。

（3）学习政治理论和时事政策，不断提高政治思想水平，注意业务和政治相结合。如全体教师重视学习总路线，学习粮食政策、普选文件，收到很大益处；如中文系学习中国文学艺术工作者第二次代表大会文件，明确文艺工作的方向，进一步注意引导同学参加广州文学艺术的各项活动。

（4）结合教学开展科学研究工作，大致可分为三方面：①为开设专业和专门化课程，而进行该方面的研究工作。如物理系周誉侃同志进行固体金属、电子理论的研究，准备并创造条件开设这方面的新课程；西语系英文专业方面教师组织英国文学史研究小组，准备开设该课；俄文组张仲新副教授进行"苏联文学选读"课的研究和准备工作；等等。②为提高学术思想水平与教学质量进行集体研究。如生物系集体学习米丘林、巴普洛夫学说；语言学系学习马克思主义与语言学问题；等等。③根据实际需要和本身条件，进行专题研究。如生物系周郁文副教授著作《华南柑桔果树害虫鲜果附着害虫之部》一书、张宏达副教授的"中国桧属植物（假茶）"的研究、江静波副教授进行"勒伯辛斯卡娅生命起源"的研究、傅家瑞助教的"广州菱的栽培"等各项研究工作已完成。又如历史系岑仲勉教授已写好《黄巢起义》论文、刘节教授写"秦始皇孔丘"、梁方仲教授进行中国经济史的研究、西语系英文组戴镏龄教授翻译《浮士德》及编著《汉字语彙》、黄学勤教授正进行狄更斯作品研究、数学系郑曾同教授已完成"独立随机变数之和的渐进展式"论文、地理系徐俊鸣和唐永銮二教授研究"中南区地理"等。

（四）加强领导

（1）调整机构，加强教务处工作。上学期教务处调整机构，将学务组改为教学行政科，将出版组改为教学设备科，新设立教学研究科。图书馆亦加强了领导。上学期我们努力密切教务处与各系各教学组织的联系，掌握了基本情况，初步总结教学工作经验，并拟定了各项必需的章则。

（2）充分发挥系和教学组织的积极作用。我们觉得，院系调整以后，系是教学改革的作战单位，教学组织是基层组织。综合大学的各系各教学组织由于各门学科性质很不相同，必须充分发挥系和教学组织的积极作用，才能使教学改革工作顺利进行。因此，上学期拟定了系和教研组的工作暂行条例，设立了系委会，加强系的集体领导。同时注意发挥党团、民主党派的组织作用，逐步建立系的核心，并适当地调配系的工作人员，充实系的工作机构。由于各系主任去年暑假参加了综合大学会议，亲自体会了中央的精神，上学期都能积极负责，对于系工作的改进，尽了很大的努力。

（3）建立会议会报制度。主要是定期举行教务会议，建立系主任、系秘书汇报制度，并努力开好这些会议，按实际需要，举行小型座谈会。上学期各种会议对于集中情况、介绍经验、解决问题，都起了一定的作用。根据上学期的经验，我们觉得系主任汇报制度，应该由筹委会主委来主持比较恰当，教务处则应多做具体工作，协助主委开好这一会议。另则应建立会议制度加强教务处与教学组织的联系，了解教学情况及研究讨论教学改革的诸问题。

（4）密切联系各方面，协力开展工作。教学改革是学校的中心任务，保证教学任务的完成，必须依赖各方面的协力合作，而首先必须密切与各部门的联系。如课前学习周，教务处与政治辅导处、各系取得密切联系，统一方针要求，因而取得一定的成绩。如体育工作，上学期有了很大的进步，组织八百多名同学参加体育锻炼，组织了一千多名同学参加广州体育表演，同学们的健康是向上发展的。这主要是由于体育教研室全体教师的积极负责，另一方面，是由于青年团、学生会及系领导的重视。又如教务处和工会亦开始取得密切的联系，民主党派的积极推动，使教学改革工作得到有力的支持。

三

这一学期的教学工作，应该抓住哪些主要问题呢？

我们认为：应该在上学期的工作基础上，努力完成筹委会的教学工作计划大纲。从各系各教学组织的实际情况出发，上学期做得好的、有成绩、有经验的工作，应该继续坚持、巩固、提高，希望取得系统、较成熟的经验。做得不够的地方，这一学期要努力抓紧加以克服。

根据筹委会所颁布的教学工作大纲的决定，我校当前教学改革的主要工作是"搞好教学，培养师资，办好专业"。我们应该努力把这主要的工作更好地完成。从

目前的情况来说,这一学期,应该在上学期原有工作基础上,抓紧下面的三个工作:

(一) 继续巩固与提高教学组织工作

(1) 要求全体教师明确认识:继续巩固与提高教学组织,是教学改革的中心环节。教学组织的巩固和发展过程,就是学校中社会主义因素的成长过程。大家要积极参加教学组织的工作,下决心搞好教学组织。

(2) 要明确认识当前教学组织的工作内容,主要是学习苏联先进科学与先进经验,提高教学质量,并相应地改进教学方法。学习苏联先进科学与先进经验,这是搞好教学、培养师资、办好专业及开展科学研究的基础。我们自己的经验已作了有力的证明。任何一个系,任何一个教学组织,都必须先将本门学科的基本理论明确起来,要求在学术思想上划清社会主义与资本主义、无产阶级与非无产阶级的思想界线。

(3) 要加强政治理论学习。将系统地学习马克思列宁主义,作为教学组织工作的重要内容。目前,应进一步系统深入地学习国家在过渡时期的总路线。我们在学习政治理论上一般的毛病是不够重视或者要求过急。前者主要是将政治和业务分割开来,认为只学习业务就可以,不必学习政治,或者以为自己已经懂了,不必再学。后者,则急于求成,要求立即联系实际,要求在一次学习之后,就能将无产阶级思想完全树立起来。我们应该明确学习政治理论的目的是,要求在一定时期内,对马克思列宁主义、毛泽东思想有系统明确的认识。当我们用无产阶级先进科学理论把自己武装起来的时候,我们才能排除资产阶级思想的影响,成为祖国文化科学建设的坚强和自觉的战士,真正实现"人民教师是马克思列宁主义者"的要求。

(4) 进一步贯彻计划化。要求各教学组织总结上学期执行计划工作的经验,订好这一学期的工作计划,并要求教师们依照教学组织的计划,拟订个人工作和进修计划。在教学组织计划中,要继续做好师资培养工作,要重点使用力量,抓紧研究一年级教学计划,解决基础课教材内容及教学方法应如何改进的问题,取得经验,为教学改革进一步打好基础。在4月份,要求各教学组织在系的领导下,按照可能条件和国家要求,讨论各专业发展规模,提出五年计划的草案,给学校作参考。

(5) 结合教学,有领导、有准备、有目的地逐步开展科学研究工作。有些教师提出:我校目前教学任务很重,是否应开展科学研究工作?我们认为应贯彻综合大学会议的基本精神:综合大学是教学机构同时又是科学研究机构。必须防止冒进和保守这两种倾向,应该有领导、有准备、有目的地逐步开展科学研究,首先要结合教学来进行。如语言学系的经验,是结合专业发展,开设新课程,进行科学研究工作,这是正确的。同时,亦应注意结合各教学组织和各位教师的具体条件来决定,有所区别,有所不同。上星期我们开了一个座谈会,讨论如何开展科学研究工作的问题。意见集中如下值得参考的几点：一是科学研究与教学工作不相矛盾，应该结合教学，为了提高教学质量；二是应与有关科学研究机构、生产部门、文化机关取得联系，明确方向，分工合作；三是要结合地区需要，如华南热带林问题，生物系、地理系、化学系可以联系起来进行研究；四是要培养科学研究气氛及逐步准备进行科学研究工作的条件，如有教师提议出版刊物，各系举行专题讲座，应该精简会议，减轻行政事务工作等。

（二）集中力量，加强学生的政治思想工作，解决若干存在的问题

根据上学期学生工作的经验，学生政治思想工作，必须各方配合，依靠系领导及教师，才能做得好。

首先要求教师们引导同学重视学好政治理论课。上学期，许多同学不重视学习政治理论课，认为学习政治理论与他们关系不大，甚至有同学这样说："我又不做生意，为什么要我学政治经济学？"除了政治理论课教师要向同学反复说明学习政治理论课的目的要求外，同时要求各系主任与教师一起关心同学学好政治理论课，这样才能引起同学的重视。如语言学系主任王力同志经常对同学强调要学好政治理论课，故语言学系同学的政治理论课学得最好。

其次我校学生的政治思想工作，由于情况比较复杂，因此工作比较繁重，但又必须深入细致。如我校有很多学生家在香港澳门及南洋各地，有工农干部学生，有少数民族学生，有宗教青年，外省同学到南方来生活也不习惯，尤以学生专业思想不稳固，经常波动。我们认为必须建立系的政治思想工作制度，建立班辅导，加强团及学生会组织的政治思想工作。必须注意解决同学学习上生活上的困难，培养团结友爱、愉快学习、热爱专业及研究科学的兴趣。应注意加强同学的劳动教育，克服浪费现象。加强文体活动，锻炼体格及活泼生活。根据语言学系的经验，应该重视正面教育，多鼓励，多关怀，多帮助，密切师生关系，才能引导同学热爱专业。

目前同学学习上存在的主要困难是：

（1）专业设置要求与同学水平的矛盾，特别是二年级调入学生程度差。个别系已按程度分班，精简课程，困难得到初步解决。但有少数学生基础的确太差，无法读下去，要设法解决。

（2）数学、物理、化学等公共专业基础课，如何配合各专业，明确教学目的要求，还是一个未解决的问题。要求开课后召开座谈会来商量，研究解决办法。

（3）期中总结后超学时情况仍然存在，少数同学健康下降。主要是未建立起以班为单位统一掌握学生作业负担的制度。同学的社会活动时间没有认真执行政务院的规定。有些同学则因为学习方法不对头，或则因程度差，学习得很吃力。因此，要求

各系建立班辅导制度，统一安排各科自修及课堂讨论、测验等时间，并指导学生订学习计划。要求帮助同学解决学习方法的困难，对程度较差的同学，加强辅导。

还有，这学期的毕业班学生工作要重视，要先摸清同学思想情况，进行就业思想教育。

（三）加强集体领导，充分发挥系与教学组织的作用

根据上学期改进领导的经验，主要是进一步密切教务处和各系、各教学组织的联系。第一，帮助系重点培养经验，总结经验，及解决一些主要问题；第二，要加强系的集体领导，发挥系委会的作用，发挥党、团、民主党派及工会的组织作用，依靠老教师进行工作；第三，要减少全校性的会议和活动，增加以系为单位的会议和活动；第四，还要逐步解决各系行政上教学上的实际困难，适当调整人力，改进工作，发挥潜在力量，为科学研究工作的开展做好必要的准备。

这一学期工作非常重要，是今后教学工作改进和发展的基础。希望全体教师加强团结，共同努力，完成本学期工作计划，使本校的教学改革工作顺利地推前一步。教务处同志深感能力薄弱，缺少经验，工作上有不少缺点，希望能得到全体教师的帮助和指正，让工作能得到不断的改进。上学期教师们的辛勤教学工作经验使我们增长了不少有益的知识。我们相信，在党和筹委会领导之下，依靠全体教师的共同努力，我们一定能更好地完成这学期的教学任务。

如何开展培养师资工作[①]

4月28日下午,教务处假座教工会会议厅召开本学期第一次教务会议,讨论期中教学工作检查工作(主要是检查培养师资的工作)。参加这次会议的有许主委、陈副主委、教务处负责人,政治辅导处正副主任,各系、教研室(组)负责同志,系秘书,教学研究科、教学行政科科长等70人。

会议由王越同志主持。首先由许主委传达中南高教局关于《中南区几个高等学校教学工作的检查报告》。接着黄焕秋副教务长扼要报告北京中国人民大学培养师资的情况和经验,同时传达了中央高教部关于解决目前师资缺乏的办法:①发挥专家——苏联专家和中国专家的作用;②逐步开展科学研究工作;③选择若干学校、专业担负起培养师资的工作;④逐步做到行政人员兼课;⑤动员业务部门人员兼课。黄焕秋同志指出,在培养师资的工作上,我们要学习中国人民大学的艰苦创业的精神,结合业务,全面系统学习政治理论,开展科学研究工作,大力补课并培养助教。最后,大家讨论和通过了教务处拟制的期中师资培养工作检查计划。这个计划的要点是:这次检查的目的,是通过检查,在团结友好的基础上,进一步明确大力提高师资和培养新师资工作的重要意义,并系统地总结已有经验,巩固成绩,改进缺点,确定教师进修方向和助教培养目标以及培养助教的方法步骤,订出各系(教研室)提高师资和培养师资的具体计划。

检查计划规定,在开始检查前,先进行学习文件和讨论,以期教师在思想上取得一致正确的认识,以便顺利进行检查。检查时,系以教学组织为单位,凡未参加教学组织的教师,由系主任编入相应的组织。在检查进行中,要随时总结提高师资和培养师资工作的经验和缺点,进一步修订或制订提高师资工作和培训师资的具体计划。最后进行总结。

关于检查日期方面,凡教学观摩工作已完毕的单位,从5月2日开始至5月15日止,其余各单位进行检查的日期可延迟一周。

[①] 本文载《中山大学校报》1954年5月8日第63期,第1页。原题目为《本校开始检查培养师资工作——黄焕秋副教务长在第二次教务会议上传达中央高教部关于解决目前师资缺乏的办法》。

鼓励青年教师刻苦钻研继续上进[①]

本校青年团教员总支委员会于本月10日晚召开总支大会，由黄焕秋同志作关于学校进行期中检查工作的报告。

黄焕秋同志首先向青年教师们祝贺。祝贺15位助教同志，在教学工作上取得了成绩，由学校呈报中南高教局批准升为讲师。这是青年同志们在系、教学组织及老教师的指导下，努力工作、努力进修的结果，体现了年轻教师在党关怀下不断成长的过程，期望大家继续努力，在教学改革战线上，取得更大的成绩。

黄焕秋同志在报告中指出：这次期中检查是集中检查师资培养的工作。首先在这次检查工作中，团员以至全体青年教师，主要应着重检查自己的进修工作是否符合党和行政所拟定的方针，是否按照教研组和自己所拟定的计划来进行。党和行政要求培养一批真正能掌握先进科学的师资，这是保证学校能完成培养干部任务的中心环节。因此，我们首先要自问：我们是用什么态度来对待自己的进修工作？是否发挥了高度的自觉性和积极性？其次，党不断地教育我们：要紧密地依靠老教师的指导，要发挥专家的作用，学习他们的长处，要加强新老教师的团结。这一方面，同志们是比较重视的，但有一部分同志仍然注意得不够，甚至个别的表现得很坏，这是要认真纠正的。最后，党和行政一再教导我们要打好基础，循序渐进，在进行工作上不能急躁、贪多务得，必须通过教学实践，通过教学的各个环节来培养自己，提高自己。同志们自己已有不少的经验足以说明：谁认真这样做了就取得成绩，谁不是这样做了就走弯路。因此，要求大家总结一下本身在教学实践中的体会和经验。明确方向，明确步骤，为进一步的提高打好基础。

焕秋同志指出：同志们经过一年来的努力，在教学上取得不少的经验和成绩，也有了一定的提高。我们应该继续刻苦钻研，力求上进。根据初步的了解，有一部分教师因自己已有了一些进步，取得了一些成绩，就萌长着骄傲自满的情绪，这是我们前进的主要障碍和危险。要求全体同志引起警惕，认真检查，必须将这危险的倾向及时克服。

除了我们自己认真检查之外，还要通过这一次检查师资工作，进一步检查教研组

[①] 本文载《中山大学校报》1954年5月15日第64期，第1页。原题目为《鼓励年轻教师刻苦钻研继续上进——黄焕秋同志在本校青年团教员总支大会上作期中检查工作报告》。

（室）是否已发挥了集体的力量。焕秋同志说：有些教学组织还没有发挥集体的力量，没有积极动员全体老教师来带徒弟，合力做好培训师资工作。这种情况必须及时改变，使今后做到有计划有领导地进行培养师资工作。但必须注意：在检查中要肯定成绩，分析原因，克服缺点，鼓励上进，而不是互相埋怨。年轻教师要通过自己严肃的自我批评，用谦逊诚恳的态度，来开展教学组织的批评与讨论工作，想出办法，共同努力。同时必须从各系、各教学组织的具体情况出发，防止急躁情绪如过高过急的要求。

培养独立思考能力，学好功课[①]

10月7日下午，黄焕秋副教务长在大礼堂向全体同学作报告，题目是"怎样培养独立思考能力，学好功课"。

黄焕秋副教务长首先把开学一个月来的教学情况作了一个概述。指出这一学年全校教学工作总的要求是"提高教学质量，贯彻专业教学计划"。开学以来，我们正努力进行了下列各项工作：①制定新的统一的专业教学计划；②做好教师工作日教学工作量的准备工作；③开展科学研究，准备于校庆日举行科学讨论会；④调整教学组织，健全教学领导；⑤全面推行班辅导制度，加强对同学学习指导；⑥做好个别系班的整顿巩固工作。

在概述了以上情况后，黄副教务长接着指出：一个月来的教学工作是紧张的。在全体教师共同努力下，已取得了很大的成绩。同学的学习积极性、自觉性和纪律性方面，都有了很大的进步。特别是西语系，在调整以后，同学的学习情况，起了根本的变化，面貌一新。但一个月来的事实，也说明同学们在学习上的困难仍然是很多的。如一年级的同学对学习方法不熟悉，少数同学专业思想不巩固，学习不安心；二、三年级的同学都感到课程比较重，很吃力；四年级的同学一般都学习得好，但有部分同学认为自己快毕业了，希望"多抓一把"，因此，学习上出现了贪多急躁的现象，也有个别是散漫放任。又如同学们对于遵守作息时间，还重视不够，有个别班上课迟到的现象很严重，个别班的同学对老师不够尊重，特别是今年有四十多位同学留级，学习态度值得注意。这些困难和缺点，正妨碍着我们学习，必须努力克服和纠正。

根据新的统一的专业教学计划的要求和当前同学们学习上存在的困难，黄副教务长提出：如何在教师的指导下，发挥同学们学习上的自觉性和积极性，培养独立思考能力，学好功课，这是一个根本性质的问题。

黄副教务长指出：新的统一的专业教学计划的特点是，各门课程和各种教学方式的安排是根据学生学习应该由浅入深、循序渐进的发展规律逐渐培养学生的独立思考能力，并贯彻理论与实际结合的原则。这比旧的专业教学计划严密得多，要求规格也较高。有些教师和同学这样说："旧的专业教学计划执行起来，困难已不少，现在又

[①] 本文载《中山大学校报》1954年10月23日第80期第1版。原题目为《黄焕秋副教务长向全校学生作"怎样培养独立思考能力，学好功课"的报告》。

提高要求，实在搞不通。"研究起来，过去以至目前，我们在学习上为什么会产生这样多的困难？同学程度不齐，部分基础较差，这是一个原因，而主要的则是若干教师未能认真研究体会和坚决贯彻教学计划的精神实质，未能按照计划办事，特别是如何从学生的现有基础出发逐步培养学生独立思考能力方面，缺少经验，做得不够。生物系植物学教研组对于培养学生独立思考能力是比较注意而且取得成绩的，他们的经验是这样：过去是"背学生过河"，"包教包懂"，不注意启发学生学习的自觉性和主动性、培养学生独立思考的能力，因此，教学效果不好。同时，我们学校中个别教师对学生采取"丢下不管"的态度，也是存在的。这两种偏向，主要是违背了学习上必须贯彻自觉性、积极性的原则，忽视了我们今天高等学校培养人才的重要任务和要求。我们要提高教学质量，培养出合乎规格的人才，必须努力贯彻发挥教师的主导作用和培养学生独立思考能力相结合的方针。这是贯彻、保护社会主义教学指导思想的问题。旧的教育，是要将学生培养成为他们反动阶级利益服务的驯服的人才。我们的大学则是建设事业，是为整个社会的物质和文化的需要的不断增长进行的创造性劳动。化学系教师，在暑期生产实习中，发现有同学对普通溶液的配制都不懂，因而检查发现过去对实验工作的忽视，不严格，并检查了自己的教学思想，于是本学期对实验工作、对整个教学工作上都有了很大的改进。我们热烈欢迎这种有重要意义的转变和改进。因为这就是社会主义的教学指导思想获得胜利的表现。

黄副教务长接着指出：在同学中也必须深刻体会发挥教师主导作用与培养学生独立思考能力相结合的方针，明确学习的目的和要求，提高学习的自觉性、积极性。在教师的指导下努力学习，才能将自己培养成为有学问有能力的人才。我们应该了解：四年的学习过程，就是我们在教师教导下，系统学习科学知识和逐步培养独立思考、独立工作能力的过程。离开教师的教导，我们要取得学习成果是不可想象的。目前，若干事例说明同学对于尊重教师的指导这一重大的问题是不够明确的。如化学系三年级有一位同学，在化学实验时，不按照实验程序，自搞一套，又不服从教师的指导，还说这是"培养独立工作能力"，其实就是闹"独立性"。这样不仅不会学好功课，而且会招致危险。这种无纪律的行为，必须坚决纠正。这虽是少有的例子，但在思想实质上是一种不正确的学习思想的突出集中的表现。值得同学们注意警惕。

如何培养独立思考能力？黄副教务长指出：首先在思想上要明确尊重教师的指导及发挥自己学习上的自觉性积极性，主要的问题是明确学习上的目的，懂得学习是为了什么。其次，要明确四年的学习过程就是自己培养独立思考能力的过程。大学教学的基本形式是讲课，目的是给学生以系统的基本知识。教师讲课、学生听课能否做好是很重要的，关乎同学在实验室、课外作业等是否能获得牢固的知识。因此，一方面要求教师提高教学质量，做到在课堂上能基本解决问题，另一方面就要求同学逐步提高自己在听课中的独立工作能力。第一，要将自己的注意力集中在教师所讲的教材上。要努力克服分散注意力的因素，因为注意了才能学好。这里有一个重要的问题，就是要有强烈的目的性。预习能明确自己听课的目的，使自己在听课时能集中注意力。第二，在听课时要精神饱满，运用自己的思考力，好好听，好好想。因此，在听课前要好好休息，疲劳就会影响学习。第三，好好运用想象的能力，就能使自己更好地掌握和理解学习的内容。第四，要运用自己的记忆力，必须记住教师所讲授的内容，在课堂上记忆清楚了，下课后就可以减少许多困难，复习起来就更能巩固所学的知识。培养自己的思考能力、帮助记忆及使自己更好地集中注意力的一个好办法，就是要重视在课堂上做好笔记。将教师讲授的内容，通过自己的思考，以简单的文句条理地记录下来。有不清楚听不懂的地方，就做记号在下课后向教师或同学问清楚，这是很重要的方法。专业教学计划的课程排列要有一定的顺序，环绕课堂教授为中心，进行各种教学方式，逐步培养学生的独立思考能力。一二年级着重打好基础，有实验、习题课、课堂讨论等，到二三年级就有课程论文、生产实习、科学研究小组，到了四年级就有毕业论文。因此，我们要在听讲中注意培养自己的独立思考能力，同时必须重视整个教学环节对培养我们独立思考能力的作用，接受教师的指导，积极参加，搞好学习。就在功课上也如此，是不能偏废的，例如一二年级俄文学不好，到了三四年级做课程论文、毕业论文时，参考苏联先进科学的文献就会遭遇到困难。

黄副教务长最后指出：培养自觉的学习纪律，是学习成功的必要条件。社会主义高等学校学生的自觉纪律，首先是学生对于自己学业的自觉态度，如果没有纪律，学业就不能有成果。正如凯洛夫同志指出：学习是学生对祖国的天职，如果不能牢固地掌握知识和最严格地遵守学校所加于学生的一切义务，就不能成长为品格完全的公民。学生在学校纪律性不好，就不能担承祖国建设的重要任务。学生纪律性的教育，主要是在教学过程中进行的。因此，要求同学自觉地遵守学习纪律，在学习过程中，培养起高度组织性、纪律性，顽强学习，培养起正确的劳动习惯、工作能力及高尚的社会道德的习惯。在黄副教务长报告后，各班同学都进行了讨论，检查了学习上存在的问题，主要是同学对学习上自觉性、积极性的目的性还不明确，对听讲不够重视，个别班还检查了对教师不够尊重的错误，表示有决心在教师的教导下，进一步改进学习方法，严肃学习纪律，克服困难，为优越的成绩而努力。

向全体教师报告"关于考试考查问题"[①]

本月8日下午,黄焕秋副教务长在大礼堂向全体教师作"关于考试考查问题"的报告,说明了实施考试考查的基本精神和原则,总结了我校过去执行这一工作的主要经验和存在问题,指示了具体做法,并号召大家加紧做好准备工作,保证期中考试考查的顺利完成。

黄焕秋同志指出:考试考查是整个教学过程中不可缺少的环节之一,是有计划检查学生学习效果与成绩的唯一方法,也是教师总结教学经验与效果的最好方法。并且,教师与学生通过考试考查发现双方的优缺点和经验教训,就有可能在共同认识的基础上,实行民主合作,不断改进、提高教与学两方面的工作,提高教学质量,并不断促进师生间的友谊合作。这就反对了资产阶级教育学把考试当做约束学生的唯一手段的错误观点。黄焕秋同志说:我们的考试考查是为了师生共同的利益,我们共同的愿望和努力的目的就是"一切为了提高教学质量、提高教学效果","向祖国回报优良成绩";考试考查是与其他教学环节密切联系而不可分离的一环,因而必须重视各个教学环节,重视教学方法和对学生平时学习的指导和检查;考试考查制度的形成又是新旧交替的过程,是一个努力学习苏联先进经验与抛弃资产阶级旧思想旧方法的过程,因而必须有明确的认识和决心,必须反对形式主义和保守思想。

黄焕秋同志继续指出了过去教师执行这一工作存在的问题:第一,是缺乏实际经验,不知从何着手,信心不大,甚至有个别教师因口试"费劲"而中途停止了;第二,是对专业教学计划中所规定的考试考查制度不重视执行,对教学改革的责任心和积极性不够,自搞一套或是认为口试笔试都一样;第三,是对考试考查先进教学经验的优越性认识不足,有人以为口试抽签是"碰运气";第四,是对于师生合作改进教学提高效果的意义认识不足,个别教师在进行口试时太严厉或是太客气;第五,更有个别的教师还不愿放弃资产阶级的一套考试方法——是非法、填充法;第六,本校实行四级计分制已两年,但有个别教师对实行四级计分制还是抱着百分制硬套,计分计出三加、三减、三点几来了。这些混乱情况都是必须及时改进的。

接着,黄焕秋同志总结了过去考试考查的收获,并阐释了考试考查的区别和怎样

[①] 本文载《中山大学周报》1954年12月11日第87期第1版。原题目为《黄焕秋副教务长向全体教师报告"关于考试考查问题"》。

进行口试的考查（见下期校报）。

最后，黄焕秋同志号召大家努力做好准备工作，必须注意：①对同学进行思想教育，使他们认识口试制度的优越性，端正态度，解除思想顾虑，并加强纪律教育；②加强对学生的复习指导，特别是要重视做好对工、农、干部学生和少数民族学生的辅导工作，要注意指导学生继续按课程进度正常学习，在温习考试期间定好温课计划，解决复习时的发问（有些教师会作总结性的复习报告，是好的）；③教学组织要认真讨论和制定考签和评分标准，以及考生考试次序和试场的布置工作；④严肃评分的态度；⑤重视总结工作——总结要在各系室全体教师中报告、讨论，为今后全面实施考试考查打下基础；⑥密切各方面的联系，有疑问可在校报上讨论答复。

关于贯彻第一个五年计划的文教问题的报告[①]

同志们：

党委决定由我来就第一个五年计划的文教问题发言，这对我是一次很好的学习。由于时间关系，我的报告未经党委批准，只是我个人的意见，有不对的，由我个人负责。

第一个五年计划要使我国成为一个工农业先进的国家，三个五年计划，要使我国赶上先进国家的水平。

第一个五年计划的文教工作，主要是为社会主义的文教建设打下良好的基础。我国过去饱受三大敌人的统治，文教建设工作很差，新政权建设以后，为我国人民文化大力的发展打下基础。从第一个五年计划文教工作任务看，其发展规模是很大的，差不多等于农业那么多的投资。5年中，新建60间大学，1957年达208间，毕业生20000多名，相当于国民党时期20年来的一倍半□□□5年中学，发展更快，在校人数43万，为国民党1947年最多的两倍多，书籍亦很多，解放以来新增修校舍424万平方公尺，旧中国1898—1948年中，才超过105万平方公尺，教学设备方面亦如此。从我校来看，物理系1953—1955年就投资50多万。从五年计划发展的数字来看，发展极快，从1951年到1954年，大学生达257000多，增加了20%，工科学生1954年比1949年增213%。从高校来看，综合大学，增加8所。第二个五年计划中，工科毕业生177000人，比第一个五年计划时多3倍，超过国民党20年来的4倍多，这种速度是资本主义国家所不可想象的。从质量上看亦如此。通过后来调整，与教学改革，使教学质量大大提高。再看中等教学，1954年招30多万学生，比1951年增89%，五年内招生中等专业学校□□□，留学生5年10000多，实习生10000多，可以看出，很突出的问题是国家很重视培养人才，而且培养人才是适应工农业发展的需要的。

从中等专业学校毕业生比例看，师范占□%，工21%，卫生11%，农9.3%，再看工与理科人数的比例是6:1，国家对熟练工人的培养也有了很大决心，特别注意组织工人业余学习。

其次可以看出国家十分重视提高工作，重视科学研究工作，如苏联帮助我国从事

[①] 本文系1955－DQ1100－001/24，1955年1月1日。

原子能的研究。科学研究所增23所，达27所，研究人员4千多，比1953增三千多，对高等学校的要求则是密切结合教学□□□充分发挥□□□定出计划□□□中央有个计划，特别提出从培养物理化学及其他自然科学的专家入手，这是提高科学技术的根本办法，同时注意社会科学，哲学等。以及其他空白部分的专家的培养。可见第一个五年计划很着重提高工作。同时也很重视普及工作，非常重视提高人民的生活、文化水平，这一个是普通教育，一个是扫盲工作。普通教育的重点是中学，特别是高中，高中到1957年学生72万，比1952年增80%，比高等学校招生人数只多5万。初中到1957年398万，比1952年增78.6%，这个数字比起高中的招生比例刚刚是2:1。小学看起来慢些，但数字很大，毕业生4326万，初小等到1957年，全国小学生6千多万，比1952年增17.9%，有人问是不是小学办得太少，不少，可不可以多办些呢？不，到1957年，学生总数6600多万，平均9个人中就有1个人读书，将老弱小也减去，这数字就更大了。就我国今年的生产水平看，这数字的负担很大。今天苏联还只是4:1，人家社会主义建设这么久了，假如多办些学校，一定要把工业发展数字降低，这是不能多要的。

扫盲工作决心很大，规模也很大，"积极□□□，在合作化运动中扫除文盲，二千三百万。"这数字因合作化运动，可能突破，到1962年数字是两亿。合作化运动的开展，为扫盲工作创造有利条件。因□□□热情提高，并且可以有计划安排时间，有一批毕业生在农村□□□4:1。

出版、广播、电影等亦有很大发展。中央要求将这些工作都面向工矿，新建工业地区与广大农村，要求在一定时间在农村有广播、电灯、电报、俱乐部。

卫生工作要求亦很高，要求到1962年消灭蚊、蝇、老鼠、麻风，这些规模数字都很大。

由此看来：

（1）在党和人民政府的领导下，对提高人民文化、保健等寄予很大的关怀，亦反映了我国各方面的发展，证明了我国人民民主制度的优越性，这阶段的工作好，就为以后的文教建设工作打下基础。

（2）以提高质量作重点，着重培养干部、科学研究，今天的普及工作亦是为将来提高打下基础。"中国的国际地位很高，但文化水平比起来很不相称"（周总理的话）。因此，要着重质量，兼顾数量。

（3）文化建设工作与全国建设工作发展相适应，老区也非常重视文教工作，并自始至终贯彻"统筹安排，合理部署"的方针。

同时，看出高等学校在第一个五年计划中的作用与地位。李岚春同志就提到"我们巨大的困难，就是□□□"

中大是综合大学，任务是培养高等与中等师资，培养科学研究人才，从刚才所讲的看，干部的培养，我们起很大的作用，这是我们的光荣。问题是如何完成这任务。杨部长曾指出，我们培养的人才主要是质量不高，特别是政治质量差很远。如何加强政治思想教育，就成为一个大问题。同时，高等学校浪费亦很大。此外，还有隐藏的反革命分子，对高等教育危害极大。我们要采取办法，肃清他们。我们学校有部分教师工作很少，有些年，年轻教师觉得老教师在，开课遥遥无期，等等。其实这是大家看不远，将来办这么多大学，教师哪里来？许多不必要的想法，都是与国家发展不适应的，现在的问题是如何抓提高。

在于进一步加强学习，改造思想。

社会主义要靠先进科学，依靠谁来实现这个任务？工人、农民、知识分子的亲密联盟，是建设社会主义的基本柱石，可以肯定地这样回答。过去有些人提出，工农联盟，那知识分子放到哪里去了呢？这就是答案。

曾有人恶意破坏这个联盟。苏联建设时期，机会主义者说：社会主义不能在苏联实现，理由是俄国文化水平太低了，这么低的水平，要过渡到社会主义是不可能的。列宁同志认为："无产阶级夺取了政权以后，就为文化教育的发展创造了有利条件。既然资产阶级□□□为什么无产阶级不能□□□并赶上旁的民族。"斯大林同志说："十月革命后，按照这些指示，使用资产阶级的科学技术专家，进行建设。左派提出，我们不与右派的专家合作，我们要用20年的时间培养红色专家，以他们的纯洁性来建设社会主义。"列宁同志尖锐地驳斥了这些论调。在"八大"上列宁提出：科学技术专家几乎无例外地出身资产阶级，但另一方面他本身是脑力劳动者，就有可能接受改造……就为他们为无产阶级服务创造了条件。因此，消极的，等待的，都是极端荒谬的。中国有这种理论，说军事100分，政治80分，经济文化0分，又有人提，要培养红色的专家代替旧专家，徐矛庸就是这种思想。这种思想不止违背了列宁的指示，而且违背了中央、毛主席素来对知识分子的政策，体现在中央所作的指示中，我党对知识分子的政策是正确的，是中国革命胜利的重要条件的。旧中国知识分子与资本主义国家的知识分子不同，他们绝大多数无政治地位，受迫害。

很重要的问题，是正确对待知识分子的问题，只有这样，才能巩固工农与知识分子的亲密联盟。最近省委召开了知识分子政策问题的座谈会，大家摆出对知识分子的看法，主要的一点是不把他们当作自己的敌人看。

中央指出："我们对待知识分子的情况，比解放前，解放初期发生了根本性质的变化。"中央的指示，非常及时。知识分子经过了多年的马列主义理论学习，经过了多次改革，进行了思想改造，开展了对资产阶级的批判，因此绝大部分拥护了党，开展学习苏联的先进科学、马列主义理论，没有对知识分子的正确估计就不会巩固这个联盟，当时的危险是党内一部分干部针对这个改变不重视，只看到知识分子过去的历史，水平低，其实是这些年轻干部自己水平低，看不清楚，伟大的社会主义建设事业没有知识分子参加，肯定寸步难行。我们每一步工作都要愈来愈多地依靠知识分子、专家，才能很快赶上先进国家的水平。

能不能多找几个苏联专家解决问题呢？要注意，他们来中国顶多两三年。能不能让年青的人很快就掌握人家的先进经验？不能。清华大学的经验证明，必须让老专家和他们一起，才能学好。当然，派出的一万多，将来要起很大作用，但更多的年青专家，还有赖于老专家的培养，这个方针是坚定不移的，我们这个单位也并不例外，例外思想非常错误。

老专家许多旧学术思想，怎么办？一方面要看到他们的进步是巨大的，知识分子的面貌起了根本性的变化；另一方面，老专家过去受旧社会的影响，特别他们是资本主义教育制度下培养的，深受旧影响，为了更好地发挥他们的作用，必须帮助他们提高，进一步改造。通过系统的政治和业务学习，让他们进一步提高，这一工作必须是长期的、细致的。任何的工作，都要经过积极的努力，这个问题两方面都应当同时看到。老教师自己发展，要求加强学习，改造思想，便成为很重要的任务。有些老师想到改造就怕起来，必须明确，继续思想改造是发挥老专家力量的保证。特别是我们学校，是培养忠于社会主义的建设人才，自己觉悟很低，怎么培养、如何进行改造？前一时期，采用自我改造，大家帮助方法，的确起了很大作用。今天要不要搞运动？不要了。今后重要的方法就是学习。根据自愿与自己的需要，系统学习马列主义理论、苏联先进科学，这是最根本的方法。第二个重要的办法，是组织专家积极参加科学学术思想批判，以挤掉资本主义的思想影响。列宁说，"专家要接近共产主义，主要是通过自己的业务，通过自己的经验和反复的思考来实现"。华南医学院就有这样的例子。苏联专家来，教了我们许多东西，老师们亲自看到苏联是怎样帮助我们的，并亲自看到苏联专家的表现。这方面特别希望年青的党团员，看到老专家的才能对祖国的关系，以此来密切我们的关系。同时，要求全体教师互相尊重，大家发挥自己的作用，长处才能不断提高，缺点才能克服。

关系社会主义成败的是工农知识分子的联盟，党与知识分子的关系问题，一般说，这关系是密切的，但有不少缺点。今天，各方面之间的团结关系都必须重新考虑，把好的发扬，缺点迅速改正。

我们学校老师对思想改造都有自觉的要求。历史系陈老先生在他七十寿辰上的讲话说："黄河要在马列主义下改变面貌，我们的人的改变□□更加容易。现在问题是我们肯不肯改造。"大家积极参加夜大学学习，积极学习五年计划，是一种接受改造的表现。但也有个别的保守思想和自满情绪，必须加以诚恳的帮助。对□□□慢的教工，必须采取积极的方法加以帮助。思想改造要靠全体教职员自愿自觉地支持，不能用粗暴的做法，那么如何改造呢？

解放后，政府做了不少工作，但还很不够，表现在党与知识分子的关系不够密切，老教师潜力未发挥，有时也出现一些新老关系问题，加强党的领导，是解决这个问题的关键。有人想，多些党员分配到各系去最好，其实，党缺少这方面的年青干部，必须认识，不要以为谁是主、谁是客，每个教职员都是国家主人，大家有责任把工作做好。因此不能光凭想象认为，哪个系里没有党员，哪个系里的关系就不密切。必须从现有的情况出发，党内外干部团结一致。搞好工作，要求党员加强与全体教职员的联系，教职员主动加强与党的联系。由于不了解，有些老师觉得党员难接近。我们要求党员虚心向教师学习，也要求大家多些联系，增进了解。

怎样发挥全体教职员的潜力？必须将工作全面规划，这样才能提高工作水平、业务水平，并进一步提高思想水平。教工同志们迫切要求解决方向问题，方向问题解决了，潜力就发挥出来了。物理系在规划时研究了这个问题。有了全面规划，就可以很好安排时间，不会发生过闲过忙现象，假如一个系，教学工作，党团工作，□□□都作出全面规划，工作就不会忙乱。

在全国知识分子中，甚至党内亦有这个问题。党能不能够领导科学？《化学通报》某期一教师提出了一个问题，引起了一些影响。他的问题是不懂得化学的人能不能领导化学？党能不能够领导科学？多年来的事实，清楚地看出，党能够领导各项建设，并且取得重大的成就，证明马列主义是放之四海皆准的。马列主义是每门科学的专家都要学习的，我们今天要求各学科都要树立马列主义的旗帜，必须坚持这个方向、这个旗帜。这是科学的党性。这位先生的突出的思想是难道解放后的科学研究工作比解放前好些吗？由于领导无能，做成今天的科学上许多缺点——如买药品困难等等。但是这些都是旧社会留下的，为什么光看这是领导无能呢？化学系的先生不妨讨论下他这篇文章，他的偏见是很严重的。他自己忘记了自己是有名的化学专家，自己应当起什么作用。是起来领导呢？还是站在一旁看呢？不过，他的中心思想是错误的，他甚至污蔑教学方针是一种"时耗"。说解放后他开过有必要的会不多，等等。讨厌填表，说专家一点钟不等于科长一点钟。

我个人的看法是：首先党的领导主要是思想领导，按照马列主义的原则进行领导，学习苏联先进经验与中国实际结合等方针，是党提出来的方针政策领导，非常重要。能够正确贯彻，那个部门就取得胜利；其次，要有组织保证，依靠党员、团员以及民主党派作为助手，党的领导还要通过行政、工会，工会是以共产主义教育群众的组织，是党联系群众的纽带，同时不要以为行政不是党员，不用贯彻党的政策，因为党的政策是通过行政来贯彻的；第三个是业务的指导，我们承认今天对业务的领导很薄弱，或者可以说，只是学习。但又必须明确，我们外行，但可以虚心学习，征求意见，提出意见，现在问题是努力争取业务也100分，今天不成，就学习，当然不要求我们门门通，莫斯科大学校长也只是懂得数学里面的某门，要求我们的老教师发挥积极性，发挥各单位的力量，保证政策的贯彻。

在广大教师积极靠拢党的情况下，在一定时期内，我们有信心，在每个系内都建立起党的具体领导，业务领导。戴主任入党，就是一个很好的证明。戴主任的入党，不仅是他个人的问题，而且是他站在社会主义建设的最前列，他代表了知识分子的转变。党决定在教师中采取积极的建党方针。两年来，各系已初步建立起党的支部，物理系在规划中意识到了一条：从没有党支部到有党支部，这是最具有决定意义的一条。我们表示党欢迎优秀的教师加入到我们党内来。

几年来，教职员同志的劳动热情是空前高涨的。我们还必须在职工同志中建党。加强与巩固党对高等学校的领导。

我们工作有不少缺点，但是我们体会到只要依靠党中央的领导，我们一定能克服困难。

今天是除夕，我们和全国人民一样，高兴地看到第一个五年计划的第二个年头胜利结束，我们祖国又将踏入新的阶段。下一年是紧张的，任务也很多。我祝贺教工同志更紧密地团结起来，在具有决定意义的一年中，在教学工作上，在科学研究工作上，取得更大的成绩！

关心新生思想生活问题，切实解决学生各种困难[①]

一、今年招生工作，中央强调要贯彻"保证质量，照顾数量"的方针。因此，今年所招新生质量比去年提高了

今年本校招生计划，比最初草案有所增加。原定410人，后增加到510人。现在注册上课的新生共490人（女生65人），占全部取录学生人数的96.08%。另20人主要是因为体格复查不及格，现尚未报到。新生入学后经过体格复查，体格都较好。新生政治质量也较好。新生中党团员占总人数44%，西语系比例最高；工农家庭成分（包括教工家庭成分）有209人，干部及复员军人50人，工农速成中学毕业生10人，高中毕业生388人，港澳生32人，社会青年25人。

新生年龄最小的为16岁，18、19岁最多，最大的30岁（只1人）。

二、今年新生入学时，接待工作做得很好，新同学很快就安定下来了

新生课前教育工作效果也很好。9月1日至4日，进行了综合大学方针任务、专业培养目标、学习方法的教育。新生对大学学习情况及要求有了初步的认识，专业思想亦较巩固，学习情绪高涨。特别是工农子弟，学习劲头很大，很多都认为解放后能读大学，真是过去意想不到的事情，表示出决心和信心，一定要搞好学习。

由于肃反运动的开展，开学延迟了一星期，但这对新同学是有好处的。主要是吸引了新同学参加了肃反运动，提高了新同学的政治警惕。组织同学参观教学设备损坏情况展览会，使同学受到一课生动的爱护公共财物的教育。

新同学上课以来，课堂秩序是好的，教师感到很满意。西语系一年级学生从英文字母学起，劲头亦很大。

---

① 本文系1955 – XZ1100 – 001/15，1955年10月11日。原题目为《一年级新生情况及存在问题》。

三、上课一周来，发现新同学中存在一些问题，急需解决

1. 必须抓紧政治思想教育工作

在教师及领导干部中可能产生这样的思想，认为学生政治质量已相当好，就可以放松或不必这样重视加强政治思想教育工作了。事实是这样：一方面国家对于新同学保证质量方面要求甚高，另一方面新同学中也存在不少问题。主要是新同学初到大学来，不熟悉学习环境，希望很高，想法很多，碰到实际问题，就会出现各种各样的思想情况，如学习发生困难，就会产生专业思想不巩固的思想。在新同学中，出身剥削阶级家庭的为数也不少，有 123 人。肃反运动很快就在新同学中引起了波动。浪费粮食的情况也常出现。

因此，对同学进行全面发展的教育、进行阶级斗争知识的教育、进行劳动教育，都是非常迫切需要的。

自从政治辅导员改为系秘书后，工作多了，有些同志感到兼顾不易。要求各系按照实际情况，找年青教师兼职担任秘书的一部分工作，帮帮教学方面的工作，以便有专人来帮助系主任搞好政治思想工作。

2. 必须切实帮助同学解决学习上的困难

新同学初来大学，首先在学习上就碰到不少困难：不会做笔记，不会写发言提纲，不会独立进行阅读参考书。因此有不少同学反映有些教师讲得太快，笔记不会做；有些科目参考书多，又难看懂（如共产党宣言，语言学概论）；有些科目进度快（如中文一）有些同学听课有困难。

有些学生反映教师教学分量多，又讲得快，又无教本讲义，堂上不能解决问题，课后复习工作就十分紧张。如物一解析几何，分量多，有 90% 的同学在星期日做数学制图。学生负担重的情况，在上课第一周就出现，这是值得我们重视，必须切实纠正。有些科目学生已出现害怕心理，如化学一学生害怕上高等数学，值得注意。必须努力改进教学工作。

多数学生都不会安排学习时间，不会订学习计划，浪费不少时间，要注意帮助同学解决这一问题。

3. 要迅速和适当地解决助学金问题

学生入学时有两怕：怕发现肺病不能入学，怕申请助学金不被批准。已入学的学生对助学金问题思想顾虑很多，听了冯副校长报告之后，比较安定了。有一部分同学还有问题。"申请不申请？" "申请多少？" 思想斗争得很厉害。地富家庭出身的同学怕区乡政府不批准；中贫农家庭出身的同学怕申请额度不够。有好几个同学晚上考虑

得睡不着觉。有些农民子弟不敢申请，认为有书读已很满足，艰苦一些不要紧。但也有些同学则申请得过多。如中一有一个小班，32人中有20人申请助学金，19人是申请全部费用的，比例太高。有部分同学无钱买文具，迫切要求批准发助学金。

各系要协助解决这些思想问题，人事部门要迅速做好助学金的审批工作。

4. 部分学生生活秩序还不够好

这主要是因为开始时学习任务不紧张，生活秩序就散漫起来。有些外省同学生活不习惯。有些年幼同学离开家庭不习惯。

这期间，主要表现为作息时间抓不紧，学习的时间用来唱歌、洗澡，妨碍学习。其次表现在对粮食的节省不注意。

把学生科学研究活动进一步开展起来[①]

本校学生科学研究协会正式成立了。这是我们学校生活中的一件好事情。

学校行政和党委贯彻中央关于积极开展科学研究的指示是坚决的。在教师中大力开展科学研究的同时，我校于1954学年度起开始在学生中建立科学研究小组。当时有中文、历史、生物等4个系，共8个教研组，组织了8个科学研究小组，在10位教师指导下，进行了8个项目的研究。上学期，科学研究小组发展至12个，小组成员增至119人。本学期开学以来，在党中央和毛主席关于向科学进军的伟大号召下，同学们的热情非常高涨，纷纷要求参加科学小组，截至目前，小组已由上学期的12个增至76个，参加的人数由119人增至638人，占全校同学的一半以上。这些情况说明，我校科学研究小组是处在全面发展的时期。在我们学校中是没有人反对组织科学小组的，但有些同志会担心："能不能把这么多的小组搞好呢？"我们的回答是："能搞好。"决定的关键是：第一，教研组和教师们都重视对科学研究小组的领导；第二，同学们的热情很高；第三，我们有了将近两年的领导科学小组的经验。只要我们重视和抓紧对科学小组的领导，是可以搞好的。

我校学生科学研究活动的方式，大概可以分为以下五种：

（1）围绕课堂学习，进行重要文献的钻研、讨论或实验性的研究。这种方式适合于低年级同学进行。过去生物系一、二年级的"水螅研究"和"蓝绿藻的初步观察"属于这一类。

（2）关于实验仪器、药品的设计、安装和小量生产。如物二的"阴极示波仪与回路中固有电磁振荡的研究"和化三的"丙二醇小量生产"等。

（3）结合所学专业，进行专题研究，是比较专门性的研究，适于高年级同学进行，如史三的"太平天国时期广东人民革命斗争"的研究。

（4）结合所学专业，联系一定的生产建设上的问题进行研究。如地理系的"气象气候"小组和"广东地貌图"小组的研究，对生产建设都很有意义。

（5）参加当前学术思想批判运动，进行专题研究。如中三班"中国文学"小组所进行的关于思想"文艺问题"的研究。

[①] 本文载《中山大学校报》1954年4月28日第149期第1版，原题目为《把学生科学研究活动进一步开展起来——黄焕秋同志在本校学生科学研究协会成立大会上的讲话摘要》。

上述的各种活动都是在教师指导下，在结合教学和不影响正课学习的原则下进行的。

根据我们最近对上届毕业生工作情况的调查结果来看，我校对同学的独立工作能力的培养重视得不够，这就必须加强教学改革，通过各个教学环节和大力开展科学小组的活动，努力提高同学的独立工作的能力，才能担负起参加国家社会主义建设中的实际工作。因此，从国家建设的需要和目前同学的实际情况来看，我们绝不能满足于目前科学小组的情况，必须在执行计划，开展研究活动中巩固科学小组的组织。还必须加强与全体同学的联系，吸引更多的同学在搞好学习的基础上，参加到科学小组中来。这是祖国建设对我们提出的要求，我们必须完成它。

为了把科学研究小组的工作做好，根据我校的初步经验，必须注意下列几个问题：

（1）加强教研组的领导。把领导科学小组的工作列入教研组的计划中，加强对指导教师的集体帮助，指导教师也要定期向教研组汇报工作情况。教务处、各系要在适当的时间内举行会议，交流指导科学小组总结经验。

（2）科学研究小组必须订出切实可行的计划。开展科学研究活动的条件不能要求太高，应该大大发挥现有的物质设备的潜力。要规定一定的活动时间，这样可以保证科学活动能经常定期进行，又可以不致影响正课。

（3）同时，必须保证每个科学小组成员能完成学习任务。

（4）在科学研究活动的过程中，注意思想品质的教育工作，发挥大家的主动性和积极性，展开不同意见的自由讨论。活动方式不要呆板，注意要生动活泼。

中山大学1956—1957年度教学工作[①]

1957年2月16日下午，大礼堂举行了全体教职员大会，黄焕秋副教务长作了关于上学期教学工作计划执行情况和本学期工作计划的报告。

一、我校有了不小的发展

我校近年来有了不小的发展，突出表现为教师队伍有了很大的增加，图书设备有了较大的补充，科学研究成绩不少，研究生的培养任务加重了，开始有了外国留学生，对外联系活动正在开始。教学上、科学研究上的成果和教师们辛勤的努力，也和全体职员、教学辅助人员的辛勤分不开。其次，这一学期来，比较突出的是青年教师在教学上担负了较为繁重的任务，这标志着年轻教师在老教师培养下成长起来。同时，也出现了在发展过程中的困难：主要是教学用房和生活用房的空前紧张；各方面的要求提高，与实际可能有距离；特别是提高质量这一问题显得突出；人多了组织安排、建立制度就显得重要。

二、临时措施带来新气象

自从高教部于去年假期间召开高等学校校长会议以及颁布"临时措施"以后，我校进行了专题报告，组织教师根据会议文件的精神，结合本单位的具体情况，进行比较深入的讨论，在减轻学生学习负担沉重和培养学生独立思考和独立工作能力方面做了一系列的工作。去年年底，高教部检查组与高教部首席顾问列捷夫通知会来校了解"临时措施"的执行情况，认为我校的执行是认真的，也指出了我校在进一步加强组织领导、改进教学方法方面尚需继续注意。

在减轻同学学习负担方面，主要是对现行各专业教学计划的课时数与门数进行适当的精简，使同学学习上的负担有了不同程度的减轻。但是在一些专业的一些年级中，学生学习负担过重的现象还未克服（如物理、化学一、二年级，生物一年级

[①] 本文载《中山大学周报》1957年02月23日第135期第1版。原题目为《黄焕秋 同志向全体教工报告本校上学期教学工作计划执行情况和本学期的工作计划》。

等）。主要由于现行教学计划的必修科目讲授时数过多，学生自学的时间过少，这说明"临时措施"还未能针对各专业的实际情况做出周密的考虑。当然。这些班级学生学习负担之所以过重，教师的教学方法，学生程度不齐等，也是主要原因，也是有作用的。

但经验证明，用减少学时、门数，使同学有较多的时间自己学习独立思考，固然是办法的一面，但是更重要的还是要提高学习质量，改进教学方法。历史系有些教研组能加强备课，提高教学内容的思想性和系统性，使同学在课堂上能理解所授内容，这样就不会增加同学课外负担。如数学系开课的年青教师努力改进教学方法，对同学学习上有很大的帮助，这是明显的例子。

同时，要改进考试考查办法。上学期对于考试考查制度曾进行了一些灵活的补充规定。学生紧张情况有了一定的改变，也为进一步改进这方面的工作取得初步的经验。

在培养同学的独立思考与独立工作能力方面，主要是改进各个教学环节和在教学中贯彻"百家争鸣"的方针。如历史系、中文系有不少教师都开始重视在课堂讲授中贯彻"百家争鸣"的方针，介绍了各种不同学派的意见，并提出了个人的看法。这对同学的影响最大。联系实际方面，如地理系气候气象学教师将苏联的学说结合中国旧有的方法讲解。如马列主义基础教师，改变了课堂讨论的方法，基本上克服了过去笔记搬家的现象，讨论活跃起来了。如数学系，对二年级以上的习题课有了较大的改革，从在堂上做习作扭转为总结同学演算上较普遍与突出的错误，介绍了好的方法，启发同学的想象能力，并节省了习题课时间。如政治经济学教师能注意到同学的实际情况和要求，采取了不同的方式进行辅导。

此外，不少专业开设了加修课程，或举办专题讲座等，扩大学生的知识领域，并适应学生的个性特点和爱好，各系室注意根据不同的程度和特点，进行分班教学，如西语系一年级分为A、B、C三个班；政治经济学教研室在课堂讨论时将干部学生和港澳学生分班；体育教研室总结了过去教学经验，本学期开始，将全校一年级学生按体质分班。这是一种良好的现象。

究竟"临时措施"好不好、对不对？有人有不同的看法。报告人说，从实施过程看，"临时措施"的基本精神是正确的，效果是良好的。过去存在的主要问题是学得多，学得不好；限管得多，不仅限制了学生独立思考、独立工作的能力，也限制了教师的积极性与创造性。

"临时措施"主要是减少了课程、时数，改变了不少硬性措施，也给予教师以处理教学大纲的灵活性，贯彻"百家争鸣"的方针。

我校贯彻了"临时措施"以后，教师的积极性有了很大的提高，同学方面也出现了良好的学习气氛。同学学习热情高涨，政治思想活跃，过去死背笔记、强记条文的情况有了改变，注意阅读参考书籍，独立思考，重视学习外国语，敢提意见。

也出现了一些问题，主要是"临时措施"发得仓促，已到开学时日，没有很好研究本校情况，各方面工作跟不上，预见性不够，对同学没有进行教育解释，有个别时期形成放任自流，因此产生了一些偏向。如有些学生片面强调"因材施教"，只注意自己所喜爱的功课，对其他课程忽略。部分学生对"向科学进军"的口号了解得不正确，忽视基础训练，如历史系有几个学生爱写文章，不重功课，结果两三门功课不及格。其次有些学生片面强调发展个性、个人自由，忽视自觉地遵守学习纪律和生活纪律。有些学生对于民主存在一些模糊的认识，分不清楚资产阶级民主与社会主义民主的区别。有些学生忽视政治、体育锻炼，不愿做社会工作。还有少数学生对教师不够尊重等等。

这些现象的产生，反映了我们领导上的缺点。在一个时期内，党团工作没有及时跟上去，有些教研组和教师也放松了教学的领导，宣传工作有片面性，没有将自觉自愿和积极领导、独立思考和教师指导、自由和集体纪律、广博和提高等紧密结合起来。有些工作也欠考虑，如几门课程中途改变，上了几个星期课后停开，影响不好。

加强学生学习上的指导是当前突出的工作

总之，加强学生学习的指导，成为当前比较突出的问题。应该肯定，学生思想较为活跃，学习的积极性主动性大大提高，是目前学生思想面貌的主要方面。看不见这主要的方面，夸大了问题的严重性，甚至怀疑新的措施是否正确，企图采取消极限制的办法来解决这些问题是错误的。但是，不注意学校中发生的这些新情况，不及时对学生进行教育，错误以为提倡学生独立思考、尊重他们的个性、志愿后，就可以放松思想教育工作，因而对他们的一些错误思想和行为也不敢进行适当的批评教育，同样也是不对的。

教学工作存在以下几个重要问题。

1. 关于提高教学质量问题

首先，"八大"决议中指出高等教育的主要缺点是强调数量、忽视质量的倾向。今后要保证质量，尽可能增加培养干部的数量。提高干部质量是我们的总方针，即全面发展的教育方针。

当前全国高等学校最困难的问题就是基础课和专业课的师资不足，要大量培养基础课师资。综合大学对于高等学校基础科学理论干部的培养负有重大的任务。本校也有一种趋向，基础课渐多由年青老师担任。

年青老师的提高是一个主要问题。当前最迫切的任务是培养、提高师资，这是保证教学质量的关键。对年青教师开课应给予充分的准备和指导，开课后应给予充分的支持。教研组的备课不能放松,方法可灵活,注意效果。目前要求开课教师稳定,不要多调动,特别是基础课、外系的课。教师进修应有明确的要求、计划。

其次,要进一步改进教材内容和教学方法,逐步充实实验设备。首先要重视加强教学中的政治思想教育,教学内容应贯彻马克思列宁主义的指导思想,通过整个教学过程和各种教学方法,帮助学生逐步树立起辩证唯物主义的观点和思想方法。因此,要继续重视教材的编写修订工作,继续改进教学方法,提高教学效果,要重视教学观摩与交流总结经验。提高实验技术,逐步充实实验设备。

再次,是加强学生的学习指导。向学生进行全面发展的教育及专业教育,使学生认识课程的整体关系。应该进行必要的教学检查,教师要关心学生,了解学生学习情况,加强对学生学习方法的指导,指导的方式和方法应视学生学习情况和不同的要求而定,不能机械刻板。

必须继续改进政治理论的教学工作,各方面都应帮助学生自觉地认识为了培养自己成为社会主义的建设者和保护者,就必须重视系统学习政治理论课。

加强外国语学习的指导,保证学生学好一门外国语,能顺利地阅读专业书。今后一年级学生的外语学习,要从原有基础出发,教育学生不要贪多。各专业的外文资料工作要结合学生的外文知识。

改进体育教学和活跃学生体育活动、文娱活动。

还需注意新生的规格要求,应该做好今年招生的宣传工作。

我们必须十分重视关于各专业教学计划的修订工作,因为这是有关高等教育的根本性问题。现在修改条件较为成熟了,应该发动全体教师参加讨论,亦作为总结经验的工作。培养目标,课程比重,学制问题等将是讨论的主要内容。讨论前要求学习一次,然后各教研组讨论一次,各系召开教研组行政会议讨论一次,全校综合讨论一次,三月底结束以便总结报部。

2. 关于在教学中贯彻"百家争鸣"的方针问题

我校初步贯彻"百家争鸣"的方针,效果是良好的,但也存在一些缺点。如有的只罗列论点,不加肯定;或只在争鸣后坚持己见,不顾虑别人意见;有的在考试时,不满意学生不照自己讲的回答;教研组进行讨论,不加总结等等。

北京大学的经验是这样:他们认为,原则上各种课程都可以在课堂上讲述自己的独立见解,但根据课程和所讲问题的性质,听课学生程度等的不同,在具体掌握上也有所区别。例如在专门化课程中教师可以根据自己研究的成果,充分发挥自己的见解,同时补充其他学派的学说。在基础课程中,教师应客观地介绍各派的学说(包括自己的见解在内),并指出哪一学说科学根据更为充分,在学术界的影响更为广泛。对于那些和几位教师的讲课都有关系的、涉及整个课程体系的重大的学术争论问题，可以由有关教师商定一种说法作为讲授的共同基础，但教师可以在课堂上补充自己对这个问题的见解，表明自己的态度。又如高年级的专业课和专门化课中，为了启发与引导学生独立进行钻研，对学术争论问题可以多介绍一些各学派的意见。但在外系课或在低年级的课中，由于学生水平较低，无法深入钻研，或由于该专业的学生对这些问题并不需要作深入钻研，就可以少介绍一些或不介绍。这种意见可供我们参考。

学生争论讨论采取什么方式？报告人说，学生可以和教师讨论问题，这是有好处的，但是不应妨碍教学，如有怀疑或不同意见可在课后提出或课堂讨论中进行，教师应给予必要的引导。

3. 关于贯彻勤俭办学增产节约的方针问题

学校的任务是为社会主义建设培养合乎规格的干部，所以提高培养干部的质量是很大的增产，对学生必须进行勤俭建国、艰苦奋斗的教育，特别是要注意毕业班同学的思想教育工作。同时，我们学校又是一个有着大量人力物力，开支庞大的单位。现在学校有一股风，要求多，要求大，各方面都很紧张。因此，必须实事求是，从现在可能的人力、物力、财力及房舍条件出发，精打细算，先后缓急要分清楚，充分发挥潜在力量，互相照顾，互相支持，才能保证教学与科学研究工作的正常进行。为此，要求建立必要的制度，特别是教学设备管理制度必须建立起来，派出能干的干部管理教学设备，全校实行分层负责管理。要求理科各系将实验设备、药物消耗，按照教学大纲开列使用单位，精打细算。要求各系认真考虑教学设备费用的使用，保证不超支、不浪费。教学辅助人员的工作制度，教师进修制度等，也必须抓紧拟订出来。

坚持勤俭办学，加强劳动教育[①]

1月20日，《人民日报》发表了河南省长葛县第三中学、贵州省仁怀县群力农场业余初级中学学生勤俭办学的新闻，令人感到振奋。这两所中学的教师和学生的革命首创精神和对党的办学方针、原则采取严肃认真的态度，是值得我们学习的。

第一，是长葛县第三中学和仁怀县群力农场业余初中的教师和学生，他们坚持了勤俭办学、勤俭求学的方针，用实际的行动来响应党中央勤俭建国、勤俭办一切事业的号召，克服了重重的困难，做出成绩，为我们办好社会主义学校树立了良好的榜样。

正如《人民日报》"两个好榜样"这一篇社论所指出的："在各级学校中推行勤俭求学的办法，是个新学习风气、进一步促进我国教育事业蓬勃发展的一件大事。"中国共产党在领导全国人民取得民主革命胜利之后，即关怀广大工农群众文化水平的提高，关怀社会主义知识分子的培养，关怀社会主义文化的发展以及科学和艺术的繁荣。我们的国家采取了许多的具体措施并拨出巨额的经费来帮助工农子女及其他家庭经济困难的青年入学，在各类学校设置了人民助学金，开设工农速成中学，高等学校贯彻向工农开门的方针，工农成分逐年增长，中学小学迅速地发展。新中国教育事业的蓬勃发展，使我们亲切地体会了马克思的教育学说首先提出的一个原则：只有在无产阶级掌握了政权，建立了无产阶级专政以后，才能把文化与科学由资产阶级的独占变为人民的财产，才能引起新一代教育的根本改变。

随着人民生活水平的提高，人民对文化教育的要求日益增长，学生的人数愈来愈多。我们的国家有6亿多人口，工业、农业建设的任务十分繁重，经济上还存在着不少的困难。要求国家支付更多的经费来开办学校，继续要求国家把学生的困难全部包下来，实在是不可能的，否则就会削弱工业、农业建设的发展。一方面要节省国家的开支，积累建设资金，另一方面要适应年青一代的入学要求和保证学生的生活需要，最好的办法就是要大力节约现有各级学校的开支，发动群众自己办学，开设更多的学校，容纳更多的学生。在学生方面则要贯彻勤俭求学的方针，提倡勤工俭学，克服事事依赖国家的思想，使学生以自己的劳动收入解决自己全部或一部分学习和生活的费

[①] 本文载《学术研究》1958年2月，第16～18页。原题目为《坚持勤俭办学—加强劳动教育—学习长葛县第三中学、仁怀县群力农场业余初级中学的办学经验》。

用，减轻国家办学校和家庭供养子女读书的经济负担，并使更多的家庭贫苦的子弟获得如校求学的机会。长葛县第三中学学生勤工俭学、边读边耕，仁怀县群力农场业余初级中学学习文化同时建设山区的经验，具体地执行了勤俭建国的方针，解决了青年人求学的愿望，正符合我们艰苦奋斗建设社会主义的要求。这两所中学的经验，继承了我国劳动人民勤工俭学的优良传统，继承和发扬了我们过去革命根据地勤俭办学艰苦奋斗的光荣传统，为我国勤俭办好教育事业提供了一个好的榜样。

这两所中学坚持勤俭办学的经验，对我们高等学校来说，是一种严厉的批评。从整风运动中所揭露的大量事实，说明我们高等学校中的浪费现象是十分严重的。主要是人员编制庞大，工作效率不高；校舍求新贪大，使用率低；教学设备贪多求新，甚至盲目购置；助学金、福利费照顾面宽等等。由于学校领导没有严肃对待党的勤俭办学的方针，不重视勤俭、朴素、爱护公共财产的思想教育工作，不仅使国家在兴办教育事业上浪费了许多宝贵的资金，要求超出了国家的可能负担，而且在教工同学思想上渐渐滋长着一种资产阶级的享受思想，怕艰苦、追求名利地位，影响是很坏的。必须痛下决心，发动全校教工同学克服大少爷的作风，树立艰苦奋斗的作风。

第二，长葛县第三中学和仁怀县群力农场业余初中的办学方法，生动地体现了马克思的教育学说中生产劳动与教育结合的原则。这是我们社会主义国家教育事业的根本方向。

社会主义学校教育的目的是培养全面发展的人。正如毛主席所指示的："应该使受教育者在德育、智育、体育几方面都得到发展，成为有社会主义觉悟的有文化的劳动者"。马克思、恩格斯曾明确指出了改造资产阶级教育的唯一正确的道路，就是要在无产阶级掌握政权以后，才能以革命的方式，把资产阶级的教育改造成为真正人民的、真正科学的全面发展人的教育。消灭体力劳动与脑力劳动的对立，实现体力与脑力的发展的统一，是使人全面发展的唯一手段和基本原理。要消灭体力劳动与脑力劳动的对立，实现体力与脑力的统一的发展，就必须使劳动与教育结合起来，使劳动成为人们生活所必需，使教育成为全民普遍的义务。马克思在"哥达纲领批判"中这样说过："生产劳动和教育的早期结合是改造现代社会的最强有力的手段之一"。现代工农业的状况要求智力劳动与体力劳动的结合。当所有劳动者认真而牢固地掌握理论知识和实际运用这些知识的技能，现代工农业才能达到高度的劳动生产率。只有将生产劳动与教育结合起来，才能使教育的内容体现现代技术和所需的科学知识。密切结合生产劳动的需要和不断发展、提高的要求，才能使工人、农民的文化技术的水平提高，培养出与工农血肉联系的新兴的知识分子，培养出新一代的劳动者。

劳动是人类社会生活的基础，是人的生活和幸福的源泉。学生的任务首先就是学习劳动。学生要从事智力劳动，还必须在体力劳动方面要有一定的锻炼，才能担负起建设社会主义的任务。通过劳动使学生养成牢固的劳动观念和劳动习惯,增加学生的生产知识和生活能力,并进而提高学生的政治思想觉悟。因此列宁教导我们要在自觉的、有纪律的劳动中教育所有的青年,培养他们的组织性和纪律性;培养青年们正确对待公共财物、爱护社会主义财物的态度。通过劳动,使受教育者体会劳动的意义、劳动的光荣和劳动者的责任。这两所中学的教师在劳动过程中教育年青一代认识社会主义社会的优越性,认识共产党在把落后的中国改造成为先进的社会主义国家中所起的作用和我们国家的远景。使他们知道,在我们获得目前的成就以前,在与敌人与自然作斗争中,曾经流了多少血汗,费了多少劳动。教育年青一代对社会主义祖国和共产党的无限热爱,决心为人民为祖国的幸福而劳动,决心保卫党的领导,保卫社会主义的果实,保护人民的利益,保护祖国的光荣。这样进行政治思想工作是十分正确的。

长葛县第三中学和仁怀县群力农场业余初中生动地把体力劳动和脑力劳动结合起来,把业务教育与政治教育结合起来。他们从根本上抛弃了旧教育的影响,打破各种成规,具体地体现了社会主义国家教育的根本原则,为新中国的教育事业的发展,明确了方向。他们在整个学习过程中,是生动、具体而且是成功的。他们培养出的学生是具有高度社会主义觉悟,坚强的劳动观点和熟练劳动技术的人才,学生各方面的成绩都很好。新闻报道中有这样的字句:"培养了社会主义劳动者,这是长葛三中最主要的丰收。"的确,他们的成绩是十分重要的。他们的辛劳,不仅在当地劳动人民中开了花,而且在我国社会主义教育事业中,发放夺目的光辉。

长葛县第三中学和仁怀县群力农场业余初中在实现生产劳动与教育相结合这一原则所取得的经验,使我们感到是一次生动的马克思主义教育。我们试检查一下,就会发现在我们高等学校中,不少教师强调理论教学,轻视实验、实习,只注意知识传授,忽视思想教育,只注意课堂教学,忽视同实际生产劳动的结合,教书不教人的现象相当普遍。学生中忽视政治、轻视劳动的现象也很突出。这种资产阶级的教育思想和教学方法是和社会主义国家教育原则根本不相容的。要改变这种情况,首先要求教育者本身要重视自我改造,重视生产实践的活动。马克思说:"教育者必须先受教育。"要求教师有明确的政治立场、思想作风,才能担负起培育社会主义建设人才的任务。教师要关心本国及各社会主义国家生产建设的先进经验和研究成果,不断充实和丰富教学内容,要热情关心学生在学习过程中存在的问题,帮助学生解决困难,提高社会主义觉悟。长葛县第三中学和仁怀县群力农场业余初中这两所中学的教师和学生同劳动、同学习、同娱乐,生活在一起,这种精神是值得我们钦佩的。他们根据具体的条件提出了学生参加劳动的方式,虽然不一定完全适合于每一个学校,但说明一个问题,在学校中必须十分重视劳动教育,组织学生参加校内与校外的服务性劳动,倡导学生自己管理自己的事情，组织学生在假期参加工农业生产。这两所中学的经验，使我们更加深信，只有在生产劳动过程中，才能使学生建立与工农结合、全心全意为工农服务、全心全意为社会主义建设服务的思想。只有与生产劳动相结合的教育，才能培养出新一代全面发展的劳动者。

第三，长葛县第三中学和仁怀县群力农场业余初中把学校的任务与当前社会主义建设的任务结合起来，在教学方法上贯彻理论联系实际的原则，亦获得显著的成绩。

列宁教导我们，考察和规定我们学校的基本任务的出发点，是当前的社会主义革命和社会主义建设的任务要与工人、农民建设社会主义密切联系起来；只有把教育、教养、教学每一步骤，同社会主义建设现实任务联系起来，青年们才能成为真正共产主义者。

长葛县第三中学和仁怀县群力农场业余初中从学校的实际情况出发，确定办学方针，具体体现了当前党在社会主义建设中对农业建设大跃进的要求。长葛县第三中学的学生，一面读书，一面劳动。附近的农民对这所学校的学生的评语是："在校是勤工俭学的模范，出校是地地道道的新式农民。"仁怀县群力农场业余初中的方针是"以生产为主，在保证生产自给的前提下，争取三年完成初级中学的教学任务"。劳动与学习的安排是半天读书，半天生产，晴天少读，雨天多读。学习的课程与普通中学一样，学校的生产管理与农业社一样。这两所中学的办学方针紧密地实现着党对当前社会主义建设事业的任务，为国家培养新一代的农民，作出了很大的成绩。从当地农民对办学的支持、对学生的评语就可以看出农民对他们的亲切爱护，看出这两所中学有着充沛的生命力。

仁怀县群力农场业余初中的教学方法是课文紧紧结合生产。如上植物课时，就结合积肥，教学生们学会掌握高温速成堆肥和沤肥的科学知识和技术。这样的教学方法切实、生动，学生理解也深刻。经过教学实践和思想教育，原来怕学不到"知识"，误了"前途"的学生，坚定下来了；对学校的发展前途缺乏信心的同学，稳定下来了。学生们发挥了可贵的劳动和学习的热情，努力地劳动，并没有放松了学习，不但没有降低教学质量，而且提高了教学质量，使学生迅速掌握了劳动知识和技能。这些有力的事实对我们高等学校中那些持有资产阶级教育观点的人——他们空谈理论，脱离实际，强调"正常系统"，要学生强记书本知识，背诵条文——实在是一堂最好的教育课。

列宁教导我们："资本主义社会所遗留给我们最大的祸害之一，就是书本与时间完全隔离。""没有工作，没有斗争，那么单从共产主义小册子和著作中求得书本上的共产主义的知识，可以说一文钱也不值，因为这种知识，人就会把资本主义社会中最可恶的特征，即理论与实际隔离的现象保持下去。"我们对于高等学校中教学上理论与实践隔离的现象并未采取严肃的态度、认真开展斗争。在反右斗争中所揭发出来的许多严重事例，对我们来说应该是深刻的教训。右派先生们，拿着他们空谈理论、脱离实际的旧衣钵，在人民讲坛上宣传资产阶级的唯心主义，散布腐朽的颓废的个人主义思想，用马克思列宁主义语句来传播修正主义的毒素，企图迷惑青年。列宁早就提醒过我们了："在任何学校里，最重要的是讲授的思想政治方向。这个方向由什么来决定呢？这完全而且只能由教学人员来决定。……任何监督、任何教学大纲等等，绝对不能改变由教学人员所决定的课业方向。"从这里我们应该了解，任课教师的政治思想面貌是我们社会主义教育事业最根本性的问题。我们要辨别谁是忠诚拥护社会主义建设事业，是否决心抛弃理论与实际脱离的恶习，这是一个最好的尺度。为了保卫社会主义的办学原则，我们必须严肃地对待当前教学上两条路线的斗争，我们要反对空谈理论、脱离实际，也要反对忽视政治、忽视理论指导。现在，办好学校的关键问题在于我们要通过生产劳动的实际锻炼和认真改革教学工作，在教学上积极开展两条路线的斗争中，培养出一支能坚持社会主义办学原则、忠诚于工人阶级事业的教师队伍。

今天，党号召我们要在十年至十五年内把我国建设成为一个现代工业、现代农业和现代文化科学的社会主义国家。全国人民正信心百倍地在工业、农业战线大进军。毛主席指示我们，经济建设的高潮必然会出现文化建设的高潮。在全国工业、农业生产大跃进的同时，全国文化事业经过整风运动，积极贯彻积极路线和勤俭办学的方针，已出现了新的面貌。长葛县第三中学和仁怀县群力农场业余初中的办学经验，生动地体现了我们社会主义国家教育事业的根本方向，是我们社会主义办学方针原则的胜利。这两所中学办学经验的报道，是党在我国文化教育事业大跃进中，指示我们前进的方向。

这两所中学办学的经验，对我国办好社会主义学校的影响将是深远的，更多的新型的社会主义学校将蓬勃地涌现出来。

关于"中山大学1959—1960年工作计划"的说明①

我们学校的工作计划，在整风运动之后的1958年年初就提出来了，计划的内容是经过研究修订的。

这个计划是从1959下半年至1960全年，共一年半的时间，这里有几个问题说明一下。

首先，这是根据中央关于教育工作者的指示。我们在学校已取得成绩的基础上更提高了一步。其次，是根据中央召开的工作会议的决定，去年全面掀起一个教育革命的高潮，贯彻教育为无产阶级服务、教育与生产劳动相结合的方针，作为我们教育的方针。党的这个方针的决定，使得全面教育的方向明确了，这是一件大事。为此我们要贯彻党委领导下的教务委员会负责制。再次，实现总路线的多快好省原则，还有一个重大成就，即是文教部门的群众路线问题，就是专家与群众相结合，党与群众相结合。再一个成就是知识分子参加劳动锻炼使知识分子劳动化。但在运动过程中也有一些缺点。例如理论跟实际怎样联系，教育与劳动怎样结合得好。教育会议上也提出，整顿、巩固与提高，全面的发展采取巩固发展的方针。中心问题是在党的领导下怎样形成师生平等关系的问题。

为了解决问题，中央决定在7月初召开一系列的会议。

还有一个是根据我校的实际情况，回答如综合大学的任务是什么 等问题，在教育方针的公布下，有重新明确的必要，主要的是应培养科学研究人才和培养师资，陶铸同志去年曾指示，应加强基础理论的研究。还有一种情况在教育方针公布参加劳动、教育革命的正轨上课。这一系列是取得成绩的。教师工作积极性提高了，教学质量不断提高，学生的学习也认真，民主平等的师生关系也形成了。多方面都取得很大的成绩，这些成绩表明我校是贯彻了方针路线的。

虽然取得了一些成绩，但缺点也不少。

（1）浮夸现象是存在的，学术讨论发展得不太平衡。我们对工作的估计对不对，希望研究。

（2）专业设计的问题，去年有很大发展。原有11个专业，去年上报增加13个专业，经过上级批复，对我们的专业做了一些复更。教育部批准我们增加7个专业，

---

① 本文系1959－XZ1100－001/12，1959年6月27日。

结合我校发展的需要，与省委请示，结果又增加了1个专业。有些专业由于条件不够，暂缓设置，还有一个专业决定不办。

（3）学制的问题。新专业五年制，旧专业四年制。我们从一年级就改为五年制，就会有一年没有毕业生。是否可考虑一些专业仍为四年制，这是值得研究的。

我们的目前任务是提高教学质量，要搞好已开办专业，如要开办新专业，必须有充分准备。

（4）教材建设问题。自编教材应边教边修改。

（5）贯彻教学相关的问题。怎样发挥教师在教学中的主导作用？教工的政治教育，特别要学习毛主席的工作方法和思想方法，坚持唯物主义思想。教师的政治思想提高、业务水平提高才能起作用。

（6）健全教学组织的问题。建立和健全班主任制度。这个制度是好的，但一般人对任务不明确，所以在计划中加强规定。

（7）科学研究问题。我们提出"应积极开展对现代科学有关的基本理论的研究工作"。要建立对科学研究定期总结的制度。计划中列出每年"五一"、"七一"、"十一"进行总结。次数是否还要考虑修改一下。

（8）关于劳动和劳动时间安排。每年放假一个半月，其中寒假半个月，暑假一个月；上课40星期（每周有4个小时劳动），劳动6个星期。计划中"年老体弱的教工应适当减少体力劳动"，是否可根据省委的意见修改一下，省委意见是年老体弱的可组织去参观。

（9）培养师资问题。在学期末或年终作出鉴定。我觉得不必每学期做一次，同时鉴定的方式也要注意。

（10）在党的领导下充分发挥校务委员会的集体作用问题。党委的领导并不是事无大小都要管起来，主要还要发挥各系、所、科室的作用，省委对于省委的领导有几条规定我们可以参照。

在聘请杨庆堃为我校名誉教授大会上的讲话[①]

尊敬的杨庆堃教授,

尊敬的来宾们,同志们:

今天我们在这里隆重集会,向我校名誉教授杨庆堃博士致聘书,这是一件十分有意义和值得庆贺的事情。

首先,让我代表中山大学全体师生员工向杨教授致谢,感谢他欣然接受担任我校名誉教授的聘请。

杨庆堃教授专攻社会学,是一位在国际学术界享有崇高声誉、造诣很深的专家。他在 40 年代,曾在岭南大学主持社会学系,培养出不少专门人才。现在是美国匹兹堡大学荣誉教授,研究成绩卓著。杨庆堃教授的著作《中国十九世纪群众运动》、《中国社会的家庭及农村》、《中国社会的宗教》等书,得到很高的评价。我校有幸得到这样一位卓有成就的学者担任名誉教授,将对我校社会学的研究工作的开展乃至整个哲学、社会科学的教学和研究工作的进一步发展,产生有益的启发和推动。于此,我们对杨教授是深怀期待的。

其次,杨教授的欣然受聘,还为中美两国的学术交流,特别是为哲学、社会科学方面的交流开拓了一条新途径。杨教授成为我校第一位外籍名誉教授,在全国哲学、社会科学界也是第一位外籍名誉教授。这事实本身就是具有历史性的,并将随着中美两国学术交流合作的广度和深度的发展而日益显示出其深刻的意义。

最后,在这令人兴奋的时刻,我们向杨庆堃教授表示热烈祝贺,也为我校有了第一位外籍名誉教授而向全校师生员工表示热烈祝贺!

这次隆重的典礼得到中共广东省委书记冷西同志、省文教办主任李超同志、岭南大学老校友及各位来宾参加,我代表学校谨致衷心的感谢。

我的话讲完了。谢谢各位。

1980 年 8 月 6 日上午

---

① 本文系 1980 – XZ1100 – 012/03,1980 年 8 月 6 日。原题目为《黄焕秋在向杨庆堃致我校名誉教授聘书大会上的讲话》。

表彰先进，更好地开展创三好活动[①]

3月8日下午，我校召开全校学生大会，表彰1981年度三好学生、优秀学生干部和先进班集体，同时宣布处分几个严重违反校纪的学生。大会先由我校出席今年教育部和团中央在北京召开的三好学生、优秀学生干部和全国先进集体代表大会的代表——哲学系78级班长林明遥同学传达会议精神，然后由张幼锋同志宣布我校八一年度先进班集体、三好优秀生、优秀学生干部、三好学生，以及文体积极分子和卫生先进单位的名单共八百多名，并颁发了奖品、奖旗和奖学金。接着由夏书章副校长宣布学校对冯新平、杨敏、陶羽、贾岗、吴英、朱文滔等几个学生的处分决定。最后校党委书记、副校长黄焕秋同志讲了话。

黄焕秋同志在讲话中指出，过去一年，我校学雷锋、创三好的工作是有成效的，八一年度的三好活动比上一年有了新的提高和发展，特别是指导思想和基本要求更明确了，越来越多的同学投入到这一活动中来，涌现出越来越多的三好学生和各方面的积极分子，这对我校全面贯彻党的教育方针、建设社会主义精神文明起了很好的促进作用。他充分肯定了先进集体和个人的先进事迹，并指出：被表彰的先进集体有四个共同特点，干部有号召力，活动有吸引力，作风有战斗力，工作有生命力；被表彰的先进个人，对党的德、智、体全面发展的教育方针有较明确的认识，能坚持思想品德领先开展三好活动，自觉进行思想品德修养，刻苦学习，成绩优良，积极锻炼身体。他希望被表彰的单位和个人戒骄戒躁，百尺竿头更进一步，在文明礼貌月活动中做出表率，为我校精神文明建设做出新的贡献。他要求全校各级党、团组织都要把"学雷锋、创三好"作为加强思想政治工作的重要内容，作为学生工作的重要任务，切实落实"创三好"的各项具体措施，把每月一次的民主生活会、每年一次的操行评定与"创三好"活动紧密结合起来。

接着，黄焕秋同志就当前学生中存在的问题指出，由于灾难性的十年内乱、无政府主义思想的影响，在新的历史时期中学校思想政治教育没有抓好，同学中有一些人受到不少坏影响，在学习期间出现了轻视政治、忽视自我改造、违犯国家法纪和学校纪律、道德败坏的现象，很值得我们重视和警惕。社会主义大学是建设社会主义精神

[①] 本文载《中山大学校报》1982年4月1日第33期第1版。原题目为《表彰先进，更好地开展创三好活动；严肃校纪，坚决地把歪风邪气刹住》。

文明的重要基地，是社会主义国家的文明标志，是国家培养四个现代化干部的摇篮。在校学生的品质和学习状况直接关系到将来国家干部的质量，学校风气的好坏，也对社会风气有重大的影响。中央号召今年在经济上要有新的进展，同时要在党风、社会风气、社会治安三个方面有决定性的好转，并作出严惩经济罪犯和抵制资产阶级思想腐蚀的决定。这是关系到党和国家前途命运的大事，这是一场资产阶级自由化思想腐蚀和社会主义思想反腐蚀的艰巨斗争，我们要坚决地贯彻执行。我们决不能容忍无政府主义、极端个人主义和道德败坏的现象在我校自由泛滥。因此，我们对几个严重违法的学生作出了严肃处理，目的是要坚决刹住各种歪风邪气。希望全体同学引以为戒，支持学校的决定。黄焕秋同志还就学校当前的一些困难情况，特别是宿舍条件和水电方面的困难向同学作了说明，要求全校同学顾全大局，节约水电，体谅学校的困难。

最后，黄焕秋同志号召全校同学积极行动起来，投身正在开展的全民文明礼貌月活动，并坚持下去，为创造一个整齐、清洁、美观、团结友爱的学习环境，为建设我校社会主义精神文明而共同努力。

对文摘及情况反映第五期所作的批示[①]

校办：

　　文摘及情况反映第五期已阅。按照整党必须边学边改的精神，请和党委办公室、组织部一起，找有关单位行政负责同志、党总支（支部）负责同志查清情况，提出处理意见。

　　第一，人事处迟迟不将离校教工名单通知财务处，为什么这样做？教职工离校，不仅仅是通知财务处的问题，而且在走前应一并通知有关部门，包括图书馆等。手续不清是不能离校的。这一点难道都不清楚？制度都没有了吗？无人领取的工资，应立即处理。要提出处理方案。

　　第二，复印资料问题，请查清楚是哪个单位哪位教师做的。请图书馆就买书及资料复印问题同校办、教务处、科研处等单位研究一下，看管理制度上有什么问题是应该完善的。那位教师这样做，是否经过他所在单位的批准？应该让那位教师讲清楚他为什么可以这样大手大脚地浪费国家资金？必须要他写出检讨。对不合理的开支，应该有一个处理的办法，如拒绝报销，经手人要赔款及扣发奖金等。

　　第三，关于车队的问题，请总务长、总务处长、总支将有关情况查清楚，必须对车队加强教育。过去总务方面的负责同志滥用职权，同意车队将外单位借用车辆的款项私分或知情不报，到现在还是做好人，采取不了了之的态度，这是不对的，应该使他们认识到这是一种错误的做法，这种错误做法正是助长车队个别人不正之风发展起来的主要原因之一。对此应有一个深刻的认识。请总务处就车队问题向校领导做一次专门的汇报。

　　第四，水电管理问题，请催促早日成立水电管理科，以抓好这方面的工作。这事亦请向校领导做一次专题汇报。

黄焕秋
1984年5月2日

[①] 本文系 1984 – XZ1100 – 049/06，1984 年 5 月 5 日。

附：校长办公室印发本批示的通知

各有关单位：

　　黄焕秋校长在看了我办编的文摘及情况反映第五期后，作了批示。因牵及的单位较多，现将批示印发给你们，望根据批示的精神，做好有关的工作。

校长办公室
1984年5月5日

第三部分 服务地方

《珠江三角洲经济》创刊词[①]

我国改革开放以来，珠江三角洲凭借毗邻港澳的地理优势，用好、用活、用足国家的政策，大力发展外向型经济，经济发展突飞猛进，超越当年"亚洲四小龙"的经济起飞速度，令全球瞩目。

作为中国改革开放的综合试验区，在过去的十年中，珠江三角洲在我国经济体制改革中已先走了一步，被誉为"中国商品经济的摇篮"，为我国深化改革开拓了一条可供借鉴的新路子。

今天，珠江三角洲正处于一个新的历史发展时期，如何总结其过去12年中经济发展的经验教训，探索它的未来发展的新路向，已成为亟需研究的重要课题。

今年初，我校成立中山大学珠江三角洲经济发展与管理研究中心（下文简称"中心"），得到香港培华教育基金会、霍英东教育基金会、何氏教育基金会的大力资助。该中心旨在协同社会各界力量，致力研究珠江三角洲经济发展与管理中的有关课题，为政府部门及企业提供决策的依据，促进珠江三角洲经济的健康发展。

中心创办《珠江三角洲经济发展与管理》刊物，目的在于传播珠江三角洲经济发展与管理的有关信息，加强有关研究人员之间的学术交流，促进理论与实践的结合。

愿本刊在社会各界的关心与支持下，能为珠江三角洲的进一步繁荣贡献微力！

[①] 本文载《珠江三角洲经济》1991年10月第1期，第1页。

资助珠江三角洲研究意义深远

——贺香港培华教育基金成立十周年[①]

现值香港培华教育基金会成立十周年之际,我谨代表中山大学珠江三角洲经济发展与管理研究中心(下文简称"中心"),向贵基金会致以热烈的祝贺,并向贵基金会对中心的鼎力资助表示衷心的感谢!

香港培华教育基金会成立以来,对我国改革开放事业,做了大量的、系列的支持工作,取得丰硕的成果,誉满全国。

1991年春初以来,贵基金会大力支持中心开展珠江三角洲经济发展与管理研究,此举是意义深远、非常及时的。我国实行改革开放以来,珠江三角洲作为中国经济改革的试验区之一,借助毗邻港澳的优势和广大华侨、港澳同胞的支持,大力发展有计划的商品经济,经济建设突飞猛进,人民生活水平大幅度提高,文化教育有很大的发展,走出了一条有中国特色的社会主义的发展道路,为全球所瞩目。今天,珠江三角洲正处在一个新的历史发展时期,亟需总结经验,探索未来。在此情况下,贵基金会慷慨捐资支持中心开展这方面的研究工作,对促进珠江三角洲乃至全国的进一步改革、开放,加快经济建设的步伐,有着十分积极的作用。

一年来,在贵基金会的大力资助下,中心借助中山大学多位学科专家教授的力量,并聘请广州有关高等学校和研究机构数十位专家教授,开展珠江三角洲经济发展与管理研究,共有18个项目;先后出版了刊物《珠江三角洲经济发展与管理》2期、《珠江三角洲经济开放区专题资料索引》2期;初步建立起珠江三角洲研究资料室,并逐步实现资料检索电脑化;开展了一系列的调研活动和小型学术讨论会。中心一年来的活动,受到了社会各方面的关注和支持,已产生了良好的社会影响。

贵基金会支持中心于今年5月7—11日在中山市中山温泉宾馆举行"珠江三角洲经济发展回顾与前瞻"研讨会。自去年7月中心开始征文,反应热烈。届时将有本省和北京、香港的专家教授、经济工作者、企业家、征文入选者和广东省有关领导共约100人出席研讨会,共同研究珠江三角洲经济发展的经验和进一步发展所存在的问

[①] 本文载《珠江三角洲经济》1992年4月第3期,第1页。

题及对策。相信在各方面的关心和支持下，这次研讨会将会开得圆满成功，我们将以此作为庆贺贵基金成立十周年的献礼！

敬祝贵基金工作顺利，事业成功！

珠江三角洲经济发展回顾与前瞻研讨会开幕词[①]

各位领导、各位来宾、各位专家学者、同志们、朋友们:

"珠江三角洲经济发展回顾与前瞻"研讨会,在社会各界人士的大力支持下,经过十个月的筹备,今天开幕了。

首先,让我代表中山大学和中山大学珠江三角洲经济发展与管理研究中心,向香港著名爱国人士霍英东博士、著名经济学家童大林教授、国务院经济发展研究中心副主任吴明瑜同志、广东省政协前副主席祁烽同志、香港培华教育基金会常务委员会主席霍震寰先生、香港何氏教育基金会代表廖祥祐先生、中山市委书记谢明仁同志、珠海市与顺德市负责同志、省有关厅局委负责同志,表示热烈的欢迎和感谢,向出席研讨会的专家学者、经济工作者、企业家以及新闻界的朋友们表示热烈的欢迎!

此次研讨会,由中山大学珠江三角洲经济发展与管理研究中心(以下简称"中心")主办。中心于1992年2月成立,受到中山大学的重视,接受香港培华教育基金、霍英东教育基金会、何氏教育基金会的资助。一年多来,中心发挥中山大学多学科的综合优势,并聘请广东省有关高等学校和研究机构数十位专家教授,开展珠江三角洲经济发展与管理研究,确定首批研究项目18个,目前已取得了初步成果。"中心"已先后出版了刊物《珠江三角洲经济发展与管理》3期,《珠江三角洲经济开放区专题资料索引》两期;组织了各种小型研讨会和报告会13次,并组织专家学者多次实地考察珠江三角洲有关市县;初步建立起珠江三角洲研究资料室,并逐步实现资料检索电脑化。"中心"一年来的活动,受到了社会各界的关注和支持,尤其是得到了珠江三角洲各市县有关部门的大力支持,在此表示衷心的感谢!

香港培华教育基金会、霍英东教育基金会、何氏教育基金会自成立以来,致力支持资助内地的文化教育事业,为我国的改革开放事业做了大量工作,誉满全国。在此,让我们以热烈的掌声,对三个教育基金会表示衷心的感谢和崇高的敬意。

为了召开此次研讨会,自去年7月,我们开始向海内外征文,反应热烈。至今年2月20日止,共收到征文105篇。然后聘请专家小组对征文进行了遮名评选,入选论文共有42篇。此外,我们又特约了几位专家学者为此次研讨会撰文。在此次会议

---

① 本文载《珠江三角洲经济》1992年6月第4期,第2~3页。原文标题经过修改。原标题为《会议主席黄焕秋教授致开幕词》。

上宣读的论文共有 52 篇。这些论文围绕"珠江三角洲经济发展回顾与前瞻"这一会议主题，对经济体制改革及股份制、港澳及珠江三角洲经济关系、人才开发与劳动力市场、乡镇企业发展与管理、南沙经济区开发、商品意识发展、旅游资源开发、金融体制改革、交通发展等 12 个专题分别进行了论述。入选论文的作者中，既有年逾七十的老专家，也有二十刚出头的在校研究生，既有高校、研究机构的教授等专业研究人员，也有来自珠江三角洲地区的有关市县的经济工作者。不少论文的作者，为了写出高质量的论文，不辞劳苦，多次深入珠江三角洲实地考察，倾注了大量的心血进行精心研究，为此次研讨会打下了良好的基础，在此，让我们对论文的作者表示衷心的感谢！

自我国改革开放以来，珠江三角洲凭借毗邻港澳的地理优势，用足、用活、用好国家的政策，大力发展外向型经济，经济发展突飞猛进，超越了当年亚洲"四小龙"的经济起飞速度，人民生活水平大幅度提高，为全球所瞩目。

作为中国改革开放的综合试验区之一，珠江三角洲在我国的经济体制改革、经济发展方式等方面已先走了一步，为我国深化改革、扩大开放、发展社会主义的商品经济开拓了一条可供借鉴的路子。

发展中国社会主义的商品经济是世界上前所未有的事情，需要我们自己来探索。改革实践需要理论的指导，只有将珠江三角洲改革开放的成功做法上升为理论，以指导实践，珠江三角洲甚至中国的改革开放才能深入发展，也只有认真研究珠江三角洲经济发展中所面临的主要问题和挑战，并探讨切实可行的对策，珠江三角洲的发展才能更上一层楼。

今年春天，小平同志亲临珠江三角洲视察，充分肯定了珠江三角洲经济发展的成就，肯定了改革开放的路子，提出了要加快珠江三角洲经济发展步伐要求的。因此，今天，我们召开这个研讨会，共同回顾珠江三角洲的改革历程并展望未来，不仅及时，而且意义重大。

在座各位都是珠江三角洲经济、管理方面的专家，希望在研讨会中，大家能解放思想，畅所欲言，互相交流，共同探讨，为加速珠江三角洲经济建设献谋献策，为建设有中国特色的社会主义做出我们的贡献。最后，祝研讨会圆满成功！谢谢大家。

一次有历史意义的学术研讨会

——中国现代化学术研讨会纪要①

应台湾"促进中国现代化学术研究基金会"的邀请，北京中国社会科学院、国家计委研究中心、中国人口情报中心和国家教委直属6所大学（北京大学、中国人民大学、北京师范大学、南开大学、华东师范大学、中山大学）的专家学者26人，组成大陆社会科学学者交流访问团赴台北市参加"中国现代化学术研讨会"。刘吉（中国社会科学院副院长）任团长、梁柱（北京大学副校长、教授）任副团长。访问团规模之大，成员成次之高，都为历来两岸学者学术交流所罕见。

大陆社会科学学者交流访问团于1993年8月1日经香港到达台北市，受到促进中国现代化学术研究基金会（以下简称"基金会"）负责人的热情欢迎和接待。当晚，在台北市圆山大饭店举行预备会议。参加这次研讨会的有台湾、大陆、香港和海外的专家学者九十人和基金会的董事及工作人员，决定了会议议程和会议主题。主题包括：① 家庭现代化的目标、内容、步骤与展望；② 社会现代化的目标、内容、步骤与展望；③ 教育现代化的目标、内容、步骤与展望；④ 经济现代化的目标、内容、步骤与展望。

学术讨论时间安排为1993年8月2日至3日，4日至6日参观访问。

8月2日上午9时，中国现代化学术研讨会在圆山大饭店隆重开幕。基金会王昇董事长致开幕词，会议总顾问吴大猷博士作主题讲演。王昇董事长提出以一个"诚"字作为欢迎与会者的最高献礼，希望全体与会人员诚意为中国人的未来描绘最美好而又最可行的蓝图，诚心诚意为我们后代子孙谋求最佳最长远的福祉。吴大猷博士以"中国现代化问题"题为发表演讲，认为中国人对现代化的追求与憧憬已有百年以上的历史，须汲取历史经验，希望可以不重犯前人的错误。他说："我们现代化的目标，不是一个过度物质机械化的社会，而是一个物质文明和伦理道德精神文明融合的社会；不是过度工业化、环境污染的社会，而是人民生活康乐的社会；不是只有形式的'民主'而无实在的法治的混乱的社会。""凡我中国人，务宜爱惜我们的文明传统，不断地吸收其他文明的优点，不断地融汇，创造更优的文明。这样不断地求改

---

① 本文载《珠江三角洲经济》1993第3期，第12~13页。

进,乃是中国现代化过程的真义。"

分组讨论前,由梅可望博士(原东海大学校长)、包德明博士(联合国国际大学协会指导委员会主席)、林清江博士(中正大学校长)、陆民仁教授分别作了4个主题的说明,安排在2天内分组进行5次讨论。向大会提交的论文有58篇。分组讨论时有精辟的报告、坦率的评述,发言踊跃,气氛融洽,充分流露出与会学者对中华民族的热爱,对振兴中华民族的共同愿望。

8月3日下午,各组汇报讨论情况和进行综合讨论。4时30分举行闭幕式。大陆代表团团长刘吉副院长作主题讲演。他认为,海峡两岸、香港、海外的专家学者欢聚一堂,研讨中国现代化问题,是中华民族的历史要求,是十分及时和有巨大意义的。中国现代化的道路是非常艰难的,因为中国有着自己十分独特的国情,建设有中国特色的社会主义,任重道远。中国人必须依靠自己的努力,全民族都要振奋精神,为中国现代化贡献自己一份力量,要互相激励,互相帮助,互相合作。中国知识分子责任重大,应该成为稳定、团结、鼓励的模范,促进中华民族凝聚在一起,并贡献自己的聪明才智,为中国经济、政治、科技、教育文化、社会、家庭等各方面现代化添砖加瓦。

吴大猷博士和刘吉副院长的主题讲演,台湾报纸全文刊登,引起广泛的重视。

王昇董事长在闭幕典礼致辞,对这次研讨会取得的成就给予很高的评价,认为,各组发言踊跃,高度表现了为民族争前途、为子孙谋福祉的愿望。这次研讨会对四个主题作了深入的探讨,各位学者都率真表达内心的意见,有理性的辩论,并无任何冲突与对立,充分显示两岸学者顾全大局、"存小异、求大同"的意愿,使人感到鼓舞。

梅可望博士等陪同大陆代表团成员在台北、新竹、高雄进行参观访问,沿途介绍情况,关怀备至,情谊感人。8月4日在台北参观国文纪念馆、世界贸易中心和社会福利机构广慈博爱院、自费安养中心。5日,在新竹参观微波元件设计及生产著称的台扬科技股份有限公司,访问新竹科学园区,听取园区负责人介绍情况;在台南参观以研究大豆和绿豆为主取得卓著成绩的亚洲蔬菜研究发展中心。6日,在高雄参观自动化管理生产的中国钢铁公司,参观居民住宅区。当天下午由高雄乘飞机返回台北。

8月7日,大陆社会科学学者交流访问团满载学术交流成果和友谊,离开台北市经香港回深圳。王昇董事长和梅可望博士等到机场送行,依依惜别,期望明年在北京举行的中国现代化学术研讨会上再见。

这次有历史意义的学术研讨会取得圆满成功。海峡两岸、香港和海外的中国学者,在研讨会期间相互尊重,友好合作,增加了相互了解,增长了友谊,建立了联系,为今后学术研究与交流合作,开拓了良好的前景,影响将是深远的。

大学校长与企业家首次恳谈会开幕词[①]

尊敬的各位领导同志,
尊敬的各位大学校长、企业家,
尊敬的各位来宾、朋友们:

  珠江三角洲地区大学校长与企业家首次恳谈会经过半年的筹备工作,今天开幕了。我谨代表中山大学珠江三角洲经济发展与管理研究中心,向出席会议的各位领导、各位校长、企业家、各位来宾和朋友们,表示热烈的欢迎,感谢你们的支持。并向资助会议召开的香港培华教育基金会、霍英东教育基金会、何氏教育基金会、广东省高教局以及协办召开恳谈会的广东省高等教育学会和广东省企业管理协会表示衷心的感谢!

  广东省在实行改革开放的15年里,经济建设得到迅速的发展,广东省中心地带珠江三角洲地区经济发展取得可喜的成绩,举世瞩目。1992年,广东省人民政府提出奋斗目标:广东在20年内基本实现现代化。为了保持珠江三角洲的领先地位,省政府作出一项重要的决策,要求在珠江三角洲建立高科技产业带。这个任务是艰巨的、光荣的。

  在15年来艰苦创业的历程中,珠江三角洲各市、县和企业,十分重视人才培养,大批引进人才,取得经济的崛起。珠江三角洲地区高等学校与市、县的企业合作培养人才,发展科技,为珠江三角洲经济腾飞作出了贡献。我们高兴地看到,珠江三角洲地区老企业焕发了青春、新企业蓬勃发展、茁壮成长,高等学校也有了很大的发展和进步。我们在为发展经济共同努力的过程中,更新了观念,取得了共识。我们认识到人才和科学技术对于经济发展、社会进步的作用和真正价值;认识到市场竞争,实质上是科技的竞争,人才的竞争。要发展经济,发展高科技产业,必须拥有强大的人才队伍和后备力量,必须依靠雄厚、先进的科技实力,才能在世界经济竞争中取得优势。

  随着全国改革开放的深入,各地区人才竞争日趋激烈。珠江三角洲经济发展要上一个新台阶,要再造广东经济发展的新优势,必须增强自身的"造血"功能,大力做好人才培养,努力提高科研技术水平,积极推动本地区高等学校与企业界的密切合

[①] 本文载《珠江三角洲经济》1994第2期,第9~10页。

作，相互支持。在国外，产（企业）、学（大学）、研（研究所）之间相互联合的模式正逐渐得到广泛的应用。日本、美国、澳大利亚、欧共体等许多国家，都十分注重产学研的联合，以求在日益激烈的经济竞争中取得优势。例如，日本文部省设立了23个以大学为中心的产学研联合开发研究中心，1991年仅文部省所属的国立大学和研究中心所承担的产学研联合研究项目就达1189个。最近，《光明日报》报道，欧共体制定了"达·芬奇计划"，推动大学与企业加强合作。这些信息，值得我们重视和借鉴。

我们发起主办这次恳谈会的目的，就是要推动高等学校与企业界的沟通，加强合作，促进珠江三角洲地区的产、学联盟。恳谈会的时间虽然不多，但由于各位大学校长和企业家都有准备做精辟的发言，我们集思广益，将有可喜的收获。我们期望这次恳谈会，成为广东高等学校与企业界进一步沟通合作的新起点，相互间建立经常联系的方式，加深了解，密切合作，相互支持，共同为全省的经济发展、社会进步，做出新的贡献。

衷心祝愿恳谈会成功，祝各位事业顺利，身体健康，家庭幸福！

谢谢大家！

香港基础设施与环境研讨会闭幕词[①]

香港1840年以前本属广东省管辖，1840年以后，政体不同，但从地缘上看，仍属广东珠江三角洲的一部分，与珠江三角洲有着密切的联系。特别是1978年以来，中国实行对外开放政策，香港与广东进一步加强协作，促进经济发展，双方都从这种联系和协作中获益。如广东今年的进出口贸易额，有85%经过香港获得。去年广东出口集装箱货物550多万箱，其中有453万多箱从香港出去。香港的资金、技术和对外交往的渠道，也加速了珠江三角洲经济的发展。

作为太平洋上的一颗耀眼的明珠——香港，再有两年多就要回归祖国了，中国人民关心她、爱护她。香港的发展不仅是限于内地，也和珠江三角洲、广东、全中国的发展有密切关系。邓小平同志为什么要提多造几个香港？因为香港是一个标兵，是亚洲的"四小龙"之一。研究香港经济发展的成功经验和存在问题，对加强珠江三角洲与港澳的合作、协调发展有重大意义。把香港、澳门与珠江三角洲发展联系起来，吸收先进国家地区的经验，对我们是有重大的收益。

广东的基础建设对香港的带动作用很重要，不是谁可以代替谁，而是互相促进，共同发展。香港的水、电、副食品的很大部分依靠珠江三角洲；珠江三角洲近年经济飞速发展，其中也有香港的资金投入。目前，广东省提出建设珠江三角洲经济区新战略，对香港、澳门亦意义重大。

这两天，中山大学珠江三角洲经济发展与管理研究中心与港澳研究中心联合召开研讨会，我认为会议很重要，也卓有成效。我们感谢课题组的专家们付出的辛勤劳动，他们是经过一段时间的收集资料，实地考察，在广泛征求香港专家的意见的基础上，才完成了这个阶段成果，特别是昨天、今天的会上，几位专家提出意见和新的题目，对我们今后对香港的研究很有帮助，希望更多的专家能关心和参与到这一研究领域。

可持续发展是当今世界关心的一个主题。珠江三角洲与香港同属一个地理单元，其协调一体化为两地的可持续发展奠定了基础，我们都希望这一地域的建设为子孙后代留下的是一个充满生机活力、绿色繁荣的天地。

最后对参加会议的各位专家、新闻记者表示衷心的感谢！

感谢香港培华教育基金会、霍英东教育基金会、何氏教育基金会的大力支持！

[①] 本文载《珠江三角洲经济》1994年第12期，第10页。

香港珠还　前程似锦[①]

香港回归,是中国历史的一件大喜事,也是震撼世界的一件历史大事。

香港有"东方之珠"之称,香港人民和特别行政区政府,将非常珍惜这宝贵的历史时刻,增强团结,充分发挥聪明才智、发扬优势、兴利除弊、化解困难,努力使香港的经济、文化、科技、社会各方面稳步发展;与全国人民相互支持,为祖国的繁荣、富强、民主、统一大业,共同奋斗;与各国、各地区人民友好合作,为世界经济、文化、科技的进步发展,做出新的贡献。香港珠还,前程似锦,谨致祝贺。

---

① 本文载《当代港澳》1997年第1期,第4页。

优势互补　共创辉煌

——祝贺香港回归与珠江三角洲经济发展研讨会开幕①

尊敬的三水市叶副市长、各位专家学者：

首先，请让我衷心感谢研讨会主办单位的邀请和三水市党委、人民政府的热情接待。谨祝这次研讨会成功，取得丰硕的成果。

这次研讨会的主题是：香港回归与珠江三角洲经济发展。

我怀着十分喜悦和激奋的心情，前来参加这次有重大意义的研讨会。有"东方之珠"之称的香港，只有一个多月的时间就回归祖国。香港回归，清洗了中华民族一百多年的耻辱，为我国的统一大业迈开了一大步，在中华民族复兴的史册上写下光辉的篇章。

今天，50多位来自广州和香港的专家学者欢聚一堂，共同研究香港回归与珠江三角洲经济发展这一个十分重要的现实课题。我们将以研究的成果，集思广益，来表达对香港回归的祝贺。

自从我国实行改革开放政策以来，广东省珠江三角洲先走一步。十多年来，珠江三角洲经济得到香港地区的大力支持，正蓬勃地发展，珠江三角洲经济与香港密切合作，息息相关，形成两个地区经济相互支持、共同发展的局势。研究香港回归与珠江三角洲经济发展这一个新课题，就是要从两个地区经济现状和历史机遇中，进一步加强合作，优势互补，实现祖国的繁荣昌盛、共创辉煌。还有更深一层次的期望，不仅是为了香港与珠江三角洲经济的进一步发展，跃上一个新的台阶，更为广东山区、华南地区以及边远地区的经济发展起着辐射的作用，使经济发展滞后的地区能得到香港和珠江三角洲地区的经济支持和帮助。同时，香港是世界中心城市之一，是祖国的窗口，香港在世界经济的激流中，需要繁荣强大的祖国作为坚强的后盾，需要祖国不断强大的经济实力的支持，保证她的持续发展。因为我们骨肉相连、荣辱与共。

中山大学自改革开放以来，十分重视对香港、澳门和珠江三角洲的研究工作。从1983年起，先后成立港澳研究所、珠江三角洲经济发展与管理研究中心、港澳研究中心，发挥中山大学拥有多学科研究力量的优势，联合广东省内高等学校老师、科研

---

① 本文载《珠三角洲经济》1997年7月第2～3期，第6页。

单位的专家学者，开展研究工作，并得到香港高等学校老师和科研部门专家学者的合作支持，我校的研究工作，以经济发展问题为主题，开展有关的多学科综合研究，取得可喜的成绩，研究队伍不断扩大成长。我们对校内、省内和香港的专家学者的辛勤和取得的成就，表示诚挚的祝贺。

  这次研讨会，得到三水市党政领导的大力支持，谨致衷心的感谢。从叶市长的讲话和对三水市经济发展情况介绍中，我们对三水市人民在党和政府领导下艰苦创业，取得卓著的成绩，感到钦佩。尤其是三水市十分珍惜自己的土地资源、水资源和矿产资源，进行有计划的开发，重视规划工作，重视环境保护，保持了三水市青山绿水的优美自然景色。在基础设施如电力、交通、通讯等方面，有了很大的发展，并开通了直达香港的航运和班车，治安工作做得很出色，使三水市人民安居乐业，亦成为投资的好地方。三水市在引用外资创建品牌产品、发展三高农业方面取得成功的经验。每日航运优质农副产品，支持香港，赢得香港人民的称赞，并取得稳定的经济效益。三水市有经济发展的实绩，列为全国百强县市之一，令人敬佩。原来是广东粮食基地的珠江三角洲，现在农业土地已留下不多，实在可惜。唯有三水市地多人少，保持土地资源的优势，可喜可贺。三水市现在已为经济进一步发展打下良好的基础，在珠江三角洲经济进一步跃进中，三水市将能充分发挥自己的优势，发展前景是美好的。

  谨祝研讨会圆满成功！

珠江三角洲经济发展呼唤人才[①]

广东省在实行改革开放的 14 年间,经济建设得到迅速的发展。去年的国内生产总值比 1980 年翻两番,提前 8 年实现了第二步战略目标。1988 年至 1992 年的 5 年间,全省国内生产总值、人均国内生产总值年均递增分别为 140% 和 11.9%;工农业总产值、财政收入年均递增 21.9% 和 19%。广东去年提出奋斗目标:在 20 年基本实现现代化。从现在起到 2000 年,国内生产总值达到 5000 亿元,10 年平均年递增 13.4%;人均国内生产总值达到 7200 元。2000 年后的 10 年,到 2010 年,全省基本实现现代化,国内生产总值达到 16000 亿元,人均国内生产总值达到 2 万元。与此同时,劳动生产率、技术进步贡献率、产业结构水平、人民生活富裕程度、科技教育和医疗卫生综合水平等,都应基本达到世界中等发达国家的水平。[②]

当前,国际国内经济竞争日趋激烈,全省经济发展还存在着许多薄弱环节和制约的因素,广东在 20 年基本实现现代化的任务是光荣而又艰巨的。

珠江三角洲[③]是广东经济迅速发展和文化教育事业发达的中心地带,毗邻港澳。改革开放以来,珠江三角洲充分发挥了政策、地利、人和的优势,经济建设突飞猛进。地区内的"广东四小虎"——顺德市、南海市、中山市、东莞市——10 年来平均经济增长率超过了 20%。1991 年,四个市的工农总产值均超过 100 亿元,比 1978 年翻了三番到四番,发展速度超过了亚洲四小龙六七十年代经济起飞时期的速度。开放城市广州,1991 年国内生产总值达到 3865 亿元,10 年间主要经济指标在全国十六城市中的名次,从倒数第三名跃居前三名。深圳、珠海两市,1979 年至 1990 年,国内生产总值平均增长率分别为 47.9% 和 24.7%,1990 年比 1980 年分别翻了 5.6 番和 3.2 番。

从下列《珠江三角洲地区主要经济指标》(1990 年)中,可以见到该地区在广东以至全国都占有重要的位置。

---

① 本文为黄焕秋 1993 年 8 月赴台参加"本国现代化研讨会"的论文。
② 参见朱森林省长政府工作报告。
③ 包括珠江三角洲经济开发区 28 个市、县,1 个开发城市——广州以及深圳、珠海两个特区,大亚湾和南沙两个国家级经济开发区。

珠江三角洲地区主要经济指标（1990年）

开放类型	市县	人口（万人）	土地面积(平方公里)	社会总产值（当年价）（亿元）	工农业总产值（亿元）（按1980年不变价格计算）	国内生产总值（当年价）（亿元）	外贸出口（亿美元）	实际利用外资（亿美元）
经济开放区	10市(市区)18县	1,656.1	45,005	1,235.51	691.86	521.3	34.9	8.04
沿海开放城市	广州市区	357.9	1,444	531.85	260.27	261.53	14.0	1.99
经济特区	深圳市区	39.5(101.0)*	328	231.28	142.12	107.2	25.7	4.77
经济特区	珠海市区	26.6(49.7)*	668	60.23	36.76	31.67	4.6	0.96
总计		2,080.1	47,445	2,058.87	1,131.01	921.7	79.2	15.76
占广东省的比例		33.3%	26.4%	58.9%	68.4%	62.6%	75.0%	77.9%
占全国的比例		1.63%	0.49%	5.42%	6.5%	5.3%	12.8%	15.6%

资料来源：

1. 《广东统计年鉴》（1991）。
2. 《广东省县区国民经济统计资料》（1980—1990）。
3. 《广东省地图集》1989年版。

注：括号内的数字是包括流动人口在内的人口数。

广东要在20年内基本实现现代化，珠江三角洲地区经济就应在现有基础上，跃上一个新台阶。为了保持珠江三角洲的领先地位，省政府的重要决策之一，就是要建立高科技产业带，发展高科学技术。在5年内全省要发展150～200家高科技产业，其中产值1亿元以上的30～40家。现在，珠江三角洲需要大规模地吸收世界先进的适用于我国发展需要的科技方法和管理方法，要大规模地训练掌握现代化科学技术和现代化经营管理方法的实业家、技术人员和熟练劳动者。

珠江三角洲经济发展经历了艰苦创业的过程，积累了许多宝贵的经验。大力引进人才，重视培养人才，是一个成功的经验。但是，人才仍很缺乏，又将制约着珠江三角洲经济的新发展。

深圳、珠海两个特区是在落后的渔村、小镇建立起来的。珠江三角洲各市、县原有工业基础很薄弱，许多工厂是从招聘"星期六工程师"创办起来的。乡镇企业的管理人员，许多是刚刚"洗脚上田"的农民，科技人员和管理人员十分缺乏。发展经济迫切需要人才。特区和各市、县，先后从大陆各地和港澳引进大批的科技人才和教师，同时取得省内外各高等学校和科研部门的支持，逐步提高劳动者的素质，培养了一支科技和管理人才的队伍，成为经济高速度发展的依靠力量。

更新观念，树立人才竞争意识，尊重知识，尊重人才，在珠江三角洲地区蔚然成风。在稳定现有科技干部和管理干部队伍，充分调动他们的积极性的同时，实施了引进人才和培养人才并举的战略决策。省政府从高等学校科研部门调派专家教师到各市、县挂职，加强对科技和管理工作的领导，密切高等学校科研部门和地方经济建设的联系。

珠江三角洲地区人才状况还远远落后于经济迅速发展的需求。不仅数量少，占在业人口比例小，而且学历结构层次低，高级和中级职称的比例小，产业分布不合理。据1990年人口普查，三角洲28个市、县每万总人口中，只拥有440名专业技术人员和管理人员，每万名在业人口中也只有702名。而韩国（1981年）、新加坡（1980年）每万总人口中，仅高水平的科学家、工程师和技术人员就分别是532.1人、266.2人。如东莞市各类专业、技术人员和各级管理人员中，大学本科程度的仅占3.44%，大专程度也仅占8.6%，初中以下程度的却占49.58%。江门市相应的比例是4.08%、10.13%、38.08%。1990年，佛山市曾对9个大中型国营企业专业技术人员作了一次调查，发现在聘任专业职务的2076人中，具有高级职称的只占5.06%，具有初级职务的却占71.44%。同时，人才的产业分布、职业分布也不利于科学技术的开发应用。如东莞市66.18%的专业技术人员集中在第三产业，其中教育、文艺、广播占24.13%，卫生、体育、社会福利占12.06%，而工业仅占29.22%，农业更少，仅占1.92%，科研人员的比例太低，工程技术人员占12.7%，飞机和船舶技术人员占1.4%，科研人员占0.16%，科学技术人员和辅助人员占0.08%，以上合计仅占14.3%。[①] 上述情况说明科技和管理人才的队伍是很单薄的，近年虽有进步，还未能适应用先进科学技术，推动经济发展，大幅度提高经济效益的需要。

珠江三角洲经济发展呼唤人才，迫切需要大量的人才。

顺德市因经济的崛起，成为广东"四小龙"之首，被列为大陆的首富市（县），得力于大力开发人才。1980年以来，通过各种渠道引进各类科技人才近1万人。从

---

① 《广东省第四次人口普查机器汇总资料》。

1984年起,每年选送几百名企业骨干到高校或中专进行业务培训,并经常对市、镇、村企业职工进行四级培训。人才和科技的开发,对推动经济的不断发展起了十分明显的作用。

继去年3月珠海市政府对有突出贡献的科技人员实行重奖后,广州和各市县纷纷效法,如中山市的"金菊"科技奖,江门市的技术革新奖,佛山市实施工业奖励试行办法。东莞市向全国招聘中学教师。深圳市派出人员到美国招聘中国留学生。去年8月广州举办人才、智力市场,仅32天时间,省内14个市就有658个单位进场设点,引来全国各省市各类专业人才8.8万人前来择业,其中有418名留学归国人员,先后共有9690人与用人单位达成协议。上述情况反映了当地领导和企业部门争夺人才的强烈意识,预示着珠江三角洲第二次人才引进的浪潮已经到来。

一种有别于原有人才流动与开发方式的科技智力流动潮正在珠江三角洲兴起。这种智力流动的特点是不搞人才调动与安家落户,而是通过产品开发、技术投入或项目合作的多种渠道延揽海内外人才,形成不在编、不落户的"客座"科技队伍。据广东省人才研究所进行的调查,这支队伍现在已有十万之众,成为开发珠江三角洲的一支生力军。引进"客座人才"的方式有以下几种:①通过某个项目的技术成果产业化,引进高科技带头人并同时引进一批流动科技人员,完成项目后人员撤走;②通过合同方式,向内地有关科研单位聘请科技人员提供科技支持,方式灵活,可按实际需要聘请人数,时间可长可短,人员可以转换;③通过引进项目与联合开发,引进"客座"科技人员,双方智力共用,利益均沾;④与内地高校、科研院所建立"科技生产联合体",吸引人才和技术,全国有30多所高等院校、120多家部属科研院所在珠江三角洲地区建立"科技生产联合体",其中深圳有200多家,佛山市有300多家;⑤发挥民办科研机构优势,吸纳科技人员来广东参加流动的资力投资。据统计,广东至1992年底已有民办科研机构1100多家,绝大多数分布在珠江三角洲地区,其中80%科技人员是省外来的,他们都具有中、高级的职称。

珠江三角洲各市、县在大力引进人才的同时,重视高投入发展当地教育事业。在已有实现普及九年义务教育的基础上,继续向普及高中迈进;大办职业学校、专科技术学校,大力发展成人教育,加强在职人员培训,创建高等院校。教育事业呈现一派新的气象,在广东教育事业史上掀开了新一页。

广东高等教育事业14年来有了较大的发展,初步形成了多层次、多形式、学科门类比较齐全的高等教育体系,成为培养高层次人才的基地。全省现有41所普通高等学校,中央部委属的11所,省属的18所,市属的12所,其中有32所设在珠江三角洲地区。1983年以来,广东兴办了18所具有地方特色的高等学校,其中10所为各市政府主办。珠海、顺德、番禺等市,现正筹备成立高等学校,这不仅为地方经济发展人才培养提供更直接、更有效的服务,而且为政治、文化、科技的发展注入新的活力。1990年,全省普通高校中专科在校生达5060人,比1980年增长117.8%。1981年至1990年的10年中,全省普通高校培养了本科、专科毕业生共18.2万人,毕业研究生6858人。大批专业人才投入广东现代化建设,成为经济建设的主力军。①

联合办学是多出人才、快出人才的有效途径。一是高等学校与地方联合办学,如中山大学与中山市携手创办孙文学院;二是高等学校与企业合作,走产学结合之路,如广东工学院与香港隆辉集团联合创办广东工学院番禺隆辉分院;三是职业大学与高等师范专科学校联合办学几年之后,合并办成为当地服务的综合性高等专科学校,如佛山大学、惠州大学。联合办学调动了地方政府致力兴办高等教育的积极性,增强了社会参与发展高等教育、进行产业合作的主动性,亦提高了学校对社会的适应性。

广东高等学校开展国际学术交流合作,取得显著的成效。首先和港澳高等学校建立了广泛密切的联系,其后和美国、加拿大、英国、日本、法国、德国、澳大利亚、新加坡等国的高等学校建立联系,进行学术交流,互派教授讲学,在派留学生,合作进行科学研究,合作办学。国际交流加深相互了解,发挥教师的专长,提高师资队伍学术水平,培养青年教师,又吸收先进办学经验,改革科学结构,提高教学质量,取得显著成效。

广东根据地方经济崛起对人才需求量大的特点,实行多形式办学。大力发展成人高等教育和高等教育自学考试,以解决各行业在职人员的专业教育问题。由省内各行业系统投资兴办的独立设置的成人高校有61所,还有84所普通高校举办的函授、夜大学校。全省19个市、76个县成立电视大学,形成以省电大为中心、市电大为骨干、县电大为基础,乡镇和基层单位教学班为基点的全省广播电视远距离教育网络。以社会助学形式举办的高等教育自学考试从1984年开始,开设了一批本、专科专业。80年代,上述三类高教本、专科毕业生共89.7万人,研究生6555人,他们为经济建设和文化建设做出了贡献。

珠江三角洲地区大力发展成人教育培养人才,开拓了一个新局面。由于成人教育学以致用、学用结合、学制灵活、形式多样,深受欢迎,培养了一大批具有真才实学的专业人才。目前,珠江三角洲乡镇企业对发展成人教育的呼声很高,要求十分迫切。乡镇企业已成为珠江三角洲地区重要的经济支柱,但专业人才很少,比例甚低,不适应经济进一步发展的迫切需要。发展成人教育,是解决人才不足的重要途径。成人教育发展比较快的东莞市已初见成效。由于当地政府和企业确立了发展成人教育必须以经济建设为中心的指导原则,因此,在规划生产经营时,把成人教育统筹起来,

---

① 参见许学强《广东高等教育的发展与改革》,载《高教探索》1992年4期。

将教育培训纳入领导的任期目标和承包经营合同,并作为企业上等级、评先进的重要条件。1991年全市参加各种类型培训学习的人数达54.2万人,占全市劳动人口的63.7%,为1978年的20.8倍。现在,成人教育已遍布珠江三角洲各行各业,正以其特有的功能,强有力地推动着经济的第二次腾飞。

无可讳言,劳动素质低,人才缺乏,将是制约珠江三角洲和广东全省经济发展的主要因素。教育科技事业落后于经济增长的需要,与"亚洲四小龙"比较,差别很大。必须抓紧时机,优先发展教育,加快人才培养。对教育经费要高投入,才能保证教育科技事业的进一步发展。现在我国大陆逐步建立以国家财政拨款为主,辅之以征收用于教育的税收、收取非义务教育阶段学生学杂费和校办产业收入、社会捐资集资和设立教育基金等多种渠道筹措教育经费的体制。广东为解决高等教育经费短缺问题,从今年开始向各市筹集各项教育资金,由省集中使用。东莞市开办理工学院的经费,主要来自征收本市的教育附加收入,颇有成效。

教育是立国之本,百年大计。发展科技和教育是经济发展和社会发展战略中的基本国策。教育要面向现代化,面向世界,面向未来。现代教育不仅是振兴经济的重要基础,而且又是推动整个社会发展和科技进步的重要基础。教育要为提高人的素质、为经济建设和社会发展服务,亦为弘扬中华民族文化、创建我国新文化、增强中华民族的凝聚力服务。现在,珠江三角洲呼唤人才,全国呼唤人才。我们必须以有力的措施回答迫切需要人才的呼唤。下大决心,教育要高投入,优先发展教育科技事业,培育有文化、有理想、有道德、有纪律的一代新人,大批培养掌握现代先进文化、科学技术和管理方法的人才,才能实现中国的现代化。

第四部分 党务工作

党的知识分子政策的伟大胜利[①]

一、知识分子必须自我革命

刘少奇同志在党的第八届全国代表大会第二次会议的工作报告中指出:"整风运动和反右派斗争,是我国在思想战线和政治战线上的社会主义革命。这是关于社会主义和资本主义两条道路的带有决定意义的斗争。由于这个斗争的胜利,就在最广大的人民群众中形成了一个共产主义的思想大解放,从而深刻地改变了我们国家的阶级力量的对比。"这一段话,深刻地指出了整风运动和反右派斗争的革命性质及其伟大意义。

在反右派斗争以后,右派被孤立了。在知识分子当中,社会主义与资本主义、共产主义与个人主义、马克思列宁主义与资产阶级思想的矛盾就突出起来了。全国开展了反浪费反保守运动以后,出现了声势浩大的思想改造运动,这是形势发展所必需的。在这种情况下,高等学校开展了红专问题的大辩论。广大教工学生,热烈响应党的号召,积极参加自我革命运动,开始批判自己政治态度的动摇性,批判自己对社会主义的两面性。多数人都感到"形势逼人",不能停留在原来那种中间状态了,表示决心要搞臭资产阶级个人主义,改造自己,争取成为左派,成为又红又专、红透专深的社会主义的知识分子。知识分子自我教育自我改造运动正在广泛深入地开展。高等学校教工学生的政治思想面貌,起着深刻的变化。

整风运动的中心问题是正确处理人民内部的矛盾,改进人们在社会主义的劳动中以及其他共同活动中的相互关系。毛主席在《关于正确处理人民内部矛盾的问题》报告中,对于知识分子的问题曾经这样的教导我们:"我国人民内部的矛盾,在知识分子中间也表现出来了。过去为旧社会服务的几百万知识分子,现在转到为新的社会服务。这里就存在着他们如何适应新社会需要和我们如何帮助他们适应新社会需要的问题。这也是人民内部的一个矛盾。"毛主席指出了大量知识分子改变世界观的必要性和可能性,而且指出了知识分子改造的方法和措施。

刘少奇同志在党的八大二次会议的报告中分析了中国目前的阶级关系,指出我国

[①] 本文载《学术研究》1958年6月,第23～27页。

现在有两个剥削阶级和两个劳动阶级。其中的一个剥削阶级"是正在逐步地接受社会主义改造的民族资产阶级和它的知识分子，他们的大多数在社会主义和资本主义两条道路之间处在动摇的过度状态"。由于我国在1956年经过社会主义三大改造，完成了所有制的变革，资本主义的经济基础已经灭亡了，知识分子的唯一出路，就是在新的社会主义的经济基础上开始新的生活，同工农劳动人民团结一致，全心全意为伟大的社会主义事业服务。目前，我国人民在中央和毛主席的领导下，遵循着社会主义建设的总路线，争取10至15年内把我国建设成为有现代工业、现代农业、现代科学文化的伟大社会主义国家，这就必须最充分地动员和发挥知识分子的现有力量，以适应社会主义建设的需要。知识分子就必须努力改造自己，改变立场，革掉动摇性，抛弃资产阶级的世界观而树立起无产阶级的共产主义的世界观，将自己改造成为社会主义的知识分子。

由于工业、农业生产大跃进，工人农民的劳动热情和创造革新的精神，大大激起了知识分子的进步要求。特别是党提出了技术革命和文化革命的号召，迅速地获得了全国广大工人农民和知识分子热烈的响应。知识分子面对着新的伟大的历史时期，觉察到非急速改变自己政治上思想上的落后状态不可，否则就无法赶上时代飞速前进的脚步。自我革命、又红又专，成为广大知识分子的要求。党领导和帮助知识分子进行了自我教育自我改造运动。因而，在全国范围内出现了知识分子群众性的思想改造运动和自觉的革命运动。

"又红又专，红透专深"，这是一个生动丰富而又充满着发展、战斗精神的口号，它指出了知识分子前进的目标和自我革命的要求，为广大有爱国心、爱正义的、决心走社会主义道路的知识分子所乐于拥护和支持。知识分子思想革命运动，是政治上思想上的社会主义革命，是一场灭资兴无的斗争，斗争的内容是尖锐的。由于知识分子思想革命斗争是知识分子群众性的自我教育、自我革命运动，是按照毛主席正确处理人民内部矛盾的民主的方法（团结—批评—团结）来进行的，斗争的方式是温和的。广大教工学生从团结进步的愿望出发，开展批评与自我批评，摆事实，讲道理，采取了多种生动活泼的方式方法，如大字报、座谈会、辩论会、交心、送礼貌、评比等，在正确处理知识分子问题上取得了丰富的经验。

在中国民主革命、社会主义革命、社会主义建设各个历史时期，党中央、毛主席创造性地运用马克思列宁共产主义原理，结合中国的实际情况，制定各种政策方针，正确领导中国人民从胜利走向胜利，彻底摧毁了封建所有制，消灭了资本主义所有制。在目前知识分子自我革命运动中，全国知识分子开始决心破除资产阶级思想，团结在社会主义的旗帜下，向又红又专大跃进。这是党中央团结、教育、改造知识分子的政策和毛泽东思想又一次伟大的胜利。

二、政治必须挂帅

毛主席说:"没有正确的政治观点,就等于没有灵魂。"思想工作和政治工作永远是一切工作的灵魂和统帅。这一关键性问题,在知识分子当中有不少人是并未得到解决的。各高等学校关于红与专——政治与业务关系的大辩论,充分揭露了存在于知识分子灵魂深处的腐朽的东西,证明他们充满着资产阶级的思想感情,有不少人留恋资产阶级立场,还有不少人有着深厚的封建主义的颓废思想,有许多和社会主义建设背道而驰的东西,有不少人对《政治是灵魂是统帅》这一真理名言,采取怀疑或对抗的态度。因此,这一场红与专的大辩论,成为资本主义和社会主义两条道路的斗争,是个人主义和共产主义的大辩战,是文化教育事业要党来领导还是专家来领导的分野。

为了建设社会主义,我们的国家需要建设一支强大的工人阶级的知识分子队伍。工人阶级的知识分子就是具有共产主义的世界观,全心全意为人民服务,又具备专门的技术,精通业务的知识分子。他们是劳动人民的一部分。为了组成这样一支强大的工人阶级的知识分子队伍,党在团结、教育、改造旧知识分子的同时,又用很大的力量来培养大量的新的知识分子。毛主席提出了新的教育方针:"应该使受教育者在德育、智育、体育几方面都得到发展,成为有社会主义觉悟的有文化的劳动者。"这正是我们培养工人阶级知识分子的规格和要求。

红与专——政治与业务的关系是统一的。因为政治是灵魂,是统帅,没有政治就没有灵魂,便会迷失方向。有了政治没有业务也不行。因为这样就不能做好工作,就不能实现对社会主义建设事业的实际领导。因此,"我们就不要做不懂业务的空头政治家,也不能做迷失方向的实际家。又红又专,这是全国知识分子和技术人员的前进道路"。

有人认为,红与专二者是有矛盾的。他们说红就是要忙于搞政治工作、搞社会工作、搞社会活动,就没有时间钻研业务、研究问题、搞好功课了,因此认为要红则不能专,要专便不能红。有人提出"红与专分家论","你搞政治第一,我是业务第一",甚至认为"红了就后患无穷"。他们的结论就是"要专不要红"。这种论调是错误的。这些人有的是简单地将"红"理解为开会、参与社会工作,不懂得红就是指政治,就是忠诚于社会主义事业的政治态度和共产主义集体主义思想,就是马克思列宁主义的辩证唯物主义的立场、观点、方法。有些人则用心丑恶,他们企图贬低政治的领导作用。有些人甚至提出"红"无标准的论调,则更是对党和对社会主义事业进攻的一支毒箭。

我们认为"红"是统帅,只有红了才能专,红了就会专得更好,有了马克思列宁主义这一武器，才能正确地分析问题、辨风向、明是非，掌握客观事物发展的规律。政治觉悟越高，越"红"，对社会主义就更加热爱，工作的目的、方向明确，工作方法对头，对业务的干劲才大，工作的成果才会丰富。首先，政治觉悟高的人就懂得从国家的需要、从集体利益出发，全心全意为人民服务，将知识技术交给人民，这和那些从个人名利和个人要求出发的人完全不同。那些人有了一点成就，便自高自大、骄傲自满，便伸手向国家、向人民要名要利，讨价还价，"按酬付劳"。有些人就因为不能满足个人欲望，便闹情绪，甚至和党对抗。这种以个人名利作为动力的思想，在今天是行不通的，因为个人主义与社会主义是不相容的。其次，有了政治觉悟的人，就有明确的阶级立场，就懂得要贯彻阶级路线，走群众路线，把自己的知识水平和群众智慧相结合，重视向群众学习、总结群众的经验，并依靠发动群众的智慧来解决实际工作的困难，向征服大自然进军，为不断提高人民的文化科学水平而奋斗。第三，掌握了马克思列宁主义的立场、观点和方法，就懂得要尊重辩证唯物主义，运用辩证唯物主义来研究分析问题，懂得实事求是，从生产实际和阶级斗争的实际出发，深入探讨和解剖事物的本质。刘少奇同志说："对于科学技术和文化教育工作人员，应当着重地教育他们坚决执行联系实际、联系生产、联系群众的方针，以便有效地为无产阶级的社会主义事业服务，为促进社会生产力的发展服务。"这正是知识分子走向又红又专道路必须汲取的教导，也就是对红专关系的一种明确的解释。只专不红论者，他们不是认识不清，就是有意无视我们今天所处的历史条件。我们的国家处在光辉灿烂的社会主义建设时期，在我们今天的历史条件下，"只专不红"论者自觉地坚持脱离政治，脱离实际，脱离生产，脱离群众，这就不仅是学术观点或治学方法上的错误，而是政治立场上的错误。

有人认为，形势逼人，"只专不红"行不通，取法乎中，"多专少红"，也就差不多了。有一些教师这样说，"我是搞科学的，不是政治活动家"，因此"三分政治，七分业务"足矣。有人竟认为学政治像吃盐一样，盐是必须的，但不可多吃，这种"粉红论"，追深一步，实际是为"只专不红"找防空洞，打掩护，其实质是不愿下决心彻底地改造自己。这些人披着红色的外衣，以便迷惑人，欺骗人，因之它的危害性也就更大。有一位教师爱帮助别人修改文稿，添上一些马克思列宁主义的辞句，自鸣得意地说："穿上马列主义的外衣，那就很好看了。"这些人的丑态不是很明显吗？他们是"唯心主义为体，马克思列宁主义为用"。他们将马克思列宁主义作为标签来掩饰他们资产阶级的腐朽本质。"粉红论"者充分体现了资产阶级知识分子在社会主义革命的伟大潮流中的动摇性、两面性的本质。反右斗争以后，他们很清楚了，往右走是万丈深渊，此路不通，但向左转又不愿意，或三心两意。因此，他们不是鼓足干劲、力争上游，而是中庸之道，"力争中游"。

在教师的"只专不红"或"多专少红"思想的影响下，年青教师和学生相当普遍存在着"先专后红"的思想。有的教师公然鼓励学生说："谋生之道在于专。"他们给年青教师学生的影响是深刻的。不少教师从旧社会带来的、没有经过改造的消极、颓废、伤感……的浅落阶级的思想感情，严重腐朽着青年同学，给高等学校的教育工作带来很坏的恶果。有人说："学得某某专家的二分之一或三分之一那就吃得开了。"有些人认为"有了本领，红就容易了"。是否可以"先专后红"呢？我们认为在今天是不应该的，也是不可以的。年青的人们不了解，他们和老专家所处的时代不相同。由于时代的限制，有许多老科学家是先专后红。我们年青一代在社会主义的新的时代环境里，党的教育方针，就是要培养我们成为有社会主义觉悟、有文化的劳动者，人民热望着我们，培育我们成为又红又专的工人阶级的知识分子。我们年青一代没有理由要重走老一代所走过的弯路。在这次红与专的大辩论中不就很清楚了吗？我们不走红专的道路，结果就会成为白专的俘虏。脑子里共产主义少了，个人主义思想就会多起来。教师们正在痛恨丑恶的资产阶级个人主义对总结的拖累，要将他搞臭，向着又红又专大跃进，难道我们仍要走他们的老路吗？

"红与专"是无止境的。我们的国家要在10至15年内建成伟大的社会主义国家，首先就要依靠党的领导，发挥集体的力量，发挥群众的智慧。我们的事业是不断前进的，我们要为共产主义的实现奋斗到底。生产力的跃进，继续刺激社会主义生产关系的改进和人们思想的前进。人们在不断地改造自然界的斗争中，不断地改造社会和改造着人们自己。因此，"红"是无止境的。现在是原子时代，技术革命新时代，科学日新月异，"专"是没有尽头的。党提出技术革命、文化革命的号召，要在12年内赶上世界先进水平。脱离生产，脱离实际，脱离群众，想单枪匹马去赶世界水平是不可能的。现在，科学研究工作是一项巨大而复杂的精神劳动，它既要发挥个人的聪明才智，更需要依靠集体的智慧、力量和各方面的协作。

党的领导是一切社会主义建设事业的保证。马克思列宁主义是我们党一切工作的理论基础。只有在党的领导下，在马克思列宁主义的领导下，知识分子才能获得真正的解放，为社会主义建设事业充分发挥力量。只有在党的领导下，人民的科学文化和各项事业，才能获得迅速的发展和提高。不少事实教育了我们："在任何情况下，放弃或忽视党的思想工作和政治工作，就会脱离群众，迷失方向。为了社会主义建设的胜利，在一切事业中，党的领导和马克思列宁主义的领导必须贯彻，政治必须挂帅。

三、破除迷信，遍插红旗

毛主席早已预言，随着经济建设的高潮，必然带来文化建设的高潮。现在，预言已经成为现实。我国的文化革命开始了！

　　曾经有人怀疑，党是否能够领导科学文化工作？也有人会讥笑我们不懂教育，说什么"把所熟识的一套政治运动的经验，硬套到高等学校上去"。有些同志竟被人欺负得连信心都没有了。我们应该理直气壮地回问："解放后，高等教育是办好了还是办坏了？"事实响亮地回答，在党的领导下，高等教育是办好了，而且有了很大的发展。其实，这些自认为有办学经验的资产阶级学者先生们，不过是懂得一套资本主义的办学思想和办学经验罢了，他们为资产阶级及封建地主、官僚、买办的利益服务，的确是有经验的。这样的一套资产阶级教育思想和办学经验，对于建设社会主义的高等学校，又有什么好处呢？在红与专大辩论所揭露的无数事实中，说明历史的负担对我们是多么的沉重啊！

　　我们党不仅在政治、军事、经济等各方面有着丰富的经验，而且在文化教育工作方面也有系统的理论指导和多年的工作经验。我们有老解放区教育工作的优良传统，在解放后我们又学习了苏联的先进教育经验。毛主席所拟定的教育方针，是马克思列宁全面发展教育学说的新发展。我们建设社会主义教育事业的道路是明确的：教育必须为生产服务，为政治服务，为全体劳动人民日益增长的文化要求服务。解放以来短短 8 年的时间，在文化教育方面，我们的努力已经大大地改变了我国原有的落后面貌，我们在建设社会主义文化教育事业上是有充分信心的。现在，全国各地已经普遍地开始了蓬蓬勃勃的文化革命的高潮。文化革命是全体劳动人民的文化翻身运动。党教导我们："在过去，剥削制度硬生生地把脑力劳动和体力劳动割裂开来，剥削阶级剥夺了劳动人民学文化的权力，反过来却鄙视劳动人民，把劳动人民说成愚昧无知。他们故作玄虚，把文化知识神秘化，使人民误以为文化是高不可攀。""打碎剥削阶级用来吓唬群众的一切泥塑木雕的偶像，是动员群众向文化革命的伟大目标进军的重要前提。"党号召我们要破除迷信，思想解放。的确，旧的教育对我们的影响是深重的。不少人对于教育、科学研究工作是否能实现多、快、好、省的方针，是抱着怀疑态度的。有不少人强调了所谓的正规、规格和质量，对于文化革命有着抵触情绪。我们要承担起党所交托的任务，首先就要求我们自己提高认识，解放思想，打破各种清规戒律。自己的认识明确了，才能更好地坚定别人。

　　有人发出这样的一些疑问："要扫除文盲，普及小学教育、普及中学教育，还要普遍开办高等学校和科学研究机关，谈何容易？"党告诉我们，搞文化革命就要走群众路线，只要我们能依靠全党的动员、全民的动员，发挥全党全民的积极性，我们是可能采取更快的速度逐步实现的。事实就是最好的证人。在很短的时间内，有 16 个省市已举办了 130 多所高等学校，许多新的科学研究机关也在各地成立了。党中央毛主席提出"破除迷信，思想解放"的伟大号召，已经开花结果了。主要的问题就在于明确方向，正确估计自己的力量，善于组织和发挥自己的力量。譬如师资问题，过去，我们曾经过分地信任了一些教师，或者是过高地估计了一些教师的学识才能。相反，我们对于正在成长中的新生力量却认识不足，对于年青教师的作用估计过低。我们的保守思想大大限制了我们的教育事业的发展。不少教师的交心材料及揭露的事实，说明有些教师不仅在政治上、思想上成了"梁上君子"，在业务上也是一副空架子。过去，由于我们对他们的认识不足，就不能帮助他们努力改进。这虽是少数人的情况，亦值得我们深省。党要求在7年至15年内，建成一支强大的成千上万的工人阶级知识分子队伍，有了这样一支工人阶级知识分子队伍，工人阶级的革命事业才能得到巩固。因此，今后培养干部必须坚决贯彻阶级路线，大力培养工农知识分子。由于年老的教师人数不多，必须正确发挥他们的作用，大力培养年青的师资和科学工作者。年青的教师和学生也应有旺盛的学习热情和刻苦钻研的精神，有敢于超过前人的志气，老教师对年青一代应有青出于蓝的愿望，努力加以培养。在高等学校有将科学研究工作神秘化的现象，认为科学研究高不可攀，不少教师对工农学生采取不大关心的态度，对于劳动人民的创造成就不很重视。这是长时期的、影响相当深的一种偏见。其实，历代发明家大多数是出身于文化知识不高的劳动人民。最近，李始美消灭白蚁的成就，蔗渣造纸及造人造纤维的成功，大大震动了长期关在象牙之塔的科学家们。科学家们已开始重视，或开始走出书房，走出实验室，到生产中去，到工农中去，虚心向工农学习，与工农结合，为生产服务，这是一个可喜的现象。但是有些人的思想，也不是这样容易转变的。高等学校的教师学生在整风运动中有了显著的进步，然而比起工农生产战线上的干劲则是不够的。必须鼓足干劲、力争上游，否则我们的工作仍然是落后在时代发展的后面的。

我们要迎接文化革命的高潮，调动起广大教工学生的积极性和创造性，重要的问题是要加强教工学生的政治思想工作，加强党对高等学校的领导，把党的领导和马克思列宁主义的领导贯彻到基层中去。党的重要任务就是要积极帮助教师学生进行自我教育、自我革命，"灭资兴无"，树立共产主义人生观。同时，要有决心，在看到没有红旗的地方插上红旗，在插上红旗的地方把白旗拔下来。只有遍插了红旗，我们的高等学校才能成为真正的名实相符的社会主义大学。

向文化大进军的号角响了！让我们鼓足干劲，向着"又红又专"、"红透专深"的道路大步迈进。让我们在党的领导下和全国工人农民团结在一起，肩负起建设社会主义文化的任务。使我们的祖国在不久的将来，以一个具有高度科学文化水平的国家出现于世界上。

让红旗到处迎风飘扬，欢呼党的文化教育政策的胜利，欢呼党的知识分子政策的胜利。

在全校落实政策大会上的讲话[①]

同志们：

今天这个落实政策大会，是校党委遵照省委的指示，为落实华主席、党中央关于要认真抓紧落实党的政策的一系列重要指示而召开的。

首先，我代表校党委宣读《关于推翻在清队、"一打三反"运动中所定的错案、假案和冤案的决定》。（略）

下面，我讲几点意见。

第一，我们学校在省委和教育部的正确领导下，抓紧落实政策，做了大量的工作，尤其是近几个月来，工作进展比较快。现在，党委能够做出上面这个决定，是集中前段时间案件复查和落实政策工作的成果。但从中大的实际情况看，尚有许多遗留问题还需我们继续认真进行工作。当前，在揭批"四人帮"的第三个战役中，认真抓紧落实党的政策，是联系教育战线实际，彻底清算林彪、"四人帮"反革命修正主义路线，清算他们践踏党的政策、残酷打击和迫害广大干部和知识分子的罪行，肃清其流毒和影响，拨乱反正的一项极为重要的工作，也是我们联系学校实际、贯彻落实全教会[②]精神的一项极为重要的工作。因此，我们要求落实政策办公室和各系、各单位党组织，要切实加强领导，采取有力措施，集中力量，集中时间，按照上级要求和既定计划，抓紧完成这项工作。下一步着重严格按照党的政策复查人民内部矛盾问题的案件；对过去受审查还没有结论的，要尽快作出正确的结论；对已作出结论但处理不准确的，要切实改正过来；对在受审查期间死亡的同志，要实事求是地作出结论，做好各项善后工作；对于受株连影响的家属、子女和亲友应予解决的问题，要妥善解决；对于清队、"一打三反"运动以来属查无实据的材料，一律不入个人档案，由组织部门负责清理销毁。总之，要继续抓紧落实政策工作，在已取得一定成绩的基础上，争取尽快完成。这是我要讲的第一点。

第二，要深刻认识林彪、"四人帮"破坏党的干部政策和知识分子政策的极端严重性，必须彻底拨乱反正。同志们都知道，我们教育战线，是受林彪、"四人帮"干扰破坏的"重灾区"。我们广东，从军管开始，林彪死党黄永胜及其在广东的代理人

---

① 本文系 1978 – DQ1100 – 008/12，1978 年 7 月 27 日。
② "全教会"指全国教育工作会议，下同。

控制广东领导权长达 7 年，大搞"假左真右"，危害极大。广东是"重灾区"，我们中大则是"重灾区"中的"重灾户"，对林彪、"四人帮"的反革命修正主义路线对我校干扰破坏的严重性决不能低估、浅估和小估。本来，开展清理阶级队伍和"一打三反"运动是毛主席、党中央决定的，是正确的。但是林彪、"四人帮"进行严重干扰和破坏，致使发生了扩大化的错误。当时，我校受审查的教职工多达 380 人，占当时全校教职工总数的 35% 以上。其中，曾一度被当作敌我矛盾处理的就有 47 人，而大部分是搞错了的。还有一批校、系领导干部被打成"走资派"，一批爱国的、有真才实学的老专家被打成"反动学术权威"，等等，打击一大片，造成一批错案、假案和冤案，后果极为严重。中文系容庚教授，政治上是爱国的，拥护中国共产党的，在学术上有专长，治学严谨，工作踏实、认真，有为社会主义事业做出贡献的决心和行动。在"文化大革命"中，因受到群众运动的冲击，有怨气，说过一些错话。开始批判林彪反党集团时，由于不理解，在个别谈话和座谈会上讲了一些政治性的错误言论，属于思想认识问题。就是对这样一位老先生，清队开始就把他打成"资产阶级反动学术权威"，后来"四人帮"亲信还要定他为"现行反革命"用心十分恶毒。又如图书馆林启森先生，他解放前在国民党中侨委任过较高级的职务，没有发现严重问题。他在解放初期主动由香港回广州，并向公安部门坦白登记反动党团等政历问题，老实接受监督审查。安排在中大工作后，他能靠拢组织，努力工作，且有成绩。对于这样一位爱国人士，却被视为"历史反革命"，1976 年因病去世，不给开追悼会。这是完全违反党的审干政策和统战政策的。又如地理系的应秩甫同志，在搞所谓"三忠于"活动时，无意中在一张有墨点的报纸毛主席像上面写了一个"大"字，最后一笔还未写完，就被认为有意写成"犬"字，作为攻击毛主席的"现行反革命"进行批判斗争。再如机械厂的黄炳麟同志，他多年来工作认真负责，努力钻研业务，有专长，有贡献，他下干校期间，为解决拖拉机下水田发生下陷等问题，经学校批准到一些拖拉机工厂搞调查研究，做模拟试验，在取得了一定数据的基础上，写出了"八轮绞接全驱动拖拉机方案"。但是，"一打三反"运动开始后，有人竟以"平时的拖拉机工厂就是战时的坦克工厂，黄炳麟去那么多拖拉机厂调查，就是反革命嫌疑"为由，突然宣布对他实行隔离审查，从干校押回学校关了 40 多天，不让家属见面。经过复查，这完全是一桩冤案。以上，是当时被当作敌我矛盾处理的 47 人中的 4 个例子，由此可见当时运动中违反政策的严重情况。还有在干校"一打三反"运动中所定的 29 个所谓"集团案"，它们是怎样搞出来的呢？据专案人员揭发，当时迟群、谢静宜炮制的"清华经验"已出笼，黄永胜等人妄图把中大变成他们手中的"广州的清华、北大"，派人到中大干校坐镇，炮制"黑"经验。他们违背毛主席、党中央的指示另搞一套，大搞唯心主义，大搞形而上学，怀疑一切，打倒一切，打击一大片。他们破坏社会主义法制，严重混淆两类不同性质的矛盾，乱揪乱斗，随意抓人，大搞逼、供、信。他们搞的完全是林彪、"四人帮"那套"假左真右"的反革命修正主义货色！他们在中大制造了那么多错案、假案和冤案，进一步在中大干校召开了"现场会"加以推广，影响所及，流毒全省的高等学校，造成了极为严重恶劣的影响。

同志们！在林彪、"四人帮"反革命修正主义路线严重干扰破坏时期，一个人被审查，株连到他的家属、子女和亲友，定性错误，后果更为严重。我们必须站在党的立场上，立场坚定，旗帜鲜明，对人民群众高度负责，坚决地不留尾巴推翻一切错案、假案和冤案，为一切受迫害的同志昭雪平反。落实干部和知识分子政策的影响是调动千千万万人的革命积极性。所以，尽快做好落实政策工作，是当务之急，是一件大事，是当前党的一项重大工作。校党委号召全校上下，从领导到群众，人人都来主动关心、支持搞好这项工作，实行党委领导，走群众路线，尽快把这项工作搞好。

第三，对被平反的同志的希望和加强社会主义法制教育的问题。

在清队、"一打三反"运动中被审查过、被错定案的同志，你们遭受林彪、"四人帮"、"假左真右"的反革命修正主义路线的打击和迫害，对这条反动路线，既有切肤之痛，又满怀革命义愤。我们起来控诉他们，把仇恨集中到林彪、"四人帮"身上，集中到他们那条祸国殃民的反革命修正主义路线上。在革命队伍内部、在革命同志之间则不要计较个人恩怨。我们要共同对敌，以更加饱满的革命热情，积极投入深入揭批林彪、"四人帮"反革命修正主义路线的战斗中去，抓纲治校努力把各项工作做好。

同志们！林彪、"四人帮"、黄永胜一伙，利用他们窃据的那部分权力，为所欲为，践踏党纪，破坏社会主义法制，罪行累累。在深入揭批"四人帮"斗争的第三个战役中，要彻底清算这方面的罪行。为了肃清他们破坏社会主义法制的流毒，在我们队伍内部要继续抓好学习新宪法，开展社会主义法制教育。但对林彪、"四人帮"一手扶植的反革命分子和罪大恶极的阶级敌人，必须依法严惩。根据中央部署，在揭批"四人帮"运动中，全国各条战线都要开展"双打"斗争，教育战线也不例外。在"双打"斗争中，要打击和惩办一贯打砸抢的首犯和主谋策划者、对干部和群众实行法西斯摧残的杀人凶手。至于在"文化大革命"中受林彪、"四人帮"毒害、犯有一般打砸抢的错误的人，主要是进行正面教育，他们主动讲清问题组织和群众是欢迎的。

同志们！今天的落实政策大会，表明校党委的这样一个决心和态度：我们在落实政策工作中，坚决不折不扣地贯彻执行华主席、党中央所规定的各项方针政策，有反必严，有错必纠。我们要纠正和否定的是林彪、"四人帮"所造成的危害革命、残害人民的错误，要恢复和发扬的是党的实事求是的革命传统。我们完全相信，通过今天这个落实政策大会，通过不断地落实党的政策，广大干部、教师和职工的社会主义积极性也将大大发扬。让我们紧密地团结在华主席、党中央的周围，贯彻十一大路线和全教会精神，在省委领导下调动一切积极因素，为加速实现四个现代化、为实现新时期的总任务、为办好社会主义中山大学而共同努力！

在党委整风会议上的小结发言[①]

多年来,由于林彪、"四人帮"歪曲、篡改党的教育方针,乱砍乱改,学校不是按照学校的规律办事,出现了教师不敢教,学生不敢学,干部和职工不敢谈为教学、科研服务的状况,教学秩序受到极大的破坏,教育质量严重下降。科研班子被拆散,基础理论研究停顿下来了。

当前,我国面临着一个安定团结、大上快上的新形势。广大教师、干部、工人和学生,都殷切地期望党委这次能把整风同实现四个现代化的宏伟目标结合起来,使自己的思想、作风、工作、干劲都能与飞跃发展的形势相适应,坚决执行党的教育方针,按照学校的规律办事,调动全校师生员工的社会主义积极性,紧密地团结在以华主席为首的党中央周围,抓纲治校,把中大办成名副其实的、蒸蒸日上的重点大学。

从全校师生员工在这次整风中所揭发出来的大量事实来看,自中大校革委会1968年成立、学校党委1970年成立以来,在路线斗争方面存在下列一些比较突出的问题,必须分清是非界限。为了方便起见,这里分为四个阶段来谈。

第一阶段

从1968年军宣队、工宣队进校,校革委会、党委会相继成立,到1971年"九·一三"林彪自我爆炸,开展"批林"整风运动。这段时间长达三年之久。

在这个时期,在要不要办大学、办怎么样的大学、依靠什么人办学、对17年的估价等一系列根本问题上,学校党委忠实地执行了林彪、"四人帮"及其在广东的代理人的意旨,打击和迫害学校的原有干部和广大教师、职工,严重地挫伤了他们的社会主义积极性。教工同志意见最大的是1968年7月31日事件,林彪在广东的代理人一伙打着贯彻落实"七·三"、"七·二四"布告的幌子,策划、指挥数以万计的不明真相的工农群众,于1968年7月31日进驻中大,混淆两类性质不同的矛盾,随意抄家、打人、抓人,进行人格污辱和肉体摧残。

教工同志强烈控诉,在校革委会成立后的1968年年底,中大的干部、教师,包

[①] 本文系1978－DQ1100－004/08,1978年10月25日。原题目为《黄焕秋同志在中山大学党委整风会上的小结发言》。

括老弱病残者在内，被"一锅端"，统统下放干校，全校只留下几十人"办学校"。他们的目的就是要迫害干部和教师，妄图取消大学，毁灭无产阶级教育事业。

教工同志们还痛心地历数在清队、"一打三反"运动中，中大党委有人大搞怀疑一切、打倒一切、搞扩大化的严重错误。这些人严重违反党的政策，混淆两类不同性质的矛盾，大搞逼、供、信，制造了29个错案、假案和冤案，列审的干部、教师和职工多达359人。

1970年7月28日，中大召开了第五次党代会，校革委会党的核心小组负责人所作的报告，完全按照"四人帮"的腔调，全面地系统地否定了中大17年的成就。他在报告中讲了许多污蔑、荒谬的话，他说"叛徒、内奸、工贼刘少奇及其在我校的代理人，为了复辟资本主义，长期以来，极力推行反革命修正主义建党路线"，"他们大搞全民党"，"业务党"，"招降纳叛，结党营私，把一批叛徒、特务、反动军官、政客、反动学术权威塞进各级领导班子里，由这些人做骨干，组成一支暗藏在革命阵营内的反革命别动队，形成一个地下的独立王国，把学校变成复辟资本主义的基地"。

教工同志指责中大党委在1970年学习所谓清华经验，取消、打乱了原有的学系和专业，先后提出"理向工靠"、"厂带专业"、"典型产品组织教学"、"战斗任务组织教学"等口号，大办工厂，厂带专业，办大文科，实质上是要改变综合大学的性质，取消基础理论的教学和研究，取消了基础理论、基础知识和基本技能的"三基"训练，削弱了外语教学。学校党委有人极力鼓吹工农兵"上、管、改"的错误口号，强迫教师向学生搞"政治亮相"，搞"评教评学"，煽动学生围攻教师，整教师，严重破坏师生关系。他们还将我校有60年历史的外语系强行并到广州外语学院，破坏了大学的整体结构，致使全校外语水平严重下降。

1971年全教会后，中大党委负责人极力鼓吹"两个估计"，给广大干部、教师戴上了沉重的精神枷锁。

第二阶段

从1972年毛主席、周总理作出关于加强基础理论的教学和研究的重要指示，到1975年邓副主席主持中央日常工作"抓整顿"，历时3年。在这3年中，学校党委内部围绕着党的教育方针和领导权问题，展开了激烈的斗争。

1972年"九·一三"林彪自我爆炸后，中央决定开展批林整风运动。在批林过程中，我校广大师生员工联系学校实际，批判了"理不讲理"、"文不学文"等怪现象。1972年，周培源同志根据毛主席、周总理关于加强基础理论的教学和研究的重要指示,写了关于办好综合大学理科的文章。这篇文章,像一股东风吹来,使我校的教育革命有了新的发展。

但是,事隔不久,"四人帮"就进行了反扑。迟群在清华刮起了所谓"反回潮复辟"的逆风。这股逆风很快就刮到我校,刚出现的大好形势很快就被破坏了。中大有那么的几个人,在"四人帮"的黑爪牙的煽动下,把矛头指向刚刚站出来主持中大工作的李嘉人同志。

1975年3月底,省在佛山召开高教工作会议,推行"朝农经验"。学校党委由于认识不高,错误地认为"朝农经验比较符合毛主席教育思想",制定了中大"学朝农,迈大步"的规划,准备办农村分校,搞大文科,教师、干部的思想又被搞乱了。

在学习无产阶级专政理论的运动中,学校党委又有人搞了反"资产风",打"土围子",有些系点名批判了一些教师,伤害了一些同志。如把中文系古文字研究室当作"土围子"来打等。直到邓副主席主持中央日常工作,"抓整顿"之后,才把这股歪风煞住。1975年底,中大党委领导班子进行了初步的整顿,传达、学习了邓副主席、周荣鑫部长的一系列讲话,正当准备继续进行整顿,大力提高教育质量时,"四人帮"又猖狂地迫害周荣鑫同志,诬陷邓小平同志。"四人帮"在广东的代理人唆使中大一些人,妄图争夺中大党委的领导权。

第三阶段

从1975年底开始所谓教育革命大辩论,到1976年10月"四人帮"垮台,在这将近一年的时间里,"四人帮"及其在广东的帮派体系大打出手,"层层揪走资派",要把李嘉人同志打下去,在中大搞大换班。

1975年底,迟群一伙搞了所谓"教育革命大辩论"。当时,学校党委坚决贯彻中央指示精神,顶住了"四人帮"及其在广东的代理人搞"层层揪"的阴谋,强调运动要在党的一元化领导下进行,不准串连,不准搞战斗队。但是,当时省委、省科教办及高教党委的某些负责人,屈服于"四人帮"势力的压力,于1976年2月29日抛出了《关于加强党委对教育革命大辩论领导,将运动引向深入的几点意见》,长了资产阶级帮派体系的威风,灭了坚持毛主席革命路线的革命领导干部和广大革命群众的志气,在中大掀起了一个"层层揪"的恶浪,矛头指向李嘉人同志。随后,省委派来了新的党委负责人。从那个时候起,直至"四人帮"垮台的一年时间里,中大基本上是按照"四人帮"那一套行事的。

新的党委负责人来到中大,首先,跟着"四人帮"那一套干,非常起劲地抢先批判所谓"三株大毒草","批邓"的嗓门喊得特别高。其次,提出开门办学"门要越开越大"、"越办越向下",理科各专业开门办学的时间占总学时的二分之一,文科各专业要占三分之二,其中体力劳动占总学时的一半。学校可以随意占用教学时间。正如群众所说的,"运动时间要多少有多少,教学时间剩多少算多少"。再次,要在组织上搞大换班。他们向省委打了报告,要调进处级、总支书记等干部30多名。

第四阶段

从1976年"四人帮"垮台至现在,这两年是在深入揭批"四人帮"的斗争中度过的。开头一年多,我们经历了揭与捂的激烈斗争。

党中央一举粉碎"四人帮",全校师生员工欢欣鼓舞,积极起来揭批"四人帮"的滔天罪行。但学校党委主要负责人不同意联系学校实际进行揭批,长期捂盖子。当时,我校广大干部、群众紧跟华主席、党中央的战略部署,联系学校实际,写出大字报查问"四点意见"是怎么搞出来的;查问李嘉人同志被免职及中大干部大换班的情况;追查反动电影《反击》在中大拍摄镜头的经过;追查"四人帮"垮台前后召开的"新会会议"的内幕;批评党委某些领导人宣扬"四人帮"谬论等等,这是完全符合斗争大方向的。有些大字报牵涉到党委某些主要负责人,内容不一定完全确实,主要是引导问题。但是学校党委主要负责人派人抄群众的大字报,追查大字报是谁写的,群众意见很大。省委运动办、省科教办、高教党委某些负责人偏听偏信,于1977年2月1日召集中大党委常委到高教党委开会,批评中大有人别有用心,说查问《四点意见》是矛头指向省委,说许多大字报是"转移斗争大方向",并斥之为"万箭齐发",扬言要"处理几个"。他们给中大教工同学揭批"四人帮"的运动泼了一盆冷水,严重挫伤了广大干部群众的革命热情和积极性,造成了万马齐喑的局面。

"四人帮"垮台后,全国开展批判反动电影《反击》。因为《反击》曾在中大校园拍摄很多镜头,是用心十分险恶的。省委布置要开展批判。当时学校党委主要负责人组织人力写稿报道中大师生员工批判《反击》的情况,不顾事实真相,强调报道内容要"突出抵制",往自己脸上贴金,搞浮夸,讲假话。学校党委常委讨论报道稿时,一致认为不符合事实的段落应该删去。但是,党委主要负责人却违反民主集中制,坚持个人意见。报纸发表后,影响十分恶劣。群众哗然,对中大党委这股不正之风提出了尖锐的批评。

今年二三月间,省委决定派李嘉人同志回中大党委领导班子。半年多来,学校党委抓纲治校,为拨乱反正做了大量的工作。由于林彪、"四人帮"严重的干扰破坏,百废待兴,要解决的问题很多。当时学校党委在这段时间里,主要是抓了如下的几项工作。在运动方面，我们抓了搞好揭批"四人帮"的第三战役，抓紧清查工作，抓住深入揭批"两个估计"。在落实政策方面，我们认真落实党的干部政策和知识分子政策，纠正了一批错案、假案和冤案，为在"文化大革命"中由于受到迫害而不幸去世的教工补开了追悼会，给予平反昭雪，并做好善后工作。在这期间认真抓了教师恢复和提升职称的工作，上月已告一段落。教师培养、提高工作正积极地进行。在教育革命方面，我们努力贯彻、落实全教会的精神，抓发展规划的落实，研究专业调整；抓教学秩序和课堂纪律，对学生进行社会主义法纪教育；抓基础课教学，努力提高教育质量；积极开展科学研究工作，建立科研机构，整顿教研室，有步骤地把学校办成教学和科研两个中心。在后勤工作方面，我们注意逐步改善群众生活、学习和工作条件。

我们决心在今后工作中，努力学习，严格要求，把学校办好，不辜负党和广大师生员工的殷切期望。

解放思想，把我校的工作重心转移到教学科研上来[①]

同志们：

　　学校党委常委扩大会议，于本月6、7、9日开了3天，传达学习了习仲勋同志在省委四届二次常委扩大会议上的总结报告，学习了中央宣传部关于传达、宣传十一届三中全会精神的文件，结合传达了全国高等学校科研工作会议的精神；并联系学校实际，分组讨论了如何按照三中全会的精神把我校工作着重转移到教学、科研上来的问题。与会同志政治热情高涨，听了传达很受教育和鼓舞，一致认为三中全会是我党一次有重大历史意义的会议，是关系到我国前途命运的一次重要会议。我们坚决拥护以华国锋同志为首的党中央做出的各项决定和关于从1977年起把工作着重点转移到四个现代化上来的英明决策；我们一致拥护中共广东省委关于抓好农业现代化建设落实农村政策及处理一些遗留问题的决定；一致拥护蒋南翔部长关于解放以来高教战线路线是非问题的讲话。在分组讨论会上，与会同志畅所欲言，开得生动活泼。当然，几天的学习讨论时间是不够的，有些问题还来不及仔细研究。总的看来，我们这次常委扩大会议是开得好的，达到了预期的目的。我们学习贯彻三中全会的精神，实现学校工作重心的转移，有了一个良好的开端。

　　在扩大会议休会期间，党委召开了几次常委会和机关部处负责同志和总支书记会议，就扩大会议分组讨论中提到的一些问题，特别是学校工作重心转移问题，联系本校的实际情况，认真作了讨论研究。前几天，各总支已将习仲勋同志在省委常委扩大会议上的总结报告分别传达到全体党员干部。今天，常委扩大会议复会，邀请支部书记、总支委员、副科级的干部参加，由我代表党委书记作小组发言。请大家提出意见再做修改。我的发言，分为以下三个部分。

一、关于加深对党的工作重心转移的伟大意义的认识的问题

　　我们党和国家，正处于一个伟大的历史转折点。以华国锋同志为首的党中央，根据党的十一大和五届人大确定的新时期的总路线和总任务，根据对国内外形势的科学

[①] 本文系1979-DQ1100-003/02，1979年2月16日。原题目为《在中山大学党委常委扩大会议上的总结讲话》。

分析，在揭批"四人帮"的斗争取得胜利的基础上，在十一届三中全会上做出了从1979年起把工作的着重点转移到社会主义现代化建设上来的英明决策。实现四个现代化，是毛泽东同志和周恩来同志的遗愿，是我国历史发展的客观要求，是全国人民的迫切愿望。它对于从根本上改变我国经济技术的落后面貌，高速度发展社会生产力，进一步巩固无产阶级专政；对于增强国防实力，有效地对付外敌侵略；对于在发展生产的基础上，不断改善和提高人民的物质和文化生活水平；对于世界的和平与进步事业，对于将来逐步向共产主义过渡，都有着十分重要的意义。我们相信，党中央关于工作重心转移的战略决策，必将极大地推进我国的社会主义事业，使我国政治、经济、军事、文化等各个领域出现崭新的局面。

把全党工作的着重点转移到社会主义现代化建设上来，这是无产阶级夺取政权、特别是在生产资料所有制的社会主义改造基本完成以后，必须实行的一个历史性的根本转变。因为在上述两项任务基本完成以后，在上层建筑和生产关系方面，虽然还需要随着生产力发展对不相适应的部分继续进行改革，但总的来说，上层建筑和经济基础之间、生产关系和生产力之间是基本上相适应的。无产阶级要把社会主义事业继续推向前进，必须把工作的重点转移到社会主义经济建设上来，把高速度发展社会生产力的任务提到首位。因为劳动生产率归根到底是保证新社会制度胜利的最重要最主要的东西。不这样，就不能保证无产阶级最终战胜资产阶级，过渡到共产主义。

关于这一点，既是一个马克思主义理论问题，而且也是从我国20多年来的革命实践中得出的结论。大家知道，在列宁十月革命胜利后所写的著作中有很精辟的论述。毛泽东同志在建国前后，特别是在生产资料所有制的社会主义改造基本完成以后，曾多次提出把全党工作的重点转移到社会主义经济建设上来。在全国解放前夕举行的七届二中全会上，毛泽东同志在他的报告中明确指出，从接管城市的第一天起，"我们的眼睛就要向着这个城市的生产事业的恢复和发展，城市中的其他工作，都是围绕着生产建设这一中心工作并为这个中心工作服务的"。这就是说，如果我们不能使生产事业尽可能地恢复和发展，使工人和一般人民的生活有所改善，"我们就不能维持政权，我们就会站不住脚，我们就会失败。"在三年经济恢复时期和第一个五年计划期间，由于我们正确贯彻执行了以生产为中心的方针，不仅胜利地完成了民主革命遗留下来的任务和基本上完成了生产资料所有制的社会主义改造，而且使第一个五年计划胜利完成，生产建设事业有了迅速的发展，人民的生活得到了很大改善。1957年，毛泽东同志进一步指出，"我们的根本任务已经由解放生产力变为在新的生产关系下保护和发展生产力"，提出要"团结全国各族人民进行一场新的战争——向自然界开战"。1958年1月，毛泽东同志又在《工作方法六十条》（草案）中明确地提出："把党的工作重点转移到技术革命上去。"在这期间，我们党在社会主义现代化建设方面，做了大量的工作，取得了重大的成就。但是，由于我们对于社会主义建设缺乏经验，工作指导上发生了一些缺点和错误，妨碍了党的工作重心转移的完成。尤其是到后来，林彪、"四人帮"及其一伙打断、破坏了这一进程，严重影响到我国社会主义经济建设的速度，最后搞到国民经济濒临崩溃的边缘。这是一个沉痛而深刻的教训。实践是检验真理的唯一标准。我们应该从建国20多年来正反两个方面的经验中，引出必要的结论。今后，只要不发生外敌入侵，都要坚持把全党工作的重心放在社会主义现代化建设上，坚持以生产建设为中心，集中精力来干社会主义现代化这件事。这是在新的历史时期，是否高举毛泽东同志的伟大旗帜，是否坚持马克思主义的核心问题。我们应该从这样的高度上，认识全党工作重心转移的极端必要性及其深远的意义。

当前，理论上有不少问题要求我们认真研究，思想上有不少问题要求我们正确对待，积极引导。我们全体同志，尤其是党和行政工作的负责人和政治理论教师，必须努力学习马克思列宁主义，全面准确地领会毛泽东思想，把被林彪、"四人帮"搞乱了的理论问题纠正过来，并在新的历史时期有所发展。我们要发扬民主精神，采取实事求是的科学态度，做好思想教育工作。我们要解放思想，切实执行"双百"方针，严格区分不同性质的两类矛盾，区分学术问题和政治问题，积极开展研究工作，开展学术讨论，联系实际，做好调查研究工作。要努力加强党的宣传工作和群众工作，把党员和教工同学以及家属的思想，统一到新时期的总任务和工作重心转移上来，调动一切积极因素，团结一切可以团结的人，为巩固和发展安定团结的局势、为建设社会主义做出更大的贡献。

二、关于把我校的工作重心转移到教学、科研上来的问题

首先应该肯定，粉碎"四人帮"以来，根据党中央的战略部署，我们学校把工作重心放在揭批"四人帮"的斗争上，这是完全必要的。两年多来，我校揭批"四人帮"的斗争已经取得很大的胜利。主要表现在：①基本查清了与"四人帮"篡党夺权阴谋活动有牵连的人和事；②批判了林彪、"四人帮"的反革命修正主义路线和反动思想体系，着重批判了他们炮制反动的"两个估计"迫害打击学校干部和广大知识分子、疯狂毁灭高等教育事业的罪行，逐步分清了路线是非；③对各级领导班子进行了整顿、调查、充实，党的实事求是和群众路线的优良传统和作风正在恢复和发扬；④由于林彪、"四人帮"的迫害造成的冤案、错案、假案得到平反昭雪，伸张了正气，出现了安定团结的政治局面；⑤对右派摘帽改正和历史遗留问题正在进行清理，今年第一季度以前可以结束。根据上述情况，我校应该可以结束大规模的揭批

"四人帮"的群众运动,有可能把工作的着重点立即转移到教学、科研上来。因此,我们必须坚决地不失时机地实现这一工作重心的转移,为加快把我校建成现代化的教育中心和科研中心而奋斗。

我校如何实现工作重心的转移?

要实现工作重心的转移,首先要转变思想。参加常委扩大会议的同志说,对工作重心转移问题,思想上经历过一个从不理解到逐步理解的过程。这种说法是反映了思想实际情况的。由于长期以来,林彪、"四人帮"制造禁区,制造迷信,搞假马克思主义,确实把人们思想搞乱了;再加上他们疯狂破坏社会主义法治和民主集中制,搞顺我者昌、逆我者亡,弄得是非功过不清,赏罚不明,影响所及,使得一些人不敢、不能、也不愿去动脑筋想问题;还有小生产习惯势力的影响,因循守旧,安于现状,不求发展,不求进步,不愿接受新事物。因此,在我们的干部队伍、包括领导干部中间,有不少同志搞"本本主义",思想很不解放,"怕"字当头,说话做事看"来头",摸"风向",不敢坚持原则,思想处在僵化半僵化状态。思想僵化害处极大。中央领导同志说,一个党,一个国家,一个民族,如果一切从本本出发,思想僵化,迷信盛行,它就不能前进,它的生机就停止了,就要亡党亡国。因此,我们必须从林彪、"四人帮"的思想禁锢中解放出来,坚持实践是检验真理的唯一标准,弄清教育战线路线是非,大胆建设两个中心。这就是转变思想。

大家不妨回顾一下,一年多以前,党中央决定批判反动的"两个估计"时,我们思想得到一次解放,但还不是完全的解放。因为还有个《全教会纪要》,还有个所谓"28年来都是红线占主导地位"的提法,教育战线的路线是非仍未完全搞清。这次三中全会,坚持实践是检验真理的唯一标准,粉碎了两个"凡是"的思想束缚。最近,中央决定蒋南翔同志回教育部当部长。他在全国高校科研工作会议上讲话,我们感到很亲切,是实事求是的。他明确指出,"文化大革命"前的17年,我国高教工作执行的是一条马列主义路线,成绩是主要的。"文化大革命"的11年,由于林彪、"四人帮"的严重摧残,我国的高教出现了从未有过的大倒退。1971年,"四人帮"炮制的《全教会纪要》,是林彪、"四人帮"的修正主义教育纲领,是教育界的一部"黑宪法",破坏性很大,影响很坏,应当彻底批判。蒋南翔同志的讲话,恢复了教育战线本来的历史面貌,分清了教育战线的路线是非,说出了广大师生员工的心里话。只有这样,我们才能进一步解放思想,放开手脚大干,心情愉快地努力把学校真正办成两个中心。

要在我校实现工作重心的转移,就要从我校的实际情况出发,按照学校的规律办事,采取有力措施,把教学、科研放在首位,把教学、科研搞上去。在扩大会议上,与会同志提出了不少很好的意见和建议。常委经过研究,在1979年要突出抓好保持安定团结局面和按教育规律办事这两条，做好一系列的工作。

1. 全面贯彻党的教育方针，进行专业调整与改革

（1）要全面准确地领会党的教育方针。我们要在自力更生的基础上，总结29年的教育经验。努力学习外国的有益经验、学习当今世界上一切科学技术的最新成果，不断提高学术水平，努力为国家培养又红又专、体魄健壮的大学本科生和研究生，使学校真正成为造就具有第一流水平的科学家、学者等高级专门人才的重要阵地。

（2）根据综合大学的特点、学科互相渗透的发展趋势以及我校的条件，决定撤销我校原有的33个专业，设立16个学系，即文科的中国语言文学系、历史学系、哲学系、经济学系、外国语言文学系5个学系不变；理科设数学系、力学系、计算机科学系、物理学系、无线电电子学系、化学系、生物系、地理学系、地质学系、气象学系和海洋学系等11个学系。今年就按这个16个学系招生，拟订新的教学计划。

（3）开办广州分校，招收走读生。根据省委的决定，并经教育部同意，我校在海珠广场原展览馆大楼开办广州分校主要招收广州市的走读生。本科四年制，今年招收数学、物理、化学、中文系学生；还根据省、市的急需，今年招收少量的日语、图书馆学、会计学等专业大专班，学制两年。今年共招走读生500人。

2. 大力提高师资水平

这是提高教学质量、顺利开展科学研究工作的关键。要发挥老教师的专长，对中青年教师要积极的培养提高。今后新师资的来源除留少数本科优秀毕业生外，主要应从国内的研究生和出国留学生、进修生中补充。

现有教师的进修，一般要坚持在职学习为主、脱产学习为辅，国内进修为主、出国进修为辅的原则。应充分注意有计划地选送具有副教授以上水平的教师出国进修，短期考察，参加学术会议，交流讲学，合作进行科研工作。为了加强各系师资培养和利于科研攻坚力量的成长，要有计划地聘请外国专家来校讲学或作专题报告，合作进行科研工作。

3. 实行学分制，加强基础训练，提高教学质量

在稳步扩大招生数量的同时，必须大力提高教学质量。要从教学内容和教学实践上保证，加强学生的"三基"（基本理论、基础知识、基本技能）训练。要选派基础较好、水平较高、教学经验较丰富的教师担任基础课的教学工作。经过认真准备，从下学期开始，要调整教学计划，在全校实行学分制，贯彻因材施教原则。要上好体育课，开展课余文娱体育活动，促使学生德智体全面发展。设立"三好"学生奖学金，奖励"三好"学生，对其中突出者发给奖学金，下力气培养拔尖学生。

4. 落实"五定"，搞好科学研究工作

重点大学要办成两个中心，就要在搞好教学工作的同时，大力开展科研活动。要切实落实科研"五定":定方向(课题)、定任务、定队伍、定设备、定制度。要有计划地扩充专职科研队伍,并相对固定下来;迅速为重点科研所、室配备精干的行政后勤人员,继续为专家配备助手,以使所、室的学术领导人能得以集中精力搞业务工作。要保证重点,抓紧重点。对于重点科研项目,学校要与承担单位订立科研合同,经常督促检查,保证按时按质按量完成任务。要改进科研管理体制,健全规章制度,下放科研经费,简化手续,提高工作效率。要把科研同教学结合起来,把科研同培养研究生结合起来,使之相辅相成,互相促进。研究方向要努力完成国家规划项目,对基础理论尤其对农业现代化、国防现代化的项目要认真抓好。今年要努力做出一批重要科研成果,向国庆30周年献礼。

5. 落实"各尽所能,按劳分配"的政策

教师和科研人员是学校的主体力量,如同工厂的生产工人一样。调动广大教师和科研人员的积极性,是办好学校的关键。要坚决克服过去那种"吃大锅饭",干多干少一个样,奖罚不明的错误做法。做好准备工作,从下学期开始,实行教师工作量制度,超过工作量的要按规定付给报酬;设立中山大学优秀教师奖金和中山大学科学奖金,每年评选一次,奖励成绩优秀的集体和个人。对行政干部和职工奖评制度,要认真总结去年奖评的经验和问题,在搞好规章制度、岗位责任制的基础上,研究讨论和制定合理的切实可行的奖评制度,并予施行。

要把我校工作重心转移到教学、科研上来,学校的一切工作就要围绕着教学、科研进行,真正地为教学、科研第一线服务,无论是组织人事工作、宣传和思想政治工作,还是基建、设备、图书资料和行政、生活管理、体育、卫生保健等工作,都应如此,无一例外。

搞好总务后勤工作是教学、科研的保证,关系到全校教工同学的生活和健康,常委经过研究,1979年要抓好以下几项主要工作。

1. 竣工一批宿舍,保证新生入学,初步改善师生员工的居住条件

去年给转下的10,100平方米的专家住宅和教工住宅,暑假前建成,可调整安排240户。新建的11,000平方米的本科生和研究生宿舍,暑假前亦可建成,解决今年新生入学的宿舍问题。

2. 第一季度基本解决全校水电问题

现在已安装一台发电机组并开始发电。目前正抓紧进行由珠江直接抽水进水厂的工程。3月底前完成后,本校水厂供应的水将可基本满足全校师生员工和家属的生活用水。要求环境科学研究所组织地理、生物、化学、物理各系的教师研究河水净化,进一步研究解决水质问题。

3. 改善服务态度，改进膳食工作

要加速使面粉厂和加工馒头、面包的机械设备投产，解决集体食堂和教工住家的面粉加工问题，并逐步改进早餐的花式品种。各集体食堂，要迅速建立有参膳代表参加的膳委会，实行经济民主，改善服务态度。基本要求是：减少排长队现象，使师生能吃上饭、能吃上热饭热菜。

4. 挖潜引新，改进教学、科研条件工作

要为图书馆增添必要的工作人员，抓紧清理原有图书、使积压的新书编目上架。在生产设备工作方面，2月份开放9个专用听音室，使无线话筒投入使用；仿造日本的幻灯机要尽快投产，彩色录像设备要尽快安装；要根据需要与可能从国外引进和自己试制现代化的仪器设备，逐步更新装备教学基础实验室和科研专用实验室，争取到80年配套。

5. 大力整顿教学秩序，创造一个良好的教学、科研环境

建立教室、实验室的良好秩序，加强教室实验室管理制度。要在全校进行社会主义民主与法治的教育。要恢复与健全群众治保组织，加强治安保卫工作，保证学校有一个良好的秩序和安定的环境。要逐步配备大楼管理工作和清洁工作，保持正常的环境卫生。要建立经常性的检查维修制度，使教室、实验室和集体宿舍的门窗、黑板、桌椅、照明和清洁卫生等保持完好状态。

三、关于加强和改进党的领导的问题

加强和改进党的领导，是学校工作重心顺利转移到教学、科研上来的根本保证。常委经过研究，认为应该抓好以下几项工作。

1. 最重要的是，学校党委首先要适应工作重心的转移，相应地改进自己的工作

要认真实行民主集中制和党委领导下的分工负责制。今后检查学校党委的工作，主要是看领导是否全面地理解正确地执行党的教育方针，看是否深入了教学、科研第一线并实际解决问题，看是否认真按"高教六十条"办事，是否把广大教师、科研人员及各类人员的革命积极性调动起来，看教学质量、科研成果和培养出来的学生怎么样。这就是今后学校的主要政治，就是党委领导工作的重点。

2. 健全党内民主生活

准备在6月份举行中山大学第六次党代会，选举产生党的委员会。在此之前，要改选党的总支和支部委员会。规定党委常委3个月过一次民主生活，总支2个月过一次民主生活，交心通气，开展批评与自我批评，加强领导班子的团结。

3. 继续抓紧落实党的政策，正确解决好遗留问题

在第一季度把清查工作、右派改正工作结束；落实政策办公室的工作亦在第一季度结束，遗留的一些问题移交组织人事部门按正常工作办理。

关于落实知识分子政策，在学校是一项大量的经常性工作。我们应按照学校的规律办事，一定要发挥教师在教学上的主导作用。我们要认识到高等学校不仅是传授知识的地方，而且是发展文化科学、创造知识的地方。要提高教学质量、出人才出成果，就要依靠学有专长的专家。因此，如何正确对待专家，是否真正做到落实知识分子政策，是办好大学的一个重大问题。落实好知识分子政策，有三条很重要：第一条，彻底破除"专家路线"这个精神枷锁，真正大胆地放手地发挥专家的作用。我们所说的专家，是指对某个专门领域有深入研究和丰富知识的人。我们党要领导教育工作、教学和科研工作，不依靠专家又依靠谁呢？我们必须看到，经过长期锻炼，绝大多数专家是热爱党、热爱社会主义的，他们是工人阶级的知识分子，是工人阶级的一部分。一部分专家已具备了无产阶级先锋队的觉悟，有的已入了党。依靠专家，应该是我们党在高等学校里群众路线的一个重要组成部分。要依靠他们，就要给他们责任，给他们权力，给他们条件，使他们敢办事、能办事、办好事。有些人就是有某些缺点，我们也应该热情帮助，相互尊重，相互支持，进行同志式的批评与自我批评，平等相待。第二条，要贯彻党的"百花齐放、百家争鸣"方针，形成自由思想、自由探讨的学术气氛。实践证明，只有在社会主义民主自由的气氛中才能培养出大批科学人才；没有自由思想、自由探讨，科学人才的成长就容易受到摧残和扼杀。我们党对教育工作的领导，对教学、科研的领导，首先是政治上的领导。这就要求我们认真贯彻执行"双百"的方针，切实保障探讨学术问题的自由，不能当盖子，更不能像林彪、"四人帮"一伙那样肆意打棍子、扣帽子、抓辫子。如果不能做到这一点，那就是放弃了政治上的正确领导。第三条，要注意在教师队伍和科研技术人员中发展新党员。

4. 要加强党的宣传工作和思想政治工作

一定要讲究实效，不搞形式主义，要结合教学、科研和各项具体业务工作进行。要联系工作实际和思想实际，组织师生员工学习十一届三中全会文件，学习"高教六十条"，深入批判《全教会纪要》，保证学校重心转移的顺利进行。学习马列主义和毛泽东思想，主要由各系和基层根据实际情况组织，不搞一刀切。今年内，要结合各学科和各项工作的实际，把"实践是检验真理的唯一标准"的探讨深入开展下去，冲破"禁区"，活跃思想，发展理论。要加强宣传理论队伍的建设。在学生工作中，取消政治辅导员，设立班主任，使政治思想工作和教学密切结合起来。

5. 加强党对对外学术交流活动的领导

要解放思想，打消顾虑，积极做好对外学术交流工作，扩大对外学术交流活动。在校内要做好外事接待工作。各系、各研究所（室）要有计划做好科学资料情报工作，掌握当代科学发展的动向，确定对外联系的目标。派出专家参加国际学术会议，有计划地邀请外国专家来校讲学或参加本校学术活动。目前要着重做好和香港几所大学和美国加州大学的学术交流工作。要办好《学报》，作为对外学术交流的重要阵地。

6. 实行党政分工，进一步整顿机关，发挥行政机构和教学、科研组织的职能

要根据党政分工、精简、高效率的原则，调整机构，调整班子，要迅速定下来，以便工作的开展。在党委统一领导下，要强化行政机构和教学、科研组织的职能。迅速修订好全校各项工作的规章制度，明确职责，建立岗位责任制。充分发挥各级领导和全体教师、干部、教辅人员、工人的积极性，提高工作效率。党委要克服包办代替、党政不分的现象。摆脱行政事务工作，集中精力抓大事，抓好中心工作的检查和经验总结，切实加强党的领导。

我们目前最大的困难是不懂或半懂现代化和学习的规律。一定要认真克服盲目自满、固步自封、因循了事、无所作为的状态，鼓起革命热情，鼓足革命干劲，积极而又有计划、有步骤、有秩序地扎扎实实地开展工作。在全校掀起学习理论、学习科学、学习新技术新方法的高潮，党委要带头当好学习的模范，努力提高科学水平和管理水平。我们有不少干部，从过去习惯于搞政治活动转移到学习科学、学习技术、学习管理，这个转变是很困难的。我们在前进中会不断遇到新的问题、新的困难。我们一定要坚定信心，努力学习，依靠上级党委和行政部门的领导和支持，加强团结，贯彻民主集中制，发扬民主，深入实际，总结经验，依靠群众的智慧和力量，困难是一定能不断克服的，新的问题一定能够逐步解决的。

同志们，当前国际形势仍然错综复杂，帝国主义亡我之心不死的事件时有发生，妄图破坏我国的社会主义建设。我们必须提高警惕，扎扎实实地在学校中进行爱国主义和反霸权主义的政治教育，艰苦奋斗，用优异的成绩，支援光荣的边防部队和边境同胞，保卫我国边境。

今年是我们前进中关键性的一年。我们的任务是光荣的，又是十分艰巨的，让我们在以华国锋同志为首的党中央领导下，在教育部和省委的直接领导下，同心同德，团结一致，迅速地切实地把我校工作的着重点转移到教学、科研上来，为把我校真正办成"两个中心"而奋斗。

深入学习贯彻六中全会精神[①]

——在校党委召开常委扩大会议的发言

学校党委于9月10、11日召开常委扩大会议(第一阶段)。参加会议的有党委常委、各党总支(直属支部)书记、党员系主任、机关副处级以上党员干部共57人。

黄焕秋同志代表常委作了题为《认真贯彻落实六中全会精神,加强与改善党的领导,为培养德智体全面发展的社会主义事业接班人而努力》的发言。

发言分三个部分:第一部分是认真贯彻六中全会精神,明确当前加强思想政治工作的重要意义;第二部分是关于认真学习《决议》的问题;第三部分是加强和改善党的领导问题。

关于第一个问题,黄焕秋同志强调指出,《决议》的基本结论完全符合我校的实际情况,并为我们指明了继续前进的方向。他以《决议》为指针,全面总结了粉碎江青反革命集团以后,特别是十一届三中全会以来,学校工作所取得的巨大成绩和存在的问题,提出了本学期的工作重点。

关于第二个问题,黄焕秋同志指出,认真学习《决议》,是全党下半年的中心任务之一,我们要充分认识学习《决议》的重要性和深远意义。这次学习的好坏,对于党员、干部和群众思想的提高和统一,对于做好今后各项工作,至关重要。因此,各级党组织要把对《决议》的学习作为自己的中心任务来抓,并对校系中心组、科以上骨干和职工、学生的学习作具体的部署。

关于第三个问题,黄焕秋同志指出,在我们学校,学习、贯彻《决议》,就是要加强与改善党的领导,加强与改善思想政治教育工作,努力培养合格的"四化"建设专门人才。根据这一要求,本学期要抓好以下几项主要工作。

1. 切实加强与改善思想政治教育工作

根据中央提出的"一手抓经济、一手抓思想工作"的方针,在学校就要一手抓教学、一手抓思想教育工作,当前要突出抓好在继续克服指导思想上"左"的错误的同时,着重批判资产阶级自由化倾向。

---

① 本文载于《中山大学校报》1981年10月5日第23期,第1、4版。

2. 要明确培养目标，认真提高教学质量

要参照《中华人民共和国学位条例》，对大学生和研究生的培养目标提出要求。我们综合大学培养出来的大学本科毕业生，应是德育体全面发展的社会主义建设的专门人才，而研究生的培养目标则应是高级专门人才。学校应以教学为中心，努力提高教学质量和科学水平。为此，要继续抓好师资队伍建设，对目前的专业设置要进行适当调整，使专业稳定下来，以利于教学和培养人才。同时要抓紧教学计划的修订和执行，不断改进教学内容和方法。

3. 继续抓好后勤保障工作

我校基建工作已取得很大成绩。教育部给中山大学的基建费在部属重点高等学校中排第三位。今后基建工作在继续改善师生员工居住条件的同时，要突出保证重点教学、科研用房的建设。总务服务工作要改变被动局面，逐步解决总务系统干部老化问题。学校各方面要支持总务工作，尊重总务工作人员的劳动。要加强图书资料和仪器设备的建设。重视和加强学生和教工的文体活动，逐步建设学生和教工文娱活动的中心。

4. 要加强和改善党的领导

目前重点要加强民主集中制，克服领导涣散软弱的状态。党委决定今年年底召开学校第五届党代会，要做好有关准备工作。根据中央和党委领导同志的指示，学校决定以抓好清洁卫生、讲文明礼貌为中心内容的"五讲"、"四美"活动，作为整顿组织纪律、改善教学和生活环境的突破口，把康乐园真正建设成为第一流的美丽的校园。

在全校思想政治工作会议上的总结（摘要）①

一、明确了思想政治工作在学校的地位和作用

全校思想政治工作会议圆满结束了。会议取得了丰硕成果。

首先，是明确了思想政治工作在学校的地位和作用，提高了做好思想政治工作重要意义的认识。大家通过回顾粉碎"四人帮"以来学校思想政治工作的情况，针对十年浩劫时期林彪、"四人帮"歪曲、破坏党的思想政治工作的惨痛教训，认识到社会主义大学是培养人才的地方。建设社会主义四个现代化的人才，不仅要具有比较牢固的专业知识，而且必须具备马列主义基本理论的素养，坚持又红又专的方向，有明确的革命信仰，有高尚的道德修养。广大学生家长和全国人民对学校寄予殷切的希望。人民用血汗培养一代年轻人，希望他们成为建设社会主义、坚守社会主义阵地的栋梁。党的教育方针是使学生在德、智、体几个方面都得到发展，这是社会主义大学不同于资本主义大学的显著标志。因此，我们要把对学生的马列主义基本原理的灌输、思想品德的培养、道德作风的陶冶放在与专业知识培养的同等地位，并且将二者密切结合起来，把思想政治工作放在学校工作的领先地位。

会议中，同志们对青年学生的思想政治状况作了分析。大家认为，目前广大青年学生主流是好的。他们是纯洁的、勤奋好学的，思想是活跃的，他们关心国家的前途，爱祖国爱人民，是大有希望的一代。但是经过十年浩劫，他们的思想不可避免会带有时代的烙印。他们在动乱中成长，由于没有学过历史，没有经历艰苦复杂的斗争环境的锻炼，没有受到比较系统的马列主义、党的领导和社会主义方向道路的教育，有的人对坚持四项基本原则有些怀疑和动摇；有的人不能正确理解十年浩劫的教训，产生了消极情绪，只顾埋头学习业务知识，不关心政治，忽视思想锻炼和改造；现在我们国家实行改革开放政策，有的人经不起国外和港澳资产阶级思想的侵蚀，向往资本主义生活方式和物质享受，认为资本主义比社会主义好，台湾比大陆好，香港比广州好；有的人受国内外错误思潮的影响，产生无政府主义和极端民主化的倾向；有的

---

① 本文载《中山大学校报》1981年4月15日第14期，第1～2版。原文标题是《黄焕秋同志在全校思想政治工作会议上的总结（摘要）》。

人因缺乏共产主义道德品质教育和社会主义法纪教育，缺乏新中国青年应有的品德修养；有的人缺乏艰苦奋斗的教育和锻炼，不太体谅党和国家目前存在的困难，对物质、文化生活需求过高过急；等等。青年中的这些缺陷和弱点，使他们一遇到风吹草动就容易产生怀疑和动摇。因此，对青年学生要了解他们、关心爱护他们、教育帮助他们，使他们健康成长，这是教育者的光荣任务。目前在加强学校思想政治工作中，引导学生自觉坚持四项基本原则，不仅是维护学校正常教学秩序、完成学校各项教学、科研任务的重要条件，对国家政治局面的安定也将产生积极影响。

在大学学习期间，是青年世界观形成的重要时期，对他们进行思想政治教育十分必要。大学又是一代优秀青年汇集的地方，能否把他们培养成为德智体全面发展、全心全意为人民服务、为社会主义服务的人才，将直接影响我国社会主义现代化的大业，关系到党和国家的前途。因此，加强思想政治工作，是学校党组织一项根本性的任务，学校的干部、教师也责无旁贷。

其次，是交流了经验，肯定了成绩，增加了做好思想政治工作的勇气。

二、今年思想政治工作的重点

今年是国家实行经济调整关键性的一年，为了保证调整工作顺利进行，必须按照中央工作会议精神，切实加强党的思想政治工作。中央为了贯彻中央工作会议精神，为了肃清"左"的路线影响及落实政策，连续发表了好几篇文章，我们要好好学习，努力贯彻。从这次传达学习的情况来看，"左"的思想影响，仍然是妨碍我们同中央保持一致的主要障碍。我们对干部队伍受"左"的思想的影响不可低估。解决好这个问题，是同党中央保持一致的关键所在，是我们取得党内团结、密切党群关系、教育好青年一代的关键所在。因此，今年学校思想政治工作总的要求是：根据中央和省委的部署，从学校的实际出发，教育全体师生员工坚持党的四项基本原则，清除"左"的思想影响，抵制资产阶级思想的侵蚀，使全党思想上、政治上同中央保持一致。要旗帜鲜明地提倡革命的理想、信念、道德、纪律，坚持革命原则和立场，发展同志式的人与人之间的关系，发扬社会主义民主，反对崇拜资本主义和资产阶级自由化的倾向，反对资产阶级的斤斤计较、一切"向钱看"的腐朽思想。

根据中央工作会议精神和学校实际情况，党委经过讨论研究，认为今年上半年的思想政治工作重点应抓好以下几件事。

（一）认真搞好形势教育

形势分析是党制定政策的依据。只有正确分析当前的经济和政治形势，才能统一我们的思想，统一对十一届三中全会以来一系列问题的认识，深刻理解党中央"经济上实行进一步调整，政治上实行进一步安定"的方针的重大意义。

开展形势教育，必须引导群众掌握正确观察、分析形势的立场、观点、方法，提高识别是非的能力。我们要理直气壮地向师生员工讲清楚，目前我们的形势是全国性的少有的大好形势，同时讲明，目前确实存在着困难。要引导群众分析产生困难的原因，说明克服这些困难还需要时间，需要举国上下一致团结奋斗。要把党和国家采取的克服困难的措施告诉群众，鼓舞群众的信心。进行形势教育，必须清除"左"的思想的影响。党的十一届三中全会以来的路线、方针、政策，就是批判"左倾"思想和"左倾"路线的产物。不批判"左"的思想就没有十一届三中全会的路线，就没有当前经济调整、政治安定的局面。用"左"的观点分析形势，就无法认清当前的形势，就会得出错误的结论。最近，中央提出用批评和自我批评的方法肃清"左"的思想流毒。中央明确指出，在我们干部党员中，"左"的影响，不是有无的问题，而是多少、深浅的问题，觉悟迟早的问题。我们不能自封一贯正确，要互相帮助，共同进步。因此，我们党员干部要以身作则，联系实际，开展批评和自我批评，认真清理一下个人的思想，总结经验教训，提高思想认识。

进行形势教育，要理论联系实际，实事求是地肯定成绩和分析困难，不能就事论事、以偏概全、以假当真，用似是而非代替科学分析。还要注意采取生动活泼、群众乐于接受的方式。根据学校需要，我们准备请校内外的专家作辅导报告。各系、各单位可根据本单位需要，采用组织各种报告会、座谈会、专题讨论会、开展社会调查等办法，用形象、生动、具体而感人的事实，采取分析、比较、算账、说理等方法，统一大家对形势的认识，拥护党的路线、方针、政策，增强团结，增强信心。

（二）开展全校性的"五讲"、"四美"活动，搞好校风，进一步巩固安定团结的局面

最近，全国总工会，共青团中央、全国妇联等9个单位，向全国发出倡议，开展以"五讲"（讲文明、讲礼貌、讲卫生、讲秩序、讲道德）、"四美"（心灵美、语言美、行为美、环境美）为内容的文明礼貌活动。这是配合国民经济调整，促进安定团结，建设社会主义精神文明的一项重要措施。中国是文明礼仪之邦，中国人民深受十年动乱之苦，人心思定，人心思进。倡议发出不久，得到全国人民热烈响应。我们学校是培养人才的地方，校风的好坏，情操是否高尚，秩序是否良好，环境是否洁美，不仅直接关系到教学、科研活动能否正常进行，而且对青年一代政治上的成长、思想品德上的修养都将产生深远的影响。

"五讲"、"四美"活动，要同学雷锋、创"三好"活动，同开展各种有益于身

心健康的活动结合起来,渗透到教学、工作和生活中去,寓思想教育于各种文艺、科学、娱乐、体育等丰富多彩的活动之中,收到潜移默化的效果。工会、共青团、学生会要加强对"五讲""四美"活动的具体组织指导,总结推广经验,表扬好人好事,及时开展观摩、评比。同时要切实执行广州市"六不""六要"卫生规定。学校总务、教务部门和各系要加强教学用房和公共场所的管理,尤其要搞好膳堂的饮食卫生。对管理人员和膳堂工人要好搞教育工作,提高他们的认识,加强责任感。要建立民主管理和岗位责任制度,定出标准要求,经常进行检查评比。提倡讲卫生光荣,不讲卫生可耻的新风尚。对少数破坏公共卫生、道德败坏的人要绳之于法,对好的要表扬。

(三)切实抓好党风教育

我们学校大多数党员是好的,从近两年来党内外对中央路线、方针、政策的态度,从学校几次调整工资和确定教师职称、分配住房以及人与人之间的关系等方面来看,成绩是主要的。但也看到党内存在的问题的确不少,团结问题也相当严重,影响了党在群众中的威信,影响教学、科研和总务工作的顺利进行,不利于学校的安定团结。中央认为,党风问题是关系到党的生死存亡的问题,一定要抓好党风教育。党委组织部、宣传部要制定干部教育计划,把党风教育的内容规定下来。各级党组织要健全组织生活,定期开展批评和自我批评,表扬好人好事,批评不良倾向,对坏人坏事进行斗争。根据中央工作会议精神和我校的实际情况,我们的党风教育重点应放在清除党内"左"的思想影响,放在批评和克服那些对待中央的路线、方针、政策和上级决定时消极应付,甚至采取两面三刀、阳奉阴违的态度方面。对于那些对落实政策不积极、工作踢皮球、不负责任、无组织、无纪律、不顾全大局、闹个人主义、本位主义、一切"向钱看"的人,也要进行批评教育。

(四)把思想教育与解决实际问题结合起来,解决一批教学、生活等方面迫切需要解决的问题

下半年,学校没有毕业生,要增加1400多学生,在校学生人数达6000多人,住房、课室和实验室、设备都全面紧张,困难很大。为了保证开课,不出乱子,机关各个部门和各系在学校党政领导下,要全力以赴。要树立责任心、光荣感,明确做好本职工作与培养人才、建设社会主义和巩固安定团结的意义,尽早做好准备工作。要保证完成各项规定任务,保证学生宿舍、膳堂、教室和实验设备、教材等都能按时交付使用。在做好保证秋季开学各项工作的同时,对现有学生的生活条件、学习条件应尽

可能有所改善。当前要着重做好学生和教工饭堂工作，要继续搞好清洁卫生，增加花色品种，提高服务质量，调整开饭时间，减少排队现象。学生宿舍和课室照明要力求安装合理，光线充足，光线不足的要调换或增加光管，以利学生健康。要扩充饮用水设备，保证夏季开水供应。要做好安全保卫工作。为了活跃、丰富学生和教工的业余生活，学校决定给各系添置电视机，各系要做好管理工作。学生运动场地要逐步扩建，特别是室内运动场地，要尽快设法解决。对教工文体活动也要抓起来。

三、思想政治工作的措施和要求

学校思想政治工作存在问题很多，群众思想比较复杂。要改变这种状况，需要全体干部、职工和同学共同努力，思想政治工作也要采取切实有效的措施。

（一）加强党的领导，增强党的团结

搞好思想政治工作，党的领导是根本。党委要把思想政治工作放在领先地位，定期讨论、研究思想情况和问题。为了加强思想政治工作，党委要做好分工来管这条线。系总支发挥监督保证作用，总支今后的任务是抓好党的建设，做好思想政治工作。学生的思想政治工作要由一位副书记专管。各系教研室、研究室和机关科室党支部要发挥战斗堡垒作用和党员的先锋模范作用，动员全党来做思想政治工作。

要增强党内团结。党内团结是战胜一切困难的重要保证。几年来，中大党组织在努力克服派性残余方面是作出了成绩的，大多数同志维护党的团结是比较自觉的，但不能说派性残余已完全克服。造成不团结的原因，主要是"左"的思想影响，这种影响尚未肃清，思想认识不一致；其次是个人主义的"我"字膨胀。要解决党内团结问题，就应努力学习，提高觉悟，健全组织生活，建立党员汇报思想、民主生活制度。要求党员干部要遵守纪律，不利于团结的话不说，不利于团结的事不做，接受党和群众的监督，开展批评和自我批评，相互帮助，搞好团结。

（二）充实、加强思想政治工作队伍

要建立一支精干的、水平高、能力强的政治思想工作队伍。政工干部配备既要讲求数量更要讲求质量。现有干部要提高。党委要成立学生工作部，统一加强学生的教育和管理。党委宣传部和学生工作部要充实，工作着重点在于加强学生和青工的思想政治工作。各系的学生工作干部也要调整、充实，大系配备专职学生工作干部、政治辅导员2～3人，小系1～2人。在充实专职干部的同时，在本科一、二年级普遍实

行教师兼班主任制度，选聘德才兼备的优秀教师担任班主任。班主任的工作表现要纳入调整工资、晋升职称的考核内容。政治辅导员应注意择留条件和有计划培养，具体做法各系按实际情况，不要一刀切。

（三）提高思想政治工作队伍的思想、业务水平，关心他们的生活

目前，政治工作队伍思想比较动荡。要稳定他们的思想，要提高他们的思想水平和业务能力。党委组织部、宣传部、学生工作部和团委要创造干部培养提高的机会，提高他们的工作水平和解决实际问题的能力。同时，要提倡学点业务，有条件的干部可以兼一点课。培养提高政工干部的办法，主要靠自觉学习，提醒干部认真看书学习，独立思考，研究讨论问题。党委要组织各有关部门，结合工作拟定干部学习计划，采用集中学习和专题研究等方法，提高大家的思想认识、政策水平和工作能力。要熟悉掌握实际的情况和工作规律，就必须十分重视调查研究和总结工作经验。我们的政工干部，有些还要提高文化水平。教工会要发挥作用，开办文化补习班、夜大学，将干部的文化学习开展起来。

思想政治工作干部要重视优良作风的培养，对党和人民的事业要有高度的责任感；对国家法令、学校制度要模范执行，以身作则；待人处事要出于公心，注意政策；作风民主，有自我批评精神；密切联系群众，成为群众的知音和贴心人。

思想政治工作人员的住房问题，要适当照顾，这是工作需要。

（四）发挥各部门组织的作用，加强教工会共青团、学生会的建设

学校教工会、共青团、学生会是党联系群众的纽带和桥梁，要按照各自的特点开展活动，充分发挥他们在加强思想政治工作中的应有作用。

教工会、共青团、学生会要加强自身的建设，按照民主集中制原则，充分发扬社会主义民主，今年上半年，要进行改选，充实骨干，健全组织。

（五）加强和改进政治理论课的教学是加强学生思想工作的重要方面

政治理论课，是向学生进行思想教育的重要阵地，要十分重视。现在有的学生对政治课不重视，要教育他们。党委宣传部和哲学、历史、经济系的公共政治理论课，要根据最近中央书记指示精神，总结经验，切实改进政治理论课的教学。要十分重视理论研究和社会调查工作，加强对港台和世界经济的研究工作。四门政治理论课是基础，要注意科学性、系统性和思想性，既要向学生讲授马列主义的基本理论，又要管

学生的思想，解决学生中带普遍性的问题。要整顿课堂秩序。建议部分政治理论课教师兼任班主任，教书又教人。

（六）要重视做好统战和外事工作

我校的知识分子多，港澳、华侨关系多。做好统战工作，历来是我们党的法宝之一。各级党组织、民主党派成员和无党派成员建立密切联系关系，调动和发挥他们的社会主义积极性和专长，搞好合作，做好各项工作。要认真注意贯彻知识分子侨务政策，各总支、支部进行一次全面检查，进一步落实政策，这是很有必要的。由于学校对外交流活动增多，来访频繁，我们要十分注意政策的学习，注意对教工、同学进行外事政策教育。我校教工、同学在对外友好活动中，要有礼貌，热情接待，落落大方，又要遵守外事纪律，品格高尚；要谦虚谨慎，实事求是，又要有巨大信心、新中国主人翁的自豪感和坚韧不拔的精神。

同志们，中央工作会议，为党和国家前途命运做出了重要的决策，是标志着我们党跟过去"左"的路线完全决裂的一次会议。形势发展很快，而我们的思想和工作很不适应。今后工作上有不少困难，任务是艰巨的。这就要求我们的思想政治工作队伍在思想上应有一个大的转变，在工作作风、工作方法上有一个大的改进。我们一定要努力学习，积极工作，把思想政治工作做得更好，做得更有成效。

认清形势，进一步肃清"左"的影响把学校工作做好[①]

今年1月，教育部在天津召开的教育工作座谈会明确指出，在十年浩劫中贯彻的是一条"左"的路线，并有其前因后果。"文化大革命"前的17年，就有"左"的错误，粉碎"四人帮"以后，"左"的影响还继续存在一段时间。这在经济上有表现，在教育上也有表现。蒋南翔同志的报告中概括了"左"的错误在教育战线上的六个方面的表现。刘田夫同志在这次会议开幕式上的讲话，对"左倾"路线在广东教育战线的影响作了分析，我认为是实事求是的。从中山大学的实际情况看来，问题症结也在这个地方。我们必须认清形势，进一步肃清"左"的影响，才能摆脱落后局面，取得进步。

在"文化大革命"十年浩劫期间，中山大学所遭受的损害，是十分严重的。如较有基础的数学、物理、化学三个重点学系的教师队伍曾经被拆散，严重影响了基础理论的教学和研究。在全国比较有地位的外语系被连根拔走了，到1973年才重新恢复，使全校的外语水平严重下降。物理楼在武斗中被烧，里面的中级物理实验仪器设备全部被烧毁。全国少有的生物系寄生虫标本全部被当作"废物"倒掉了。特别是在所谓开门办学、工厂办专业的几年里，学校的设备很少增加，原有的设备又保管不好，损失很大。1978年年底，国家科委曾派了一个小组到中大了解情况。他们在详细了解后说："很难相信，像中大这样一所在国内外有名声的重点大学，设备落后到这种田地！"师资队伍的损失更为严重。"文化大革命"前，全校共有110多名教授、副教授，现在去世的已有30多人。比如在全国有声望的许崇清、陈寅恪、姜立夫、刘俊贤、胡金昌、梁方仲、戴辛皆、刘节、詹安泰、董每戡、郑曾同等老教授，都已先后去世。现剩下的教授、副教授74人中（不包括去年新提升的），已有10多人因老因病不能工作，有许多则是带病坚持教学、带研究生及进行科研工作的。我们深深感到，物质上的损失，恢复起来还比较容易，但师资队伍的损失、学科领导人的损失则是难以弥补的。还有，精神上的内伤，愈合的时间也是难以估量的。粉碎"四人帮"后，"左"的影响还继续存在一段时间。

十一届三中全会以来，省委和省人民政府对中大是很关心的。两年来，我校在中央的正确路线、方针指引下，在省委的直接领导下，落实党的各项政策，拨乱反正，

[①] 本文载《高教简报》1981年5月12日第3期，第1～7页。

在逐步稳定教学秩序、提高教学质量等方面，做了大量的工作。学校向多学科性大学发展，现在有了 16 个学系，26 个专业，1 个计算中心，1 个英语培训中心，还准备建立测试中心。在校学生人数达 5500 多人，其中研究生达 270 多人，这在中大历史上是空前的。科学研究工作、对外学术交流工作也有了较大的发展。基本建设规模空前。我们抓了党团员的教育工作，党支部、总支在总结基础上进行了改选，加强了领导，作风有了改进，党群关系有了改善。学校的局势是稳定的。由于落实了知识分子政策，广大教工的社会主义积极性大大提高。但是，我们还有不少的困难，要我们努力去解决。

第一，现在学校任务重，条件比较差，学校后勤工作压力很大，疲于奔命。今年暑假本科没有毕业生，增加 1280 名新生。新招的研究生抵消研究生毕业生后，增加了 50 多人。两者合起来，要增加 1300 人。这些新生入学后，宿舍、膳堂、教室、实验室就十分紧张，尤其是教学用房因基建赶不上去，困难极大。教工住房仍然紧张，部分教师用水问题未能解决。中青年教师及大部分职工生活有困难。物价如不能稳定下来，会引起波动。同时，学生的学习和生活条件，还需继续改善。有些课程缺少教师，有些教师教学质量不高，学生不满情绪很大。如果这些问题解决得不好，将会影响学校安定团结的局面。

第二，学校的思想政治教育工作有待加强。学校党委上个月召开了思想政治工作会议，对学生的思想情况作了研究分析，认为主流是好的。但也看到，这些年来，学校思想政治工作有所削弱，情况比较复杂，存在不少问题，主要是由于"左"的思想影响较深。我们有些同志习惯于抓"阶级斗争"、搞政治运动，习惯于表面的轰轰烈烈，习惯于搞平均主义，不懂得如何深入细致地做思想工作，进行政治思想教育。他们虽然在思想上开始冲破了"两个凡是"的束缚，但不注意研究新情况、新问题，不接受新事物，墨守成规，缺乏调查研究，还是以"左"的模式去认识问题，指导工作，办法生硬，不灵活。从党员干部以至群众的思想情绪都还不够生动活泼。总之，学校的思想政治教育工作亟待加强。

第三，在社会方面，对办好重点大学的认识不足，省、市有的部门对学校不够关心，如对学校用地规划问题，对市场供应问题，对用自来水问题还未全部解决，现在教授住宅区还要挑水食用，学校的治安也有待加强。又如省里向中央报告关于搞特区问题，对部属学校体制问题没有讲清楚，致使教育部误以为省要接管部属学校。一年多来学校一点外汇也没有拨来。在省方面则说中大是教育部管的部属学校，不能给外汇，后来给了一点却批"下不为例"。中大当然要为地方承担培养人才及科研的任务，但也希望省、市各部门大力支持我们。

第四，有些干部教师学习中央十一届三中全会以来的文件不够认真，不够热情，有的甚至不学习。有些干部不是自觉地用中央的方针、政策、路线、作风和要求，对照执行，教育、影响干部、群众。有些干部固步自封，自命一贯正确。有些消极对待中央十一届三中全会以来的方针、路线、政策，甚至有抵触情绪，有个别人还准备"秋后算账"。

第五，学校因长期以来都批"白专道路"，造成有些同志对知识分子一直有偏见。1956年以来，留校教师偏重其家庭出身和政治条件，最优秀的学生留不下来。"文革"期间是按参军标准留助教的，致使留下来的有不少人的水平很低，上不去。科学大会以后，表彰了部分科研有成就的教师，有些政工干部思想不通，说"又是这些人翘尾巴"。不少校外优秀教师因为一些所谓历史关系问题调不进来。总务部门有些同志为教学科研服务的思想还未能树立起来。有些青年教师对老、中年教师尊重不够。有一个系党总支在改选时，才暴露出一个问题：粉碎"四人帮"后，在当时党委负责人的指挥下，抄了一位老教师的家，限制其行动自由达3个月之久。

第六，在干部队伍中有些人自由主义、个人主义膨胀，组织纪律、法纪观念薄弱，党内团结、民主集中制受到破坏。党委、学校的决定，不易贯彻落实。一些人爱搞小广播，骂领导，不负责任，不做好本职工作，不敢抓不敢管，上推下卸，还有一些人伸手要官。政工干部不安心本职工作的很突出。有些人本位主义严重，闹无原则纠纷。

第七，还有派性残余，"明无山头暗有礁"，遇到人事问题，如干部提升，就搞风搞雨。有的明骂，有的暗中写信告状，混淆是非，或纠缠历史问题。

第八，这几年来学校发展速度过快，现在已超"负荷"，内部比例失调，应有一段时间休养生息，稳步前进。科研摊子摆得多，教研室基础不扎实。重智育，忽视德育、体育。一些教师只求自己方便，不顾教育效果。学生负担过重和"分数贬值"的现象也很严重。此外，应引起注意的，近年来，非法组织、刊物已经渗进我们学校，投机倒把也波及到学校某些同志。我们深深感到，对干部队伍中"左"的思想影响不可低估。解决好这个问题，是我们同党中央保持政治上一致的关键所在，是我们搞好党内团结、密切党群关系、克服困难、办好学校、教育好青年一代的关键所在。因此，今年学校的思想政治工作，总的要求是：根据中央和省委的部署，从学校的实际出发，团结教育全体师生员工，坚持党的四项基本原则，清除"左"的思想影响，抵制资产阶级思想的侵蚀，使全党在思想上、政治上同党中央保持一致。要旗帜鲜明地提倡革命的理想、信念、道德、纪律，坚持革命原则立场，发展同志式的人与人之间的关系，发扬社会主义民主，消除派性，反对崇拜资本主义和资产阶级自由化的倾向，反对资产阶级的斤斤计较、一切"向钱看"的腐朽思想，巩固和扩大学校的社会主义阵地。

清除"左"的思想影响，是一项艰巨而又相当长期的工作。它决不可能一蹴而就的。因为它有社会历史根源和理论根源。必须对我国社会历史、党的历史有所认识，从理论上开展研究，从思想上划清界线，从实践中总结经验教训。还要不断深入实际进行调查研究工作，研究新情况、新问题。同时，由于"左"的思想影响很深，再学习的任务是十分艰巨的。我们要教育好新的一代，自己就首先要学习好特别是党员干部要学习好。

当前，全国的形势，广东的形势都是很好的。中央如此重视教育工作，省委、省人民政府又把它列入日程，形势确实是好的。在四化建设中，科技是关键，教育是基础，要重视智力投资，这种思想已受到各行各业领导和各界人士的重视。我们的国家，我们广东是大有希望的。广东在经济建设中要先走一步，我们教育工作者，就要认真总结31年的经验教训，为建立中国式的新的教育制度，为提高全省人民的文化科学水平，为多出人才快出人才，而加倍努力工作，做出自己的贡献。

我们深深体会到，党和人民对办好中大是寄予期望的。不管困难有多大，我们都有决心有信心把中大搞好。我们殷切希望能够得到领导更高的重视，得到各行各业、各兄弟院校更多的支持。

全校思想政治工作会议上的总结讲话[①]

同志们：

在党的十一届三中全会精神指引下，我校的思想政治工作已经打下基础，并取得了很大进步。但这仅仅是思想政治工作走上正轨的第一步。按照培养又红又专又健的合格的社会主义建设人才的标准来衡量，尚有很大的差距，今后思想政治工作的任务还是十分艰巨的。这次会议，是今年第二次学生思想政治工作会议，党委要求通过这次会议，动员全党，振奋精神，鼓舞斗志，把全校的思想政治工作向前推进一步。今天该到会的同志许多没有来，这种现象很不好。我们要求学生朝着又红又专又健的目标成长，而有些同志却不参加如此重要的会议，散散漫漫，怎能带出好的学生？类似这种现象，务必引起同志们的注意。

同志们，上半年召开的思想政治工作会议，主要是分析学生的思想情况，讨论学生思想政治工作的任务，决定加强党委对学生思想政治工作的领导。半年来的实践表明，会议起了积极促进作用，给学校的学生思想政治工作带来了一些明显的变化。这次会议，主要是传达、贯彻教育部八月召开的全国学校思想政治教育工作会议精神，重点讨论加强学生思想政治工作。它不仅对学生思想政治工作，而且对全校的思想政治工作和其他各项工作，也同样具有重要的指导意义。

这次会议是在传达党的十一届六中全会精神，学习《关于建国以来党的若干历史问题的决议》的基础上召开的，加上全国学校思想政治教育工作会议提出的任务比较明确，因此与会同志的思想较为活跃，认识水平也较之上次会议有了新的提高。不久前，广东省委召开学校思想政治工作会议，吴冷西同志作了很好的总结发言，待正式文件下达后，我们再组织传达。今天，仅就当前学生的思想政治工作和这次会议提出的一些问题，谈谈如下看法。

[①] 本文系1981-DQ1100-009/03，1981年11月20日。原题目为《黄焕秋同志在全校思想政治工作会议上的总结讲话》。

一、总结历史经验，客观分析党的思想政治工作在粉碎"四人帮"后存在的问题

　　大家都感到，学校思想政治工作的任务，是长期的、艰巨的，存在着许多需要不断探讨研究、但又不易解决的问题。这次全国学校思想政治教育工作会议进行分析，认为存在问题是多方面因素造成的，但首要的一条就是要加强党的领导，明确学校思想政治工作的地位和作用，进一步提高我们对培养革命后一代社会主义建设合格人才的责任感、光荣感的认识。当前，从事学生思想政治工作的力量薄弱，不仅数量不足，质量也难以适应形势发展的要求。另一方面，政工干部的地位、职称、待遇、编制等问题未能很好解决，也是重要原因之一。我校思想政治工作队伍目前的状况，与教育部思想政治教育工作会议所分析的情况是一致的。有的同志归纳为"工作涣散软弱，队伍溃不成军"，实际情况虽并非如此，但在一定程度上反映了我校思想政治工作确实存在着许多亟待解决的问题。

　　如何分析、对待这些问题？有些同志认为，这是因为党委不重视思想政治工作，轻视思想政治工作队伍的建设而造成的。我们认为，学校思想政治工作中存在的某些问题，党委是有责任的。如对加强思想政治工作的重要性认识不足，一段时期内对政治工作队伍的体制不很明确，采取的措施不够有力，对政工人员的配备和培养、提高也不够重视，领导作风也不够深入。这些问题确实存在着。但客观地分析一下，我们不能忽视历史和社会原因所带来的影响。首先，是林彪、"四人帮"两个反革命集团对党的思想政治工作的践踏。他们打着党的旗帜，高喊"突出政治"的口号，乱打棍子，乱扣帽子，肆意歪曲和篡改马列主义、毛泽东思想的理论，对思想政治工作"抓得很紧"，干的是搅乱人们的思想、进行反革命的罪恶勾当。在当时的特定历史条件下，我们从事思想政治工作的同志跟着说过一些错话，做过一些错事，或多或少给党的思想政治工作带来不好的影响，是在所难免的。我们都是无辜的受害者。其次，我们在主观上努力不够，没能带领全体党员坚决抵制"左"的错误的影响。粉碎"四人帮"以后，少数干部和群众把自己10年的委屈和不幸，归咎于党的思想政治工作和政工人员，并认为政工部门是整人部门，非难和指责政工人员，这显然是不对的、错误的。但也应指出，一些长期遭受委屈的同志说了几句出气话，也是不可避免的，应予以谅解。从事思想政治工作的同志，要理解他们的心情，要顾全大局，从过去的工作中吸取经验和教训。不难想象，我们党的思想政治工作遭到长达10年之久的大破坏，要在短时间内恢复威信，困难是很大的。必须花时间花气力，一定要有正确的理论指导，依靠党的组织和思想政治工作干部统一思想，保持政治上与中央一

致才能得以实现。

　　解放 32 年来，学校的思想政治工作是有成绩的，应加以肯定。但在工作中的错误和教训，也是十分严重的。长期以来，由于学校的思想政治工作受到阶级斗争扩大化以及对知识分子状况的错误估计的影响，曾经严重地挫伤了广大知识分子的积极性，以致这种"左"的错误到现在还没有完全肃清。中央对《苦恋》的批评，在我们的教师学生中没有引起很大的反响，甚至一些教师还有抵触情绪，认为这种批评"不符合三中全会精神"、是"文艺框框"等。可见，要抵制"左"的或右的错误的影响，我们搞思想政治工作的同志非要花气力不可。广大师生员工，大多数是好的和比较好的，是拥护十一届三中全会路线、方针和政策的，是拥护三中全会《决议》的，革命自觉性是在逐步提高的。而学校的思想政治工作队伍，从整体上来说，是又红又专。他们中的大多数能忠于职守，兢兢业业工作。由于"左"的思想的影响，他们也曾说过一些错话，做过一些错事，在清理"左"的错误、落实党的各项政策过程中，思想上受过某些冲击也是难免的，对他们必须要有正确的态度和认识。但是我们有少数同志却不是这样，至今未能正确地总结历史经验教训，反而在思想上走向另一个极端，满肚子怨气，表面不作声，实际上满腹牢骚，认为"四人帮"统治时自己与知识分子一样"臭"，现在知识分子"香"了自己还是"臭"。在这种精神状态支配下，工作上出现了消极被动，放任自流，甚至撒手不管的现象。有的同志说"右是'左'的影子"，这看法有一定道理。现在思想政治工作中出现的"老办法不能用，新办法不会用，软办法不顶用，硬办法不敢用"的局促状况，实际上是"左"的思想的影响还没有完全肃清的反映。

　　粉碎"四人帮"以后，我们党的各项工作，包括党的思想政治工作，都处在拨乱反正、百废待举时期。思想政治工作上的长期混乱状况，还需有一个总结历史经验，重新认识的过程。是全部否定，还是全部肯定？哪些是正确的，需要加以肯定？哪些是错误的，需要加以否定？都应有一个准确的回答。近几年来，我们集中力量，在拨乱反正、平反冤假错案、落实知识分子政策方面做了大量的工作，成效是显著的，但由于调资工作耽误了时间，错过了思想上拨乱反正的时机，加上宣传带有片面性，造成内部思想混乱，直接影响了学生思想政治工作的正常进行。思想僵化，固守过去的东西不放，不好；不加分析全盘否定过去的东西，也不好。我们只有以严肃认真的科学态度，重新再学习，重新认识历史，研究新情况，才能进步。否则，今后还会给党的事业带来不好的影响。

　　随着党和国家的工作重心的转移，我们的政治、经济生活进行了一系列改革，迫使我们的思想政治工作也要不断研究新问题，解决新问题。但由于长期形成的习惯势力的影响，我们的思想方法和工作方法不可能很快就适应新形势发展的要求。对新的东西还需要有一个逐步认识的过程。因此，我们必须加强学习，以提高思想理论水平和工作能力水平。

对于处在历史转折时期的思想政治工作，社会上、党内外有不同的看法，是不足为奇的。思想政治工作队伍本身，在这样一种众说纷纭的情况下，受到一些错误思想的影响和冲击，思想起伏较大，这也应该说是正常的。只要认真总结正反两方面的经验，从反复的比较中加深对党的思想政治工作的认识，我们就能对付不论来自哪方面的压力，这支队伍就是压不垮的。诚然，随着国家经济改革，对外门户的开放，党的知识分子、科技政策的落实，对于思想政治工作队伍中的部分同志是有影响的。这些同志考虑个人得失较多，认为搞业务、技术提升快，待遇高；政工干部工作苦，费力不讨好，因此不安心本职工作，要求改行。对于这些现实思想，我们要具体问题具体分析，不能乱扣帽子。但我们必须认真对待这一问题。搞思想政治工作的人不安心本职工作，说明我们整个党的思想政治工作的力量很薄弱，很不得力，必须引起我们的深刻注意。

社会主义大学是培养有社会主义觉悟、有专业科学知识技能的高级人才的场所，大学又是我们国家的科研基地，要为繁荣社会主义文化科学技术做出应有的贡献。我们要求培养出来的学生应是又红又专又健的社会主义建设合格人才，而不能是"废品"，"反对派、持不同政见者"。因此，把思想政治工作贯穿到教学、科研、日常生活中去，培养学生爱祖国、爱社会主义、爱人民、爱劳动、守纪律的世界观，是我们义不容辞的责任。我们教育工作者应该先受教育。只有对自己提出更严格的要求，才能培养出好的学生。

二、提高做思想政治工作的责任感、光荣感及其重要性的认识

一般说来，我校的思想政治工作队伍中，绝大多数同志是本校土生土长的，是经过党的组织培养挑选出来的。多数同志比较熟悉业务，了解学校的工作规律，有一定的理论政策水平和实际工作能力。这支队伍，在"文革"中经受了考验，尤其在近年来恢复党的思想政治工作、抵制社会上的资产阶级自由化思潮过程中，反应比较敏感，为做好党的思想政治工作付出了艰苦的努力。几年来，我校落实各项政策、平反冤假错案、调整工资、评定职称、整顿和调整各级领导班子、改选各系党总支和党支部、健全各级党组织等各项工作得以较为顺利进行，并取得这样好的效果，其中与思想政治工作干部做的大量工作是分不开的。

近几年来，党委和各系党总支对学生的思想政治工作都很重视，始终注意坚持疏导方针，及时抓住主要苗头，采取以正面教育为主的方法，让学生自己分析自己，自

己教育自己，取得了较好的效果。如中文系党总支在这方面做了大量的工作，效果尤为明显。去年下半年以来，学校针对学生在教学、日常生活中存在的问题，坚持不压不堵、积极疏通引导的办法，使一些较为棘手的问题得到了妥善的解决。

发挥共青团、学生会的作用，是做好思想政治工作必不可少的一部分力量。几年来，共青团、学生会的干部能够深入学生，了解和掌握学生的思想动态，遇到重大问题及时向党组织如实反映，请示汇报。在组织学生坚持开展"创三好，树新风"、"五讲"、"四美"的工作中，他们模范带头，为做好学生的思想政治工作贡献了力量。在目前在校学生已超过6500人的情况下，学校能够保持安定团结的局面，维护正常的教学秩序，确是一件不简单的事情。今年上半年，选出了新的团委会、学生会。他们根据新形势的要求，组织、引导学生开展了丰富多彩的业余活动，先后成立了集邮社、美术社、金字塔社等业务性较强的群众团体，举办了几次展览和学术报告会，并且开展了经验性的体育竞赛。这些措施都取得了良好效果。我们要利用多学科性综合大学的优势，在学生中开展各种形式的业余活动，如举办报告会、讨论会等，既可扩大学生的知识面，培养多方面的兴趣和爱好，又可增进身心健康，增强同学间的团结。各系可根据本单位的优势，在学生中开展多样化、更加生动活泼的课外活动。

随着学校物质条件的改善，思想工作干部的工作，生活条件，都在不同程度上起了变化。近年来，大多数政工人员先后调整了工资，总支一级的主要干部，大部分也按老讲师、副教授（行政副处）的标准调整了住房。政工干部定级大部分已经解决，一部分新任职的干部，也将按照工作表现、工作贡献，在适当的时候予以评定职称。虽然大多数同志的工作、生活条件都有了改善，但不少同志的家庭经济或者居住条件仍有困难。请学校各有关部门给予关心，逐步解决。

恢复党的思想政治工作的优良传统，以适应新的历史时期形势发展的需要，我们必须继续付出艰苦的努力。而做好学生的思想政治工作，也不是轻而易举的事情。就目前来说，学生的主流是好的，他们虽是十年动乱的受害者，但大多数人还是愿意接受马列主义、毛泽东思想的教育。他们珍惜宝贵的时光，发奋学习科学文化知识，积极向上，讲究实际，勤于独立思考。他们有辨别是非的能力，有远大的抱负和理想。他们对党的十一届三中全会以来的路线、方针和政策是积极拥护的。值得高兴的是，中国女排夺取世界冠军，所表现出来的坚韧不拔、顽强战斗的精神，极大地鼓舞了广大青年学生的爱国热忱，形成了全国范围的新的爱国主义热潮。这就是当前大学生的主流。但不能讳言，这一代青年，是在十年动乱中长大的，中小学时期缺乏较好的思想教育基础，加上社会上不良风气的影响，他们中的少数人，的确存在着比较严重的思想问题，需要我们的教师干部负起教育的责任，特别需要我们思想政治工作干部做长期的、深入细致的思想教育工作。

当前一部分学生存在如下主要问题。

1. **政治上的离心倾向**

有一部分学生对党、对社会主义制度的优越性，对马列主义、毛泽东思想的科学性产生怀疑和动摇；对四项基本原则认为是"框框"、"没有科学根据"、"只是政治上的需要"。有的公开提出，"毛泽东文艺思想是棍子，学习四年，四根棍子围成一个框框，把文艺框死了"；不少学生在课堂上一听到"以马列主义、毛泽东思想为指导"的说法就哄堂大笑；有的听说要加强思想政治工作，就认为又是老一套。

2. **思想上的迷惘、消沉情绪**

有一部分学生以"看破红尘"自慰，没有高尚的情操和远大的理想。讲究个人眼前实惠，斤斤计较个人得失。有的赞赏个人主义的人生哲学，认为人生本来就自私，"主观为自己，客观为别人"。有的甚至认为英雄人物，包括雷锋在内，也是自私的，他们不过是为满足精神上的需要而已。

3. **生活上盲目追求西方、港澳方式**

少数学生盲目追求西方、港澳的生活方式，把穿喇叭裤、留长发、蓄胡须当成生活上的乐趣；有个别学生甚至羡慕西方的两性和婚姻方式，欣赏所谓"性解放"和"试婚制"；有的将恋爱当儿戏，喜新厌旧，另找新欢；有的甚至把放荡的两性关系说成是知识分子的一种享受。凡此种种，虽然只是发生在少数青年学生身上，但不能不说这是一个直接影响到整代人的危险信号。因此，我们全体教育工作者，特别是党的思想政治工作的干部，必须有精心雕刻的毅力，滴水穿石的决心，从根本上做好这些学生的思想转化工作。

为做好党的思想政治工作，做好学生的思想政治工作，强调全体教师干部，首先是党的干部，党的思想政治工作者的个人表率作用是十分必要的。一个党员，在党的庞大队伍中，不过是沧海一粟。但人民群众看到一个党员的表率作用，犹如看到了党的希望，从而增强了对党的信仰。十年动乱，使党的威信下降的最根本的原因，是林彪、"四人帮"两个反革命集团对党的破坏，造成党不管党、思想混乱、作风不正的局面。现在我们要恢复党的威信，就应当使学生首先从我们这些党员的身上看到党的影子，每一个共产党员都要起的模范作用。

我们的党和国家正处在伟大的历史转变时期，我们的工作还将会出现新的问题，还存在不少的困难。但只要我们每个共产党员和党的干部，发扬战争年代那样一种革命精神，遵循十一届三中全会以来党的方针政策办事，按照《决议》精神努力工作，树立胜利信心，振奋革命意志，大家都从我做起，再大的困难都是可以克服的，我们的思想政治工作也必将取得更大的成绩。

三、加强党对学生思想政治工作的领导

这次会议之前,以及会议期间,党委常委开过几次会,专门讨论研究了思想政治工作问题。在传达、学习30号文件过程中,常委交心通心,初步找出了党委工作中存在的涣散软弱问题。我们认为,学校是出人才的熔炉,对人才的教育和培养标准是又红又专、德智体全面发展。思想教育工作本身就是贯穿全过程的一项重要内容。因此,党的思想政治工作是学校的生命线,在学校中占有极其重要的位置。把思想政治工作贯穿到教学、科研、日常生活中去,不仅是政工人员的责任,也是全体教师、干部的神圣职责。鉴于目前党的思想政治工作的实际状况,经党委反复讨论,决定采取以下措施。

1. 组织全校教工、学生认真学习《决议》,做好宣讲《决议》工作

通过学习《决议》,要使全体师生员工对加强思想政治工作的重要性有新的认识。全体教师要求承担起教书又教人的义务,努力增强教学内容的思想性、科学性和逻辑性,把思想政治工作渗透到各个教学环节,使培养出来的学生不仅要有严谨的学风,还要有正确的世界观。全体干部职工,要全心全意支持教学、科研工作,端正服务态度,不断改善学生的学习、生活条件,促进学生健康成长。全体学生要进一步提高对学习目的性的认识,增强为建设社会主义四化而奋发学习的责任感和光荣感。学生要系统地学习《决议》,必要时可作为学习成绩进行考核。

2. 加强和改善马列主义政治理论课教学,搞好形势与任务教育

马列主义政治理论课和形势与任务课,是向学生进行思想政治教育的重要渠道。过去的经验证明,这些课对学生世界观的形成和提高思想觉悟,曾经起了积极的作用,是学生在学期间不可缺少的必修课。政治理论课要在系统讲授的基础上,给学生以分析解决问题的立场、观点和方法。形势与任务课,主要是针对学生存在的思想认识问题进行四项基本原则教育,国内外形势教育,党的路线、方针、政策教育,共产主义道德品质教育。

马列主义政治理论课和形势与任务课,都必须坚持理论联系实际的原则。前者以马列主义理论体系为线索,联系学生的思想实际和社会现实,给学生以解决和分析问题的立场、观点和方法;后者则以党的中心工作和学生的现实思想的认识情况为中心,把党的路线、方针、政策所涉及的现实政治、经济问题,上升到理论的高度,加以科学的阐述和解答,帮助学生理解党的现行政策与实现共产主义目标的关系。

担任政治理论课和形势与任务课的教师,要经常探索和总结思想政治工作的规律。不断改进教学方法,做到思想性、科学性、逻辑性相结合;贯以动之以情、晓之

以理、导之以行的方法，提高教学效果。教书又教人，是社会主义大学人民教师的光荣职责。全体教师必须在教学过程中，培养学生的辩证唯物主义和历史唯物主义的世界观，以党的优良传统教育学生，培养他们具有实事求是、走群众路线、批评与自我批评的优良作风。目前，某些班级政治理论课课堂秩序不好，主要是一部分学生忽视政治理论课的倾向的影响。各系党总支和学生专职干部，要配合政治理论课教师抓紧疏导，做好这些学生的思想转化工作。今年招考的研究生考试，有一部分人政治不合格，这说明在大学本科学习期间忽视政治理论的倾向已趋向严重。

3. 建立一支专职与兼职相结合的学生思想政治工作队伍

大学的学生思想政治工作，是研究大学生的思想行为和成长规律的一门学科，必须要有一支稳定的又红又专的专职队伍从事这门学业的研究。学生专职干部，必须由坚持四项基本原则，坚持执行党的路线、方针、政策，工作积极，作风正派，具有一定思想理论水平和实际工作能力，又具有大学毕业文化程度的人担任。为了提高这支队伍的质量，今后可以在应届毕业研究生中选留，加以充实原有学生专职干部队伍。现在确实难以胜任该项工作的，可调离，另行安排工作。

学生专职干部的编制，将按全国学校思想政治教育工作会议精神，每120名学生配1名专职干部。我校现有学生专职干部19人，拟从七七届本科毕业生中选留21人，不足部分，从七八届本科毕业生中选留，争取1982年上半年基本配齐。

党委宣传部、团委会、学生会的干部，也应按编制，争取明年配齐。

学校组织、人事部门，要把政工干部的挑选配备工作纳入工作计划，保质保量，按期完成。

在配备学生专职干部的同时，在一、二年级设兼职班主任，在担任该班教学任务的教师中遴选担任。班主任要经常了解学生、爱护学生、体贴学生，帮助鼓励学生上进，做到教书又教人。学校将拟订班主任工作条例，明确任务，定期学习，总结交流经验。今后选留的研究生和本科毕业生，要服从组织的决定，兼任一定期限的班主任工作。

业务教师兼任班主任工作，是教学工作的一部分，兼职期间的工作表现，应作为考核晋级的一项重要内容；任期满后，系或教研室要给予他们一定的脱产进修时间。由于班主任任务重，花时间，决定按所负责班级学生人数的多少，从今年起，每月给予7～10元的岗位补贴。

物理系在配备班主任的同时，在本科生中试行指导教师制度。规定承担本年级基础课、专业课的教师，每人联系15个学生，帮助学生及时解决学习中遇到的问题，同时又协助政工人员做好思想工作。学校认为，这种做法，既利于教学，又利于做学生的思想政治工作，体现了教师教书又教人的原则。

4. 健全学生思想政治工作机构

在党委领导下,学生的思想政治工作,实行主管部门与其他部门相结合、专职干部与广大干部及教师相结合的工作方法。党委由张幼峰同志主管学生思想政治工作;刘嵘副校长、各系一位副系主任兼职学生的教育和管理工作。另外,学校决定成立学生处,在党委学生工作部合署办公,统一负责学生的行政管理和思想教育工作。

为了摸索思想政治工作规律,尽快提高思想政治工作队伍的业务水平,学校决定成立思想政治工作研究室。采取个人自学为主,集体备课、轮流主讲、分头讲授的办法,上好学生的形势与任务课。

思想政治工作研究室成员,包括各系党总支的正副书记、团总支干部和专职政治辅导员。研究室成员列入教师编制,享受相应的教师待遇。除完成本单位分工的讲授任务外,每人每学期须向研究室交论文或调查报告一篇。优秀者由学校推荐给报刊发表,并给予奖励。

为了保证学生专职干部的稳定性,学生思想政治工作队伍的管理应在党委领导下,建立起以组织部、学生工作部、各系党总支相结合的管理体制。学生专职干部的晋级提升或者工作调动,须经有关管理部门同意。

5. 充分发挥共青团、学生会的作用

共青团、学生会是党委联系广大青年学生的桥梁和纽带。各级领导都要重视他们的工作。要鼓励他们联系本专业知识,开展各种形式的业余教育活动,发挥多学科性大学的优势;引导他们有组织、有计划进行社会调查,到农村、工矿企业中去,联系工农,向工农学习。他们的活动经费,从明年起纳入学校的正常财务计划。目前,学生的活动场所已满足不了需要,党委决定在自筹经费中拨出20万～30万元,建立一个学生文体活动中心。

6. 建立健全学生思想政治工作制度

思想政治工作,是党委经常性的工作。要建立必要的工作制度,以保证思想政治工作的正常进行。

党委每个季度召开一次思想政治工作会议,检查督促,专门研究思想政治工作;思想政治工作例会,每月召开一次;各系每周召开一次。

思想政治工作研究室,每月集中学习、备课、分析学生思想情况一次,时间两天。

评选三好学生,三好优秀学生、优秀学生干部和优秀班主任,每年一次。

建立和健全学生组织活动。班委会组织生活,每两周一次;团组织生活每两周一次,时间一般可安排在星期天晚上,隔周举行。

每星期四下午为政治学习时间,要予以保证。星期六下午为社团活动和卫生日时

间，社团活动可安排在此时间进行。每日下午 4:30 至 5:30 为文体活动时间。为保证学生睡眠时间，实行晚上 11:00 时统一熄灯。

7. 改革学生管理制度，促进学生德、智、体全面发展

根据教育部有关文件精神，逐步改革各项学生管理制度。招生工作坚持择优录取的原则，德智体全面衡量。从今年开始，提取 5%～10% 的人民助学金奖励三好学生和三好优秀学生。从今年开始，学生每年进行一次鉴定，由班主任和辅导员根据小组鉴定写出评语，分优、良、一般、差四等。坚持优秀学生优先分配的原则，将又红又专的学生输送到重要岗位工作。

教务处要会同有关部门，给学生安排一定的劳动时间，作一次教学内容，纳入教学计划。目前主要以校内劳动为主，配合基建、总务部门做好园林规划建设和清洁卫生工作。

体研室[①]在按教学计划上好体育课的同时，要加强体育场地、设备器材的维修管理工作。学生会要发挥各业余社团的作用，开展丰富多彩的文化艺术活动。但这些活动的内容必须是健康的，要有益于增长学生的知识，陶冶学生的思想情操，抵制资产阶级思想的腐蚀，禁止唱黄色、反动歌曲，禁止跳摇摆舞，禁止男学生留长发，禁止穿喇叭裤等奇装异服。

学校是培养人才的地方，担负着为国家培养又红又专的社会主义建设合格人才的艰巨任务。我们必须兢兢业业地做好教学、科研等工作，为祖国的四化贡献出我们的力量。

---

① "体研室"指"体育研究室"。

坚决按照十二大精神办好中山大学[①]

党的第十二次全国代表大会是一个开创社会主义现代化建设的伟大新局面的大会。它标志着我们党的坚强团结，奋发图强，团结和领导全国各族人民，为实现国家的繁荣昌盛，实现祖国的统一大业而奋斗。它将在我党和我国历史上写下光辉灿烂的新篇章。

我有机会参加这个具有伟大历史意义的盛会，感到万分的荣幸，同时，也更加感到，在这新的历史时期里，我们教育工作者培养年青一代的责任非常重大。

党的十一届三中全会以来，党中央拨乱反正，制定了正确的路线、方针、政策，医治了十年内乱的创伤，拨正了我国社会主义建设的前进航向。全国工农业生产、文教卫生体育和国际交往等方面都取得了显著的成绩，出现了生气蓬勃的新局面。近几年来的革命实践和成果，充分说明党中央的领导人是坚定的、清醒的、有作为的马列主义者，他们受到全党、全国人民的信赖和尊敬，我们党在全国各族人民中的威信越来越高。

十年内乱使我国的教育事业受到惨重的摧残。近几年来，我国教育事业在恢复、调整和发展过程中，取得了很大的成绩。这些成绩正是在党中央的正确领导、亲切关怀和鼓舞下取得的。这几年，党中央、国务院对教育事业和知识分子政策作了非常重要的指示，明确指出，在四化建设中，"教育是基础，科技是关键"，"必须调整教育与经济之间的比例关系，要把加强教育事业列为调整的主要内容"，"没有文化教育事业的发展，就不可能有完全的社会主义"。并指出，要将教育事业作为国家基本建设先行部门来部署。现在，教育科学事业在全党、在全国各地越来越受到重视。党的六中全会《关于建国以来党的若干历史问题的决议》，对教育方针作了明确的陈述："用马克思主义世界观和共产主义道德教育人民和青年，坚持德智体全面发展，又红又专，知识分子与工人农民相结合，脑力劳动与体力劳动相结合。"它明确指出，要用马克思主义、共产主义思想作指导，要培养有革命理想、革命道德、革命文化和革命纪律的年青一代。党中央对我国知识分子的状况作了马克思主义的分析，认为知识分子是工人阶级的一部分，是建设社会主义不可缺少的骨干力量，并鼓励知识分子走

[①] 黄焕秋同志1982年当选为中共十二大代表，参加会议并成文发表在《中山大学校报》1982年9月3日（复）第39期。本文发文正值中国共产党第十二次全国代表大会胜利召开。

又红又专的道路，为四化建设做出贡献。还号召全党要重视知识，尊重知识分子，落实知识分子政策。现在，教育工作者的心情越来越好，社会主义积极性越来越高。为适应四化建设的需要，我国的教育体制、结构和办学形式都正在进行调整和改革，既注意高等学校的人才培养，更重视普及教育基础事业的发展和提高；既注意现有高等学校的充实提高，又注意到采用多种形式办学，使更多的青年人有受到高等教育的机会。目前，我国的教育事业开始出现了前所未有的新局面。在党的十二大召开以后，我国的教育事业必将有更大更好的发展。

中山大学近几年来，遵照党中央的方针政策，在教育部和广东省委的正确领导下，在社会上各方面的大力支持下，依靠全体党员，依靠全校师生员工共同努力，医治了过去的创伤，取得了新的发展和进步。我们感受最深的有如下几点：

（1）要坚决按照党中央的指示办事，教育干部要提高理论和政策水平，在政治上和党中央保持一致，认真落实党的各项政策，尤其是要落实党的知识分子政策和干部政策。建立一支又红又专的教师队伍，是办好学校的重要条件。当前，要继续发挥老教师的专长，培养中青年教师，发挥中年教师的作用。要采取有力的措施，把思想政治工作和物质生活的改善结合起来，解决中年教师工作上、生活上的实际困难。对中年教师的职称、工资待遇、工作条件和生活条件等问题，都必须有计划、有步骤地加以解决。培养、提高中年教师，并充分发挥他们的作用，是当前师资队伍建设的核心问题。我们要按学校的发展计划和教学科研的要求，制定教师及科技管理队伍在校内、国内和到国外进修、培养的计划。

（2）高等学校人才培养工作必须和国家、四化建设需要密切结合起来。由于人才培养周期长，高等教育还得争取领先一步，为国家和四化建设储备人才。这几年，我校总结了建国以来的办学经验，结合国家建设尤其是华南地区四化建设的迫切需要，调整了专业设置和专业口径，恢复和新办了一些新的学系和专业，增加了社会科学的招生数，将学校办成为包含文、理、法、经、外语和科技等多科性的综合性大学。在办好本科、保证教学质量的基础上，努力组织教师建立梯队，培养研究生，开展科学研究工作，把学校逐步办成教学和科研的两个中心，同时具有自己的特点和学科的特色。目前全校学生人数比1965年增加了30%，其中本科生增加20%，研究生、进修生大量增加。为了协助解决党和有关部门培养人才的急需，我们还增设了干部培训班和短期专业培训班，并派出教师支持业余大学，积极为社会培养人才，办学的门路越走越宽广。

（3）对教育对象——新历史时期的大学生，要有一个正确的估计，要坚决按党的德、智、体全面发展的教育方针进行教育、培养。我们认为，在新中国成长起来的年青一代，是可爱的一代、大有希望的一代，是我们祖国寄予期望的一代。我们应当热爱他们、关心他们、精心培育他们。我们必须坚持正面教育、疏导的方针，必须建立一支政治理论课教师队伍和政治工作队伍，加强对学生的思想政治教育工作。教师必须做到教书育人。当前尤为重要的，是党要加强对共青团的领导，发挥共青团的助手作用。要注意在实际工作中培养、提高团的干部。要注意引导学生自己组织起来，自己管理自己，自己教育自己，养成高度的自觉的纪律性。要教育、引导学生认真学好功课，并有计划地开展课外学术活动和健康的文体活动，进行社会调查，联系工农。要坚持四项基本原则的教育，开展"学雷锋"、"创三好"的活动，学会掌握批评与自我批评的武器，提高识别能力，增强抵制资本主义思想腐蚀的能力。今年被团中央评为先进集体的我校哲学系78级，就是在共产主义思想的引导下，学生们逐步学会自己管理自己、自己教育自己的本领，从而成为我校精神文明建设的一面旗帜。

在前进的道路上，高等教育存在的问题还不少。学校领导班子建设、学校机构管理、人员结构、课程设置、教学内容和教学方法的改进改革、图书资料、实验室建设，以至学生、教职工生活条件的改善等等，都有不少的问题需要我们加以解决的。有些问题的解决，可以通过学校本身的努力。如进一步调动教职工积极性，总结经验，充分利用现有财力物力，精打细算，勤俭办校，做好工作来解决。但有些问题的解决，则需要国家有关部门重视高等教育事业，给予应有的支持才能做得到。我们感到，当前很重要的一点是，省、市人民政府要重视高等教育，要将高等教育事业的发展列为当地城市建设的规划，在解决学校的校园建设、用地、教职工住宅、学生宿舍和物资供应等方面，给予有力的支持。只有这样，高等学校才能从事务、困难中摆脱出来，发挥它培养人才、发展科学的更大作用。

党和人民寄厚望于高教战线，祖国的四化建设也期待着高等院校做出新的贡献。摆在我们面前的任务光荣而又艰巨。要完成这个任务，我们还要做大量的工作，还会遇到许多困难。但是，党的十二大已经给我们指明了方向，我们一定能够胜利完成这个历史重任。中山大学有着光荣的革命传统，在新的历史时期里，我们决心认真学习、坚决执行党的十二大的路线、方针、政策，按照党的十二大的决定，加倍努力，把中山大学办好，为四化建设培养具有革命理想、革命道德、革命文化、革命纪律和强健体魄的年青一代，为发展社会主义科学文化事业，做出更大的贡献。

十二大文件第一期干部轮训班学习小结①

我们这一期干部学习班，从 10 月 19 日开始至今天止，历时 16 天。参加学习的大多是各系的党总支书记和机关各部处的负责同志。大家在学习过程中都很自觉，有些同志甚至带病学习，有不少同志白天参加学习，晚上处理工作。大家对学习十二大文件是重视的，都认为有收获，效果是好的。同志们提了一些意见，感到文件内容丰富，学习时间紧些，讨论还不够深透，提出以后还要继续学习，回去在宣讲和工作实践过程中，要不断加深认识。这个意见是对的。

这次学习班，我们坚持以邓小平同志的开幕词为总的指导思想，以胡耀邦同志的报告为重点，既学习了十二大文件，又阅读了报刊上的有关社论和重要文章。学习的重点问题解决得比较好，学习的办法也很好，集中学习，坚持理论联系实际，个人自学与讨论相结合，有宣讲报告又有辅导报告，又有外出参观，学习得比较生动活泼。各人在参加学习之前都系统地学习了文件几遍，按照思考题进行了钻研，还听了省委刘田夫、王全国、陈越平同志的宣讲，对全国以及广东的形势发展有了进一步的理解。我们到顺德县、佛山市参观农村和工厂，听了当地负责同志关于十一届三中全会以来进行经济体制改革、落实各种形式的经济管理责任制、农村和工厂面貌发生可喜的重大变化的报告，还参观了当地的中学。大家对全面开创社会主义现代化建设新局面，实现"翻两番"的战略目标，增强了信心。大家对以十二大精神办好中山大学有了强烈的迫切感。

这一期的学习，归纳起来，有如下几个方面的收获。

一、通过学习，进一步认清了十一届三中全会以来的大好形势，加深了对十二大历史地位及其意义的认识

大家学习了十二大文件，联系实际，大摆我国在十一届三中全会以来所发生的巨大变化，对比十年内乱时期我国所遭受的苦难和挫折，同志们都深深感到，十一届三中全会以来，在党中央的英明领导下，我们党端正和发展了马列主义毛泽东思想路线，在指导思想上完成了拨乱反正的任务，清除了"文革"期间和以前的"左"的

---

① 本文系 1982 - DQ1100 - 007/12，1982 年 11 月 5 日。

错误和影响，制定了正确的方针、政策，在各方面都取得了伟大成绩，实现了历史的伟大转折。这卓越的功勋，将永垂史册。胡耀邦同志指出七个方面的标志，成绩都是看得到、摸得着的。大家都热烈地谈到三中全会以来，中大和全国其他高等学校一样，在各个方面都发生了可喜的变化。

（1）纠正了"文革"中及其以前的"左"的错误，推翻了"两个估计"，打碎了广大教师干部身上的精神枷锁。初步总结了30多年来的办学经验教训，为办好中国式的、有自己特点的社会主义中山大学打下了思想基础。

（2）平反了冤假错案，落实了知识分子政策和干部政策。进行了业务职称的评定提升工作，调动了知识分子和干部的积极性。大家对知识分子在社会主义现代化建设中的地位作用和党的知识分子政策有了明确的认识，并分析了当前知识分子的状况，认识到还要进一步解放思想，继续清除对待知识分子问题上"左"的思想的影响。

（3）恢复了统一考试的招生制度，学生水平比较整齐。教学秩序得到稳定。学生学习积极性不断提高。

（4）学校工作的重点开始转到教学科研上来，努力贯彻德智体全面发展的教育方针，教学质量和科研水平逐步提高；学生思想政治教育工作逐步加强；体育也有了发展。

（5）学校规模扩大，在校学生人数增加。大力加强研究生培养工作，扩大招生规模，贯彻执行学位制度，培养高质量的人才。

（6）开展了对外学术交流。近几年来我校和香港大学、香港中文大学、美国以及加拿大、澳大利亚等国家和地区的大学建立了校际学术交流，收到一定的效果。现在正准备和法国巴黎第七大学建立校际学术交流。

大家还谈了近几年来学校突出的变化：

（1）学校学科结构的变化。近几年来学校大力发展了社会科学学科，开办了经济学系、法律学系、人类学系、社会学系和图书馆学专业，开办了英语培训中心和干部培训班。发展了科学技术学科，开办了计算机科学系、电子学系、气象学系和地质学系。现在全校共有18个系、29个专业。结合招收研究生增设了一批研究所（室），现共有31个研究所（室）。为特区和石油工业部门培养人才，开办了各种培训班。为把学校建设成为教育、科研两个中心迈开了一大步。

（2）学校教学、科研条件和教工学生生活条件逐步得到改善。近4年来，在教育部和省委、省人民政府的支持下，经过同志们的艰苦奋斗，我校新建的教学用房和生活用房已交付使用的达到9万多平方米，已完成的建筑面积等于解放后至十一届三中全会前建筑面积总和的94%，是全国高等学校中完成基建任务较好的单位之一。

各系实验室和设备逐步得到充实。新的实验室正在逐步扩建装备中。

全校出现了安定团结的新局面。党风和党群关系都有了进步。教工积极性有了提高，教学质量不断提高，科研成果喜讯频传，有些科研项目在全国和省受到了奖励。

同志们从国家以至学校发生的深刻变化，深切体会到十一届三中全会以来思想路线、政治路线、组织路线的正确，及一系列政策发生的巨大威力。学习回顾历史上两次大的转折，更深刻认识了十二大的历史地位。十二大是伟大的里程碑，为全面开创社会主义现代化建设新局面奠定了基础，从而大大鼓舞了同志们工作的积极性，增强了必胜的信心。

二、通过学习，统一了对实现战略目标的认识，决心 为全面开创社会主义现代化建设新局面做出贡献

在学习中，大家对十二大提出的经济建设的战略目标和建设高度社会主义精神文明和高度社会主义民主的奋斗目标统一了认识，受到极大的鼓舞。

大家深刻地认识到，过去"大跃进"、"洋跃进"是离开中国实际的，是主观地提出来的，是"左倾"错误的产物。而十二大提出来的奋斗目标，则是在端正了思想后，经过详细的调查研究，多次论证，实事求是地提出来的，经过努力是可以达到的。同志们提了实现"翻两番"的有利条件：①我们党已实现了指导思想上的拨乱反正，清除了过去的"左"倾错误，纠正了"以阶级斗争为纲"的错误做法，实现了工作重点的转移；②经过十一届三中全会到十二大，总结了正反两方面的经验教训，找到了建设中国式的社会主义现代化的规律，制定了一整套符合我国国情的方针政策；③我国政治局面已经稳定，广大人民群众建设四化的积极性越来越高；④工农业生产的潜力很大，经过几年的调整和贯彻执行各种形式的责任制，劳动生产率和经济效益大大提高，随着新的科学技术的应用和推广，前景更为可观；⑤最根本的就是有了党中央的坚强领导，按照十二大的精神，经过整党，我们的党一定能成为团结全国各族人民进行四化建设的坚强核心，取得社会主义现代化建设的新胜利。

在学习中不少同志认为，对十二大提出的宏伟纲领和目标，抱什么态度，对我们每个人来说，是一个新的考验。是做"有为之人"，还是"平庸之辈"，抑是"昏聩之徒"？历史将强迫每个人作出抉择。我们作为一个党员干部，应该以实际行动响应党的号召，做"有为之人"，决心为全面开创社会主义现代化建设新局面作出贡献。为了做到这一点，有的同志提出：一定要认真学习好十二大文件，总结以往经验，特别要注意解决好以下几个问题：①要坚定不移地贯彻执行党在新时期的路线、方针、政策，做到和中央保持思想上、政治上的一致。十一届三中全会以来的路线方针政策

已经被实践证明是正确的,十二大文件就是十一届三中全会以来确立的路线方针政策的继续和发展。坚定地全面地贯彻执行十二大精神,就一定能开创工作的新局面;②要认真总结经验,研究新情况,解决新问题。32年来,高教战线的工作,经历了曲折的发展的过程,有成功,有失败,积累了丰富的经验。为了提高我们的领导能力和认识水平,要在十二大精神的指导下,对过去的工作进行全面的考察和研究,从理论原则、方针政策、制度办法等方面,分清哪些是正确的,哪些是不正确的,吸取经验教训;从认识论和方法论上分清在高校工作中,什么是唯心主义、形式主义,什么是唯物主义、实事求是。同时要不断研究工作中提出的新情况新问题。这是掌握高校工作特点和规律,打破老框框,减少盲目性,提高效率,打开新局面的重要条件;③要按照十二大精神和新党章的要求,努力提高自己的共产主义觉悟,改进作风,要从本单位做起,从自我做起;④要按照干部"四化"的要求,努力学习,学习马列主义毛泽东思想,学习文化科学知识,提高干部的思想觉悟、理论修养和文化水平、专业水平,提高工作能力。并要热情关心新一代干部的成长,主动积极地培养和提拔中青年干部,保证我们的事业蓬勃发展,后继有人。

在学习中,不少同志担心计划生育问题,如果做得不好,会造成我国社会主义建设的很大困难。不仅在农村,旧的思想是个严重障碍,就是在我们学校党员中也不断发生违反计划生育的事情,应引起我们的重视。一定要抓好这方面的工作。

三、通过学习,提高了对建设社会主义精神文明的重大意义的认识,明确了学校加强共产主义思想教育的必要性

胡耀邦同志在十二大报告中,从科学社会主义理论高度和我国社会发展前景两个方面阐述了建设社会主义精神文明的重大意义。他指出:"这是建设社会主义的一个战略方针问题。社会主义的历史经验和我国当前的现实情况告诉我们,是否坚持这样的方针,关系到社会主义的兴衰和成败。"这使大家受到很大的教育和启发。有人曾认为,现在"三风"不正,主要是物质跟不上,物质丰富了,"三风"自然好转,大家指出,这种看法,反映了对建设高度社会主义精神文明的意义认识不足,对两个文明的辩证关系没有很好理解。物质文明固然是精神文明不可缺少的基础,任何忽视物质文明建设的观点都是不对的。但不等于说,精神文明是物质文明简单的机械的派生物,也不是说它会同物质文明的发展自然地同步实现。应该看到,在一定条件下,精神文明特别是它的思想内容,同物质文明的发展水平是不平衡的,它可以高于或低于物质文明的发展水平;思想建设方面也可以高于或低于文化建设方面的发展。在资本主义社会,物质文明有了高度发展,它的精神文明有一方面是高的,如科技和文化教

育专业比较发达,但另一方面,在政治思想和伦理道德方面则有许多腐朽堕落的东西,人们的精神生活空虚,人与人的关系是赤裸裸的金钱关系。何况,资本主义国家物质文明比较发达,但是贫富悬殊,很多人得不到温饱,挣扎在失业、饥饿线上。而我国是社会主义社会,虽然还处于初级发展阶段,物质文明还不发达,但人们的政治思想觉悟和伦理道德都远远超过物质文明高的资本主义国家。资本主义社会是腐朽的,我们社会主义社会是欣欣向荣的,所以,不加分析地笼统地说"仓廪实而知礼节,衣食足而知荣辱",是片面的、不科学的,容易使人们单纯地追求物质生活的享受,忽视精神境界的提高。事实上物质财富可以使人幸福,也可以使人堕落腐化。这是屡见不鲜的事情了。正如十二大报告指出的:"如果忽视在共产主义思想指导下在全社会建设社会主义精神文明这个伟大的任务,人们对社会主义的理解就会陷入片面性,就会使人们的注意力仅仅限于物质文明的建设,甚至仅仅限于物质利益的追求。那样,我们的现代化建设就不能保证社会主义的方向。我们的社会主义社会就会失去理想和目标,失去精神的动力和战斗的意志,就不能抵制各种腐化因素的侵袭,甚至会走上畸形发展和变质的邪路。"同志们都认为这段话是很深刻的,是总结了中国和外国建设社会主义历史经验得出的极其重要的经验。

同志们说,以共产主义思想为核心的社会主义精神文明是社会主义的重要特征之一,是社会主义制度优越性的重要表现,这就要求我们必须加强共产主义教育。大家回忆了过去学校共产主义教育的情况。在一段时间内,共产主义思想少讲了,似乎一讲共产主义觉悟、共产主义运动就是"唱高调"、"超阶段"。有人还公然批判大公无私、"一不怕苦,二不怕死"等等,在群众中造成了思想混乱。同志们说,在社会主义时期,对要不要用共产主义思想教育学生,在50年代本来就很明确了的。少先队队歌第一句唱的就是"我们是共产主义接班人",青年团在50年代初就改名为"共产主义青年团",旗帜鲜明地提出对团员和青年进行共产主义教育。十年内乱,林彪、江青一伙造成的破坏是极其严重的,不仅使全国经济陷入崩溃的边缘,在思想上、政治上也造成混乱,对青年一代是有不少坏的影响的。正因如此,我们必须旗帜鲜明地从根本上做好青年一代的教育工作,坚定不移地以共产主义思想教育年青一代,培育共产主义的一代新人。从近几年来工作经验看,思想工作如果只是单纯地就事论事,发生什么问题就解决什么问题,或者只简单化而不是采取教育说服疏导的方针,就不能摆脱应付被动的局面,不能达到教育的效果。要从根本上帮助学生系统学习马列主义、毛泽东思想,明确学习目的,在实际生活中学习共产主义思想,树立共产主义世界观,不断提高学生独立思考和辨别是非的能力,成为有革命理想、有道德、有文化、有纪律的一代共产主义新人。

在学习讨论中,大家认为高等学校是精神文明建设的主要阵地,也是我国社会主义精神文明的主要标志之一，深深感到在高等学校工作我们的担子很重。为此，我们必须树立起光荣感和责任感，严格要求自己，将以共产主义思想教育青年一代列为首要的工作。为了在学校里做好共产主义思想教育工作，大家认为：①全党都要重视做好思想教育工作，同时要建立一支有战斗力、有说服力、有吸引力的思想工作队伍。这支队伍的成员首先要对共产主义有坚定的信念，有较高的理论修养，熟悉党的方针政策，有一定的工作能力，在任何复杂的情况面前，都能保持清醒的头脑，是一个坚定的、清醒的、有作为的革命者；②对现有的政工干部要培养提高，认识所负工作的重要性，缺额要及早补充。按教育部的规定安排待遇，队伍要做到相对稳定；③调动广大教师做学生思想教育工作的积极性，做到教书又教人，用辩证唯物主义和历史唯物主义培养学生。做到为人师表。任仲夷同志关于宣传共产主义思想需要注意的三个问题，大家都认为十分重要。

四、通过学习，认识了新时期加强党的建设的重要性，要做一个合格的共产党员

同志们认识到，完成十二大提出的各项战斗任务，关键在于把党建设好。这是全面开创社会主义现代化建设新局面的根本保证。大家决心按照新党章的规定，严格要求自己，组织全体党员学习十二大文件，学好新党章，为整党做好准备。

同志们在学习中，对照新党章，初步联系实际，进行了检查，感到在全心全意为人民服务、不惜牺牲个人一切、为共产主义奋斗终生这方面，存在一定的差距，感到脸红，心中有愧。有的同志说，谈起为共产主义奋斗，似乎入党时已经解决了，其实不然，或者没有根本解决。一定要加强党性锻炼，解除个人主义的思想影响。有的同志认为，我们学校的党组织，经过近几年的教育整顿，有了一定的进步，但思想不纯、政治不纯、组织不纯的状况是存在的。从整个党组织来说，思想觉悟还不够高，战斗力还不够强。有个别党员违法乱纪，有的不执行党的决定，有的党员不愿担任党所分配的工作，考虑个人问题多，关心党和国家大事少，对学校集体的事情漠不关心。必须通过学习十二大报告和新党章，将全体党员的党性原则、思想觉悟大大提高一步，党员要接受党和群众的监督，党员干部首先要以身作则。

这一期学习班结束了，希望大家回去之后抓好下面几件事：

（1）安排好参加第二期学习的干部名单，做好日常工作的交接工作。

（2）在全校进一步开展学习十二大文件，做好在教职员工、学生中的宣讲学习，每星期四下午教工学生政治学习时间，一定要认真做好组织和准备工作，注意学习效果。要使教职员工和同学对学习十二大文件有迫切感。最近有老年、中年教师要求入

党，同学中组织学习党章小组，有150个同学提出入党申请，我们要热情关心他们，欢迎他们，帮助他们。在宣讲十二大文件中，要有感情，将自己摆进去，谈心得谈体会，用本校本单位的生动事实联系起来谈，讲团结，讲进步，调动全校师生员工的社会主义积极性，同心协力办好中山大学，为建设社会主义现代化强国造就高质量的人才，为发展社会主义文化科学做出新的贡献。

（3）对清理"三种人"问题，是关系到党的千秋大业和国家长治久安的大事，同志们都表示坚决的拥护，按学校党委部署进行。

（4）关心群众生活，密切联系群众，做群众的知心朋友。各支部对所在单位的群众要加强联系，关心他们的困难，努力帮助解决。对一时未能办到、只能逐步解决的事情，应对群众解释清楚。尤其是对中年教师和干部，工作负担较重，生活困难，身体不好的要特别关心。对教工中工作做出成绩、有贡献的，应该支持和表扬。对犯有错误的教工、同学，应该热诚地帮助他们改正错误，力求上进。

学习先进 帮助后进 加强党建[①]

这次总结工作和评选先进活动，是对我校151个党支部和1410名党员（包括77级）一次很好的检阅。总结、评选充分表明，自党的十一届三中全会以来，在十一届五中全会、十一届六中全会精神的指引、鼓舞下，在省委的直接关怀和领导下，我校党组织的工作是有成绩的，广大党员的精神面貌有了比较大的进步。通过总结、评选，我们对全校党组织和党员的状况，有了比较清楚的了解，有了可取的经验，对依靠全党同志的共同努力整顿党风、办好学校，也增强了信心。

通过总结、评选，我们认识到，过去这一年是我校党组织取得较大成绩、进步较大的一年。一年来，通过学习、贯彻十一届五中全会、十一届六中全会和《决议》精神，全党同志对建国以来党的若干历史问题，思想上比较统一了，认识提高了，增强了团结，增强了党性，振奋了革命精神，大多数同志能够积极地工作，发挥共产党员的先锋模范作用。党支部的建设也取得显著的成绩，多数党支部做了大量工作，起着战斗堡垒作用。评定的先进党支部虽然只占全校党支部总数的6.6%，优秀党员也仅占党员总数的7.7%，但是，他们体现了我校大多数党支部和广大党员前进的主流和方向。就学生党支部来说，如哲学系77级学生党支部，在大学4年里，坚持党的教育方针，坚持以学习为中心，把思想工作和专业学习结合起来，以"三好"为目标，生动扎实地开展支部工作，近一年来抓住毕业班的特点，克服了党员和群众中出现的某些松散的思想情绪，继续发挥了党支部的战斗堡垒作用，为以后各届学生党支部作出了榜样，留下了可贵的经验。哲学系78级学生党支部思想政治工作做到有的放矢、生动活泼、深入细致，很有成效，党员积极做建设社会主义精神文明的标兵，在同学中的模范带头作用也比较突出。该年级最近被评为全国学生先进集体，这是与党总支的领导及党支部的努力工作分不开的。

前几年，我校教工党支部的工作，总的来说，较为薄弱，但从党总支改选以来，总结了经验，调整、健全了班子，发扬了民主，初步开展了批评与自我批评，全校教工党支部的工作，现在已有起色。如生物系昆虫研究所党支部，从去年初开始，健全了支委会领导核心，加强了与所领导的配合，开展了批评与自我批评及谈心活动，因

[①] 本文摘要自《在1981年度先进党支部、优秀党员表彰大会上校党委书记黄焕秋色同志的讲话摘要》。原文载于《中山大学校报》1982年2月16日第30期。

而增进了党内党外的团结，克服了软弱涣散的现象。物理系金属物理教研室党支部一向踏踏实实地工作，严格对党员的教育管理，从政治上、思想上和生活上关心党内外同志，组织大家协力克服困难，完成各项任务。他们发动教师做应届毕业班同学的思想工作，创造了教书又教人的好经验。历史系中国近代史教研室、孙中山研究室党支部，无线电电子系第一教研室党支部，中文系语言教研室党支部，在组织党内外同志学习《决议》，坚持四项基本原则，认真贯彻党的知识分子政策，发挥党员先锋模范作用等方面做得很好。英语培训中心教工党支部虽然只有 4 名党员，但他们在各自的岗位上尽心尽责，拧成一股绳。支部团结和依靠党外专家教授，正确处理与外籍教师的关系，做了深入细致的思想工作，对英语培训中心顺利地完成国家、学校交给的教学任务，起了重要的保证作用。机关部处的党支部一年来在加强组织生活中的思想引导、发挥对行政的监督保证作用方面，多数支部是有进步的。如保卫处党支部，能紧密联系实际，学习《决议》、《准则》及有关文件，提高了党员干部对新时期加强保卫工作和实行群众工作与保卫部门相结合方针重要性的认识，解决了本单位党员、群众中不安心保卫工作和怕"得罪人"的思想问题，党员同志们勇挑重担，吃苦耐劳，提高了破案率。去年我校保卫处被评为省直先进集体和协助破案有功单位。保卫处的党员干部和校卫队成员为我校治安情况的逐步好转，确实做出了贡献。

通过总结、评选，我们了解到，我校绝大多数党员同志是比较好的，是能按照共产党员的条件要求自己、为党分忧、为社会主义事业多作贡献的。在评定的 108 位优秀党员中，教工党员 79 人（占教工党员总数 8%），学生党员 29 人（占学生党员总数的 6.8%），其中教授、副教授 13 人，讲师 20 人，助教 2 人，教员 3 人，有干部 22 人，工人 9 人，其他人员 9 人。他们有许多先进事迹，而集中到一点、最可贵的就是忠诚于党的事业，忠诚于党的教育事业。这批同志都能积极地学习、宣传和执行十一届三中全会以来党的各项方针、政策，坚持四项基本原则，在政治上与党中央保持一致，密切联系群众，敢于同违背四项基本原则的错误言行进行斗争，敢于批判资产阶级自由化倾向。这批同志把崇高的共产主义理想，溶化在具体、切实的日常工作和生活实践之中。他们能自觉服从党的需要，热爱本职工作，坚持又红又专，热爱集体，积极参加社会公益活动，奉公守法，顾全大局，不计较个人得失，吃苦在前，克己让人；对同志对群众开诚相见，团结友爱。他们在教学、科研、行政、后勤等各项工作中发挥了共产党员的带头作用、骨干作用。这批同志为恢复和发扬党的优良传统作风、提高党的战斗力、办好社会主义大学做出了宝贵的贡献。当然，他们能成为优秀党员，离不开个人的努力，也是党的领导与教育、集体的支持、同志们的帮助的结果。

通过这次总结、评选，可以看出，我校党的工作还存在许多薄弱环节。不少党支部的工作未能令人满意，有的支部组织生活不健全，需要认真地改进和提高。当前，在党员中也存在着一些值得注意的思想倾向和不良现象。如有的同志政治热情不高，学习不积极，党的观念淡薄，个人主义有所滋长，自由主义严重；有的不顾大局，闹不团结，与党内同志和党外同志关系紧张；有的甚至贪污盗窃，违法乱纪等等。这种情况必须引起各级组织和全体党员的重视。在这次总结、评选中，对个别后进支部和一些问题较多的党员进行了批评与帮助，收到一定的效果。但这仅仅是个良好的开端。

最近，党中央再三发出号召，要求各级党的组织、领导干部和全体共产党员，勇敢拿起批评与自我批评的武器，清除自己身上的政治尘土、政治微生物，争取党风在新的一年里有一个决定性的好转。一定要解决目前有些党组织存在的思想不纯、组织不纯、作风不纯的问题，克服一部分党员革命性、原则性、纪律性、斗争性不强的问题。解决这些问题的重要手段，就是要进行"正确的而不是歪曲的，认真的而不是敷衍的批评和自我批评"，恢复党的优良传统。在这方面，从党委到各总支、支部的领导成员要起表率作用。我们要续续深入地学习《决议》、《准则》和中央有关文件，学习邓小平同志关于端正党风问题的论述，学习陈云同志《要讲真理，不要讲面子》等重要文章，以身作则，为维护党和人民的利益坚持真理，不要讲面子。要加强纪律检查工作，对于搞不正之风的党员干部，如果教育无效，一定要严肃处理。我们全体党员还要集中一段时间学习新时期党的统一战线政策，进一步清除"左"的思想影响，和各民主党派及全校教工紧密团结，合作共事，努力将学校的事情办好。

党委恳切希望，通过这次总结工作、评选先进活动，全校各级党组织和全体党员进一步团结起来，行动起来，认真学习，贯彻中央有关文件精神，和中央保持政治上的一致，紧跟全党前进的步伐。要学习先进，帮助后进，为加强我校党的建设，为恢复和发扬党的优良传统作风而奋斗不懈，以实际行动迎接我校第六次党代会的召开。

全党同心同德为建设现代化的社会主义中山大学而奋斗[①]
——在中共中山大学第六次代表大会上所作的党委工作报告

一、第五次党代会、主要是十一届三中全会以来的工作总结（摘要）

从五个方面进行了总结。这五个方面是：①学习贯彻三中全会以来的路线、方针、政策，加强新形势下的思想政治工作；②落实政策，平反冤假错案，调动了各方面的积极因素；③从思想上、组织上，加强党的建设；④逐步提高教学质量和科研水平，开展同国外学术交流，抓紧"两个中心"的建设；⑤加强了基建和后勤保障工作，改善了办学条件和师生员工生活条件。

在总结部分的最后，黄焕秋同志说：同志们，以上我们从五个方面叙述了自十一届三中全会以来学校工作所取得的主要成绩。这是我校全体共产党员和师生员工共同努力的结果，是教育部和省委正确领导的结果。总结我们的经验，有几条是应该肯定的：一是加强马克思列宁主义、毛泽东思想理论的学习和研究，坚决贯彻党的路线、方针、政策，不断加强和改善思想政治工作，才能保证全校师生员工在政治上同党中央保持一致。二是必须继续克服"左"的思想影响，认真落实党的各项政策，特别是党的知识分子政策，又要坚持四项基本原则，反对资产阶级自由化，才能充分调动各方面的积极因素，办好社会主义大学。三是加强党的建设，整顿党风党纪，提高党组织的战斗力和党员的先锋模范带头作用。同时要实行党政分工，充分发挥行政机构的职能作用，加强领导班子建设。四是要认真总结经验，积极探索社会主义高等学校发展规律，建设中国式的社会主义大学。要有明确的方向和规划。目前要认真贯彻"八字方针"，加强党对教学、科研工作的领导，集中精力研究和解决教学、科研中的一些重大问题，打下前进发展的基础。五是加强对后勤工作的领导，提高管理水平和服务质量，保证教学、科研工作的顺利开展。

[①] 本文为黄焕秋同志1982年6月21日在中共中山大学第六次代表大会上所做的党委工作报告摘录。本文摘录的是黄焕秋同志该工作报告总结部分的最后内容和第二部分"今后的工作任务"。报告的第一部分"第五次党代会、主要是十一届三中全会以来的工作总结"，从五个方面进行了总结。本文摘自《中山大学校报》1982年7月1日的《中山大学第六次党代会专刊》。

用两分法分析我们的问题,我们虽然做了大量工作,但也应该看到学校工作还存在薄弱环节、存在着很多矛盾和困难,看到解决这些困难还要有一个过程。我们同兄弟院校比,差距还很大,我们工作比较平淡,教学、科研水平还不够高,一些系师资队伍比较单薄或青黄不接,学校办学条件比较差,办事效率低,管理水平不高。我们存在的问题不少。首先必须清醒地看到,由于"文化大革命"十年内乱期间林彪、江青反革命集团所煽动的无政府主义、极端个人主义思潮对人们的毒害,也由于这几年在实行对外开放和对内搞活经济政策的同时,我们的思想政治工作薄弱,管理工作跟不上,以致资产阶级腐朽思想和资产阶级生活方式影响增多,在一小部分青年学生中出现了比较严重的资产阶级自由化倾向,个别职工和学生甚至参与走私贩私、投机倒把活动,或打架斗殴、偷盗财物,或腐化堕落、道德败坏,进行违法犯罪活动。资产阶级思想也侵蚀我们党的肌体,有些同志个人主义滋长,自由主义严重,政治热情不高,党的观念薄弱,忘记了共产主义大目标。个别党员甚至化公为私,贪污盗窃,违法乱纪。其次,必须进一步加强和改善党的领导。我们深深感到,校党委作风不够深入,调查研究工作做得少,民主集中制不健全,对教工的思想政治教育抓得不紧。总支、支部民主改选之后有很大的进步,但有个别总支、支部仍不团结、不起战斗堡垒作用,对政策的贯彻还不得力;有些部门领导干部工作不协调。学校工作多、任务重、困难大,这是客观存在的,我们要正视它、分析它,最后克服它。只要我们全党,首先是领导班子,既看到成绩,又清醒地看到当前存在的严重问题,既充分发扬革命和拼命精神,又扎扎实实地工作,密切联系群众、依靠群众,困难是可以解决,工作是可以做得更好的。我们相信,在党中央正确路线指引下,在教育部和省委的直接领导下,依靠全体党员,团结全校师生员工,奋发图强,能把学校各项工作做得更好。"

二、今后的工作任务

学校已经制定了《1981年至1990年发展规划》(修改稿),准备进一步修改。这个十年发展规划的主要精神是:根据十一届三中全会确定下来的社会主义现代化建设总路线和党的教育方针,从我国国民经济和社会发展对高等学校所提出的要求以及本校的实际情况出发,调动各方面的积极因素,采取积极而切实的措施,奋斗十年,使学校的规模得到稳步发展,教学质量和科研水平得到稳步提高,培养出又红又专的各类专门人才,做出有较高水平的科研成果,努力把学校进一步建成为具有自己特点的、学术水平比较高的现代化的多学科的教育中心和科研中心,为国家的四化建设、特别是华南地区的发展做出应有贡献。这是一个稳妥渐进的规划,头五年(即国家

"六五"期间）在调整中前进，着重巩固、提高质量，后五年（即国家"七五"期间）继续提高质量，重点加强薄弱环节，边提高边发展。实现这个十年发展规划，就是我们学校今后十年的奋斗目标；通过加强党的领导，保证学校发展规划的胜利实现，则是我校全党重要的战斗任务。

现在提出我校党组织今后一段时间的工作任务，请同志们审议。

（一）加强党的领导，保证完成学校工作的几项主要任务

今后两三年内，要积极全面地贯彻党的教育方针，学校的发展规模和速度基本保持稳定，在调整中巩固、提高，即不作量的大发展，着重质的提高。根据学校事业发展的需要和教育部的指示，我们还要筹办政治学、图书馆学和古籍研究整理等学系和研究单位，但本科学生招生总人数基本保持不变，研究生逐年略有增加。在校教职工总人数要严格控制。使学校随着调整工作的进展，逐步加强改革。我们要通过扎扎实实的工作，争取在这段时间内，为学校工作打下一个良好的发展基础。主要是抓好以下五件大事：

1. 加强师资队伍建设

建设一支水平高、学风好的教师队伍，这是办好学校，提高教学、科研水平的根本条件。我校现有教师1527人（包括专职从事科研工作的教师233人），人数不算少，但结构和分布不合理，两头小中间大，青黄不接。如不迅速扭转这种局面，不长时间内，有些学科将会出现师资危机。因此，狠抓师资队伍建设，提高师资水平，建设良好的学风，是党在学校工作的一项紧迫任务。当前最重要的是通过调查研究，制订师资培养规划，建立教师梯队。要坚持普遍提高，保证重点原则。提高教师水平的办法，一是培养提高，二是严格考核，三是有必要的调整。培养提高的主要途径是在校内通过教学、科研实践，提高他们的学术水平和实践能力。同时要有计划地选派一部分教师到国外或国内有关高等学校或研究机构进修。进修要有要求、有考核，才能收到效果。作为一项战略任务，要继续根据需要与可能，选拔一部分中青年教师实施重点培养，目标是培养出能够开拓新研究领域的学术带头人和能够继承与发展老专家特长的学术接班人。要下功夫做老专家的保护工作，给他们配备助手，同时要做好老教师的思想工作，使他们认识，到把自己的学术成就传下来，帮助中年教师取得学术地位，是一项最光荣的任务。对中青年教师的培养，既要热情关怀，又要严格要求，要重在实际表现（包括思想作风、教学质量、教学态度、科学水平、管理工作和社会工作等几个方面）。对优秀的中青年教师必须打破论资排辈的传统观念，以利人才辈出。有一部分教师可适当调整做其他工作或调出支援其他单位，这也是一种用其所长、避其所短、人尽其才、以利工作的积极措施。要加强研究生培养工作，今后教师

主要是从毕业研究生中选择。

2. 进一步提高教学质量和科研水平

教学和科研工作是学校经常性的中心任务。因此，要在坚持"两个中心"的前提下，贯彻以教学为主的原则，有效地调动广大教师的教学积极性，提高教学质量。同时，要加强科学研究，创造出较高水平的科研成果，丰富教学内容。为此，校系两级必须加强对教学、科研的领导，必须重视教研室和资料室的建设。

提高教学质量要从根本抓起，即在总结77、78级两届毕业班教学工作经验的基础上，修订各专业教学计划，全面贯彻党的教育方针，改进教学内容和教学方法。两三年内，要根据修订的教学计划，重点抓好基础课教学（如4门政治理论课，公共外语、大一语文、体育、数学、物理、化学等专业基础课），抓好实践性教学环节（如教学实习、实验技术、社会调查、生产实习等）。从一年级开始就要加强基础课的教学，切实改变"满堂灌"现象，进行启发式教学，注意发展学生的智力，培养学生独立思考和工作的能力，充实基础课实验室的教学设备。文科学点理，理科学点文，以开阔学生知识面和提高文化素养。逐步采用现代化教学手段，如计算机的普及应用和电化教学。对于基础课教师，要体现政策，在培养提高及提升职称方面要给予关心，使他们热心和安心基础课教学工作。同时要继续采取主讲教师责任制。在保证基础课教学的前提下因材施教，适当增开一些选修课，目的是把学生培养成为有较深厚的基础理论、较宽广的知识面、较强的分析和解决实际问题的能力、又能坚持又红又专道路的各类专门人才。要多安排自学，减少作业，减轻学生负担。对学习困难学生要加强指导，对优秀的学生要加以重点培养。

科研方面，要根据去年底定下来的全校科研机构调整方案，逐个研究所、室落实科研人员、各种辅助人员和科研计划，落实任务。要制订出学校"六五"期间科研规划，要加强马克思列宁主义、毛泽东思想的理论研究工作，要加强古籍的研究整理工作，要着重研究基础理论和应用学科中的基础性课题，要确定重点发展学科和重点研究课题。在完成国家下达任务的基础上积极开展一些为地方服务的项目的研究，充分利用华南地区历史、地理、经济等优越条件，发挥本校优势，加强各学科的配合，进行综合研究，逐步形成本校学术特色，为把我校办成华南地区的有比较雄厚力量、有比较高水平的科研中心奠定基础。

3. 继续加强基建和后勤工作，进一步改善教学、科研和师生员工的工作、生活条件

后勤工作是办好学校的物质保证，教师、学生和其他部门都要注意端正对后勤工作的态度和认识，尊重他们的劳动，支持他们的工作。今后两三年内，总务系统要下大气力抓好组织建设和思想建设。大力提拔中青年优秀干部进科、处领导班子，以解

决干部老化问题。逐步配齐炊事员和其他工人，建成一支配套的后勤职工队伍。对全体干部和职工，要进行总务工作重要性的教育，牢固地树立总务工作光荣感、为教学科研服务、为广大师生员工服务的思想，在此基础上加强岗位管理，健全规章制度，努力改善服务态度。

基建工作方面，1982年内建成新图书馆大楼、电教大楼和一批宿舍。要抓紧测试中心大楼、激光实验室、人工气候实验室、鱼类学实验室等和教工及学生宿舍的建设。

4. 加强实验室、图书资料建设

我校实验室的仪器设备比较陈旧落后，图书资料建设工作未能适应教学、科研的需要，新办系、所和有研究生任务的单位困难多，迫切要求在今后3～5年内有所改进。各系教学用房、教师工作室不够，都很紧张。外语系和新办的几个文科系，专业书籍、资料甚缺，亟待补充。一些有成就的专家，就因为缺乏设备和图书资料，而不愿招收博士研究生，辞掉了与国外合作的科研项目。因此，要有计划地逐步把实验室调整好、建设好，充实一些常规仪器设备和现代化的实验设施。要抓一批带有关键性的实验机构作为重点来建设，办成高水平的教学、科研实验基地。图书资料当前要尽快完成全面清理，在此基础上作出规划，统筹安排。要有计划地建设几个资料齐全、配套的研究中心。各研究所、室，都要十分重视资料情报工作，要有专人负责。在开展和香港各大学及外国大学学术交流的过程中，要重视做好图书资料的收集采购工作。要大力改善图书管理工作，提高图书资料利用率，努力提高图书资料管理人员的专业水平。计算机科学系要帮助图书馆和各研究所、室逐步实现科学资料检索的现代化。

5. 要建设好一支管理队伍和教辅队伍

干部（包括管理干部和政工干部）队伍是学校的一支重要队伍。要培养提高他们，可以有计划地组织轮训，或派出进修学一点管理科学，学一点教育学，研究高等教育的规律和学校管理的基础知识。还应让干部认真学习本职工作所需的各种业务和专业技能，不断总结工作经验，提高工作效率。对干部要按照干部条件和岗位职责严格进行考核。要加强群众对干部的监督。党的干部要按照党章规定进行选举，行政管理干部也要逐步在一定范围搞民意推荐或实行选举，可上可下，废除领导职务终身制。

工人队伍同样是办好学校的一支重要力量。要加强对工人的培养教育，提高他们的政治水平和技术水平。

在建设一支高水平的教师队伍的同时，要建设一支高水平的实验技术人员队伍和图书资料情报人员队伍。当前十分缺乏合格的教辅人员，解决的办法有两条：一是对原有人员进行培训，进行严格考试，符合条件的及时给予提职；二是在调整中一部分教师可以转为教辅人员。

（二）开展反腐蚀教育，切实加强和改善思想政治工作

为了全面贯彻党的教育方针，努力培养德智体全面发展的人才，为了防止"和平演变"，建设社会主义物质文明和精神文明，为了调动各方面积极性，完成各项战斗任务，都要求不断加强与改善新形势下的思想政治工作。中央强调指出，为了保持共产主义的纯洁性，我们要继续反对资本主义的思想腐蚀和封建主义的残余影响。我们需要从不止一个方面作战，在党内还要进行两条战线的斗争，既要肃清林彪、"四人帮"一伙的余毒，批判"左"的思想的影响，又要进行反对资产阶级自由化的斗争，在目前尤其要进行理论教育和反对资本主义思想腐蚀的斗争。我们强调加强思想政治工作，决不是提倡"左"的指导思想下曾经出现过的某些简单化的做法，而是要求各级党的组织根据新时期的特点，坚持社会主义、共产主义的思想阵地，对各种错误的、有害于社会主义事业的思想和行为，坚持疏导方针，理直气壮地、有说服力地进行批评，结合群众的切身经验和切身利益，进行爱国主义、集体主义和共产主义的教育，打击邪气，扶植正气，使我们的人民成为有理想、有道德、有文化、守纪律的人民。我们对年青一代大学生，更应加强思想政治教育，将他们培养成为德智体全面发展、又红又专的共产主事业接班人。

1. 对全校师生员工进行马列主义、毛泽东思想教育

马列主义、毛泽东思想是我们党和国家的指导思想，是我国四化建设的指导思想，也是办好中国式的社会主义大学的指导思想。加强思想政治工作的根本任务是要向广大师生员工进行马列主义、毛泽东思想的教育，提高他们的社会主义觉悟，宣传和贯彻党的路线、方针、政策，宣传社会主义制度的优越性，动员他们坚持四项基本原则，增强抗腐蚀的能力。根据上级部署，1982年学习经济理论，1983年学习哲学，主要是学习毛泽东同志的8篇哲学著作。理科教师要重视学习自然辩证法，学生主要是学习马列主义政治理论课，不另安排其他政治理论学习。学习理论要联系实际，用马克思主义世界观武装人们的头脑，逐步学会用马克思主义的立场、观点、方法分析新情况，解决新问题。在工人和学生中，组织一些专题报告，进行形势与任务教育和革命传统教育。

2. 开展"三整顿"活动，加强社会主义精神文明建设

在广东实行特殊经济政策和灵活措施的新形势下，一部分师生员工受到资产阶级自由化思潮影响和资本主义思想污染，滋生出一种不关心政治的倾向，"一切向钱看"，个别人甚至崇洋媚外，追求资产阶级生活方式，丧失民族自尊心和自信心。各

级党组织和各级领导，要切实掌握并精心分析群众的思想动态，通过思想政治工作各条渠道，帮助他们从理论与实践结合解决思想认识问题，结合共产主义道德品质教育，防止和抵制资本主义思想的腐蚀。针对我校的实际情况，有破有立，为了巩固"五讲"、"四美"活动的成绩，推进精神文明建设，使思想政治工作落到实处，我们决定结合"学雷锋，创三好"，在全校开展"三整顿"活动：

（1）整顿校容——绿化、美化、净化校园，创造良好的工作、学习和生活环境。

（2）整顿校纪——遵守法纪，遵守学校规章制度，爱护公共财物，讲文明，讲礼貌。

（3）整顿校风——尊师爱生，团结友爱，振奋革命精神，抵制资本主义思想腐蚀。

我们提出"三整顿"的目标是：争取两三年内基本达到要求，使校容、校纪、校风有一个很大的好转。

3. 三条渠道协同配合，提高思想政治工作质量

在新形势下，针对青年学生思想活跃的特点，要十分讲究思想政治工作的方法，要把解决思想问题与解决实际问题结合起来，注意结合各项活动开展思想政治工作，特别要注意把思想政治工作渗透到业务领域中去。同时，要坚持疏导方针，及时深入，做到经常化、制度化。要从青年学生的实际出发，过好民主生活，开展谈心活动，进行有益身心健康的文体活动和社团活动等，着重熏陶教育，切忌大轰大鸣，把工作做到青年们的心里去。要注意调动先进青年的积极性，正确处理先进性与群众性的关系，不能嫌弃后进群众，要激发他们的上进心和自尊心，鼓舞他们赶上先进，一道前进。从下学期开始，要按照中央转发教育部党组关于《高等院校试行学生品德评定讨论会纪要》的要求，每学年对学生进行一次品德考核，以加强对学生的思想教育和行政管理。我校哲学系78级是全国教育战线的先进集体，要认真学习推广他们的先进事迹和经验，争取在全校涌现出更多像哲学系78级那样的好班级。

在校党委的统一领导下，要把经常性的思想政治工作、政治理论课的教学活动、广大教师的教书又教人这三条渠道沟通起来，密切配合，按照一个共同的目的——从根本上帮助青年学生学习、掌握马克思主义的立场、观点和方法，在树立革命人生观上下功夫。从校党委到党支部，都要把思想政治工作列上重要议事日程，定期检查，定期研究，建立制度，落实责任。思想政治工作，不仅党团组织、政工部门、政工干部要做，全校各个部门、各级领导和干部、教师都要通过自己的工作主动做。

在思想政治工作上，工会、共青团、学生会，要发挥党的助手和党联系群众的桥梁作用，要主动地协助党组织做好群众、尤其是青年职工和青年学生的思想教育工作。要重视发挥工会组织的作用，支持工会工作，加强对工会的领导。工会要了解群

众的意见和要求，及时向党委反映情况，使工会真正成为党联系群众的纽带。工会要抓好群众活动、福利事业，要认真做好对教工进行共产主义教育，总结交流经验，表扬先进，配合行政抓好职工业余教育，抓好教职工子弟及家属的思想政治教育。共青团是党的助手，青年工作是党的工作的重要组成部分。因此，各级党组织要进一步加强对共青团工作的领导，做到思想上重视、政治上把关、工作上支持。还要支持学生会开展有益学生身心健康的各种活动。要对团和学生会的干部进行有计划的教育、培养，提高他们的政治修养和工作能力，使其模范执行党的政策，遵守法纪，努力学习，成为学生的表率。

4. 加强治安保卫工作，搞好学生军训

学校的治安保卫工作要在已取得成绩的基础上继续加强，坚持专门队伍和群众路线相结合，坚持预防为主与综合治理相结合，有效打击一切犯罪分子的活动，争取学校治安秩序进一步好转。学生军训按计划进行。人民武装部要同教务等部门密切配合，认真准备，取得成效。

（三）加强党的思想建设，争取党风有一个更大的好转

陈云同志曾经指出："执政党的党风问题，是有关党的生死存亡的问题。"我们要高度重视整顿党风问题，解决思想、组织和作风不纯问题，加强党的建设，提高党组织的战斗力。我校现有党员1245人，大多数是表现好的或比较好的。但是，也有的人对党的新时期的路线、方针、政策不理解，甚至怀疑、抵触；有的党性不强，组织纪律松弛；有的受港澳资产阶级生活方式影响，资产阶级自由化严重；还有的对实现四化信心不足，精神不振，干劲不大等等。针对这种情况，必须进行党风党纪教育。

1. 认真组织学习《准则》，以《准则》为武器来端正党风

要进一步在党内开展学习《准则》、贯彻《准则》的活动。务必使全党深刻领会《准则》对于加强党的建设的重大意义，提高执行《准则》的自觉性。学习要联系实际。根据省委文教办的指示，今年要在开展学习的基础上，联系本单位突出的问题，检查领导班子的作风；采取在广大党员学习《准则》、揭露矛盾的基础上，召开党委会议，围绕对党的路线、方针、政策的态度和个人与党和群众的关系以及中央领导同志提出的"团结、坚强、廉洁、效率"的要求，分析思想作风上存在的问题，认真开展批评与自我批评，以达到提高思想、统一认识、增强团结的目的。今后，从校党委到党支部，每时期都要进行一次党性党风党纪的检查，作为一个制度来执行。检查党性党风党纪的标准有五条：第一，对党的路线、方针、政策是否坚决执行；第二，对党分配的任务和本职工作是否认真负责；第三，对党内生活准则、国家法令和学校

的规章制度是否模范遵守,有无违反的行为;第四,是否坚持党的原则,对资产阶级自由化、极端个人主义、无政府主义、官僚主义及拉山头、搞宗派等错误言行敢不敢抵制和斗争;第五,是否关心群众,密切联系群众,同群众同呼吸、共命运。各级党组织要根据这五项标准,对所属党组织和党员分批分期进行检查,务必使收到实效。党委纪检会要认真行使职权,加强对这项工作的监督,同一切违反党风党纪、破坏党性的现象坚持不懈的斗争。

2. 认真贯彻中央《紧急通知》和中央〔1982〕17号文件的精神,对党员进行反对资本主义思想腐蚀教育

对于中央《紧急通知》和17号文件以及中共中央、国务院《关于打击经济领域中严重犯罪活动的决定》的精神,要认真组织学习,深刻认识贯彻这些文件对于端正党风、搞好精神文明建设的重大意义。在此基础上,抓好三方面教育:抵制资本主义腐朽思想侵蚀的教育、遵纪的教育、廉洁奉公的教育。通过教育,使全党清醒地认识到,我国特别是广东在经济上实行对外开放政策后,在政治上、经济上、文化上面临的资本主义思想腐蚀和社会主义思想反腐蚀的斗争,是新的历史条件下阶级斗争的重要内容,关系到我国社会主义现代化建设的成败,关系到我们党和国家的盛衰兴亡。全党必须统一认识,在经济上实行对外开放、执行特殊政策是必要的,而在党风上绝不能有任何特殊或开放,在党纪上绝不应放宽,而应该更严。根据当前的实际情况,要把进行"两个牢记"、"两个坚持"的教育列为党的思想建设的重要内容。全体共产党员都必须牢记全心全意为人民服务是我们党的根本宗旨,牢记实现共产主义远大理想是我们党的最终目的,每个共产党员都要忠实履行入党时的庄严誓言,终身为共产主义奋斗;必须坚持党中央决定的对外实行开放的政策,加快我国的社会主义现代化建设,同时必须坚持进行反对资本主义思想腐蚀的斗争,永远保持党的无产阶级先锋队的性质,保持共产主义的纯洁性。高举共产主义的旗帜,在党员和干部中进行共产主义思想教育,党员、特别是党的干部,要以共产主义精神来进行工作,要用共产主义思想道德来规范自己的言论和行动,正确处理校内外、对外学术交流以及一切人与人之间的关系。

根据中央文件精神而进行的反对经济领域违法犯罪行为的斗争,不搞群众运动,但必须把专门队伍与走群众路线结合起来,摸清情况,查明问题。属于违法犯罪的刑事案件,交学校保卫处送有关政法机关处理;属于在经济问题犯错误,则分别由党委纪检部门或人事部门处理。在贯彻中央文件过程中,要结合开展财经纪律大检查,按国务院和教育部规定的内容,全面检查我校各单位执行财经纪律情况,发现问题,总结经验,健全制度,堵塞漏洞。

同时,要开展经常性的纪律检查工作,贯彻教育为主,预防为主。要抓住先进典

型和违纪典型（单位、个人），从正反两方面进行党风教育。先进典型要及时表扬、推广，树一个带动一大片；违纪案件要及时严肃处理，处理一个问题教育一大片。

3. 抓好组织建设和领导班子建设

加强党支部建设，是抓好党的组织建设的基础。基本要求是树立好的党风，发挥党支部的战斗堡垒作用和党员的先锋模范作用。要抓好经常性党课和党的基本知识的学习，抓好党员和党员骨干的培训工作，抓好党内民主生活。要抓好一年一度的评选先进支部和优秀党员的活动，使之成为推动支部建设的动力。要及时交流先进经验，同时帮助后进支部，做好转化工作。

要贯彻积极而慎重的建党方针，抓好组织发展工作。根据中央批转组织部中组发〔1982〕2号文件精神，在着重抓好现有党员教育提高和基层党组织整顿巩固工作的同时，"坚持党员标准，适当发展"的原则，有领导、有计划、有重点地做好发展党员工作。在我们学校，发展重点是具有较好政治素质和业务才能的优秀教师、又红又专的研究生和本科生。必须充分认识到在大学生中发展党员，是一项具有战略意义的政治任务，要从为党输送新鲜血液、培养共产主义接班人的高度出发，做好学生党员发展工作。

加强领导班子建设，是当前组织工作的一项紧迫任务，是搞好学校工作的重要保证。经过几年来的调整，我校各级领导班子已经选进一批德才兼备的年富力强的中青年干部和专业人员，得到了一定程度的充实和加强。但按中央提出的革命化、年轻化、专业化和知识化的要求检查，还存在不少问题，主要是领导班子成员平均年龄仍然偏高，结构不够合理，不够配套，领导班子成员工作作风和思想作风上也存在一些问题。因此，要在抓好整顿党风的同时，结合精简机构，切实搞好领导班子的组织建设。要根据中央组织会议和党的十一届六中全会精神，进行干部"三位一体"的综合治理，搞好干部的调整，从我校实际出发，做好优秀中青年干部的培养、选拔工作，必须从组织上、思想上、政策措施上加以落实，树立适应"四化"需要的新的用人观点。同时，对于在"文革"中靠造反起家、打砸抢和帮派思想严重的人，要坚决清除出领导班子。具体要求：一是调整、加强校一级领导班子，物色培养50岁左右的优秀干部进入校领导班子，同时安排好不能坚持正常工作的老同志退居二、三线；二是调整加强系一级领导班子，对年老体弱、担任现职有困难的老教授，可退下来做妥善安排，挑选年富力强、德才兼备的教学人员参加系的领导工作；三是机关部、处领导也要结合精简机构，按上述原则调整、加强。不论哪级领导班子，都要特别注意发现培养新生力量，逐步地选拔和充实后备干部队伍，1983年应有一整套校、系、教研室三级后备干部体系，使我们事业后继有人。

（四）认真落实党的政策，调动起各类人员的社会主义积极性

办好现代化的社会主义大学，一靠党的领导，二靠师生员工的共同努力，必须调动起各类人员的积极性。从学校的实际出发，就是要把教师、教辅人员、干部和工人四个队伍的积极性都调动起来；同时，调整好各个队伍内部的老中青关系，还要处理好党内外关系，搞好统战工作。要调动各类人员积极性，调整处理好各方面关系，就必须落实党的政策。

1. 进一步解决历史遗留问题

粉碎"四人帮"以来，我们根据中央和省委的指示，在拨乱反正、落实政策方面作出了很大的努力，成绩很显著，群众反映好，但是认真检查起来，还不够全面、彻底。落实知识分子政策方面还存在一些问题：一是党内有少数骨干对"文革"中的问题思想认识不清，"左"的影响未完全肃清；二是清理档案不彻底，对过去历次运动和"文革"中形成的"审干"材料，有的清理、处理了，但有的还未清理；三是查抄物资没有完全查清处理好，有的物资找不到，有的虽退赔了钱，但价格很低，人家不满意。因此，这项工作要继续搞好。要通过落实政策、解决历史遗留问题，调整内部关系，调动各方面积极性，使有关同志放下包袱，心情舒畅，团结一致向前看，积极主动做好工作。

2. 调整和处理好干部中的老中青关系

老中青问题，其实是干部队伍结构问题。我们学校的干部队伍中，老、中、青比例不当，年龄偏高，老化严重，而由于十年动乱的影响，年轻人员成长慢，中间脱节，形成不了梯队。因此，必须迅速解决队伍的新陈代谢问题。我们大家都清楚，老干部是我们党和国家的宝贵财富，一定要充分发挥老干部在领导班子中的核心骨干作用，当他们达到退休年龄或丧失工作能力时，有的可退居二线当顾问，有的要办理离休，不论属于哪种情况，都应作出妥善安排。而目前最急迫、最关键的是，迅速把年富力强的中、青年干部选拔，充实到各级领导班子中去，这是关系到我们学校工作的战略大计，一定要精心做好。新陈代谢是不可抗拒的自然规律，时间不等人。老干部有责任把挑选培养接班人的工作做好。

3. 加强新时期的统战工作

在建设现代化社会主义强国的新的历史时期中，统战工作仍是我们党的一大法宝，必须做好。要对党员干部进行统战理论和政策的再教育，使其充分认识统战工作的重要性。在提高认识的基础上，要放手并帮助各民主党派组织独立自主地开展工作，充分发挥他们的积极性。要定期召开座谈会，做好民主协商工作。抓紧落实政策工作，重点落实知识分子政策，各级党组织要经常了解和研究非党老中青知识分子的

思想动态和意见要求，做好人事安排，帮助他们解决一些具体困难，充分发挥他们的业务专长；要根据中央〔1982〕10号文件精神，检查一次知识分子政策落实情况。进一步做好落实台胞、台属政策，继续进行去台人员及其在大陆的亲友的调查工作；还要注意落实对华侨、侨眷、起义人员以及宗教、民族的政策等。中山大学侨联会作为一个群众团体，要抓紧筹备成立。

要继续做好岭南大学校友会的工作，1982年校庆时还将成立中山大学校友会，目的是联络海内外校友，为国家四化建设和母校现代化建设做出贡献。

（五）改进党委的领导方法和作风，加强与改善党对学校工作的领导

1. 学校体制实行党政分工，党要管党，党委要用主要精力抓党的建设，抓党风党纪，抓思想政治工作

在学校工作中，党委主要抓党的路线、方针、政策的贯彻执行，抓长远规划，抓一个时期的重大工作安排，抓重大改革，抓教师干部和职工队伍的建设，抓有关群众利益的重大问题，来体现党对学校工作的领导。校行政要贯彻实施教育部和上级机关以及校党委决定的各项工作，对教学、科研、总务、行政管理工作要全面负起领导和指挥的责任。党委要尊重校长的职权，尊重校长的意见，放手让校长工作，使校长有职、有权、有责。行政各处，在校长领导下发挥职能部门的作用。各级党员干部，对行政系统的决定要模范地贯彻执行。各级领导同志要有高度的责任心，在自己的职权范围内要敢于管理，不回避问题，不推诿责任。党委从日常事务中摆脱出来，抓检查督促，做调查研究，抓住关键问题，推动学校工作，这才是真正加强对学校工作的领导。

各党总支（直属支部），也要按照上述精神进行工作，支持而不是代替系、室、所主任的工作，对行政工作实行保证监督。要总结《系党总支工作暂行条例》试行经验，进一步搞好党政分工和克服互相不协调的倾向。

2. 在党委领导班子内部，要实行民主集中制

几年来，校党委常委存在的主要问题是民主集中制贯彻不够好。通过这次党代会，我们要健全党委领导体制，今后党委要特别注意这个问题。学校工作中的一切重大问题都要通过党委集体讨论决定，无论是书记或委员，在讨论问题时都要充分发扬民主，允许不同意见争论，不能个人独断专行，同时要在民主的基础上实行集中，集体作出的决议、决定，都要服从，都要执行，不要各搞一套，各行其是。在常委会中，书记、常委要正确处理集体领导与分工负责的关系，书记作为党委领导的班长，要对日常工作负起主要责任；常委对集体决定了的工作，要按照分工负责的原则分头去办，不要事无巨细都推到常委办公会上讨论，以提高工作效率。

3. 要大力转变领导作风，深入调查研究

党委领导成员要克服官僚主义，以主要精力深入基层调查研究，精简会议，扎扎实实地帮助基层解决一些实际问题，避免工作上的失误。要发扬党内外民主，虚心听取不同意见，集思广益，广开言路。要带头开展批评与自我批评，过好集体民主生活，交心通气，消除意见分歧，把党委建设成为"坚强、团结、廉洁、效率"的好班子。

同志们！我们学校在经受十年浩劫之后，经过六年来的拨乱反正，调整、改革、巩固、提高，已经形成了一个团结安定的政治局面，建设了一支有一定数量和质量的队伍和一定的物质基础。党和人民要求我们办好学校，对我们寄予很大的期望。我们学校富有革命光荣传统，为国家物质文明建设和精神文明建设培养了不少人才，在国内外都有着比较大的影响。我们要继承革命前辈英勇奋斗、勇猛"进击"的精神，艰苦奋斗办好学校，为实现三大任务——经济建设、统一祖国、反对霸权主义做出新的贡献。我们全校的各级党组织和全体共产党员，要高举共产主义的伟大旗帜，要充分认识发展着的形势对我们愈益提高的要求，努力争取做坚定的、清醒的、有作为的马克思主义者，紧密团结在党中央周围，在中共广东省委和教育部党组的领导下，坚持四项基本原则，坚持十一届三中全会以来党的路线、方针、政策，振奋革命精神，同心同德，为把中山大学建设成为现代化的社会主义综合大学而奋斗！

第五部分 庆典致辞

在广州英语培训中心开学典礼上的讲话[①]

尊敬的女士们、先生们、朋友们、同志们：

今天，我们在这里隆重举行广州英语培训中心开学典礼。参加今天开学典礼的有英语培训中心的全体教师、工作人员和学员；有美国加州大学洛杉矶分校查理·扬校长、艾温·史文森副校长，洛杉矶分校美中文化交流协会成露西主任、康乐思副主任；有美国驻广州总领事馆彼得·查士副领事；有教育部外事局李滔局长、广东省人民政府办公厅李玉山副主任、省文教办曾谷副主任、省高教局林川局长；有广州地区部分兄弟院校的负责同志；还有本校负责人，各系系主任，各主要研究所（室）、有关部、处负责人。首先，请允许我代表中山大学全体师生员工，向培训中心的中、美双方教师和全体学员表示热烈的祝贺！向我们诚挚的美国朋友表示衷心的感谢！向各位来宾表示热烈的欢迎！

广州英语培训中心，是在中国教育部的直接关怀下，在美国加州大学评议会的支持下，由加州大学洛杉矶分校帮助中山大学成立的。其目的主要是为中华人民共和国教育部派赴英语国家研习科技的留学人员进行英语培训，也培训少量高等学校英语教师。去年11月我校与加州大学洛杉矶分校签订协议书，在将近一年的时间里，经过双方的友好协商和共同努力，积极进行筹备工作，今天正式开学了。这是值得庆贺的。在庆祝英语培训中心开学的时候，我们深切怀念曾在这个大厅里代表我校与加州大学洛杉矶分校校长共同签署协议书，为成立广州英语培训中心，为促进我们两校友好往来作出贡献的已故李嘉人校长。

在广州英语培训中心的筹办过程中，我们两校各自本着友好互惠的原则，认真履行协议书条款。我校派出了以杨琇珍教授为首的教师组去加州大学洛杉矶分校共同进行准备工作，加州大学洛杉矶分校多次委派成露西教授、康乐思教授前来磋商具体事宜，为培训中心的筹办作出了积极的努力。查理·扬校长、艾温·史文森副校长非常关心和支持广州英语培训中心的创建，并亲临参加开学典礼。值此，让我代表中山大学向加州大学洛杉矶分校表示衷心的感谢！

---

① 本文系1980－XZ1100－009/16，1980年9月16日。

尊敬的女士们、先生们、朋友们、同志们，举办广州英语培训中心，对我们来说是一个新尝试，我们缺乏这方面的经验。但我们相信，在教育部的领导下，在加州大学洛杉矶分校的大力协助与支持下，通过培训中心全体中美教师、工作人员和学员的共同努力，不断地实践，总结经验，一定可以达到预期的目的。

谢谢各位。

在纪念辛亥革命 70 周年茶话会上的讲话[①]

同志们：

今天，我们欢聚一堂，热烈纪念辛亥革命 70 周年。

辛亥革命是伟大的革命先行者孙中山先生领导的一次民主主义革命运动。毛泽东同志在《纪念孙中山先生》一文中，高度评价和热情赞扬孙中山先生在辛亥革命时期领导人民推翻帝制建立中华民国的丰功伟绩。

孙中山先生具有坚强的革命气魄，具有百折不挠，不断进步的彻底革命精神。他总结了失败的教训，找到了新的正确的革命道路。他在第一次国共合作时期，把旧三民主义发展为新三民主义。我们的大学是孙中山先生在进行新的革命斗争时期亲自创办的。孙中山先生创办本校的目的就是要为振兴中华、实行新的民主革命培养千千万万的人才。孙中山先生曾到我校系统讲授三民主义，鼓励青年为革命而勤奋读书。学校创办以来，为我国培养了不少的文化科学和建设人才，为我国教育科学事业的发展作出贡献。中大校友遍布国内外。有不少有名的科学家、教育家、文学家、经济建设专家。国共第一次合作、孙中山先生改组国民党的第一次全国代表会议，就是在当时我校文明路校址的大礼堂举行的。孙中山先生和李大钊同志并肩走出会场的照片，就是历史的见证。孙中山先生把旧三民主义发展为新三民主义，从而获得了各阶级革命人民的拥护。自从实行国共合作，实行三大政策，实行新三民主义，孙中山先生的威望更加升高了，达到了他一生光辉的顶点。1925 年 3 月 12 日，孙中山先生病逝于北京。我们的学校就命名为中山大学，永远纪念这位伟大的革命先行者。

今天，中国在共产党的领导下，已经经过新民主主义革命，建立了社会主义制度。孙中山先生热切盼望的民族独立，早已实现了。他希望的"非少数人所得而私"的民权，也已经实现，并发展为广大的人民的民主；他早年主张的平均地权和晚年主张的耕者有其田，也已经在解放初期用土地改革的办法实现了，他在建国大纲中所提出的建设项目，早已实现，并在许多方面大大超过了。中国共产党正在把前辈的理想变为现实，用马列主义、毛泽东思想科学的理论作指针，领导全国人民，努力把中国建设成为高度繁荣、高度民主和高度文明的社会主义强国。中山大学在解放后 32 年

[①] 本文载《中山大学校报》1981 年 10 月 14 日第 24 期，第 172～175 页。原文标题经修改，原标题是《在中山大学纪念辛亥革命七十周年茶话会上的讲话》。

来，在中国共产党的领导下，取得了重大的成就和发展，已为国家培养了1万多名建设人才。解放初院校调整，原有工、农、医、师、法等学院和一些学系，因国家建设人才的迫切需要，调整为独立的学院，有了很大的发展。我们学校，由1954年8个学系、在校学生人数1577人、教师人数303人，到现在发展为18个学系、在校学生人数达6200多人，其中研究生257人。还有和美国加州大学洛杉矶分校合作开办的英语培训中心，每年培养出国留学教师400人。教师人数共1300多人。1954年原有校舍共8万多平方米，现在校舍面积共达23万平方米。正在施工的图书馆、外语教学大楼和教工宿舍有3万多平方米。测试中心和法学大楼正设计或准备施工。现在，全校师生员工在中国共产党领导下，紧密团结，同心同德，遵循党的教育方针，努力提高教学质量、科学水平和管理水平，为培养德、智、体全面发展的合格的社会主义建设人才而奋斗。我们一定要将学校办得更好，更有成绩来纪念孙中山先生。今天，我们举行集会纪念辛亥革命70周年。我们集会的地方，正是当年孙中山先生曾经讲演的场所。他当年在此严厉痛斥帝国主义对我国的侵略和破坏，坚决维护国家的主权和统一。孙中山先生为革命奋斗一生，争取国家独立、民族解放，反对分裂，维护祖国统一。他给我们留下的遗训，我们将永志不忘。

最近叶剑英委员长进一步阐明的"台湾回归祖国，实现和平统一"的方针、政策，是大势所趋，人心所向。我们坚决拥护，决心为实现祖国的统一努力做好工作。我们热烈欢迎高雄中山大学和台北大学等高等院校与我校交换学术书刊，交换仪器、标本，欢迎各校师生和我校相互访问，进行学术交流，进行合作科研项目。我们接待过不少从美国回来的校友和华裔学者，我们欢迎台湾省的学者来校讲学、任教，欢迎台湾省的青年同学来校学习，报考本科学系和研究生班。前年，我随中山大学学术代表团去美国访问，在各地受到中山大学校友的热烈欢迎，也遇到许多台湾省的科学家，他们在言谈中充满了向往祖国之情，大家都殷切期望祖国实现统一，并且我们了解到，不少老师和同学在台湾主持政务和担任文教科学等方面的要职。为此，我们希望在中山大学受过孙中山先生革命精神熏陶的在台湾的同学们，以民族大义为重，积极响应叶委员长的谈话，为实现祖国的大统一、民族大团结作出贡献。

最后，我向大家介绍，今日参加纪念会的有本校党政负责人，工会、共青团和学生会的负责人，各民主党派中大组织的负责人，无党派的专家教授，台湾籍的教师，台湾军政人员的家属，和包括13个民族的各民族的师生代表。还有孙中山先生的亲密战友廖仲恺先生的侄女、我校许崇清校长的夫人廖六薇同志，国民党老前辈陈树人先生的长女陈美魂同志和女婿桂铭敬老教授（他曾任岭南大学工学院院长）。

欢迎各位热烈发言。

在全校三八节上的祝贺词[①]

在"三八"国际劳动妇女节到来之际,我向全校战斗在各条战线上的女教师、女干部、女职工和为四化建设而努力学习的女同志,致以崇高的敬意和节日的祝贺!

过去的一年,我国的经济形势继续好转,政治局面更加安定。我校在教育部和省委的直接领导下,同全国一样,认真贯彻党的十一届三中全会以来的路线、方针、政策,学习和贯彻十一届六中全会的《关于建国以来党的若干历史问题的决议》,同心协力,克服困难,在教学、科研、行政管理和总务工作等各方面都取得了很大成绩。这些成绩的取得,当然也包含着广大妇女同志的贡献,她们确实起着"半边天"的作用。

在今年的"三八"节,根据校党委的决定,在全校广泛开展评选"三八红旗手"和"妇女积极分子"活动,表彰先进妇女,交流搞好妇女工作的经验,掀起学先进、赶先进、创先进的热潮。在这里,我还要特别向"三八红旗手"、各条战线上的"妇女积极分子",致以热烈的祝贺!

中央已发出通知,规定每年3月为"全民文明礼貌月"。我校要在这一活动中,结合"五讲"、"四美",组织全校人员植树造林,美化环境,进一步搞好清洁卫生,改进各项服务工作,解决我校存在着的"脏"、"乱"、"差"的问题。希望全校妇女同志积极投入这一活动,并努力学习,努力工作,为建设现代化的社会主义中山大学,为祖国四化建设做出新的贡献。

[①] 本文载《中山大学校报》1982年3月3日第31期第1版。

在建校 58 周年庆祝大会上的讲话[①]

11 月 12 日下午，我校在大礼堂召开建校 58 周年庆祝大会。会上，黄焕秋校长作了重要讲话，表彰近年来教学、科研中取得成就的教师。刘嵘副校长传达了中宣部和中国社会科学院召开的全国哲学社会科学规划座谈会的精神。曾汉民副教授传达了全国科学技术奖励大会精神。

黄焕秋校长在讲话中着重总结了我校近年来的自然科学研究成就，强调要认真贯彻十二大精神，办好社会主义中山大学。

刘嵘副校长在传达中宣部和中国社会科学院召开的全国哲学社会科学规划座谈会的精神中，着重传达了中央领导同志的讲话精神。这次座谈会明确了把教育、科学作为实现经济发展的三个战略重点之一。科学包括自然科学也包括社会科学。没有社会科学，这个战略重点就不是完整的而是片面的。这次座谈会的目的就是把社会科学规划列入国民经济发展和社会发展计划中，说明哲学社会科学的重要地位和作用。社会科学在高等学校中，同样占有十分重要的地位和作用，要改变重理轻文的倾向，做到社会科学和自然科学"比翼齐飞"。社会科学研究的根本指导思想，是要建设具有中国特色的马克思主义的哲学社会科学。社会科学研究的根本任务，是研究解决我们社会主义现代化建设中提出的重大理论和实际问题。因此，社会科学工作者要深入实际，进行系统的调查研究，进一步端正学风。要努力把一切规律性的知识应用到社会主义现代化建设的各个实际部门，并通过各种途径把知识向全国人民进行宣传。同时，还要加强基础理论研究。刘嵘副校长在传达中还联系我校实际，肯定我校文科在党的十一届三中全会以来取得了很大进步，谈了我们应如何发扬优势，结合华南地区的条件，做好社会科学规划，把我校社会科学研究工作搞上去，为社会主义现代化建设多作贡献。

曾汉民副教授在传达中，主要讲了三个问题。

第一个问题是大会的盛况

党和国家领导人出席了这次大会，参加大会的有全体代表及在京的科技部门的科技工作者等共 1000 多人。赵紫阳总理亲自到会作了《经济振兴的一个战略问题》的

[①] 本文载《中山大学校报》1982 年 11 月 26 日第 43 期第 1 版。标题经过改动，原标题为《我校召开建校五十八周年庆祝大会》。

重要报告。党和国家领导人亲自给获奖的科技工作者颁发了证书和奖章。

第二个问题是大会的重要意义

大会进一步明确了社会主义科学技术工作者的崇高职责,动员和号召"科学工作者行动起来,为全面开创社会主义现代化建设的新局面做出新的贡献","攀登新的科学技术的高峰"。这次大会是在党的十二大胜利结束后不久召开的,表明了党中央和国务院对科技事业的关怀和重视,并寄托着深厚的期望。曾汉民副教授在传达中说,在我们社会主义国家,任何成就都包含着集体的智慧和心血,是社会主义大协作的产物。这次大会,是一次奖励、动员和誓师的大会。举行这样的奖励大会,目的不仅在于表彰过去,更重要的在于迎接未来。通过这次大会,把全国科技工作者进一步发动起来,组织起来,根据国家的需要,去攀登新的科学技术高峰,为促进我国经济建设的发展做出新贡献。他还传达了这次大会的崇高宗旨、发展科技的新方针、科学道德以及奖励制度和评奖过程等重要内容。曾汉民副教授在传达中也详细介绍了赵紫阳总理报告的四个主要问题。

第三个问题是曾汉民副教授个人的体会

他说,作为一个普通科学工作者,能同党和国家领导人一起登上主席台就座,感到莫大幸福和光荣,并深感责任重大,任重而道远。他认为,依靠党的正确方针、政策,祖国的四化建设我们科技工作者是大有所为的。他说:"人民给自己知识,知识应归于人民","人民给自己荣誉,荣誉应归于人民。""振兴中华,前途无限光明。目前国家底子薄,我们应穷而志坚,学而不媚。作为一个共产党员科技工作者,首先应从自己做起,在党的领导下,通过自己顽强的工作,与同志们一道去开创工作的新局面。要把人生有限的最宝贵时间,最大限度地用于为祖国科技事业的繁荣和社会的进步添砖加瓦,做出新的贡献。当前自己的研究工作与国民经济和国防建设及现代科学发展的前途密切相关,深感学科的发展,基础研究工作与经济建设重大关键性任务结合,有无限的生命力,有做不完的工作,学不完的东西"。他说,自己的工作离党和人民的要求还很远。今天知识的老化周期越来越短,自己只有更顽强地努力学习、刻苦地钻研,才能更好地去完成时代赋予我们的光荣任务,为国为民多出成果多出人才。他表示"为振兴中华,自己决心向老一辈革命家和老一辈科学家学习",学习他们那种"老牛明知夕阳短,不用扬鞭自奋蹄"的主人翁精神,永远把自己的学习工作和生活与党的共产主义事业,与人民和祖国社会主义建设事业联系在一起,沿着党所指引的方向顽强地去工作,不畏劳苦,不避艰险去攀登科学技术新高峰。做一个扎扎实实的名副其实的80年代的科技工作者、社会主义建设的实干家。

在我校首批授予硕士、学士学位暨颁发学位证书典礼上的讲话[①]

同志们、同学们:

今天,我们隆重举行中山大学首次授予硕士、学士学位暨颁发学位证书典礼。省委、省政府文教办副主任李又华同志,省高教局顾问袁溥之和新闻单位的同志参加这个典礼,我们表示热烈的欢迎。李又华同志的讲话给了我们亲切的鼓励,我们表示感谢。

我校参加今天这个典礼的,有学校学位评定委员会委员,各系老师代表,各部处、各系党政领导同志,已毕业的77级、78级本科生和78级、79级研究生代表,以及在校学习的全体研究生、本科生代表共1000人。这是新中国成立以来,我校首次举行的授予硕士、学士学位暨颁发学士学位证书典礼。这是中山大学发展史上的一件大喜事,值得我校全校师生员工热烈庆祝。

粉碎"四人帮"反革命集团后,从1977年恢复全国统一招生考试和1978年恢复招收研究生以来,至今年9月新生进校止,先后共招收了六届大学本科生7100多人,招收了五届研究生520人,其中77级、78级本科生和78级、79级(二年制)研究生,已先后毕业。今年年初,根据《中华人民共和国学位条例》和《中华人民共和国学位条例暂行实施办法》等文件精神和要求,我校成立了学位评定委员会和9个学科分委员会,并先后于今年3月至4月,10月至11月,对授予78级、79级(二年制)毕业研究生硕士学位和授予已毕业的77级、78级本科生学士学位进行审查评定工作。78级毕业研究生共135人,本校有权授予硕士学位的123人;经过审查评定,同意授予硕士学位的105人,占85.4%;不同意授予或待定的18人,占14.6%;我校无权授予硕士学位的12人,也已拟定推荐名单,推荐到有关学校申请。77级、78级本科生共2114人,经审查评定,同意授予学士学位的2045人,占96.9%,不同意授予和待定的69人,占3.1%。从以上授予学位的比例看,几年来,我校对本科生、研究生的教育培养工作是有成绩的。在这里,我代表学校党委和行政,向获得硕士、学士学位的同学们,表示热烈的祝贺!向为培养我们的研究生、本

---

① 本文载《中山大学校报》1982年12月4日第44期第1版。原文标题经过修改,原标题是《黄焕秋同志在我校首批授予硕士、学士学位暨颁发学位证书典礼上的讲话》。

科生付出辛勤劳动、作出贡献的老师和干部职工，表示衷心的感谢和亲切的慰问。对上级党政领导对我们的关心和指导，表示衷心的感谢。

同志们。同学们！我们这是第一次进行授予硕士学位和学士学位工作。总的来说，这次学位授予工作认真贯彻了"坚持标准，保证质量"的原则，工作进行是顺利的、健康的。我们相信，通过这次学位授予工作的开展，必将进一步调动在学研究生、大学本科生和青年教师为社会主义现代化建设勤奋学习、刻苦钻研、攀登科学高峰的积极性，将有力地促进我校教学、学术水平的提高和老师队伍的成长。由于学位授予工作是一项新的工作，必须认真总结这次学位授予工作的经验教训，发扬成绩，克服缺点，加强薄弱环节，认真改进教学和其他各方面的工作，把培养人才和学位授予工作做得更加完善，做得更好。

为了搞好以后的学位授予工作，我们总结了如下几条经验和体会。

1. 认真学习有关文件，提高对实行学位制度重大意义的认识

从各国学位制度的发展历史和现状来看，学位制度总是与各国教育制度相联系的。学位与文凭互相补充，是反映高等教育各个阶段所达到的不同学术水平的称号。它是评价学术水平的一种尺度，也是衡量高等教育质量的一种标志。因此，建立学位制度，往往是一个国家发展教育、科学事业的一项重要立法。新中国成立后，为建立学位制度先后曾做过几次努力，但由于"左"的思想影响和十年动乱，结果都半途而废。粉碎"四人帮"反革命集团后，经过党的十一届三中全会开始全面地、认真地纠正"文化大革命"十年动乱及其以前的"左"的错误，总结新中国建国以来30多年高等教育培养人才的经验，在党中央关怀下，我校的学位条才能顺利地完成了立法程序，于1980年2月在第五届全国人民代表大会常务委员会第十三次会议被通过，并宣布从1981年1月1日起施行。所以，今天我们实行学位制度，是得来不易的，意义是重大和深远的。因为这是为了适应社会主义现代化建设的迫切需要，培养高质量人才的一项重大措施。我国学位制度的建立，有利于鼓励年青一代的学术进取心，有利于提高我国的学术水平和教育质量，有利于科学专门人才的成长，加快我国现代化建设的进程，对于开展国际学术交流也有好处。近几年来的实践证明，只有通过认真学习有关学位的文件，提高对实行学位制度重大意义的认识，才能提高执行学位条例的自觉性、积极性，认真搞好人才培养和学位授予工作。

2. 坚持标准，保证质量

实行学位制度的目的是为了培养高质量的人才和促进教育科学事业的发展。但是，学位制度对教育和科学事业能否真正起到促进的作用，关键在于我们能否坚持标准，严格保证所授学位的质量。我国的学位制度，必须反映我国社会主义的特点，学位的质量应该是贯彻德、智、体全面发展的党的教育方针，应该是又红又专、政治与业务的统一。不仅业务上应该是高质量,在政治、思想、道德、作风等方面也应该是高质量的。如果平时学风不严谨,要求不严格,考核工作不严肃,降低学位标准,就会影响人才的质量,影响学校的声誉,也将影响我国学位的声誉,不利于我国高等教育和科学事业的发展,不利于我国社会主义现代化建设事业。因此,为了确保所授予学位的质量,要注意学生在学期间的有计划的精心培养,在学位授予工作中,必须始终把保证学位质量放在第一位,把"坚持标准,保证质量"的原则贯彻到学位授予工作的全过程。严格按学位条例及其暂行实施办法的要求,对学位申请人的政治表现、思想作风、道德纪律和业务情况,逐个进行认真审查评定,对确已达到学位条例标准的授予学位;对政治表现差、思想作风有严重错误、屡教不改或业务达不到要求的,就坚决不给学位;对问题尚未弄清楚或争论较大的,可先放一放,不匆忙表决,等问题弄清楚或意见取得一致或比较一致才作决定。只有这样坚持敢于认真负责和实事求是的精神,才能保证所授学位的质量。

3. 充分发挥学术评定委员会和分委员会的作用

学位授予工作的政策性、学术性很强,一定要依靠教授专家才能做好。学位评定委员会是评定学位的权力机构,参加学位评定委员会和分委员会的委员是学有专长的教授、副教授,并且多数是研究生的指导老师,他们对学位的要求和对研究生的政治表现、思想作风、道德纪律和业务情况比较了解。因此,只有依靠和发挥他们在学位审查评定工作中的作用,才能搞好学位的授予工作。为了充分发挥学位评定委员会和分委员会的作用,如上所述,首先必须组织全体委员认真学习条例等有关文件。通过学习,提高对实行学位制度重大意义的认识,明确各级学位的标准和要求。只有这样,才能调动全体委员的主动性、积极性,树立当家做主的精神。

其次,要发扬社会主义民主。在学位评定过程中,要充分发扬民主精神,各抒己见。负责主持工作的同志要听取各种不同意见,摆事实,讲道理,具体分析,不要感情用事。对有争论的问题,不要匆忙进行投票表决,要充分辩论,分辨是非,逐步统一认识,保证所授学位的质量。

4. 认真抓好本科生、研究生的教育培养工作,是确保学位质量的关键

我校这次所授硕士、学士学位质量比较好,除了上述原因,关键的是,粉碎"四人帮"反革命集团以后,特别是党的十一届三中全会以来,我校在教育部和省委领导下,根据德、智、体全面发展的党的教育方针和国家对综合性大学本科生、研究生培养目标的要求,采取了一系列措施,依靠教师、干部的共同努力,加强本科生、研究生的教育培养工作,不断加强政治思想工作和提高教学质量,前提条件是要认真抓好本科生、研究生的招生工作,抓好本科生、研究生在校几年的教育培训工作。在条件比较困难或不足的情况下,我校教师艰苦奋斗的精神是令人十分感动的。这几

年，学校重视学生的政治思想教育工作，逐步加强了政治理论课，各科教学质量不断提高，群众性体育工作逐步开展，许多教师重视了教书又教人，关心年青一代的成长；许多导师对所指导的研究生做到热情关怀，严格要求，使年青一代树立共产主义思想作风，向又红又专的道路迈进。同学间互相关心、团结友爱，出现了不少动人的事例。

同学们、同志们，全国各族人民正在党的十二大精神指引鼓舞下，团结一致，奋发图强，为全面开创社会主义现代化建设新局面而奋斗。为祖国社会主义建设造就人才，是我们光荣的职责。我们高兴地看到，一代新人在党的培育下，在教师们的教导下健康成长。祝同学们在祖国社会主义现代化建设的各个岗位上，依靠党和行政的领导，虚心学习，认真工作，艰苦奋斗，创造优异的成绩，不断取得进步。我们祝愿留校的同学们和老一辈的专家和同志们团结战斗，把中山大学建设成为培养社会主义现代化建设高质量人才、建设社会主义精神文明的坚强阵地，为发展我国经济、教育、科学文化和国防建设事业做出新的贡献。

在梁銶琚堂落成典礼上的致词[①]

尊敬的各位嘉宾、同志们、同学们：

今天，我们学校隆重举行梁銶琚堂和附属小学梁銶琚夫人李秀娱图书馆落成典礼。我受中山大学党委和校长李岳生教授的委托，代表全体师生员工，感谢梁銶琚先生和李秀娱女士，并请梁銶琚先生、李秀娱女士的代表梁尧琚先生、梁安全先生，向梁銶琚先生、李秀娱女士转达我们的热烈祝贺和亲切慰问。我们向光临今天典礼的省市负责同志，各位嘉宾，省港澳工商界、文化界、教育界、文艺界、新闻界的朋友和顺德县的乡亲们，表示热烈的欢迎，并感谢各位对中山大学的关怀和支持。

梁銶琚先生原籍广东省顺德县杏坛乡北头村，现任香港恒生银行董事、大昌贸易行有限公司执行副董事长，是港澳地区德高望重的银行家、实业家。梁老先生身居香港，爱国爱乡，热情关心祖国和家乡的建设，关心、支持教育事业的发展。梁老先生常说，教育是国家的根基，培育英才是兴邦的大业。梁老先生非常崇敬孙中山先生，关心中山大学。当他了解到中山大学要大发展、为国家建设培养人才，提高科学水平的任务十分繁重的时候，主动资助600万港元为我校兴建大礼堂一座，并捐赠港币50万元作为中山大学高等学术研究基金，梁夫人李秀娱女士也捐赠50万元港币，为我校附小兴建图书馆一座。梁老先生伉俪这样重视教育事业、支持教育事业，既表现了梁銶琚先生崇高的爱国精神，也体现了梁銶琚先生的不寻常的卓识远见，令人敬佩，令人景仰。这对我们教育工作者是一个极大的鼓励。在此，我谨代表全校师生员工，再次向尊敬的梁銶琚先生和夫人李秀娱女士，表示崇高的敬意和衷心的感谢。

中山大学是我国伟大的民主主义革命家孙中山先生创建的大学，她具有光荣的传统和优良的学风。建校60年来，中山大学为人类社会的进步，为祖国的繁荣昌盛，发展中国文化科学事业，培育人才，做出了宝贵的贡献。近几年来，中山大学有了新的发展。为了适应国家和华南地区经济建设的发展，中山大学的发展又有了新的要求，这就是：面向现代化，面向世界，面向未来，努力提高教学质量和科研水平；学校规模要求有大的发展，在校学生人数要求有较大的增加，并决定在港、澳、台地区扩大招生。我们清醒地看到，我们的责任是重大的，任务是艰巨的，前进的道路有着不少的困难。但是，我们坚决相信，我们有党和政府的正确领导，有人民的支持，有

---

① 本文系1984 - XZ1100 - 025/01，1984年10月22日。

爱国人士的关心，我们的事业一定会取得胜利。中山大学的师生员工，一定要继承孙中山先生创建学校的遗志，在中国共产党领导下，团结一致，群策群力，锐意改革，勇于改进，办好中山大学，为发展科学文化事业、建设繁荣富强的社会主义祖国，为振兴中华、实现祖国的统一大业做出新的贡献。我们决不辜负广大侨胞、港澳同胞的殷切期望！

在梁銶琚堂和附小李秀娱图书馆筹建期间，我们得到了香港顺德联谊总会何辉、何享绵、陈德荣诸位先生的大力协助，我谨代表学校向他们表示衷心的感谢。

以林克明教授为首的华南工学院设计院的技术人员，为梁銶琚堂的工程设计，付出了辛勤劳动，我们谨向他们表示衷心的感谢。

广州市第四建筑工程公司四〇一工程队、广州市机电安装公司，在梁銶琚堂的建筑和设备的安装过程中，尽了很大的努力，保证了工程质量，我们谨向他们表示衷心的感谢。

2年多来，为筹建梁銶琚堂及附小李秀娱图书馆的校内同志，有的年过70，有的已到退休之年，他们为学校的建设坚持工作，日夜操劳，争分夺秒地忘我劳动，为人民的教育事业立了新功，我们谨向他们致以亲切的慰问和衷心的感谢。黄天骥教授为梁銶琚堂撰写堂记，著名古文字学家、书法家商承祚教授和书法家廖蕴玉同志分别为梁銶琚堂和附小李秀娱图书馆题写堂名、馆名，使康乐园增添了光彩，我们谨向他们表示衷心的感谢。

著名粤剧演员罗家宝及广东省曲艺团的同志，今晚来校演出精彩节目，为梁銶琚堂、附小李秀娱图书馆落成典礼助兴，我们谨向他们表示衷心的感谢。

东莞烟花爆竹厂、南海红旗烟花爆竹厂、东莞莞城爆竹厂、东莞万江爆竹厂，赞助我校烟花、爆竹一批，使今天的落成典礼增色不少，谨向他们表示衷心的感谢。

最后，谨祝各位嘉宾、各位朋友、各位同志身体健康，事业顺利。

在欢迎各地来宾、校友晚宴上的讲话[①]

尊敬的嘉宾们、女士们、先生们,
尊敬的校友们、同志们:

我谨代表中山大学校友筹委会和受李岳生校长的委托,向前来我校参加纪念孙中山先生创建中山大学60周年庆祝活动的各位嘉宾、各位校友、各位同志表示热烈的欢迎。

我们学校是中国伟大的民主主义革命家孙中山先生于1924年创建的,迄今已整整60年了。为了纪念孙中山先生的光辉业绩,为了继承和发扬我校的光荣传统和优良学风,为了加强校友之间的团结,为了增强我校和各国各地区大学之间的友好合作,为了感谢国内外人士对我校的关心和支持,密切学校和社会的联系,促进我校的各项工作,做好人才培养工作,提高学术水平,为建设现代化的社会主义祖国和实现祖国统一大业做出新的贡献,我校决定在校庆期间一个月的时间里,举行一系列以学术活动为主要内容的庆祝活动,隆重纪念孙中山先生创建中山大学60周年。明天上午,我们在新落成的大礼堂梁銶琚堂隆重举行纪念孙中山先生创建中山大学60周年大会和霍英东先生赠建的英东体育馆奠基典礼。今晚,我校举行便宴,热烈欢迎来自美国、加拿大、澳大利亚、法国、日本等国和香港、澳门的大学校长、校长代表、各位贵宾和校友们,我们对你们的关心和支持,表示衷心的感谢。

我们对热心教育事业和体育事业的霍英东先生和夫人表示热烈的欢迎和衷心的感谢。

世界知名的物理学家周培源教授,是我国政协副主席、中国科协主席,一向关心我校,他专程来广州参加我校校庆活动并讲学,我们对周培源教授表示热烈的欢迎和衷心的感谢。

我们的老校友,中央顾问委员会委员、中山大学校友会名誉会长曾生同志和夫人专程来广州参加校庆活动,我们表示热烈的欢迎。

我国知名学者王力教授、钟敬文教授、岑麒祥教授、关士聪教授、盛成教授、石兆棠教授、卢干东教授等专程来广州参加校庆活动,我们表示热烈的欢迎。

知名学者谢扶雅教授已93岁高龄,从海外专程来广州参加校庆活动并讲学,我

[①] 本文系1984 – XZ1100 – 023/21,1984年11月11日。

们表示热烈的欢迎。

我们对来自北京等地的校友表示热烈的欢迎。

在此，我高兴地介绍中山大学新任校长李岳生教授给大家相识。

让我和李岳生校长一起举杯，热烈欢迎各位，并敬祝各位嘉宾、校友们、同志们健康长寿，事业顺利！

谢谢各位。

在欢迎岭南校友宴会上祝酒辞[①]

尊敬的各位嘉宾、各位校友、朋友们、同志们：

在我校欢庆孙中山先生创建中山大学60周年之际，岭南大学100多位港、澳、海外校友兴高采烈回到广州，明天将和广州地区及省内外各地近千名校友团叙，欢庆岭南大学广州校友会第五届校友日。我在这里谨代表中山大学向各位贵宾和校友，表示热烈的欢迎，并祝愿从明天开始举行的第五届岭南校友日圆满成功。

去年五六月间，我有幸和两位同事一起，访问了美国、加拿大、香港、澳门等地，受到各地岭南校友的隆重接待和盛情欢迎。我感到，岭南校友是热爱祖国、热爱母校的，是十分团结的。许多校友在海外，是当地著名的学者、教授或者是很有成就的工商界、实业界人士；在国内，许多校友成了各行各业、各条战线的得力骨干或知名人士。我们学校从岭南大学广州校友会成立的第一天起，一直把支持校友会的工作当做自己分内的责任。现在，根据我们国家的干部政策，我和一些年龄较大的同事，退居学校工作的第二线，不再担任学校的主要领导工作。但我们学校对岭南校友的政策是一贯的。明天，在校友日大会上，新任校长李岳生教授，将在讲话中说明这个问题。

现在，经过中英两国政府的谈判，香港的前途问题已经解决，并已公之于世。深信今后广州和香港、澳门之间的往来，将会更加密切。我们热烈欢迎诸位校友今后更多地回来探亲访友，和同学们共叙同窗情谊；热烈欢迎诸位校友更多地回来讲学和开展学术交流；热烈欢迎诸位校友更多地回母校参观、指导，帮助我校更快地跟上四化建设的步伐。

最后，让我们为欢迎诸位嘉宾和校友的到来，为岭南大学第五届校友日的成功，为我们大家的友谊和团结干杯。

[①] 本文系1984-XZ1100-026/02，1984年11月27日。

开拓辩证唯物主义教育理论的先驱

——隆重纪念著名教育家许崇清先生诞辰100周年①

今年1月20日，是著名教育家、原广东省副省长、原中山大学校长许崇清100周年诞辰。为纪念前贤，激励后人，中山大学、中国民主同盟广东省委员会、中国民主促进会广东省委员会、广东省哲学社会科学联合会、广东省高教学会、广东省教育学会于1月19日举行了隆重纪念著名教育家许崇清先生诞辰100周年学术报告会。这里发表报告会上几篇论文的摘要，以表达我们对许先生的崇敬与缅怀。

许崇清先生是我国开拓辩证唯物主义教育理论的一位先驱。他对马克思主义教育哲学研究做出了重大的贡献。

许崇清先生在《关于我的学术思想》一文中，叙述了他自1919年立志在马克思主义理论的基础上建立教育学新体系的理想和此后为探索新教育理论所走过的艰苦历程。首先，他所以能取得重大的学术贡献，是由于他拥有渊博的自然科学和社会科学知识，在人类文化宝库中，追求真理，勇于探索，终于在迷茫的唯心主义的思想体系桎梏中得到突破，摸索到马克思主义的辩证唯物主义道路。他对马克思主义哲学来源和马克思对人的本质的阐述，进行了深刻的研究。他精通多国文字，直接从马克思、恩格斯的原文著作中体会其原理，并能融会贯通。当他掌握了先进的思想武器，分析批判形形色色的唯心主义，就能从问题的本质上分清是非。其次，是由于他有强烈的爱国心，热爱人民和不断进步的精神。他受到国内革命高潮的鼓舞，受到十月社会主义革命后苏联教育的启发，在激烈的革命实践中吸取营养，获得教益，认识到只有把教育与革命结合起来，教育思想才能得到新的跃进，新教育理论的研究，才能获得新的成就。他对新教育理论的研究坚持不懈的精神，表达了他对人类社会进步事业的信念和期望，对中国人民前途光明的信心。第三，由于他熟悉日本、欧美各国资本主义教育和苏联社会主义教育的状况，他对教育发展规律的认识、对新中国人民教育的发展方向和教育方针，都有确切的理解。

许崇清先生认为，只有真正掌握辩证唯物主义的教育理论，对新中国社会主义的教育方针，才能真正理解、坚持贯彻。在新中国诞生时，他向中国教育工作者提出更

---

① 本文载《中山大学学报》（社科版）1988年第2期，第1~2页。

新教育观念的要求。他说:"我们要从辩证法的唯物论,去理解清楚社会底原动力的所在,社会发展的法则,并把握人民的本质,我们才能教育人,才能展开教育活动,从事教育,发展教育的。不然,就抱着从来的那些凭空虚构的形而上学的教育观念,而至教育原理,来从事教育活动,那简直是等于盲干"。

1957年,许崇清先生在中山大学举行的第三次科学讨论会上,发表了他的一篇论文《人的全面发展的教育任务》,系统地论述了马克思主义哲学关于人的全面发展的教育学说,并对当时提出的"全面发展,因材施教"的教育方针,提出意见进行批评。这篇文章代表了他的教育思想的最高成就。他根据马克思主义关于人的本质的研究和生产力标准这一基本观点,阐述教育的本质。他认为,"人的本质是劳动""教育是人的实践的一个形态,是以生产力与生产关系的实践的高度意识化为条件""教与学的出发点是变革现实过程的实践活动,认识他自己的实践活动的成果,人就是变化的对象,而教育活动是促进这个转变的实践的活动的一个形态"。

许崇清先生十分赞赏马克思提出的教育与生产劳动相结合的教育方针。他充分阐述了这个方针对人的培养的意义,认为:"教育与生产劳动相结合,不但是教育教学和生产劳动相互提高的唯一手段,而且是消灭体力劳动和脑力劳动的对立、实现体力和脑力的统一发展的唯一道路手段"。只有把学校与政治、理论与实践、教学与生产劳动相结合,才能保证年轻一代的脑力劳动和体力劳动的统一发展,才能把青年培养成为共产主义事业的接班人。教学、教养与生产劳动相结合,不但是造就全面发展的人的社会规律,并且是社会发展进程本身的要求。普及与生产劳动相结合的教育,可以提高工人农民的文化和技术,培养与工农骨肉相连的知识分子,是科学工作者与生产工作者建立紧密的联盟,社会主义的生产力就会得到大大的提高,社会主义经济建设就会得到不断的发展。人的全面发展是智育和体育、综合技术教育、德育和美育的统一,这包含着消灭脑力劳动与体力劳动的对立和本质差别的统一。决定我们学校的基本任务的出发点,是当前的社会主义的现实任务。培养青年一代,必须将教育和教学的每一步骤与社会主义的斗争密切联系起来。同时,要从人的生理、心理和社会生活的相互作用中来了解人的整个发展,引导新一代成长,培养新一代的一切新品质,培养人与人的关系的新风尚。要发挥学校的职能。学校的一切活动,都是教育内容,要把生产实践和社会活动看成是培养年轻一代的基础。学校以及其他一切文化教育机关,都应该组织成为促进全社会人的全面发展的极有力的有效的因素。他这一系列的观点是完全正确的。他语重心长地告诫我们:"我们的教育依然在生产着顽守各种专业旧分工,我们的教育依然在生产着脱离实际的知识分子,要建成社会主义是不可能的,要达到共产主义的高级阶段更不可想象"。

许崇清先生努力贯彻党的教育方针、政策,做了许多有益的工作。解放初,他贯彻大学向工农开门的方针，大力支持创办工农中学，关心调干生的培养；支持师生参加社会主义改革运动；提倡学生安排时间到学校附近的工厂、农村进行文化科学服务，参加生产劳动；带动师生员工学习党的教育方针，进行教学改革，加强生产实习教学环节，重视实验室的建设，积极开展科学研究，并教育职工树立为教学科研服务的思想；设立教育学教研室，开设教育学课程，开展新教育理论和高教问题的研究，等等。他的教育思想和实际工作，对中山大学有着深远影响。

第六部分 抗战教育

中国教育的新精神（上）[①]

——新教育的背景因素与实质

一

这是一个新的年头底开始。

这崭新的年头里，全世界是处在激荡大变化中。第二次帝国主义的战争，不断地扩大和激化了。战争的毒焰，毁灭着人类的生机和劳绩；无数灾难的人们，牺牲、流血、饥馑、离散、惊惶、喘息在帝战的烽烟里。空前的灾劫，磨折着全世界的人民。在血泊里，人们对新生自由更引起迫切的需求，人们已从欺骗的蒙幕里苏醒过来，在高压下挣扎起来了！这一年，是人类历史上空前悲惨壮烈的一年，也该是人们争得自由新生的一年吧！

在这错综复杂的国际情况中，随着时轮的推展，中国亦已莅临了一个新的重大场面。谁都会觉得是个奇迹的吧！落后的半殖民地的中国，对抗世界六大强国之一的日本强寇，到今天已是第五个年头了！值得我们欣慰和勉励的，由于全民族的精诚团结，坚决抗战，努力进步，自力更生，三年多血肉的拼搏，汗泪的哺育，我们已奠立了争得胜利的基石了。然而，黎明前的黑暗，接近胜利前的苦难艰苦，需要我们更大的坚忍、沉毅、警惕和努力。这一年，是我们中华民族接近胜利的一年，也是中国抗战历程中艰苦的一年啊！

在这腥风血溢的世界氛围里，在血痕殷斑的祖国原野上，迎接1941年的到来，冒着凛冽的朔风，面对着萧煞森严的景象，我们需要奋振，我们应该勉励啊！

新年，是人类史程上的碑石，驿路中的标识。它，计划着人们跑过了的路程，使人们迥思着去年往昔的行迹；它显示给人们新的前路，更给人们带来了新的希冀和无穷的翘企呢！新年里，让我们重温去年往昔的收获成绩，不足和应有的努力；让我们在各部门工作的检讨中，提出挚诚的改进发展的意见。这，是为了抗战历程中，使各部门事业的切适配合和推展。这，是为了对祖国能早日得到新生自由的希冀啊！

[①] 本文载《教育新时代》1941年第3卷第2期，第23～25页。

"教育是一切事业的基本"（蒋介石语），在全世界处在激荡大变化中，中国需要以最大的努力来过渡、克服空前困难、争得光荣胜利的今天，中国教育的改革和发展，是中华民族儿女所殷切期望的吧？新年里，对中国教育改造发展的前途，谨寄予无穷的翘盼和新的希冀！祝望中国教育，在新的情况里，具备着新的气魄、新的精神，来配合抗战迫切的需要。

二

在新的情况里，中国教育的需要改造和发展，不过是空虚的幻觉，不是任意玩弄出来的观念上的把戏，而是切切实实的事实、血淋淋的事实啊！

奸狡凶残的日寇，疯狂炸毁我们的文化教育机构，洗劫我们的文化宝藏……这种狂暴的行为，包藏着怎样的阴谋呢？

在被敌人抢占的前方，敌人迅速篡改中国教科书，强迫中国儿童学习日语。□□□这种毒辣的计策，包含着怎样的野心呢？

汉奸败类，仰承着主子的鼻孔，篡改着三民主义，提倡复古，危害青年□□□民族蟊贼这种无耻的勾当，是为着怎样的企图呢？

日本强寇，是阴谋摧毁我们中国的文化，断绝中华民族的生机；汉奸帮凶，是企图彻头彻尾地出卖祖国，葬送全中国人民的生存！

我们应该怎样来表达我们的愤怒呢？

伴着祖国灾难的来临，中国的人民挣扎在民族生死的决斗里，残酷现实的促逼，祖国新生的诉求，人民迫切需要求生的知能，像在枯涸的沙漠中的旅程，渴望着甘泉的灌溉呢！

被奸淫着的祖国大地上，往昔艰辛创造的文化田园，已因敌人的强暴，变成了荒芜的废墟。今天，新的情况里，配合着新经济新政治基础的建立和强固，迫切需求在废墟上创建新的文化基础。

目前已是民族争得新生的前夜。为了对抗敌人汉奸奴化教育，为了配合抗战的需求要掌握胜利，我们应该勇敢地承认过去努力的不足，新年里来个新的预盼，新的开始。让我们用最大的决心，坚强的信心，来进行中国教育的改造工作，推使中国新教育蓬勃的开展，使中国教育，在新的情况里，出现着一种新的飞跃、新的规模、新的气魄、新的精神，来肩任时代的重责。

由于中国社会性质及其历史发展的必要性，由于中国有三民主义及抗战建国纲领为其政治基础，由于中国正进行着进步的民族自卫战争，由于中国是处在有利的国际环境里，更由于抗战以来与大民族下层的觉醒与要求，无数教育先进的推动与倡导，特别是千百万聪慧敏觉、"艰苦卓绝"的青年儿女的艰辛奋斗，中国教育的发展虽将在艰苦中经历着迂回曲折的路径，但必将随着中华民族中国人民解放事业的开展，得到光辉璀璨的前途。因为我们相信，战争毁灭了文化，但同时也创造了文化，尤其是在民族解放战争中，有着这样光荣的前途。

由于民族血泪的培育，青年优秀儿女的努力，教育先进的推展，贤明当局的倡导，在无数的角落里已茁长着新教育的幼芽。让我们继续播种，大规模耕种，让我们虔诚地爱惜，小心地栽培，使这象征民族新生的幼芽壮大滋长，在荒漠的祖国大地上，开绽出美丽的花朵！

让我们实践发挥抗战建国纲领的教育政策，在战时教育的实施中，建立起新文化的基础！

三

我们要瞭望在险阻艰难的国度里，中国教育是必然要继续不断地向上发展，向前进步。因为在激荡、壮烈、伟大的历史洪流里的中国，有着特殊的历史条件（国际的，国内的），有着促使中国教育必要进步的因素（客观的，主观的）。日寇汉奸之流在极度破坏，歪曲，在杜撰删改，更或巧妙地滥用着"偷龙转凤"的各种各样的方式，来消灭中国的教育，改装中国的教育，断绝中国人民籍以求得新生路的文化源泉，奴役中国的老百姓。但，在生死存亡的决斗里，中华民族的儿女，已在尸山血海中，认清了自己独立的人格，解放的路向，并确立了自己斗争的原则：敌人汉奸要我们说的我们不说，敌人汉奸要我们做的我们不做，相反的，敌人汉奸不喜欢我们说的我们说，不喜欢我们做的要加紧做。因此，在这斗争的原则下，对抗着敌人汉奸奴化教育实施，中国教育必然要清除一切旧的观念渣滓，必然要向着更明确，更彻底，绝不苟且，绝不含糊的境界迈进。

因此，我们要确定信心，加强决心，我们不但要解放中国教育必然进步发展的历史背景与因素，而且必须确切认识新时代中，中国教育的实质。

（一）教育与经济互有关系，教育与政治有着互相的作用

一定的文化，是一定的社会经济政治的反映，而又给一定的社会经济政治以伟大的影响。因此，要了解中国教育的实质，必须从中国经济政治的实况与必须的改进，来找寻中国教育形势之所由确定，及发展改进的根据。

不容置疑的，自从国际资本主义打开了中国"闭关锁国"的大门，封建社会的中国，又逐渐生长资本主义的因素，中国从此逐渐变成一个半殖民地半封建的社会

了。由于日本帝国主义疯狂的侵略，促使中国社会又起了巨大的变化。（此处删削五十字）封建的气息，沉重地笼罩着祖国的大地，在急待"去旧革新"的今天，要挽救中国行将陷入半殖民地化的危机，从而把它推展到独立自由平等的三民主义的新中国去，就决不能使中国依旧保存着民国后到半殖民地半封建的状态中，依然使要争取新生的中国，仍然桎梏在半殖民地半封建的旧经济、旧政治与旧文化的形态里，而必须勇敢地从旧的形态里冲出重围，建立起新中国社会经济、政治、文化的新形势与新基础。故此，中国新的教育，必须从半殖民地半封建氛围中解放出来，应该带有浓厚的民族革命的性质。这就是说，中国新教育的性质任务，是与中国革命任务相吻合和、一致的。中国新教育的实质，是反旧反封建的，在抗战图存的今天，则是集中力量来反对日帝的侵略奴化教育，与反对汉奸投降妥协破坏抗战的亡国教育。

（二）今天，中国真正处在历史上空前未有的民族解放战争中

祖国要在决死的战斗中正视新生的前途，"抗战第一"，"胜利第一"，为了抗战的胜利，今天的中国教育，应该适合抗战的要求，服务抗战，"吾人教育上之观点，不仅在战时，还应贯注于战后"。抗战的胜利，是建国的保证，抗战建国是同时并进的，我们需要在抗战的烽火中，建立起新中国的规模，因此，中国教育在这新时代中，是担负着新的任务。它的任务是与抗战建国的任务一致的，它是帮助实现抗战国策的工具。它，一方面是动员全国教育工作者，团结起来，支持全民族的全面抗战，争取抗战的胜利，获得中华民族的自由解放；另一方面是要动员全国的教育工作者，在全民族的抗战历程中，改进教育事业，增强抗战力量，展开新启蒙运动，奠立新中国教育的基础，从此，我们可以看出，中国的新教育，是抗战建国统一的教育，是抗战建国教育。

（三）"革命救国的三民主义，为我国教育最高基准"从中国的历史环境需要中，谁都会明白与确认中国的教育，是三民主义的教育

中国是立国在三民主义的政治基础上，目前全国是实施着以三民主义为最高基准的抗战建国纲领，全中国的人民是共同要求着，要在全国精诚团结，坚决抗战中，建立三民主义的新中国。贤明的最高领袖，正是引导我们走向这光明的解放前途，由于中国历史条件的规定，三民主义的新中国，他不同于资本主义的共和国，也不同于苏联社会主义共和国的形式，而是一种新型的国家，三民主义的"民有、民治、民享"的新中国。

三民主义的新中国，是要求得民族的独立，民权的普遍，民生的发展。特别是，

我们所确立的新中国,是建立在新的民主政治的基础上的崭新的国家,是"大家在政治有一个平等地位,以民为主,全民来治国家"。不像欧美资产阶级的民主制度,"往往为资产阶级所专有,适成为压迫平民之工具",而且是五权宪法直接民权的宪政。因此,民主政治的建立,是三民主义新中国的重要标识。民主政治的实现,将带来中国的无限生机。教育目的与政治目的是一致的,中国切实需要实施民主宪政。那么,中国教育必须实践和发挥它的民主性,实施民主教育来推促民主政治的完成。因此,中国新教育的实质,是三民主义的教育,(此处删二十三字)这种教育,必然是属于全民的,全民均得真正平等享受的,是为民众的最高福利的,及由全民"群策群力"的参与、推动、创造起来的。

中国四万万五千万的人口,占着全世界人口总额四分之一,中国广大的肥沃的土地,占着全世界土地面积十□分之一,中华民族正在进行的民族自卫斗争,是现世界反战反侵略战争的前哨。处在激荡大变化中的世界面前。中国受到世界的牵挂和影响;然而,由于中国坚持独立正义战争的立场,中国解放事业胜利的争得,将对弱小民族及全人类解放的前途,有着重大的意义和裨補。(此处删约五百字)

在三民主义政治思想指导下,中国教育的宗旨,理想与实施,必然要排除偏狭的民族国家主义的观点。宏大卓越的为全人类最高利益的实现而奋斗的远见与精神,必须洋溢在中国教育的政策上与及一切教育的实施中。中国教育的宗旨上会写下"以促进世界大同"的语句,这都可以作为中国教育实质的刻写。现在,新的情况里,中国教育这种以全人类解放事业为最高理想,及相与配合的实质,是需要高度的发挥了!

新时代中国教育的实质,需要我们确切地把握与发展起来;只有中国教育进步本质在实践中能高度发挥,才能胜利与粉碎敌人汉奸的奴化教育,才能冲脱半殖民地半封建的樊笼,完成抗战建国的任务,实现三民主义的政治理想,"使中华民族与全人类永存于世界上"。(此处删四百余字)

中国教育的新精神（下）[①]

——新教育的作用与基本精神

一

三民主义新教育的实施，在今天已是不容置疑，与刻不容缓的工作。全中国的教育同仁与全中国的热心人士，应该积极协助政府努力求得三民主义新教育运动的开展。使中国新教育能配合着中国革命的任务，抗建的需求；使中国新教育能充分发挥三民主义革命的真谛、民主性的实质，争得抗战胜利、建国成功；使中华民族能得到彻底解放，以进于全人类解放自由的"世界大同"的境域。

三民主义新教育的实质，充分显示了中国新教育是一种进步的革命的教育。在它的实施过程中，必将发挥两种重大的作用：一种是消毒除菌的作用，另一种就是提炼营养的作用。

由于中国新教育必须从半殖民地半封建的氛围中解放出来，因此，它必须清除半殖民地半封建的残余气息，而具备着真正的"革命教育"的气概。由于现阶段的革命任务所规定，急须挽救中国行将陷入殖民地化的危机，中国新教育，必须以英勇的姿态，来迎击日寇的奴化教育，粉碎汉奸的亡国教育，与清除日寇汉奸教育毒菌的侵播。由于中国目前正进行着抗建的伟业，中国新教育，必须以战斗的气魄，在自力更生的方针下，运用教育的作用，积极培养民力，"把握大众成为物质的力量"来服务抗战！提炼与发展中国教育的优良传统与积极发挥新教育的实质内容，来建立起新中国教育的深厚基础。由于三民主义的必须彻底实现，及由于伟大的中华民族是创造光明的新世界的一支有力的队伍，中国新教育，必须以宏大的气量与远见，发挥民族文化的优秀传统，摄取世界各国各民族的文化精华，培育全民族的新生力量得，打造新中国的文化教育的规模，配合全世界人类对新文化新教育改造事业的艰辛奋斗，迈向实现全人类解放的大同世界的路途。

从此，我们可以看到中国新教育的作用，一方面是要废弃旧的半封建半殖民地教

[①] 本文载《教育新时代》1941年2月1日第3卷第3期，第43～47页。

育的渣滓，另一方面是要清除新的日寇汉奸奴化亡国教育的毒菌；一方面是要增强抵抗的机能，另一方面是要培育活力的新生素；一方面是要提炼旧的优良传统，另一方面是要建树新的规模；一方面是为了配合目前的必需，另一方面是为了将来伟大的发展。所以，中国新教育消毒除菌的作用，可以说是一种革除破坏的作用。因为三民主义新教育，是一种进步的革命的教育，它是要破除中国教育阵营中腐化的坏的东西，它是要革去一切足以阻使中国教育落后退步的因素。中国新教育提炼营养的作用，可以说是一种改造创设的作用。因为三民主义新教育，是三民主义新中国政治经济的产物和反映，它不是完全抛弃了中华民族的历史遗产，而是要在旧的民族遗产中，扬弃旧的渣滓，创建起新中国教育的基础与规模。

中国新教育革除破坏、改造创设的两种作用，并不是相违反与相互矛盾的，而是相因相成的。只有将中国教育上旧的渣滓，腐化的坏的东西能够革除，将日寇汉奸化亡国教育能够粉碎，这样才能更顺利地进行新教育的创建工作，才更能迅速地求得新教育的实现与发展。只有以更大的决心，将力量更集中到新教育事业的积极创造开辟上，则新中国教育，才能以伟大的效果，无比的力量，明快的姿态，使全中国人民，更能明确地辨别取舍，来废弃中国教育上旧的残滓，与清除新的毒素。所以中国三民主义新教育的实施能够愈彻底，则中国半殖民地半封建教育旧渣滓，必将能愈早清革，而日寇汉奸及其奴化亡国教育，亦必将愈加迅速地走向死亡的路途。

中国的新教育，必能在争取抗战胜利建立新中国的历程中，发挥出巨大的作用；同时，它亦必将随中华民族的争得新生，在长期艰苦奋斗里，开拓出光明璀璨的前途。不过，中国新教育，不是空虚的幻想，亦不是很容易地像从天掉下来那般容易，而是要依靠于贤明政府的积极倡导、教育先进的努力支持、觉醒的中华优秀儿女热烈的实践，在广大人群的亲切热情参加与爱护之下，才能长大与发展起来的。同时，中国新教育，无疑地将在抗建的革命总纲下，收到伟大的效果，但是，它不是"万应药"，可以单独地负起救国的任务，使中国"起死回生"。它是要配合着中国政治经济，以及各部门的改造创设，来共同负起建国的巨业。更或只有在三民主义新政治经济的改造创建的前提下，中国新教育方能得到更大的发展。特别是在三民主义的民主政治实施中，才能实现中国新教育的民主性，使它能收到更大的效果，发挥更大的作用。配合各部门的努力进步，使中国的文化教育，向着世界人类文明发展的路途"迎头赶上去"，将中国在艰苦危难中"从根救起来"。

二

三民主义的新教育，在三民主义新中国的创建历程中，必然呈现和具备着几种明确的精神。

在现阶段的时代环境里,我们要深深认识中国的特殊的历史条件,与各国不同的具体事实,作为研讨中国新教育的根据。由于中国不是欧美资本主义的国家,不是苏联社会主义的社会,因此,今天中国急需建立起来的新教育,不是欧美的教育,不能移植欧美的教育,不是苏联的教育,不能抄袭苏联的教育,而是三民主义的新教育,中华民族的教育,是中华民族自己的教育,中华民族自卫自救,反对民族压迫奴化的教育。

三民主义新教育是中华民族的,这是新教育第一种基本的精神。这不但是说明了中国新教育是我们这个民族的,须带有我们民族的特性,而更是说明:

第一,三民主义新教育,不是排外的教育,而是反对帝国主义的压迫侵略,主张民族自决,民族自由独立的教育。依据民族主义的指示,在对外关系讲,中华民族要解除任何民族的压迫,从对内关系讲,中国国内各民族都有完全的自决权。在这民族主义思想指导下的中国新教育,很明显的它是要教育中国人民去反对外敌的压迫,反对帝国主义的任何侵略行为,而不是教育中国人民去压迫外族,侵略别国,同情帝国主义的侵略。它是要教育中国人民尊重国内各民族的地位习俗与权利,承认各民族的自由平等,使能自动自觉自愿地在危难中团结起来。而不是要教育中国人民造成国内各民族的相互鄙视,互相倾轧,更或进行民族间相互"溶化"的企图。

第二,三民主义的新教育,不是惧外的教育,而是要恢复民族自尊心和自信心的教育。这种新教育,它不是要教人养成帖帖服服的性格,奴颜婢膝的姿态,而是要教育中国的人民,认识自己民族的独立人格,清楚地认识到我们中华民族是有着数千年的悠久历史,是有着它的发展法则,是有着它的民族特性,是有着它许多的珍宝与丰富的遗产。是要使中国人民在新的历史环境,现代生活里,恢复和发展中国的固有文化,恢复民族的道德,民族的知识,民族的能力,养成我们民族的自信心,民族的自尊心。使中华民族的儿女,都相信自己有能力有勇气有把握来复兴民族,争得民族的自由解放。

中国新教育要培养我们民族的自信心与自尊心,是要使我们不应妄自菲薄,但却不是要我们成为夸大狂的人一样,以为中国的一切都是好的,而人家的一切都是不好!也不是要我们成为那些患着复古病的人一样,以为所有旧的都是好的,而所有新的都是不好的。中国新教育,是要极力反对着种不良的倾向。

第三,三民主义新教育,不是"固步自封"的教育,而是继承与发展中华民族优良的传统的教育,而且是与一切其他民族的进步的文化教育相联合,建立互相摄取与互相发展的关系。所以,中国新教育,不但要我们恢复继承民族的优良传统,使我们明白,民族的遗产固然需要保存,但不能固步自封,要我们一方面高度发挥我们的优良传统，另一方面还要学习欧美各民族的长处，特别是先进文明国家的长处。凡是今天我们用得着，有裨补于我们民族文化教育事业的开展的，我们都应该摄取。所以中山先生指示我们："恢复我们一切国粹之后，还要去学欧美之所长，然后才可以和欧美并驾齐驱，如果不学习外国的长处，我们仍要后退"。

第四，三民主义新教育，教育中国人民去学习一切别的民族之所长，并不是叫中国人民将所有外国的东西都生吞活剥地吸收了，而是要吸收精华，排除渣滓，批判地摄取。使与中国人民的实践需要，适当地配合和统一起来。不针对中国历史环境，而定出来的教育政策，不是华而不实、行不通，就是空中楼阁。不针对中国民族的特性与需要，形式主义地吸收外国的东西，随便主观地移植外族的文化教育，即如所谓"全盘西化"的主张，结果必使中国遭受严重的损失。30多年来中国教育史上，已充满了这种惨痛的经验教训了。因此，我们建立发展三民主义新教育的过程中，应该缜密的警惕和注意这一点。

第五，三民主义新教育，不是偏狭短视的民族主义教育，而是超卓远见的、革命进步的民族主义教育。它是要教育中华民族的儿女要紧密地团结起来，发挥民族的光辉遗产，接受先进国家的新文明，来建立新教育的基础，创造独立自由的新国家。同时，它是要教育中国人民要与全世界的进步人士团结起来，在我们民族挣脱了半殖民地被压迫的枷锁后，依循中山先生"济弱扶倾"的遗训，"我们对于弱小民族要扶持他，对于世界列强要抵抗他"，"来尽我们的天职"。依循中山先生的遗嘱，"联合世界上以平等待我之民族，共同奋斗"，创造世界人类光辉的新文化新教育，以求"世界大同"最高理想的实现。

"国家之上，民族至上"，民族的生存利益高于一切。中国新教育，是以维护中华民族的生存利益为其中心标的，是以教育动员全民族的成员捍卫民族的生存利益为其主要的任务。这种革命进步的三民主义新教育，是属于全民族的，是要普遍到民族广大的下层，是要为全民族广大的下层服务的。

三

三民主义新教育是民众的，这是中国新教育第二种基本的精神。

三民主义新中国，是"民有民治民享"的国家。有真正民众的政治，就有真正民众的教育。因此，在三民主义政治旗帜之下，中国新教育，必然是属于民众的，由民众来推动，支持而且是为民众的最高利益的。

第一，属于民众的中国新教育，说明了中国新教育是真正平等的。真正平等的涵义，一方面是指全中国人民有教育机会的平等权，不应有种族、阶级、地域、性别、职业、宗教的任何限制和区别,这不只是条文字句的规定,而是要在新教育的实施中,切切实实地实现起来,另一方面则是说明中国人民有个性发展的自由,在积极启发陶冶的教育方针下,使各级教育者得充分自由发展天才个性,发展智慧能力,使能"人尽其才"的来创建自由平等的新中国。

第二,须由民众来推动支持的中国新教育,是说明了中国新教育工作任务的空前艰巨,必须用大众的力量来推动支持才能完成。因为在目前中国社会经济的困难状况下,中国民众文化水平这样的落后,而中国抗建的任务却是这样的艰巨,要实施新教育来动员全民支持抗战,服务抗战,这绝不是一件轻易的事情,也绝不是少数人所能完成的。所以,一方面要将新教育的制度内容,能切适广大民众的口味和需要,使真正能成为中国民众自己的教育,另一方面,要在中国民众渴望文化教育甘霖,与需要建立自己的文化教育的基础的今天,启发民众及使广大民众自觉自动地参加支持新教育事业的开展,群策群力来完成这艰巨的任务,创建光辉的中国人民的新教育。因此,政府方面,需要极力设法普遍实施全民的教育,使广大民众得有享受教育机会平等的权利,就要极力设法使广大贫劳大众有参加享受教育的机会和可能。这就是说要普遍地推展深入的民众教育,推展免费公育的教育制度,要减轻民众的负担,改善民众的生活,使他们有时间来参加接受教育,发展能力与知慧。先进的教育者,要支持参加及努力提倡与辅导新教育事业的改进推展,民族敏感者的中国知识青年,就要热烈的参加实践,使新教育与广大民众联结过来,打破传统的教育观点、守知奴的陋习,发扬"即知即传"与集体学习的新精神,使广大民众明白自己的事情应该自己来完成,就是老的幼的都参加推展新教育的工作。成为教育新军中的"老先生"、"小先生"。

第三,是为民众最高利益的中国新教育,是说明中国新教育是以维护创立与增进中国人民的福利为前提为依归的。这是说中国新教育不是少数人的专利品,而是每一个中国人民都应享受的共同权利,不是维护少数人的利益,而是维护增进全民族大多数人的福利。这种新教育,不但是配合着广大民众的需求,以广大人群的福利为准绳,而更是使教育与广大民众联结,使广大民众掌握这武器来解放自己,创建幸福的国家。三民主义新教育,对于中国人民是革命的有力武器,为了使广大民众能善于运用掌握这革命的武器来解放自己,就要做到实现教育的大众化。凡是一切有利于广大民众学习,便利民众掌握这革命武器的东西——由文字以至教具,由制度到内容,都应该切适广大民众的实际需求,进行应有的改进。

第四,普及教育,中国新教育的大众化,与中国文化学术水平的提高,固是相互区别的两事,但这二者是不相矛盾而是相互联结起来的。只有建立深厚的学术文化基础才能创造出中国光辉的高级的学术文化。因此,想中国学术文化有着璀璨的前途,目前就必须加紧普及大众的教育，普遍有步骤地提高中国人民的文化水平，建立起中国新的高级的学术文化发展的深厚基础。同时，学术文化的提高，并不是"学院式"地关在课室里的死研究、钻进牛角尖去的"孤芳自赏"，而是与民族的生存延续、大众的生存实践密切地联系起来的。学术文化的大众化通俗化，是学术文化的发展，与广大民众的生存实践更密切的联系。学术文化的提高，是为了大众生活实践更能向上推展改造与指导。所以，在这原因下，教育抗建干部的知识与教育抗建大众的知识，在程度上是相当区别而又是相互联结起来的。教育抗建干部的工作与教育抗建大众的工作，就必须密切地结合起来。

四

由于三民主义是革命进步的教育，它是反对陈旧的封建思想与迷信思想，要将中国在旧的氛围中从根救起来，配合现中国的迫切需求，要将中国从新的创造起来，向着世界人类文明发展的路途迎头赶上。因此，这种新教育，不是因袭夸浮零乱的，而是有计划有系统的，是科学的。这是三民主义新教育第三种基本的精神。

第一，中国新教育，不是虚浮的教育，不是"花瓶装饰"的教育，是一种实事求是的教育，它不教人"空口讲白话"，而主张理论与实践的统一，它不教人做书呆子，而是教人"力行""言行一致"。它反对教人养成偏见固执，而是要教人养成有主意有中心。它反对日寇汉奸反对奴化亡国教育以独裁盲从为教育手段，以独裁盲从为教育目的，而是主张以批判的科学的精神为教育手段，及以养成批判的科学的精神为教育目的。

第二，中国新教育是一种有系统有条理、有中心有计划的教育。科学的中国新教育，不单说明它的教育哲学根据的正确性，而且说明它的设施系统计划完整性，它要教人思想处事的"有条不紊"，而在教育行政一切教育实施都是"井井有序"，而不是"头痛医头，脚痛医脚"，或者是"急时抱佛脚"的。教育计划，更不是"五时花六时变"的，它要做就做得彻底，不是只见明文不见实施的。

第三，三民主义新教育的科学精神，及主张开展科学教育，和汪精卫之流大叫"科学救国"主张加紧科学教育是不相同的。因为汪逆之流认为中国科学不发达，就得出不能战胜日本，夸大了科学的作用为日寇张目，及企图硬将千万的热血青年从抗战线上拉到教室里去死读几何化学。日寇在中国沦陷区里大开工业学校和职业学校的提倡科学，这是敌人想来制造他们的高等奴隶。中国新教育提倡之科学教育，则是认为科学教育是必须建立在正确政治教育认识的基础之上，要靠广大人民的政治自觉，不单只是技术的问题。这，我们应该有不少的经验教训了，以往的中国教育，不是也曾培养出不少科学技术人员吗？值得我们敬佩的无数优秀的科学技术人员，是艰辛地参与前线抗战事业、支持大后方的建设工作，但，不少的科学技术人员，至今却还依恋在"孤岛天堂"里，更或无耻地投到敌人汉奸的怀抱，为虎作伥呢！

第四，三民主义新教育的科学精神，是种进步的鲜明的标帜。它绝不含糊，绝不掩饰，绝不"挂羊头卖狗肉"。它是要在正确的政治立场、救国救民族救大众的立场上，以正确的政治为灵魂，向着明确路标的方向，不间断的进步。它教育人们向着光明的前路走，教人要攀山涉水，除荆去棘，不畏艰辛，开拓新生的路，而不教人眷恋回首，满足于奴隶生活而不自觉，溷身污泥还引而自快。

第五，由于中国抗日战争的过程，是长期的艰苦的过程，又是不间歇进步的过程，因此，中国新教育的科学精神，得表现出中国新教育得发展创造一方面是非常艰苦，备受困难，而另一方面则是力求进步的，它要在艰苦的氛围里，依靠自力更生的原则，创设出美丽光辉的成绩。它切合着中国艰难的情况，创造及运用许多的穷办法，新办法来实施新教育，又极力在大众的现实生活的经验基础上，将科学大众化、实用化，极尽可能采用各种各样新的进步的高级的科学办法教具及设备，来充实发展新教育。在困难中进步，克服困难力求进步，这是中国新教育科学精神表现的两面。

第六、科学的中国新教育是实际的。这就是表现中国新教育是要合乎时代，要适合人类社会发展的历史趋向，要合乎中国国情，要不脱离中国的现实环境和中国人民的现实生活，要合乎实用，要"所教必是所需"，"所用必是所学"。中国新教育不能离开它的时间和空间，否则就会使中国新教育变成不实际。时代历史的趋向和中国现实环境，决定了中国新教育的任务和目标；现实环境与生活，决定了新教育的形式和内容。它要切合中国的现实需要。它预先窥测，时代需要什么人才，中国社会需要什么人才，而有计划地创造培育人才。它要反对资本主义教育无政府的生产，反对法西斯主义的统制、生产，反对使人成为支持反动统治侵略战争的帮凶和炮灰。它亦不同意以往中国教育，移植资本主义教育的结果，而造成今天"学非所用"、"毕业即失业"、"干部人才恐慌"的现象。因此，科学的中国新教育，是一种现实教育，生活教育，是以"教学做用合一"为原则为运用的教育。

实施宪政与实现教育底民主性[①]

一

宪政的实现，将是中国在抗战过程中，为增长抗战力量、争取胜利而力求进步的重要证明。实施宪政，本来虽然并不是一个新鲜的问题，但是在目前提出，却有着它的时代意义：实施宪政，不仅是创造和达到三民主义新中国之实际准备，也是在战略相持阶段已经到来，准备战略反攻的必要步骤；不仅是给全国军民以精神上最大的兴奋鼓励，而且更是给日寇汪逆汉奸以强有力的打击。因此，自从国民参政会第四次大会议决了请求政府实施宪政的决议以后，政府申明实施宪政的决心，确定召开国民大会日期，而至目前全国宪政运动的开展这一串的事实，都是说明了中国政治走在民主化的路途上，更说明了我们抗战建国的事业将要踏进更光辉、强壮和更能发挥全民族无限的潜在力量的新时期。

为了发动全民族的一切力量，促进政治上的进步，争取军事上的胜利，保持坚强的统一，巩固团结，奠定抗战建国的基础，今天的客观形势，迫切需要迅速地实施宪政，所以今天的问题，不是要不要宪政的问题，而是应该接受中国历年来宪政不能实现的教训，将宪政运动，展开成为一个广泛深入的社会运动，动员全民的力量，实现三民主义的全民政治，实施五权宪法直接民权的宪政。

不过，今天的中国，还存在着阻碍社会进步的封建残余和反宪政的力量，而人民的组织训练和政治制度的未能民主化，将使宪政的实施，遭遇无数的困难和阻障，将使宪政实施的过程，成为艰巨的过程，因此，需要我们清晰地认识推动政治民主化，与拥护政府实行民主自由的宪政的任务，提高人民的政治认识与责任心，打破一切阻障与克服一切弱点，加速宪政的实现，及使宪政的实施得有美满的成绩。迎接三民主义新中国的诞生。

---

① 载《新建设》1940年6月15日第1卷第8期，第42～45页。

二

宪政就是民主政治，实施宪政，就是将中华民族全体人民之民主自由的要求，用立法手续，加以确定。实现教育底民主性，这一问题的提起，主要的是由于目前中国的教育不但还没有以伟大的气魄与伟大的抗战相配合，真正深入到全民族最广大的下层，肩负起自己战斗的任务，而且从不少的事实中，都充分表现出中国的教育，还存在着许多不可容忍和宽恕的黑暗与顽固的逆流。这些教育上的黑暗与顽固的逆流，不仅对抗战没有益处，相反的它适足压抑与阻障中国新生力量的增长，而致窒塞中华民族觉醒之生活的源泉。在中国抗战危机依然严重存在的今天，我们要时时深刻的反省，对我们的抗战工作要严格的批判，针对着目前中国教育的重大弱点与危机，要求在宪法中，用立法的手段，确定全国人民享受教育的平等权，并将抗战教育的政策，树立在广大的民主基础上，确实保证全体人民能真正平等地接受教育，及使在民主自由的教育历程中，充分发挥他的思想，天才，能力和美德，切适目前抗战的需求，及使他们能真正地负起建立三民主义新中国的任务。

在中国的教育宗旨中，明确地规定之中国的教育是三民主义的教育。中国教育的民主性，是三民主义教育早已规定而必须完成和发挥的内容和实质。因此，在抗战建国的艰巨过程中，教育应该服从于抗日战争的最高原则，教育应该实现它的民主性以肩负时代的重任，特别是在抗战已至战略的相持阶段，亟需实施宪政的今天。只有民主自由的实现，对宪政的决心推行，教育底民主性才能实现和发挥它的效果；教育底民主性能够实现和发挥它的效果，才能保证宪政实施的美满成就。

三

但是，不少的人，对抗战教育的民族性，却加以抹煞和歪曲，特别是对实施宪政与实现民主教育这一问题上。有些人说，宪政不一定就是民主，因此实施宪政，不需要谈及民主教育；有些人说，抗战需要全民族的一切力量统一集中，民主与统一集中的作用相反，根本就不必要民主教育；有些人说，中国的教育就是三民主义的教育，目前教育的实施，就已包含着民主教育的内容，不必再谈民主教育，再谈民主教育是多事；又有些人说，中国人民文化水准低，知识差，缺少政治常识，不会管理政治，因此实施宪政的唯一办法，只有实施民主教育。其实，这种种的说法，都是违反了实施宪政与三民主义教育的立场，并漠视了国家民族的利益，与不敢正视目前中国铁般的事实。试问宪政与民主离婚之后，没有了民主内容的宪政，将变成了一件怎样的怪东西？思想的统一，决不是思想的垄断，思想的宗派主义；意志和力量的集中，不能是意志力的被动集中，而是自动的集中，思想的统一与意志力量的集中，只有在广大的民主自由基础上才能实现。目前一部分人惊惶或钦羡纳粹的德国，能以闪击的姿态，连败数国而攻入巴黎，归功到德国法西斯的统治，和归咎到各国民主的散漫而讳言民主，漠视民主，其实，这只是不明各国所谓民主的实际情况，与忽视中国是以半殖民地弱小国家进行正义的解放战争的本质。只有实施民主宪政，才能加强中华民族的团结统一，只有实现民主教育，才能发挥全国人民的积极性和创造性，和能培育出无数优越的天才。正因为中国的教育是三民主义的教育，三民主义教育就是一种民主的教育，三民主义教育民主性的本质与内容，是不能更是不容许否认和歪曲的。在今天，正因为抗战建国的艰巨事业，迫切需要反省和警惕我们的工作，而目前的中国教育却还没有肩负起它应负的任务，令人痛心，因此，对于中国教育的改造和前途，我们实应给与最大的注意和关切。谁能说今天的中国教育已配合起抗战的要求？谁能说今天的中国教育已肩负起建国的任务？今天，如何将抗战教育政策树立在广大的民主基础上，实现和发挥三民主义教育的民主性，成为改造中国教育主要的环节了。至于说实施宪政，只有实施民主教育的人，其实只是夸大了民主教育的作用，忽视了实施宪政的主要问题是政治民主化，是给全民以民主自由的实际权利的问题，漠视了实施民主教育，必须先实行民主自由的前提。这样夸大了实施宪政，必须先实施民主教育的结果，模糊了实施宪政的中心问题，拖延实现民主政治的时间，使民主教育的实施无确切的保证与实际的内容。

四

实现教育底民主性，在实施抗战教育和发挥抗战教育的效果上，有着重大的作用和意义。实现教育底民主性这一问题的提出，并不是否定了几年来实施抗战教育的成果，而是因为抗战教育的成果，还未能在民主自由的基础上得到充分的广大的发展。因为抗战教育成为今天中国抗日自卫战争内部运动过程的一个重要因素，在启迪生长和团结全民族的力量以实现抗日战争的胜利上起着极大的作用。抗战教育的成就，关系着抗战的前途，我们不能容忍教育中的黑暗与顽固的逆流，对抗战教育歪曲、掩饰和侵蚀。我们要将抗战教育，在民主自由的基础上配合着抗战建国的要求，得到广大与深入的发展，发挥它那战斗的本质，具着伟大的气魄，确切地成为全民族的抗日的一种大众教育。而且这种教育是一种生活的教育，是实践的教育，是最能深入民族的广大下层，而成为全民族力量的一种教育。只有这一种教育，才能使民众乐于接受和善于发挥教育的效果；只有这一种教育，才能使被教育者吸收和发扬生活传统的优良品质,暴露及芟除旧生活中残余有害的部分。这种教育,不仅能提高他们的积极性,更能培养他们的创造性,不仅使他们能有独立的伟大人格及抱定崇高的政治理想,熟习政治上军事上的工作技术,并且能使他们懂得普遍的科学知识和完美的生活艺术,在任何的情况中,都能以一种机动的自觉的独立的精神,来批判与把握现实。

可是,当我们检讨目前的中国教育,我们会很容易地发现许多与我们所愿望相反的事实。虽然在敌人的铁蹄下,已生长了不少的新教育的花朵,但是至今,中国教育的整个制度,还没有适应战争的需要而起着重大的变化。很明显可以看到,以扫除文盲提高文化水准为中心的社会教育,至今还未广泛确实的开展,深入民族的广大的下层;全国的义务教育,虽然是因国民教育的推行,会有很大的转变,但在国民教育还未推行的今天,广泛的义务教育的基础,已不断崩溃和衰落万分,特别是接近战区的地方,几乎停止了文化教育的活动了。作为培养抗日干部的中等教育及训练班等,虽然是竭力的维持、创设与增强,但是在训练内容和措施上,犹未能完全适合抗战的需要,及进行积极有计划的改进。而课程的改订,管理制度的改善,至今在全国范围内,还没有怎样的改变,不懂广大的人民闹着文化粮食缺少的恐慌,即许多内部的小学,都因无法找到适当的课本,或者简直无法找到课本,而采用陈旧的书本或民校课本,更或采用四书五经。以培养高深学术与技术人员为中心的大学教育,不但没有发挥自由研究的精神,一种散漫和太平空气,充溢着大学的黉宫,这种现象,当然不能说全部都是这样,但是不少到过大后方体验和参观过大学教育的人,都会有这种同样的感觉。政治教育,在各级教育中,一般地同样的被忽视,而没有提高到正确的应有的程度。上述各种教育的非民主性,充分表现着目前中国教育的重大弱点与危机,这不单违背了目前中国所急需的抗战教育的本旨,而且是足以妨害整个抗战的事业,窒碍抗战胜利的前途。

五

在目前,实现抗战教育的民主性,一方面,是要把抗战教育建立在民主自由的基础上,使抗战教育得到广大深入的发展,另一方面,是必须在教育的内容里,清除一切背叛国家、出卖民族的汉奸思想,特别是汪逆的思想以及一切间接助长这种谬误的思想。同时,要坚持反对剥夺人民思想活动与精神生活之自由。不仅要反对以独裁和盲从来作教育手段,而且要反对以独裁和盲从作为教育的目的。因为独裁与盲从的结果,会使受教育者的思想意识,受到阻塞,禁锢,而充满着愚妄无知和偏见,这样的结果,不仅是阻塞了中华民族觉醒的生活的泉源,而且会摧毁中国人民自救的生机,这完全违反了三民主义教育的实质,这完全违反了抗战建国纲领中的教育政策,相反的，我们必须努力使全国的人民——首先是青年们的生活和意识行动，都能得到民主自由的权利和保证。一方面，使他们能自由地不受抑制地在思想活动上与生活实践上取得反映，互相观摩，互相砥砺，互相批判，友爱扶助，团结融洽，更高度地发挥他们参加抗战建国的积极性和创造性。另一方面，使他们在这自由民主的生活行动中，培养出新中国青年所应具备的坚决，勇敢，大公无私，光明磊落，艰苦奋斗的德操，及锻炼出他们热爱祖国，热爱民族，热爱人类和热爱真理的高度热情和政治警觉性、组织性与纪律性。

六

因此，目前的中国教育，需要急切的转变了，需要我们在教育的各方面，都实行民主的大转变。

首先，需要全民族的人民，都有享受教育的平等权，在法律上得到确切的保证，不分阶层、男女、职业、民族，国家要使他们能真正平等地接受教育。

其次，在教育方针上，应有彻底的改变。以前个人主义的教育，应立即转变为集体主义的自我教育。个人主义的教育，会使受教育者养成自私独断的性格和企图。集体主义的自我教育，不但能使受教育者在学问上、技术上、生活艺术上，会得到加倍以上的进步和成绩，而且会在集体主义的自我教育中，培养出互助，友爱，民主及高度的组织性与纪律性。这种美德，是战胜日寇及建立新中国所必应具备的时代精神。集体主义自我教育的实施，将是大批新干部不断产生的泉源。

在学制方面，应该改革，缩短学年，配合抗战需要；变更学校课程，注重启发式的教学；废除不合理的管教制度，消除学校中师生的隔膜；打破男女关系上的封建束缚；改订课本，足量的供给教学上的需求。

在义务教育的实施上，要实际改善教师的待遇，保障教师的职业，教育施政当局，要具体了解下层的情况，进行一切的措施，以最大的注意和努力，彻底实施国民教育，将教育的方向转到民族的下层，转到广大的农民工人层。

目前，要特别着重社会教育的推行实施，尤其是在战区和游击区，消灭文盲应成为社会教育的中心工作。不单社会教育者要密切团结，加倍努力，完成这艰巨的任务，即一切的开明教育者、小学教师、机关团体、知识青年、科学家直至小学生都要动员联合起来，进行大规模的消灭文盲运动。在语文教育中，灌输民众以民族意识及进行破除迷信的科学运动。在今后，中心学校、国民学校的教师，应切实肩负起这重大的责任，而成为社教的主要实施者，并要切实将这大众的教育，与大众的抗日斗争及生活的改善，密切联系起来。

青年教育方面，应该特别针对着目前抗战建国的迫切需要，加紧各方面干部的训练培养。彻底改革及增强目前所有的中学及抗日干部训练班。许多人会说目前各种训练班及政工团队等，招考青年的困难，而谓大量创造抗日干部训练班的不可能与不必要。其实，这问题的中心，却在我们能否正确执行民运政策及教育方针，如果能将青年教育与青年运动配合起来，及切实实现教育的民主性，量的问题，不但不成问题，而且在这种情况下，青年教育将配合抗战的要求，不断涌出大批的优秀干部，成为保证抗战胜利的重要因素。

最后，要加速教育界的大联合，完成教育界的大团结。教育界的联合，团结，在实现和发展抗战教育上，有着严重的意义。要求得教育界本身的团结，主要的要加强本身的联系研究与学习。一方面要在教育的领域中清除一切神学礼教，汉奸的邪说，以及一切有利于敌人的理论，并揭发驱逐隐藏于教育营垒中的汪系汉奸及敌探；另一方面，在积极的实际工作生活与学习研究中，相互推动，相互影响，求得相互了解，相互帮助，解决和改进教育上的一切困难措施，增进教育的效果，及求得自己工作生活的改善。

实现教育的民主性大的转变，是今天中国的急切需求，然而，教育底民主性的实现，却需要经过一个艰巨的行程，特别是首先要要求政府对人民思想言论集会出版的自由权利，给以确切的保障，在民主政治经已实现，全民族的团结已巩固加强的时候，教育底民主性，才能有大大的转变。因此在宪政未实施之前，要求迅速实现国民参政会第四届大会关于宪政问题的治标办法，以便实现教育底民主性的开始转变，在宪政实施的时候，要求实现抗战教育底民主性最大的转变是正确的。

抗战四年来的广东社会教育[①]

——并以怀念尚仲衣、黄裳二先生

一

抗战四年来，广东社会教育，依循着抗战形势的发展，步向着自己遥长的路程。在抗战前，广东社教是正常蓬勃的生长；在抗战初期，是热烈的发展与改造；在广州退守时，表现着冲激与混乱；在抗战转入相持阶段，广东政局渐趋稳定之后，则踏上了平坦的而又是艰苦的长路。因此，就广东战时的社会教育四年来所表现出的各种情况与特点，可以划分为三个发展的时期。

（一）第一时期

这一时期，是从七七事变至广州退守时为止。这一时期的广东社教，是继承着广东正常时期的社教基础，在抗战初期的烈焰中，发展起来的。

战前的广东社教，在民国二十五六年间（1936—1937），是处在蓬勃生长的时期，20多年来一向是贫乏得可怜的广东社教，在中国社会教育社第三次年会于广州召开的前后，已渐次生长与发展起来。充实和改善了省县民教馆，并曾继续筹办民教人员训练班及发展电化教育，在当时曾分区设有电化教育巡回施教区五队；先后设有省立南岗、蓼涌、平洲、西村、三都、崆峒、高增、大沥等实验区，此外有国立中山大学乡村服务实验区、国立中山大学与番禺县政府合办的龙眼洞乡村教育实验区，广东省教育厅中国社会教育社与国立中山大学合办的花县乡村教育实验区。这一时期的广东社教，一般是经循着正常时期的社教轨迹发展的。但是由于民族危机风浪的撼动和袭击及适应全国人民渴望抗战的要求，全省社教单位展开了为加强民族意识、推动抗战、准备战争的政治教育，尤其是当时国立中山大学200余名同学在学校当局领导下，在石牌附近各乡展开了深入的乡村教育工作。社教单位在政治教育组织活动、抗战动员工作上，曾获得不少卓越的成就，更倡导了学校兼办社教的风气，并培养准备

[①] 本文载《新建设》1941年7月25日第2卷第6～7期（合刊），第52～63页。

大批的干部，支持了广东战时民运及社教事业的开展。

七七抗战开展，广东社教就在这蓬勃生长的基础上转入了战时社教的路程。这个时期中的广东社教，总结起来，可有下面的特点与成绩：

（1）由于抗战的推动、战争的要求、政治的开展，广东战时社教随之热烈发展起来。在广东民智的启发、民力的动员与团聚组织上，曾有不少成绩，当时各县市民教馆，积极地展开各项抗敌宣传及民众组训工作。省民教馆经常进行各项抗战宣传及办理民校，并曾举办大规模的巡回抗战画展、抗战图书展览及各种抗战技术训练班，充实《广东民众教育》月刊，对当时战时社教的推动、联系及辅导上，曾起了很大的作用。各实验区则将以前局限于小规模及实验性质的工作，转向大规模广泛的抗战教育的实施、对当地民众组训工作的开展。同时，在各地智识青年热血的温情抚育之下，各地民众动员教育工作正在蓬勃而普遍地萌芽生长。

（2）在这抗战初期里，广东社教以英勇的姿态，冲破了旧社教的圈围，创造发展了战时社教的新方式、新作风与新内容，开始了新的社教理论的研讨。而社教工作，也开始与社会上各部门工作更加密切联系配合。省县民教馆与各实验区以前那种"办馆"与"实验"化的刻板作风，那种狭隘的小规模的工作方式，那些只限于语文教育或"标本"型的生产教育的工作内容，在抗战开始后，都进行了改革。民教馆与实验区，开始以政治教育为中心，活泼而广泛普遍地推展，以适应抗战的要求。当时，抗战教育实践社在新教育作风的倡导、新教育理论的发挥、抗战民众教育大规模的实施、新教材的编写等方面，尽了很大的努力，而且给广东战时社教以极大的推动，特别在战时社教新干部的培养上，有着重大的贡献。

（3）由于各地救亡运动的开展，大城市里文化事业艺术运动与青年运动的蓬勃发展，曾经团聚、教育与锻炼了无数热情的工作者，涌出无数优秀的民众动员教育的干部，这不但支持了抗战初期广东的民运与社教事业，而且支撑了广州失陷后各地民众动员及教育工作。同时，由于省县民教馆与社教实验区工作作风、内容的转变，社教工作人员从工作中改造了自己，工作经验及理论，也比较充实了。各实验区还注意地方青年干部的训练，曾培养了不少支持地方社教工作的人才。

（4）1939年秋，教育厅遵部命选派6人参加教育部在汉口举办的社教督导训练班，结业后回粤，于是广东开始实施社教督导制度，依行政区分区督导社教工作。广州失守后，督导工作遭受了很大的困难，但以后，对广东战时社教事业的计划实施上，却起了相当的推动作用。

这一期间的广东社教，一方面是在热烈的发展与改造中，另一方面却存在着不少严重的弱点。最主要的是，第一，当时社教工作大部分是表面化不深入，只局限于城市与城市附近的乡村，忽视了全省范围社教基层工作的建立和发展；第二，对社教力量及其发展的前途,认识不深入,了解不透彻;第三,更由于对战争形势发展的认识不足,估计不正确,对战争的警惕不够,完全没有作战的准备,造成了下一时期广东社教空前的损失与困难。

(二)第二时期

敌骑南侵,广州沦陷,萧瑟的寒风,颤荡着三千万人底悲郁的心绪。在空前悲观失望与纷乱的情况里,广东社教转入了空前艰巨与冲激混乱中。这一时期广东社教的特点如下:

(1)由于战争的无情考验,社教基础大部是摧毁了,集中于广州附近的社教阵地也完全丧失。全省社教机关的工作,呈现着一种混乱与停顿的状态,省民教馆及各实验区虽迁至内地,但在物资设备上,遭受了重大的损失,更由于经费的支绌,几陷入无法维持的窘况中。至于各县的民教事业,因为战时经费的减缩,大部分民教馆的工作都衰退或停滞。在电化教育方面,因为经费困难,工作亦几乎完全停顿了。

(2)由于战争的逼促,在人群悲愤的心坎里,卷起和冲激着保卫家乡的血潮。在成千上万的青年奔走呼号下,展开了全省民众动员与教育工作。以前是一片沙漠样荒芜的广东民教,数月里,却迅速长出了充溢着战斗气质的新芽。当时战区动委会的战工队,千余热情青年,在"保卫大广东"的口号下,推广了全省的动员工作,并带来了全省青运的高潮,在各地大量举办民众学校,抗战讲座等社教活动,对广东民智的启发、抗战认识的提高、信心的坚定与组训工作的开展,曾有不少的贡献。

(3)广东妇女启蒙运动,有了划时代的发展。抗战的激流、时代的艰苦,使喘息在数重压迫下的乡村妇女涌聚到抗战教育的阵营里,各地妇女班工作的蓬勃与成绩,成为当时最热烈与动人的话题,单是动委会战工队所举办的妇女班,就有200班以上。不单掀起广东妇女启蒙运动的高潮,而且催促与帮助了各地的妇运。这期间,在家庭统线的工作经验,与新颖的妇女教育内容,对以后广东妇运与启蒙教育的实施上,有着极大的指导作用。

(4)广州退守后,在艰苦的工作过程中,磨炼与培养了大批民众动员及社教工作的青年干部。在"刻苦耐劳,洗雪耻辱"号召下,在紧张的集体生活里,养成一种刻苦耐劳、团结友爱、活泼紧张、努力向上、英勇牺牲的优秀作风。战时社教所表现出的惊人成就与工作青年的新功绩引起社会人士对社教及青年力量的注视。

这期间,广东社教工作的成绩,是令人兴奋的,但当时社教所表现出的缺点,在数年后的今天,还是需要我们的警惕与奋勉的。

(1)工作无计划。不单在政府方面,对战时社教实施,无计划无办法,就是各社教实施单位及各地的社教工作,也大多不能把握紧时局形式的发展,来进行工作。

战争所产生的各种困难和障碍，导致各方面工作缺乏联系，步调不统一，陷于单独作战的状态。大家都在摸索中从事工作。

（2）工作不深入，不生根，大部分只停留在大规模的宣传活动上。不少地方，对当地青年干部教育及一般成人妇女教育，忽略了深刻艰苦教育，忽视了城市墟镇的推动与影响，只偏重到某些乡村民众动员教育工作。因此，不但工作不能生根不能继续，就是在战时社教事业的普及和推动影响上，犹未能发挥应有的效果。

（3）政府对社教人员关心不够，部分青年社教工作人员，在作风上还不够沉实、确切。当时，在辛勤的工作与困难里，社教人员得不到一些应有的协助和关切、安慰与鼓励。这种错误的及将窒息社教事业发展的领导作风，在过去是令人沉痛的，在今天，是令人警惕的应切实纠正。同时，部分地区青年工作人员在作风转变上，不够沉实，不够确切。年青人的过度热情与自信，形成对工作的冲动与自满自足，自高自大，在工作中，不体察当地的具体情况，只见到群众与被教育者的热情，却忽视了旧社会里严重存在着的阻碍。不去想怎样用更大的力量来开展工作，只自作自为，不尊重别人的地位与领导，招致了工作上不应有的误会和挫折。这些严重的且助长工作困难的缺点，今天，应该迅速克服与改正过来。

（三）第三时期

广州失陷后，广东社教从城市转向到乡村，转向与参战动员的密切配合，转向全省范围社教事业的新发展。广东政局从纷乱中渐告稳定之后，广东社教随着这新的政治形势，走向平坦而又是艰苦的长路。这时期的广东社教特别清楚地表现着衰退停滞与困难发展的两方面。

一个方面是当时战时动员工作所造成的广东全省社教事业空前的高涨，却因为动委会战工队集中，各地民从运动的低沉，全省动员工作及社教事业多半在涸旱里逐渐枯萎了。虽然有好些地方，社教工作仍然由当地青年与教师艰苦地支持着，各机关学校兼办的社教事业也没有全部停止，但直至现在，还未能使全省社教运动再掀起了新的浪潮。

另一个方面是政府举办的社教事业在艰难而又缓慢地前进着。

（1）在初期里，广东社教是以一种新的英姿迈步着：省民教馆由罗定迁曲江，准价新的工作计划和改造，各社教实验区奉令集中，改编成立社教工作团。高增实验区，改组为连县社教实验区，推行边区教育，增设粤北边疆施教区，并拟订各项社教实施纲要，办法计划，出版社教刊物，编印民众读物。在严令及各社教督导员辅导下，各地民教馆也逐渐改进与恢复。同时，省文理学院增设社会教育系，奠定训练高级社教人员基础。广东省县政人员训练所亦开办社教班，准备各县社教的中层干部。

1941年春,更有在全省行政区分设省民教馆及扩充社教团为六分团的大规模计划,但因事未果,计划遂成泡影。

(2)对前线及基层社教工业的重视与进行,是这一时期广东社教的重大优点。为对游击区敌伪奴化教育展开攻势,曾成立社教团,负责推展游击区社教工作,由教厅辅助敌扰区与接近前线各县,大量办理战时民校。在倡导实施游击区社教工作,有着重大的作用。

(3)第一次粤北大捷以后,广东情势是更加稳定,但太平空气与人民经济生活的困难却激烈的增长。在这种情况下的广东社教,转入了更艰巨的局面。各社教单位虽以极大的努力,在艰苦中开拓工作。但因为经费限制与物价飞涨的影响,工作上增加无比的困难。省民教馆仅能在韶举办,经常宣传教育工作,倡导艺术教育,增设韶西第一施教区及编印小型的辅导通讯半月刊。各县民教馆,则因经费无定,筹措困难,人才缺乏,大都只能勉强维持原有的场面。

(4)艺术教育的实施,是这一时期社教工作中成绩比较显著的,由于抗战几年来,戏剧歌咏运动所起的惊人成就及人民艺术水准的普遍提高,引起当局对艺术教育的注意。曾通令各学校注意音乐戏剧活动,及成立战时艺术馆,后改省立艺术学院,培植艺术教育人才。同时,在社教工作团经费下,拨一大队的经费设立戏剧歌咏队,准备巡回各线市推进戏剧音乐教育。

(5)部分社教工作的举办,也表现得有成绩而且比较艰苦深入。如□□集团军政工人员在前线及各地对工作的推进,军民合作站的建立,省政工队在各县的宣传教育活动,省行乡村服务区对合作事业及乡村教育的实施等,在社教工作的推行上,都曾获得不少的成绩。

(6)国民教育推行后,广东社教有了新转变的征兆,社教制度改变了,国民学校中心学校的民教部,成为社会教育的基层组织。今后,广东社教必将在国民教育的实施改进中,转入新的阶段。

总结这一时期的社教,主要是,从广州退守后的纷乱冲击,转而逐渐稳定,经过比较短期的活跃后,即步向"风平浪静"而又艰辛的长途。在这全期里,社教事业设施,有着如下的经验与缺点:

(1)社教事业的发展轨迹,必然依循着整个政治形势的发展。犹未健全的广东战时社教,必须经过长期的艰苦历程,才能走上历史所赐予它的新路。今天,我们需要珍惜与好好使用已有的社教基础,累积与创造今后社教新发展的条件和因素。同时,在这空前困难的情况里,"维持现状"的想法,不单对事业本身没有裨益,也无可能。两年来,维持现状的想头,使广东社教带来了无比的困难、不振、衰退。就是新建立的事业部门,也陷入"先天不足,后天失调"的况苦。

（2）社教人员的不安定，无保障，流动性大，是这时期一个顶严重的问题。由于社教经费支绌，生活颠簸与无保障，工作的沉闷，不但不容易找寻适当的人才，就是在从事社教的人员，也没法稳定。因此，在社教人员的任用上，一方面是"滥竽充数"，另一方面是离心倾向与"改行"现象的发生，旧的去了，来了一批生疏的新人，才比较有些经摸索得到途径时，却又调来了另一批人，使这期间的社教事业，表面上虽是继续，但工作人员的质素与工作效果，却潜流着衰退的暗潮。

（3）工作作风与领导方式，不能切适着新兴社教的革命气质，这不但阻塞社教事业前途，对社教干部的磨炼诱掖，工作者的团聚，也将受到极大的影响。因为必须在活泼有创造性的作风，想出及运用更多的办法，才能完成艰巨的重任。同时，由于战时社教是一种艰苦而又充满着热情希望的事业。需要温暖才能使青年工作者更坚忍地工作，更需要热烈与辛勤的培育，事业始能"欣欣向荣"。一片冷漠与萧森，只能使大地永存着荒芜与沉寂。

（4）值得人们深深惋惜的，是数年来广东战时社教，虽有不少丰富的经验，但没有热烈的提出，交换，也不曾汇集与整理，作为今后工作改进的指导。因而，一方面，各地社教工作者，仍然在孤军作战，没有指导，没有依据，也没有参考，凭着摸索与试探前进。另一方面，由于对经验教训，总结的不注意，缺少相互的联络，影响了工作效果与工作改进，更影响新社教理论的建立及其内容的充实与发挥。

最后，国民教育的推行，在广东已有多年的历史，本来，国民教育运动的开展，应该带开了广东社教新的转变的高潮，但由于国民教育推行的效果，在全省范围中还没有起着明显的变化。一方面由于国民教育的实施，直到目前只有制度上的改变，而没有实质彻底的改革，许多问题不待研究，还待充实。另一方面是由于力行及认识的不足，许多人还用旧的眼光来看待新的国民教育。将国民教育作为又是以前的小学，成人补习教育只是一种附属兼办的事情，结果，国民学校和中心学校的教师，又只在整天忙着应付儿童教学的工作，没有时间和精力来关照成人补习教育的问题。因此，我们不能以为广东已经实行了国民教育，便以为广东社教就可以从此奠定新的基础。其实，实际的情况，距离所理想与预定的界限，还差得很远，还须经过遥长的艰苦的一程呢。不过，我们是应该热望和勉力的，随着目前广东政局需要新的开展，全省国民教育的切实推进，配合着全省社教事业的彻底改造，必将使广东社教推上一个新的发展的阶程。

二

上面是依据广东战时社教的发展经过，分期来作"纵"的观察和检讨。为着要更深切地了解广东战时社教工作的效果成就和缺点,需要将这四年来广东社教的实际设施,分别作一"横"的观察和检讨。

(一)广东战时社教的经费状况

依照中央关于社教经费的规定,社教经费需占教育总经费的10%~20%,以后则须逐年递增。同时,教厅亦曾规定各县民教馆的经费定额。但是,广东的社教经费,却向来都没有遵到中央的规定,而各县的社教经费,大部分也没有依照已定的标准。

四年来,在国府省库教育经费支出的比较上,广东社教经费,是逐年略有增加,而社教经费的指数,比较教育总经费的指数也提高了,并以二十八年度(1939)社教经费的指数为较高。(附表)

广东省抗战四年来国府省教育总经费与社教经费比较表

年度		经费数	指数
廿七年度（半年）	教育总经费	684.839	22.04
	社教经费	35.943	19.72
廿八年度	教育总经费	2.206.853	71.03
	社教经费	196.528	107.84
廿九年度	教育总经费	2.416.868	77.79
	社教经费	156.734	86.01
三十年度	教育总经费	3.280.279	105.58
	社教经费	192.768	105.77

但就各年度国府省库教育经费的分配,广东社教经费,比较还是非常微小的。广东廿九年度国府省库教育经费,几有一半是用于中等教育的。中学、职业、师范教育的经费,共占总额42.98%,义教经费占22.75%,高等教育经费占13.01%,而社教经费则最少,不及省库教育总经费6%。

广东省民国二十八年度(1939)社教经费,比民国二十七年度(1938)稍增,这年度里曾因补助各县办理战时民校,及印刷民校课本及民众通俗读物等,支出一笔不少的经费。最近两年,广东社教经费预算的分配,又因事业的增加而略有变更。依照三十年度国省库支出的社教文化事业部分经费中社教经费的分配可以看出两年来社教事业虽有增加,但各社教事业部分的经费分配,是呈现着一种静止的状态。

至于4年来全省各县社教经费,因战后各县经费缩减,亦随之减少。自廿八年颁发广东省各县市民教馆设施纲要,厘订定级,规定各级县民教馆最低经费后,不少县民教馆,已力求到所规定的标准,至于各县社教经费的分配,全省各县社教经费的支出,最多为民众学校,其次为民众教育馆,民众阅报处,图书馆。此外,还有许多民间私立的社教事业,特别是抗战后在各地举办的民校,与各地兼办社教事业所用的经费,没有详细的调查统计。

根据上面各项数字统计及广东社教事业经费支出的实际情况,我们可以作如下的结论:

(1)全省社教经费,虽有历年递增,但仍未达到中央所规定的标准,还差得很远。近两年来的社教事业,虽然是增多了,但社教经费,比较廿八年度的社教经费,却还减少。而各县社教经费,亦多未达最低标准。

(2)四年来的广东社教经费,虽能保持着常态,没有骤升骤降的趋势,但是由于若干地区的沦陷,全省社教经费的总额是减少了。特别是由于抗战四年来,物价指数高涨的迅速,社教经费表面上没有减少,但实际上却低折了,在社教事业上,受到极大的困难限制。

(3)从全省社教经费支出的数量上,及全省社教事业的实际效果来观察,一方面是显示了民众学校,民教馆及民众阅报处等,是广东社教事业中最重要的一部分。另一方面,是由于民校在各地蓬勃开展,与兼办社教活动所表现出的成绩,显示了各学校机关团体所兼办的社教事业,比较政府所举办的有成就,所用的经费也更多。因此,也就显示了四年来的广东战时社教,还是停滞在以兼办社教为主的阶段中。

(二)民众教育馆

省立民教馆。现在仅有一所,每日经费2000元,从民国二十三年(1934)设立后即着重语文,生计及康乐教育的实施,经过多年的充实改革,规模上也算完备。抗战后,即着重政治教育与艺术教育的施行。对于广东战时社教的推进,曾尽过很大的努力。广州失守,省民教馆损失最重,无数仪器,标本,书籍,都在战乱中失散了。目前,因为经济缺少,环环的限制,两年来只能在狭隘地区内,进行战时社教示范工作的实施。

至于县市民教馆方面,就战后数年在各地所目睹,根据各社教督导员的谈论,及去年省民教馆收得的50多县民教馆的调查报告表,它的实际情况,可有几点:

(1)一般上来说,没有几县民教馆是充实,符合所规定的标准,目前大部分多在艰苦中维持工作,部分因战争及空袭影响,工作已停顿、有名无实、空挂招牌的也为数不少。

（2）经费缺少的贫血状态，成为一般通病，能够达到规定标准的甚属稀罕，最近有些县份，已力求经费的增加与扩展事业，但这却是极少数。

（3）在工作人员问题上，普遍表现着几种严重的现象：第一，馆长甚至职员，多数是兼职的，变成事无尊责，敷衍了事；第二，自馆长至职员，资格极少符合标准；第三，无人愿干，留人困难，结果人员流动，工作停顿；第四，有了负责热情工作的人，却少助手，又缺经费，"巧妇无米"，结果焦头烂额，一片灰心。

（4）各馆所做工作，因为有着上述各种困难，仅能办办民众学校，出版壁报，设小型民众阅览处，间亦有举办通俗演讲，民众晚会，与当地各学校团体联合办书展农产展等，能够辅导当地机关学校办理社教，推广识字运动，与通过教育的组织，来配合各项抗战动员的工作，则是凤毛麟角地罕见。

总括说来，战后省县民教馆，虽有过一段时期活跃，但一般上很少令人满意，目前，工作上的缓滞，更说明了广东社教主要阵地的空虚，脆弱；与社教危机的严重，构成这现象的原因，除了上述困难外，还有两点：

（1）目前社教系统的未建立未健全，影响民教馆不能切实执行辅导任务。本来，民教馆的任务，特别是省民教馆，并不只在示范工作的推行，而主要的却是辅导工作。尤其是要着重到民教问题的研讨与材料的供给，以及实际上辅助解决困难问题，但因社教系统不健全，权责不清楚，省县民教馆间虽有辅导的关系，然地区辽阔，交通困难，与社教督导员或县督学，又无职务上工作上的联系配合，遂至情况不明，材料不切需要，计划不能贯彻，推动就更加不易了。

（2）工作没有中心，没有步骤。没有认识在困难情况下本身的力量与任务。分别轻重，把握中心区地，分期推展工作，所以，工作抓不着头绪，无从着手，既因困难，又无耐心，只有避难就易，着重些容易表现成绩的"示范工作"，而主要的辅导任务，却因而放松。

根据上面的困难情况，省县民教馆的工作，是急需改革的。而这是一个需要详细研讨的问题。这里，仅只提起的，是有人见到民教馆所因困难所表现的弱点，便提出取消的意见，其实，当前中心问题的处理，并不是取消与否的问题，而是应该如何在彻底改造社教问题中，给予必需发展的条件与应有的关心和帮助，因为所以表现的弱点，并不是它本身的罪过。而且依照中国目前经济政治文化的实际情况来说，正需要这综合性的民教馆，作为建立新中国社教系统的一种过渡的社教形式。

（三）社会教育实验区

战后的广东社教实验区，大部分存在的时间并不长久，而现在仅存的连县实验区，上窑实验区，也没有怎样大的成就。然而，社教实验区的工作，在广东战时社教事业发展的历程中，却占着一个重要的位置，而且是一种最确切，最能深入动员教育乡村广大民众的社教堡垒。

几年来，社教实验区在工作中，曾有不少优越的成就，主要的有：

（1）对社教事业尽了极大的倡导作用，它的卓越成绩，引起人们对新兴社教事业的注意和兴趣，国立中山大学乡村服务实验区的成立，更开创了广东乃至全国中上学校兼办社教的风气，特别是各实验区。

（2）对青年的重视，对青年教育的实施，收到很大的效果。中山大学乡村实验区，动员了二百多同学参加工作，在工作过程中，同学们都长大了，成为支持广东抗战动员与民众教育的骨干。以乡村青年教育的实验工作中心的花县实验区，大规模的实施，青年教育培养了大批地方干部，各实验区，也多重视青年教育工作，并以地方智识青年为推动工作的核心，来加强工作的效能。这些经验，说明了青年力量的伟大。

（3）阐明了青年与社教相依的关系，社教在社会事业改进上的作用。社教事业需要以青年人的气魄来推展，更须要以青年为核心为主干。它是青年与广大民众密切联结的纽带，能使青年恪尽桥梁的工作与在工作中教育自己，锻炼自己。同时，也说明了社教事业是乡村改进的有力工具，是乡村事业改进的中心，是贯联学校与社会的关节。因为当时各区都能依据教育方法进行工作，运用教育的力量，求得政教配合，帮助各地事业的改进，使各区成为当地的社会核心。

（4）进行组织教学的实验与注重组织教育的实施，这不但创立了新的教育制度和方法，而且阐明了教育的组织作用的本质，教育与组织工作的相互关系。当时龙眼洞实验区，根据小先生制的方法推创出组织教育的实验工作计划，由教师指导一班相当高小程度的学生，分科负责低级学生的教学活动，成绩较优的低班学生，亦指导他们做小先生，负责家庭亲属的识字教育，结果，小先生的进步甚速，而该乡扫除文盲工作亦能顺利地完满进行，同时，各实验区中，亦曾运用组织教学的方法，如花县实验区小组教学及辅导制度，有很多宝贵的经验。至各地的组织教育工作，着重政治教育与组织活动的配合，组织效果的收获，及运用组织来推动支持教育事业，不但工作上有核心的灵活推动，而且在教育活动中，使民众养成爱好组织生活的习惯，训练了不少民众领袖，与成立了各种动员组织。当广州危急时，石牌附乡民众，与世仇的龙眼洞乡民团结起来，展开保卫家乡的战斗，花县乡教区，六百余受过训练的青年男女，亦在战争烽火中，动员起来了。直到现在，不少青年在伍观淇将军领导之下，支持当地的游击战争。

（5）采用星芒形的分区工作制，使工作有层次有步骤的推动，特别在花县实验区，有着优越的成绩。当时曾将环绕于实验区十里内乡村，划分为数区工作，在每一工作区中建立中心工作据点，一方面办理示范工作，另一方面则辅导区内各村社教活动，及调查发动区内智识青年举办民校，由实验区给与经费及教材的帮助。除了经常到各地巡视辅导之外，并有定期的集合讨论工作问题，因此各乡村在这有系统有核心的领导推动下，热烈地展开了抗战教育运动的高潮。

（6）教材内容及教法，有许多单异的表现，除多依年龄性别分编各种读本外，均能注重生活教育，乡土教育，及抗战知能内容的选辑，并以政治教育内容为中心，中大乡验区当时虽无统一教材，但各乡均能依上原则编写，体裁，内容，且甚新颖活泼。花县实验区所编的农民抗战读本，初级则力求字句的明简，常用及合韵，高级则着重推理和讨论。各实验区且多设有政治讲话一科，内容多着重当地革命志士，民族忠烈及世界名人故事的讲述，并作讨论及其成败经验教训的总结，中大乡验区多引用番禺民众抗英史实，民族志士刘义等故事为题材。花县实验区则着重花县革命传统的发扬，洪秀全及黄花冈烈士等事迹的论述。妇女班政治讲话，则多叙述中外妇女名人，各种社会及现代各国妇女名人，各种社会及现代各国妇女生活情况，在事实叙述中，申论当前妇女问题。在教学方法上，多着重已有经验的引申讨论，实际的运用，特别着重与抗战动员各项组织活动的配合。有用集合表演方式，作为教育工作的检阅与练习，有在访问会中互相观摩，及求得相互的比较竞进，有在实施军事训练救护训练时，举行会操演习，求得技能的确切熟练。

（7）在艰苦工作中，创立了广东社教的新作风。中大实验区的工作同学，在热烈氛围里，建立了分工合作的工作制度，负责不苟的精神，勤劳俭朴，谦逊练达的作风，工作领导，则着重方针原则的指示，没有繁琐条文的限制，只有温情的鼓励和诚恳的劝勉。没有严峻的责骂和冷酷的教训。各实验区的工作人员，亦能上下融洽，亲切热诚，多能在关切民众利益的工作中，得到民众的信任爱戴，且各实验区，由于战后经费锐减，处境虽极度困难，但均能奋斗不萎，力求工作的开展，在广州失守前后的辛勤工作中，树立了广东社教人员艰苦卓绝的新作风。花县实验区蔡剑魂君在组织民众武装工作中，惨遭汉奸的刺杀，更创造了广东社教人员英勇牺牲的模范。

但各实验区亦曾存在有不少的困难，主要为经费过少，（除花县实验区经费较多，规模较大，则各省立社教区，每月经费只得国币二百元）人员缺少，实验工作不易切实进行，亦不能收完满的效果，其次则为工作经验的缺乏，各实验区多属同时创办，缺少参考，致多错误，人力时间，浪费不少，但根据各实验区的工作表现，社教区实是一种具有示范、研究、辅导、推广各项功能的社教实施单位。在实行建立社教系统及改革充实省县民教馆的时候，社教区的工作制度及成就，有好些方面是可作为参考的。

（四）社会教育工作团与游击区社会教育

社教工作团的成立，与游击区社教的被注视，是表现了抗战第二阶段中，广东战时社教事业的新动向，象征着广东战时社教运动的新高涨。

社教工作团，是在新的政治情况里，继承着广州失守前后的社教新作风而创立起来的。主要任务为实施游击社教工作，当时，除集中各实验区工作人员外，并招有工作青年六十人，经过三月的训练，分三大队及各配一电化教育队出发东江前线，中心工作是：协助当地学校机关兼办社教，辅导各区乡镇推进文化事业，发动各地智识青年办理战时民校，得直接实施各项社教工作，扩大社教影响，坚定民众抗战信心。出发东江工作期间，因得各地军事行政当局与地方人士的协助，使工作能依照所规定之任务切实进行，成效卓著的有：

（1）社教影响的扩大，及战时民校的发动办理，当时每至一地，均曾开招待会邀集当地耆绅，行政当局，各团体学校负责人员，报导社教团之工作，任务，了解当地教育情况，并讨论关于切实推展当地社教运动之各项事宜，及举行大规模之宣传活动，出版壁报，散发传单，赠送民众读物，放映电影，演出戏剧，造成了热烈的情况，扩大了社教的影响，加深了人们对社教的认识注视，及大大提高了团的威信。至发动办理战时民校方面，期内曾发动新丰、龙川、河源、惠阳、博罗各县，办理战时民校三百余班，在惠阳更曾协助当地筹钦办理战时民校，并予以切实的辅导。

（2）在当时曾灵活地运用新的工作方式方法，收到很大的效果。在惠阳工作期间，因当地县民教馆劫后尚未恢复，为开展惠阳城内社教工作，曾举办社教推广处，内设有阅书报处，娱乐室经常举行时事报告，并举办抗战讲座，延请当地名流作专题演讲，与当地人士取得密切的联系，及由此推动各机关学校团体，倡导及兼办战时社教事业。此外，并曾作抗战书展，及请各学校团体作戏剧公演，推展了当地艺术运动，这一别开生面的做法，得到了当地人士的热烈赞赏与欢迎，并由此而推动迅速地恢复了县民教馆。至于各队深入各乡的工作，亦能把握着各地的特殊情况，运用各种不同的做法，使劫后惠阳的乡村教育，在衰退崩溃的情况里，添增了蓬勃的新生的气息，并辅助当地青年，开辟了许多教育新地，展开了向被人们忽视的游击区社会教育。

（3）由于工作的切实开展，与学习情绪的提高，虽在短促的数月里，而全体工作人员的理论修养和技术，曾有了极大的进步，特别是对游击区教育的实况及社教问题，有了进一步确切的认识。当时除曾编印团员工作须知，指导工作的开展，出版油印刊，沟通全团的工作及指导团的学习外，特别着重各小队教育工作的实行，当时每小队乃至各团员，都定有学习计划，并依各团员水准能力分编学习小组，由能力较强团员负责该组学习辅导。大队工作，则将内部教育问题提至第一位，当时因为要加强各小队的工作领导，曾举行干部教育会议，为研究及开展妇女教育，曾举行女同志教育会议，在教育会议中，并将实际工作联系起来作详细的检讨和总结，对当时工作的改进及团员的进步上，曾起着极大的作用，此外，亦因当时工作上的需要举行专题讨论，或举行工作竞赛、客语竞赛、及写作竞赛。时事讨论或报告，工作会议则定期经常举行。在热情的鼓励与互助之下，大大提高了工作热情与学习情绪，而且加强了团员间的友爱团结。在这温暖热情紧张活泼的氛围里，全体工作人员都飞速地进步和坚实起来了。工作作风也有了新的转变和发展，每至一地，均能与当地民众紧密地联结起来，得到民众的热情爱护。

后因工作期满及易团长，全团集中回韶，另招新团员，出发清远、佛冈、从化、花县、三水、肇庆、广宁各县工作，对反敌伪奴化教育斗争工作，曾有不少成绩，但因工作人员对社教工作的比较生疏，工作效果较前低退，且因拨一大队经费成立戏剧歌咏队，经费人员均较前减少，致工作开展大受影响。根据社教团成立两年来的工作中，所表现出的成绩与困难，可以得出如下的结论：

（1）社教工作团是战时社教一种新型的事业单位，在开展前线及基层社教工作中，最能负起推动与辅导的任务。但工作中也曾存在着和遭遇着不少的困难。

（2）主要的困难则为工作过于辽阔，分期工作时间还短，形成了过于流动，及工作不易生根稳固，影响工作效果的继续和扩大。

（3）因为缺少地方工作的配合，民教馆已不健全，各地小学在当时的现况，亦多不能负起开展社教工作的任务，特别是前线地各地区智识青年的缺少，战争的离乱，民众生活的困难，前线经济状态畸形的发展，短期内工作的确很难收到预期的效果。因此，想切实开展游击区社教，除在社教团方面，须力求改革，组织上，应予调整、扩充，工作上应予改进、发展，材料来源，须要切实解决，工作地区须要确定划分，使社教团能充分发挥力量效果。而且，更须积极发展游击区当地的社教事业，及建立当地新的社教基础。至于游击区社教必须积极发展的理由，则是很明显的：

（1）前线游击区，是我敌生死搏斗的地方，是打击敌人争取胜利的主要地带，是与敌伪奴化教育严重斗争的地区，是我方必须首先确实大规模实施抗战教育的处所。

（2）然而，事实告诉我们，游击区文化教育的基础已大部分在战火中摧毁崩溃了，敌伪的奴化教育，是在猛烈的袭击与蔓延着，而复古教育，也正在"死灰复燃"地蓬勃生长，这种严重的情况，是足以令人惊心和焦虑的。

（3）游击区里旧的文化教育基础已经崩溃了，衰颓了，不能负担着战争情势下新的艰巨的任务，那就必须迅速地建立新的基础，新的事业，以新的做法，来适应新的情况，新的需求。过去社教实验区的工作效果，在这一方面，曾给我们以很多的参考。两次渡河的战斗，东宝一带民校所表现出的成绩，以至博罗增城从化各县，民校在参战动员上所曾发挥的力量，更说明了游击区社教工作，需要切实迅速的开展。

游击区社会教育，虽已引起人们的关怀，及已开始实施，但是数年来都做得万分不够的。有些社教团已在前线地区流转工作两年，曾发动补助游击区各县办理战时民校，并拟定有游击区教育实施大纲，最近并通令游击区各县从速整理及恢复各小学，及有不少军队政工人员，在开垦着前线荒芜的教育园地。但是从今天的需要与实际效果的比较中，来看过去数年对前线教育所实施的工作，则只是"沧海一粟"而已。

（五）艺术教育

艺术教育的实施，在广东战时社教事业中，一向是被注意而且能有很好的成绩。自从抗战开始，省县民教馆及各实验区，都能切实艺术教育推行，而各地民众动员教育工作，亦多以艺术活动为其主要的工作形式，数年来广东艺术教育的成就，及民众艺术水平的飞速提高，说明了战时艺术教育，在社会风气的转移，与民众抗战意识的唤起，爱国热情的鼓舞上，是一最有力和最有效的武器。

在广东战时社教数年来的实施历程中，曾表现着不少困难弱点和成绩。主要在：

（1）电化教育实施的困难，电化教育在广东艺术教育中，是一重要的部门。民国二十五年（1936年），曾派员参加教部电化教育人员训练班，成立电化教育巡回施教区五队，每队配有小型发电机，电影机，幻灯机，播音收音留声三用机。初则分派指定地区工作，二十八年（1939年）成立社教工作团，为加强游击区教育工作效能，曾派三队协同出发工作。在各处放映抗战影片及幻灯，及曾配合游击区政工人员深入惠博前线地区工作，到处均能得到广大民众的热烈欢迎，收到极大的效果。近年因电油昂贵，经费困难，影片的缺少、陈旧，工作大受影响。最近教厅添设电化教育校务处，计划实施电化教育，至播音教育，二十六七年（1937—1938年）间，曾限令各县备价装置收音机，定时收音广播，计发给各县中上学校，民教馆，实验区等，共160余架，但后多损坏无法修理，战后更因电源供应的困难，各地收音机，大多搁置不用了，因此，今后材料电源的补充机件的修理，在困难中如何计划开展电化教育等，是迫切需要解决与实现的问题。因为电化教育的运用及发展，是中国社教实施的新方向，是在战争困难中力求进步的必要措施。

（2）战后数年，政府对艺术教育的倡导，是比较更加注意。去年，为推行战时艺术教育，及培养艺术干部，曾创办了省立战时艺术馆，后改为省立艺术院，内分戏剧、音乐、美术三系，每月经费2000余元。曾招收基本学员，保收学员及自费学员共60余人，并曾举办舞蹈班，成立以来，曾经常举行戏剧音乐公演，对广东战时艺术教育的倡导上，尽了很大的努力。最近继续招收第二期学员，及负责组织训练戏剧歌咏队，出发前线各县巡回推进战时艺术教育。

（3）由于历年政府的倡导，艺术工作者的努力，各学校团体对艺术运动的注意推展，已使低沉了的广东艺术运动的浪潮，现在又呈现着新的高涨。抗战开始，广东艺术运动，是处在蓬勃生长的黄金时期，广州失守，广东艺术运动，即已转入分散，艰苦与深入的阶程。由于数年来艰苦工作的累积，与目前抗战形势所表现出的某些特点，艺术运动是渐渐地蓬勃生长，特别是戏剧运动，有着长足的进步，音乐木刻等，也在热烈发展中，这期间，对广东战时艺术运动最努力和最有成绩的，除省民教馆，艺术学院外，则有战区艺术大队，省政工队艺宣队，军管区复兴剧社及儿教院等，最近成立有木刻分会，五十年代剧社等，在战时艺术的研究、推展上，有着卓著的成绩，且更向着更高的艺术理论与技术修养的研讨，及朝着民族基层，前线，军队的战斗方向发展着。

（4）不过，目前广东战时艺术运动，还存在着不少足以影响和阻碍它发展的弱点。最主要的就是缺少领导、推动的核心，与缺少联系。即如戏剧运动，剧协虽已成立数年，但直至目前为止，所能肩负的任务与发挥的力量，是极有限度和微小的，而艺术院则还在成立的雏期，全省的艺术运动，缺少了指导，却少了相互间的观摩、影响、推动，致使在艺术理论水平与技术修养上，都没有明显的提高到必要的地步，特别是广州退守后，艺术干部人才发现的稀少，剧作的贫乏，艺术工作者某些旧作风残余的依然存在等。显示了今后广东战时艺术运动的发展，还须待政府当局及艺术工作者的加倍努力。

（六）人事行政与刊物出版

广东社教行政，在省方面，是由教育厅第四科主持的，民国二十八年（1939）以前，教厅第四科是专司社教的职责，后因第五科裁撤，将工作归并第四科设股管辖，从此只得一股专司全省社教的工作。去年实施国民教育，又将原由第四科辖管的失学民众辅习教育工作，改由第二科负责主办。各县方面，社教行政，则由第三科综司其事，国民教育实施后，乡镇国民学校中心学校的民教部，则成为实施社教的基层组织。

负责社教辅导工作的，在省方面，设有社教督导员6人，分区专责巡视辅导，省民教馆亦负有辅导的任务，近年，且规定各省立师范学校负有辅导各区小学办理社教的职责。在县方面，社教视导，由县督学兼办，各县民教馆亦负有辅导全县社教事业的任务。

自从民国二十七年（1938）奉令建立社教辅导制度以来，各社教督导员对全省社教情况的了解,计划的拟定,工作的推动,都曾尽了很大的努力。但由于全省社教制度的未健全,在辅导工作上,曾表现出不少困难和弱点,一般上最主要的:

(1)数年来,社教督导员虽曾经常奔驰各地,积极督促辅导社教工作的开展,如在南路等地区,也曾收到不少的效果,但由于各县社教机构的不健全,人事的流动,己身力量的单薄,因此推动工作,多属困难,辅导计划,无法实现。

(2)地区辽阔,没有确定的辅导地区,更因战后交通困难,几经艰苦,巡视一周,即已期满,又易地区,效果如何,无从考核,即使再度前赴原区辅导,事隔数月,各地社教人员,或已更易,或因实际困难,工作无法开展,而本身又没有办法给予实际的帮助,这种困难、弱点、苦闷,一直到现在还没有克服和解决。

至省民教馆的辅导工作,向来是重刊物的出版,材料的供给,及通讯讨论。省立师范学校的辅导工作,则大多有名无实,一般还没有建立社教辅导的工作制度。事实上没有额定的经费,没有分明的权责,没有考核的办法,结果,规定计划只成为"具文"而已。

关于广东战时社教的人事问题,数年来的事实,可得出如下的结论:

(1)由于社教机关的添增,战时社教事业的开展,工作人员是增加许多了。现在省县社教机关,共约有五百人,而民校工作者,有统计的则在6500人以上,至全省社教人员则约有12000人。

(2)大部分社教人员,多是在实际工作中磨炼出来的,政府有计划训练的则很少,战后省立文理学院曾增设社会教育系,此外则曾在县政人员训练所教育系举办社教班。

(3)由于人事制度未建立,工作无保障,生活不稳定,因此表现了许多矛盾的现象,一方面是人才缺乏,资格多不合,另一方面则人员流动,无人安心做社教工作,或者人才散置,不能集中使发展所学与所长。

关于刊物出版方面,数年来,教厅曾出版有以社教人员及小学教师为对象的教育导报周刊,省民教馆曾先后出版以研究联络及辅导为中心的广东民众教育月刊,及辅导《通讯半月刊》。此外,则有教育新时代社所出版的《教育新时代》,常曾论及社教问题。至社教书籍及民众读物,二十八年(1939年)曾出版有社教法令特辑,现阶段的社会教育等,及社教丛书第二辑,民众读物8种。总括全期广东社教刊物出版工作,各刊物对当时社教问题均有不少的发挥,及曾给当时社教事业的推动指导上,尽了相当的作用,但一般上也曾存在着有不少的弱点:

(1)对战时社教理论的阐明、研讨、发挥上,是极贫乏的,对社教工作经验的总结,及工作的实际指导,除在抗战初期时,曾有热烈的叙述外,此后则是极度缺少的。

（2）各刊物多不能认清当前社教工作者的境况，及其实际需要与困难，不能切适他们的需求，而且多是漫无中心。

（3）不注意刊物出版的效果，只知出版，不顾推行，只知发行，不审查效果及反映，及求得经常的改进。

（4）民众通俗读物，出版的太少了，没有想念到民众的需求，也没有和文化出版界取得密切联系，直至现在，一方面，民众饥渴，没有文化粮食，另一方面，则民众通俗读物出版的计划，还迟迟未见实现。

（5）对游击区文化事业的推展，文化站的建立，书报的供应并完全没有实现，前线的民众甚至工作人员多看敌伪报纸来明了时局情况，这是令人惊心与痛惜的！

（七）失学民众补习教育与兼办社会教育

失学民众补习教育的实施，是广东战时社教工作的主要项目，亦为社教机关及兼办社教的主要工作内容。民国二十五年（1936年），教厅曾依部颁失学民众补习教育大纲，订定六年实施计划大纲。抗战开始时，曾通令各地大量举办民校，二十八年（1939年）后则发动及辅助各县办理战时民校，二十九年（1940年）订有失学民众补习教育实施计划。预计在本年度中，入学民众达失学民众总数30%，依各县市人数比例，规定期内入学民众最低数额。及定由各级学校，各社教单位，各机关团体协力推行，并以国民学校中心学校的民教部为主。课本则由教厅分区委托各县市翻印供给。数年来，失学民众补习教育，经已大规模推展，但仍有不少的困难与弱点：

（1）在战争情况下，经济生活困难所造成纷乱不安的情绪，重商心理与流动现象，影响了招生问题，更造成了人们对教育事业的漠视。

（2）直至目前为止，国民教育的推行，还存在着不少的困难与强点，想依靠中心学校国民学校的民教部为主，进行失学民众补习教育，能否完成原定的计划，实成疑问。

（3）兼办社教方面，则因发动各机关团体切实兼办社教的非易。目前各地民运则仍然沉寂，各校社教工作，则大多仍停留在表面的宣传活动，办理民校，则多因经费问题，无法实现，因此，失业民众补习教育的实施计划，能否完满实现，这些困难问题，实须考虑，且须设法推进的。

依照目前的实际情况，实施失学民众补习教育，除须彻底整理国民教育，使之能切实负起这艰巨任务之外，还必须有计划地发动大规模的兼办社教运动，一方面，规定及计划推动各机关学校理开展社教工作，同时还须切实开展各地民运青运，运用各地学校机关团体丰富的人力财力物力，以补政府及各地社教单位力量的不足，使之在工作中培育出大量的社教人才，来支撑今后的新社教事业。

三

抗战已将踏入第五年头,检阅四年来广东战时社教的优点、缺点、成就与困难,及沉味那兴奋或忧郁的经历,发展的规律和法则,要克服当前广东社教的弱点与困难,开展今后的工作,首先必须加强对社教事业实施的决心、信心和建立社会教育的制度系统。这,是今天广东社教应有改进的地方,也就是今后中国社教应有努力的方向。因为:

一、加强社教事业的决心信心,是开展社教的动力,及为决定的因素。我们应该决心地认识与相信(现时代是群众本位的时代),"现代革命事业必须为群众而奋斗,由群众来参加,一切都不能离开群众本位"。今天,我们是处在空前困难艰苦中,肩负着抗战建国的双重任务,若不将民众的教育,丰富地实施起来,则不识字的人,没有教养的人,决不能得到胜利;若不得民众切实教化起来,则人民经济上的幸福,决不能提高,不能加强他们的协力合作,也不能使他们享受一种纯真的政治生活。所以实施民众的社会教育,决不能带着迟疑的心理,也不应带着救济怜悯的心肠,应认识清楚,将教育交给人民。是今天建设三民主义新中国的必要措施,过去做得非常不够,今天就应该决心普遍的开展。不但要确认新兴的社会教育,在今天是引带中国人民走向新生路途的火炬,更应深信:在将来,社会教育且是哺育中国人民不断向上长进的泉源。上有决心信心,才能倡导推进与培育社教的不断发展,下有决心信心,才能艰苦工作,求得社教事业的成就。目前,只有下层社教人员的辛勤工作,缺少了上层当局的决心倡导,经费不裕,制度不立,事业少改进,形成了无数的困难与弱点,这实是社教发展上严重的危机,也不仅是社教事业的重大损失。

因此,对社教教育事业实施,决心信心的建立与加强,不是表现在空洞的计划与美丽的言辞,而应是有远见有步骤的确切实施,要能清楚广东的具体情况与特点,认识广东抗战中的位置,估计今后战争形势的发展,把握工作的实施方向,及了解目前的困难,发展的规律,艰巨的路程,与今后光荣的前途,有系统、有中心、有计划、有方法、有步骤的推进实施,并依靠民众力量及由民众来参加发动工作。同时,在有决心信心的实际工作中,阐扬战时社教的理论,指导战时社教事业的进行,推动及团聚更多的人才,协力开展社教事业,及建立社会教育的基础。

四

建立社会教育的制度、系统,是开展今后社教事业的必要措施,因为目前没有社教制度，以致各种社教实施机关，名目不统一，系统不分明，权限不清楚，纵横不联系，步骤既不一致，事业亦时患动摇（陈礼江先生），正好像一副残缺不全的机器，推动不灵，行走迟缓。因此，加强对社教事业的决心信心，就是要换上一副足够马力的推进器；建立社教制度系统，就是要装置完整的机件。使能灵活行驶，任重致远，至社教系统应该怎样建立，这是需要详细研讨的问题。不过，根据四年来广东战时社教的经验，需要建立的社教制度，约须具备如下的规模：

（1）要有分明的系统、层次，要有健全的社教基层组织，灵活的中级机构，完整的上级领导机关，并须依交通、地理及抗战情况，划分区域，或建立特殊的机构组织，使能依层次系统推动工作，及能适应战争的情况，负起实际领导的作用。

（2）要系统一贯，权限清楚，领导集中。这就是说，要从目前这种间接的辅导制度，转至直接隶属的统一系统，使领导权责集中，人事计划能贯彻。下层专责工作的推行施实，及问题的反映，材料的收集，而中上级则将推动、示范、研究、辅导、考核、给应的权责集中，使能有力的实施计划工作。

（3）一方面要有固定的工作，依层次系统推行工作，另外，须有流动工作的组织，配合各地工作的开展，并给予实际的辅导。

（4）一方面，要取得全省社教系统上的纵横的联系，使社教工作步骤取得一致；另一方面，更要求与社会上各部门事业相配合，求得工作效果的更大发挥，及使社教工作所需用的物力材料，取得适当的供应。

不过，"罗马不是一天造成的"中国社会教育制度的建立健全，还是需要经过遥长的路程，不歇的努力。同时，随着政治经济文化及军事上的发展与需求，社教系统与内容，亦将随着不断的发展和充实。在艰巨的今天，固然对社教系统的建立，不能有过度的奢望，但必须依据目前的情况需要，与今后社教发展的前途，来奠立今天社教系统制度。

在目前，关于社教系统制度的建立，有几个实际问题，需要切实研究的。就是自从国民教育实施后，国民学校中心学校的民教部，已成为实施社教的基层单位，因此，国民学校中心学校的健全充实，不单是国民基础教育的实施问题，且亦是社教系统上，基层组织的巩固与发展的问题。同时各县及省民教馆，在这新形势下，应该怎样改造和发展，使能负起辅导各县以至全省社教事业的实施，也是应该迅为确定和解决的。

只要对社教事业能有决心信心，建立了社教制度系统，在有远见的正确领导下，运用灵活的机构，集中人才，则社教工具的改进，新作风方法的研究，教材的编印，书刊的出版，以至与政治、经济、军事各部门工作的配合等，这都是比较容易解决的问题。今天，民族是正站在时代的转折点上，中国社教的改造，亦已处在停滞衰退或者是改造发展的交叉路中,在民族生死决斗中,关系抗建前途,民众教养的社教事业,是不容许停滞,更不容许衰退的,因为在狂流中停滞或衰退,将使民族堕入痛苦的深渊,及增长人民的灾劫与磨折。

夏,是万物繁育,成长的季节,中国人民血泪翘思的社教事业,却将怎样呢?

难童教育的特点和实施要点[①]

一

历经无数灾劫,在非人的境况中生长起来的中国儿童,由于敌人野蛮的侵略,他们遭逢了人类历史上空前未有的厄运。敌人的炮火,摧毁了他们的家乡,残害了他们的父母。随着民族危机的加深,随着家庭景况的巨变,无数的儿童失去了保护,没有了教养,失去了人间的温暖,捱受着饥寒疾病死亡的窘迫。这孤苦的一群,像迷途的羔羊一样,在暴风雨袭击的荒漠里待援。

敌人是多么的残酷啊!他们想摧毁中国一切自救的力量而至新生的幼芽,凶狂的日寇,不但残害了儿童的父兄,奸淫污辱了儿童的母姊,还要非人性地刺杀虐害中国的儿童,当作玩耍游戏的有趣方式呢!

敌人是多么的阴险啊!他们一贯在推行以华制华的毒策,他们不但用金钱利禄来引诱汉奸,动摇妥协者进行卖国叛变的阴谋,驱迫我们的同胞当作替死鬼,而且大批地抢掠我们的儿童,企图制造成为今后遂行侵略阴谋的炮灰。

"抢救战区的难童"!在今天已不单只是一个迫切的号召,而且在全国都已广泛开展实际的运动,并且有计划地开展教养、保育战区难童的工作。□□□对待敌人的办法,是要从敌人、汉奸所喜欢的反面来着想,处理战区难童的办法也是一样。敌人要残害,我们要保养;敌人要掠劫,我们要抢救;敌人、汉奸要强迫他们接受奴隶教育使他们成为侵略的炮灰,我们要加紧施行抗战教育培育他们,使他们成为中华民族光荣的一代!

二

难童教育,随着中华民族危机的来临和中国人民抗战建国的迫切要求,以新的姿态,提到中国抗战教育的领域中,成为中国新教育的一个重要部门,而且成为新中国教育的萌芽。

[①] 本文载《教育新时代》1940年6月1日第1卷第3期,第4~6页。

难童教育，在过去是没有成规的，而过去的中国教育，是一种"害人误国"的教育，过去的教育制度、方法、内容和措施，到今天，为了配合伟大的抗战，已有亟应彻底改革的必要，所能引用到难童教育中的，自然是极有限度的，因此，我们必须缜密地研究、商讨，建立起今天难童教育所需要的新的制度、新的方法、新的内容和新的措施。

在这短小的篇幅里，不能详细地提出许多的意见，只能提出关于难童教育的特点和实施的要点，作为与从事难童教育及关心难童教育者意见的交换。这些问题，好像是很原则，很抽象，或者有人觉得是很空洞的。但是我总觉得这是实施和开展难童教育的前提，是值得我们注意的。

三

难童教育的主要特点就是，难童教育是在中华民族抗战建国的艰辛境况中诞生出来的一种新的教育。它不是一种消极的慈善事业，它是有着抗战建国的积极意义和要求的。它是一种新的东西，应该排除一切旧的观念和旧教育的渣滓，它是一种新的教育，应该具备着新中国教育的气概和楷模，因此，它决不是旧教育制度、方法、内容、在新情况中的重复运用，而应是抗战教育扬弃否定过去腐化落后教育的一种新姿。

难童教育的第二特点就是，现阶段中国儿童教育新的规模，它是教养合一的。教养合一，并不是在学校教育"教"的任务上，加多一重家庭父母"养"的任务这样简单，它是取消了家庭与学校，家庭与国家的鸿沟，使儿童在国家——新的完整的集团——教养下，成为国家社会的新人，它打破了因财富所有而决定接受教育程度的传统教育，而且开始创造了消灭智力劳动与体力劳动新教育的楷模。

难童教育的第三特点就是，对象是一群从战区抢救出来的灾难儿童，这一个特点，特别关系到难童教育的方法、内容和措施。由于他们体验着敌人的残害和威胁，抗战教育的内容，是他们所迫切需要和容易接受的，同时由于他们失去了甜美的家园和慈爱的双亲，在流浪中失了教养的期待，身体上可能受到摧残，心理上可能发生变态，怎样回复、调试他们的健康，及克服他们恐怖和不安的情绪？这在训育和一切措施上，都值得我们细心注意。

同时，这一群从战区抢救出来的儿童，是相当复杂的。复杂，这又是难童教育一个重要特点。他们来自不同的地区、不同的阶层，他们有不同家庭景况、不同文化水准，不同生活经验，因此在难童教育实施过程中，我们要深切和具体地了解他们不同的性格，不同的典型，不同的生活经验，不同的文化水准和习惯，我们不但要将难童教育变成一座熔炉，将这复杂的一群，锻炼成为坚强的集体，而且要在有计划的教养中，充分培养发挥他们的天才和能力。同时这复杂的一群中，他们的知识力等差可能距离甚大，普通学校教育中不常发现或者不大重要的问题——如白痴、顽聪等问题，可能在难童教育中，成为一个占相当重要地位的问题。还有，在这复杂的一群中，大部分都是农村中贫苦人家的儿女，他们那天真纯朴的散漫的农民本色、强烈的好奇与模仿心理，在训育和教学上的关系和影响，值得我们多多研究。

四

由于难童教育具备着这几个重要的特点，所以在难童教育的实施过程中，应该好好细心地研究和推行。

首先，应该实施和发挥爱的教育。由于民族的危机，儿童们遭受了残酷的遭遇，在他们幼稚纯洁的心里，不单蕴藏着诚切的和难以寄托的热爱，而且萌种着深沉的恨根。这种强烈的爱和恨，是我们要在难童教育中，必须实施爱的教育的最大根由。每一个负责难童教养的人，应该深刻认识自身的任务，对这一群国家民族新生的幼芽，加以耐心的关切和爱护。不但要拆掉传统教育中"先生"与"学生"间那道高高的墙，而且应像士敏土的女主角黛莎一样，成为儿童的"姨母"，儿童们的母亲！我们要在一切活泼，集体的场合里，培养儿童坦白热诚、真挚、友爱、互助、大公无私的爱的美德，而且要善于根据儿童的血泪教训，启迪和发挥他们那爱护乡土、爱护国家民族以至爱护人类的热忱。只有爱的教育，才能陶冶和发挥儿童的美德。才能培养儿童强烈的自觉的爱人，爱物、爱护工作、爱真理的热情。这强烈的爱与恨，正是我们新中国人民所必需具备的德操啊！

其次，要实施强烈的政治教育和实施民主教育，由于抗战建国的迫切需求，一切教育，都应配合这伟大的抗战，而今后新中国的建立和成功，需要我们对这光荣胜利的一代，施以积极的教养。我们反对将儿童教养成为可圆可方的泥块，因为我们所需要和希望的是一群有志气有魄力来做新中国主人的新民。而且由于新中国是一个新的民主共和国，因此我们不单应在有计划的生活行动教养中实施政治教育，更要在生活行动教养中，运用民主的作风，来培养儿童的民主精神。有了强烈的政治教育，可以根据儿童自身惨痛的经验，启迪他们明确的认识和思想，使能清晰地了解自己的处境、前途和任务，并培养他们关切民族、爱护国家、关心抗战、要求进步的热情和决心。有了民主教育，不但可以加强儿童的团结友好，培养儿童优良的集体精神和坚强的组织力量，而且足以打破传统教育的因习，解除儿童身心的拘束，发挥儿童的积极性和创造性，使儿童得能自由的发展他们的天才能力。

第三，要注意健康教育和实施适度的军事教育。健康教育的实施，不是"养尊处优"，更不是空洞的具文，而是切适儿童生理心理状态的适度教养和积极的锻炼，一方面密切关注和改善儿童的卫生和营养，另一方面给儿童以有计划的康乐活动及有秩序而又活泼轻松的生活。健康教育使儿童不但在身心上得到陶冶和锻炼，而且对其他各项教育的实施，都会有很大的裨补的。至于实施军事教育方面，我们应该清楚，这里所需要实施的军事教育，不是呆板单纯的立正、见礼、操脚步，也不是过于严格的冷酷的军事管理，而这种适度的、不超越儿童的心理和生理状态的限度、不违反我们实际要求的军事教育。这种军事教育的实施，是为了适应战争环境的需求，及为了使儿童在日常生活行动，工作过程中，培养得迅速、确实、机动的习惯，保持和发挥集体纪律的作用和集体力量的效果。

第四，难童教育的内容，应以文化课为主，着重生活教育，语文教育，生产教育，政治教育，康乐教育。应该技巧密切地联系，特别着重强调政治教育，及注重劳动身手与科学头脑的培养训练。到了适当年龄，应开始与实际工作需要有密切联系的职业技术训练。这种职业技术训练，可以作为难童教育制度中的最高一级，同时可以切适抗战建国的需求，不断培养新的技工。教学上，应该注重启迪法与自由问答，特别着重"教、学、做、用合一"的设计教学，运用到实际的劳动生产——应该注意儿童的体力——而至实际的消费和分配的工作，这样可以打破手脑分离的教育与学习，同时可以在这集体的实际工作学习过程中，培养出勤劳、负责、坦白、大公无私、不欺诈、不压迫与互助的美德。这种美德，配合着建国新经济基础的建立和发展，是有着重大的意义和价值的。

此外，最好能采用组织教学，因为组织教学不但在培养发挥儿童的组织能力及自治精神上有极大的作用，而且可以打破传统的教学方式方法，树立"即知即传"的新精神，并使儿童在实际体验中，明白在教学上帮忙别人学习，是自己学习和保证学习效果扩大的最好办法。

最后，加强难童教育者本身的团结与努力求进步，这不能否认是实施难童教育过程中重大的关键和要点。因为难童教育是一种新的教育新的措施，直到现在，许多重要的问题还未解决，不少新的问题，却不断在催促着我们加紧去研究。千万儿童的教养和前途，真切的关系到负责教养者的身上。难童教育困难的问题特别多，责任特别重，苟非负责教养者的密切团结与艰苦劝勉、不断虚心地检讨工作，发现问题，耐心研究，协力合作，实无足以应付。因此负责难童教育者的团结与进步，不但是克服一切困难和阻碍的因素，更是难童教育不断改进发展与完成时代所赋予任务的最大保证。

开展平山的工作[①]

一、劫后平山

全团抵达惠阳后,本队(第一大队)即奉派到惠阳第四区——平山工作。10 月下旬,我们就在新的工作地区里开始工作了。

平山是东江一个重要的交通枢纽,平山区属的霞涌盐灶背各地,是敌人进攻广东首先登陆的地方。平山白花各乡镇,由于发动英勇自卫的战斗,遭受了敌人惨酷的烧劫。惠阳克复后,平山的民众,虽已从敌人的刺刀下恢复了自由,但是由于敌人的残害,大部分的民众,都从穷苦的生活,更堕入饥寒交迫的深渊里了。

平山的政治机构,虽然在光复后已重新建立了应有的行政系统,但是实际上多数都是空架子!乡政的实权,大都操纵在"有财有势"的人们手里。由于过去文化的落后及封建残余的作祟,乡间氏姓关系存在着一道深深的鸿沟,民众对政府的威信几乎没有了。由于过去官吏的贪污及在沦陷后政府方面关切得不够,政府的印象在那些强悍的平山民众脑海里,却只是"催兵纳税"的机关。达到平山的时候,我们曾被多次误认是政府催兵追税的差使呢!

文化教育的旧基,在敌人的炮火中被摧毁了。平山民众平时被人认为是最不注意文化教育的,其实是由于生活的窘迫,教育的方式内容不切合他们的脾胃仅有的一些小学,十分之八都停顿了。民运机关,只空挂着几个招牌。平山的民运,真像死水般的沉寂,民众普遍存在着严重的恐日病和失败悲观的情绪,但另一方面却又充分表现着浓厚的太平空气呢!

二、估计和决定

根据详细的调查了解,我们觉得在平山地区工作,存在着三个优越的条件。

(1)由于平山文盲严重存在,教育崩溃,民众生活困难,求学不易,我们的教育工作,一定会得到广大民众的热烈欢迎和爱护,如能按照本团已定方针及计划工

[①] 本文载《新时代教育》1940 年 5 月 15 日第 1 卷第 2 期,第 12~13 页。

作，将会收到很大的效果，同时，由于平山民众曾经遭受敌人的残害，根据他们自身惨痛的经验教训，抗战教育的内容将容易为民众所接受和理解，而引为推展今后平山民众维护政府、动员抗战的原动力。

（2）由于当地人士的热烈赞助和区乡负责人的协襄，工作的进行和推展，将会得到很大的帮助。

（3）由于大队改编后全体同志的工作热情大大提高，友爱团结较前进步，学习情绪较前高涨。这不可多得的进步，成为解决及克服一切困难的重要因素。

估计了工作站上的优越条件之后，我们要详细地指出工作上的困难条件并决定克服困难的办法。

（1）由于平山民众文化落后，恐日病及太平观念严重存在，民众对政府威信薄弱，我们的工作进行可能招致不必要的误会，工作效果可能受到很大的限制。因此，今后的工作进行，要充分运用本团的一切教育工具，以强烈及经常的扩大宣传，转移太平空气，提高民众的抗战情绪，并以积极的示范工作，行动，求得工作的开展，以提高民众对政府的威信。

（2）由于平山的政治机构不健全，虽已得到乡长、区长的协助，但是工作的推动进展，还是存在许多困难问题的，更由于留乡知识青年少，而本队人数不多，固定的工作经验缺少，可能发生许多技术上的困难问题，因此，决定以小队为工作单位，依具体分工、集体影响的原则进行工作，并加紧墟镇教育宣传工作，补救缺少流动工作及广泛教育宣传工作的缺憾，加强集体生活、集体学习，经常发现问题检讨，以济经验的不足。

（3）由于平山的语言朴实复杂，初期工作会受到相当的影响，因此决定加紧客话学习，不畏羞，多与民校学生乡民接近谈话，向群众学习。

至于工作方法方式，我们也有详细的决定。针对着平山民众对政府威信薄弱的弱点及本团肩负起推行游击区社教的特点，因此我们决定除了积极刻苦的工作和作风及切实充分运用所有的教育工具——电影、司灯、漫画、挂图、书报、戏剧进行各种教育宣传活动之外，主要的是采用深入耐心地解释："政府明白惠阳劫后凄惨，地方万分困难，许多学校都停了，许多人都无法读书，特地派我们来帮助你们办教育，教大众读书识字。"同志们的艰苦工作，服务民众的言行一致及这几句统一的话句，必将使民众热情拥护我们的工作，争着要我们去"办教育"、"开民校"。而团的威信、政府的信威在群众的面前也会大大提高。

三、工作纪略

关于工作的进行，我们决定分为三个阶段。第一阶段着重调查，联络，解释宣传，第二阶段严重示范表证工作的建立及巩固；第三阶段着重工作的开展，及开始各地的辅导工作，同时决定了几个工作原则：①工作归小队，会议决定工作；②工作依计划，具体分工，集体影响；③工作与行政动员工作密切配合；④健全集体生活集体学习，保证集体工作的进行及完成。

第一阶段工作开始的时候，我们分队出发调查联络，举行招待各界座谈会，并举行扩大社教宣传大会。在分队出发调查联络中，求得对各地深入的了解，在招待会中，与各机关团体乡政负责人取得密切的联系，在扩大社教宣传大会中，使广大民众，对本团工作得到清楚的认识和了解。

在这初期工作过程中，除掉完成了主要的工作之外，我们还尽了很大的力量，编了成人妇女班的辅助教材及课本。同时我们曾清晰地讨论研究各乡村的特点，工作开始时的做法，及估计了我们工作可能发生的作用和效果。

第二阶段的工作，很迅速地展开了。我们选择了白花和信义为小队开始工作的地方。除在平山镇建立了表证民校外，也在信义乡建立了两间表证民校。由于事前访问联络的周到，我们毫无问题地克服了一般人认为困难的招生问题。开学后，通过家长、乡耆、同学的督促鼓励，及将教学内容与组织活动密切配合，我们就克服了一般人认为最困难的留生问题了。在工作上相当有成就的地方，就是将民校学生的组织活动，与政府行政动员工作密切联系起来。如第一小队组织民校学生协助秋收，及发动民众在严寒中破坏公路，响应县政府的通令组织冬防队，第二小队组织民校学生捐募抚恤白花遭受天灾伤亡者的家属，组织校友会展开全乡社教运动及支持、继续我们去后的工作。从这些工作中，我们对于如何将教育工作与宣传组织、武装工作密切联系起来这一问题，得到了不少宝贵的经验教训。

流动工作与固定工作密切的配合起来，一方面是以强烈的集体的教育宣传活动，刺激鼓舞沉寂的民众情绪，另一方面是在工作活动中，使民校真正成为全乡工作活动的中心，巡回电影及画展经常教育着盈万的民众，民校学生工作活动的结果。办民校，成为附近数十里各乡民众迫切的要求。

在第二阶段工作快要结束的时候，我们就开始推展下一段的工作了。在信义乡联合各小学私塾教师、知识青年、耆绅组织了社教促进会；在白花联合区公所抗敌后援会的各小学团体，组织社教推广处，并密切联络各乡村知识青年办民校。很可惜的是，由于留乡知识青年的缺少，班数的有限，致不能广泛普遍地开办起来。当各乡民众殷切地盼望我们去开办民校,而我们却无能为力的时候,那种茫然歉仄、相对无言的画面,到今天还深印在我们的脑海里。直到我们离开平山的那天,无数的民众,仍在恳切地挽留我们,要我们长住在他们那里教育他们,他们共同负担我们的生活费。这一亲切热挚的场面,告诉我们什么呢?谁说中国的老百姓不知长进、不爱教育,他们要求适合自己的教育,太迫切了!

四、收获

三个月来,十六位的青年儿女,在这荒芜大地上耕耘的结果,究竟有些什么收获呢?我们惭愧,我们没有得到预期的"丰收",因为我们做下的,只是点滴的工作呢。四间表证民校,六七间战时民校,五百多学生,万多受宣传教育的民众,这只可算是在文化贫瘠的中国沙漠上添了几株细草罢了。

最后我们在工作上觉得愉慰的,就是广大民众对我们热诚的关切和爱护,及民众对政府的态度转变,对政府的威信提高了。民众的经常馈送,使我们时常觉得"双重俸给"的鼓励。寒冷时赠送稻草棉被,疾病时煎药看护,一种在人世间难以求得的真情和温暖,使我们这一群离家的儿女,得到无限的慰安和劝勉。谈话间,乡民时常都会提到政府和民众隔膜的问题,我们就解释到我们政府的进步和爱护民众的措施,百姓们愉慰地点头了,有的都率直地将我们当作例证,我们时常都绯红着脸万分惭愧,心儿忐忑地挂着一个问题:"我们应该怎样更进一步加强政府与民众的联系,除消政府与民众间的'墙'呢!"

三个月的工作,虽是这般的短促渺小,但也让我们积累了不少经验教训。一方面,我们已由实际体验明白了社会教育在今天中国社会所需要的基础;另一方面,我们已由工作的实施,约略了解了中国社教发展的前途,并取得了技术上、方式上的一些经验,这一些经验教训,对于推进今后广东的社会教育,将有很大意义。

中国新教育的基本内容[①]

一

过去的中国教育,不但没有依循三民主义的政治理想与精神,加以彻底的改造,而且许多教育措施,当与三民主义教育的实质和基本要求都保存着极大的距离。事实是非常明显的。中国的教育,无疑地,它必须服务于三民主义新中国的创造,它是实现三民主义的教育。然而,数十年来的中国教育,始终都没有摆脱模仿、抄袭的圈套。忘掉了中国教育的特质、任务与三民主义教育宗旨,而成为"只是盲从,粉饰,凌乱,空泛,无计划,无目的的教育"。直至今天,广大民众文化水准的低下,惊人的文盲数字的依旧存在,民族意识还未普遍高度的发挥,人才的缺乏……都暴露了过去中国教育的弱点,也说明了今天的中国教育还未能填补过去教育残留的缺陷,急切需要彻底的改进。

贯彻三民主义的政治理想,确守"教育目的与政治目的一贯"的战时教育方针,实现"政教合一",这是改造当前中国教育的主要途径。而中国教育的内容,则必须配各中国教育的彻底改造,以实施强烈的政治教育为其中心主导的内容。因为开展政治教育,是我们在改造中国教育事业中必须"着眼到最根本的一着"。只有将政治教育作为中国教育的骨干、新教育的灵魂,方能发挥教育的政治作用,使教育目的与政治目的贯联,使教育领域中各部门的措施及其内容,有中心、系统的紧密联系,相互顾应,收到更大的效果,及更能启发学者的智慧,加强其政治认识,提高其学习热忱,养成蓬勃的学习研究风气,培养出大批有气节、有志向的干部人才。

配合中国革命及抗战建国的需求,及由于现阶段的抗战形势任务所规定,中国政治教育的实施,必须包括下列几个主要的内容。

(1)必须唤起强烈的民族意识,提高民族自尊心,自信心、这就是要在政治教育的实施中,"发扬我们民族固有的精神道德,激起民族的独立自尊性,唤起全民族对侵略我们灭亡我们的暴敌同仇敌忾的牺牲性,树立起全民族对民族前途和国家的将来有深切的自信心,从而鼓励起前进积极奋斗的决心"。清除那些动摇、妥协、依赖

[①] 本文载《新建设》1941年9月30日第2卷第9期,第41~46页。

与侥幸的心理，及反对将封建道德、封建思想、封建陋习这些时代残渣，夸张成为民族的美德。因为这些病魔，不但会使中国人民缺乏民族的自尊心与自信心，更将会使中国人民永远堕身于愚昧、无知、迷信、盲从，所谓"安分守己"的苦海里。而强烈的正确的政治教育，则将带给吾人以觉醒、自信与独立的人格，及将使"我们这一个广大悠久民族，从万苦千辛中孕育出光明灿烂的新生命"。

（2）必须普遍提高全民的政治认识，养成政治远见，及使有高度的政治警惕性。这是因为没有了正确的政治认识为内容、为依据的民族意识，则将成为抽象、空洞的辞句，不但民族自尊心不能持久，更可能成为褊狭的民族仇恨，而民族自信心，也根本不能确立和坚定起来。因此，在政治教育实施过程中，必须使全民族的成员，都能正确地明白自己的地位，自身的任务；清楚所处的社会，生活的环境；认识国家的危难，民族的前途；洞察时代的现况，远瞩世界的未来。使有敢于改善自己痛苦的勇气，改造社会的气魄，挽救民族的决心，创造幸福世界的伟志。使广大的人群，都能够辨识忠奸，明白是非，分别曲直，尺度真假；及使有中心有定见及有胆量，依据抗战利益与全民族的最高利益，来判断事物，取舍好恶；使之不因眼前的、个人的或小数的人的小利，而忘却远大的，大多数人的幸福与前途；使之接受在外敌欺凌侵略下血的经验教训，而坚决团结抗战到底。

（3）必须普遍提高全国民众对革命救国的三民主义的正确认识。因为三民主义是抗战建国的最高准绳，是中国人民一致爱护的政治旗帜。在过去，直至目前，"我们全国民众和一般青年，实际上并未有普遍受着三民主义的教化"，"三民主义教育的不深入"，今天，是我们教育界及全国人士应实现三民主义"作为自身的责任"，而实施深入的普遍的三民主义教育，成为目前政治教育的主要内容。要在启发的"循循善诱"的教导下，使全国民众明白三民主义的真谛，由信仰发生力量，坚持国父救国救民、革命力行的主张，为革命救国的三民主义的实现而奋斗到底。并使民众明白三民主义的现实性与完整性，不但要坚决反对敌人汉奸修改杜撰革命救国的三民主义，作为欺骗压迫民众的幌子，同时要反对、检举那些只说不做而冒充国父信徒的败类。

（4）新中国公民新道德精神的建立与培养，是政治教育实施中不可缺少的内容。中国的新教育，一方面要发扬民族固有的精神道德，另一方面是要建立起新中国人民所必须具备的新精神与新道德。关于民族固有精神道德的发扬，并不是将旧精神道德在新中国新情况中，依然以旧的观点来引用，而是用历史的眼光来认识，发扬那些有利于新中国社会的固有道德精神，并以现代社会的生活来充实发展旧的概念，譬如在今天，我们应该特别要发挥中国固有道德中的"民族气节"，"人格修养"，来反对汉奸无耻卖国、"认贼作父"的行为，粉碎动摇妥协的心理，以巩固全民族的精神防线。同时,要培养"艰苦奋斗,至死不屈","克己利群,大公无私","互助互让,精诚团结"的新精神,来鄙弃过去"各人自扫门前雪,不管他人瓦上霜"的传统陋习,坚持全民族的团结,在艰苦中开拓民族新生的路途。

(5)实际政治生活的参加与训练,是实施政治教育必须具备的内容。因为实施政治教育的提出,并不是说中国人民政治修养太差,必须教育好了,才能给他政权,而是说三民主义的新中国,是规定了中国人民必要有管理政治的权能,需要在民有、民治、民享的国度里,在人民现实政治生活中,培养与提高人民的政治觉醒与政治力,在实际政治生活中学习,是中国教育政治化的最高表现,也就是中国教育社会生活化的中心内容。"教、学、做、用合一"是中国新教育实施的唯一原则,因此,实施政治教育,就必须教育与中国人民实际政治生活相联结,使教育与人民生活权益形成不可分离的血肉关系,才能是中国新教育有了实际的内容,成为中国人民感有兴趣迫切而需求的教育。

(6)扫除文盲,提高文化水准,实践教育权平等,亦为实施政治教育的必要内容,及为实施政治教育的首要步骤。因为扫除文盲是改进政治的重要条件,提高文化水准为促进辅导政治发展的重要因素。教育权平等,在中国不应是空洞的辞句,应该体察民众的实际生活与困苦,在教育形式方法上,在教育的一切措施上,予以切实的改进与规划,使广大民众能实际接受教育。同时,将政治教育与政治动员工作贯联配合起来,唤起全民对教育的需求,自动地发动、支持与发展新教育事业,并在蓬蓬勃勃的政治动员工作中,开展蓬蓬勃勃的政治教育。

二

抗战以来,中国教育在普及民族意识工作上,虽然还不深入,不坚实,但总算比较有成绩。至于对集体的、民主的、爱的教育的实施,我们却太忽略了。

过去的中国在长期专制统治整体压迫麻醉,及军阀盘踞分割之下,不但民主政治没有建立起来,而且在国人中直到今天,仍然普遍存在着一种意志消沉、自私自利、苟且偷安的恶习。在这艰险的时代里,迫切需要实施集体的、民主的、自发的教育,来清洗"过去十年二十年来教育上所遗留,散漫凌乱自私自利之风习"。

集体的教育是反对个人主义教育、反对教人养成散漫凌乱、自私自利自高自大的教育。实施集体教育是需要:

(1)养成团结,互助,互励的精神。教与学都要建立在集体主义上,反对教与学的个人主义,在集体的教与学的熔炉中,溶除"时代落伍的渣滓",培育出新的作风,由相互的关切,进至相互的帮助;由相互的学习,进至相互的鼓励,相互的督促；由相互的谅解，进至相互的爱护，进至精诚团结，共同发展，共同进步。

（2）养成集体意识和集体的生活习惯。集体生活是被教育者、儿童发展上的主要条件，新中国人民所以别于旧中国人民的，就是新中国人民将到处都表现着一种集体的、组织的、团结的气概与规模。中国的新教育，就是一种新的集体主义的教育，它要教人谨记"舍己利群，为人生最初之本务"，它要教人明白集体的利益就是个人的利益，只有集体的胜利与自由，个人才能得到真正的解放与自由；它要教人自动自觉地遵守集体的纪律，维护集体的福利；它教人要养成爱好集体、爱好集体生活的习惯，与养成组织的能力。

（3）养成自治精神。今后之自治，应使民众由自动之振作，完成适合现代国家一切地方建设，更增加我国家民族坚强之力量。要坚守社会组织基础，国家秩序，遂行政治建设，一定要借助新教育的力量，来完成这艰巨的任务。不过，我们要明白，自治不是便于管理学生的一种手段，也不是研究制度的运用的一种实际办法，而是要使学者藉以学习得"善为生活，善为劳动"的一种手段，养成人类社会中的有用分子，培养各种具有新中国公民必具的美德，具有活泼的社会本能，惯于组织的活动，为三民主义新中国的有力建设者。而培养学生自治的精神，则一定要在学生的实际生活中来锻炼。教师应积极辅导学生自治，使学生能充分发挥自治精神，以集体的工作学习来表现学生的生活。及将学生自治与一切教育活动社会活动联合起来，学生生活的内容愈丰富，则学生自治将愈彻底。

（4）集体教育，是要在教育的实施中能收组织的效果，起着组织的作用。这就是说，在中国新教育的实施中，组织效果的收获，是一个重大的目标，及为实际工作考成的重要标准。不起组织作用的教育，就不是真正彻底的中国新教育。凡是受过新教育的人，都应该从此就有着实际组织生活的参与经历，有着组织的经验与能力。在另一方面。凡是一切组织与集团，都应该起着教育的作用，及应该进行组织教育，及有着丰富的组织生活。因为在组织中进行不间断的教育工作，及以组织为对象而进行教育工作，不但对个人施教的效果来得比较大，而且这是巩固发展组织的保证条件，及为求得不断进步的契机。

民主的教育的实施，过去实在做得太不够了。民主的教育，是中国新教育的鲜明标帜，是三民主义新教育的重要内容。在民族危机空前严重的情况中，需要展开民主的教育，培养中国人民的民主精神。来加强全民族的精诚团结，生长新生的力量，挽救中国危难。只有民主精神建立发挥，才能加强相互的了解，进至亲爱团结，才能发挥人民的积极性，及自动自觉的集中力量。如果没有了民主的精神，则相互间就容易变成虚伪敷衍，因循推诿，对事则效率减低，对人则"尔诈我虞"，造成相互间深深的畛域门户的意见。因此，我们必须切实实施民主教育，来反对武断、独断的、因袭的传统教育，反对禁锢、盲从的汉奸亡国教育，清除那些阻梗中国人民求得新生的魔障，建立起三民主义的民主的精神与规模。民主教育的实施，它的内容必须是：

（1）是自动自觉的。教育必使受教育者，对于其任务能自动自觉热心积极，彻底地做完，养成心到、目到、口到、手到、足到的实践习惯。因此，实施民主的教育，就要使一切教育措施尽可能通过与取得民众或学生的讨论和自愿，明白原委，发表意见，共同参加。启发他们的自觉性，使心满意足、自愿自发自动地来干。这样，不但会收到完满的效果，且更能提高他们自动学习、热烈研究和自觉自律的精神。

（2）是实践的。这就是说，实施民主教育，是要在民主生活的实践中，在一切民主的措施中，去发挥教育的作用和加强民众民主精神的陶冶。因为只有这样，才能迅速有效地养成自动自觉的自治能力与高度发挥民主的新精神。

（3）民主教育的实施，是教学作用合一的。是师生共同生活共同工作的。教师在教上学，学生在做上学。学习的内容是实际需要的，学习的计划是师生经过商讨订定的。这样，不但和封建时代完全信赖书本和教师的教育大大不同，就和资本主义社会所谓启发而学生实是被动的教育也不相同。它将充分表现了师生合作的平等的民主精神，和使学生在主观上完全是主动的，是自觉自动的。

（4）在民主教育实施过程中，只有说服、奖励、集体的约束，与诚恳的互相竞赛与帮助，不但没有了封建时代教育的打骂制度，也没有了资本主义时代教育的扣分、记过、立壁的种种处罚。而在训育问题上，是采用着民主教育的正确训练方法，实施民主集中制，取消及反对那些传统的管束压制的方法。因为我们要奠定国家基础的民主精神，决不能采用武断、独断、固执、偏见的方法，至于实施民主的教育训练与实施军事管理，则是不相互矛盾的。因为实施军事训练的目的，是取法军队生活的整齐、划一、简单明了，教人"谨严整肃"、"迅速确实"、"纪律严明"、"机动灵活"，而这些都是民主训练所必要的。将军事训练作为压制的手段，将纪律作为束缚的工具，及认为军事训练与民主训练是不相容的两码事，这些都是要不得的观点，必须改正的严重错误。应该认清军事训练的主旨，及其与民主训练相互联贯的精神。及明白新中国所需要的纪律，是要用来保护和发展大多数人的民主自由的东西。在占着世界上四分之一人口的国度里，切实开展民主的教育，提高民主精神，对新中国的创建前途、而至在捍卫世界真正民主自由的作用上，都有着深沉的意义。

集体的、民主的中国新教育，必然就是一种爱的教育。因为在集体的教育中，必然会因集体生活的相互影响关切，而激荡起爱的火花，发挥出人类集体真诚的爱谊。民主的精神，就是建立在人类平等自由、相互尊重、共信互爱的基础上的。因此，必有爱的教育，才能充实集体教育与集体生活的内容，更能使集体民主教育的作用得到高度的发挥。

在敌人铁蹄践踏的祖国原野上,广大的人群遭受着流离颠沛的灾劫,抗日阵线应该像是一道热烘烘的暖流,任何抗战的单位,应该像一个融和的家。爱的教育的实施,就是要以教育的力量,在洪流中洗刷一切虚伪自私的渣滓,教人要有真切强烈的爱与恨,教人们明白中国人民就是自己的骨肉手足。我们应该互相友爱,相互扶持。大家要以真诚相见,使虽是在离乱的人世间,到处都能呼吸着春一样的柔和的气息,到处都能体受着家一样的甜快的温暖,得到手足兄弟般的关切与帮助。

爱的教育的实施,是说明:

(1)师生的关系,不是从属的关系,教师对于学生不是一个绝对的主人。教师对学生,不能再如封建时代的俨为人师,赏罚随意,也不能如资本主义社会中工银劳动般的教师,"教了就完"地对学生漠不关心。教育者对为自己的工作对象学生们,必须认识出自己使命的所在,明白他们的要求,教导他们怎样认识及有能力地在政治上、经济上、在法律上、在社会上乃至教育上,获得解放的门路。"更必须随时随地,以父母督教子女同样之辛勤,进而为亲切周到之监护"。与学生"晨夕接触,起居与共","以身作则","抚摩薰沭,而底于感化"。学生对先生,亦应该建立正确的态度,不是对严师的畏惧,而是对良师的敬爱。在良师"循循善诱"的平等民主精神发挥之下,自动、自发、自觉地积极学习,积极工作,陶冶品质,建立崇高坚定的信仰。

(2)爱的教育,是要取消人压迫人的教育,同时也反对冷冰冰的、死气沉沉的教育。它要激发人群风雨同舟,同甘苦共患难的美德。造成奋发从公的蓬勃朝气。因为人压迫人的教育,是新中国所不需、所鄙弃的,而冷冰冰的、死气沉沉的教育,则将冰结人们的知慧,阻塞着民族新生的泉源。因此,爱的教育,它绝不教人姑息、溺爱、偏私、固执、腐化、退步、爱财色、爱名利,而是要教人爱大众、爱集体、爱组织、爱国家、爱民族、爱人类、爱真理、爱正义、爱光明、爱进步。必须从幼年时期起,就培养这种强烈的爱与恨,及必须从一切教育措施现实生活中,来实施这强烈的爱的教育。

三

教育与生产劳动的联结,是中国新教育崭新的内容。

从教育的本质来说,教育是要帮助人类营社会劳动生活的一种手段,教育的本质是实用的,是与劳动生活密切联结的,而教育的发展,则是切适于各时代社会的经济状况和需要。手脑的拆伙,劳心劳力的分家,教育与劳动的脱节,这是人吃人社会制度的产物。今天的中国,要扬弃旧中国的残渣,但亦决不是"步欧美的后尘","重蹈资本主义国家的覆辙",而是要建立三民主义的新中国,"驾乎欧美之上。"因此,新中国的新教育,不但不是旧中国的封建时代的教育,也决不是资本主义社会的教育,而是一种三民主义的新教育。这种新教育,不但是鲜明的政治教育,是一种集体的、民主的爱的教育,而更是与生产劳动密切联结起来的。

教育与生产劳动的联系,是说明:

(1) 要在教育领域里,纠正劳动与教育分家的现象,因为劳心劳力分家的教育,在个人方面,则使劳心者,读书人,弄成"四体不勤,五谷不分"的文弱书生,使劳力者,弄成"不识不知,顺帝之则"的老粗。在社会方面,则士居四民之首,视劳动为卑贱,而劳动人民则居于下流,视学问为无用。在国家方面,则增添了无数游手好闲,或只是好看而用不得的人物,而广大的民族下层,则像止水一样的,大家都依然涸身在愚昧、迷信固习的深渊里。目前,迫切需要洗除这种旧教育的遗毒,确切实施手脑合一的教育,教人用脑又用手,用手又用脑,使人群的智慧得到实际的高度的发展,创造出文物俱丰的光辉无比的新中国。

(2) 除了要开展科学教育,培养民众的科学头脑、科学精神和科学方法,更须实施劳动教育,给学者以一种根本的经济需要的清楚观念,使广大的人群明白"劳工神圣"的真义。教人尊重劳动,爱好劳动,养成劳动的身手;教人尊重劳动的人民,爱护劳动的人民,维护劳动人民的福利。从童稚的时候开始,就使儿童于不知不觉之间,在庭园的游戏里,当作游戏的继续而进于劳动,使不以劳动为不愉快或为惩罚,而明白为天赋才能之自然的独立的表示。

(3) 新中国的教育,必不是有着不可逾越的鸿沟将肉体劳动与精神劳动强制分离的教育,新中国的学校,亦必不再是教人所用非所学的了。新中国的教育和学校,必是重视生产劳动的,将教育与劳动实行联结,且依劳动生活而遂行教育,而且是依从全国的经济建设计划,"建教合一"的。因为,依据学者自身经验的把握,将课业与劳动实践结合,则必将收到更大的效果。为了学者特别是儿童肉体的发达、能力的全面发展,劳动也是在所必需的。何况,我们必需要千千万万专门职业的技术的人才,来支撑、参加三民主义新中国的创建工作,更需要我们迅速开展生产劳动的教育,有计划培养出大批的建设人才。

(4) 教育与生产劳动的联结,它不单是要消除"养尊处优"的士大夫教育,它更要对抗和洗刷目前中国教育领域里那种投机取巧的重商主义气息的侵染。同时,它是主张幼年劳动的禁止,它又要反对以琐屑的事务主义的劳动服务来虚耗学者的时间精力,因为这将局限了学生的政治觉醒。例如它认为,今天学校中开展生产运动与劳动练训的意义,不只是种种几畦菜来补充饭菜,修筑几条路来点缀风景,而是有更大意义的,认为应是有中心地开展全校员生蓬勃的生产动员,成为一种热烈的运动,将学校成为一个核心,推展全社会的生产运动。在热烈的生产劳动的过程中,进行教育,变革教育,培养新的意识与知能。

(5)实施生产劳动的教育,并不是说不要艺术、语文等教育了。而是认为新中国教育领域中的艺术、语文等教育,是要切适着民众的生活实况,反映民众的劳动生活与帮助人营社会劳动生活的。这样,中国人民劳动生活的实际,将充实丰富着艺术语文等教育的内容。而丰富充实的艺术语文等教育,则又将充实和丰富着广大人民劳动生活的内容。它将更能抚慰和鼓舞起广大人群的热情、愉快地、果决地进行新社会的创设。

(6)将教育与人民实际生产劳动密切联系起来,就是要使中国教育与中国人民生活利益结成不可分离的血肉关系。只有这样,中国教育才能成为真正民众的教育,才能使民众认识这是他们自己的教育,是他们所需要的教育,从而爱护这种教育,推展这种新教育。才更能使广大人群从实际生活经验中深刻相信"生产教育"与"劳动训练",是发展国民经济的必要教育。及使在集体的生产劳动的生活过程与教育的实施中,体验技术知能的传授获得并不是为了个人生活的安排,而是"学为济世,学为救人"的。只有这样,配合新中国经济创建的中国生产劳动教育,才能真正成为"自养养人"、"济世济人"的教育。

四

从教育本质上来说,教育本身就是丰富地孕育着战斗的意义。它是一种革命战斗的工具。因此,它不是教人如何适应社会,而是教人如何改造社会。何况,在战斗的中国国度里,长期的迂回曲折的战斗路程,需要中国人民在"艰苦卓绝"的持久战斗中,争得光明的新生。革命的战斗实际生活,决定了中国新教育革命战斗的内容。培养革命精神与战斗气魄,是中国三民主义教育实施的标的,在新教育革命战斗内容实施上,必须做到:

(1)在战时的实际生活中,培养人民的革命精神与战斗气魄。教人明白要做新时代新中国的人民,就必须过战时生活,必须为抗战服务,必须在抗战洪流中锻炼。使人谨记"若不实行战时生活,就不能存在,就要被人淘汰灭亡"。在革命的战斗的教育实施下,清洗那些"关起门户不管外边环境,甚至外敌压境了,还可以安常如故,一些不紧张起来"的教育,因为这种教育,是要教人读死书,教人做书呆子的。同时,也要清洗那些只有空名而无实际战时生活为内容的挂牌的战时教育。应将各科都给予切实的改革,使有切合着抗战的内容,使与抗战需要相适应,而更有实际的战时生活及抗战服务的内容。假如脱离了抗战服务与展示生活的实际参与和磨炼,而祈求革命精神与战斗气魄的培养，这只是一种"缘木求鱼"的空想。不但所冀求的标的不会实现，更或将会起着一种相反的作用。

（2）革命战斗的教育，是要在实际的革命战斗生活中，教人体验自己的地位和任务；教人要确认革命战斗的目标；教人要有坚定不移的意志和信念，贯彻革命的主张；教人能够认识困难，不畏困难，面向困难，克服困难；教人要有武装的头脑，教人要有整肃、严谨、果决、明快、紧张、活泼、集体、战斗的作风，发挥中华民族的优秀传统；教人要能"威武不能屈，贫贱不能移，富贵不能淫"，虽斧镬加颈而不改其志，在错综复杂的环境里，都能够坚守立场，把握方向，英勇迈进，履险如夷。

（3）革命战斗的三民主义教育，要坚决彻底清除奴化亡国教育的毒素及洗刷传统教育的残渣。它要反对那些关起大门、"不管外边环境"、固步自封、麻木不仁的教育措施，也不同意那些拖延时日的蜗牛进行式的教育实践。它要粉碎日寇汉奸明明白白地教人投降妥协的奴化亡国教育，它也要打击汉奸在中国抗战教育阵营中偷偷摸摸地散布奴隶思想。它不但在教育内容上，不教人因循逃避，不教人动摇逃跑，而在教育本身的政策和实际施行上，处处都表现着一种"面向战争"的精神。教育学校不应从前线逃跑，新的教育是应该开到前线去，开到敌后方去。

（4）革命战斗的教育，不但教人要"轰轰烈烈的奋斗，慷慷慨慨的牺牲"，更要教人养成坚忍为国的韧性，谦逊从公的宏量。它不教人"长于调和现状"，而要教人积极彻底地进取。有了坚忍为国的韧性，才能充实贯彻发挥革命战斗的精神，因为革命战斗的精神，并不是一种躁急的、盲目的"冲锋主义"、"拼命主义"，而是要在不论进攻、退却或防守的情况中，都能一贯保持着有目标、有方向、有组织、有步骤、有计划、有方针的战斗，而这种战斗，是要能冲击，能坚持，能跃进，能忍守，而又是缜密周详镇定的。"头痛医头，脚痛医脚"的更或"讳疾忌医"的态度，结果只有"扶得东来西又侧"更或"病入膏肓"而致"至死不救"。这样消极的调和现状的精神，不但决不是一种革命战斗的精神，且必将摧毁腐蚀了革命战斗的精神。消极的调和现状的办法，不但不能解决当前的困难现状，且必将增长无数的困难。所以，革命战斗的教育，它教人要坚忍，教人要谦逊，更教人要彻底，要不断地进取。

（5）培养强健的体魄，也是革命战斗教育的重要内容。因为革命的理想，不是空虚的幻想，而是必须在人群"坚苦卓绝"的战斗历程中实现出来的。"坚苦卓绝"，也不是空洞的辞句，而是需要有强健的体魄，来挨受一切的艰辛，来迎接一切的困难。因此，中国新教育，是必需实施战斗的政治教育，进行中国人民头脑的武装。同时，又必须在改善人民生活及全国经济建设实施必要的办法方面，来增加人民营养，增强国民体魄之外。更必须积极将军事教育、体育和休闲康乐教育，密切联贯起来。实施军事教育，使全国民众普遍具有军事上必要的知能。又要实施发展休闲康乐教育，加强德育、知育的陶冶训练，使之配合着革命战斗精神及健康体格的培养。使广大的人民养成"善于休息，善于工作"的习惯，养成"蓬勃的朝气"，扫除衰萎不振的、享乐的、迷信的腐化的现象。造成全国人民活泼的、愉快的、卫生科学的新生活。以往的中国教育，"是解除武装的教育"，今后中国的新教育，则必须是战斗的教育，使全民族成员武装起来的教育。

革命战斗的教育内容，与政治教育的内容，集体的、民主的、爱的教育的内容，生产劳动教育的内容，是相互贯联而不是各自孤立的。没有了革命战斗的、政治教育的内容，培育出的将是"无头无脑"的民众；没有了集体的、民主的爱的教育的内容，培育出的将是"冷冷散散，死气沉沉"的民众；没有了生产劳动教育的内容，培育出的将是"四体不勤，五谷不分"的民众，没有了革命战斗的教育的内容，培育出的将是"苟且因循，动摇难驯"的民众。革命救国的三民主义政治旗帜下的新教育，是要培育三民主义新中国的新人。新中国的新人，一定是有着三民主义的"革命思想"，独立自立的人格，热诚机动的品质，爱己爱群的修养，爱好勤劳的习惯，贯彻力行的决心，坚强刻苦的体魄。

目前，"世界变化如此严重，兴亡飘忽"，民族正站在时代的交叉点上，全国民众，青年，在苦难中正渴求教育甘霖的润荫，过去中国教育留给我们以可悲的遗产，形成今天的窘迫和艰难。今后的中国教育，应该从过去血的经验中苏醒、改造起来！

第七部分 青年工作

青年学生到农村去的新篇章[①]

——记中山大学乡村服务实验区

1935年12月9日,在中国共产党的领导下,北平学生举行抗日游行示威,提出"打倒日本帝国主义,停止内战,一致对外"等口号,呼喊出中国人民的心声,掀起了全国青年学生的爱国运动,在中国革命的历史上写下了光辉的篇章。北平学生的爱国行动,在广州得到中山大学学生的热烈支持。中山大学和广州大、中学校的青年学生,进行了三次抗日游行示威,并组织宣传队到各县市和农村进行抗日宣传工作。1936年1月13日,广州青年学生举行抗日游行示威,在荔湾遭受国民党西南当局的残酷镇压;到各县市农村进行抗日宣传的学生队伍,亦被迫返回广州。广州爱国青年学生总结了经验教训,认真学习了中国共产党提出的抗日民族统一战线的主张,开始转向扩大组织爱国学生进步力量,团结发动群众,广泛建立抗日民族统一战线。中山大学爱国青年学生积极支持学校成立乡村服务实验区,并努力参加工作,体现了抗日统一战线的正确指导。一大批爱国青年学生在中国共产党的指引下,开始走上和工农相结合的道路。

中山大学乡村服务实验区是由学校发起成立的,它得到中山大学爱国青年学生的积极支持,写下了中大青年学生到农村去的新篇章。

当时,日本帝国主义要侵占华北。华北各地青年学生响应党的号召"到农村去",深入农村宣传抗日救亡,发动群众起来保家卫国,得到全国青年学生的积极响应。就在全国青年学生"到农村去"的高潮中,在中大青年学生"到农村去"的迫切要求下,邹鲁校长委托教育研究所主任崔载阳教授和法学院院长郑彦棻教授负责草拟乡村实验区的计划,经过论证,并在全校征集意见。关于实验区的定名和计划内容,他们事先派人到石牌学校附近各乡村进行联络调查。进步教师和学生都积极提出意见并参加实际工作。

实验区的计划拟定之后,由邹鲁校长提交本校的学术政治讨论会讨论。邹鲁校长说:"现在到农村去已经成了整个民族的要求。"学校通过的计划决定以石牌附近10

[①] 本文见《一二·九运动在广州》,广东人民出版社1994年版,第108～122页。载《广州青运史资料与研究》2010年5月第1期,第19～26页。

乡，包括岑村、长湴、下元岗、上元岗、东圃（车陂）、石牌、冼村、猎德、杨箕、寺贝底，为本校同学实验区域，名为国立中山大学乡村服务实验区。在实施办法上，决定在实验区之下设分区，以一乡为一分区，每一分区服务工作由文、法、理、农、工、医6个学院若干人共同担任。同学自由参加，学校给予学分及其他奖励。各分区内设委员会，由各学校下乡服务同学共同组织，互推主席1人，综理该分区工作进行事宜。该计划规定各学院分别开设有关乡村工作的特殊课目，例如乡村农产工作、乡村教育工作、乡村水利工程等，以供他院同学有志于乡村工作服务者先后选修。学校设立乡村服务辅导委员会，由各学院教授2名人及实验区主任参加，负责为实验区审定计划，供给材料，解决困难，协助进修、视察工作等辅导事宜。实验区还成立教育问题研究委员会、农业问题研究委员会、合作问题委员会、农村社会问题研究委员会、戏剧研究委员会，推选对各项专题有研究的同学参加，并由校长在6个学院中，聘请24位和乡村服务工作特别有关的教授做实验区的顾问，负责指导各项乡村服务工作或负责研究解决某种乡村问题。学校还拨出开办费和经营费资助实验区的各项工作。

中山大学乡村服务实验区于1936年4月1日正式成立。"中青"、"突进社"及其他进步青年组织的成员团结同学积极参加乡村服务实验工作，到农村去宣传发动群众，在实际工作中加紧锻炼自己。据1936年10月的统计，参加乡村服务实验区工作的同学共有262人，"中青""突进社"等组织成员都成为各分区工作的骨干力量。暑假期间有不少同学仍坚持工作。中大附中等学校亦有不少同学参加。从"七七"事变全民抗战开始，乡村服务实验工作有了新的发展，一直坚持到1938年10月日寇进攻广州时结束。

关于中大乡村服务实验区成立的指导思想，崔载阳教授坚持他的"从乡村建设以巩固民族生存基本力量"的信念。在学校讨论实验区的计划时，他说："目前乡村服务的最高目的，……看能否找出一条能同时解决民族解放与人民解放，即能同时实现民族统一阵线与实行社会革命之路。"有人提出要学习李宗仁、白崇禧、黄旭初经营广西采取的三位一体的制度，甚至有人提出"把这种'到农村去'的运动，以中大为中心，逐步扩展开去，形成伟大的复兴民族的运动"。不少青年同学对于这种乡运路线观点有着明显的分歧意见。在实验区座谈会上，在教室里，师生之间、同学之间进行过多次的辩论。尽管意见有分歧，但在实际工作中，为了有利于教育发动农民群众抗日救国，寻求有效的办法，师生之间、同学之间的关系是融洽的，彼此相互尊重、团结合作，经常交流经验，改进工作方法。进步青年同学在实验区两年多的工作过程中，起了实质上的主导作用，使实验区的工作蓬勃地发展起来。郑彦棻教授在乡村服务实验区报告书第二卷前言中，也如实反映当时的情况："近来注意乡运者，对于乡运路线颇多争辩。其实历史路标已明示,在目前情势下,除抗敌工作外,其他工作,只应辅此而行,否则实无深意。此不独我个人意见为然,即本书搜载之论文数篇,亦俱阐明吐旨。"

由于学校在外面和石牌附近10个乡村联系,加上同学们的深入工作,各分区得到当地乡长、乡绅、父老和小学校长教师的联合支持,各项工作能够比较顺利开展。由于抗日救亡、保家卫国、团结对敌的思想逐步深入人心,不仅中大因校地问题和附近乡村的矛盾得到缓和,村与村之间的隔阂、姓氏间之争、农民内部的恩恩怨怨等,都逐步得到和解。1936年9月26日,乡村服务实验区举行十乡乡友联欢大会,各乡乡绅父老乡民和支持乡村实验区工作的农村积极分子被邀请参加,连同实验区的工作人员同学和各分区青年、妇女班的学生共1500多人参加联欢大会。锣鼓喧天,抗战的歌声四起,大家情绪激昂,在礼堂前拍照留念。这次联欢大会被称为中山大学建校以来的一件盛事。当年的这幅十乡乡友大联欢的照片,经历八年抗战、学校几度搬迁,能够被中大图书馆保存下来,实是可贵。这幅照片纪录了中大青年学生和教师职工的辛劳成果,体现了中大青年学生与农民相结合,在党的抗日民族统一战线指引下,迈开了可喜一步。

中山大学乡村服务实验区成立以来,实验区和各分区、各委员会做了大量有益的工作。其中影响比较大,效果比较好,成绩比较显著的有三件事:一是农村社会调查,二是文化教育宣传发动工作,三是青年农民的培养。

1. 进行农村社会调查工作,对青年同学起了重大的教育作用

在实验区开办期间,实验区派出同学到10个乡村进行初步调查,了解各村的地理环境及社会概况。各分区工作开始阶段,在各村社会概况调查的基础上,继续组织力量进一步深入调查。调查主要采取挨户调查和个别访问的方法。有关重大的村史和社会情况,邀请少数熟识情况的人开座谈会。

各分区对各村的经济状况作了比较详细的调查。一是人口状态,包括各村的人口数量、各村人口的性别构成、各村人口的年龄构成、各村人口的职业构成、每户人口和文化程度、农业人口的阶级构成等;二是土地关系,包括地权分配和土地使用形态;三是农业经营,包括农产物种类及其价格变动(5年来的谷价比较,5种主要蔬菜类的价格变动,5种主要蔬菜类的价格指数),农具和肥料;四是佃耕制度与雇佣劳动,包括佃农制度,雇佣劳动;五是农家生活,包括农家支出费用的分配、农家负债数额等等。同学们经过各村农村的社会调查的实践活动,对广州市郊区农村社会情况有了具体的了解,并受到一次深刻的教育。同学们亲自看到农民的生活困难重重,看到了农村贫困化的趋势,了解到广州市郊区农村在土地关系上的特点:一方面表现出都市资本主义商品经济的影响,另一方面又依然保存着半封建的形态。土地变成商品，变成商业资本及官僚资本的投资对象，这股势力一天一天地增强。如在冼村的2000多亩田地中，不在本村的地主就占有400亩，占总亩数的15%；在上元岗村，不在本村的地主所有的田亩，占总亩数的13%，在其他各村也有类似的情况。各村中宗族所有地还占着很大的成分，集团地主势力很大。如在上元岗村的太公田有100亩，占总亩数的17%；在长涬，太公田约有1000亩，占全村总亩数的60%。各村的农民，大多数是宗族所有地的佃农。在10个乡村的统计中，佃农的比率占55%，半自耕家的比率占26%，自耕农仅占10%。农业上的无产者，在农村人口中占着大多数。5年来农产物价格变动很大，谷价指数由100跌至73，蔬菜类的价格指数亦由100跌至76。农民的收入逐年减少。农民收入不能抵偿支出的在40%以上，能够稍有盈余的还不到10%，负债户越来越多，普遍有改善生活的要求。活生生的事实，使同学们领悟到一个问题：帝国主义的侵略和封建势力官僚资本的束缚，是中国农村贫穷落后的根源。不实行民主和改善农民的生活，就不可能真正发动广大农民抗日救国的伟大力量。同学们将国民党和中国共产党的政治主张进行了对比，面对现实，加深了对中国共产党的认识，认为中国共产党提出抗日救国的主张是正确的，明确了农村工作的意义和要求，大大提高了"到农村去"的工作积极性。

2. 中大乡村服务实验区各分区进行文化教育宣传工作，采取了多种多样的形式，生动活泼，内容都密切结合抗战救亡和农村实际，受到农民的欢迎，对激发农民爱国热忱和抗战决心，增强团结，起了很大的作用

工作方式包括民众夜校、阅书报处、壁报、读书会、知识传递队、知识传送训练班、歌咏队、戏剧队、游艺会、邻村访问、乡民联欢大会、演讲比赛、国术研究会、运动会、棋类比赛、村友会、互助会、清洁运动、国耻纪念式、收获节、农产品展览会、农业问事处、服务代笔处、生活问题解答处、乡村公园等，各分区因各自的环境各有不同。农学院同学在各村推行速成堆肥法，消灭虫害，组织信用合作社等。医学院同学负责各农村卫生工作，种牛痘、开展灭鼠灭蝇运动。青年同学都发挥了专长和智慧进行工作。"七七"抗战开始以后，各分区都增加了战略训练的课程，如军事训练、救护知识等。

民众夜校和歌咏、戏剧队，是普遍进行的基本活动方式，是经常进行农民教育工作的阵地，最受欢迎，效果最好。

（1）实验区各分村设立夜校共11间，全部学生在1500人以上。每校大都分为高、中、初三级，亦有分为高、初级的。除了课外活动外，基本科目分语文训练、常识训练、生活指导三大门。在民众夜校的活动中同学们可以发挥自己和集体的积极性和创造性，不拘一格，如岑村在长涬村夜校课程就有不同，比如常识、问题讨论、识字教育、国防音乐、演讲训练等。民众夜校的教材，除由实验区教育研究委员会负责选编、供应部分课本外，多数是同学们自编自印的。无论是语文、常识还是唱歌，都充满抗敌救亡的内容，甚至算术亦常以失地数字为题材，语文和常识歌咏教材，很多都注意到通俗化和结合乡土的实际，很有特色。如岑村分区，为了举行国难五月宣传大会，谱写了《岑村歌》，在民众夜校及群众大会上教唱，纪录如下：

岑村歌

1·235｜4321 0｜5·672｜1 7650｜
我们岑村好弟兄，大家见面笑盈盈，
‖：1 7121 5｜65450｜1·235｜43210：‖
1. 青山绿水是我的家乡，先祖由来自宋明，
2. 同心协力大家齐工作，彼此同是一家人，
我们岑村好弟兄天灾人祸真频仍，
更有日本鬼子和汉奸，将我同胞任欺凌，
团结一致努力齐奋斗，争取胜利的光荣。

下元岗民众夜校教材书第二单元第一课，写得生动，有爱国爱乡土的感情，易记易上口，很受农民群众的欢迎。

龙眼花

五月龙眼花头多，
大家唱个五花歌，
五月的家乡多么好，
田中禾尾渐渐高。
风下息凉同是主，
大家谈天排排坐。
我们做个太平民，
世事不理总可过，
但是如今时年错，
难过！难过！
会见不久倭奴来，
田园芦篁燬炮火，
如今挨饿犹余事，清清白白见祖宗，
一旦身为亡国奴，

祖宗百世尽污厮（厮字无意）。
吃甚么的饭，饮甚么的水，
敌人来了不自由，
亲人生命任折磨。
再生龙眼五月风，
香香腻腻年年同，
惟是家乡丧尽无居处，
流离失所贱如虫。
爱家爱乡爱祖宗，
快把心意立定齐努力，
抗战，抗战杀倭凶，
大家杀完了倭凶，
再来凉凉五月龙眼风。

下元岗民众夜校公民训练课的教材教法别出心裁，生动活泼：

公民训练（5月14日）

五月是悲壮的，
我们应该开个会来纪念，怎样准备呢？
通知全村的人来参加，还请些什么人来？
秩序要好，自己先要守会场规则。
我们先写好了标语贴在村内，
想：写些什么好？
我们唱歌，
叫口号，
叫些什么口号？
想想看！
推出几个人来预备好吗？
好！现在来推。

在夜校上这一课时不采取课堂的讲演形式，而采取边教读课文边讨论的方式，将预定于第二天晚上举行的五月国耻纪念大会应该进行筹备的事情，在课堂上解决了。全体学生都明白为了纪念这个悲壮的五月举行全村大会的意义，懂得开会的程序和注意事项,大家都努力做好所分配的工作,大会开得很成功。

有几个分区实行文化战士创普及教育扫除文盲,发动识字的青年和日校的小学生参加。"即知即传",亦收到一定的效果。

(2) 歌咏戏剧活动,受到广大农民的热烈欢迎。实验区戏剧研究会的工作很出色,各分区歌咏、戏剧活动也取得很好的成绩。

石牌附近10个乡村的课堂里和田野上到处飘扬着抗战歌声。国防音乐是夜校的一门课程,青年班、妇女班、少年班人人都会唱救亡歌曲,村村都有歌咏队。有独唱、合唱,经常举行村与村的互访、比赛唱歌,收到良好的教育效果。长湴村青年歌咏队合唱、独唱都受到表扬。他们不但能唱,字音清楚,节奏分明,而且能将歌词中的感情表达出来,有感染力,主要是因为在教歌时教员能将歌词的意义解释清楚,唱者领会较深。有些分区还自编歌曲,唱粤曲、木鱼,用农民喜见乐闻的曲调,歌唱抗日救亡、团结御侮,歌唱抗日英雄,歌唱本地的好人好事。有的乡村农民自编自唱。在援绥群众大会和十村联欢大会上,广大农民群众歌唱抗日歌曲形成新的高潮,带动了整个实验区的歌咏运动。

实验区戏剧研究委员会在组织同学演出戏剧和推动农村戏剧工作的发展中,起了卓著的作用。

戏剧研究委员会团聚了一群爱好戏剧艺术的青年同学,由中国戏剧界的先进作家洪深教授担任顾问,在条件十分简陋的情况下开拓农村戏剧工作,演出以民族解放斗争和农村大众改善生活为题材的剧本。在学校和各村演出《五奎桥》、《打回老家去》、《汉奸的子孙》、《平步登天》、《撤退赵家庄》等剧目。当时,适合广东农村演出的剧本很少,为了满足开展农村抗战教育的迫切需要,戏剧研究委员会在全校发出通告,征集农村剧本,提出简则如下:要求剧本的内容能配合当前抗战形势,加强抗日民族解放斗争的民族意识,揭露农村大众痛苦的根源或破除农村一切迷信和陋习,提出农村大众的真正出路;以适合广东农村大众在生活体验中能理解的事实为标准,内容要现实,趣味要浓厚,情节要动人,描写要生动;布景简单,道具最好能在农村中容易找到的;演员人数不宜太多,以能适合上演于小舞台为最宜;对话要力求通俗易懂;幕数以独幕最佳,最多不要超过三幕。在很短期间内,征集了不少剧本。实验区的工作人员和青年同学编写了《抗敌》、《一个爱国的儿童》、《一个爱国的母亲》、《复仇》、《贺新年》、《钓鱼》、《争公道》、《百灵庙之夜》、《为国牺牲》、《新的女性》、《两个小先生》等剧本,还为支援发生水灾的四川省编写了《一袋米》、《饥饿》两个剧本。

吕志澄同学一人写了《农村一家庭》、《绥东一家庭》、《绥东一伤兵》、《何老大拜年》、《村中之夜》等五个剧本,提供各村在援绥群众大会上演出。戏剧研究委员会协助对各分区进行戏剧训练，成绩很好。各分区如寺贝底村、杨箕村、岑村、长湴、车陂及元岗等村的农民，均能自己演出话剧。各村青年农民和小学老师也写了剧本，自编自演，乡村姑娘也登台演出。其中有石牌村的《米贵》、《太平犬》、《求人难》，杨箕村的《联合救国》、《烟毒》，元岗村的《赌博之害》，寺贝底村的《守财奴》等。

为庆祝实验区成立一周年，洪深教授亲自导演《五奎桥》，以中大实验剧团的名义，在校内和广州市演出，并参加筹款赈川大公演。香港九龙各界发起大公演筹款，中大实验剧团应邀前往香港参加公演，演出《一袋米》及《饥饿》两剧，收到很好的效果。

3．中大乡村服务实验区各分区重视青年农民的培养，积累了不少经验

青年同学到农村去，在各村开展工作，对当时农村工作的重点是什么？依靠谁？这些重大问题，是在工作实践中逐步明确的。

在实验区的工作计划中提出了各分区要办一个青年班，各项工作要依托青年班的学员来进行，并提出要"注意发现有才干的青年，训练之使成农村基本人才"。但是，在农村工作中，要紧紧抓好青年农民的培养，形成一支有思想觉悟、政治上要求进步、有实际工作能力的骨干队伍，作为农村工作的依靠力量，这些道理要在实际工作中体会和理解。如有些分区在开办民众夜校时，没有做好准备工作，先办什么班，后办什么班，没有很好考虑，一开始就办了尽是少年儿童参加的识字班，忙得晕头转向，后来在实验区总结交流经验时，才知道走了弯路。有些分区如长湴等村，一开始着重依托本村青年农民办起书报处，办起青年班或读书会，将农村中读过小学的青年农民组织起来，讲时事、讲爱国故事、革命故事，比较系统地学习政治常识，讲帝国主义侵华史，讲民族解放斗争史，讲当前民族危机，讲抗日救国和实行民主改善农民生活的关系等等，并结合当地农业生产讲一些农业生产科学知识，唱抗日歌曲。青年班或读书会办了一定时间，再开办识字班，招收失学青少年读书。由青年班或读书会的成员负责招生工作，动员自己的兄弟姐妹和邻居到夜校读书识字。这些识字班、妇女班，都从本村青年班中挑选文化水平较高、表达能力好、作风好、责任心强的学员担任教学工作，妇女班的政治课则多由分区的女同学担任讲授。各分区工作的同学就可以集中力量做青年农民的培养工作，辅导青年班的学员做好识字班备课或教学检查等各项工作，或在初级班上课时进行家庭访问。

元岗村青年班将教学和筹备举行村友大会，开展社会活动，培养青年农民的组织领导能力，举行演讲比赛，与培养青年班学员的表达能力结合起来。他们组织各村互访，对培养青年农民骨干和增进村民之间的团结友谊，以至相互学习促进工作，都起了重大的作用。

有些村举办农产品展览,组织青年班学员进行农村经济调查,收集优良品种,推广快速堆肥方法,宣传改良耕作技术等,对培养青年农民骨干提高农业生产科技知识、密切联系农民群众,起了积极的作用。

各分区组织歌咏队,举行歌咏比赛,成立剧团(队)排演有教育意义的话剧,在各村演出,对于宣传发动群众和锻炼培养青年农民干部,调动全村青年农民,都起了很大的作用。每一次演出都是一次或大或小的有组织的行动。有演员,有后台工作人员,有人负责联络招待工作,也有人负责茶水供应等等。组织一次演出,事情很具体,工作要协调,最能培养青年农民的集体主义精神。

岑村、长湴、元岗、冼村等分区重视农村青年妇女的培养工作,各分区成立妇女识字班,有的分区成立妇女团。农村妇女的教育培养工作,难度比较大。中大女同学参加各分区工作的很多人都负责妇女班的教学、进行家庭访问,有的参加戏剧演出。参加冼村分区工作的女同学,为了培养农村青年妇女骨干,还能到农民家里做深入细致的教育工作。经过识字班的教育和救护训练,经过大小集会的实际工作,涌现了一批青年妇女积极分子。有些青年妇女还参加戏剧演出,大大改变了农村一向歧视妇女的封建思想。

重视做好各村小学校长、老师的工作,对帮助乡村服务工作的开展和培养农村青年队伍起着重要的作用。不仅是因为夜校和文化活动的地方,借用小学的校舍,要取得小学的支持,更因为小学校长和老师对农村青年的情况最熟悉,青年中不少人曾在小学读书,校长和老师对他们在校学习情况和成长过程都很了解。如长湴等农村青年积极分子的挑选和青年班(高级班)的成立,都得到小学老师很多的帮助。

实验区各分区由于指导思想上明确了农村工作不能搞包办代替,要培养本地青年和农民当家作主,逐步建立起各村青年积极分子作为核心力量的方向,工作得到蓬勃的发展。同学们因毕业或工作需要,各分区工作人员的流动性很大,如何保持工作的连续性,坚持下去,成了一个重大问题。因此,各分区必须做好工作纪录和做好交接班的工作。长湴等村工作做得比较好。1937年广东抗先队成立时,在长湴村青年积极分子中发展抗先队员,建立抗先队组织,为在长湴村建立中国共产党组织,做了思想上组织上的准备。在日寇侵占广州期间,长湴村和龙眼洞村人民,在中国共产党组织的领导下,将他们的家乡作为东江纵队对敌斗争的前哨阵地。

广东学生当前的任务[①]

各位代表、各位同志：

广东学生当前的基本任务是和全国学生的任务一样的，要在党及人民政府的领导下，团结师生，展开新民主主义学习，以便更好培养和贡献自己的才能，建设新广东新中国。现在分五种问题来说。

一、坚决拥护党及人民政府的正确领导

广东学生和全国学生当前的重要任务之一是要坚决拥护党和人民政府的领导及主张。由于党及毛主席的英明正确的领导，人民解放军的英勇作战，各民主党派的团结合作，全国人民的努力革命已获得了基本的胜利。台湾、西藏也要在今年解放，现在舟山解放了，这是解放台湾的先声。中国革命胜利了，把数千年来的封建压迫、一百多年来的帝国主义侵害、数十年来的国民党反动统治彻底打垮了，这给我们今天的学习与将来的幸福、进步，准备了很好的条件，要是没有这个胜利，自由学习的环境是不可能获得的。虽然目前在我们面前还存在着万千困难，但，这是胜利中的困难，是前进中的困难，是可以克服的困难。在过去90年的艰苦奋斗获得解放的过程中，我们完全懂得中国人民（学生也在内）要获得解放，就必须坚持共产党及毛主席的领导，过去革命在党及毛主席的领导下获胜利，今天的建设有党及毛主席的领导就能保证方向的正确，在全国人民努力之下，建设就能成功，只有这样，学生才有前途。这一点，我相信各位自己在解放斗争中已有深刻的体会。

不少同学在解放初期，由于欢庆自身的获得解放，抱着无限的热情与希望，对解放后的一切，想象描绘得非常美好，但，时间一天天的过去却渐渐表现出消沉以至失望。产生这种现象的主要原因是他们以为解放便万事大吉，整个社会要翻过来，旧的完全不要了，新的马上就要生长起来，不晓得在封建主义侵害及国民党反动派长期的统治、侵略、摧残、掠夺、榨取之下，中国经济面临非常困难的局面。党及毛主席领导我们从重重压迫下解放出来获得生存的条件，至于生活的改善，困难的解决，人民的幸福，不是单靠共产党可以创造或可以从天上掉下来，而要靠全国人民一直努力争

[①] 1950年，原文存209-1-3-094-097省档案馆，本文为记录稿。如有错误，由记者负责。

取，我们学生□□：日常的一切困难是在□□破坏与□□中造成的。因此，我们必须对这些困难的造成者——帝国主义及国民党反动派产生强烈的愤恨。这笔账应算在他们身上而不应算在中国人民甚至中国共产党的身上。相反，我们应借鉴获得解放斗争胜利的经验，去想如何克服困难，争取不饿死人，一年一年的改善生活并使后一代过更美好的生活，这是我们的责任。要完成这个责任，今天，我们必须紧紧依靠党、毛主席、人民政府的领导。

然而，我们必须了解，今后，我们还得经历一个长期、奋斗、艰苦的过程。今天，持枪的敌人消灭了，暗藏的敌人还很强大，特别是广东面对着两个毒瘤——港、澳，帝国主义者与国民党反动派经常以此为基地，布置反动力量，造谣破坏。因此，广东学生的任务，将随着广东人民斗争的变化而比其他任何地方的任务更加艰难。广东学生能否不理这些人民斗争而安心地在学校学习呢？这是不可能的。有些人说，今天进入正课学习了，活动要精简了，党与人民政府的号召应不应该响应呢？我的回答是：要。因为党与人民政府的号召是人民的要求与意志的集中体现，也是我们同学的切身利益。

因此，我们不应被动地响应，应主动积极地支持，坚决拥护党，响应党及人民政府的号召。只有党的号召实现了，人民的要求才能实现。我们学生的利益要求才能实现，我们必须肃清单纯的读书观点，我们的眼睛应经常望着人民的要求，望着党的号召。前几天方方同志说，今天广东的任务是肃清匪特，争取一个好的□□，部分地区年底土改，土改前全省要整理队伍。同学们对这些任务是积极地参加呢？还是消极地置身度外呢？要了解，匪特不肃清，我们无法读书，粮收不好便无饭吃，不争取三年内完成土改，生产开展便不可能，至于整理队伍，在同学方面也是必要的，队伍不齐整，任务就无法实现，支持政府号召，不是应不应该的问题，而是如何积极地正确执行党及人民政府的决定，如何结合任务去学习，使全体同学能从思想上去认识任务，完成这个任务的问题。有些同学说，你说共产党、人民政府好，而我却不好，因为家里为负责粮税，无法读书，革命已经革到自己头上来了，党与政府好是你们的话，与我毫无关系。因此，同学们便相继提出以后我们有没有书读？有没有出路呢？这些是非常好的问题。对这些问题，我们可以这样理解：在中国，由于在过去几千年的封建统治及几十年的国民党反动派统治中，教育是极少数统治阶级专有，在"校门八字开，有志无钱莫近来"的情形下，读书的学生多数是地主、富农、工商业者的子弟，上面能提出问题的正是正确地反映出今天学校中的学生成分。回答这些问题。可以这样说，今天摆在中国学生面前有两条路，一条是实现工农结合、跟共产党走中国人民幸福的道路，一条是跟蒋介石走死亡的道路。事实上，谁愿意走死路呢？因此，在我们年青一代中，不是选择哪一条路的问题，而是如何改造自己，走向幸福的道路的问题。我们要向这些提问题的同学说：我们是有书读的。或者有些人会这样质问：为什么今天的学生会减少了呢？不是很多人都有书读了吗？减少一些是健康的，正如消灭城市在解放后看来是健康的一样，过去靠文凭压榨别人的血汗来读书的人，今天减少一些有什么关系呢？而且检查一下，许多学生不上学，主要是由于特务谣言的影响了父母不放心让孩子上学，由于他们还不了解党与人民政府所以造成的这种现象，不应由党及政府负责回应，应由他们自己负责。今天人民政府的政策要消灭占全人口80%的文盲，要全中国的人民都有读书的机会，这是我们的教育方针和目的。对于地主、富农的子弟，党及人民政府亦是希望教育培养好这一代学生的，因此在学校里不强调阶级成分，而强调改造思想。我们要打倒封建剥削制度，但对其子女并不是采取敌视态度而是采取关心、争取改造的态度。我们应该这样告诉地富出身的企业主后代，对今天暂时的困难，我们要忍耐，即便暂时停学了两年，也应该欣然接受，要认识到今天无书读，是自己取消了过去靠剥削读书的罪恶行为，应该引以为光荣愉快，继而觉悟到今后要靠自己正当努力来获得读书的机会。至于说中国青年有没有出路，我们应该肯定的说，新中国是属于年青一代的，每一个青年都有他光明远大的前程，问题是青年本身能否努力，有无为人民服务的决心。虽然，在中国大力发展生产之前，失业问题还无法消灭解决，但，这在一定的时间内是要解决的。这次苏联青年代表团来，在他们的经验中，给我们预示了美好的远景。苏联今天有田分的人在学校里学习，准备为建设他们更美好幸福的将来而工作！当我们大力发展生产时，我们的一切青年，都有为国家建设施展才能的机会。前天方同志告诉我们，只要我们劳动和斗争，我们是有和平日子过、有饭吃的。正如鲁迅先生说的，人生第一要生存，第二要温饱，第三要发展。和平的日子及有饭吃，这是生存发展的根据。因此，学生对今后前途问题不用担心，而应放在如何努力学习，如何学得更好，如何靠紧党和人民政府的领导，在党和人民政府的抚养下，把自己培养成长起来。今天，党和政府号召我们展开新民主主义学习，就是对我们建设新中国的一种实际准备，我们能够执行和更好地完成这个学习任务，我们就将有更好的才能，为人民服务。

过去，在强大敌人压迫下争取民主、自由的斗争中，学生起了很大的作用，在反封建、反帝的斗争中，中国学生起着先锋桥梁和骨干的作用，在今天，又应起什么作用呢？必须有一个准确的认识。一般地说，在全国胜利局面下，学生在人民民主专政中，在生产建设中所起的作用，是应该有所改变的。过去，党还小，人民政府未建立，城市工人在敌人强大压力下，未好好把自己的队伍组织起来。但今天不同了，我们的党强大了，成为领导全国人民的第一大党，人民政府建设起来了，工人阶级已在党和人民政府的带动和领导下组织起来，起着当家做主人的领导作用，各阶层人民也组织起来。在这种情况下，过去在和敌人作斗争中所起的先锋、桥梁、骨干作用，现在在其意义内容上来说都应改变的了。我们应在党和人民政府的领导下，尊重无产阶级的领导。我们要了解，我们学生队伍在整个人民队伍中较年轻，经验少。应尊重各个阶层、各位前辈。我们主要的任务应该是学习，不论在校内校外，不论是学习或活动、工作，我们都要达成学习的目的，丰富和提高自己的才能。因此，我们的学习任务是加重了。如像过去在社会上的各种工作责任应该减轻。当然我们不要忘记学生是人民的一员，也是主人的一员，应该和人民一道工作，但要好好认识自己的地位，要恰如其分地体现自己的作用。第一，同学们是来自各个阶层的，主要成分是地富工商业家，而这些阶级在今天是要给予更多的教育改造或团结的。在这些阶层中，年老的人比不上年轻人易于接受真理。因此，同学在改造自己的家庭及改造这些阶层的人物应该肩负起责任。第二，要起文化教育的桥梁作用，帮助工农学习文化，培养工农干部，这样，教育工作的责任我们年轻同学就应承担起来了。解放前，我们主要是教育和组织工农，灌输革命道理，今天则主要是使工农获得应得的文化武器，开展生产，使他们成为新中国的真正主人。在帮助工农学习中，青年学生应起作用。不过，这些工作，不能与学习的任务相矛盾或甚至妨碍学校中的学习。今天同学普遍有这样的苦闷，就是时常说，要进入正课了，但又有许多任务到来要搞活动。因此有些同学说，恐怕这半年不能进入正课学习了，待明年来钻研吧！我们应该这样了解，因为今天基本上已从战争转入和平建设，所以党和政府号召我们转入正课学习。由于现在正是一个开始，学校本身存有不少困难，需要我们集中力量去改善，使学校更好，而这方面社会上有不少工作还是需要我们来支持。比方在宣教工作上，学生便是一支强大的队伍。但我们参加这些工作活动不是要我们放弃正课学习。现实的政治生活和为人民服务的实践就是我们新民主主义学习中思想活动教育重要的一部分，是我们生动地学习改造思想、提高认识、锻炼品质的课程。因此，响应党和政府的号召展开新民主主义学习，与响应党及政府各种主张号召是分不开的。问题在于，如何有计划有组织地学习和进行这些工作。为了正课学习在思想上变得更健康、学得更好，要特别重视领导同学们在政治思想上提高一步。不然想□的转入正课学习，容易产生麻痹现象，使自己成为书呆子。今天学校中的正课学习，是在党和人民政府有系统的教育方针下进行的。我们学得好，就是在实际行动中表现出对党和人民政府的坚决拥护。因为这就是党的号召，就是人民政府的政策和对我们的要求。但这应该是鼓励放开广大同学，在自觉的基础上去执行，从形势的基本变化及中国当前和今后的迫切要求来认识自己的任务，使广大同学认识过去我们在共产党领导下获得革命战争的胜利，今天必须在党的领导下，争取学习战线上的胜利。要坚决拥护党及人民政府，展开新民主主义学习。

二、继承广东同学先辈传统，为工农服务而学习

从"五四"以来，广东学生是有光荣传统的，这在广东人民整个斗争中是有着血统关系，一脉相承的。有人以为广东学运曾中断过一个时期（大革命失败—"九·一八"），这说法是不对的。广东青年学生运动与全国一样，以"五四"为光荣的起点。由于中国革命由南方首先发动，因此，"五四"以后，广东学运便强大地开展，以至现在一直是整个人民革命中重要的一课，虽然，有过低潮时期，也有一个时期缺乏党的领导，但，党在学生运动中的影响是没有中断过的，整个学运斗争也是没有取消过的！就在革命低潮时期，大部分学生领袖转入农村；在城市里，在党的政治影响下，同学们组织了文化艺术学习，准备着群众、准备着干部，追寻着党的领导。无论在何时期，广东学生在建党中是重要的一部分。在广东，我党曾受多次的破坏，但，又是从学生中建立与恢复。因此，广东学生和中国人民、党的斗争是分不开的，这是因为它一开始就是在党领导下走和工农相结合的道路。冯文彬同志在全国学联提出两个和工农结合的范例——彭湃同志、曾生同志，都是广东学生光辉的旗帜，这说明广东学生是有光荣传统的。大革命期间，广东学生就在毛主席刘少奇同志领导下，走着学生和工农结合的道路。刘少奇同志即在广州领导学生展开为工人服务的各种工作，毛主席举办的农民讲习课，成为广东农运干部的好摇篮。

大革命失败，城市的革命力量受到损失，随着革命力量的转移，学生干部都转入农村搞发展，一直至抗战以至人民解放战争，都是这样，城市站不住，使转入农村与农民结合打游击，在座同学有不少可从自身得到证明呢。与工农结合是革命知识分子与非革命或反革命的知识分子的分水岭。毛主席在纪念"五四"运动二十周年的时候说过："知识分子如果不与工农结合，则将一事无成。革命的，或不革命的，或反革命的知识分子之最后分界，与其是否愿意并且实行结合工农群众，它们的最后分界仅仅在这一点。"几十年来的历史完全证明了毛主席这一个唯一正确的论断。但，怎样与工农结合呢？先辈们已替我们指出一条康庄大道了，今天已有人民民主专政以工农联盟为基础的政府。我们今天就是要遵循先辈们走过的、带领我们获得解放的道路，以取得更大的胜利，创造幸福、美好的生活。全国人民把希望放在我们后一代的身上，我们要思考如何接受中国学生数十年来所走过的胜利道路、与工农结合的一个重要的问题，我们要把自己培养成为工农干部、培养成建设新中国的有用人才。过去我们反对反动派、进行斗争，是为了取得好的学习环境，今天，我们取得了学习环境，我们在党与人民政府的领导下，为工农服务而学习。我们读书应有明确的目的和方向，确立学习观点，为工农学习，学习是为了更好地服务工农、做更多的事，只有

这种思想确立了才能学得更好,学得更有用。因此,要继承与工农结合为工农服务的光辉传统。新民主主义学习,就是为工农服务的学习,这里有几点是要同学们注意的:

(1) 确立正确学习的观点。学习是为了工农,不是为了装饰自己,不是为了哗众取宠,反对个人主义的学习,反对把学习当作获取名誉地位的阶梯。

(2) 要结合工农实际需要。一方面肯下决心为工农服务,但,不能空口说白话,今天工农需要解决的一些问题,应好好结合学习,也就是说,要把工农实际需要当作我们学习的内容,要兼顾大的长远的利益,也要注意工农当前最急切需要解决的问题。

(3) 要向工农学习。在为工农服务之前或服务之中,要经常注意向工农学习,只有这样,才能成为劳动人民的优秀儿女。因此,要爱好劳动,尊敬劳动,要把劳动人民的朴素、劳动持久的优良品质获取过来,使自己成为真正的工农干部。

(4) 要随时随地尊重和爱护工农利益。将来,你们毕业后,固然要为工农的利益服务,但,今天,在学习期间也要学用相间,为工农实际利益服务,如开识字班、救济失业工人等的服务。

(5) 生活要工农化。要参加到工农的生活圈子中,熟悉他们的要求与生活,使我们的生活联系在一起。

(6) 努力学习要善于学习。同学们的主要任务是学习,学好正课是完成任务的最好办法。同时要了解,学习是我们劳动生活的一部分。因此,我们要在学习中养成好的劳动习惯。但,善于学习也要善于休息,要科学地学习,有计划、有规律地学习,才能保证学习任务,养成好的劳动习惯。

三、开展新民主主义学习,改造思想,学习生产建设本领

关于新民主主义学习,蒋南翔同志的报告已经阐述得很详细。在市学代会上,我也曾做过这样的报告,还是不再赘述了,这里只提供几点意见给大家参考。

全体同学要认识到,新民主主义学习运动,是一次革命的运动,是在胜利的形势下文化战线上的革命运动。新民主主义学习是要革封建主义、帝国主义、法西斯主义文化的命,使他们在中国今天的文化教育部门中、青年脑海中,把残存的毒素彻底清除。当然,它同样包含着建设的意义。新民主主义的学习,也是一个文化建设运动。要贯彻毛主席给予我们的文教方针——"民族的,大众的",为新中国经济建设而服务。因此,新民主主义学习是一个革命的运动,建设的运动。旧的反动的文化意识,要通过这个运动去清除,新的也要靠这个运动去将各部门的知识学好,打下文化建设

的基础。所以，今天在学校中进行新民主主义学习是一个光荣的任务，关系到整个建设问题。学得好，新中国的建设便有了一大批有力的干部，建设工作也就有了保证。因此，我要求全体代表们、同学们深切了解这一点，要在思想上认识今天在学校进行新民主主义学习也就是做革命工作。只有搞清了这个问题，才能纠正不重视学习的偏向和解决学习工作上的矛盾。新民主主义学习是很苦的、复杂的、细致的、要长期的一个运动。我们的学校是从旧社会转过来的，无论是先生还是自己都是从旧社会刚解放出来的，旧社会带给我们很多困难和影响，我们在长期的反动毒害威迫下，都带上或多或少的缺点，这是开展新民主主义学习的一个障碍。要摒除这些障碍不是一件简单的工作，要相当长的岁月才能除清，因为我们对新民主主义学习还缺乏认识，即使是教育当局，也不能拿出一套很完整的办法来，教材教法是新的尝试。因此，在今天想一下子就把新的教育制度建立起来是不可能的。我们对这工作是不能急躁的，要逐步推进，要大家共同来努力。不仅如此，还要全面地推动，要通过团结一切与学校有关的人来推动，缺少任何一方都不成。要特别强调师生的共同努力。

在展开新民主主义学习中，有几个问题在苦恼着同学们，是需要解决的。

第一，正课与课外活动的问题。新民主主义学习是以正课为主的。新中国青年及公民所必须具备的才能与品质，都排在正课中进行教育。数理化是正课，政治课是正课，中学的体育音乐也是正课。有些人认为政治不是正课，这是错误的，因为新民主主义学习是要把毛主席的新民主主义思想贯彻到每一个课目、每一个同学的言行中去的。又有人认为正课学习与课外活动是相矛盾的，特别是参加课外活动的积极分子成日为这个问题苦恼着。有些学校当局也不满，认为课外活动妨碍了正课学习。其实，正课学习与课外活动是新民主主义学习的一体两面，是一个统一体。因此，问题是在于：如何将课外活动环绕在正课周围，有计划、有组织地使课外活动更有利于正课学习。问题在于：如何调节课内课外关系、克服忙乱现象，如何争取学校当局、先生领导同学们的课外活动，使正课的学习与课外活动结合得更好，学习得更有成绩。

第二，思想政治教育和科学技术的关系问题。部分同学认为，今天整个社会变了，人民当家了，要改造了，否则自己要落后了，这是对的，是广大同学要求进步的表现。我们要了解，思想改造与政治教育是要重视的，只有学好政治课，懂得为谁而学，才能把学习积极性提高。但这并不是说：我们有了政治认识便不要科学了。相反，是要更正确、积极地学好科学，民主政治是科学发展的温床，科学是民主政治的实际内容，是要改善人民的生活，是要使人民富衣足食、安居乐业。但要做到这点主要是依靠科学、遵守科学去生产建设。要是没有科学、不懂科学你想建设新中国，那是空想！因此，我们必须从同学政治思想上的提高来加强学校的学习。或许有人说："反正是在共产党的世界，将来还怕我不去为人民服务么？现在可以不理政治课的学习，多学一点科学知识。"这种想法是不对的，我们要培养的是有政治头脑、热爱人民的科学家。

因此，思想政治教育的指导是主要的，不然会误入纯技术观点的沼泽，迷失方向，而使学习受到损失。但无科学技术，则不能有效地为人民服务。思想政治教育科学技术教育是一对血肉相联系的孪生兄弟，是不可分割的一个整体。过去打游击的时候，我们是万能博士，什么都干。但今天我们则要掌握知识，要有一门专长。跟着产生的便是师资问题。不管教政治课的或教科学技术的，师资都非常缺乏。现在同学普遍对师资不满，政治课教不好便索性不上政治课。这个问题是需要解决的，我们要了解，政治课学不好，思想改造便受到损失。因此教师说不好要自己理解，帮助教师团结全校同学，学好政治课，发挥全体同学的积极性，使思想改造获得保证。科学教师同样存在着很多问题。大多数教师都受资本主义□□唯物论的影响，非常狭隘保守，而且往往成为科学的俘虏而不自知。因此，同学们不要在旧的科学里绕圈子，不要矛盾苦闷去等待问题的解决，而要懂得怎样才是科学的思想。不但自己要研究这个问题，而且要推动教师去勇于怀疑。解决了疑难正是集体智慧能力获得创造的成果。同学们应打开脑筋，打开旧科学圈子的束缚。我们坚定为人民服务的观点，是非常主要的关键。

第三，解决工作与学习矛盾的问题。产生这个问题的主要原因是同学们对工作和学习的意义不了解，或了解得不明确。我们要知道，新民主主义学习是包括着工作和学习、知识和能力的。我们基本上的知识也要在工作中、社会服务中获得生动的知识与能力。同时学习本身也就是工作。因此，今天主要是如何确立学习观点的问题。同时在进行社会活动中如何明确分工的问题。过去很多人特别是知识分子，不相信群众，一切包办代替。如广州有些同学有的竟然身兼几职，这是不好的。要把工作分开大家来做。我们解决了分工问题，还要进行事前的教育工作。现在有许多同学已经懂得在工作中摸出规律、发现问题、想出办法，获得很大的进步，但也还有许多不够的地方。如广州过去的禁用港币、宣付公债的工作中同学们自己事前学习得不够，影响了工作效果。因此，为了使同学们能把学习和工作结合起来，事前教育是非常重要的。要是事前工作做得好，事后又能好好地总结经验，则不但可以解决工作和学习的矛盾，而且还可以激励同学们积极学习，能把工作做得更好。这就可以使广大同学确立起在工作中学习的信念。

第四，民主和纪律问题。解放后，许多同学以为解放了，一切制度可以不用了，一切纪律可以不理会了。当然，解放了，我们是主人了。但我要问一问：在学校中，我们做败家子了呢，还是做兴家立业的主人呢？是做二流子呢，还是做好子弟呢？这个问题，我们是要搞清楚的。解放不是一个抽象的词语，而是要自己当家做主地建立人民民主制度。民主和纪律是分不开的。民主生活要用组织纪律来保障，纪律也应该建立在民主的基础上。在学校里就要做到民主管理。要是有些学校还存在家长制的统治，一定要改革。同样，不尊重先生这种情形一定要改善。民主就要相互尊重。大家要守本分，各有任务、职务。同时表现出有组织有纪律。而纪律是集中大家要求，符合大家利益，自动自觉地由集体定出来的。那些散漫的、无组织无纪律制度的民主，是个人主义的，不是集体主义的，不是我们需要的。因此，在我们展开新民主主义学习时，为了使学习有保证有秩序，在学校内一定要建立学习制度和纪律，应有民主主义制度。

第五，个人学习和集体学习的问题。一部分进步的积极同学建设集体学习，但由于搞得不好，往往流于形式主义，感到非常麻烦，成为自己重大的负担。积极分子变成开会专家，变成无为先生。究竟集体学习好，还是个人学习好呢？我们所要提倡的是以个人学习为基础的集体学习。集体学习是以个人学习为基础的、以人们利益为依据的学习，不是自私自利的知识私有的学习。要了解，由于大家的知识、经验、水平、积极性的不同，学习的进度与收获是不一致的。因此，把大家学到的集中起来，互相交流、互相观摩，就是大大地加强学习效果。但如果没有个人学习的基础，就要浪费时间，成为形式主义。因此，我们要强调开展集体负责而加强个人钻研的学习，只有这样，个人才能在集体中学得更多的东西。因此，必须反对只带耳口去开会的学习懒汉。要每一个人在集体学习中做好准备。同样，一个人埋头钻研科学，到一个时期后作学习心得的报告，不能说，他是个人主义的学习。因此，以后的小组学习会，要适当地开，不要开得太多，会前应有充分的准备。

一般的说，在新民主主义学习中，这五个问题，表面上看起来是很矛盾的，但实际上是统一的。那么新民主主义学习的学习内容又是什么呢？关于此，我们可以这样说：这是整个社会的需要。建设新民主主义新中国需要我们具备的知识才能，我们都要学习。一句话，就是人民需要什么东西，便要学习些什么东西。因此，新民主主义学习是培养我们做有政治思想、有科学技能、有优良品质的人才。

1. 我们要进行思想政治学习

主要的学习内容包括：

（1）必须学习爱祖国、爱人民、爱科学、爱劳动、爱护公共财产的"五爱"教育，使自己成为新中国的优良公民。

（2）过去党领导我们革命获得解放，现在是党领导我们建设。因此，我们要学习中国革命的历史、党的历史，我们不学习这些便不了解中国革命的艰苦过程，就不会热爱和信仰我们的党，不懂得党与我们的关系。

（3）学习共同纲领，学习党与人民政府的政策。共同纲领是建国的政纲，在今年，我们还要特别地学习土地政策，参加土改，这一方面是响应政府的号召，另一方面又是最好的考验。特别是地富出身的同学，是赞成呢，还是反对呢，还是为了社会发展及国家经济的发展、大多数人民生活的改善，决心抛弃自己的私利、说服家庭呢？有决心革命的便要坚定立场，赞同并帮助土改，这是一个重要的学习。下学期一开始便要展开这个学习了，在暑期希望能展开事前学习，为下期学习打下基础。

（4）学习国际主义，这在广东特别重要，要学习苏联的建国经验，要突破民族狭隘主义的思想，要团结华侨，帮助东南亚民族解放。我们一面要热爱祖国，一面要懂得帮助弱小民族翻身。

（5）学习马列主义、毛泽东思想的系统理论，学习毛主席的工作作风、群众观点。

2. 学习科学掌握技术

5月4日那天，《人民日报》有一篇社论，大家要认真学习。许多人轻学习、重政治、也有许多人没有掌握科学的全面性、问题性，只选自己感兴趣的独沽一味，这是不对的，特别是在学术上。还有人怕科学困难，要知道科学基础不好，思想上及政治上的开展是会大受阻碍的，我们现在要好好地学，为将来发展大规模生产打好基础。

3. 文娱学习

进行体格艺术的修养。在学习中要珍惜与锻炼自己的健康，这与头脑的健康是一致的。苏联代表团这次到来给了我们一个很大的启示，他们的演出像诗章一样的美丽，这说明他们的文化水准是很高的。而中国青年很多会讲不会写或会写不会讲。这说明我们还需努力。我们要注意文化与艺术的修养，这是有助于我们品质的改造的。我们改造思想要广阔，但生活要愉快轻松，不要苦头苦脑。我们生活在自由的中国，还有什么会妨碍我们自由欢乐的呢？这主要是由于大家还不了解自己是胜利的青年的一代！

4. 团结师生，克服困难，拥护学校

解放后的今天在这个问题上常常产生困难，就是师生关系处理得不好。当然师生团结不是单方面的问题，是由教师同学共同负责的。那么应如何处理这些问题呢？

首先，是正确我们对先生的看法。

（1）在贫困落后的中国里，知识分子是国家的财富。今天只有极少数是反动分子，绝大多数都是愿为新中国服务的。在旧社会中，他们是被压迫者，无法发挥他们的才能，只有出卖他们的劳动力来获得生活。但，今天应该重视的是，虽然这些人还需经过改造，这些人在落后的中国是有用的，在目前，我们应该改造而不应该抛弃他们，因为这些知识分子具体地集成了中国文化。中国旧文化不好的，我们要抛弃，但

对人民、对民主、对科学有用的东西便要保存下来。今天新的还未培养出来，把这一大群有知识的人不要，要大批培养新的知识分子也是不可能的。故党对知识分子是采取争取团结、改造、教育的方针，把他们改造成为为人民服务的新知识分子。

（2）既然知识分子在中国是宝贵的财富，我们的老师是旧知识分子，党及国家都重视他们，我们也应重视他们。同时我们要了解，在国民党反动政府统治时，除极少数是特务教师外，绝大部分是好的，是与同学一样地受压迫，没有了教学的自由，是在国民党反动派指定的一定内容、活动范围中进行教育的，甚至他们所接受的压迫痛苦更深重。这从何证明呢？这从最近的许多学校的思想政治学习时教师的反省中可看到，在旧社会中，教师是被轻视的，他们认为没出息才教书，就像出卖劳动力般，生活是无保障的，如解放前一个大学教授之薪金只五十至几十元港币，仅以能吃粥度日，故由于教师在社会上所受的折磨，他们为了生活，对各种顾虑也多起来。所以我们必须从这点去了解，在反动政府下学生和先生是站在同一线上受压迫的，今天在学习战线上，先生和学生是以共同的劳动为新中国的建设前途而努力的。

（3）师生在教育上是天生的血肉关系。教育是培养人才，是教育者与被教育者共同努力的过程。因此师生是共同努力、共同劳动的关系，并不是剥削关系，是为人类的幸福在共同学习共同创造，这一过程中是血肉相依的，故师生关系与社会一般阶级关系不同。先生在学问上是有经验的，好比先走了一段路程，在学习上他们是带路和传授知能的人，我们缺经验，知识能力缺少，就必须在他们的指导下好好学习。

了解了以上三点，我们便知道在今天建设中，教师是有文化有科学技术的人才，所以我们在学习上要靠他们的领导，过去在国民党反动统治下，他们与我们共同受压迫，被迫出卖劳动力，但是今天解放了，他们的心情是愉快的，觉悟的程度也大大提高。正如中大一位教授说："在国民时代是无底深潭，但现在苦只是暂时的，是有希望有前途的。"可是今天师生关系为什么仍搞不好呢？主要是有两个原因。

（1）在国民党旧社会风气残存下，挑拨师生关系的结果造成了师生间之隔膜，部分教师有意无意间受旧社会的影响，而造成一贯地对学生不正确的态度。

（2）由于解放后同学对先生的进步面看得不够，对先生落后的一面却强调了，只看见同学的进步，而看不见先生的进步，更加上解放前对教师印象不满，解放后仍未改变过来。其实教师是进步了，负责了，可是同学们对教师进步的要求太急躁了。青年同学们的进步，可能凭满腔子的热情，过去他们即受政治压迫，并没有经济问题的顾虑，故一样，解放后，形势所趋，他们的进步是很快的。而教师过去则是受了国民党政治经济的双重压迫，有较多的顾虑，但解放了，他们更能体验经济生活的改善而体验到革命对他们的利益有助，所以他们的进步是较青年们踏实的，是逐步地前进。同时当他们觉悟提高后，对为人民服务、忠于人民更是认真得为我们所想象不到的。中国教师也有光荣的传统，如闻一多先生，他从古书堆中钻出来后，便站在民主斗争的最前线。如果我们同学抹杀这点，我们便不符事实，在师生团结问题上犯错误。要了解，许多同学的进步是受教师的影响，只强调了学生的进步便不符事实。故学校学习离不了教师的领导。

有人说："有些教师不进步，怎办？"假如说要全部的教师都十全十美，才能展开新民主主义学习的话，那么，把全广东合于"标准的"好教师集中起来也不能办几间学校。要全部教师都十全十美，这是未来的理想。今天我们好教师的来源是靠现有的教师的改造提高，只有当教师在政治上思想上搞通后，便会在不断地改进中成为我们所理想的教学态度、教法各方面都好的教师。故今天教师不是我们打压、鄙视的对象，而是团结的对象，是我们学习前进的依靠，必须抓紧在这一点能把学校办好，这一点是必须各同学在思想上搞通的。

其次，要求大家深刻了解，今天，办好学校是学生教师国家人民的一致要求。先生要求办好学校就首先要自己教好，学生要求办好学校就要自己学好。因此办好学校要看成是师生本身的任务，即对全国人民负责的表现，学校办不好就对国家、人民不住。办好学校是关系整个国家、整个社会、整个人民的前途。这个责任是应该师生团结为主、学生配合起来负责的。我们不能凭空幻想一间好的学校，必须要靠师生共同努力，假如单以为是学校的责任，这便不对。

今天国家困难，学校有困难这是必然的。我们不能要求在全体人民困难中去要求学校资产阶级化。因此，如何努力担负起艰苦建校的责任，是今后教育当局、师生自己的责任。把学校的困难看成是自己的困难，不应懒理。假如以为这是政府的责任，那便不是当家做主的思想，而是作客的思想了。此思想如果总是不通，便无法办好学校。必须把学校办好。这就是当前广东学生在建设中最现实的任务，我们要在困难中建立起文化堡垒。

这两个问题明确后，便要清理一下以前不正确的做法。解放后，先生让学生散漫，不尊师，成天跳蹦蹦地不好好学习。而同学们对先生也不满，认为解放后，先生无进步，课程也无改变。这都不是从实质去了解上先生思想已进步，而说："解放前是他，现在也是他"，少部分甚至挖苦先生，造成师生隔膜无法清除。主要是同学们不懂得团结先生、共同进步，不懂得推动先生的进步就是带动自己的进步。因此，今天师生团结是克服困难办好学校的中心环节。在克服困难办好学校中已有例子：女先生生活困难，同学节食帮助解决，使老师安定下来。在中大，文理、法商中许多教师在与同学批评与自我批评中进步了，使师生间的距离缩短，隔阂已减少了，大家都在把它消灭。希望各代表团回去，把各地师生合作办好学校的例子表扬。这给展开新民主主义学习是有大大的帮助的。今天能突破，师生团结安定，展开新民主主义学习也就获得了正确的开始。哪一间学校的团支部、学生会能抓紧这一环节好好工作，他便是最好的团支部、学生会。我们要紧紧围绕"尊师爱生"这一方针，这是决定我们学校与学习前途的关键。

当然，师生合作是应该建立在平等教与学的基础上的。师生合作的过程是团结的，也应该展开必要的和平的建设性的斗争，发扬好的，批评落后的。在同学方面，要坚决反对，要善于怀疑，不懂就问。教师要善于答复，要有负责任及与同学共同学习的态度，不断改造的决心。特别在今天，旧的仍未全灭，新的初生的时候，在学习上应该要有向前的战斗的态度。消灭学习上的缺点，就要依靠师生间密切的团结。

5. 扩大团结，巩固国防，为人类更好的未来而奋斗

我们应该尽量团结自己可能团结的人。同学们不但要自己团结好，而且要与家庭、社会、全中国青年、世界青年团结好，团结是战斗的法宝，因此我们要强调团结。

（1）团结同学，在同学中必须首先紧密团结。常常阻碍同学团结的就是进步快与进步慢的同学之间的隔阂。进步快的同学在工作中很积极、热情，因此看不起落后的同学。我们要了解，我们之所以进步快，是在党的领导下及其他群众的教育、影响下而进步的。如脱离广大群众而自封功臣，这是要不得的。对落后同学采取鄙视、不团结态度的同学，我们要正他们的风，我们不该说哪个进步哪个落后。在党团结的教育下大家都在进步，只是快慢程度不同而已。走向进步是共同努力的目标。谁有缺点，都应看成大家的损失，应强调共同进步。当进步分子脱离群众时，要使他暂时放下工作，冷静一下想想当他自己未成为进步分子、未成为团员时是如何的。想通了这点然后再给他工作——必须和群众一起才能做的工作，给他重新来一次考验。

（2）和家庭的关系问题。我们要求同学把家庭关系搞好。要以学习上的模范作为团结争取家庭对新民主主义教育、人民政府和党的爱戴。对家庭应该融洽，尊老爱幼，但也不是毫无原则的博爱主义，对不同的家庭应有不同的处理方法。一般上我们应争取融洽，我们应该争取说服、批评，进行适当的斗争；对幼小辈（弟妹等）则予以鼓励。那是不是不爱父母？不，我们既有真诚的爱，也要有强烈的恨。爱人民，恨人民的公敌。如果自己的父母是人民的公敌时，我们便不应爱他。我们必须在家庭利益与人民利益的矛盾中，争取对家庭批评斗争，争取父兄抛弃罪恶、重新做人。这是最广大的爱，这是新社会的人道主义。党对地主，今天是宽大的。主要是取消剥削，争取和平斗争。我们对这种家庭也要争取和平斗争，改造，争取使他除去万恶的剥削。同学们能争取改造家庭，是我们的光荣。特别在土改中，同学必须先坚定自己，说服家庭。这样处理家庭关系才恰当。有些人以前家庭不好，便一走了之，不理他，这是很容易的，也是不对的。我们今天不希望大家这样做，但我们也不要温情。

必须要坚定立场，进行严肃的斗争。这是不容易的，对于大家是一个大考验。而主要问题，是在于我们对社会发展和对党的政策能否正确学习和认识。

（3）和社会的关系问题。同学们不但要团结争取家庭，而且要在社会上团结争取所有可以争取的人。如何去争取呢？主要还是要我们学习好，参加社会活动积极。解放初，许多特务分子造谣，而我们党则用安定同学学习来打好各种关系，同学们比解放前进步了，对家庭关系好了，所给予社会的印象也好了。这些例子说明，同学是可以用自己的模范的行动来影响社会、团结社会人士的，模范行为是最好的宣传。而在我们广东，社会主义不只影响国内，且影响国外，因为广东华侨子弟多，华侨对祖国是很关心热爱的，故广东学生最大的任务，就是团结华侨子弟及华侨家属，通过他们去团结海外的华侨，这个影响非常直接而且效果很大。在粤梅、潮汕区可影响到东南亚去，四邑中区的则可远至美国，争取华侨对祖国的热爱关心，使民主的力量在美国的内部掀起波浪来。解放后，四邑学生人数速降的原因，多由于一般同学的家长对新中国认识不够，相信谣言不给子弟读书，有的甚至害怕逃往香港去了。我们要争取他们，这就是我们的责任。要求大家学习积极，生活严肃，不但可争取家庭社会，而且也争取了华侨。反过来，办好学校也是靠家庭靠社会的帮助，不然会受到损失的。如广州有一同学入团后，给家长发觉而选择退团。本来这同学入团是受了新民主主义教育的结果进步了，要求入团是一件光荣的事。可是他的家长却认为这是会把他儿子骗去。所以使家长了解新民主主义教育可以用自己的积极行动来使他们明白新民主主义教育是崇高的，这点是很重要的。所以我们的新民主主义学习，必须争取各方同情，才能扩大学习效果。

（4）保证国防，为美好的将来而奋斗。今天我们用自己最高度的劳动、最大的力量，创造了新的中国，就要用自己最大的力量去保卫这新中国，牢固我们的胜利。

今天帝国主义仍存在，他们是不会死心塌地让我们好好建设的。帝国主义一天还存在，他们对我们进行的破坏也更积极，所以我们必须首先建设工业，从而强大我们的海陆空军的装备，但国防是要人来学习武器的。我们以最大的力量来建设新中国，我们有责任去爱护她，保护她。南中国与帝国主义殖民地最接近，与帝国主义的矛盾是尖锐的。方同志提过中央今后对南方的期望，主要是建立强大空军及实行义务兵役制。过去广东青年从事空军很多，故在广东建立空军是有基础的。这对广东青年是一大鼓励，因此，今后应该提倡体育活动，结合保卫国防，提倡水上运动降落伞运动、滑翔运动等。把保卫祖国认为是自己光荣的任务。清除旧社会对当兵的顾虑。在苏联最光荣的便是生为建设中的劳动英雄及保卫国家战斗中站在保卫国防前卫上的英雄们。今后我们本身事业最光荣的便是生产建设和保卫国防岗位。所以今后我们必须努力清除思想上的顾虑外，还要对家庭及社会上打下这思想准备。我们有强固的国防，就可以保卫我国在和平环境中建设起来。

今天我提的问题主要是要大家了解解放后我们自己的地位，积极学习去拥护党和人民政府的号召及主张，接受无产阶级、党及各方面的领导，继承广东青年光荣传统，展开新民主主义学习运动，在政治上、科学上、技术上学好，锻炼好体魄，团结师生及可能团结之人，巩固国防。

这次会议是解放后广东学生第一次代表大会，这个会对今后学运的路有很大的作用。这个报告只是从各地学运报告中了解来总结出来的，不对的地方希望大家补充、修改。

广东青年工作历史上的几个问题[①]

——青年团华南工委首任书记黄焕秋同志访谈录

黄焕秋同志是解放战争时期和建国初期广东青年工作的主要开拓者。从1947年至1952年，他历任中共香港工委青年工作领导小组组长，香港工委群委书记，中共中央华南分局青年、妇女工作组组长，青年团华南工委首任书记。

建国初期，我们曾在以黄焕秋同志为主要领导的团华南工委工作。黄焕秋同志热爱党的事业、胸怀宽广、光明磊落、关心干部、联系群众、以实事求是精神处事待人的思想品德，给我们留下了深刻印象，使我们从中受到很大的教育和启发。为比较全面了解广东青年工作历史和黄焕秋同志对青年工作的贡献，我们在2001年夏天相约一起访问黄焕秋同志。

访谈分多次进行。黄焕秋同志虽然年岁已高，但记忆力很好，对我们提出的问题都能够清楚地回答。当谈到建国初期团华南工委的工作情况时，他一再征询我们的意见，采取边谈边讨论的形式。我们在整理谈话记录过程中，还查阅了一些有关的文件资料，力求谈话内容符合历史真实性。

现将访谈内容，以问答的形式，整理如下。（访问者：吕坪、俞仲达、夏耘、黄河、廖士专、曾建昭）

一、解放战争时期的广东青年工作

问：中共香港工委青年工作领导小组成立后，怎样开展组建青年团组织的试点工作？

黄焕秋同志答（以下简略为"答"）：抗日战争后期（1943年—1945年），我在桂林广西大学任教。抗战胜利后，由于我支持广西大学青年学生开展声援昆明"12·1"爱国学生运动的斗争，被国民党反动当局列入将要逮捕的黑名单，因而从桂林转移到广州。由李嘉人同志接上党组织关系后，我协助嘉人同志工作。我的公开职业是省民众教育馆群众教育部主任，馆长是我的老师王越教授。1946年6月，得知国

[①] 本访谈录载中共广东党委党史研究室主办《广东党史》2002年6月第2期《本刊专稿》栏目。

民党广东当局把我列为黑名单第一名的消息，党组织决定我立即撤退到香港。驻香港的中共中央代表方方和广东区委负责人尹林平安排我参与协助著名爱国民主人士陈其瑗筹办达德学院的工作。

陈其瑗先生原是国民党左派，曾任广州国民大学校长，大革命失败后移居美国。1946年7月，应中共中央董必武同志的邀请，陈其瑗先生从美国回到香港筹办大学。在中共广东区委和方方同志的直接领导以及各民主党派、爱国民主人士的共同努力下，成立了香港达德学院董事会，公推李济深先生为董事长、陈其瑗为院长，于1946年8月公开招生，1946年10月正式开学。香港达德学院的教师多是进步的学者、专家、名流，如黄药眠、钟敬文、刘思慕、沈志远、千家驹、梅龚彬、邓初民、翦伯赞、侯外庐、张铁生、胡绳、杨东莼、朱智贤、杜国庠、曾昭抡等。学生分别来自三个方面：一是东江纵队北撤后留下的革命战士；二是内地从事学生运动、受到迫害的青年学生；三是香港、马来西亚、菲律宾等地的进步华侨和港澳青年。我在学院主要担任教务和党建工作。

1947年3月，中共中央派驻香港负责筹建中共中央香港分局的方方同志，指派李嘉人主持召开研究青年工作问题的会议。到会的有朱语今、黄文俞、李超、杨奇、罗培元、黄焕秋等。从上海来香港的朱语今同志在会上传达了党中央关于准备在全国建立青年团组织的指示精神，以及中央青委要求广东党组织试建地区性青年组织，为建立全国性青年团做好思想上和组织上准备的意见。会议决定成立青年工作领导小组，议定试建的青年组织名称为"新民主主义青年同志会"，并对试建工作的有关事项进行了研究。会后由李超起草《新民主主义青年同志会章程》，报广东区党委和方方同志审批。

中共香港工委青年工作领导小组的成员为朱语今、李超、黄焕秋、李嘉人、黄文俞、杨奇、罗培元、吴佩纶等。朱语今任组长。不久后，朱语今离开香港，由李超继任组长。7月，李超准备调回内地工作，由我接任组长。广东区党委同意青年工作领导小组提出的意见，决定先建立新民主主义青年同志会，作为组建青年团组织的试点，并批准了《新民主主义青年同志会章程》。

组建新民主主义青年同志会的工作，首先选择在达德学院进行，取得经验。当时达德学院已经建立了中共组织，在学生中有了党支部。在学院党组织的领导下，由党支部按照《新民主主义青年同志会章程》的要求，分期分批、个别吸收符合条件的优秀青年加入。经过一段时间的工作，达德学院先后发展180多名青年入会。港九各进步青年团体和香岛、汉华、培侨等校的地下党组织也分别吸收一批先进青年入会。由于处在地下斗争环境，新民主主义青年同志会本身不设立各级领导机构，成立的小组或支部均由所在单位的党支部直接领导。

中共香港工委青年工作领导小组成立后，我曾就组建青年组织的问题与领导广州地下党工作的钟明同志磋商，他提出拟在广州建立名为"爱国民主协会"的青年组织。1947年3月底，在中共广州地下组织的领导下，广州爱国民主协会（以下简称"爱协"）成立。爱协制定了《爱国民主协会章程》和《秘密工作条例》，以中共地下党员为骨干，采取单线联系的形式，首先在中山大学的进步青年学生中积极慎重地发展会员，打下了组织基础。爱协成立后，在广州地下党的领导下，团结带领青年学生掀起了"反饥饿、反内战、反迫害"的爱国民主运动热潮，爆发了震动省内外的"五·卅一"运动，给国民党在广东的反动统治以沉重的打击。随着革命形势的发展，"爱协"的队伍从中山大学逐步向广州各大、中学校发展，至广州解放前夕共吸收会员1400多人，成为党开辟"第二条战线"的一支重要力量。1949年3月，由于成立华南学生联合会和全国学生联合会的需要，爱协改称"广州市地下学生联合会"（简称"广州地下学联"），参与筹建华南学联的工作，并成为华南学联的团体会员。

1949年元旦，中共中央颁布了《关于建立中国新民主主义青年团的决议》。按照《决议》的精神，香港地区的中国新民主主义青年同志会全部会员分批转为新民主主义青年团员。新设立的团支部仍归由各单位党支部直接领导。广州爱国民主协会（广州地下学联）会员，在广州解放后不久，经过集体培训，全部转为新民主主义青年团员。

问：你担任中共香港工委群委书记后，是怎样指导广东青年工作和做好培训干部工作的？

答：1947年5月，中共中央香港分局成立。方方同志任书记，尹林平任副书记。分局领导机构有三个系统：农委、城委和香港工委。香港工委书记为章汉夫，下属的群众工作委员会（简称"群委"）由刘宁一担任书记。党中央调刘宁一同志参加世界工联工作后，于1948年初由我接任群委书记。青年工作领导小组经调整改组后并入群委。

群委属下分设五条线：一是妇委（妇女工作委员会），书记余慧；二是青委（青年工作委员会），书记陆文；三是校委（学校工作委员会），书记李曼晖；四是学委（学生工作委员会），书记吴佩纶；五是达德学院党总支，书记吴平。青委主要负责港九地区青年进步团体的工作；校委主要负责指导香岛、培侨、汉华等学校的教师工作并开展香港教育界的统战工作；学委主要负责指导港九学联，在高校和中学学生中开展工作。此外，归属群委管理的香港工委党总支主要负责香港工委机关干部整风、审干等组织工作。苏蕙任总支书记，林朗、葛琴、龚澎、周而复和我任委员。

群委领导成员有黄焕秋（负责全面工作并分工联系青委工作）、余慧（负责组织工作兼妇委书记)、周钢鸣(负责宣传工作)、张明生(负责达德学院党总支)、吴佩纶(负责学生工作兼学委书记)。不久,周钢鸣同志接受新的任务,由华嘉接任群委宣传工作。此外,曾珍同志协助余慧同志负责组织工作。

  在香港分局的统一领导下,群委对青年工作的指导分别有几种不同情况。港九地区的青年工作由群委的青委、学委直接指导,我和城委李汉兴同志加强联系、密切配合。内地广州等大中城市的青年工作由香港分局城委(城市工作委员会)直接领导,群委协助工作。群委经常通过何锡全与广州地下党负责人钟明同志联系和配合。部队的青年工作则由各地区、各个部队的党委和政治部门领导。群委在《华商报》开辟"群众"专栏,经常刊登有关青年运动的消息和文章,指导各地的青年工作,由我和华嘉同志负责组稿。

  开展干部培训,为游击区和各个部队输送干部,以及为迎接广东解放而准备干部,是中共中央香港分局交给群委的一项重要任务。达德学院是香港分局培养干部的重要基地。1948年初我离开达德学院担任香港工委群委书记后,仍然参与达德学院一些重大问题的研究和决策。达德学院教师党员成立党组,张铁生任书记,归香港工委文委(文化工作委员会)领导,加强与民主党派、爱国民主人士的团结合作,支持陈其瑗院长办好学校。我和文委书记冯乃超同志建立联系,群委领导成员张明生和张铁生同志建立联系,密切配合开展工作。群委领导下的达德学院党总支不断加强自身的思想建设和组织建设,学生党支部积极开展政治思想工作,教育党员努力学习、团结同学,做学习和团结的模范。在党组织、民主党派、爱国人士的团结合作和党员、团员的模范带头作用影响下,达德学院形成了爱国进步、团结民主、改革创新的精神风貌,培育了良好的学习风气;学生的政治觉悟和文化业务知识水平不断提高,关心祖国解放事业,积极支持内地学生的爱国民主运动,不少学生响应党的号召,回到内地参加开辟华南游击区的斗争。由于达德学院的政治影响不断扩大,引起港英当局的恐惧,1949年2月22日,港英当局悍然下令达德学院"撤销注册,即日停闭"。中共中央华南分局为此专门召开会议,研究对策。会议由方方同志主持,出席会议的有乔冠华、夏衍、潘汉年、苏蕙、杨东莼、饶彰枫、黄焕秋,地点在邓文钊先生公馆。鉴于当时全国政治协商会议即将召开,为保证留港的各民主党派负责人和著名的爱国民主人士能安全北上参加政协会议,决定对港英当局封闭达德学院的无理行为作低调处理,只在《华商报》刊登严重抗议文章,不搞游行示威等抗议活动。群委遵照分局的指示精神,做好学生的思想工作,并协助学院按照学生的不同情况做好妥善安排。其中大部分华侨学生撤退到北方解放区工作;来自内地的学生分别撤退到各地区参加武装斗争或群运工作;考虑到广东全省解放后,在接管城市和开展经济建设中需要大批财经人才,决定将商业经济系的学生留下,由经济学家赵元浩等申请开办中、专科学校继续培训。这些学生日后成为接管广州市银行、财政、税务等系统的骨干。

达德学院在短短的两年时间中，为革命事业培训和输送了800多名干部，达德学院筹办人之一曾伟同志和学生共18人为中国人民解放事业献出了年轻的生命。许多学生在革命胜利后成长为各级党政机关的领导干部和专业人才，为革命和建设事业做出了贡献。

除了通过达德学院培训干部外，群委的各个系统也注意培养干部和人才。青委的梁克寒等同志组织港九进步青年开展文艺活动，培养文艺活动的积极分子，组织他们回到游击区，当部队的文化教员，开展部队的文化建设；还开办护士班，为部队培养医护人员。妇委的黄蕊秋等同志在青年会开办保育人员培训班，培养了一批日后从事妇幼工作的干部。

问：华南分局青妇组成立后，是怎样在广东开展青年工作和建团工作的？

答：1948年底，中共中央香港分局准备转入内地游击区。为加强对华南地区青年和妇女工作的领导，决定成立"青年、妇女工作组"（简称"青妇组"），并撤销香港工委群众工作委员会。由华嘉同志负责将群委系统党和青年团的组织关系转交城委接管。1949年2月，香港分局青妇组正式成立。4月，中共中央香港分局改称中共中央华南分局，香港分局青妇组也改称华南分局青妇组。

华南分局青妇组由黄焕秋、余慧、陈恩三人组成，黄焕秋任组长。从1949年初至1949年10月广州市解放，分局青妇组的青年工作主要有以下几个方面：

1. 召开华南学生代表会议和华南青年代表会议，做好选送代表出席全国青年、学生和青年团等几个代表大会的工作

1948年10月，党中央发出通知，在1949年上半年召开中华全国青年第一次代表大会、中华全国学生第十四次代表大会、中国新民主主义青年团第一次全国代表大会和中华全国妇女第一次代表大会，要求各地做好出席会议的准备工作。1949年2月初，分局青妇组在香港达德学院召开华南学生代表会议，参加大会的有华南各地区、各大城市及海外学生代表。大会中心议题是如何组织学生迎接南下解放军，为彻底解放华南和创建新华南而努力。大会通过了《华南学生联合会章程》、《华南学运方针任务》和《华南学生当前行动纲领》等文件，决定成立华南学生联合会，并选出以何锡全为主席的首届执行委员会。

1949年4月15日，分局青妇组主持召开了华南青年代表会议，参加会议的有华南各地北上参加全国青代会、学代会的代表，以及部分在香港从事青年工作的党员干部，共50多人。华南分局书记方方到会作了题为《目前华南形势与青年运动的方向》的讲话，指出当前华南青年的主要任务是：在解放华南、建设新中国的口号下，将华南青年统一组织起来，发展和巩固华南青年统一战线；与当前解放广大农村的工作相结合，参军参政，生产支前，开展文教工作，迎接解放军南下解放全华南。会议决定发起成立华南青年联合会，并成立了筹备委员会。筹委会由华南学联等15个青年团体代表组成，陈恩任主任，何锡全为副主任。会议最后通过了《华南青年联合会筹备会成立宣言》和《华南青年当前行动纲领（草案）》等文件。

华南地区出席"全国青代会"、"全国学代会""全国团代会"、"妇代会"的代表，是由华南分局按照各地区的不同情况制订代表名额，由各地区党委选派产生的。1949年4月，各地区的代表按照规定日期到香港集中后，由分局青妇组主持召开会议，华南分局书记方方到会讲话。他勉励华南地区的代表要不负众望，虚心学习，把会议精神和各地青年工作的经验带回来传达。会上宣布成立"华南青年代表团"，赵沨为团长，谢应权、张震为副团长。其中广东北上参加全国青年代表大会的代表有：古克（兴梅地区），张震（潮汕地区），徐丹华（东江地区），张履冰（韶关地区），甄章（粤中地区），陆文、何杰（香港），黄大仿、谢应权、陈说（海南地区），达德学院青年学生陈渊、罗仰申（海外），还有参加全国学生代表大会的郑华、黄于毅等共13人。参加全国第一次妇女代表大会的代表有：何明、吴全衡、何秋明、郑坤廉、郭秀莹、谭英、余珍、关景霞共8人。华南青年代表团于1949年5月5日到达北京，参加了正在召开的中华全国青年第一次代表大会。会议结束后，青年代表团成员除个别同志外，大多数进中央团校学习两个月，主要是学习党的七届二中全会和青年团全国首届代表大会的精神。学习结束后，多数代表随军或随南下工作团返广东，何锡全、张震两位同志因工作需要提早返回。

2. 指导各地开展建团工作

1949年初，中共中央香港分局根据党中央的建团决议精神，发出《关于在华南根据地建立新民主主义青年团工作的指示》，强调在华南各游击根据地建立新民主主义青年团组织，是当前华南青年运动的中心环节，并对建团工作的方针、方法、步骤作出明确的规定。关于建团方针，分局指示中指出，在开展建团前，必须在人民群众和青年群众中进行深入宣传与充分酝酿工作，然后依据本人自愿申请，按照团章规定的入团条件，经过办理入团手续吸收入团。关于建团的步骤，分局指示中提出，训练和配备足够数量的党的青年工作干部是建团所必须的重要条件之一，各地党委应慎重与迅速地抽调一些思想正确、联系群众的年轻党员干部，经过短期训练，使他们正确掌握建团方针，成为建团的骨干；建团工作应采取有重点地逐步向前推进的办法，首先在党的工作基础较好、人口较集中的村镇、部队、学校开始，然后再求普遍发展。香港分局关于建团工作的指示发出不久，中共琼崖区委、潮汕地委等先后作出开展建团工作的决定,并相继建立本地区新民主主义青年团筹备委员会。在闽粤赣边、粤赣湘边、南路等地方以及各人民武装部队也相继开展建团工作。

1949年5月,华南分局青妇组干部30多人,从香港分批进入东江游击区。进入游击区后,我和陈恩、林挺等同志分头率领工作组到江南、九连、兴梅等地委协助开展建团工作。我和俞仲达、刘卓礼、王文彬等同志一起到江南地委东江公学开展建团工作。我还到粤赣湘边纵队江南支队作建团工作报告。林挺、郑黎亚同志带领工作组到达兴梅地委梅州公学,协助地委办好学校并开展建团工作。

1949年6月中旬,分局青妇组在揭阳县河婆镇召开粤赣湘、闽粤赣两个边区的青年、妇女工作会议。当地的青年团和妇委的主要干部参加。从北京回来的张震同志在会上传达了全国团代会、青代会的会议精神。与会干部学习了全国团代会的文件,交流了建团工作经验,提高了对青年团工作的认识,明确了建团工作的方针、步骤和方法。会后,以华南分局的名义向各地区党委发出电报,要求各地结合革命斗争建团,成立青年团和妇女组织,动员广大青年和妇女积极行动起来,迎接解放。

3. 组建华南工作团,培训接管城市的干部队伍

1949年7月22日,华南分局根据中央发出的关于做好接管广州及其他大城市工作的指示精神,发出《加紧准备迎接南下大军的工作指示》,决定抽调干部组成几支队伍,进行入城前的培训,做好接管广州的准备。一是从潮汕、兴梅地区抽调干部,由分局青妇组负责组建华南工作团,对干部进行培训。二是将分局机关干部、在香港和东江地区的广州地下学联成员、进步师生、工人党员和工运干部、民主党派和无党派民主人士、进步归侨等共约1000人,集中于大鹏半岛组建东江教导营,由钟明、周楠、杨应彬等同志负责领导集训。

华南工作团于7月底开始组建,8月正式成立,黄焕秋任团长,周钢鸣、张海敖任副团长。由正副团长组成的华南工作团团委是全团的最高领导机构。分局青妇组的干部成为工作团的工作人员和骨干。华南工作团成员主要来自三个方面:一是潮汕地委从各县和各部队抽调县、团级干部共100多人;二是从潮汕军政干部学校抽调干部和学员共200多人;三是兴梅地委从梅州公学抽调干部和学员共300多人,合共600多人。全团组编为12个队,每个队一般设有正、副队长和政委,负责对队员的管理和思想教育工作。

华南工作团的主要任务是组织干部学习党的城市工作方针、任务和各项政策,进行发扬党的优良作风的教育,从思想上和行动上做好接管城市的准备。我和周钢鸣等同志向全团成员作有关城市工作的方针、任务、政策,以及城市的政权工作、工人工作、宣传工作等方面的报告。强调城市工作要树立依靠工人阶级的思想;要贯彻执行"发展生产、繁荣经济、公私兼顾、劳资两利、城乡互助、内外交流"的方针、政策；要充分认识城市工作的特点及其复杂性，不要将农村工作的一套方法机械地照搬到城市工作中去；要提高警惕，防止敌人在城市中进行捣乱和破坏等等。9月中旬，我们接到华南分局的通知，华南工作团（包括由陈恩、朱慕湛和林挺、郑黎亚带领的队伍）全部到龙川县老隆镇集中。10月3日，按照华南分局通知，华南工作团、华南文工团、南方人民银行财经干部等单位在老隆镇集中后，赶往翁源县龙仙镇与朱光同志带领的南下工作团会合。1000多人的干部队伍边行军、边学习，于10月14日到达翁源县龙仙镇，与南下大军及朱光同志带领的南下工作团胜利会师。在会师前，我向全团同志讲话指出，南下大军和南下干部是老大哥，我们要虚心向老大哥请教、学习，要搞好和南下干部的团结，做到互相尊重、互相帮助、亲如一家。10月15日，我们邀请南下工作团的云广英、李凡夫等领导同志向华南工作团、华南文工团和南方人民银行财经干部作报告，传达了叶剑英同志关于北京市接管工作经验总结，和华南分局赣州会议关于做好接管广州工作的指示精神。全团同志对做好接管城市工作的重要性和党的城市工作方针、政策认识更加明确，满怀信心地迎接即将到来的新任务。下午5时左右，传来前方消息，广州已于14日解放，全场热烈欢呼。

10月16日早上，华南工作团等单位的干部队伍由龙仙出发到官渡，乘南下大军军车去广州，18日深夜到达广州郊区沙河，露宿一晚，19日清晨进入广州。10月21日，华南分局领导同志叶剑英、方方、肖向荣等由赣州到达广州。钟明、周明、左洪涛、杨应彬等同志率领的教导营同日到达广州。我和余慧同志将华南工作团干部档案和党的组织关系全部移交给华南分局组织部负责人李汉兴同志接收。华南工作团成员除一部分由华南分局组织部安排工作外，大部分由广州市接管委员会分配到省、市政府机关及公安、政法、文教、经济等各条战线参加接管工作。

二、建国初期青年团华南工委的工作

问：青年团华南工委成立后，怎样建立和健全团委的领导机构和工作机构？

答：1949年10月14日，广州解放。10月21日，华南分局领导同志叶剑英、方方等由赣州到达广州，翌日，在爱群大厦会议室接见分局青妇组领导成员。分局第一书记叶剑英宣布，为适应革命形势发展的需要，分局青妇组要一分为二，分别设立分局青年工作委员会和分局妇女工作委员会；同时，相应建立新民主主义青年团华南工作委员会和华南妇女联合委员会两个群众团体领导机构。华南分局青年工作委员会（简称"分局青委"）由黄焕秋、陈恩、赖大超、林挺、谭卓芬、梁枫（梁克寒）、胡泽群等人组成，黄焕秋任书记，副书记陈恩、赖大超。当前要集中力量做好广州的接管工作。陈恩主要负责广州市青年团的工作。

10月24日，中共中央华南分局作出重建广州市委的决定。陈恩是市委委员，他与原广州地下党负责人、新任广州市委组织部长的钟明同志商量拟定团广州市工作委员会成员名单，报市委批准。广州市委决定成立市青委和团市工委，青委书记陈恩，副书记胡泽群、林挺；委员陈坤仪、朱慕湛、董世扬、何锡全、谭卓芬、陈甲寰。10月25日，团广州市工委成立，接收北京路财厅前原国民党三青团总部旧址办公。

11月15日，华南分局在广州召开青年、妇女工作会议。会上传达了分局决定的精神，公开宣布成立新民主主义青年团华南工作委员会（简称"团华南工委"）和华南妇女联合会。团华南工委书记黄焕秋，副书记陈恩、赖大超，秘书长林挺，宣传部部长黄焕秋（兼）、副部长梁枫，组织部部长赖大超（兼）。除上述的分局青委委员均为团华南工委委员外，还增加许稺人等同志为团委委员。会议决定当前广东青年工作的主要任务是：① 配合党的中心任务，协助各级党委搞好广东城乡的接管工作和支前工作；② 筹办青年干部训练班和华南团校，培养青年干部；③ 成立建团工作小组，到各地了解情况，指导建团工作；④ 开展青年学习活动，组织各种报告会、座谈会，引导青年学习和宣传党的方针政策。团华南工委辖广东省、广西省及广州市的团组织，而以广东省团的工作为重点。

广州的接管工作于一个月内胜利完成。在华南分局的重视和关心下，分局组织部迅速地选调和配备了团华南工委所需要的干部，使团委工作机构得以尽快地建立和健全。建国初期，团华南工委工作机构设有办公室、组织部、宣传部、青工部、学校、少年部、统战部和研究室。下属事业单位有华南团校、《华南青年报》社（后改为杂志）、华南青年出版社、华南青年服务社。团华南工委工作机构和下属事业单位的组建过程，充分体现了华南分局对青年团工作的重视、关怀和支持。

华南团校是培养提高团干部素质的重要阵地。叶剑英同志对建设华南团校十分重视。团华南工委成立后即把筹办华南团校列入重要议事日程。筹办团校过程中碰到缺乏校舍和活动场所的困难，在叶剑英、方方等领导同志的关心过问下，广州市政府把业已停办的海事专科学校及临近珠江河畔的近百亩土地划作团校校址。林挺等同志负责团校的筹办工作。经过三四个月的努力，华南团校第一期于1950年4月举行开学典礼。叶剑英同志亲自到会祝贺，并作了热情洋溢的讲话。他鼓励团干部好好学习，提高思想水平，带领广大青年在党的领导下，刻苦学习马列主义、毛泽东思想和科学文化技术，勤奋工作，努力为人民服务，为建设新中国贡献青春力量。他向团校提出了"学习理论，总结工作，反省思想，与劳动实践相结合，为人民服务"的办校方针，使团校教学工作有了明确的方向。华南团校成立后，我兼任校长，林挺、吕坪同志先后担任副校长。由于分局的重视和支持，各部委的领导同志经常到团校作有关当前重大方针政策的专题报告。在团校全体干部的共同努力下，教学工作探索和积累了一些经验。华南团校副校长吕坪同志曾在团中央召开的全国团校工作会议上作工作经验汇报。

《华南青年报》是团华南工委机关刊物，是向团员青年进行政治思想教育和指导团的工作的重要阵地。1949年底创刊，后改为《华南青年》杂志。许戈阳任总编辑，叶有秋任经理。《华南青年报》（《华南青年》杂志）大力宣传马克思主义、毛泽东思想，宣传党的路线、方针、政策，宣传革命先烈和青年英雄人物的模范事迹，宣传团的基层工作经验和文化科学知识，引导青年树立正确的世界观、人生观，培养青年爱祖国、爱人民、爱劳动、爱科学、爱护公共财物的优秀品德，成为团员、青年的良师益友，受到广大读者的欢迎。

当年，团中央恢复出版机关刊物《中国青年》杂志，并成立中国青年出版社，大量出版、发行各种青年读物和团员教材。团华南工委根据团中央的要求，于1950年初由叶有秋同志组建中国青年出版社华南营业处，代理发行《中国青年》等团中央刊物，并为团干部和团员、青年编辑出版优秀读物。及后又组建青年文化服务社、动植物标本厂、青年印刷厂等。团华南工委属下的青年实业蓬勃发展，员工近百人。1952年"三反"运动后，根据党的政策，青年团不办实业，中国青年出版社华南营业处移交给新华书店，青年文化服务社交给财厅，动植物标本厂交给华南师范学院，青年印刷厂交给人民印刷厂。

建国初期，在全国各大城市中，广州市是最早建立青年文化宫、少年儿童宫的城市之一。青少年活动阵地的建立，生动地体现了华南分局、广州市委和各级党、团组织关心青少年健康成长的殷切心情。1950年冬，我和广州市团委胡泽群同志随中国青年代表团赴苏联参观访问。在参观过程中我们看到苏联很重视青少年学生的课外教育，在各大城市普遍建立少年宫、少年科技馆、少年园艺之家等活动阵地，通过生动活泼的形式，激发青少年爱科学、学科学的兴趣，培养爱集体、爱劳动的思想品德。我们由此受到启发，认为在广州应尽快建立青少年活动阵地。访苏归来后，广州市团委经过一段时间的酝酿和讨论，制定了建立广州市少年儿童宫的工作计划。1952年初，我将广州市团委的计划呈送叶剑英同志，同时向他汇报了访苏期间耳闻目睹的一些情况。叶剑英同志当即表示同意建立广州少年儿童宫，批示在岭南文物宫（现为广州文化公园）内拨出一个馆作为少年儿童宫地址，并为广州市少年儿童宫题写了宫名。广州市副市长朱光对这一计划十分支持，经市委研究，批示市政府财政局拨款1亿元（旧币）作为开办经费。在广州市政府的大力支持下，广州市少年儿童宫于1952年6月1日举行开幕典礼，新中国第一所少年儿童宫宣告诞生。广州市少年儿童宫是由团华南工委、团广州市委、广州市教育局、岭南文物宫等4个单位联合举办的。少年儿童宫建成后，活动设备不断充实更新，活动内容、活动形式多种多样、生动活泼。经过持续不断的努力，少年儿童宫成为对少年儿童进行爱国主义教育和科学文化知识教育的有力阵地。

问：青年团华南工委是怎样加强团干部队伍建设的？

答：团华南工委成立时，干部主要来自五个方面：一是随华南工作团进城的分局青妇组中的青年工作干部；二是朱光同志带领的南下工作团的干部；三是钟明同志带领的东江教导营的干部；四是从广州市团委、广州地下学联抽调来的干部；五是从南方大学1950年毕业生中分配来的党、团员干部。1950年3月，团中央调派黄康云同志为团华南工委委员、广州铁路局团委书记。同年4月，团中央调派田心同志为团华南工委委员，华南分局组织部根据张云逸同志提出的选派干部支援广西的要求，调田心同志任广西团委书记。同年5月，团中央调孟宪德同志任团华南工委委员、宣传部长，加强了华南团委的领导力量。由此可见，团华南工委的干部来自五湖四海，既有来自本省，也有来自外省；既有来自老解放区、游击区的同志，也有在香港和广州从事党的地下工作的同志；既有出身知识分子和青年学生的干部，也有工农干部。

团华南工委对干部的安排使用，主要是根据工作需要和干部的德才条件，实行"德才兼备、用人唯贤"的干部政策，搞"五湖四海"，不搞宗派主义和用人唯亲。在团委的领导成员和中层干部中，既有出身工农家庭和长期从事革命斗争的干部，又有表现好、德才条件兼备的出身剥削阶级的知识分子干部。有几位团委领导成员的爱人，资历不算浅，但组织上对他们采取一视同仁的态度，根据具体条件安排为一般干部，没有给予特殊照顾。

各地区、市、县团干部的配备由当地党委决定，绝大多数团干也是好的。

团华南工委在抓好干部配备使用的同时，十分重视加强干部队伍的思想作风建设，主要有如下措施和办法。

1. 加强政治理论学习

团委机关党组织对干部政治理论学习抓得很紧，每个星期三下午都定为政治理论学习时间。对党的重大决议、方针政策和颁布的重要文件，都及时组织团干部认真学习，使团干部不断加深对党的路线、方针、政策的理解，提高政治觉悟。1951年，结合纪念中国共产党成立30周年的活动，组织团干部认真学习党的历史和毛泽东、刘少奇同志的有关著作，引导团干部认识中国共产党的伟大、光荣、正确，认识毛泽东思想对于指导中国革命取得胜利的伟大意义，从而坚定团干部的政治方向。

在政治理论学习中坚持理论联系实际的方针，特别是对党颁布的土地改革、民主改革、镇压反革命和"三反"、"五反"等方针、政策，要求团干部按照党的政策的要求，提高思想认识，坚定革命立场，分清敌我，投身到斗争中去。由于开展结合实际的政治理论学习，团干部提高了政治觉悟，明确了阶级立场，过好了"土改关"。

2. 开展革命思想品德教育

建国初期，团干部的工作条件、生活条件比较艰苦。团委办公地点一再搬家，最初借用大南路省公安厅的房子，后来搬到文德路华南中学，最后搬到中山三路原国民党省参议院旧址（现烈士陵园广东革命历史纪念馆），才算稳定下来。当时，大部分干部住在集体宿舍，实行干部供给制，除衣服、伙食和必须的日用品由国家按标准供给外，每月只有很少一点生活费。在艰苦困难的条件下，团委党组织不断加强对干部的革命思想品德教育，引导团干部学习革命先烈、革命领袖、革命老一辈的高尚品德，学习红军二万五千里长征和中国人民志愿军艰苦作战、不怕困难、不怕牺牲的革命精神，树立"全心全意为人民服务"、"革命第一、工作第一、他人第一"的思想。团委领导成员和干部打成一片，发扬艰苦朴素、廉洁奉公的优良作风。当时虽然工作任务繁重，生活条件艰苦，但干部精神饱满，工作积极主动，团委机关成为生气勃勃、团结友爱的战斗集体。

3. 提倡深入调查研究、参加实践锻炼的优良作风

团华南工委针对相当一部分干部是"三门"（从家庭门进入学校门，从学校门进入机关门）干部的情况，大力提倡团干部深入基层、深入实际进行调查研究，并组织团干部投身党的中心任务中去，接受实践的考验和锻炼。在土地改革运动中，团华南工委要求每个团干部都要下农村参加土改，并对团干部提出三点要求：① 努力做好土改各项工作，保证党的中心任务的完成；② 结合土改运动，探索在农村开展青年工作和建团工作的经验；③ 在运动中锻炼和改造自己，增强工农感情，培养密切联系群众、艰苦奋斗的作风，学会为人民服务的本领。团华南工委下乡参加土改的干部，绝大多数表现很好，不少干部在土改运动中立了功，有的还被评为土改模范。

问： 青年团华南工委是怎样围绕党的中心任务、结合青年特点开展青年工作的？

答： 团华南工委成立后，自觉贯彻党中央、华南分局和团中央的重大决策和部署，动员各级团组织，发动广大团员青年投身到党的中心任务中去，为完成中心任务而发挥党的助手作用和团员、青年朝气蓬勃的生力军作用，并按照青年特点开展有利于青年健康成长的各项活动。

建国头几年，团华南工委开展的工作主要有如下几个方面。

1. 选送团员和进步青年参与城市接管工作，参与建立和巩固城乡社会秩序的斗争

广州解放后，随着城市接管工作的全面开展，亟需增加大批新干部。团广州市工委从广州地下学联成员、团员、进步青年中，挑选1000多人输送给市委，分配到各

机关单位从事接管和政权建设工作。

解放初期,广州市的不法商人开设地下钱庄,在街头摆设摊档(俗称"剃刀门楣"),进行炒买炒卖港币等金融投机活动,造成金融市场秩序混乱、物价暴涨,严重影响市民生活。在市军管会的统一领导和市公安部门、驻市解放军的参与下,团广州市工委从机关和下属单位抽调200多名干部,从学校抽调一批地下学联成员,参与扫荡地下钱庄和"剃刀门楣"的斗争。经过突击行动,全市的"剃刀门楣"均被查封取缔。此后连续3天,组织干部、团员、青年共15000多人上街宣传扫荡非法钱庄的必要性,得到广大市民的拥护和支持。这次行动对于稳定金融秩序,稳定市场物价,保障经济恢复起了积极作用。

1950年上半年,为保证对广州市等大中城市的粮食供给,推动农村的减租减息、清匪反霸斗争,在广东省人民政府的统一部署下,各地、市团工委选送机关干部中的团员、青年参加下乡征粮工作队。据不完全统计,全省征粮工作队队员共800多人,其中80%以上是青年。这支队伍下到农村后,积极宣传党的政策,发动农民开展减租减息、清匪反霸斗争,努力完成征粮工作任务,为保证大城市的粮食供应做出了积极的贡献。有些工作队员因遭受特务、土匪武装的袭击而献出年轻的生命。

2. 动员团员、青年参军支前,参加"抗美援朝、保家卫国"运动

1949年冬,参与解放广东战役的陈赓兵团,奉命向西南进军。在华南分局和广州市委的安排下,团华南工委、广州市工委协助陈赓兵团动员广州市大、中学校学生参军。共有700多名团员、青年参加陈赓兵团向西南进军,他们为解放和建设西南边疆做出了积极的贡献。

1950年上半年,为支援解放军渡海解放海南岛,全省有不少团干部被选派到各地支前委员会工作。琼崖区青年团筹备委员会成员黄大仿,从北京参加全国团代会、青代会回到广东后,由华南分局安排到十五兵团43军军部做发动群众支前的工作。黄大仿到达徐闻县支前工作第一线后,向部队首长介绍了海南岛革命斗争形势和敌我双方的情况,与部队及支前工作干部一起,做船工及其家属的思想发动工作。经过深入细致的思想教育,当地几百名船工都自愿支援解放军渡海作战。据统计,全省共动员1.2万多名船工参与支前工作,为渡海作战取得胜利做出很大贡献。

1950年6月,朝鲜战争爆发。美国侵略者把战火燃烧到鸭绿江边,严重威胁我国安全。全国人民热烈响应党中央的号召,掀起"抗美援朝,保家卫国"运动。团华南工委和各级团委向团员、青年深入进行爱国主义和国际主义思想教育,激发团员、青年的爱国热情,树立民族自尊心,克服恐战恐美心理,积极投入抗美援朝斗争。1950年12月,中央人民政府革命军事委员会、政务院发布《关于招收青年学生青年工人参加各种军事干部学校的联合决定》后,团华南工委发表《告华南青年书》，号召团员和青年响应祖国号召，踊跃报考军事干校，报效祖国。在华南分局的统一领导下，团华南工委协同省军区、省教育厅等单位做好招生工作。广东全省报考军事干部学校的青年共有30433名，被录取3435名，其中团员占1077名。各地团组织还发动团员青年积极参加捐献飞机大炮，支援志愿军打击美国侵略者的活动。全省各界群众共捐献武器款2159万元（已折算新币），可购买战斗机144架，有力地支援了抗美援朝斗争。

3. 动员团员、青年投身土地改革、民主改革等社会改革运动，巩固人民政权

1950年冬，广东土地改革运动开始后，团华南工委曾多次召开广东省地、市团委书记会议和土改县团委书记会议，贯彻党中央、华南分局对土改运动的指示，以及团中央对土改运动中青年工作的部署。团华南工委要求各级团委以土地改革为中心任务，集中干部力量，动员广大团员青年投身土改运动，在运动中当好党的助手。土改运动中的青年工作是在各级党委的统一领导和部署下进行的。在发动群众方面，采取中、老年和青年一起发动的方针，团员青年和中、老年农民一起参加诉苦会、划阶级、斗争地主恶霸、分配土地等斗争活动，从而提高了阶级觉悟。在土改运动中还结合开展整团建团工作，纯洁团的组织，发展壮大团的队伍。土改结束后，许多团员当选为乡村干部，成为基层人民政权的骨干力量。

在城镇厂矿开展的民主改革运动中，团组织动员团员青年积极投入运动，勇敢揭发封建把头和潜伏的反革命分子欺压工人、破坏生产、破坏社会治安的罪行，确立工人阶级当家作主的阶级地位。团员和青年还积极提出各种建议，建立和健全民主管理制度，促进工厂的生产和建设。通过民主改革运动的教育，团员和青年增强了工人阶级当家作主的责任感，提高了生产积极性，成为厂矿企业搞好生产的一支突击力量。

4. 教育团员、青年积极劳动，学习文化技术，为恢复和发展国民经济贡献力量

1951年至1952年，工厂团组织在发动团员投入抗美援朝、民主改革运动的同时，还组织团员青年开展爱国生产劳动竞赛。团组织协助工会动员团员青年带头订立竞赛条件，跟师傅一起完成和超额完成生产定额任务。随着爱国主义生产劳动竞赛的深入开展，工会和青年团组织因势利导，组织青年学技术、学文化，开展技术革新活动。据广州市总工会1952年底的统计，全市先后举办业余职工学校185间，学员40327人，其中青年占90%以上。团组织还动员青年向老工人学习技术，签订"师徒合同"，不少工厂车间出现了专师爱徒、帮教帮学、遵守纪律的新气象，促进了工业生产的恢复和发展，同时也促进了青年工人的健康成长。

农村团组织在发动青年参加减租减息、清匪反霸和土地改革运动的同时，教育青年积极劳动、搞好生产，以多打粮食的实际行动，支援解放军保卫国防，支持中国人民志愿军打击美国侵略者。团组织还在农村中开办夜校，帮助团员青年学习文化知识和农业技术知识。已完成土地改革的乡村,团组织及时引导青年开展爱国增产运动,把土改运动中激发起来的政治热情引导到搞好农业生产的实际行动中去。

5. 积极开展文娱体育活动,活跃青年的文化生活

1950年元旦,在广州市庆祝元旦的体育表演大会上,兼任广州市市长的叶剑英同志向全市青年发出号召:"自己动手,义务劳动,在越秀山开辟人民的体育场。"当即受到全场青年的热烈响应。会后,朱光副市长召集团市工委、市学联、市工务局的负责人和市体育工作者代表开会,决定成立有四方面负责人参加的筹建小组。广州市团工委通过各条战线的党、团组织,深入发动和组织大、中学校,工厂企业,党政机关的团员青年,分批到工地参加义务劳动。在驻广州部队的大力支持下,经过半年多的艰苦劳动,一个能容数万观众,有正规的田径场、足球场的运动场终于建成。越秀山体育场的建成,不仅体现了老一辈革命家对青年一代的关怀和信任,而且开了建国后青年团组织直接为青年开辟大型文化活动阵地的先河。

1951年2月,在华南分局一次常委会议上,我汇报了中国青年代表团访问苏联的活动情况。当我谈到苏联重视开展青少年体育活动认为体育是共产主义教育的重要组成部分在大、中学校学生中普遍实行"劳动与卫国体育制度"收到良好效果时,叶剑英同志当即表示:"现在我们还没有体育运动专门机构,体育工作先由青年团负责起来。"按照叶剑英同志的指示和团中央的部署,团华南工委和各地、市团委相继成立军事体育部,基层团组织增设了军体委员。在各级党委的重视和支持下,团组织协同教育部门和体育工作者,在全省大、中学校普遍开展"劳动与卫国体育锻炼制度"(简称"劳卫制"或"体育锻炼标准"),促进了体育运动的蓬勃开展。在各级团委和体育部门的共同努力下,全省城乡的群众性体育活动也逐步开展起来,走在全国的前列。1951年下半年,团华南工委与中山大学师范学院商定开办体育干部班(1952年高等学校院系调整,中大师院并入华南师范学院),培养新中国体育工作专门人才,学制四年。许多学员成长为广东省、广州市体育运动的骨干力量。体育运动的开展,不但增强了人民群众的体质,而且培养出一批著名的运动员。在1952年9月举行的全国第一届乒乓球锦标赛上,广东运动员姜永宁获得男子单打冠军。后来,我国第一次夺取男子乒乓球世界冠军称号的容国团也出自广东。

建国初期,广东团组织十分注意组织青年开展健康有益的文化娱乐活动。1949年10月,广州解放后不久,团华南工委、广州市工委共同领导的青年文工团成立。青年文工团除配合党的中心任务,编演各种文艺节目宣传党的方针、政策外,还为工厂、农村、学校基层组织培训文艺骨干,推动青年文化娱乐活动的开展。各级团组织还带领青年因地制宜、形式多样地开展文娱活动,如唱革命歌曲,跳集体舞、交谊舞等等。生动活泼的文娱活动活跃了青年的文化生活,增进了青年间的友谊。《中国人民志愿军战歌》、《歌唱祖国》、《没有共产党就没有新中国》等歌曲唱遍城乡的每个角落，嘹亮的歌声表达了青年人热爱党、热爱祖国的壮志豪情。

6. 开展国内外青年统一战线工作，增强省内各界青年的团结以及与世界各国青年的团结和友谊

1950年10月，由10多个国家青年代表团组成的世界民主青年联盟代表团到广州市访问。这是广州解放后第一次大规模的外事活动。在华南分局的统一安排下，由分局办公厅主任林西、团华南工委书记黄焕秋、团广州市工委书记陈恩等组成欢迎世青代表团的筹备工作委员会。我当时正准备随中国青年代表团访问苏联，由华南团委副书记赖大超参与接待工作。经过精心的筹备和安排，在越秀山体育场召开有广州各界青年共10万人参加的欢迎大会，叶剑英市长、朱光副市长和广州青年代表在大会上发表了热情洋溢的讲话。访穗期间，世青代表团参观了工厂，与工人代表和解放海南岛的战斗英雄代表举行了座谈。隆重、热情、友好的接待工作给世青代表团留下了深刻的印象。后来，世青代表团回到北京，中共中央刘少奇同志宴请他们。我刚好在北京准备去苏联访问，也参加了宴会。在与世青代表的交谈中，代表团团长、苏联列宁共青团中央委员会书记萨米恰斯尼对我说："我到过不少地方，华南地区和广州市的青年最热情，给我留下深刻的美好印象。"

在华南分局和各级党委的重视与支持下，广东的国内青年统一战线工作也开展得比较早。1951年至1953年，广州市和全省各中等城市先后成立了民主青年联合会。青年联合会在少数民族、民主党派以及宗教、工商、华侨等各界青年中积极开展活动，为团结各界青年参加社会主义改造和社会主义建设、建立与扩大青年统一战线发挥了积极作用。

7. 结合中心任务开展建团工作，发展壮大团的组织

广东解放初期，全省团的组织基础比较薄弱，大部分乡村、厂矿企业和学校尚未建立团的组织。团华南工委成立后，立即派出建团工作队，深入县、区和基层单位探索和总结建团工作经验，推动各地建团工作的开展。建团工作是在各党委的领导下，结合党的中心任务和各项社会改革运动进行的；工作步骤是先在群众基础好、条件比较成熟的地区和单位建团，取得经验后再向面上逐步推进。在建团过程中反复强调要按照团章规定的入团条件和手续吸收团员，保证新团员的质量。

各地团组织先是在党委举办的干部培训班、学生干部训练班、南方大学等单位，以及在各级政权机关、下乡工作队中吸收符合团员条件的青年入团。然后，随着城乡社会改革运动的开展，在农村紧密结合减租减息、清匪反霸斗争和土地改革运动，发展团员。由于紧密结合党的中心任务和各项社会改革运动开展建团工作，不但团的队伍不断壮大，团员质量也比较好。到1952年底，全省团员总数已达20万，其中农村团员 15 万。农村中 80% 以上的乡、城市中青年工人人数较多的工厂企业已建立了团的基层组织。

以上情况可以说明，建国头几年团华南工委的工作，是在党中央、华南分局和团中央的领导下紧紧围绕党的中心任务而开展，是为了把团员青年培养成为热爱祖国、热爱人民，在德、智、体、美各方面都得到发展的一代社会主义新人而努力的。

三、关于 1952 年批判团华南工委犯"青年主义"、"地方主义"错误的问题

问：1952 年在批判广东土改"右倾"和华南分局领导人犯"地方主义"错误时，团华南工委领导也被批判犯"青年主义"、"地方主义"错误。请问当时被批判的情况是怎样的？

答：事情已经过去半个世纪了，我是当年受批判的主要当事人。今天回顾当时的一些情况，主要是为了实事求是总结历史经验教训。

广东土改运动从 1950 年冬开始。华南分局根据党中央对土改运动的指示精神，结合广东实际情况，制定了广东土改运动的方针、政策和方法步骤。分局领导认为，广东土地改革是在党已取得全国政权之后进行的，这与建国前老区开展土改面临的情况有很大不同。广东具有毗邻港澳、华侨人口众多、城镇工商业比较发达等特点，因此，土地改革应采取积极稳妥的做法。在充分发动群众消灭封建剥削制度的过程中，必须正确处理华侨土地房屋，维护城镇工商业正常经营等问题。华南分局制定的广东实行土地改革的方针、政策和方法步骤报经中央、中南局同意后，广东各级党组织按照已定的方针、政策，领导土改运动稳步健康地开展，取得了很大成绩。1950 年底，由于抗美援朝斗争正在激烈进行，中央要求加快土改运动步伐，完成土改，巩固国防。根据中央指示精神，华南分局提出"稳步加快"的方针和工作部署。但中共中央中南局一些领导同志却认为，广东土改运动进展缓慢，群众发动不充分，党委领导农民运动的思想右倾。还认为分局第三书记方方存在排斥外来干部和外地先进经验的"地方主义"。此后，毛泽东同志对广东土改运动进度缓慢也提出了批评。1952 年 6 月 30 日至 7 月 6 日，根据毛泽东同志主持召开的广东问题讨论会的精神，华南分局召开扩大会议，着重批判土改"右倾"和方方同志的"地方主义"错误。会后，方方由分局第三书记改任第五书记。1953 年 4 月，方方同志又因"官僚主义"、"分散主义"等问题，受到撤销华南分局第五书记和广东省人民政府第一副主席等本兼各职的处分。

1952 年 8 月，紧随分局扩大会议批判广东土改"右倾"和分局领导犯"地方主

义"错误之后,青年团中南工委主要负责同志带领工作组到广东检查团的工作。在工作组召开的有团华南工委正副书记、团委各部门负责人参加的检讨广东团工作会议上,中南团委主要领导人作总结发言时说:"广东团的工作没有贯彻好党的阶级路线和组织路线;没有做好党在农民运动中的助手;在处理团的工作与党的中心工作的关系以及在农村建团、工厂建团工作等方面都存在较大的偏差;团干部队伍存在严重的问题"。根据经过中南局批转的中南团委的意见,团华南工委召开扩大会议,着重揭发批判华南团委主要领导犯"青年主义"、"地方主义"错误的问题。从这一过程可以说明,批判华南团委领导犯"青年主义"、"地方主义"错误,是与批判广东土改"右倾",分局领导犯"地方主义"错误密切联系在一起的。

1978年12月,党的十一届三中全会召开后,党中央和广东省委对1952年批判广东土改"右倾"的问题进行了研究,对方方同志受到的批判处分进行了复查,重新作出了实事求是的结论。1986年党中央在叶剑英同志逝世时致的悼词中指出,叶剑英同志"在领导广东的土地改革运动中,根据党中央的方针政策,同广东省的实际相结合,所制定的一系列具体政策,历史证明是完全正确的"。1994年1月,中央纪律检查委员会在关于方方同志问题的复查结论中明确指出,"解放初期,方方同志在华南分局、叶剑英同志领导下,为建立和巩固人民政权,恢复和发展广东的国民经济,做了大量的工作,做出了贡献,应予肯定。1952年对方方同志土改'右倾'、'地方主义'的批判,1953年对方方同志'官僚主义、分散主义'的批判,都是缺乏事实根据的,应予否定"。中央同意中纪委的复查结论,撤销原给予方方同志撤销分局第五书记、常委、省政府第一副主席等本兼各职的处分,为方方同志恢复政治名誉。

根据党中央、广东省委的复查结论精神,联系当年团华南工委的情况,我认为批判华南团委犯"青年主义"、"地方主义"错误,同样是缺乏事实根据的,是应予否定的。

问:1952年批判华南团委犯"青年主义"错误的主要根据是:不尊重党委的领导,甚至向党闹独立性;团的工作脱离党的中心任务,特别是自广东土改运动开始至1952年夏季以前,团华南工委没有把完成土地改革作为团工作的中心任务。这些批判是否符合当时的实际情况?

答:我于1935年10月,在中山大学读书期间加入中国共产党领导的"突进社",参加党领导的"一二·九"青年学生运动。1937年毕业,10月加入中国共产党。之后,在粤北曲江等地搞党的地下工作,在斗争实践中亲切体会到政策和策略的重要意义。只有在党的正确领导下,认真学习贯彻党的方针政策,密切联系实际,团结发动广大青年群众,青年运动才能健康发展并取得胜利。抗日战争结束后,1946年6月,我转去香港,受党的委托参加香港达德学院筹建工作,培养干部。1946年底,国民党反动派发动内战,我先后在中共香港工委、中共中央香港分局、华南分局担任青年工作领导职务。这期间的青年工作都在党委的紧密领导下,围绕着党的中心任务和党委的工作部署进行。1949年11月,团华南工委成立,我担任书记,从工作中真切地体会到,华南分局对团的工作十分重视,对我也给予充分的信任和支持。分局召开的常委会议一般都通知我到席参加,让我及早了解分局的工作意图,围绕党的中心任务部署团的工作。1950年10月,我和胡泽群同志参加中国青年代表团去苏联访问,回国后,冯文彬同志留我在北京参加访苏总结工作。1951年2月初回到广州,我向分局常委汇报中国青年代表团访苏情况后,叶剑英同志约我当晚到他家里长谈。我按时到了叶帅的会客厅。谈话像拉家常一样,叶帅边听边问,详细了解我访苏期间的见闻,还向我讲述他熟悉的一些苏联将领的情况。当我扼要谈到广东青年工作的近况时,叶帅殷切地说,我们党在华南地区的基础比较薄弱,要大力发展团的工作,青年团要当好党的助手。临别前他握着我的手说:"以后团的工作遇到难以解决的问题,可以直接找我。"我深为叶帅关心青年工作的热忱所感动。分局领导对青年工作的重视和支持,使我增强了工作信心和责任感,自觉地围绕党的中心任务开展团的工作。我还经常向分局领导同志和有关部门汇报情况、请示工作,丝毫没有不尊重党委、甚至向党闹独立性的思想倾向。

  建国初期团华南工委的工作是紧紧围绕党的中心任务开展的,我在前面已经作了比较全面的说明。这里再补充一些有关土改运动中团的工作情况。

  广东土改运动开始后,团华南工委即组织全机关团干部认真学习《中华人民共和国土地改革法》、刘少奇同志《关于土地改革问题的报告》,以及广东省人民政府制定的《广东省土地改革实施办法》等文件,教育团干部深刻认识实行土地改革的伟大和深远的意义,把完成土地改革作为团组织的中心任务,并要求每个团干部都要参加土改运动,接受考验和锻炼,过好"土改关"。1951年4月,团华南工委召开广东省11个土改县团委书记和全省团地委书记会议,研究和部署土改运动中团的工作。团华南工委在会上的工作报告中提出,要以搞好土地改革作为全省团工作的纲,全力发动青年农民和全体农民一道,完成土地改革任务。同年8月,团华南工委召开广东省团地委书记会议,研究制定1951年下半年团的工作计划。计划中明确提出,要以土地改革为中心做好团的工作。在1951年间,团华南工委经分局领导同意,以华南分局的名义先后发出《关于在退租退押、清匪反霸运动中,发动青年,整顿青年团组织的指示》、《关于在土地改革第二阶段中发动青年与整顿发展青年团组织的指示》两个文件,对准备开展土改运动和正在开展土改运动的地区团的工作,向各级党委、团委作了具体的指导和部署。1950年至1951年两年间，团华南工委先后三批抽调本机关干部共193人（占团委干部的大多数）参加土改运动（另有部分干部参加城市工厂民主改革运动）。华南团校全部学员学习土改政策，参加土改运动。团委几位领导人也分头带领团干部到各地参加土改运动，探索在土改运动中发动广大青年，开展团工作的经验。我在土改运动刚开始时，即向分局领导申请第一批下乡参加土改，后来由于团中央安排我参加中国青年访苏代表团，访苏归来后分局领导又指派我带领工作组到省直机关检查指导"三反运动"，因而未能成行。到1952年秋季，我将要调离华南团委时仍要求去茂名县参加最后一期土改。由上述情况可见，自广东土改运动开始后，团华南工委即以主要的领导力量和干部力量参加土改，抓好以土改运动为中心的青年工作。1952年批判团华南工委长期没有以土地改革为中心任务，是缺乏事实根据的。

当然，建国初期广东团的工作也出现了一些缺点和问题。其中的一个问题是，县、区团委刚建立时，在干部尚未配齐、机构仍不健全的情况下，一方面，上级团委要求尽快配齐团的干部，健全组织领导机构，发挥团组织系统的作用；另一方面，党的中心工作任务繁重，党委要求集中使用干部力量，经常抽调团干部下乡搞中心工作，干部调动频繁。面对这种矛盾，团干部感到难以处理。若不服从党委的统一安排，中心工作搞不好要受党委批评；过多抽调团干部下乡搞中心工作，工作缺乏连续性，团的工作未能及时处理，也担心受到批评。有些团干部因而出现了"团的工作难做"以及埋怨党委不重视团工作的情绪。团华南工委对部分团干部出现的消极情绪，通过各种会议和多种方式进行批评教育，使不健康的思想情绪没有成为团干部的思想主流，而且通过不断总结经验教训，帮助团干部掌握了在做好中心工作的同时做好团的工作的领导方法，使团干部思想认识上的问题较好地得到了解决。另一个问题是，在土改运动初期，由于大多数团干部缺乏在土改运动中开展团工作的经验，有些同志抱着在运动中多做发动青年的工作、多发挥团组织的作用的主观愿望，提出了运动中要召开青年座谈会、代表会，组织青年宣传队，以及组织青年开展文娱活动、宣传党的土改政策等要求。其中有些意见，在土改运动时间紧、任务重的情况下是难以办到的。随着运动的深入发展和不断总结经验教训，有些不切合实际的意见已得到纠正。1952年在批判华南团委犯"青年主义"错误时，对团干部思想认识上的一些问题和工作上的某些不足，不作全面的客观的分析，而是提高到脱离党的领导、脱离党的中心任务、在土改运动中另搞一套的政治性错误进行批判。这种主观武断的批判，混淆了是非界线，伤害了团干部的政治热情，打击了他们的工作积极性、主动性，造成了不良后果。

问：1952年批判团华南工委在建团工作中犯了"先学生、后工农，依靠未经改造的知识分子进行建团"的错误。这些批判有什么不对？

答：建国初期，团华南工委一再强调，建团工作必须在党委的统一领导下，紧密结合党的中心任务进行，切实保证团员质量。因此，结合广东解放前夕和解放初期党的中心任务的发展变化过程，了解广东建团工作的开展情况，对问题就容易得到正确的认识。

1949年6月24日，中共中央给华南分局的电报中指出："放手招收大量青年学生开办数千人的学校，训练干部，为准备接管广州及其他大城市之用。"1949年秋，当叶剑英同志将离开北京，赴任中共中央华南分局第一书记时，毛泽东同志嘱咐他：华南地区解放后，要创办一所革命大学，大量培训和吸收知识分子、青年学生，以解决各条战线急需人才的问题，这所大学可名为"南方大学"。毛泽东还为南方大学书写了校名。1950年1月，南方大学建成开学，叶剑英兼任校长。在创办南方大学的过程中，团华南工委遵照分局的指示，选调一批青年工作干部组成南方大学团委会，协助党委加强学员的思想教育和开展建团工作。南方大学从开办至结束的3年中，共培训和吸收2万多名知识分子成为党政机关干部和专业人员，其中适合入团条件的学员大部分都加入了青年团。南方大学培训的学员，为华南地区的土地改革运动、地方政权建设、恢复经济、抗美援朝斗争，以及后来的社会主义改造、社会主义建设事业做出很大的贡献。

1949年12月，团华南工委协助广州市团委举办广州市学生干部训练班，把经过地下斗争考验的广州地下学联成员1400多人集中培训，按照团章规定的条件和手续吸收入团。这批团员大多数输送到广东各条战线参加接管工作；其中一部分骨干，由广州团市工委选派到各级团委工作，为开展广州市的建团工作发挥了积极的作用，也为广州建党作了思想上、组织上的准备。

1950年春，广州市和部分省辖市团委，利用学校放寒假的机会，通过举办青年学习团、青年学习园等形式，对大、中学校的青年学生积极分子进行培训。在进行社会发展史、革命人生观、政治时事和团的基本知识教育的基础上，将一部分符合入团条件的青年学生吸收入团。这批团员，日后有的志愿参军、报考军事干部学校，有的被选调到党政机关工作，有的继续留校读书升学，成长为各方面的建设人才。

实践证明，建国初期团华南工委在协助党做好培训吸收大批知识分子工作的同时，积极做好在青年学生、青年知识分子中吸收团员的工作，是符合革命形势发展的需要、符合党中央和华南分局的指示精神的，是为实现党的接管城市、建立和巩固人民政权的中心任务服务的。1952年把这些正确的做法批判为"先学生、后工农，依靠未经改造的知识分子建团"，"建反党的阶级路线"。这样的批判显然是错误的。这是对党的阶级路线的曲解，是"唯成分论"思潮的一种表现。

问：1952年批判团华南工委在建团工作中违反党的阶级路线的另一个根据是：农村建团工作没有贯彻依靠贫雇农的路线，吸收团员没有以贫雇农青年为主；工厂建团工作没有贯彻依靠工人阶级的路线，吸收团员没有以青年工人为主。这样批判有什么不对？

答：团华南工委成立之后，对工厂和农村的建团工作是十分重视的。1950年初，团委青工工作组成立（后改为青工部），由我分管。青工组成立后，和省、市工会密切配合，派出干部支持团广州市工委重点做好铁路、海关、邮电等部门的建团工作，还派出工作组到韶关曲仁煤矿、佛山丝织厂帮助当地团委结合中心任务开展建团工作。1950年上半年，团华南工委成立建团工作队，由曾出席全国团代会、青代会的陆文同志带领，深入佛山、江门等地的农村，协同团粤中区委探索在农村开展建团工作的经验。另派出王文彬同志带工作组到东江河源老区调查农村团组织的情况。我们体会到，农村、工厂的建团工作都有一个随着党的中心任务和社会改革运动的开展而逐步发展的过程。

解放战争期间，在游击区根据地有较好的群众基础，已建立起党和青年团组织。广大农村的建团工作，自解放后至土改运动开展之前，主要是结合建立人民政权的工作和减租减息、清匪反霸斗争，在区、乡干部，下乡工作队，部分中、小学校和群众基础、党的组织较好的乡村中发展团员。这个期间吸收的团员，青年知识分子仍占相当比例。土地改革运动开展后，农村中的建团工作是在党委统一领导下，由土改工作队中的党、团员干部协助进行的。土改运动自始至终强调贯彻依靠贫雇农、团结中农、中立富农、消灭地主阶级的阶级路线。土改中的建团工作，强调挑选斗争表现积极的贫雇农青年为入团对象，经过培养后在土改运动后期经过团章教育吸收入团。因此，在土改运动中吸收的团员绝大多数是贫雇农青年。

工厂的建团工作，在民主改革运动开展之前，主要是结合接管工厂、建立工厂生产秩序、恢复和发展生产等工作进行的。这个时期吸收的团员既有青年工人，也有青年管理人员和技术人员。民主改革运动开展后，主要是充分发动工人检举揭发封建把头和潜伏的反革命分子欺压工人、破坏生产和社会治安的罪行，改革不合理的规章制度，促进经济发展。民主改革运动中的建团工作，强调要在发动青年工人投入斗争的基础上，挑选在斗争中表现积极的青年工人为入团对象，经过培养锻炼后，在运动后期吸收入团。因此，民主改革运动中吸收的团员绝大多数都是青年工人。

由此可见，1952年对华南工委在农村发展团员没有以贫雇农青年为主、工厂发展团员没有以青年工人为主的批判，都是缺乏事实依据，是不符合实际情况的。

毛泽东同志一再教育我们：要实事求是，一切从实际情况出发。解放前夕，华南地区党在工矿企业和农村中的组织力量是很单薄的，必须在迎接解放军、做好支前工作、建立民主政权、开展土地改革和民主改革中发现青年优秀分子，教育培养吸收入团。因此，衡量团华南工委在建国初期的建团工作方针是否正确，主要不在于这段时间里所吸收的团员是否以工人、贫雇农青年占多数，而在于建团工作中是否按照党中央建团决议和团章的规定，吸收一切坚决拥护中国共产党的主张，愿意为新民主主义的事业而积极奋斗，愿为劳动人民忠诚服务，符合入团条件的青年入团，以保证新团员的质量。我至今仍记得当年的一件事：南方大学开办后，南大团委的干部看到学员在经过政治学习和思想教育后政治热情很高，纷纷要求参党、参团的情况，提出要在适龄入团的学员中吸收90%以上的人入团的计划。我听取汇报后认为，发展团员的指标不要定得太高，要加强思想教育和考察了解工作，保证新团员的质量。南方大学团委经过讨论后，对发展团员的指标作了适当的调整。由于结合党的中心任务和群众运动建团，加上强调保证新团员质量，建国初期吸收的团员质量都比较好。在土地改革运动中吸收的团员，不仅大多数是贫雇农青年，而且团员的政治觉悟比较高，素质比较好，在土改运动结束后，许多团员当选为乡长、村长、民兵队长、妇代会主任。据1952年的统计，在已完成土地改革地区的乡村干部中，团员和青年占6%以上。土改运动中整团的结果也说明，在土改运动前吸收的农村团员，绝大多数是好的和比较好的，清除出团的不纯分子、阶级异己分子只占极少数。1954年我已调到中山大学工作，时任华南分局代理书记的陶铸同志曾来到中大检查工作。他与我交谈时说："经过土改覆查，广东的党和青年团是好的，是能够发挥作用的。"既然分局领导同志肯定团员质量是好的，那就说明，建国初期的广东建团工作不存在建团方针和阶级路线上的偏差。

问：1952年批判团华南工委领导犯"地方主义"错误的主要根据是：排斥打击外来干部，实行宗派主义的干部政策，任人唯亲，以致造成团的干部队伍严重不纯等。这些批判有什么不对？

答：建国初期，最先从外省调到华南团委工作的干部是赖大超、孟宪德同志。赖大超同志于1949年10月广州解放后从闽粤赣地区调到华南分局，任团华南工委副书记兼组织部长，主管团的干部工作和组织建设工作。孟宪德同志于1950年5月从山西省调到团华南工委任宣传部长。

赖大超同志自小参加革命，30年代在中央苏区担任共青团中央儿童局书记，参加二万五千里长征到达陕北后，继续担任团中央儿童局书记和少先队中央总部队总队长。抗日战争初期，调往中共中央东南分局任青年部长。1938年在抗日前线遭国民党反动派逮捕入狱。在监牢里赖大超同志坚持与敌人抗争，遭残酷折磨达6年多之久。1944年由于受到各方面的压力特别是我党强烈要求释放政治犯的压力，国民党颁布了大赦减刑令，赖大超同志得以释放出狱。经过艰难的寻找，后来在董必武同志的帮助下，他与组织恢复了联系，继续参加革命斗争。1949年10月下旬奉调令来到广州报到。我事先从报纸上得知他已被选为团中央委员的消息，当方方同志为我介绍赖大超的历史情况并谈了分局拟安排他任团华工委副书记的意见时，我向方方同志建议，安排赖大超任团华南工委书记，我可任副书记或改做文教方面的工作。但分局领导仍维持原定的意见，宣布我任团华南工委书记，陈恩、赖大超任副书记。团华南工委成立后，我对赖大超同志一直很尊重，工作上与他合作共事，相处很好。团华南工委机关干部知道赖大超同志是"红小鬼"，有光荣的革命斗争历史，对他怀着敬重之情，不仅工作上尊重和服从他的领导，请他作了苏区青少年工作和长征的报告，在生活方面对他也很关心。他年岁已大尚未结婚，有的同志主动为他介绍对象，促使他早日恋爱结婚建立家庭。我在这件事情上也为他出了一点力。有关赖大超同志当年曾受华南团委地方主义势力排斥打击的说法，纯属子虚乌有。

孟宪德同志是团中央从山西省老解放区的青年干部中选调，于1950年5月到团华南工委任宣传部长的。他在抗日战争时期参加革命，历任县游击队政委、中共县（市）委书记、太行区党委青委副书记等职务，参加过太行地区的土地改革运动。孟宪德同志调到华南团委后，曾随叶剑英同志赴广西检查土改运动情况，随李坚真同志赴东江地区检查和指导土改运动。他还和华南团校副校长林挺同志一起，带领华南团委和团校的几十名干部到惠阳、博罗等县参加土改，并探索在土改运动中发动青年和进行整团建团工作的经验。孟宪德同志带来了老区干部的优良作风，革命责任感很强，对工作抓得很紧，作风艰苦深入。团华南工委发出的有关在土改运动中团的工作意见和文件，多是他参与研究和制定的。我与孟宪德同志工作上相互信任、相互支持，在个别的具体工作上虽有过不同意见，但没有原则性的分歧，更没有经过讨论仍不能解决的严重分歧。我与孟宪德同志之间不存在我对他排斥打击，闹宗派主义的问题。

1951年至1952年，根据华南分局提出的要求，党中央、中南局从老解放区和中南区已完成土地改革的地区，抽调1000多名干部到广东工作。经过华南分局的统一安排，有近10名外省干部分配到华南团委工作。这时候，华南团委从领导成员到一般的本省干部，对党中央从外省选调干部到广东工作的必要性已有了明确的认识，对分配到华南团委工作的干部采取了热情欢迎和虚心学习的态度。在革命理想、人生目标基本一致的基础上，本地干部与外来干部很快打成一片，出现了两者之间互相学习、互相帮助的良好风气，不存在一方排斥打击另一方的问题。在事情已过去半个世纪的今天，曾在华南团委工作过的同志，不论是本地干部或外来干部在一起回首往事时，都对当年同志间存在的真诚友谊感到深深的留恋和怀念。这也是对当年一些人认为华南团委存在排斥外来干部的地方主义的一种否定。

当年批判说，由于我实行宗派主义干部政策、任人唯亲，许多地区、市、县的团干部，都是我的学生、"老部下"，以致造成团干部队伍严重不纯。实际情况是，当年各地区、市、县团干部，都是由当地党委任命，不是团华南工委决定的。团华南工委干部和各条战线的干部一样，都由华南分局统一管理。从各个单位抽调干部到华南团委工作，都要经过分局组织部的统一调配，不能根据我个人的意愿决定。由于我曾担任分局青妇组组长和华南工作团团长，把从这些单位调入华南团委工作的干部认为是我的"老部下"，作为我奉行宗派主义、用人唯亲的证据，这是牵强附会、毫无根据的。

建国初期，广东团的干部队伍是否严重不纯？经过几十年之后回头看一看，事情就更加明白。当年团华南工委的干部虽然大多数是知识分子，其中一部分出身于剥削阶级家庭，但经过党的教育和实际工作的锻炼，他们已经树立或基本树立了正确的世界观、人生观，革命热情很高，在各个岗位上朝气蓬勃、踏踏实实地工作。每当有下乡下基层的任务，许多同志都主动要求、积极争取，有时候连续下乡下厂，一年的大部分时间都在基层，仍然服从需要，毫无怨言。有些同志虽然有过历史上的问题，但经过组织审查都属于一般的历史问题，没有一个是属于混入革命队伍的阶级异己分子、敌对分子。许多当年的团干部后来成长为各级党政领导干部或专业人才，为革命和建设事业做出了贡献。有些同志后来虽然经历了坎坷的道路，遭受了委屈，但始终不改初衷，无怨无悔地继续为祖国、为人民而努力工作，做出无私的奉献。几十年考验结果说明，当年在团华南工委工作的干部都是好的或比较好的，不存在严重不纯的情况。几年前，我和接任团华南工委书记的杨泽江同志相聚时，杨泽江同志对我说："你离任时，给我留下一支素质很好的干部队伍。"我感到他说的话很真诚，也是符合实际情况的。至于当时各地、市、县的团干部情况，团委机构初建立时，都是由各级党委抽调一些经过游击战争或地下斗争锻炼的优秀青年干部组成骨干队伍，再吸收一些新参加工作的党、团员干部组成。有一部分团委领导干部，在土改整队期间虽然受到了批判处分，但土改结束后进行复查的结果说明，大多数都属于思想认识和思想作风、工作作风方面的问题，属于政治不纯的只占极少数。而且受批判处分的团干部，后来相当一部分都减轻或者取消了处分。1952年批判华南团委犯"地方主义"错误时，在尚未进行全面调查了解的情况下，仅凭少数地区个别未经过调查核实的"典型例子"，就作出了团干部队伍严重不纯的判断，这些主观主义的判断，使不少团干部受到无辜的伤害，产生了不良的后果。

回顾1952年批判广东土改"右倾"、批判分局领导犯"地方主义"错误，以及批判华南团委领导犯"青年主义"、"地方主义"错误的情况,我感受最深的一点是,党的实事求是的思想路线十分重要。坚持实事求是的思想路线才能正确认识、正确处理各种问题;离开了实事求是的思想路线,就会犯"右"的或"左"的错误,特别是"左"的错误。我认为,如果当时党中央、中南局一些领导同志,对广东的社会情况、广东党组织的斗争历史,以及对建国后广东进行土地改革面临的新情况、新特点有更全面的深入的了解,就不会出现批判广东土改"右倾"、分局领导犯"地方主义"错误的问题,也就不会出现批判团华南工委领导犯"青年主义"、"地方主义"错误的问题。这个经验教训,我们应该牢牢记取。

青年团华南工委和团广州市工委的筹建[①]

——访原华南团工委书记黄焕秋同志

一、华南分局之成立及分局群委

1946年6月,国民党反动派背信弃义,撕毁政治协商会议协议,发动内战,实行法西斯统治,迫害爱国民主人士,中共广东区委领导机构转移到香港。党中央、南方局派方方同志到香港负责华南党组织的工作,与尹林平等同志一起着手建立中共中央香港分局(后改称"华南分局")。

1947年初,香港工委成立,接着建立属下的青年工作组,组长是朱语今同志,成员有李超、黄文俞、杨奇、罗培元、李嘉人和我,后增加吴佩纶。朱语今同志从上海来香港,传达了中央青委准备建立全国青年团组织的精神,要求各地青委在党的领导下,积极建立党的外围青年组织,为在全国建立新民主主义青年团做好思想上和组织上的准备。不久,他离开香港,李超继任组长,负责起草《新民主主义青年同志会章程》。这个新民主主义青年同志会,简称"新青"。《章程》经方方同志和分局审阅后定了下来。"新青"设在香港达德学院,一些青年团体和中学逐步建立起来,在各地区也相继建立。

1947年7月,我接任青年组组长,方方同志要我和钟明同志(时任广州市地下党组织负责人)联系,把这个消息告诉他,请他考虑在广州市建立党的外围青年组织。当时钟明同志考虑到广州已有"地下学联",可继续沿用作为党的外围青年组织。

广州中山大学"五卅一"事件发生后,何锡全同志到香港。方方指定何为钟明与我的联系人,协助我安排接待来港的青年学生干部。当时我们的工作任务是:①支持内地爱国学生运动;②联系和接待内地到香港的青年骨干;③组织学习班输送干部到游击区参加工作。

不久,"青年组"撤销,设立华南分局香港工委群众工作委员会(简称"群

[①] 本文见《广州青年工作的回顾与研究(1949–1966)》,2008年版,第1~6页,载《广州青运史资料与研究》2010年5月第1期,第29~32页。

委"），主要任务是：① 团结发动广大青年和妇女，支持解放战争，反对国民党法西斯统治；② 培养干部，支持华南游击区工作，为华南地区解放和建设准备人才。

1947年10月，我在"群委"任书记，群委委员有余慧、周钢鸣（后为华嘉）、张明生、吴佩纶和我。当时群委属下有五个单位：校委，李曼辉任书记，华嘉负责联系；学委，吴佩纶任书记；青委，陆文任书记，由我负责联系；妇委，余慧任书记；达德学院总支，吴平任书记，张明生负责联系。曾珍同志也参加群委，协助余慧同志开展组织工作。

我在群委工作至1948年底，由于形势发展需要，整个华南分局机关要内迁至粤东地区，方方指示我进行群委工作交班，除抽出一部分人组成分局青妇组外，原群委系统由华嘉同志接管。

二、华南分局青妇组和华南工作团

1948年底，华南分局决定成立青年妇女工作组（简称"青妇组"），由我和余慧、陈恩同志负责。在组建青妇组时，方方同志与我谈过陈恩同志的情况，对陈恩同志在桂滇边区的工作表示满意，说陈恩同志原是广东青年抗日先锋队副总队长，对青年工作熟悉，经同分局有关领导商量后决定把他留下来搞青年工作。方方同志曾和陈恩同志详谈。1949年1月，中共中央发出建立新民主主义青年团的决定，青妇组组织全体"新青"成员学习团章，加入青年团。

青妇组成立后，首先做的工作是通告各地区物色合适人选参加北平（现北京）陆续召开的团代会、学代会、妇代会、青代会以及文代会几个全国性会议。各地区代表准时到香港集中，组成华南地区代表团，北上出席上述各个会议。何锡全、陆文同志做了大量的接待和组织工作，还协助负责云南地区党组织的钱大姐（钱瑛）派出的代表北上开会。与此同时，我们又积极开展筹办华南学联、妇联、青联的工作。

1949年5月，华南分局机关内迁时，我和余慧、陈恩、林挺、郑黎亚等和青妇组干部，分批到大亚湾，越过国民党军队的封锁到达揭阳河婆集中，与分局方方等同志汇合后去梅县。其间，我们帮助东江公学和梅州公学开展干部培训和建团工作。

1949年7月1日，我们在梅县举行"七一"纪念大会。第二天便接到紧急通知要疏散，因为国民党胡琏兵团回窜潮梅地区。当时我们青妇组按照分局决定，分路转移：一路由林挺、郑黎亚带领，参加梅州公学，随方方同志转移，后去赣州；一路由陈恩和朱慕湛带领，往兴宁转移；一路由我和余慧带领到河婆。7月底，分局青妇组在揭阳河婆召开青年和妇女工作会议，请团潮汕地区书记张震同志报告北京团代会、青代会开会的情况。会后，电告分局，请分局电告各地区成立团工委和妇委，发动广大青年和妇女迎接大军南下解放华南。会后,余慧等同志带队到粤赣湘边纵队江南支队工作。

1949年8月中旬,我接到华南分局的电报,通知立即在潮汕、兴梅地区抽调干部成立华南工作团,准备参加接管广州的工作。华南工作团以青妇组干部为基础力量,再从兴梅、潮汕等地调一批干部组成华南工作团,我任团长,周钢鸣、张海鳌任副团长(张当时是河婆中学校长,他带领全校师生起义)。8月底,华南工作团成立,开始进行培训工作,学习党的方针政策。9月中,我们接到分局通知,要求青妇组和华南工作团到龙川县老隆镇集中。这时,陈恩、朱慕湛带的队伍和林挺、郑黎亚等带的队伍也到老隆来了。我们的这支队伍有分局青妇组和华南工作团、华南文工团、南方人民银行财经组工作干部共1000多人。1949年10月1日下午,我们在老隆收听到中华人民共和国成立大典在北京举行的广播,都非常兴奋。

三、华南团工委和广州团市工委

1949年10月3日,我们接到粤赣湘边纵队秘书长黄文俞传来华南分局的电报,要求我们带领华南工作团、华南文工团、南方人民银行财经组干部于10月10日赶到翁源龙仙集中,与由朱光同志带领的南下工作团会合。10月4日上午,团本部召开各队队长、政委会议,传达华南分局电报,成立行军指挥部,按原有组织分别编成4个大行军单位,由边纵派队伍护送,并分别组织运输组、卫生队、打前站和收容队等。我们于10月5日出发,10月14日下午到达龙仙镇(中途休息2天),见到朱光、云广英、李凡夫等同志,知道大军已解放佛冈、从化。10月15日,我们请云广英、李凡夫作报告,介绍北平接管经验。当天下午5点钟得到广州已于10月14日解放的消息,朱光同志和我们商量,从各个大队抽干部共25人,由林挺带队,跟朱光的先遣组坐军车即去广州市,做接应准备工作。我们的大队伍与南下工作团于16日早晨由龙仙到官渡,一起乘军车去广州。当时因公路桥梁被国民党军队破坏,解放军工兵营正日夜抢修,我们100多辆军车,只能走一段路,等待桥梁修通后再上路,于10月18日深夜到达广州北郊沙河,在街道骑楼下露宿一晚。次日,林挺带车队接我们,大家马上换好军装入城。入城队伍住在新亚酒店和爱群大厦,我们住在新亚酒店。周明、钟明、左洪涛、杨应彬等领导的"教导营"迟到一天。"华南工作团"全体成员集中开了一个会,将潮汕、梅县调来的干部全部移交给分局组织部李汉兴同志接收,安排参加广州市的接管工作。

10月20日晚,我接到分局秘书长李嘉人同志通知,叶剑英、方方等分局领导同志已到达广州,定于明日早上8时在爱群大厦11楼会议厅接见青妇组负责同志。

21日早上我们准时到达会议厅。经方方同志介绍，叶剑英、肖向荣同志亲切会见了我们，李嘉人同志请叶剑英同志宣布分局决定。叶剑英同志热情勉励我们，随即宣布分局决定："撤销青妇组，分别成立青年工作委员会和妇女工作委员会；余慧等妇委干部，全部集中到广州市工作；分局青委由黄焕秋任书记，赖大超、陈恩任副书记，负责筹建中国新民主主义青年团华南工作委员会；陈恩同志任广州市青委书记、青年团广州市工委书记。"团华南工委、团广州市工委委员名单，与分局和市委组织部商量，提请分局和市委决定后宣布。

叶剑英同志郑重指出："现在党的中心任务是集中力量做好广州市的接管工作。青委应集中力量做好广州市青年发动工作和组织工作。在广州吸取经验，指导全面工作。青年、妇女、工会在党委领导下要密切合作，相互配合，相互支持。"

10月24日，中共中央华南分局作出重建中共广州市委的决定。陈恩同志是市委委员。他与市委组织部部长钟明商定团广州市工委成员名单并报市委，决定设立市青年工作委员会（简称"市青委"），由陈恩任书记，胡泽群、林挺任副书记。青委委员有陈坤仪、朱慕湛、董世扬、何锡全、谭卓芬、陈甲寰（陈后调华南团工委，由李海岳接替）等。10月25日，团广州市工委成立，在北京路财厅前原国民党三青团总部旧址挂牌办公。领导班子由市青委委员组成。团市工委书记为陈恩、副书记为胡泽群、林挺（后调回团华南工委任秘书长）。1000多名原广州地下学联成员经过学习团章，办理入团手续后成为团员。他们在广州解放后的接管工作和各项中心任务中发挥了党的得力助手作用。

接着，分局组织部李汉兴同志找我和陈恩同志商定华南团工委委员名单。经分局确定宣布，黄焕秋任书记，赖大超、陈恩任副书记（赖大超稍后到广州），林挺任秘书长，委员有胡泽群、谭卓芬、黄康云、田心、梁枫（克寒）、许稚人等。分局青委干部、工作人员和青年文工团借文德路文德中学和大南路公安系统房舍作临时住宿和办公之用。团华南工委于1949年11月初成立，全部工作人员迁移到大东门原国民党省参议会旧址挂牌办公和住宿（现为烈士陵园内广州近代史博物馆）。

广州市接管工作在一个月内胜利结束。团华南工委开始抽调干部，建立工作机构，开展工作。1950年初，广西解放后，团华南工委抽调一批干部，由田心同志带队去南宁，建立团广西工委，田心同志任书记。1950年5月1日，海南岛解放，华南地区团组织领导机构全部建立起来。1950年4月，华南团校建立，我兼任校长，林挺同志任副校长。团校主要工作为培训团县区级干部，提高干部素质，为团干部参加广东地区土改做了准备。

（参加访问：崔瑞驹、刘智莹、高云鹏、李明、陈劲坚；整理：陈劲坚）

第八部分 文史序言

《许崇清文集》卷首言[①]

许崇清先生是我国现代著名的教育哲学家、教育学家和教育家,他把毕生的精力奉献给中国人民的教育事业,在教育的理论和实践两方面都取得卓著的成就。他的一生是光辉的一生。

1981年间,中山大学为了纪念老校长许崇清先生逝世12周年,开展许老教育思想的研究,曾出版《许崇清教育论文集》。《许崇清教育论文集》出版后,受到海内外教育界的重视。现在,许老哲嗣锡挥同志经过多年的努力,得到各方面的支持,从旧报刊、书籍和档案中,更广泛地收集了许老的文章和讲稿,由广东教育出版社出版这部文集,使我们对许老的哲学思想、教育思想和在各历史时期改革教育的主张,有了更多更系统的了解。

许老是我国开拓辩证唯物主义教育理论的一位先驱,他对马克思主文教育哲学研究做出了重大的贡献。他专长哲学和教育学,拥有渊博的自然科学和社会科学知识。他在1917年最早把爱因斯坦的相对论介绍到中国来。1919年,他试图以辩证唯物主义为指导建立教育学的新体系。他用辩证唯物主义观点分析批判杜威哲学。在批判唯心主义哲学和教育学的过程中,他在教育哲学方面提出了一些独创的见解,其中最著名的是他将教育看成是一种社会实践。在1948年所写的《人类底实践与教育底由来》,以及1950年写的《实践与教育》两篇文章,集中表达了这种思想。他在教育的本质、教育的方针和任务、教育制度的改革、教育的内容与方法、教师的修养、教育的研究方法等方面,都有自己的主张。

1957年许老在中山大学科学讨论会发表的《全面发展的教育任务》一文中,对于马克思主义关于人和人的全面发展的学说,有许多精辟的见解。这篇文章被认为是解放以来在教育理论研究中最富战斗性和现实意义的文章。

许老是我国一位拥有最丰富的改革教育实践经验的教育家。他在革命实践上,在教育行政和教育实践上,以及在广阔的社会实践上,与理论紧密结合,做了许多有益于中国人民的事情。

1920年他从日本回国后,曾与我国最早的一些马克思主义者合作进行教育方面的改革工作。在第一次国内革命战争时期,他在中国共产党的支持下,推进了广东的

[①] 本文见《许崇清文集》,广东教育出版社1994年版,第1~6页。

教育革命运动。他发起的收回教会学校管理权的斗争，影响全国。1923年，他在广州市教育夏期讲习会上作了题为《德谟克拉西与教育》的讲演，提出了民主教育的思想。1925年至1926年，他在国共合作举办的讲习班上讲述革命道理，其间他作的题为《革命与教育》的报告，以及随后发表的《教育革命与革命教育》一文，较早地提出了反帝反封建的教育任务。

1933年至1934年间，陈济棠先生在广东提倡读经，强制各级学校讲授《孝经》，鼓吹封建道德。许老不畏强暴，坚决反对读经，他的《孝经新诂教本审查意见书》，在华南文化教育界引起了巨大的反响。

许崇清先生高举反帝反封建的旗帜，在我国教育史上写下了光辉的篇章。

"九·一八"事变发生时，许老任中山大学校长，他同情学生抗日爱国运动，坚决主张抗日。不久，他被免去校长职务。

抗日战争期间，许老历尽艰辛，将中山大学由云南澄江迁回粤北坪石地区。学校刚刚稳定下来，许老即因聘用进步教师，受到国民党当局的排挤，愤然离校。离校后，他回到韶关，在艰苦环境里从事文化工作。在中国共产党支持下，他依靠进步力量，主编《新建设》、《教育新时代》、《学园》等刊物，宣传团结抗日、民主、进步的主张，介绍马克思主义，对华南地区的抗战工作和进步文化运动起了很大的作用。

许老十分重视工农群众教育，力倡普及义务教育。1921年间，他就著文论述普及教育的重大意义。1924年，国民党中央青年部在中国共产党的推动下，成立了中央平民教育运动委员会，由当时担任省教育厅厅长的许崇清先生兼任该会主任委员。他依靠进步青年开展了工农群众的识字运动，掀起了平民教育的热潮。

1930年年初，他撰写《农村学校改造的五个要则》一文，指出农村学校要做"农村社会生活的中心"和"农村经济的策源地"，还强调"今后农村教育的改造，必定要着力农村经济的开发，和振作社会的公共精神"。

"七七"抗战前后，许老主持省教育厅工作，积极开展抚战教育。他对开展农村教育有一个较大的设想。省教育厅规定各中小学校要开展农村社会教育，对农民进行抗日宣传，动员群众支持抗日战争；举办民众夜校，扫除文盲，提高群众文化水平；介绍先进科学技术，促进生产发展。省教育厅和中山大学、江苏教育学院联合开办花县乡村教育服务实验区，并先后开办平洲、大沥等社会教育实验区。1938年10月，广州沦陷。1939年2月，许老集中所有实验区成员和三个电影队，组成广东省教育厅社会教育工作团，开赴前线地区，配合军政部门，进行抗战宣传，发动、组织群众支援前线，并推动兴办民众夜校，扫除文盲，促进农业生产，取得一定的成绩。当时在全国各省，这样的做法是少有的。

许老对于科技教育早就提倡并大力支持。他一贯主张教育要为发展社会经济服务，为发展、提高社会生产力服务，他认识到科学技术教育对国家兴盛的重大意义。他说，"一定要以教育和科技来促进社会经济的发展"，"想求社会的进步发达必要兼施教育"。早在1921年，他在《产业革命与新教育》一文中，就表达了这种思想。1925年，他在向当时的国民政府提出的《教育方针草案》中，提出了配合孙中山先生的平均地权、节制资本以及发展实业计划的主张；倡议学校加强科技知识的学习，使学生成为具有实用知识和科学技术知识的生产者。1921年4月，许老在广东高等师范学校所作的一次讲演时说，一定要以教育和科技来促进社会经济的发展，否则"中国民族的命运只有委诸天演"。他这一见解，至今仍极富有现实意义。

1949年，许老支持学生爱国民主运动，受到国民党当局的迫害，避居香港。1949年10月，许老发表题为《迎接新中国教育工作者底新方向》的文章，热情洋溢地歌颂中华人民共和国的诞生。他鼓励华南地区教育界加强团结，努力学习，力求进步，担负起为新中国培养新一代社会主义建设者的光荣任务。他回到广州不久，就任中山大学校长。他和冯乃超同志等密切合作，迅速稳定学校教学秩序，顺利地进行教师思想教育和院校调整工作。他对"教育与生产劳动相结合"、"培养德、智、体全面发展的社会主义事业的建设者"的教育方针，表示衷心的拥护，并力求贯彻。他是中山大学发展的奠基人之一。

许老对于学习苏联教育经验，思想明确。1953年，他为《中大周报》题词："加强思想领导，加强学习苏联，结合中国实际进行教学改革，克服困难，创造条件，稳步前进。"在1954年至1955年间，全国高等院校会议讨论如何解决因课程设置门数过多、教学负担过重，致使学生健康下降的问题。许老指出，中国高等院校教学改革，要结合中国高校实际情况，要有利于贯彻德、智、体全面发展的教育方针，要更多地依靠中国自己的专家教授，发挥他们的作用。1969年，他发表《怎样解决人民教育发展过程中的内部矛盾》一文，对我国50年代后期教育正反两方面的经验教训，作出了理论概括。这篇文章在我国教育改革历程中是很有意义的论著，是宝贵的财富。随后，许老在《关于贯彻高等学校60条的意见》中，表达了他对中央稳定教学秩序和进行教学改革的方针的支持，也陈述了他对中国高等教育在当时的拨乱反正后进一步明确培养目标，妥善解决在发展和提高教育质量、教学水平的各项问题中的意见，充分体现了一位教育家对社会主义事业、民族前途、年青一代的成长的热情关注和责任感。

解放初期，许老对当时中央高教部提出了大学"主要是高教机构，同时也是研究机构"的意见，认为高等学校的主要任务之一，是要培养合格的科学研究人才，要重视培养学生有较扎实的基础理论、基础知识和基本技能，还应重视培养学生的科研能力。他亲自领导全校科研工作的开展，主持全校每年一次的学术讨论会，经常关心发挥老教师的专长,叮嘱要重视新生力量的成长,并倡导在教师指导下积极开展学生科学小组活动。他常说:"一个大学科学研究工作落后,教学水平就不能提高,也失去国家开办大学的意义。"许老对高教工作者的期望,我们应牢牢记取。

建国以来,许老多年担任广东省副省长,主管文教工作,还担任广州市教育工会主席和主持民主促进会的工作。他团结广大科教人员和文化界人士,为广东省社会主义文化科教建设做了大量的工作,受到广大人民的尊敬和信赖。

许崇清先生为中国人民文化教育事业倾注了全部的心血,给我们留下宝贵的精神财富。当前,全国人民正为建设有中国特色的社会主义和振兴中华而团结奋斗,中国高教工作者正为建设有中国特色的社会主义高等教育事业而努力探索。《许崇清文集》的出版,可为我们增添勇气和信心,因为老一辈教育先驱,已为我们奠定了基础,开拓了广阔的前景。

任何人的学术思想都离不开一定的社会环境。许老的一生时间跨度大,从清朝末年、半封建半殖民地的民国到社会主义的新中国。在历史的长河中,许老的论著,也免不了刻画下一些时代的烙印,这是不能苛求也不足为怪的。我们应当依据当时的历史条件来评价。

许老是中国现代教育界的宗师,我们深深尊敬和怀念他。我们要学习他追求真理、不断进步的精神,学习他严谨的治学态度和勇于探索的精神,学习他艰苦奋斗和无私无畏的高风亮节。我们要认真研究他的学术遗产,从中汲取精华,以促进我国建设有中国特色的社会主义的教育科学。

1992 年 1 月

《中山大学史稿（1924—1949）》序[①]

世纪之交，正值伟大的革命先行者孙中山先生创办中山大学 75 周年。校庆前夕，中山大学校史研究室主任黄义祥研究员编著的《中山大学史稿（1924—1949）》，将由中山大学出版社出版。受编者和出版者的嘱托，我有幸先通读全书，并欣然应命，写下一点读后的感想。

综观中山大学 75 年发展的历史，我最为深刻的体会是，高等教育事业发展成败的关键，在于能否真正重视人才和按人才成长本身的规律去培养人才。正如孙中山先生在建校之初就一再强调的："教育为神圣事业，人才为立国大本。"学校发展的经验一再证明，什么时候我们按照中山先生的教诲去做，重视聘请有真才实学的学者来校任教，尊重他们的学术理念和对于学校发展的意见，学校的事业就发展；什么时候不尊重专家教授，不按教育的规律去进行人才培养，学校的事业就停滞甚至倒退。《中山大学史稿（1924—1949）》讲述的只是学校前 25 年的历史，但这期间峰回路转的发展历程，仍然充分地显示了人才问题对高等教育的重要意义。

从本书可以看出，不管在艰苦创业的建校早期，还是在流离颠沛的抗战岁月，中山大学的教师和学生，始终努力坚持学术研究和读书学习、关心国家民族命运与人民共呼吸，表现了中国知识分子优良的爱国主义传统。而充分理解学术研究工作的创新性，尊重学者对思想自由、独立人格的学术精神的追求，善于因地制宜地培养学校的学科优势和学术个性，是一所大学保持其学术活力和教育水平的重要前提，这一点早已为中外教育史的实践所证明。当年主持校务的多位领导者，正是对这些问题有理性而清醒的认识，努力从国内外延揽了大批第一流学者来校任教，并充分发挥他们在学校发展决策中的作用，中山大学才能在艰苦复杂的政治和社会环境中曲折发展，保持其华南最高学府的地位，并在海外学界和华侨中享有盛誉。我以为，在落实"科教兴国"战略的今天，重提尊重知识、重视人才、保持高校学术个性这样的话题，仍然具有非常现实的意义。

75 年来中山大学的发展，始终得到海内外校友和华侨的大力支持，而学术也长期与国际教育界和学术界保持密切的交流与合作。从古代以来，广州一直是中国的南大门，广东也一直是整个国家与海外联系最活跃的地区之一。作为在本地区有重要影

[①] 本文见《中山大学史稿（1924—1949）》，中山大学出版社 1999 年版，第 1～3 页。

响的高等学府,中山大学在发展对外学术交流和争取海外友人的支持等方面,有着得天独厚的有利条件。可以说,对外的交流与合作活跃之时,就是学校事业繁荣发展之日,这一点,也是我们在总结几十年的办学经验时,要牢牢记取的。

如果从12世纪在法国、意大利、英国等西欧国家陆续出现的中世纪大学算起,西方高等教育已经有700多年的历史。相比之下,走过75年历程的中山大学还十分年轻。尽管学校发展的道路有过不少艰难曲折,也有许多经验教训需要进一步研究和总结,但可以预期,中山大学未来的事业一定更为辉煌。作为在这所南方名校工作了近半个世纪的一名"老园丁",在《中山大学史稿(1924—1949)》即将出版的时候,我愿写下以上这些感想,作为本书的序言。

黄焕秋
1999年仲夏于康乐园

文化青山

——香港达德学院概况[①]

香港达德学院是解放战争期间由原中共广东区委（1947年后为中共中央香港分局）领导、民主党派和爱国民主人士出面，团结合作、共同创办的一所新型、进步的正规大学。她的创办得到老一辈革命家周恩来、董必武的亲切关怀，还得到民主党派的前辈何香凝、李济深、蔡廷锴、李章达、丘哲等的大力支持。在华南地区中共领导人方方、尹林平、连贯、章汉夫、夏衍等的领导下，达德学院为发展香港进步文化教育事业、培养干部、支持国内爱国民主运动、支援解放战争、参加新中国社会主义建设，做出了重大的贡献。她被誉为党领导的爱国民主统一战线在教育方面的硕果。达德学院1947年除夕举行迎新聚会的照片和学院的有关资料，收藏于北京中国国家博物馆，成为革命历史文物。

香港回归祖国后，香港特别行政区政府为保护达德学院旧址——原蔡廷锴将军私宅泷江别墅，进行了数年不懈的努力，并得到社会舆论的大力支持，这说明了达德学院在香港政治、文化、教育、历史等方面的重要地位。

达德学院于1949年2月被港英政府强行封闭，办学时间虽然短暂，但当年名师荟萃、群贤毕集、桃李芬芳、朝气蓬勃的盛况及尔后的深刻影响，足以载入史册。学院行政负责人，都是有丰富经验和卓越成就的教育家。一批著名的爱国民主政治活动家和学术泰斗，担任学院的专职或客座教授，是中共和民主党派的优秀人才。达德学院的800多名学生，有许多来自国内和东南亚地区抗日武装斗争和爱国民主运动的前线地区。当年学院商经系主任、著名的经济学家沈志远教授说："达德学院的学生是我所遇到的最好的学生。这是因为这些学生大多是不远千里而来，不是来自海外的爱国侨生，就是来自内地的满腔热血的革命青年，他们有觉悟、有抱负、有理想，有强烈寻求马列主义真理的愿望。对这样的学生一定要精心培育。"达德校友在名师教育下成长，绝大多数在党的领导下走上革命征途。在解放战争中，有18位校友壮烈牺牲。建国后，参加社会主义建设的校友，在各自岗位上作出贡献，成为骨干力量。

达德学院在办学过程中，为了适应解放战争形势的迅速发展，进行了探索性的改

[①] 本文载《文化青山——香港达德学院概况》2004年2月，第1~4页。

革，摸索经验。当年达德学院倡导的爱国进步、民主团结、不断改革的精神，倡导的理论联系实际、实事求是的学风，以及为创建新的教育体系而进行的尝试，在中国的教育史上，是具有一定参考价值的。

达德学院突遭港英政府封闭，结束和撤退工作十分匆促，很多珍贵的资料未能保存好，幸而当年学院出版的刊物《达德新闻》、《达德青年》、《海燕》及部分照片，由于校友们的珍藏，已保存于北京中国国家博物馆，可供查证。有关达德学院历史资料的征集整理和研究工作，20世纪80年代已在北京、广州、福建等地开始进行。香港中文大学亦有专家参与并取得重大的成果，这是一个良好的开端。我们期望着研究工作能深入进行，为香港的文物保护工作、为增强市民本土意识及历史归属感作出贡献。

我于1946年6月底转移到香港，7月底受命于中共广东区委，有幸协助德高望重的革命老前辈、教育家陈其瑗院长创办达德学院，其间向老前辈、专家学习，并经历了自创办至被迫封闭的全过程。这是我人生旅程中一段最为宝贵、难忘的经历，是我从事中国新高等教育事业的起点。1985年冬，达德校友会在广州成立，北京、福建、湖南、广西等地成立了分会，我和校友们也有了较多的联系，达德情结，令天南海北的达德人紧密相依。岁月如流，我已是耄耋之年，当年英姿焕发的达德青年，现在不少人亦已年过八旬。我们都怀念着香港，怀念着当年在青山海滨的似锦年华。我们都有着一份历史使命感，希望将达德学院的这一页历史，如实地留给后来人。

本书编写者曹直先生是达德学院文哲系校友，曾参加东江地区的武装斗争。建国后，他从事中共党史的研究工作，着重研究解放战争时期广州地区的历史。他在缺乏原始历史资料的情况下，通读了校友撰写的回忆文章，查阅历史档案，于2001年达德学院建校55周年前夕写出初稿，并经过两年来征集各地校友的意见，于2003年冬定稿。我阅读了全文，认为在现有的条件下，这是一部能真实反映达德学院历史概貌的文稿。曹先生认真负责、不辞劳累、求真务实的精神，难能可贵。我很高兴为本书写这一篇短序，并对本书的出版，致以衷心的祝贺。

《中山大学编年史 1924—2004》序[①]

中山大学是伟大的民主革命先行者孙中山先生于1924年亲手创办的著名高等学府，原名国立广东大学。孙中山先生逝世后，为纪念伟人，国民政府于1926年8月17日下令将国立广东大学易名为国立中山大学。

中山大学从创办到中华人民共和国成立，走过四分之一世纪的历程，经历了由国立广东大学到国立中山大学到国立第一中山大学并再恢复到国立中山大学的更名过程，也经历了从建设石牌一流大学校园，到抗日战争时期从广州迁往云南澄江，迁往坪石，迁往连县、仁化、粤东地区，到抗日战争胜利后又回到石牌原址的颠沛流离办学的过程。虽然历经磨难，但中山大学励精图治、广揽人才，在艰苦的条件下求生存谋发展，从开办时仅有文、法、理、农四科，发展为20世纪30年代拥有文、法、理、农、医、工、师和研究院八个学院的名牌大学。

中华人民共和国成立后，20世纪50年代初期全国高校院系调整，以中山大学文理科和岭南大学文理科为主，其他一些院校有关系科并入，组成以文理科为基础学科的综合性的新中山大学。校址从石牌迁至原岭南大学校园。"文化大革命"期间，中山大学遭到严重摧残。改革开放以来，中山大学发展迅速，是全国首批博士、硕士学位授予单位和建立首批博士后科研流动站的高校之一，率先在华南地区设立第一所研究生院，省部共建开创了中国高等教育先河。珠海校区的建成，为新世纪中山大学的跨越式发展奠定了坚实的基础。

2001年10月22日，经国务院批准，教育部决定中山大学、中山医科大学合并组建新的中山大学。10月26日举行"中山大学、中山医科大学合并组建新的中山大学"大会，实现强强联合。教育部与广东省人民政府签订协议，教育部和广东省在3年内投资12亿元人民币，把新中山大学建设成为一流的高水平大学。2004年9月，在广东省、广州市政府的支持下，中山大学东校区在广州大学城落成，进一步拓展了办学空间，增创办学新优势，办学水平更上一层楼。目前，中山大学已进入加速发展的快车道。全校师生员工满怀信心，继往开来，同心同德，团结一致，与时俱进，开拓创新，为把中山大学建设成为居于国内一流大学前列、世界知名的研究型综合性国际化大学而奋斗。中山大学必将从胜利走向胜利，从辉煌走向新的辉煌！

---

① 本文见《中山大学编年史 1924—2004》，中山大学出版社2005年版，第1～2页。

中山大学具有悠久的历史、光荣的革命传统和优良的校风学风。中山大学记载延续了大半个世纪积淀下来的厚重的学术传统和人文精神。中山大学名师毕集，群贤荟萃，英才辈出，桃李芬芳。

为弘扬孙中山先生的革命精神，继承和发扬中山大学光荣的传统与优良的校风学风，学校档案馆馆长易汉文研究员与档案馆的同志们编纂了这部《中山大学编年史（1924—2004）》，为保存学校的历史做了一件非常有意义的工作。

存史，是借鉴历史，把握现在，开创更好的未来。是为序。

黄焕秋
2005 年 7 月 10 日

为王将克作序[①]

本书是王将克同志50年来从事科研活动的回顾与总结，其中内容分成果汇编和学术活动回顾两部分。成果汇编部分展示的是其多项科研成果以及学术结晶，影响深远、意义重大；学术活动回顾部分描述的是良师益友之间的点滴趣事以及对人生的感悟，生动有趣、感情至深。他对我说，人生能拥有如此，又有何求。他说得不错，在此，我作为其长辈为之作序，与其共勉，以抒发我们多年来好友的情怀。

我与将克同志相识是在1965年，转眼至今已有40多个年头，对他的成长我是熟知的。多年来，他是全身心投入科研，干实事、求实效，作出了有目共睹的骄人成绩。在这里，我想说说他的工作历程，因为从中可以反映出作为一名优秀科研工作者的人格魅力。

将克同志从事的是交叉学科研究。60—80年代，他从事动物学基础和动物地理学、古脊椎动物学和古生物学的教学和科研工作，如化石和现代大熊猫研究、广州南越王墓动物遗骸的研究、广东三水盆地及近邻盆地早第三纪鱼化石研究、珠江三角洲晚白垩世到全新世的古脊椎动物及其古环境研究等。

80—90年代他主要从事地质体生物物质成分——蛋白质氨基酸残留物、氨基酸测验和演化等研究，出版《氨基酸地质年代学》和《氨基酸生物地球化学》两部专著，填补了我国自然科学学科的领域空白。

90年代以来，尤其在退休后长达14年，将克同志主要精力集中于探索和建立一门新兴边缘学科——农业生物地球化学。1999年，他主持出版了长达85万字的《生物地球化学》（广东科技出版社）系统论著，填补了我国自然科学学科领域的空白。在论著中，他建立生物地球化学学科的分类体系，首次提出农业生物地球化学和发展该学科而有别于基因工程的生物地球化学营养工程技术路线，简称"生地化营养工程"，即根据生物地球化学基本原理，应用生地化营养工程生物转化技术，利用生物必需的微矿物元素优化农作物品种或产品，从而提高产品中微营养元素含量，达到满足人体健康需求的目的。该项研究已成功召开两次全国学术研讨会和一次成果鉴定会，共申请10项国家发明专利。"生地化营养工程"是一条崭新的科技路线，因其

[①] 本文见王将克、钟月明《从古脊椎·地质体氨基酸到生物地球化学的理论与应用研究——王将克、钟月明交叉学科研究学术文集》，中国地质出版社2012年版（待出版）。

理论基础扎实、实践性强,中国科学院杨遵仪、刘东生、叶连俊、王鸿祯四位资深院士联名推荐,给予充分肯定。在两次的研讨会中,杨遵仪和刘东生两位权威院士不顾年迈,专程从北京赶来参会,足以说明将克同志的这项科研成果是值得珍视和推广的。

在多年的工作中,将克同志为科学事业奋斗的动力源于他拥有对社会主义祖国的热爱和振兴中华的坚定信念,因为有了这种信念,工作中的艰难险阻也就难不倒他了。回顾起来,他的科研工作的确很艰辛,尤其后半部分,由于受退休制度制约,得不到相关资源(如人员、设备、经费等)的配备,所以,退休后长达14年的科研历程困难重重,工作中的各项开支都是靠自掏腰包、朋友资助等途径解决的。值得庆幸的是,他带领的团队凭借勤俭节约、吃苦耐劳的精神,一步一个脚印地不懈努力,工作取得了突破性的进展,至2008年最终完成并取得了从"理论(出专著)——实践(室内、外试验)——专利(申请10项国家专利)——产品('富素'系列产品)"一条龙的原创性科研成果。该成果目前已引起相关领导的重视,媒体也多次报道该技术的推广应用。它可以很好地满足当今缺素症亚健康人群的需求,对国家乃至人类的健康事业将是一大福音。

可见任何事情的成功,除了自身应具备的兴趣和热情外,还有的就是我们常说的坚持。"坚持"两个字说来容易做起来难,但将克同志他做到了,并且还如此成绩辉煌,我们作为老一辈的师长亦深感欣慰、为之自豪。在这里我要特别说说他生命中一位重要的人,感谢她所做出的贡献,她就是将克同志的夫人钟月明高级工程师。她多年来对将克的工作和生活给予了莫大的支持和帮助,陪伴他走过了人生的风风雨雨,在科研过程中她付出的心血我们大家都有目共睹。虽然由于身体原因她已离我们而去,但她留下的却是一笔宝贵的人生财富。

人的一生活到老、学到老,如果身体状况允许的话贡献到老,这就是做人最高的境界。祝愿将克同志在今后的人生中继续保持良好状态,昂首阔步,再创辉煌。是为序。

黄焕秋
2009年12月12日

《一二·九运动在广州》序[①]

1935年12月在北平爆发的"一二·九"运动，是中国共产党领导下青年学生的抗日救亡运动，它为全国抗战准备了思想，准备了人才，准备了干部，是党领导下的中国青年运动走向成熟的标志，是中华民族解放史上新的里程碑。广州解放初期，我曾在中共华南分局负责青年工作。叶剑英同志在一次讲话中说，"一二·九"运动爆发后，广州的中国青年同盟、突进社等党领导下的秘密青年组织，在发动群众、带领群众投身抗日救亡的斗争中起到了重要作用，为华南党组织的重建做了组织上、思想上和干部上的准备。经过"一二·九"运动锻炼成长起来的学生骨干，在解放后担任厅局级以上干部的有100多人。因此，叶剑英同志认为"一二·九"运动在广州同样有着重要的历史地位。现在，由中共广州市委党史研究室组织有关单位编辑出版《一二·九运动在广州》一书，把当时的真实情况记载下来，以总结过去，激励后人，让人们从中了解我们那一代人在青少年时期是怎样从爱国主义者，逐步接受党的教育，通过革命斗争的锻炼而成长为共产主义战士的，这是一项很有意义的工作。

大革命失败后，在国民党白色恐怖统治下的广州，中共组织屡遭破坏，至1933年停止了组织活动。但是，"一二·九"运动爆发后，广州的青年学生迅速奋起响应反抗，一个月之内举行了3次有数千人参加的抗日示威游行。这么声势浩大的抗日救亡运动是谁领导的？这一直是广州的党史学界在努力探讨的问题。《一二·九运动在广州》一书反映了当年的实际情况。从中可以看到，广州青年投身"一二·九"运动是在中国共产党的政治影响下，在坚持地下革命斗争的共产党员的直接指导下进行的。青年运动只有坚持党的领导才能有正确的政治方向，才能健康地发展，这是中国青年运动历史的基本经验，也是"一二·九"运动给予我们的启示。今天，我们进行现代化建设，探索有中国特色的社会主义道路，坚持党的领导仍然是最基本的一点。

"一二·九"运动还有一个十分重要的启示，这就是知识青年必须走与工农相结合的道路。当年，广州青年学生在中国共产党的指引下，到农村去，到工厂去，向民众宣传抗日救亡，点燃了民族解放斗争的火焰。青年学生也在工作中得到锻炼，促进

[①] 本文见《一二·九运动在广州》，广东人民出版社1994年版，并载《广州青运史资料与研究》2010年5月第1期，第17～18页。

了与工农的结合。今天，在新的历史条件下，人民是国家的主人，工农群众是我国改革和建设的主力军，他们对实际生活的理解、对生产实践的认识比青年学生深刻得多，丰富得多。因此，我们这一代青年更应加强与工农相结合，树立全心全意为人民服务的意识。

《一二·九运动在广州》一书还反映了一个重要的事实，这就是党的政策是我们工作的生命线。广东毗邻港澳，华侨众多，历史上国民党军政要人很多，社会情况比较复杂。因此，我们在工作中更应尽可能团结争取一切可以团结争取的力量，认真贯彻党的统一战线政策。"一二·九"运动期间，北平曾出现学生抬尸游行的过"左"行动，刘少奇同志主持北方局的工作后，及时予以纠正。广州青年学生亦曾有过激的行动，何思敬教授亦为此作过深刻的检讨。广东党组织重建之后，尤其是张文彬同志到广东任省委书记后，积极贯彻党的抗日民族统一战线政策，争取国民党上层和各界爱国人士的支持，建立各种形式的公开或半公开的群众抗日救亡团体，组织广东青年抗日先锋队，使广东的抗日救亡运动进入一个蓬勃发展的高涨时期。认真总结这些历史的经验教训，对我们今天在祖国统一和振兴中华的爱国主义的伟大旗帜下，更紧密地团结各界青年，团结香港、澳门、台湾和海外青年与侨胞，开拓建设有中国特色的社会主义道路，仍然有着十分重要的现实意义。

广州是一个富有光荣传统的英雄城市，把它建设成为现代化的国际大都市，是当前全市人民的共同奋斗目标。要实现这一宏图大略，抓好青少年的教育工作，提高人的素质，十分重要。中共中央最近批发的《爱国主义教育实施纲要》指出："爱国主义教育是全民教育，重点是广大青少年，要抓好党的基本路线教育、中华民族传统美德和优秀传统文化教育。"现在很多青年人对中国的历史不了解，对老一辈艰苦奋斗、艰苦创业的情况不了解，这就需要有关部门多做宣传教育工作。《一二·九运动在广州》的编辑出版，为向青少年进行爱国主义教育提供了一部很好的教材。

《一二·九运动在广州》从资料征集到编辑出版历时近10年。编辑这一本书的几位顾问都是当年"一二·九"运动中的学生骨干，他们为本书的编辑出版做了大量的工作。杨康华同志亲自撰写回忆录，召开大大小小的座谈会，核实、印证历史情况，到图书馆、档案馆复印历史资料，组织有关老同志撰写文章，其积极认真的工作作风和实事求是的治学精神令人感动。可惜的是，温焯华、杨康华同志因病已先后去世，未能看到这本书的出版。在《一二·九运动在广州》即将出版之际，谨此对两位老战友表示深切的悼念！

1994 年 10 月

《建国头三年的广州青年工作》序言①

《建国头三年的广州青年工作》一书,真实地记载了在广州当年的艰辛创业时期,党对青年一代的关怀和青年一代在党的领导下艰苦奋斗、忠贞不渝的光辉形象和留下的业绩。

广州解放初期,我担任团华南工委书记,对广州团的组织以及广州青年工作的情况是了解的。旧广州是华南地区的政治、经济、文化中心,团华南工委根据中共中央华南分局的意见,把广东团的工作重点放在广州,因此,团的主要骨干力量都安排在团广州市工委。团市工委成立后做了大量工作,取得了显著的成绩,对华南地区团组织的发展起到了很好的促进作用。中共中央华南分局、中共广州市委对团市工委工作的关心和重视,以及团市工委紧紧围绕党的中心任务开展工作,主动做好党的助手,是当年广州青年工作取得显著成绩的根本原因。有两件事我的印象很深。一是一次叶剑英同志约我到小岛在他家长谈,他说,我们党在华南的工作基础比较薄弱,要大力发展团的工作,团要做好党的助手。他还说,以后团的工作遇到难以解决的问题可以直接找他。我深为叶剑英同志对青年一代的关心所感动。当时团与党的关系是十分密切的。华南团校开学典礼、广州少先队辅导员大会等团的重要活动,叶剑英同志等党政领导常常亲临讲话。世界青年代表团到广州访问,团委负责欢迎和接待工作,叶剑英同志也亲自听取汇报,深入细致地检查工作。二是叶剑英同志指示青年团负责抓好体育工作。1950年10月,我参加访苏青年代表团出访苏联回国后,向华南分局汇报访苏情况,着重汇报了两个问题,一个是苏联大学中团的工作,另一个是苏联重视青少年的体育运动,搞劳动与卫国体育制度(苏联当时要求学生参加体育锻炼,使青年能够全面发展的一种锻炼标准,简称"劳卫制")。叶剑英同志听了当即作出决定:"现在我们还没有体委,体育工作先由青年团负责起来。"叶剑英同志还要求党委亲自抓青少年的体育锻炼。市委青委指定市青委委员董世扬同志抓广州市的体育工作,首先在广雅中学试点搞劳卫制,后来制定了体育锻炼标准,在全市大中学推行。广州的体育队伍随后也组织了起来。当时,广州市各项体育运动的水平在国内是比较高的。

在广州市建团工作中,团市工委在中共广州市委的领导下,把1949年1月1日中共中央《关于建立中国新民主主义青年团的决议》的精神,同广州地区的实际情况结合起来,以解放战争时期建立的党的外围组织广州地下学联成员为骨干,开展建

---

① 本文载《广州青运史资料与研究》2010年5月第1期,第27～28页。

团的工作。这是团市工委的工作特色之一，也是他们能较快地打开工作局面，建立和发展各级团组织的主要原因之一。由于有了1000多名经过革命斗争锻炼和考验的地下学联成员为骨干，团市工委在组织青年参加庆祝解放军解放广州入城仪式，配合军代表接管广州，恢复和发展生产，发动青年投身抗美援朝、农村土地改革、城市民主改革等工作中，都取得了很大的成绩。在组织建设上，团市工委根据广州工人工作基础比较薄弱的实际情况，遵照华南分局的指示，抽调部分原地下学联成员为骨干组成工作组，到重点企业以及铁路、海关、邮电等重要部门开展基层团组织的建团工作，并且注重在工厂与工会密切配合，在农村与农会密切配合的工作方法。与此同时，团市工委在成立少先队和建立辅导员制度等方面的工作做得也很出色。在团的宣传工作上，团市工委在《南方日报》创刊不久，即在该报开辟了《广州青年》专版，后来又出版团刊《在毛泽东旗帜下》。广州解放初期就能开辟这样多的舆论宣传阵地，并在中共华南分局和中共广州市委的大力支持下建立了青年文化宫、少年宫，作为广州青少年文化教育活动的基地，这些在当时全国也是不多见的。所以，对团市工委在建国头三年中的工作成绩应予以充分的肯定。

但是，广东第一次"反地方主义"之后，团市工委领导也于1953年4月遭到批判，被认为犯了"政治上脱离了党的政策方针，组织上的分散主义和作风上的个人主义"的错误。当时对团市工委领导的批判是错误的，尤其是认为团市工委领导在发展团员时，"将其他阶层出身的知识分子放在第一位，把工人放在第二位"，即所谓"学生路线"，更是不符合事实的事实上，团市工委对工人工作是重视的，为了加快在青年工人中发展团员、建立团组织的步伐，团市工委成立了企业团委，与市总工会紧密结合，加强在青年工人中建立和发展团组织的工作。另外，当时把重视学生工作当做一种错误进行批判也是不对的。解放初期，大城市学生骨干的力量比较强，这是解放战争时期党领导下开辟第二条战线与国民党反动派作斗争的结果。从以教育为本的角度来看，我党在学校中建立了队、团、党这样一个系统，是培养、教育下一代的百年大计。从总结历史经验这样一个角度看来，在很长的一段时间里，我们对知识分子重视不够，对学校工作重视不够，因此，团对学生的工作应当加强而不是削弱。

可喜的是，去年12月，中共广州市委对当年的错误批判作了实事求是的纠正。我和老一代的团干部深深感谢中共广州市委和共青团广州市委公正对待历史和实事求是。现在，中共广州市委党史研究室、共青团广州市委、广州青年运动史研究委员会把反映建国头三年广州青年工作的历史资料选编成书出版，这是一件值得庆贺的事。我衷心祝愿，广大青年工作者在党的领导下，通过学习这本书，在总结历史经验的基础上，发扬团的光荣传统，把广州的青年工作做得更好。

1997年6月

第九部分 党史回顾

达德学院建立的历史背景及其影响[①]

——在香港达德学院福建校友会大会上的讲话

我衷心祝贺达德学院校友会福建分会的成立,并对福建的校友多年来坚持工作,为福建省的社会主义建设作出贡献,表示祝贺。同时,为福建校友对我们热情的接待,表示感谢。

自从1949年年初学校被迫停办以来,我们就很少见面。今天到会的校友,有不少已是40年没有见过面了。我们来到祖国风景绮丽的城市——厦门,住在世界闻名的鼓浪屿。在浩瀚的海边,南国风光使我们想起当年在九龙青山湾与大家共同学习的情景,引起思绪万千。

我们在各地的校友,近年来纷纷成立校友会,体现了历史性的新的发展。过去,我们在阶级斗争为纲的错误思潮影响下,特别是在广东,地方主义的帽子压得人喘不过气来。那时,不但达德学院的校史没有人谈,连广东党史也不敢谈,一谈起来,就会被扣上地方主义的帽子。在党的十一届三中全会之后,才有人开始谈起我们的真正历史情况,才有人对达德学院所完成的历史使命给予很高的评价。现在,香港也有人开始研究当年达德学院教育改革的经验。当年达德学院的教育改革,有很多经验是值得现在高等学校进行教育改革,培养人才作为借鉴的。

达德学院校友会福建分会的成立,受到福建省党和政府的重视,得到各民主党派的大力支持,可以看到福建分会的成立是有重大意义的。因为这不仅是为了怀念我们的母校,联络友谊,而是要加紧团结起来,开拓远大的前程。福建和广东两省人民,在过去战斗的年月里,患难与共,相互支持,关系极为密切。今天,在全国以社会主义经济建设为中心,进行改革开放的进程中,我们两省的校友,更应紧密地团结起来,并肩作战,为我们国家现代化建设事业,作出新的贡献。福建分会成立以后,就可以担负起我们两省校友密切联系合作的责任。

关于香港达德学院成立的经过,有许多人还不清楚,我在这里再作简要的叙述。

香港达德学院是在1946年夏季,应当时形势的要求,在中国共产党的领导和支持下,由民主党派和爱国民主人士出面筹办的一所高等学校。当时创办达德学院,体

[①] 本文见《达德学院的教育实践》,北京群言出版社1992年版,第79~85页。

现了我们党的决策，就是在两个革命高潮之间，党十分重视培养干部，努力做好干部的准备工作。当时在政协会议召开签订协议之后，全国人民都希望中国经过八年艰苦抗战之后，有一个安定团结的局势，休养生息。我们党是诚心诚意地要争取一个和平的局面，医治战争的创伤，让我们祖国实现民主、实现富强。我们党也看到国民党当局的反动本质，提出警告要准备十年黑暗，艰苦奋斗。

蒋介石撕毁政协决议，要打内战，实行法西斯统治。当时全国各地笼罩着白色恐怖，许多进步的学者、教授、爱国民主人士纷纷来到香港；华南地区游击队北撤，有许多干部和青年战士，被疏散到香港；各地有许多进步学生受到迫害也来到香港。我们党和民主党派商量要创办高等学校，使这些青年有学习的机会，培养提高，为中国人民的民主、自由和建设事业服务。

当时，陈其瑗院长在美国，他是大革命失败后跑到美国去的。董必武同志和陈其老是老朋友，他到美国时见到陈其老，要求陈其老回来办学。陈其老在大革命时期曾参加筹办中山大学，担任广州国民大学校长，有办学经验。他是民主革命的老前辈，声誉很高。陈其老由美国回到香港找当时广东区党委书记尹林平同志，讲了董老邀他回来办学一事。尹林平同志即发电报请示党中央，党中央复电说确有此事。尹林平同志、连贯同志等和各民主党派商议，着手筹办达德学院，成立董事会，由李济深先生担任董事长，一致推请陈其老担任达德学院院长。

创办香港达德学院，是党和民主党派、爱国人士亲密合作的典范。学院成立后，充分发扬了民主办学的精神，学院成立校务委员会，这是一个由董事、教职工、学生的代表组成的领导机构。这样的学校体制，在我国是少有的。当时学生有几位代表参加校务委员会，共同商议学院的大政方针、工作计划，并能及时反映同学的愿望、要求和得到妥善的解决。学生会和各班班会，由同学直接民主选举，全校充满了民主、进步的精神。我们学校的师生关系、同学关系，都非常密切。同学们努力学习，精神振奋，政治觉悟高，关心国家大事，积极支持内地学生"反饥饿、反内战"爱国民主运动。当国民党军队进攻延安之后，不少青年学生响应党的号召，积极参加开辟华南游击区的工作。

如果由于有部分同学回内地参加游击战争，就说我们学校是短期训练班性质，那是错误的。达德学院是一所四年制的新型大学，它有明确的培养目标，有完整的教学计划；既强调系统学习基础理论、基础知识，又强调理论和实际相结合，重德培养学生的实际工作能力，每一个年级对业务能力的培养都有一定的要求。教学的指导思想方面，老师德能以辩证唯物主义、历史唯物主义为指导思想，同时结合我国的实际情况和建立新中国急需人才的要求，改革课程和教材内容。

达德学院还根据学生来源的实际情况设置预科，使还未达到入本科程度的学生补习文化课程，学习一年后达到高中毕业程度，经过考试合格升到本科学习。学院还开设两年制的专修科，以适应当时人才的迫切需要。不论本科或专修科，我们都十分重视教学质量。

我们学校的教师是高水平的，在相同的学科中，全国还没有一所大学有我们当时这样强的师资队伍。我们经济学系的沈志远老师、千家驹老师、许涤新老师、狄超白老师；政治学系的邓初民老师、胡绳老师、刘思慕老师、张铁生老师；文哲学系的黄药眠老师、钟敬文老师、杜国庠老师、侯外庐老师；新闻专修科的陆诒老师；等等，都是很有名望的专家教授。最近去世的侯外庐老师、黄药眠老师，是我国杰出的历史学家和文艺理论家。学校的负责人陈其瑗和杨东莼是办学很有经验的教育家，教务主任陈此生、朱智贤，是有丰富教学行政经验和有卓越成就的专家。

我们的老师不只是学术上有很高的成就，而且都是民主革命的坚贞战士，是各民主党派和我们党的优秀人才。他们有丰富的革命经验和优良作风，他们关心学生、勤奋负责，工作不计报酬。有不少老师还多方设法帮助同学解决实际困难。

我们的达德学院，在短短的两年半时间，培养了800多名优秀学生，为祖国的解放、建设新中国作出了贡献。

时间过得真快，一转眼就40年了。当年达德学院的创办人，很多已离开我们了。当时党的领导人方方同志、尹林平同志、章汉夫同志已先后去世，学校的董事长李济深将军、院长陈其瑗先生和许多教师也先后去世。他们创办香港达德学院，为培养青年一代作出贡献，是很值得我们深深怀念的。

在1947年，随着革命形势迅速的发展，达德学院的师生，有不少人先后勇敢地走向火热的革命斗争第一线。曾伟老师，他是学校的创办人之一，在学校成立不久，他接受任务到上海，不幸被捕牺牲。他是我们学校为人民解放事业牺牲的第一人。在华南地区恢复游击战争时，有许多同学陆续回到内地，参加游击战争。福建校友黄立同志，回去不久就英勇牺牲了。据校刊登载，为中国解放事业光荣牺牲的校友有18人，我们永远纪念他们。

在达德学院创建过程中，我们曾经得到海外侨胞和香港爱国民主人士的关心和支持。其中给我印象最深的是张殊明先生。他对学校在经济上给予很多的支持。在这里，请张永芳同志代向张殊明先生表示我们的谢意，祝他老人家健康长寿。

达德学院的同学，在解放战争和解放后新中国社会主义建设事业中，做了不少工作，尽了自己的力量。据我所知，我们的校友政治上比较成熟，上进心很强，知识面比较宽，业务能力基础比较扎实；在品德方面，艰苦朴素，廉洁奉公，勤劳负责，任劳任怨，组织观念强，群众关系好，能顾全大局，不计较个人得失。给我印象最深的，我们有不少校友，在历次政治运动中，长期受到委屈，在党的十一届三中全会后，问题才逐步得到解决，落实政策。但他们心胸开朗，看到这是我们国家历史上的曲折、错误，党和国家受到这样大的损失，个人的委屈还算什么。我们党和国家已拨乱反正，新的历史时期已经开始，我们应该团结一致、奋发图强。福建的校友和我讲了许多动人的事例，令我深为感动，深为敬佩。使我深深感到，目前对知识分子政策和华侨政策，必须努力贯彻，落到实处。

  1963年我在暨南大学任职期间，有一次去北京开会，见到廖承志同志，向他汇报了暨南大学的情况。廖承志同志说：华侨送子女回国读书，是对祖国的热爱和期望，是对中国共产党的极大信任，我们一定要将学校办好，将华侨港澳青年一代教育培养好，当时许多国内大学都招收华侨港澳学生，还办起暨南大学、华侨大学，主要招收华侨港澳学生。长期来，我和华侨港澳学生接触比较多，据我了解，华侨港澳学生都有强烈的爱国心和上进心，我们应该热情关心他们的成长，我们应该积极支持办好培养华侨港澳青年的教育事业，我想，今天在座的校友，对这个问题，会有亲切的感受。

  现在，我国以经济建设为中心，实行改革开放政策；同时，为了祖国的和平和统一，中华民族的复兴，实行一国两制的国策，这需要我国各族人民团结一致，奋发图强，努力实现。我们校友虽然年纪大了，有的已离休、退休，但有许多事情我们可以做。校友会福建分会成立后，我们可以加强国内和港、澳海外校友的联系，加强与国外和港、澳、台湾亲友的联系。尽我们的力量，为祖国的经济文化建设，为祖国的统一大业作出新的贡献。

达德学院建立的历史背景及其影响[①]

达德学院是解放战争时期由原中共广东区委（其后为中共中央香港分局）直接领导，各民主党派、爱国人士出面在香港创办的一所新型革命大学。当年，曾被誉为南方民主进步事业的一颗明珠。她存在的时间虽然不长，却为我国人民的解放事业作出了贡献，为党的教育事业做出了可贵的探索。在党的领导下，达德学院由全院师生员工共同创建的革命精神，更值得我们永远怀念。

当年创办达德学院，体现了我们党的决策，就是在两个革命高潮之间，要十分重视培养干部，努力做好干部的准备工作。1946年1月在《停战协定》和政协会议协议签订之后，全国人民都希望中国经过八年艰苦抗战，有一个安定团结的局面，休养生息。我们党诚心诚意地要争取一个和平的局面，医治战争的创伤，让我们祖国实现民主、实现富强。同时，我们党也看到国民党当局的反动本质，警告全党要准备十年黑暗，艰苦奋斗。

然而，到1946年7月，蒋介石就撕毁《停战协定》，破坏政协协议，向解放区发动了全面进攻；在国民党统治区加强了法西斯统治，镇压人民，全国各地笼罩着白色恐怖，许多进步的学者、教授、爱国民主人士纷纷来到香港；华南地区游击队北撤，有许多干部和青年战士，被疏散到香港；各地有许多进步学生受到迫害也来到香港，东南亚各地有许多热爱祖国、思想进步的华侨青年也有学习深造的要求。我们党和民主党派商量要创办高等学校，使这些青年有学习的机会，培养提高，为中国人民的民主、自由和建设事业服务。

当年，陈其瑗院长在美国，他是大革命失败后遭蒋介石通缉到美国去的。董必武同志和陈其老是老朋友，董老到美国时见到陈其老，要求陈其老回来办学。陈其老在大革命时期曾创办并担任广州国民大学校长，有办学经验。他是民主革命的老前辈，声誉很高。1946年7月，陈其老由美国回到香港，找到当时广东区党委书记尹林平同志，讲了董老邀他回来办学一事。尹林平同志即发电请示党中央，党中央复电说确有此事。尹林平同志、连贯同志和饶彰风同志即分头找在港各民主党派负责人商议，此时，各民主党派和爱国人士也正在商量在香港办一所大学。于是经过协商，便着手

[①] 本文见《达德学院建校五十周年纪念文集》，广东人民出版社1996年版，第29～35页。

筹办达德学院，成立董事会，由李济深先生担任董事长，一致推请陈其老担任达德学院院长。由蔡廷锴将军提供用房作为校舍。

创办香港达德学院，是党和民主党派、爱国人士亲密合作的典范。学院成立后，充分发扬了民主办学的精神，学院成立院务委员会，这是一个由董事、教职工、学生的代表组成的领导机构。这样的学校体制，在我国是少有的。当时学生有几位代表参加校务委员会，共同商议学院的大政方针、工作计划，并能及时反映同学的愿望、要求和得到妥善的解决。学生会和各班班会，由同学直接民主选举，全校充满了民主、进步的精神。我们学校的师生关系、同学关系，都非常密切。同学们努力学习，精神振奋，政治觉悟高，关心国家大事，积极支持内地学生反饥饿、反内战、反迫害爱国民主运动。当国民党军队进攻延安之后，不少青年学生响应党的号召，积极参加开辟华南游击区的工作。

达德学院是一所四年制的新型大学（后来按照香港高等院校学制改为三年），它有明确的培养目标，有完整的教学计划；既强调系统学习基础理论、基础知识，又强调理论和实际相结合，重视培养学生的实际工作能力。每一个年级对业务能力的培养都有一定的要求。教学的指导思想方面，老师都能以辩证唯物主义、历史唯物主义为指导思想，同时结合我国的实际情况和建立新中国急需人才的要求，改革课程和教材内容。

达德学院还根据学生来源的实际情况设置预科，使还未达到本科程度的学生补习文化课程，学习一年后达到高中毕业程度，经过考试合格升到本科学习。学院还开设专修科，以适应当时人才的迫切需要。不论本科或专修科，我们都十分重视教学质量。

我们学校的教师是高水平的，在相同的学科中，全国还没有一所大学有我们当时这样强的师资队伍。我们经济学系的沈志远老师、千家驹老师、许涤新老师、狄超白老师、王亚南老师；政治学系的邓初民老师、胡绳老师、刘思慕老师、张铁生老师；文哲学系的黄药眠老师、钟敬文老师、杜国庠老师、翦伯赞老师、侯外庐老师、司马文森老师；新闻专修科的陆诒老师；等等，都是很有名望的专家教授。学校的负责人陈其瑗和杨东莼是办学很有经验的教育家，教务主任陈此生、朱智贤，是有丰富教育行政经验和有卓越成就的专家。

我们的老师不只是学术上有很高的成就，而且都是民主革命的坚贞战士，是各民主党派和我们党的优秀人才。他们有丰富的革命经验和优良作风。他们关心学生、勤奋负责，工作不计报酬，有不少老师还想方设法帮助同学解决实际困难。

我们的达德学院，在短短的两年半时间，培养了800多名学生，为祖国的解放、新中国建设作出了贡献。

时间过得真快，一转眼就50年了。当年达德学院的创办人，很多已离开我们了。当时党的领导人方方同志、尹林平同志、章汉夫同志、连贯同志，已先后去世；学校的董事长李济深将军、院长陈其瑗先生和许多教师也先后去世。他们创办香港达德学院，为培养青年一代作出贡献，是很值得我们深深怀念的。

在1947年，随着革命形势迅速的发展，达德学院的师生，有不少人先后勇敢地走向火热的革命斗争第一线。曾伟老师，他是学校的筹办人之一，学校成立不久，他接受任务到上海，不幸被捕牺牲。他是我们学校为人民解放事业牺牲的第一人。在华南地区恢复游击战争时，有许多同学陆续回到内地，参加游击战争。为中国人民解放事业光荣牺牲的校友有18人，我们永远纪念他们。

达德学院的同学，在解放战争和解放后新中国社会主义建设事业中，做了不少工作，尽了自己的力量。据我所知，我们的校友政治上比较成熟，上进心很强，知识面比较宽，业务能力基础比较扎实；在品德方面，艰苦朴素、廉洁奉公、勤劳负责、任劳任怨，组织观念强，群众关系好，能顾全大局，不计较个人得失。给我印象最深的，我们有不少校友，在历次政治运动中，长期受到委屈，在十一届三中全会后，问题才逐步得到解决，落实政策。但他们心胸开朗，看到这是我们国家历史上的曲折、错误，党和国家受到这样大的损失，个人的委屈还算什么。我们党和国家已拨乱反正，新的历史时期已经开始，我们应该团结一致、奋发图强。

达德学院约有三分之一的学生是香港的本地生和东南亚各地的侨生，他们热情积极，对办好达德学院起了不小的作用。学院关闭后，他们中的大多数都回到内地参加革命工作，在各自的岗位上为祖国的革命和建设贡献力量。1963年我在暨南大学任职期间，有一次去北京开会，见到廖承志同志，向他汇报了暨南大学的情况。廖承志同志说：华侨送子女回国读书，对祖国的热爱和期望，是对中国共产党的极大信任。我们一定要将学校办好，将华侨港澳青年一代教育培养好。长期以来，我和华侨港澳学生接触比较多，据我了解，华侨港澳学生都有强烈的爱国心和上进心，我们应该热情关心他们的成长，积极支持办好培养华侨港澳青年的教育事业。

1949年2月22日，港英当局下令达德学院"撤销注册，即日停闭"，达德学院实际上只存在了两年半的时间。时间虽短，由于师生员工同心协力，艰苦奋斗，不仅为人民革命事业培养了大批人才，而且形成了一种革命精神，为我们留下了宝贵的精神财富。我以为这种革命精神主要的表现在以下三个方面。

爱国进步精神

如上所述，达德学院是原中共广东区党委根据董必武、周恩来同志先后指示的精神和华南地区形势的需要，与在港各民主党派负责人和爱国民主人士协商共同创办的。香港的爱国民主人士和海外侨胞在物质上、经济上给予达德学院很大的支持，使达德学院能够克服困难，办成一个初具规模的革命大学。达德学院的教师队伍，都是学识丰富、品德高尚、坚贞的民主革命战士。达德学院的学生，无论是疏散到港的抗日游击战士、因参加爱国民主运动而受到迫害的内地学生,还是来自不同地区的爱国侨生,都是怀着满腔热血,抱着救国救民壮志,具有政治思想觉悟的革命青年。全院上下,都有一个共同的革命目标,这就是反对内战,捍卫和平,反对独裁统治,要求民主进步,为拯救国家民族危难、为创建繁荣富强的新中国而共同奋斗。

这表明,达德学院的创办,其本身就是爱国进步精神的一种体现。这种爱国进步精神,其后并成办达德学院一切工作的指导方针,成为达德学院最基本、最显著的一个特征。

团结民主精神

这种团结民主精神,生动地体现在党与民主党派、爱国人士之间、体现在党的领导与专家之间,体现在学院领导与师生员工之间。达德学院是由党直接领导创办的,但是,党并不直接干预学院的具体工作。党采取民主办学方针,党与民主党派、爱国人士协商成立董事会负责管理学校,决定主要人事安排、办学方针、系科设置等大政方针;实行院长负责制,又通过由院长主持、学院主要行政负责人和教授代表以及学生会代表共同组成的院务委员会,既有民主又有集中地管理学院的教务、校务和学生管理工作;并通过学院党员师生员工在各自岗位上的模范作用,团结民主党派、爱国人士和全院师生员工共同贯彻党的办学方针和学院的规章制度,使学院成为一个团结民主的集体,为祖国的进步事业而共同战斗的集体。

不断改革的精神

这主要表现在为党的教育事业而不断进行探索和改革方面。

达德学院创办于中国人民解放战争的转折时期,历史的这一发展特征必然反映在学院工作的各个方面。因此,能否随着时代的前进步伐不断进行探索、改革和创新,便成为达德学院各项工作、特别是教学工作能否适应革命形势发展需要的先决条件。达德学院培养目标是鲜明的,十分重视政治思想教育、基础理论和时事政策,并列为主要课程。学院采用学分与学年相结合的体制,系科设置、课程安排采取长期与短期配套,多层次地培养学生的基础知识和实际能力。达德学院的工作,总的来说是适应当时革命发展需要的。学院在办学过程中,不断为中国人民解放事业输送了一批又一批的干部,被港英当局无理取消注册后,全院师生绝大多数参加了祖国的解放战争及建国后的社会主义建设工作,并在各自不同的岗位上作出了贡献,都有力地表明达德学院出色地完成了历史赋予她的使命。

今天,达德学院虽然不复存在,但由全院师生员工在党的领导、教育下共同创造的这种革命精神,鼓励着我们不断前进。作为当年达德学院的一员,我愿与曾经风雨同舟的达德校友一起,继承和发扬光荣传统,在祖国又一个新的伟大历史时期,为国家统一、振兴中华做出应有的贡献。

建国初期华南分局领导下的广东青年工作[①]

提要： 建国初期，在党中央、华南分局的领导下，在叶剑英同志的亲切关怀下，广东青年工作的局面得以打开，在建团、结合青年特点开展团工作、青年的政治思想教育、青年统一战线等方面都取得了很大成绩。在迈向21世纪之际，各级党委要重视、支持青年工作，迎接新世纪的挑战。

关键词： 建国初期　华南分局　叶剑英　广东青年工作　21世纪

建国初期，从1949年11月至1952年8月，我担任了中共中央华南分局青年工作委员会书记和青年团华南工作委员会书记。在此之前的一段时间，我担任华南分局青年、妇女工作组组长。50年过去了，我已从一个青年干部成为80多岁的白发苍苍的老人。世事沧桑，但回顾当年，在党中央、华南分局的领导下，在华南分局第一书记叶剑英同志的关心和重视下，广东青年工作蓬勃发展的情景犹历历在目。

1949年10月14日广州解放，10月21日华南分局领导同志叶剑英、方方等由赣州到达广州。翌日，华南分局领导在爱群大厦接见青妇组领导成员。分局第一书记叶剑英与到会干部亲切交谈，宣布了将分局青妇组分开，分别建立青年工作委员会（以下简称"青委"）和妇女工作委员会以及建立新民主主义青年团华南工作委员会（简称"团华南工委"）的决定。华南分局青委由我、陈恩、赖大超、林挺、谭卓芬、梁枫、胡泽群等人组成，我为书记。团华南工委也由我担任书记，陈恩、赖大超担任副书记。

华南分局对青年工作十分关心和重视。我担任团华南工委书记后，分局召开的常委会议一般都通知我列席参加，让我及早了解分局的工作意图和部署，更好地围绕党的中心任务做好团的工作。

49年前的一件往事，我至今未能忘却。那是1950年10月，我参加中国青年代表团赴苏联访问回国后不久，华南分局安排我向分局常委汇报中国青年代表团访苏活动情况。叶剑英同志听完汇报后，约我当天晚上到他家里长谈。晚上我到了叶帅家里的客厅。谈话像是拉家常一样，叶帅边听边问，详细了解我在访苏期间的见闻，还向我讲述了他熟悉的一些苏联红军将领的功绩。我在无拘无束的气氛下，畅谈了自己的

[①] 本文载《广东青年干部学院学报》1999年3月，第1～6页。

见闻和感受。当我扼要谈到广东青年工作的近况时，叶帅殷切地说：我们党在华南的工作基础比较薄弱，要大力发展青年团的工作，青年团要做好党的助手。临别前他握着我的手说："以后团的工作遇到难以解决的问题可以直接找我。"我深为叶帅关心青年工作的热忱所感动，增添了做好青年工作的信心和责任感。

在华南分局的关心、重视和领导下，建国初期广东青年团组织主要做了几项工作。

一、首先是抓好建团工作

1949年1月1日，中共中央在《关于建立中国新民主主义青年团的决议》中指出：中国新民主主义青年团是在中国共产党领导下的先进青年的群众性组织，是党团结与领导青年群众的核心。"中国新民主主义青年团应当吸收一切坚决拥护中国共产党的主张，愿为新民主主义的事业而积极奋斗，愿为劳动人民忠诚服务的男女青年为团员，其年龄一般地应为15岁至25岁。"

广东解放初期，全省团员数量很少，农村、工厂、学校的基层单位普遍没有建立团的基层组织，团华南工委成立后，把抓好建团工作摆在首要的位置上。广东建团工作是按照中共中央建团决议精神和华南分局的指示精神进行的。团华南工委强调：在各级党委领导下，结合党的中心任务和群众运动进行建团；要在群众斗争中挑选和培养青年积极分子，经过团的基本知识教育，在其承认团章、服从团的决议，具备了入团条件后，才按规定的手续吸收入团。

各级党委对建团工作十分重视，解放初期即选派一批优秀的年轻共产党员和青年团员为青年团专职干部。1950年年初至同年10月，地、市、县、区各级团工委陆续建立，团的干部队伍逐步扩大，这是开展建团工作的主要依靠力量。

1949年12月，团华南工委与广州市工委联合举办广州市学生干部训练班，把广州市大、中学校中在解放前参加了党领导的广州地下学生联合会组织，经受过地下工作斗争考验的青年学生集中起来培训。在进行形势与任务、社会发展史、革命人生观、团的基本知识等方面的教育后，在自愿申请的基础上，按照团章规定的手续，吸收为青年团员。与此同时，已经抽调到工厂、企业和党政机关工作的地下学联成员，也按照团章规定的条件和手续，转为青年团员。这批坚决拥护共产党的领导，愿意为新民主主义事业积极奋斗，而且经过实际斗争考验的青年学生被吸收入团后，相当一部分成为广州市各级团委和大、中学校团委的专职干部。他们在广州市的建团工作中发挥了重要作用。

1950年上半年，团华南工委组建了建团工作队，分赴江门、佛山等地指导和推动建团工作，广州市和其他地、市团工委也抽调干部组成建团工作组，深入工厂和农村开展建团工作。各级团委和建团工作组通过举办建团工作训练班，培训建团骨干队伍，然后依靠建团骨干，党和政府在基层工作的干部中的党、团员，有基层党组织的单位则依靠党的基层组织开展建团工作。1951年，土地改革和城市民主改革运动在全省铺开后，农村建团工作紧密结合土改运动，工厂、企业建团工作紧密结合民主改革运动进行。1951年8月，团华南工委发出《关于农村土地改革运动中发动青年和发展青年团的方案的通知》，要求各地在土改运动中，注意挑选和培养青年积极分子，在土改后期举行短期培训班，对入团对象进行团的基本知识和怎样做一个青年团员的教育后，按照团章规定的条件和手续，吸收新农村团员已达15万，有80%的乡建立了基层团支部。

  建国后头几年的建团工作，由于贯彻了中共中央建团决议和华南分局的指示精神，紧密结合党的中心任务和群众运动进行，不仅团的队伍不断壮大，团员的素质也很好。土改运动中吸收的团员，在土改结束后，许多人当选为乡长、村长、民兵队长、妇代会主任，成为基层工作的骨干力量。据1952年底的统计，在乡村干部中，团员和青年占60%以上。工厂民期主改革运动中吸收的团员，许多人后来成为企业管理干部、技术骨干力量、技术革新能手和劳动模范。学校中吸收的团员，在党的哺育下，在革命实践中成长，许多人后来成为党、政、军的骨干力量，有的成为各行各业的专家或出色的科技人才。当年吸收的团员相当一部分后来成为共产党员，充分体现了团组织是党的助手和后备军的作用。

  在1952年下半年党内开展的批判广东土改"右倾"和地方主义的过程中，有些同志认为，建国初期广东的建团工作存在重视知识分子，轻视工农青年，走所谓"学生路线"的错误。这种意见显然是不切实际、主观武断的。当时广州市的大、中学校中已经有一批在党的领导下参加过地下斗争，具备了团员条件的青年学生，这是解放战争时期，党中央领导下开辟第二条战线与国民党反动派作斗争的成果。团华南工委和广州市工委成立后，首先对他们进行培训教育：把他们吸收入团，并通过他们做好学校和部分工厂、农村的建团工作。这是从实际出发的，有利于开展建团工作和党的事业的正确做法，而不是什么"走学生路线"的问题。解放初期的农村和工厂，由于党、团组织力量都很薄弱，在土地改革运动和民主改革运动开展前，只能够有领导，有重点地"积极慎重"地发展团员；当土地改革和民主改革运动开展后，经过充分发动群众，才能普遍地、较大量地发展团员，建立基层团支部。当时的建党工作也是这样做的。这是符合华南分局指示精神，符合广东实际情况的做法，不是什么轻视工农青年的问题。我们还应该认识到，重视做好青年学生工作是我们党一条重要的经验，它的重要性和正确性已为青年运动历史以及党的历史所证明。重视做好青年学生工作不仅过去需要，今天更加需要。当代的每个青年都要经过学校的教育阶段，如果共青团组织和教育部门都重视学生的思想教育工作，使他们早日学习领会辩证唯物主义和历史唯物主义的基本观点，初步树立科学的世界观、人生观，明确正确的学习目的和学习方法，这对于造就适合21世纪需要的人才，实现科技强国、科教兴国战略，具有十分深远的意义。

二、紧紧围绕党的中心任务，结合青年特点开展团的工作

建国初期，团华南工委贯彻中央建团决议精神，确立了围绕党的中心任务开展青年工作的指导思想。在党领导开展的接管城市、恢复生产、巩固治安、整顿金融、抗美援朝、土地改革、民主改革、"三反五反"等中心工作和群众运动中，团华南工委和各级团委都发动团员青年投身到中心工作和运动中去，当好党的助手。

在抗美援朝运动中，各级团组织向团员青年深入宣传抗美援朝、保家卫国的道理，教育团员青年树立民族自尊心和爱国主义思想，克服崇美、亲美、恐美心理，积极投入到抗美援朝的斗争中。1950年12月，中央人民政府革命军事委员会和政务院关于招收青年参加军事干部学校的决定公布后，团华南工委发表《告华南青年书》，号召青年团员积极响应祖国号召，踊跃报考军事学校，报效祖国。在党、团组织的深入发动下，全省报考军事学校的青年学生共有30433名，被批准录取的3435名，其中团员占1077名。有一部分参军的团员和青年经过军事学校的培训后，开赴抗美援朝前线，参加打击美国侵略者的斗争。各地团组织还发动团员青年踊跃捐钱购买飞机大炮，支援人民志愿军。仅广州市70所大、中学校的师生，捐献的现金就达15多亿元人民币（旧币）。

在土地改革运动中，团华南工委和各级团委把完成土地改革作为自己的中心工作。土改运动开展后，团华南工委要求全省每个青年团干部都要轮流参加土改，在土改运动中要做到三点：① 努力做好土改的各项工作，保证党的中心任务的完成；② 结合土改运动，探索在农村开展青年工作和建团的经验；③ 在运动中锻炼改造自己，学会为人民服务的本领，培养密切联系群众，艰苦奋斗的作风。参加土改运动的团干部和土改工作队一起，向广大农村青年宣传土地改革法和党的政策，发动青年参加回忆诉苦、划阶级，斗争地主恶霸等活动，提高了青年的阶级觉悟。在分配土地和斗争果实时，团组织要求团员青年带头做到"四不争"，即不多争土地，不争好地、近地和肥地，做到公平合理分配。分配土地后，团组织发动团员青年参加民兵组织，保卫胜利果实；维护社会治安。经过土改运动的教育锻炼，农村青年的政治觉悟大大提高，农村基层政权得到巩固。青年团的队伍也得到发展壮大。许多事实说明，紧紧

围绕党的中心任务开展青年工作，既使团组织保持了正确的政治方向，成为党的得力助手，又使团员青年在运动中得到锻炼提高，成为进行社会主义改造和社会主义建设的新生力量。

青年处于长身体、长知识时期，在生理条件、心理因素和活动爱好等方面都有自己的特点。因此，青年团既要紧紧围绕党的中心任务开展工作，又要结合青年特点，采取适合青年要求的活动内容和活动方式。在建国初期华南分局对团的工作指示中，叶剑英同志既强调青年团要围绕党的中心任务开展工作，又要求团组织结合青年特点开展各种活动。1950年元旦，广州市元旦体育表演大会在越秀山操场举行。在大会上，叶剑英同志以广州市市长名义，向全市青年发出号召："自己动手，义务劳动，在越秀山开辟人民的体育场。当即受到全场青年的热烈响应。"会后，按照叶帅的指示，朱光副市长召集团市工委、市学联、市工务局的负责人和市体育工作者代表开会，决定成立有四方面负责人参加的筹建小组。广州市团工委通过各条战线的党、团组织，深入发动和组织大、中学校以及工厂企业、党政机关的团员青年，分批到工地参加义务劳动。青年们干劲十足，工地上热火朝天。在驻广州部队的大力支持下，经过半年多的艰苦劳动，一个能容纳数万观众，有正规的田径场、足球场的运动场，终于在1950年10月建成，命名为越秀山体育场。它成为广州青年开展体育活动，全市举行运动大会和体育比赛的重要阵地。1950年10月，当我向分局常委会汇报中国青年代表团访问苏联的活动情况时，谈了苏联重视青少年体育活动，在大、中学校开展劳动与卫国体育制度（简称"劳卫制"）的情况，叶剑英同志听了当即作出决定："现在我们还没有体委，体育工作先由青年团负责起来。"他还要求各级党委亲自抓青少年的体育锻炼。根据叶剑英同志的指示和团中央的部署，团华南工委成立了军事体育部，各级团委也成立军事体育工作机构，基层团组织增设了军体委员。在党的领导和各级团委的组织发动下，"劳动与卫国体育锻炼标准制度（简称"劳卫制"，后改称"体育锻炼标准"）在全省大、中学校普遍开展，广播体操活动也在工厂、学校、机关以至部分农村广泛地开展起来。广东省的群众性体育活动走在全国的前头，不但增强了人民群众的体质，而且培养出一批著名的运动员。1952年9月举行的全国第一届乒乓球锦标赛男子单打冠军姜永宁，以及中国第一次夺取男子乒乓球单打世界冠军称号的容国团都出自广东。

建国初期的广东青年工作能够有声有色、生机勃勃地开展，与华南分局的关怀重视以及团华南工委贯彻了围绕党的中心任务，结合青年特点开展青年工作的指导思想是分不开的。1952年批判土改"右倾"和地方主义时，还有些同志认为，建国初期的广东青年工作，脱离了党的中心任务，存在青年主义倾向。只要拿它与中央建团决议精神，以及当年蓬蓬勃勃的青年工作实际情况相对照，就不难看出，这些意见是片面的、站不住脚的。

三、切实加强对团员青年的政治思想教育

中共中央建团决议中指出，中国新民主主义青年团"是党以马克思列宁主义教育青年的学校"。建国初期，华南分局十分重视对团员青年进行政治思想教育，注意引导青年学习马克思列宁主义。1949年12月9日，叶剑英同志在广州纪念"一二·九"运动14周年大会上讲话中说："要鼓励青年好好学习自然科学、社会科学和马克思主义哲学，号召青年们坚定立场、朴素生活、积极工作、虚心学习、锻炼成为新青年，建设新中国。"华南团委成立后，为加强对团干部的培养训练，立即开展筹办华南团校，培养团县区级干部。在叶剑英、方方等领导同志的关心过问下，广州市政府把位于西村珠江河畔的近百亩土地及其附属建筑划作团校校址。经过3～4个月的筹备，华南团校第一期于1950年4月举行开学典礼。叶剑英同志亲自到会祝贺并发表讲话。他鼓励团干部好好学习，转变思想，带领广大青年在党的领导下刻苦学习马列主义、毛泽东思想和科学文化技术，勤奋劳动工作，努力为人民服务，为建设新中国贡献青春力量。他帮助团校拟定的教学方针是："学习理论，总结工作，反省思想，与劳动实践相结合，为人民服务"。在华南分局的重视与支持下，团华南工委主办的《华南青年》杂志和华南青年出版社，也在1950年上半年相继成立，成为对团员、青年进行政治思想教育的坚强阵地。

建国头几年，团组织对青年进行思想教育的内容主要是：形势任务和党的政策、辩证唯物主义和历史唯物主义、革命人生观、"五爱"（爱祖国、爱人民、爱劳动、爱科学、护公共财物）教育等。在青年团举办的青年学生干部训练班、青年"学习团"、"学习园"活动中，通俗生动地向青年讲授社会发展史、革命人生观，帮助青年了解辩证唯物主义和历史唯物主义的基本观点，认识社会发展客观规律，树立科学的世界观、人生观。在抗美援朝运动中，《华南青年》杂志和华南青年出版社大力宣传中国人民志愿军英雄模范事迹，编辑出版宣传爱国主义、国际主义的通俗读物，激发青年的爱国热情，培养其爱国主义、革命英雄主义和集体主义思想。在土地改革运动中，党、团组织发动青年回忆诉苦，举办揭露封建土地制度和地主阶级罪恶的展览会，教育青年认识剥削制度的罪恶，树立剥削可耻、劳动光荣的观念。广东是对青年开展爱科学教育较早的地区。《华南青年》积极宣传中山、新会等地农村青年学科学、培育农作物良种的事迹，激发青年开展科学实验活动的兴趣。此后在广东农村中，陆续出现了杨明汉、周汉华、邓炎棠等青年育种专家，这和青年团宣传爱科学所产生的影响是分不开的。

建国初期，广大青年热爱党、热爱祖国和人民，劳动、工作、学习热情高涨，舍

身为国、舍己为人的英雄人物一批又一批地涌现。青年的精神面貌很好,固然主要是由当时的历史条件和社会环境所决定的,但与当时的党、团组织紧紧围绕中心任务,结合青年特点,做好切合实际的思想教育工作也有很大的关系。认真总结分析建国初期青年思想教育的经验,对于做好当代青年的思想教育工作,仍然是有所裨益的。

四、积极开展国内外青年统一战线工作

建国初期,华南分局注意引导和支持青年团做好国内外青年统一战线工作。1950年10月,有10多个国家青年代表组成的世界民主青年联盟代表团到广州访问。叶剑英同志对此十分重视,指示由华南分局牵头,团华南工委、团广州市工委共同做好欢迎接待工作。筹备工作办公室由华南分局办公厅主任林西担任主任,团华南工委书记黄焕秋和广州市工委书记陈恩担任副主任。10月9日下午,广州市各届人民及青年共10万人在新建成的越秀山体育场举行欢迎世青代表团的群众大会。叶剑英同志出席了欢迎大会并发表讲话。朱光副市长、广州青年代表和世青代表团的几位代表也先后在大会讲话。隆重热烈的气氛,使世青代表团的成员深受感动。在精心组织安排下,世青代表团参观了工厂,与工人代表和解放海南岛的战斗英雄代表举行了座谈。各项参观访问活动,给世青代表团留下深刻印象。事后,世青代表团长、苏联列宁共产主义青年团中央委员会书记萨米恰斯尼对我说:"我到过不少地方,华南地区和广州市的青年最热情,给我留下深刻的美好印象。"这说明,这次欢迎活动在国际青年代表团中产生了良好的影响。

在华南分局和各级党委的重视支持下,广东的国内青年统一战线工作也开展得比较早、比较好。1951年至1953年,广州市和全省各中等城市先后成立了民主青年联合会。青年联合会是党领导下的青年统一战线组织,它在少数民族、民主党派以及宗教、工商、华侨等各界青年中积极开展活动,为团结各界青年参加社会主义改造和社会主义建设发挥了积极作用。

50多年从事青年工作和教育工作的经历使我深深体会到,青年是科学的未来、祖国的未来、世界的未来。为迎接21世纪的挑战,以江泽民同志为核心的党中央提出科教兴国战略。实现社会主义现代化强国的宏愿,希望寄托在青年身上。做好青年工作,关键在于党委的关心、重视和加强领导;社会各方面的关心,重视和支持也是不可缺少的条件。关心青少年,为青少年的成长创造更有利的环境和条件,是每一位老同志义不容辞的责任。缅怀当年华南分局叶剑英等领导同志关心青年,重视做好青年工作的事迹,进一步提高我们对做好青年工作重要性的认识.从各个方面为培养教育青少年做些力所能及的工作,那就是纪念华南分局成立50周年的很有意义的实际行动。愿与同志们共勉。

刘田夫、梁威林等八位老同志联名给中央的报告[①]

中央纪委并呈报中共中央政治局常委会:

已故谢育才同志生前要求修改历史结论,追认其全部党龄。这一问题,我们广东许多老同志都认为是可以考虑的。我们这些老同志中,有好几位参加过闽粤赣边区党史审稿工作,因而有机会全面查阅有关谢育才同志的历史情况,更感到应该再一次反映一些看法。特请求中央重新审查。现把我们的意见汇报如下。

谢育才同志系海南万宁县人。1926年参加中国共产党,先后任中共琼崖特委常委、福建省委常委兼组织部部长、闽粤赣边省委副书记、江西省委书记、广东人民抗日游击队韩江纵队军事顾问、汕头市人民政府市长、广东支前司令部参谋长等职;曾参与领导琼崖农民暴动和坚持闽西南艰苦卓绝的3年游击战争,为革命事业作出重要贡献。

关于谢育才同志的历史问题,情况是1941年,中共南委派谢育才任江西省委书记,到任不久,因叛徒出卖,遭国民党特务秘密逮捕。入狱后,他发现特务尚在利用江西省委地下电台与南委联系,即意识到南委将受到破坏。为争取越狱向南委报警,挽救党组织,他于1942年2月8日在书面上签名,"放弃共产党立场"。在特务放松戒备的情况下,4月29日,谢育才与妻子王勖乘特务疏忽,弃子越狱。他们历尽艰险,千里迢迢,走了20多天,于5月22日到达南委报警。南委书记方方及时采取措施,使南委机关和下属党组织得到脱险。

对此,方方同志曾多次予以证实和肯定。

1944年,方方在延安向中央所写的《自传》,证实了谢育才越狱回南委报警的情况[②]。

1946年谢育才同志随东江纵队北撤山东解放区,方方同志写了一封信给刘少奇、任弼时同志,介绍谢育才同志的情况,认为他虽然签了字,但动机是为了报告南委[③]。

后来,方方同志在香港领导华南党组织和游击战争期间,曾对负责青年妇女工作

[①] 本文载《广东党史》1999年3月。
[②] 参见方方《自传》。
[③] 参见林川同志1992年3月25日给中纪委的信。

的黄焕秋同志谈过谢育才同志的事情，说他当时宁可丢下孩子，也要跑出来向南委报警①。

当年任南方局书记周恩来秘书的童小鹏同志也回忆说："南委对江西省委遭到破坏的情况毫无察觉"，"谢育才感到情势十分危急，为向南委报信，应付敌人，争取出狱，遂填写了自首书"，被改为软禁，"他和妻子趁看守疏忽弃下婴儿逃走，找到张全福②，说明江西省委已遭到破坏。5月26日，方方得知这一情况后立即采取应变措施"。③

此外，当年狱中留下的文字材料证实，谢育才同志与吴建业、漆裕元等革命志士坚持斗争。谢育才曾秘密书写报告给周恩来同志，并3次越狱，他表示"革命者为真理正义而流血亦心甚安"，做好了牺牲的准备④。当年江西国民党特务头子庄祖方也证实，谢育才夫妇被捕后，尽管身陷魔手，但始终不为所动，最后机智勇敢地越狱潜逃。⑤

对这段历史情况，谢育才被捕和签字，没有引起党组织的破坏和损失，许多老同志都是了解的。他签字是为了争取越狱向南委报警，事实上他赶在特务行动之前，向南委报信，使南委得以脱险，党组织免遭更大破坏。

诚然，写自首书是一种失节行为。共产党员在任何情况下都要保持革命气节，都不能有任何动摇变节的行为。但是，谢育才同志签字是在党的领导机关处在万分危急的情况下，采取当时唯一可以采取的手段进行斗争。正如方方同志写给刘少奇、任弼时同志的信所说，谢育才签字"不同于一般情况，可否作为特殊情况处理"。

对谢育才同志这一历史问题，1947年华东局党校审干所作结论是"开除谢育才被捕前党籍（1926年至1945年共19年），谢从1945年协助组建韩江纵队时重新入党"。此后，有关党组织在审查这一问题时认为"谢被捕后，政治上一时动摇，向敌人自首"，仍维持1947年的结论。

陈云同志在1978年11月12日中央工作会议东北组发言时谈到有关这方面的问题，他说"1937年7月7日中央组织部关于所谓自首分子的决定这个文件，是我在延安任中央组织部长（1937年11月）以前作出的，与处理薄一波同志等问题的精神是一致的"。"在1941年也写过一个关于从反省院出来履行过出狱手续，但继续干革命的那些同志，经过审查可以给予恢复党籍的决定。这个决定与'七七决定'精神

---

① 参见黄焕秋同志1996年3月回忆。
② 中共福建平和县长乐地区区委书记——引者注。
③ 见童小鹏同志《风雨四十年》，中央文献出版社1994年10月版，第249、250页。
④ 参见革命烈士吴建业女儿吴继奇同志保存的狱中资料。
⑤ 参见庄祖方《马家洲集中营罪行纪略》，载《江西文史资料》1982年11月第3辑。

是一致的。这个决定也是中央批准的"。①

查 1941 年 7 月 22 日中共中央通过的《关于过去履行出狱手续者填写悔过书声明脱党反共暂行处理办法》第二条规定"共产党员在被捕后，毫无叛党行为，仅仅在刑期满后或交保释放时由自己或家属填写过悔过'自新'一类文件作为出狱手续，而在出狱后仍然坚决革命，并未对革命发生动摇者，虽在当时中央并无允许履行这类手续之决定，应视为实质上并未叛变。因此出狱后经地委以上审查认可之后，已恢复党籍者仍然不变，未恢复或恢复后又被开除者，则在本人要求恢复时可恢复其党籍"②。

我们认为上述文件的中心在于有无叛党行为或有无严重损及党组织利益，虽谢育才同志不属于"刑期满后"或交保释放中的问题，但是，从整个历史过程已得查证的事实看，"应视为实质上并未叛变"，似可以按 1941 年决定的精神考虑恢复其党籍。

谢育才同志生前多次要求，他的家属多次申诉，希望党组织修改谢育才同志的历史结论，作出更实事求是的评价。

从谢育才同志一生表现看，他是一位坚持革命的老同志。战争年代，他一家人被国民党反动派惨杀，可谓满门忠烈。他本人曾四次被捕坐牢，但始终坚持斗争，一直跟党走，任劳任怨，忍辱负重，忠心耿耿为党工作数十年，直至去世。为此，我们建议中央考虑谢育才同志生前的要求和他一生在长期革命历程的实际情况，把他的问题作为特殊情况处理，恢复其党籍。以上意见妥否？请批复。

广东老同志签名：

刘田夫（原中顾委委员，广东省委书记、省长）

梁威林（原广东省政协主席、副省长）

廖似光（原广东省政协副主席）

吴健民（原珠海市委书记、广东省顾委委员）

黄焕秋（原中山大学党委书记、校长）

林川（广东省汕头大学校董会副主席、原广东省高教局局长）

王立朝（原湖南省军区副政委）

陈明（原广东省物价局副局长）

---

① 见《坚持有错必纠的方针》，载《陈云文选》第 3 卷，人民出版社 1995 年 5 月第 2 版，第 232～233 页。

② 见《陈云文选》第 3 卷"注释"，人民出版社 1975 年 5 月第 2 版，第 400～401 页。

访 谈 录

——受命于破晓之前①②

在建国 50 周年及广州、广东解放 50 周年前夕,中共广东省委党史研究室于 8 月 28 日在省委党校主持召开了纪念华南工作团成立 50 周年大会。吴南生、杨应彬、钟明、黄焕秋等老同志与 250 多位原华南工作团团员欢聚一堂,共叙当年,抚今追昔广州的沧桑巨变。大会还首发了由省委党史研究室编辑出版的《受命于破晓之前——参加接管广州回忆录》一书。会后,本刊记者特地采访了当年受命组建华南工作团并参加广州接管工作的原华南工作团团长黄焕秋同志(以下简称"黄老")。接管广州后,黄老任华南分局青委书记。此后在教育战线上辛勤耕耘数十年,离休前是中共中山大学党委书记、中山大学校长。黄老为教育事业,为社会作出重要贡献,获霍英东成就奖,是一位深受青年人尊敬和爱戴的革命老前辈、教育家。

记者:黄老,请您回忆一下,当年为何要成立华南工作团,她是在怎样的历史背景下成立的?

黄老:1949 年,中国人民解放军百万大军强渡长江,占领南京,宣告了国民党反动统治的灭亡。人民解放军随即乘胜追歼残敌,迅速向南推进,华南地区解放在即。根据解放战争形势发展的需要,中共中央华南分局于 5 月 7 日发出《对大军渡江后华南工作的布置》的电报指示,要求各地区党委在大军未到当地之前,必须将农村完全解放并控制在手里,使大军能集中力量解放城市和追歼残敌。同时要抓紧城市接收的准备工作,使大军到达时能够立即有计划地接收。指示要求各边区准备大批城市干部,以便交给军管会使用;用最大力量去进行部队教育,开办革命青年训练班,培养大批财经干部。

同年 5 月中旬至 6 月中旬,华南人民武装取得粤东、闽西大捷,粤赣湘与闽粤赣两大边区二三十个县完全连成一片,成为解放华南的前进基地。

---

① 本文载《广东党史》1999 年 5 月,第 9~11 页。原题目为《访原华南工作团团长黄焕秋——受命于破晓之前》。

② 本文记者为林益。

5月25日，华南分局书记方方遵照中共中央指示，率分局机关人员从香港内迁粤东解放区，5月底抵达潮汕解放区中心揭阳县灰寨。当时我和余慧、陈恩、郑黎亚等人奉命率领华南分局青妇组30余人随同方方到达解放区。华南分局机关人员在方方的率领下前往江西赣州迎接南下大军，并与叶剑英等同志会合，共商解放华南大计。青妇组人员则留在粤东解放区开展青年和妇女工作，以及干部培训工作。

记者：当时华南分局为广东的解放及城市接管做了哪些干部准备工作？

黄老：华南分局早在准备将领导机关内迁粤东解放区之前，于1949年2月成立"青年妇女工作组"（简称"青妇组"），由我、陈恩和余慧三人组成，我任组长。青妇组到河婆与分局方方等同志会合后不久，一起到了梅县。

在到达河婆时，青妇组派出俞仲达、刘卓礼、王文彬等到东江公学讲团课，协助建团工作。我到江南支队作建团报告，开展部队建团工作。1949年6月中旬，青妇组在河婆召开粤赣湘、闽粤赣两个边区的青年、妇女工作会议，青年团和妇委的主要干部参加。会上传达了全国青代会、团代会的会议精神。会后，以中共中央华南分局的名义发电报给各地区党委，要求各地结合革命斗争建团，成立青年团和妇女组织，在党领导下，动员广大青年和妇女积极行动起来，迎接解放。

青妇组随分局到达梅县后，即派出林挺、郑黎亚等同志协助梅州公学进行教学改革和培训，将梅州公学作为建团的重点。林挺兼任梅州公学教育长，郑黎亚兼任教学任务和建团工作。他们和梅州公学工作的同志合作得很好，为兴梅、潮汕地区培养一批干部。梅州公学学员中除300多人参加华南作团，到广州参加接管工作外，还有500多名学员分配在兴梅地区工作。

1949年7月，南逃的国民党胡琏兵团窜扰兴梅、潮汕地区，青妇组按照分局指示，将干部分成四个部分，分散作战，指导各地区青年和妇女工作，一部分干部由林挺、郑黎亚带：队随同梅州公学转移；一部分干部由陈恩、朱慕湛带队去兴宁；一部分干部由余慧、徐英带队去粤赣湘边纵队江南支队工作；一部分干部由我带队回到河婆。大家在分散转移中仍不放松学习和干部培训工作。

记者：请您讲讲华南工作团成立的经过。

黄老：1949年6月24日，中央电示华南分局，应在东江、韩江及闽西三个地区，放手招收大量青年学生开办数千人的学校训练干部，同时按照可能性抽调一千至两三千老的和较老的工作干部加以训练，为准备接管广州及其他大城市之用。此项工作应于7月至10月四个月内完成。同时应令香港训练干部，也可招收一批广州学生到东江训练。接管全省工作干部主要由分局负责准备。7月22日,华南分局发出《加紧准备迎接南下大军的工作的指示》,同时电示潮汕地委从各县和各部队抽调干部和学员100多人。从潮汕军政干部学校抽调干部学员200多人。由梅州地委从梅州公学抽调干部学员共300多人,组织华南工作团。在香港方面则由周楠、钟明、杨应彬、左洪涛等负责组织一批干部及广州学生,成立东江教导团,学习城市政策,准备南下大军解放广州后,参加接管工作。

青妇组负责筹备成立华南工作团,我为团长,周钢鸣、张海鳌为副团长。我们从青妇组抽调部分骨干于7月底在揭阳县河婆中学着手组建华南工作团。以正副团长组成华南工作团团委,我为主任,实行集体领导下首长负责制。由于得到潮汕地委书记曾广和潮梅人民行政委员会主任林美南的大力支持,筹建工作进展顺利。从潮汕地区抽调的干部陆续到达后,9月2日,我在大会上作动员报告,主要是向大家说明,华南工作团的主要任务是培训干部准备到广州参加接管工作。同志们来自各个方面,要了解城市,树立依靠工人阶级思想,要做好充分思想准备迎接新的任务。9月5日,周钢鸣作关于知识分子思想改造问题的报告,主要是讲我们进入城市后,要把为旧政权服务的知识分子改造成为新的知识分子,为全国解放后的人民政权服务。8日,团本部连同抽调来的干部和潮汕军政干校学员共300多人转移到揭陆华边行委会所属的棉洋张黄竹坑村,集中编队分组。团本部设秘书处,下设组织科、教育科、总务科及学习委员会。对已报到的干部先行编为一至七队。从9日起到22日,以将近半个月时间学习城市工作的方针、任务及城市各项政策。

记者:华南工作团是如何经长途行军到广州参加接管工作的?

黄老:9月21日,团本部接到华南分局通知,应争取时间向龙川县老隆镇移动。9月23日,我率团本部及一至七队,由黄竹坑出发经吉水、锡坪、大田、鹤市,于28日到达老隆,6天行程约260里。团本部成立行军指挥部,下设军事组、勤务组和卫生队等。到达老隆后,团委决定休整四天。同时,梅州公学干部和学员300余人,在林挺、郑黎亚率领下于9月底抵达老隆,与团本部和7个队会合后,编为八至十一队,连同财经队,全团共12个队,600多人。从9月30日至10月4日止,全团组织学习毛主席的《论人民民主专政》,并在老隆镇附近乡村,广泛开展宣传工作及向群众作调查访问。10月1日,毛主席在天安门城楼向全世界和全中国人民宣告中华人民共和国成立,全团用收音机收听开国大典盛况,消息传来,在场军民无不振奋,欢呼之声震动乡野。4日下午,全团参加东江人民临时行政委员会举行的党政军联合庆祝大会,听取行委会主任谭天度等领导同志的讲话。

10月4日上午,团本部召集各队队长、政委会议传达分局电报,要求在10日前赶到翁源县龙仙镇和南下工作团朱光同志会合。并指定由我和周钢鸣、张海鳌等人负责整编队伍。华南工作团连同南方人民银行总管理处、华南文工团及随团本部行动的青妇组余慧、陈恩、朱慕湛、俞仲达等，组成将近千人的行军队伍由老隆出发向东江解放区翁源县龙仙镇前进。为便于指挥，团委决定，行军时按原有组织，分别编成4个大行军单位，成立由我、张海鳌、周钢鸣、林挺及粤赣湘边纵队联络科同志共5人组成的行军指挥部。一至五队和财经队由张海鳌负责。六至七队，兴梅干部及团本部由郑黎亚负责。八至十一队由林挺负责。文工团由周钢鸣负责。由于这段路程比较长，且连平是新解放区，还有国民党的残余武装100多人在山区活动，我们通过时要提高警惕，由边纵派部队护送，团本部则成立保卫队。并分别组织运输组、卫生队和通令、粮食、打前站各组以及收容队等。

10月5日，全团各队陆续从老隆出发。10月7日抵达忠信，休整三天。随后团本部、一至五队及华南文工团等翻越九连山，向连平进发。六至七队、财经队及兴梅干部共100多人于11日午夜遇两广纵队的骑兵部队，即奉命跟大军南下，在河源埔前乘船顺东江而下。10月19日到达惠州，与粤赣湘边纵队二支队合编成纠察队。21日到广州参加公安系统的接管工作。

10月14日，大队在离龙仙8里处休息时，我作了讲话："党中央的指示信要求我们在军事上会师后，同时要在思想上、政策上会师。要特别注意搞好和南下干部的团结。"行军队伍到达龙仙后，与南下大军会师了，我们见到朱光同志，知道大军已解放佛冈、从化。团委决定休息一天。10月15日下午，华南工作团全体人员集中在龙仙中学大礼堂听云青（云广英）、李凡夫作报告，主要是传达叶剑英关于北京市接管工作经验总结及赣州会议关于接管广州方面的几个问题。当天5时左右，传来前方消息，广州已于14日解放。报告会场内外一片欢腾，鞭炮齐放。

16日早7时半，全团由龙仙出发到官渡，这是翁源县一个小圩镇，因没有地方住宿，都露宿街头。17日早上接到通知，全团先抽调25人，由林挺同志等带队坐南下大军的汽车，赶往广州。当时通往广州的桥梁已被国民党军破坏，解放军工兵营日夜抢修，100多部军车都待他们修通一段走一段，连夜赶路，都露宿在车上。10月18日，我们才到达沙河，都在骑楼下露宿。临进广州前，大家每人发一套新军装，以整齐的军容于19日进入广州市，全团入住爱群大厦、东亚大酒店和新亚大酒店。

华南工作团队伍一到广州，即与东江教导团、南下工作团等接管队伍一起，被广州市军事管制委员会分配到各条战线，开始了紧张而有序的接管和治安等各项工作。华南工作团在黎明破晓前后胜利地完成了她光荣的历史使命。

记者：访谈结束了，我仿佛还沉浸在那革命理想和革命激情交相激荡的岁月里。当年那些朝气蓬勃、意气风发的革命知识青年追求进步、追求真理的精神，以及他们所作出的历史贡献将永远激励着我们不断前进。

中大往事

——夕拾朝花①

（黄焕秋口述，黄海涛整理）

我于1933年秋天进中山大学念书，到今天已将近70年了。在我踏入中大校门的那一刻，我并没有料到自己会跟中大结下一辈子不解之缘：起初是中山大学的学生，后来在中大当教师，再后来又走上中山大学校长的岗位。而我自己，也从刚进校时朝气蓬勃的青年，变成一位鬓发花白的老人。每当回忆起在中大度过的青春岁月，那些早年师长、同学的音容笑貌就会在我的脑海里鲜活起来，旧时学校里的一些轶闻趣事仿佛就发生在昨天。鲁迅先生曾把他的一本散文集命名为《朝花夕拾》。在人生的暮年回首往事，夕拾朝花，那些尘封的记忆就会像绽放的花朵一般，吐露出沁人的芬芳，久而弥醇，让人难以忘怀。

一代宗师

在我的青年怀想中，多年的学习生活给我留下记忆最为深刻的。首先是中大有一位好校长，他便是敬爱的许崇清先生。

许崇清先生年轻时到日本留学，思想进步。辛亥革命的时候回国参加革命，辛亥革命失败、袁世凯篡权后，他又回到日本读书，毕业于东京帝国大学。蔡元培先生曾邀请他到北京大学任教，他未去，而是回到了广东，因为孙中山、廖仲恺先生要他回广东工作。许崇清先生参与了中山大学的筹建工作，是中大校史上任期最长的一位校长。新中国成立之前，他曾两次出任中山大学校长，都因为支持爱国学生运动、起用具有进步思想的教师而被调动工作。许崇清校长曾与岭南大学校长钟荣光先生一道，发起回收教育主权运动。他坚决抵制陈济棠强制在中学里"读经"的做法，为此辞去教育厅厅长的职务。这两件事在广东乃至全国教育界都引起很大震动。许崇清校长

---

① 本文见《我们的中大》，中山大学出版社2001年版，第15～21页。本文作者1933年入读国立中山大学文学院教育学系。

是我国研究马克思主义教育理论的先驱，堪称一代宗师。他尊重人才，聘请了一批知名的专家学者来校任教，重视年轻教师的培养和新学科的建设，关心青年学生的成长，是尊师爱生的典范。中大校友都称颂许校长"一身正气，两袖清风"。

我们还在中学念书的时候就对许校长非常崇敬。我是广东省立二中毕业的，当时高中分文科和师范科，我念的是文科，课程有文学概论、中国文学史等等。我们一帮年轻人组织了一个文学社团"思社"，出版了一本刊物，名为《思絮》。我们请当时任广东省教育厅厅长的许崇清先生为这本小册子题名，他欣然应允。这件小事足见许校长对青年人的关心。现在回想起来，无论是在我做学生的时候，还是后来参加革命、解放后为新中国的高等教育事业服务，许崇清先生言传身教，对我个人的影响都是非常大。

名师风范

抗战前的 10 年，是中山大学发展史上的黄金时期。兼容并包的风气使得中大的教学活动异常活跃，教师们各具风采，风格迥异。当时文学院社会学系三位有名的教授，何思敬先生、肖隽英先生和邓初民先生，都是我十分尊敬的老师。

何思敬教授是我们的启蒙老师之一，他于 1932—1933 年间在上海参加中国共产党，与香港"中华民族革命同盟"中的中共党员一直保持着联系。他最早让我们看到中共《八一宣言》，这篇宣言当时刊登在巴黎出版的《救国时报》上，由香港输入广州。何老师给我们讲民族矛盾上升为主要矛盾，要我们组织起来，建立进步学生社团，开展爱国抗日运动。他还在中大校报上发表一首长诗，号召全民族抗日。在何思敬等一批教师的推动下，中大的爱国运动蓬勃开展起来。肖隽英（肖鹏云）教授是大革命时期中大的学生。国民革命军东征攻下惠州——我的故乡，他留在当地负责群众运动。大革命失败后，肖隽英到日本读书，后回到中大社会学系任教，其兄肖冠英是校长邹鲁的秘书长。肖老师经常向我们透露学校当局的意图和动向，同时把学生的意见和要求反映给学校，在那种非常时期，对沟通学生与校方的关系起了很大作用。

邓初民教授坚持原则、沉着机智，是我们学习的榜样。有一件事我记忆犹新：在"一二·九"学生运动爆发后，同学们都满腔热情投入到救亡运动中去。但是当时我们年轻人中间，有不少确实对党的抗日统一战线政策认识不深，感情冲动，做过错事。有一次全校开大会。邹鲁校长在南京见蒋介石回来，跟全校师生讲形势，同时在这次大会上成立全校抗日组织。会场内外贴满了"团结起来抗日救亡"的标语。但其中有不少"抗日运动即是汉奸"、"打倒汉奸教授"的标语，还有一些漫画，指向什么人都很明显。会场气氛很紧张。邹鲁一改过去反蒋常态，吹嘘"蒋先生准备抗日",又责备学生抗日行动"过激"、"越轨",提出质问:"谁是汉奸教授?"学生发出不满的嘘声,使邹鲁的话不能继续说下去。有几位院长、教授上台讲话,都被学生哄下台,全场陷入僵局。邓初民教授走上讲台,表情严肃坚定,讲话简单明了,十分精彩。他说:"抗日的血,我一定与亲爱的同学们流在一起!"全场响起热烈的掌声,表达了广大师生对邓教授的信任和尊重。邓教授接着诚恳地批评学生们的错误,指出:"刚才同学们的举动,对于校长、院长、教授是一种侮辱,是破坏抗日运动的统一战线。中大的师生都是抗日的、爱国的,邹校长也是抗日的,我们都拥护他;他不抗日,我们就打倒他。"会场的气氛就立即和缓过来,全场热烈鼓掌。最后,邓教授及时指出:"今天开会的任务是要组织中大抗日会。抗日会不组织起来,不许散会。"经过热烈的争论,中大抗日会组织宣告成立,邹校长领导全体委员宣誓就职。我深深敬佩邓教授为我们化解了一场风波,给我们年轻人上了一次极为深刻的政策教育课。

我和岑骐祥、王越等老师的关系也很好。我还记得,我们班的霍赐影同学被捕后,是王越老师设法保释她出狱的。老师对学生的爱护由此可见一斑,令人敬佩。

当然,在那个抗日救亡运动风起云涌的年代,也不乏一些轻松幽默的小事。当时文学院学术气氛很自由,课堂上的讨论非常热烈,教授们也是风格各异。中文系系主任古直教授是有名的汉学家,每天上课都穿着一套笔挺的西装。他不主张用白话文,上课的时候满口"之乎者也"。他出通告让学生去取作业,通告的内容我还记得很清楚:"告诸生,作业可以取回矣,其未交来者速即交来。"学生们都笑他是老古董。

30年代,中大是各种思想交汇之地,学校里学术讲座很多。学校有一套严格的教学制度,但学生的学习还是比较自由的,因而知识面和视野也较为宽广。我当时常去社会学系"偷听"老师的讲课,因为老师上课是不点名的,正所谓"来者不拒,去者不追"。像邓初民、何思敬这样的知名教授上课,去晚了根本找不到座位,连课室外也常常是密密匝匝的。

同窗手足

我进中大后就读于教育系。当年中大附中、省校(省一中、二中、女中、女师等学校)的一批学生骨干,还有一批思想进步的惠州同乡也都在中大,我们很快组织起来。当时,由何干之先生领导的、受"左联"影响的"社联"遭到严重破坏,中大的一批同学,如楼栖等被捕入狱,反动派抓了100多人,6人被杀害,其中5人是中大同学,情况确实恐怖。但是,随着国难的深重,同学们的爱国热情依旧空前高涨,我们一进校遇到的就是这样一种情况。

教育系学生人数比较多,我们班有90多人,在全校算是人数比较多的一个班。

班上有一批很好同学，如朱文畅、曾振声（生）、刘秉钧、金昌华（程光华）、霍赐影等。大家团结友爱、相互关怀、共同进步的精神是很好的，这给我们后来的人生道路以很大的影响，许多同学后来成为坚强的革命战士。我最尊敬和深深怀念的朱文畅同学被捕牺牲，金昌华、霍赐影同学毕业后去了延安，金昌华在华北战斗中与左权将军牺牲在一起，曾生同志在党的领导下创建东江纵队，开创了华南地区抗日游击战争的新局面。他们是中山大学的骄傲。

当时中大有很多学生组织，有班会、系会，还有学院学生会。一个班的班会组织很重要，班会搞得好，同学们就有凝聚力。在学生社团的筹划组织下，中大学生的课外活动搞得有声有色，秘密读书活动也蓬勃开展。

话剧运动是当年中大颇有影响的活动之一。外语系的洪深教授是著名的戏剧家，他非常热情，我们聘请他当剧社导演，组织我们演出。我们排演的第一部大型话剧是《五奎桥》。《五奎桥》是一部反封建的剧目，我们在中山纪念堂演出，规模很大，演出效果也很不错。我参与了这次演出的后台工作。

当时还有一个活动留给我很深的印象，就是参与教育系举办民众夜校。夜校主要的对象是贫苦民众的子弟。夜校办在平山堂，就在今天的省实验中学校内。由曾生同学任校长，顾活铃、周慕莲同学负责教务，我负责了一个班，学生也就十三四岁，大都家境贫寒。我们晚上上课，自印教材。办夜校使我们获得了一个接触群众的机会。对学生家访，了解社会实情。

从中大附中升上来的同学是一支骨干力量，他们有一个老传统——搞秘密读书会。读书会印制传单，出版刊物，要求进步，组织相当严密。读书会的成员经常到白云山、黄婆洞（当时属于中大林区）等地，用旅游的方式开会交换意见，讨论时事。我参加各项活动，有了许多好朋友。

1935年中山大学迁到石牌校区。1936年5月，中大进步学生支持学校在石牌10个村创办"乡村服务实验区"，进行抗战教育和科普教育，有200多位同学积极参加。我和10多位同学被分到长㴆村开展工作，我们团结合作得很好。我们在长㴆村进行社会调查，宣讲《抗日救国十大纲领》，着重培养农村青年新生力量，并进行抗日爱国文艺演出。在此期间，我开始学习和收集乡村教育的资料，并总结实际经验，写了有关乡村教育论战的文章和关于乡村教育的毕业论文。

北平"一二·九"学生运动爆发后，中大学生积极响应，发动了三次全校性的抗日大游行，规模很大，一方面同学的情绪异常高涨，另一方面陈济棠开始抓人，残酷镇压学生运动，制造"荔湾惨案"，逮捕中大学生纠察队长冯道先，后又杀害朱文畅。陈济棠要抓何思敬教授，当时国民党内部的陈铭枢将军向何老师通消息，何老师及时出走香港，得以躲过一劫。陈济棠还抓走了一批学生，学校也贴出布告，不准部分学生注册。同学之间情同手足，岂能坐视？我们连夜发起全校签名，逼校长邹鲁出面保释学生。邹鲁至公安局还指责学生是无理取闹，被捕的同学则表现得很勇敢。张文将军的儿子张凤楼理直气壮地问："抗日也有罪吗？"把邹鲁说得哑口无言，只能出面把学生保释出来。在这紧急关头，50多名朝鲜学生联名写信给校方，要与被开除的朝鲜学生共进退。在巨大压力面前，校方不得不做出让步，让不准注册的学生返校注册，这件事情才得以平息下来。

学 术 气 氛

当时，中山大学人才济济，各院系都有国内外知名的专家学者。教师的学术观点不尽相同，但学术上的民主气氛是比较浓厚的，这与许多教授都有留洋背景、受到民主与科学的教育很有关系。像邓初民教授、何思敬教授曾经留学日本，在那里接受进步思想。他们自身就受到民主科学思想的熏陶，言传身教，也给那个时代的青年以很深的影响。

那个时候，中大左翼运动和组织虽然遭到很大的破坏，但部分教授对进步思想的宣传从未停止过。国民党在思想上压制得很厉害，一些教授上课的时候不明讲马克思的名字，但实际上他们讲的还是马克思辩证唯物主义和历史唯物主义。当时还有一个情况，那就是中大与香港和海外的联系比较广，很多消息经香港一下子就进来了，比如十九路军将领在福建建立政府，我们很快就从香港进来的报纸上了解到了这一消息。中大就具有这样一个优势，即使在全国都比较封闭的时期，她也能从外界得到很多信息。因此，在国民党实行思想文化专制的情况下，中大还得以保持比较自由的学术风气。

关于中大的民主气氛，还有一个例子。教育系为了适应形势的发展，搞了一个"战时教育"。任课老师崔载阳是当时中大教育研究所的所长，他最早推崇梁漱溟的"乡村自治"。在"乡村教育"的争论中，我们是支持陶行知先生的学说的。上课时，崔老师让大家讨论，我们就毫不客气地对他的论点提出尖锐的批评。课堂上争得面红耳赤，崔老师被驳得哑口无言，却丝毫没有影响师生间的感情。1993年8月，我到台湾参加中国现代化学术研讨会，还专门与崔载阳老师联系。非常可惜，在台的中大校友告诉我，崔老师已经在前一年去世了。

当时学校开设有副修课程。教育系规定学生可以副修文史、外语两系课程，我选的是文史，先后选修过朱谦之先生教授的中国通史、黄海章先生教授的《文心雕龙》研究、杜定友先生教授的图书馆学、岑骐祥先生的语言学等。岑骐祥先生是著名的语言学家，刚从法国学成归国。我们班有五位同学选了他的课，后来同学们忙于其他事务,两个月以后只剩我一个人还在听岑老师的课。岑先生在学业上给了我很大的帮助,指导我进行方言调查,师生感情甚笃。当时全国兴起文字改革运动,我们搞文字拉丁化,走"文字与地方语言相结合"的路子。在岑骐祥老师的指导下,推广普通话拉丁化,我们制订出广州话拉丁化方案,组织力量开办广州话拉丁化学习班。后来广州成立新文字组织,我还被推举为会长。

大学期间,我曾负责班会学术部。在1936年的沉闷气氛下,我们出版了班刊《解放》,一共办了三期,一月一期,发行量有2000多份,同学投稿踊跃,很多文章是集体讨论的成果。这份刊物对改革教育,报道时事政治,宣传抗日民族统一战线,都起到了相当好的作用。

精 神 永 存

青春年华转瞬即逝。以上零零散散回忆起的这些旧事,都已过去将近70年了。我还记得当年参加开学典礼时,学校大礼堂前面两侧挂着一副对联:"向世界文化迎头赶上去,把中华民族从根救起来";在文明路老校区我们每个星期一都要举行一个纪念周活动,诵读孙中山先生遗嘱,讲解校训。现在回想起来,我们这一代人的所有奋斗与追求,不都是为了中华民族伟大复兴的一天能早日来到么?坚强的信念和历史责任感鼓励着我们艰苦奋斗,勇往直前,并凝成中大师生爱国、民主、团结的光荣传统,中大人重视实践、力求创新的精神。祝中山先生手创的大学,在新的世纪中有更大的发展和提高,为建设繁荣、富强、民主统一的新中国,作出卓越的贡献。

难忘达德[①]

《广东党史》编者按

  2003年12月9日,北京《参考消息》发表该报驻香港记者王丽丽的报道,位于香港屯门青山的抗日名将蔡廷锴的泷江别墅,系原香港达德学院旧址,经香港特区政府依据香港《古物及古迹条例》,于2003年10月31日宣布列为古迹予以保护,"任何人不准在该处实施拆卸、建筑或其他工程"。特区政府发言人认为,该建筑物"见证了香港在近代中国历史和中华人民共和国建国史中所扮演的角色"。

  为配合香港特区政府的重要举措,原香港达德学院校友准备在近期出版《达德岁月》(图文集)及《香港达德学院概况》。年近九旬、当年参与学院创建工作的黄焕秋同志为《概况》撰写了序言,现征得焕秋同志同意,并加题目为《难忘达德》在本刊刊出以飨读者。

  香港达德学院是解放战争期间由原中共广东区委领导(1947年后为中共中央香港分局)、民主党派和爱国民主人士出面,团结合作、共同创办的一所新型、进步的正规大学。她的创办得到老一辈革命家周恩来、董必武的亲切关怀,民主党派的前辈何香凝、李济深、蔡廷锴、李章达、丘哲等的大力支持。在华南地区中共领导人方方、尹林平、连贯、章汉夫、夏衍等的领导下,达德学院为发展香港进步文化教育事业、培养干部、支持国内爱国民主运动、支援解放战争、参加新中国社会主义建设,作出了重大的贡献。她被誉称为党领导的爱国民主统一战线在教育方面的硕果。达德学院1947年除夕举行迎新聚会的照片和学院的有关资料,收藏于北京中国国家博物馆,成为革命历史文物。

  香港回归祖国后,特区政府为保护达德学院旧址——原蔡廷锴将军私宅泷江别墅,进行了数年不懈的努力,并得到社会舆论的大力支持,也说明达德学院在香港政治、文化、教育、历史方面的重要地位。

  达德学院于1949年2月被港英政府强行封闭,办学时间虽然短暂,但当年名师荟萃,群贤毕集,桃李芬芳,朝气蓬勃的盛况及尔后的深刻影响,足以载入史册。学院行政负责人,都是有丰富经验和卓越成就的教育家。一批著名的爱国民主政治活动

[①] 本文载《广东党史》2004年3月,第37~38页。

家和学术泰斗，担任学院的专职或客座教授，是中共和民主党派的优秀人才。达德学院的800多名学生，有许多来自国内和东南亚地区抗日武装斗争和爱国民主运动前线。当年学院商经系主任、著名的经济学家沈志远教授说："达德学院的学生是我所遇到的最好的学生。这是因为这些学生大多是不远千里而来，不是来自海外的爱国侨生，就是来自内地的满腔热血的革命青年。他们有觉悟、有抱负、有理想，有强烈寻求马列主义真理的愿望。对这样的学生一定要精心培育。"达德校友在名师教育下成长，绝大多数在党的领导下走上革命征途。在解放战争中有18位校友壮烈牺牲。建国后参加社会主义建设的校友，在各自岗位上作出贡献，成为骨干力量。

达德学院在办学过程中，为了适应解放战争形势的迅速发展，进行了探索性的改革，摸索经验。当年达德学院倡导的爱国进步、民主团结、不断改革的精神，理论联系实际、实事求是的学风，为创建新的教育体系而进行的尝试，在中国的教育史上，是具有一定参考价值的一页。

达德学院突遭港英政府封闭，结束和撤退工作十分匆促，未能保存好很多珍贵的资料。幸而当年学院出版的刊物《达德新闻》、《达德青年》、《海燕》及部分照片，由于校友们的珍藏，已保存于北京中国国家博物馆，可供查证。有关达德学院历史资料的征集整理和研究工作，80年代已在北京、广州、福建等地开始。香港中文大学亦有专家参与并取得重大的成果。这是一个良好的开端。我们期望着研究工作深入进行，为香港的文物保护工作及增强市民本土意识及历史归属感作出贡献。

我于1946年6月底转移到香港；7月底受命于中共广东区委，有幸参与了协助德高望重的革命老前辈、教育家陈其瑗院长创办达德学院的工作，向老前辈、专家学习，经历了自创办至被迫封闭的全过程。这是我人生旅程中一段最为宝贵、难忘的经历，是我从事中国新高等教育事业的起点。1985年冬，达德校友会在广州成立，北京、福建、湖南、广西等地成立了分会，我和校友们也有了较多的联系，达德情结，令天南海北的达德人，紧密相依。岁月如流，我已是耄耋之年，当年英姿焕发的达德青年，现在不少人亦已年过八旬。我们都怀念着香港，怀念着当年在青山海滨的似锦年华。我们都有着一份历史使命感，希望将达德学院的这一页历史，如实地留给后来人。

本书编写者曹直是达德学院文哲系校友，曾参加东江地区武装斗争。建国后，从事中共党史研究工作，着重研究解放战争时期广州地区历史。他在缺乏原始历史资料的情况下，通读了校友撰写的回忆文章，查阅历史档案，于2001年达德学院建校55周年前夕写出初稿，经过两年来征集各地校友的意见，于2003年冬定稿。我阅读了全文，认为在现有的条件下，是一部能真实反映达德学院历史概貌的文稿。作者认真负责、不辞劳累、求真务实的精神，难能可贵。我很高兴为本书写这一篇短序，并对本书的出版，致以衷心的祝贺。

香港达德学院创建和被封闭的经过的回忆[①]

香港达德学院是中国共产党领导下,由当时的中共广东区委和各民主党派、爱国民主人士合作共建,由民主党派负责人出面主办的一所正规的文科大学。她同时又是改革创新的革命摇篮,是中共和民主党派、爱国民主人士团结合作的典范,是党领导的爱国统一战线在高教领域进行改革探索的硕果,又是中国共产党在华南地区重建青年团的先行点。

达德学院创办经过综述如下

1946年7月,陈其瑗先生应董必武同志的邀请返回香港。陈先生是国民党左派,原广东国民大学校长,是孙中山先生创建的广东大学(后改名为中山大学)的筹备委员,大革命失败后被迫流亡美国。1946年7月,他回到香港即向中共广东区委表示,他是应董老的邀请回香港办学的。广东区委去电中央请示证实确有此事,因而开始有了办学的决定,并派出黄焕秋和龙世雄协助陈其瑗开展工作。

同年8月,国民党在广州加紧迫害民主人士,查封进步报刊书店,民盟及农工负责人张文、杨逸棠、丘克辉等来到香港。来港前,他们也曾在广州商讨过来香港办大学事宜,并决定委托张埋同志向中共广东区委提出办高等学校的建议。与此同时,内地许多进步教授和大批进步青年也被迫来到香港,既有师资又有生源。因此,方方和尹林平同志等决定,党和民主党派、爱国人士合作,由民主党派和爱国人士出面,于是筹办大学的工作得以迅速开展,成立筹备小组,组建董事会,公推李济深先生为董事长,陈其瑗为院长,同意丘哲先生建议,命名为"达德学院"。蔡廷锴将军慨然允诺借出芳园别墅为校舍。由丘克辉先生出面向港英当局提出申请,获得同意。1946年9月12日开始招生,9月29日举行入学考试,10月10日正式开学,元旦补行庆祝典礼。

开学不久由方方同志主持专门会议,研究达德建校办学方针问题。参加会议的人有广东区委连贯、饶彰风和苏惠、李嘉人,在达德学院工作的龙世雄、张明生和我。连贯同志传达周恩来同志关于开展香港进步文化教育工作的指示,方方同志做了总结讲话,强调办好达德学院的重要意义,指明这是党领导下的统一战线学院,要求校内

[①] 本文见《达德岁月:香港达德学院纪念集》,中山大学出版社2004年版,第40~41页。本文为黄焕秋教授在建校55周年经念会上的讲话,经黄教授重新审阅。

所有的共产党员应团结各民主党派人士和爱国人士，支持陈院长把学院办好。要关心教育在学青年努力完成学业，并在校内外开展的各项活动中加强思想政治教育，把这些青年学生培养成为革命干部。

1947年底，为了克服达德学院党组织多线分散，难于集中力量、团结一致地开展工作，中共中央香港分局召开了一次专门会议进行研究，我和张明生、李国瑶、陈燕芳等同志参加会议。会议作出决定，建立达德学院统一的党组织，成立总支委员会，由群委领导，群委与文委密切联系。

在达德学院开办期间，有关学院的重大决策，均经分局领导在与民主党派领导人的双周会上协商；分局书记方方同志并与陈其瑗院长保持经常联系以交换、通报有关学院的主要工作情况，香港分局和工委负责人夏衍、冯乃超等更经常参加学院教授党支部会，直接与党支部同志交流情况，商讨有关学院的教育工作和统一战线工作问题；群委则直接领导学生党总支，要求学生党员在学习和各项活动中起模范带头作用，与各民主党派学生成员和群众一起共同支持学院领导完成时代赋予的学习任务。达德学院在短短不足三年时间里，校园中即洋溢着爱国进步、团结民主、改革创新精神。

关于达德学院被封闭的经过，情况如下

1949年1月31日，北平和平解放，港英当局于1949年2月23日，悍然发出通令取消达德学院注册，封闭学院。1949年2月25日，方方同志主持中共中央香港分局会议，讨论达德被迫停办事宜，到会的有：夏衍、乔冠华、饶彰风、苏惠、潘汉年、杨东莼和我。由方方总结发言指出：①从大局出发，只通过舆论谴责港英政府，不作针锋相对的抗议活动，保证民主人士北上参加人民政协不受干扰。②海外归来的学生和大部分教师去北平，学生可参加工作或继续求学。③大部分学生和职工、干部可转移到华南游击区去参加工作。④商经系学生可进入财经委派人（决定派赵元浩同志）开办的建中财经学院，继续学习，以后由财经委负责送回解放区参加金融、财经、贸易工作。这次会议在《华商报》董事长邓文钊先生公馆举行。3月2日，中共香港分局将此事电告中央及统战部。3月9日，周恩来电示善后处理意见及拨款2300万港元，办理善后事宜。达德学院自创办到结束，得到了党中央、周恩来同志和地方党委的关怀，得到各民主党派和爱国人士的密切合作和大力支持，培养了近千名干部，为支持解放华南及解放后社会主义建设事业和改革开放作出了贡献。

永远的彩虹[①]

纪实文学《南天有一道不褪色的彩虹》，用文学形式描述了"虹虹合唱团"65年的奋斗历史。她的前身是1939年在香港成立的"虹虹歌咏团"（以下简称"虹虹"）。当时正是祖国大地硝烟四起，日本侵略军已攻占了广州，香港的救亡运动正在蓬勃发展。面对中华民族处于危急存亡的关头，一群热血青年怀着深深的忧患意识，决心用响亮的歌声唤起民众，支持伟大的民族解放战争。在当时中国共产党香港市委的领导下，"虹虹"善于用生动活泼的形式去进行政治思想工作，用多姿多彩的活动内容引导青年。"虹虹"的领导人熟悉当年香港青年的心态，团结和影响了众多青年并带领、培养他们逐步走上革命的道路，走上抗日战争的各个战场。

抗日战争胜利后，不少"虹虹"的同志回到香港恢复了"虹虹"的活动。"虹虹"又成为香港青年群众组织中影响最大、内部领导力量最强的一个组织。她做青年工作的经验，为当时在青年团体中建团、建党做了很好的思想准备和组织准备。可以说，"虹虹"是广东乃至华南地区青运史上的一面旗帜。她为党和新中国社会主义建设培养造就了一批优秀的干部。

改革开放以后，"虹虹"又在广州恢复了活动。当年的青年现在虽已两鬓披霜，但仍然继承"虹虹"的革命精神和优良传统，唱着"跟着时代的齿轮前进，……我们永远是年青"嘹亮的歌声活跃在广州的文艺舞台上。这是十分难能可贵的精神，是一种高尚的革命情操。

《南天有一道不褪色的彩虹》叙述了"虹虹"60多年来的奋斗史。我想不仅是老年朋友读起来会有兴趣，而且对青年朋友特别是青年工作者也许更有可以参考和借鉴的地方。

[①] 本文系2004年5月刊登于《广东党史》，第16页。

许崇清和七战区编纂委员会[①]

《广东党史》编者按： 著名教育家、曾为我国教育事业作出杰出贡献的许崇清先生是革命先行者孙中山的忠实追随者，是国民党左派领袖廖仲恺的亲密助手。曾与陈独秀一起推动反帝反封建的教育改革；支持学生抗日救亡运动。广州沦陷后在韶关主持四战区（后七战区）的编纂委员会工作，依靠和任用许多中共党员和进步人士，编辑出版了许多抗战书刊，发挥了重要的舆论作用，成为当年广东战时后方的进步文化阵地。广州解放后，1951年第三次出任中山大学校长，1962年后兼任广东省副省长。"文革"中遭受迫害，于1969年3月14日病逝，享年81岁。本文作者黄焕秋曾较长时间在许老身边工作，并肩负党交赋密切联系许老的任务，对许老有深刻的了解。为缅怀这位与中共风雨同舟的革命老前辈，黄焕秋不顾年逾九旬高龄，亲笔记下了许老在编纂委员会工作的艰辛岁月。现全文刊载，以飨读者。

抗日战争时期，在粤北后方支持许崇清开展进步文化工作，这是我们党在广东的一个十分重要而成功的举措。

许崇清主持的第七战区编纂委员会（简称"编委会"），是当年广东战时后方的进步文化阵地，也是中共地下活动的重要据点，它对华南的抗战工作和进步文化运动起了很好的作用。

许崇清在广东具有很高的威望。他是孙中山先生的忠实追随者，也是国民党左派领袖廖仲恺先生的亲密助手。早在1918年于日本留学时就倾向马克思主义，大革命时期曾与陈独秀共同负责广东革命政府的全省教育委员会，推动反帝反封建的教育改革。因1934年反对陈济棠强制各级学校读经，轰动华南。他在出任中山大学校长和广东省教育厅厅长期间，对学生的抗日救亡运动都采取支持态度。我们广东省党组织对许崇清这位既是教育家又是进步文化旗手的革命老前辈，有着深刻的了解，对他十分尊重，积极支持。

编委会的成立

1938年10月广州沦陷之后，粤北韶关成为战时广东的政治文化中心，大批进步

[①] 本文载《广东党史》2006年4月，第19～22页。

力量也先后集中到这里。为适应抗战形势的需要,当时的第四战区司令长官张发奎,接纳了文化界人士的建议,成立一个战时文化出版机构。1939年初夏,战区编委会在韶关成立。我们党联络文化界进步人士,推举许崇清主持这个委员会。

编委会初时属于统辖粤桂两省的第四战区,1940年战区改划后,改属广东的第七战区。它由战区长官司令部拨给经费,其人员最初在编制之外,后来归入编制内,会内的文化人都挂上了军衔,穿上军装。

编委会的主要工作是编辑出版书刊。发行对象包括战区范围内的各级军官,当时许多书刊的封面都印有"献给英勇的前线将士"的字句;同时,也面向社会,主要读者是青年知识分子和文化教育界人士。这些出版物——包括书刊和杂志,在长沙以南、英德以北的湘粤两省后方地区广为流传,影响及广西和赣南,发挥了重要的舆论作用。

许崇清掩护下的中共地下党员

编委会的主任委员一直由许崇清担任。当年我们党和许老之间,形成了互相支持互相依靠的关系。许老生前曾回忆说:"这个会的设立,本来按当时在韶关的文化界人士的期望,是想应国民党地区的抗战形势,借战时省会韶关的中心地位,促进广东省文化事业的发展,以利于坚持抗战,争取抗战最后胜利","编委会成立后,七战区政治部的势力想插手进去,控制它,并曾想撤销它。共产党也派了不少人进去。可见,当时这个编委会的任务是重要的。"

许崇清从1939年8月起就主持编委会,其中1939年底至1941年6月,因出任中山大学校长而暂时离开编委会工作,委托黄中廑、左恭主持。

我在中山大学1937年毕业后,就在许崇清主持广东省教育厅长任内,负责乡村教育实验区工作。1941年初许老邀我到中大负责一年级新生指导员。许老接任中大校长,历尽艰辛,将中大从云南澄江迁回粤北坪石。上课不久,因聘请进步教授来校任教,遭国民党CC派告状,1941年6月被重庆教育部免职。许老十分愤慨,又到韶关,住在编委会所在地——河边厂的一个小山坡上。这个地方远离市区和政治中心,环境僻静,交通方便,适合做编辑出版和发行工作。许老邀我到编委会任编辑兼资料室主任,我在编委会附近的农家住,经常和许老见面,协助《教育新时代》杂志编辑工作,完成党交给我密切联系许老的任务,并向他学习。

编委会的机构编制都比较精简,只有20多人,工作人员的政治情况也比较单纯,中共地下党员和进步分子占50%以上,编委会成立之初,就有一批原来省教育厅"乡村教育服务实验区"的中共党员和进步文化人被派了进去。我负责的资料室中4

个成员全是共产党员，4份杂志的编辑负责人和出版社负责人也都是共产党员。

当时，编委会的中共党员分属两条线联系，一条是省委宣传部，由黄康、李殷丹负责；一条是后北江特委，由我负责。皖南事变后，粤北省委进行了调整，我退出后北江特委，由粤北省委书记李大林单线联系，编委会党的组织统一由省委宣传部联系。

当年会内的地下党员先后有：左恭、卓炯、张深、梁孝刚、李曼晖、何希齐、古子坚、张海鳌、陈联新、陈慧娟、梁渭容、朱瑶安、刘远、李祖立、黄炳等。许崇清依靠和掩护这么多中共党员和进步文化人在编委会内工作，会内曾有个别人对他说"你身有好多'八字脚'（即共产党）啦！"许老冷静地回答"请你不要管那么多闲事好吗？"在一次会议上，战区政治部主任李煦寰指责他"重用有色分子"。许老拍案反驳说"他们都是文化人，我编杂志需要的正是这些人"。由于许老享有高威望，省主席李汉魂和战区司令长官余汉谋等地方实力派对他都敬畏几分，此事就不了了之。但国民党CC派仍不肯放过，据说，某日许老单独从河边厂乘火车去韶关市，被人碰了一下，钱包不见了。他报警后不出三天，钱包就被警方原封不动地送回来。许老立即警觉到这可能是国民党省党部的特务分子企图突击侦查他身上有无联络名单。结果一无所获，CC派难以下手。

皖南事变后，我掩护粤北省委书记李大林住在韶关郊区原韶州师范学校农场。1942年3月我因肺病请假去了仁化我哥哥黄焕福家中疗治，他当时任韶师学校校长。1942年5月下旬发生"粤北事件"，郭潜叛变，李大林被捕，我及时转移，离开了广东。这时广东党组织停止活动，编委会处于困难时期，左恭、卓炯等先后离开编委会。但张铁生却于1942年6—7月间进入编委会。他是1927年加入中共的老同志，留学德国，曾任中共旅德支部负责人。1938年回国后，在周恩来领导下工作，担任军委会政治部第三厅中将参谋。1940年由廖承志提名调去香港八路军办事处，参与领导报刊工作。香港沦陷后，被营救脱险。他通过特殊关系，拿着余汉谋的介绍信来到编委会。许崇清原以为他是余派来的人，后来发觉并非如此。许老知道他的政治倾向，就将主委会务交给他掌握，后来，更成为代理主任员（少将军衔），稳定了编委会的局面。这位中共地下党员成为编委会中举足轻重的重要人物。

胡一声和黄超显（笔名秋耘）都是1942年从香港护送文化人脱险回内地之后受党的指派进入编委会的。胡一声协助张铁生做编辑工作。黄秋耘除了负责协助张铁生做编辑工作之外，还受许老指派作为代表出席上级召开的会议。这位地下党员常常戎装佩剑出入国民党省党部和战区长官司令部。值得一提的是，后来成为著名作家的秋耘同志，他的"文人"道路也正是从编委会开始的。

《新建设》等刊物的影响

编委会对社会影响最大的是出版了四份杂志：《新建设》（综合性哲学社会科学类）、《教育新时代》（用新观点研究教育理论问题）、《学园》（用新观点探讨中小学校教育的实际问题），还有给军官阅读的《阵中文汇》。

这4份杂志都有编辑小组。《新建设》由许崇清挂名，实际由左恭和张铁生先后主编，编辑成员有卓炯、张琛、徐坚、古子坚等。《教育新时代》由陈孝禅、张海鳌和我负责编辑，许老和林砺儒（省立文理学院院长）常有过问。《阵中文汇》由李曼晖、黄超显负责。《学园》由梁孝刚负责。这些杂志完全掌握在我党和进步力量手中。它们唱响着坚持抗战、反对投降，坚持团结、反对分裂，坚持进步、反对倒退的主旋律。

美术编辑成员有刘卷、黎冰鸿、蔡迪支。出版印刷部门有何平、黄炳。刘远和李祖立他们还负责发行工作。编委会的编辑、出版、发行工作得到密切的配合。

《新建设》在知识界有较大影响。当年在华南后方的进步学者如王亚南、梅龚彬等都曾发表过文章。许崇清本人从1939年至1942年间，也发表了10多篇阐述马克思主义哲学、教育学和社会学的文章。许老作为我国最早的马克思主义学者之一，同时也是我国辩证唯物主义教育哲学的一位奠基人，他直接从马克思和恩格斯的德文原著中领会其科学原理，从而作出深刻的论述。其研究水平，在当时国内应当说是屈指可数的，为广东战时后方的马克思主义学术论坛树起了一面旗帜。其他进步文化人士在此发表文章也不少。

《教育新时代》和《学园》的读者范围为教育界、大中学生。这两份刊物的发刊词都是许崇清写的。他在《教育新时代》还发表了一篇分析杜威的重要著述。它们给当年的广东教育界带来新思想、新空气。

《阵中文汇》本来是供军官阅读的，通过军邮寄送到部队，战区属下的单位大都能收到；它对激励国民党官兵的抗战意志起了积极作用。因其内容广泛，包括战局分析、国内外形势、各地通讯、时评和杂文等等，引起了知识青年的极大兴趣。仅在中山大学及附中周围的坪石镇和水牛湾，每期就零售出去600份左右。在韶关，许多青年人到图书馆借阅这本刊物，门市部也售出不少。它产生了较大影响。

刊物稿件是要送交国民党政府的图书审查委员会过目的，因为挂着战区长官司令部的招牌，内容只要不明显触犯党政当局，大都可以照例盖上"检讫"大印而通过。对于马克思主义的学术文章，一些审查官根本看不懂。

这几份刊物的经费和纸张供应、都很困难，每期一般只印行数千册，但它们的影响是超出原先估计的。当年中山大学钟敬文教授称这份刊物是"浓黑中的几盏灯火"。

编委会的结束

1944年年底，日军发动打通大陆交通线战役。编委会从韶关撤退，一部分人撤退到乳源，一部分人则到了坪石，许崇清去了连县。据黄秋耘回忆，他和张铁生一起，在坪石还坚持刊物的出版，《阵中文汇》改为小报形式的周刊，直到坪石沦陷前一周才停刊。该刊尖锐批评了国民党军的溃退。

日军迫近坪石时，编委会人员在混乱中挤上最后一趟列车离开。他们到乐昌车站时已闻枪声，人员都被冲散，全部物资（包括图书、印刷器材等）都落在日军手中。

黄秋耘与少数人员历经周折，绕道江西到了梅县。编委会的行政工作由胡一声负责，《新建设》继续出版。不久，就接到战区长官司令部的裁撤命令，这个机构走完了它的历史行程。此时，已是抗战胜利的前夕。

抗战胜利后，许多人都回到广州。这时编委会已不存在。但张铁生、黄秋耘等又设法将《新建设》恢复起来，并出版了几期。许崇清仍挂着主编名义，并在该刊发表了一篇呼吁政治自由的文章。1946年夏天，广州国民党当局指派特务、流氓捣毁兄弟图书公司和《华商报》、《正报》办事处，还将搜出的《新建设》杂志当街焚烧。这份刊物被迫停刊。

许崇清在中国民主革命历程中，与中国共产党风雨同舟，支持中国人民的革命事业。在抗日战争的艰辛岁月里，他和编委会同事的业绩，应与历史长存。

我在撰写本文过程中，得到许老哲嗣许锡挥同志的大力帮助，提供很多重要情况，谨此致谢。

光辉的一生[1]

——纪念敬爱的老校长许崇清教授

许崇清先生是我国著名的教育家和教育哲学家,是我们敬爱的老师、老校长。

许崇清先生是我国民主革命的老前辈,他在日本留学时期,便从事反对清朝封建统治的革命活动,由宋教仁先生介绍加入孙中山先生领导的同盟会,曾休学回国参加辛亥革命。1923年,由廖仲恺先生介绍加入中国国民党,受到孙中山先生和廖仲恺先生的信任,指派他参加国民党的改组工作。《中国国民党第一次全国代表大会宣言》的"教育"部分,他是负责起草人之一。孙中山先生在确定国民党联俄联共政策的过程中,许崇清先生尽力襄助。廖承志同志称誉他和他的夫人是"历史见证人"。

孙中山先生逝世,国民政府决定筹办国立中山大学,许崇清先生是筹备委员。

在国共第一次合作的大革命时期,许崇清先生与中国共产党人密切合作,积极进行教育改革。他明确提出反帝反封建的教育任务;强调教育与革命实践及国家建设的联系,教育方针应与革命的政策相一致。许崇清先生以惊人的革命胆略做了两件大事,在中国现代教育史上,写下光辉的篇章。一是在1924年,他担任广东省教育厅厅长,发起收回教会学校外国人管理权及禁止在学校内传教的运动,掀动了全国;二是1933—1934年,他重任广东省教育厅厅长,陈济棠鼓吹封建道德,强制各级学校讲授《孝经》,他坚决反对,在华南地区引起强烈的反响,得到广大教育界和青年学生的热烈拥护。他是华南地区教育界一面光辉的旗帜。许崇清先生精通多国文字,是最早介绍爱因斯坦相对论给中国的学者。

许崇清先生忠诚孙中山先生的事业和政策,他历受国民党顽固派的嫉视和排挤,但是他坚持进步方向,尽其力所能及做有益于人民的工作。他多次主持广东省教育行政工作,积极倡导工人识字教育,开拓乡村教育和社会教育,发展师范教育和职业技术教育。抗战开始时,实施战时教育,成绩卓著。许崇清先生在解放前曾两次担任中山大学校长,都受到国民党顽固派的排斥。1931年"九一八"事变后,全国各地抗日爱国运动高涨,他主张抗日,同情中山大学学生爱国运动,为西南军阀所不满,被

---

[1] 本文载《跨世纪的奉献》。

调离校长职务。1940年，他接任中山大学代理校长，主持将中山大学由云南澄江迁回粤北坪石的艰巨任务，为华南地区人才培养立下功劳。国民党特务分子密告他"引用异党，危害中大"，1941年7月被免去代理校长职务。他两次担任中大校长时间虽不长，但由于他对学生爱国运动态度开明，既能尊重人才，大力延揽知名学者，提倡学术研究，又亲自讲授辩证唯物主义与历史唯物主义，使马克思教育思想在中山大学开拓了进步自由的风气，因而影响是深远的。如1931年，他在中山大学文学院增设社会学系，何思敬、周谷城、胡体乾、邓初民、肖隽英等先后来该系任教；1940年，他聘请了王亚南、李达、洪深等一批进步教授来中大任教，对华南地区青年一代的培养，推动进步文化的发展，起了重大的作用。

在国共第二次合作抗日战争期间，许崇清先生的政治态度是鲜明和坚实的。他赞成中国共产党抗日民族统一战线的主张，拥护国共两党团结合作，抗日救国，他主张实行政治民主，坚持进步，他是国民党进步力量的一位代表人物，他得到共产党人和爱国民主人士的尊敬和支持。1941年7月，他怀着对国民党顽固派十分愤慨的心情离开坪石回到韶关，继续主持第七战区编纂委员会工作。他专心从事教育哲学的研究。他十分重视学习毛泽东同志的《新民主主义论》。他依靠共产党员和进步文化工作者，出版了《新建设》、《教育新时代》、《阵中文汇》和《学园》四份刊物，成立新建设出版社印刷发行进步书籍，向广大知识分子、青年学生和国民党军队宣传抗战，宣传民主团结，宣传孙中山先生革命"三民主义"的要旨，介绍马克思主义教育哲学，对当时华南地区的抗战工作、民主运动和马克思主义的启蒙教育，起了很好的作用。在国民党顽固派实行文化禁锢的荒漠地区，许崇清先生是南中国的文化旗手。

抗日战争结束后，许崇清先生继续在中山大学任教，并担任江苏社会教育学院教授。他坚持讲授辩证唯物主义的教育哲学和哲学概论。他对国民党的法西斯政策和发动内战十分不满，撰文抨击独裁专制，呼吁实行政治民主。他同情和支持中国共产党领导的爱国民主学生运动，被国民党特务密告，1949年初，他离开广州出走香港。在香港期间，他努力学习中国共产党的方针政策，深入研究马克思主义教育理论，发表有独立见解的教育论文，为迎接新中国的诞生，新教育事业的建设进行教育理论的准备。1949年10月，许崇清先生在港九教育工作者庆祝中华人民共和国成立的大会上，热情号召华南教育工作者"坚决和人民结合在一起，为建设统一、独立、繁荣、民主的新中国而斗争"。广州解放后，许崇清先生回到广州，受到党和人民政府的热烈欢迎。1951年，他重新回到中山大学担任校长。他深情地说："我国的文教事业真正是培育人才、发展学术的事业。我献身教育的夙愿，才真正得到实现。"

许崇清先生为提高祖国人民文化教育水平，培养人才，贡献出毕生精力。他德高望重,桃李遍天下。许崇清先生的一生是光辉的一生。

一、新中国高等教育奠基人之一许崇清教授

新中国成立后,许崇清先生担任中山大学校长。他为中国社会主义高等教育事业奋斗了20年,为中山大学的改革和发展,作出了重大的贡献。他是新中国高等教育事业的奠基人之一。

1951年1月,中央人民政府政务院任命许崇清先生为中山大学校长、冯乃超同志为副校长。许、冯两位校长,在我国文化教育界学术界享有崇高的声望,全校师生员工欢欣鼓舞,海内外爱国人士和校友也都深庆中山大学得人。

许崇清先生为中山大学操劳奋斗到最后一息,他的办学思想和负责精神,是我们学习的榜样。许崇清先生怀着献身人民教育事业的心愿回到中山大学。由于他非常尊敬孙中山先生,他对孙中山先生亲手创办的和纪念孙中山先生的这所大学,有深厚的感情。他以高度的责任感和决心,一定要将中山大学办好。他常谈起孙中山先生创办广东大学的历史背景和他当年参加筹备中山大学的情况。他还记起文明路旧校区礼堂上的一副对联:"把世界文化迎头赶上去,把中华民族从根救起来"。他说,这就是我们办校的目的和办学方向。他经常勉励青年学生向孙中山先生学习。1956年,他在孙中山先生诞辰90周年纪念会上,宣读宋庆龄副委员长的纪念文章《孙中山——中国人民伟大的革命的儿子》。他说:"纪念孙中山先生,我们要发扬他忠于革命、忠于真理的革命精神,学习他的热爱祖国热爱人民和对革命事业的不变的热诚",他要求全校师生员工互相勉励,共同努力,为培养千千万万的忠诚于社会主义祖国的人才,为发展社会主义文化科学而奋斗。由于他的建议,学校决定将校庆改为11月12日——孙中山先生诞辰日。学校决定成立孙中山纪念馆,他指示将孙中山先生研究列为我校科研的重点。

1952年全国进行院校调整,广州原有大专院校调整为一所综合大学,四所专门学院,中山大学成为文理科综合大学。院校调整后的中山大学,原来的总体规模缩小了,学科结构改变了;原来文理两学院的重要学科如哲学、语言、人类、天文、地质等系被调出,物理、数学、化学等系的教师调出过多,学制又从四年改为五年,师资不足,教学任务十分艰巨。许、冯两位校长认为中山大学是有国际地位的大学,院校调整,中山大学被大大削弱了。他们认为各个大学都有良好的传统,都应该保存下来。中山大学应该发展,发挥更大的作用。面对着院校调整后的种种困难,许、冯两位校长,团结全校师生员工,艰苦创业。有一段时间,冯乃超同志身体不好,离校疗养,许崇清先生肩负重担,埋头苦干,保证了学校教学计划的实施,并开拓了学校专

业设置和科研的新局面。

许崇清先生十分重视苏联的教育经验,但他主张要从中国的实际出发,吸收有益的部分,不能机械照搬。1955年和1956年,高教部召开校院长和教务长会议。当时全国高校反映学生学习负担过重,体质下降;有不少学校出现机械照搬苏联的教学方法的情况。他在会上结合中山大学的实际情况,提出了改革意见。他认为学生学习负担过重,健康下降,违背德、智、体全面发展的教育方针,应该调整教学计划,精简课程,改进教材教法,改变"背学生过河"的现象,培养学生的实际工作能力和首创精神。他回校后,主持会议要求各系修订教学计划,精简课程,改进教学内容方法,同时,加强对学生体育锻炼和文艺活动的指导,从而保证了学生的健康,并提高了教育质量。他要求各系自编教材,改变完全采用苏联教材的做法。他积极推动学校的科学研究工作,认为这是提高教师学术水平,提高教学质量的主要途径;教师的科研要带动学生科研活动,培养学生的科研能力。

许崇清先生非常关心教育改革。他认为中国的社会主义教育,"它决不是一成不变的,一次规定下来永远就是这样的。它适应着社会主义革命和社会主义建设事业发展的需要,不断地调整、巩固、充实、提高,一直到社会主义建成而向共产主义过渡,它也跟着共产主义前进而成为共产主义教育。""改革是逐步的"。1958年,全国开展教育革命,"左"的思潮泛滥起来,影响很大,他对此提出了批评。他这种对人民教育事业高度负责的精神,是难能可贵的。他在1959年《怎样解决人民教育发展过程中的内部矛盾》一文中指出:"不能设想,这样一个革命,似乎是可以一天内就完成得了,或者是搞一次'运动'就可以一劳永逸的,更不是重新改变既成的体制和制度所能实现。这是一个新东西逐渐代替旧东西的过程。"他指出:"既然这个革命所要求的是当前教育发展过程的内部矛盾的根本解决,而这些矛盾又自有其非对抗性的特征,我们采取的方法就要适合这些特征。"他阐明了人民教育改革的性质、任务和方法,提出进行教育改革,必须掌握人民教育发展的规律,正确对待文化科学,正确对待知识分子,不能简单粗暴。历史事实已经证明,他的意见是真知灼见、肺腑之言。

二、开拓辩证唯物主义教育理论的先驱许崇清教授

许崇清先生是我国开拓辩证唯物主义教育理论的一位先驱。他对马克思主义教育哲学研究作出了重大的贡献。

许崇清先生在《关于我的学术思想》一文中,叙述了他自1919年立志在马克思主义理论的基础上建立教育学新体系的理想和此后为探索新教育理论所走过的艰苦历

程。他所以能取得重大的学术贡献,首先是由于他有渊博的自然科学和社会科学知识,在人类文化宝库中,追求真理,勇于探索,终于在迷茫的唯心主义的思想体系桎梏中得到突破,摸索到马克思主义的辩证唯物主义道路。他对马克思主义哲学来源和马克思对人的本质的阐述,进行了深刻的研究。他精通多国文字,直接从马克思、恩格斯的原文著作中领会其原理,并能融会贯通。当他掌握了先进的思想武器,分析批判形形色色的唯心主义,就能从问题的本质上分清是非。其次,是由于他有强烈的爱国心,热爱人民和不断进步的精神。他受到国内革命高潮的鼓舞,受到十月社会主义革命后苏联教育的启发,在激烈的革命实践中吸取营养,获得教益,认识到只有把教育与革命实践及国家建设结合起来,教育思想才能得到新的跃进,新教育理论的研究,才能获得新的成就。他对新教育理论的研究坚持不懈的精神,表达了他对人类社会进步事业的信念和期望,对中国人民前途光明的信心。最后,由于他熟悉日本、欧美各国资本主义教育和苏联社会主义教育的状况,他对教育发展规律的认识,对新中国人民教育的发展方向和教育方针,都有确切的理解。

　　许崇清先生认为,只有真实掌握辩证唯物主义的教育理论,对新中国社会主义的教育方针,才能真正地理解,坚持贯彻。在新中国诞生时,他向中国教育工作者提出更新教育观念的要求。他说:"我们要从辩证法的唯物论,去理解清楚社会底原动力底所在,社会发展底法则,并把握人民的本质,我们才能教育人,才能展开教育活动,从事教育,发展教育的。不然,就抱着从来底那些凭空虚构底形而上学的教育观念,而至教育原理,来从事教育活动,那简直是等于盲干"。

　　1957 年,许崇清先生在中山大学举行的第三次科学讨论会上,发表了他的一篇论文《人的全面发展的教育任务》,系统地论述了马克思主义哲学关于人的全面发展的教育学说,并对当时提出的"全面发展,因材施教"的教育方针,提出意见进行批评。这篇文章代表了他的教育思想的最高成就。他根据马克思主义关于人的本质的研究和生产力标准这一基本观点阐述教育的本质。他认为:"人的本质是劳动";"教育是人底实践"的一个形态,是"以生产力与生产关系的实践底高度意识化为条件";"教育学的出发点是变革现实过程的实践活动,人是他自己的实践活动的成果,人就是变化的对象,而教育活动是促进这个转变底实践的活动底一个形态"。

　　许崇清先生十分赞赏马克思提出的教育与生产劳动相结合的教育方针。他充分阐述了这个方针对人的培养的意义,认为:"教育与生产劳动相结合,不但是教育教学和生产劳动相互提高的唯一手段,而且是消灭体力劳动和脑力劳动的对立,实现体力和脑力的统一发展的唯一道路手段。"只有把学校与政治、理论与实践、教学与生产劳动相结合,才能保证年青一代的脑力劳动和体力劳动的统一发展,才能把青年培养成为共产主义事业的接班人。他语重心长地告诫我们:"我们的教育依然在生产着顽守各种专业旧分工，我们的教育依然在生产着脱离实际的知识分子，要建成社会主义是不可能的，要达到高级阶段更不可想象。"

许崇清先生努力贯彻党的教育方针、政策，做了许多有益的工作。解放初，他贯彻大学向工农开门的方针，大力支持创办工农中学，关心调干生的培养；支持师生参加社会主义改革运动；提倡学生安排时间到学校附近工厂、农村进行文化科学服务，参加生产劳动；带动师生员工学习党的教育方针，进行教学改革，加强生产实习教学环节，重视实验室的建设，积极开展科学研究，并教育职工树立为教学科研服务的思想；设立教育学教研室，开设教育学课程，开展新教育理论和高教问题的研究等等。他的教育思想和实际工作，对中山大学有着深远影响。

许崇清的教育思想和理论有着明显的时代烙印，但许多最基本的精神和科学原则，是常青之树。

香港达德学院　再现历史风采[①]

香港回归祖国已十年了，达德学院虽然早已不存在，但她过去的成绩及其在香港历史上的重要地位，仍然得到各界人士的重视和肯定。1997年香港回归时，北京中国革命博物馆举办了当年有关香港历史的展览，在展品中就有馆藏的达德学院文物。中央电视台系列电视片《香港百年》中，也专辑介绍香港达德学院，于1996年11月10日晚在中央一台播出。2003年10月，香港特区政府宣布将达德学院原校址定为文物古迹予以保护，特区政府发言人指出"该建筑物见证了香港在近代中国历史和中华人民共和国建国史中所扮演的独特角色"。"若不能保护该建筑物免遭拆卸，我们将会永远失去这一弥足珍贵、无法取代的文化遗产。"2005年1月至5月，广州市文化局在广州农讲所纪念馆举办"香港达德学院历史展"，5个月共接待了观众12万多人。同年6月28日至10月3日，由香港特别行政区康乐及文化署和广州市文化局联合举办"文化清泉——香港达德学院历史展"，康文署王倩仪署长在开幕典礼致词中说："达德学院不单是香港教育史上的一朵奇花，更是一股为祖国灌注生命力的清泉。"这次展览是作为庆贺香港回归8周年和纪念建国56周年的文化活动之一。香港《大公报》、《文汇报》、《明报》、《经济日报》、《新报》、《南华早报（英文）》等8种报刊都报道了开幕典礼的盛况。香港亚洲电视台专门拍摄了长达40分钟的电视专题片《青山遮不住》，在2005年9月28日晚"香江风华"的栏目中播出，社会各界对达德学院历史的重视，令我们全体达德校友深感欣慰。

香港达德学院是解放战争期间，在中国共产党的领导下，由中共广东区委和各民主党派爱国民主人士在香港合作创办的一所新型高等学府，是党领导的爱国民主统一战线在教育领域亲密合作的硕果，是中国教育史和香港地区教育史上的一朵奇葩。学院创建于1946年10月。1949年遭港英当局无理封闭。

我个人有幸经历过达德学院自创办至被封闭的全过程，这是我人生历程中最为宝贵难忘的一段经历。我于1946年6月底因国民党政府的迫害转移到香港，7月，经董必武同志邀约回港办学的民主革命的老前辈陈其瑗先生从美国抵港，办学之事经中共广东区委请示中央予以确认。正在这时，大批爱国民主人士、文化精英及进步青年亦在国民党政府的迫害下转移到港，民盟及农工党南方组织的负责人亦曾议及并向中

[①] 选自《香港回归10周年纪念》，原载《老战士》杂志2007年8月，第36期。

共广东区委建议,可考虑在香港办学,广东区委决定派出我和龙世雄同志协助陈其瑗先生开展办学筹备工作。中共广东区委和民主党派协商,成立以李济深为董事长的董事会确定校名,推举陈其瑗为院长。经过两个月的紧张准备,在蔡廷锴将军支持下,借出他的私宅泷江别墅作为校舍,学院于1946年10月10日开学。

名师荟萃是达德学院最大的特色。行政负责人陈其瑗、杨东莼、陈此生、朱智贤都是很有经验的教育家,邓初民、沈志远、黄药眠、翦伯赞、侯外庐、梅龚彬、胡绳、钟敬文、千家驹、许涤新、曾昭抡、杜国庠、刘思慕、狄超白、周钢鸣等是国内的知名教授。还有我国著名社会活动家何香凝、章伯钧、乔冠华,以及著名学者郭沫若、茅盾、夏衍、曹禺、冯乃超、周而复等也常来讲课,作学术报告。达德学院共50余位教授是当年中国进步社科和文艺领域中年精英相对集中的一个群体,他们在政治上拥护中共,在学术上坚持马列主义的观点。强大的师资阵容,令海内外瞩目。达德学院的学生也是当时海内外优秀华裔青年的一个有代表性的群体,他们大都经历过第二次世界大战的抗日武装斗争的锻炼和战后爱国民主运动的考验,是一个爱国进步民主团结的群体。800多名学生中,有的在抗日战争爆发前就参加革命,建国后享受老红军待遇,有的曾担任过中共的县委书记。著名经济学家沈志远教授称赞达德学生是他从教以来遇到的最好的学生。名师云集,春风化雨,带来桃李芬芳,形成达德学院"爱国进步,团结民主,改革奉献"的校风和实事求是的学风,强调理论联系实际;民主探讨;在实践中锻炼,以实践为准绳。1948年开始实行的院务委员会(由院长,行政负责人,教授代表,学生代表组成)负责制,是学院在民主教育管理方面的创举,由董纯才先生主编的《中国革命根据地教育史》一书,曾盛赞达德学院是中国近代教育史上的一颗耀眼的明珠。达德的办学模式,对我国当代的高等教育,有极为切近的参考价值。

达德学院办学时间仅两年半,但取得了很大的成就,为华南的武装斗争和建国后的社会主义建设事业培养了一批人才;为中年学者提供了良好的环境和条件,促进了学术研究的开展;为支援国统区第二条战线的斗争,做了许多具体工作;勇于改革创新,为人民的教育事业的开展进行了可贵的探索。当年的达德学院,群贤毕至,名流云集,成为香港民主阵营的一个公开活动的场所,显示出强大的吸引力和凝聚力,与华商报社同被赞誉为港九的明珠。解放战争时期的香港地区,是中国爱国民主统一战线活跃的舞台,达德学院则是这个舞台上的一个亮点。为各民主党派和爱国人士交流切磋,团结合作提供了条件和机遇。

达德学院师生中,有百余名中共党员,数十名民主党派成员,学院并且曾是华南重建青年团的试点。1947年5月开始,发展新民主主义青年同志会会员200余人,1949年1月中共中央公布建团决议,经学习团章后转为青年团员,学院在革命斗争中共有18名师生为国捐躯，他们是达德人的楷模，令我们永远尊敬。曾伟老师曾任学院筹备小组的成员，他曾任农工民主党上海主委，在建国前牺牲于上海。李卡烈士牺牲于广东解放的前夕，他的遗书在中共建党80周年时，由中央电视台在晚会上播出，令亿万观众感动不已。他们是达德人的骄傲，我们永远深切地怀念他们。

第十部分 精神传承

老战士合唱团光辉的十年[①]

11 年前,广东省青年运动史办公室为了纪念抗日战争胜利 40 周年,邀请当年在坪石中山大学学习和工作的部分校友,到坪石聚会讨论抗日战争时期中山大学学生运动史稿。我从报上阅读了陈茵同志《让我们纵情歌唱》一文,她满怀激情报道了这次讨论会的情况。当年英姿焕发的年轻人,旧地重游,相聚时都已是年届花甲,有的已是古稀之年。大家久别重逢,共话当年,唤起了许多艰辛和美好的回忆。他们为史稿提供了许多生动和丰富的资料,充实了史稿的内容,从而填补了广东省青运史和中山大学校史的一段空白,十分珍贵。陈茵同志在报道中,还叙述了一群久经战火锻炼的老战友,在归途火车中纵情歌唱,震撼了整个车厢的群众,使爱国主义的传统精神,产生了撼人心腑的效应。就是这一群热爱歌唱的老战士,成为发起成立中山大学老战士合唱团的核心力量。

广东省自从实行改革开放以来,经济建设有了飞跃的发展,精神文明建设也引起了党内和爱国人士的关注。陈茵、黄德赐等同志,倡议成立中山大学老战士合唱团,要用歌声教育青年一代,唤起广大群众热爱社会主义、热爱祖国的自觉性,发挥他们建设社会主义祖国的积极性和创造才能。这一倡议得到曾生、黄业和张江明等同志的热情支持,得到许多爱好歌咏的老校友的积极参加。

10 年来,中山大学老战士合唱团的全体成员,发扬艰苦奋斗的精神和严谨认真的作风,高歌前进,取得卓越的成绩。他们得到省市党政部门的重视,得到省老干活动中心和社会上各方面的支持,得到省市传媒部门的关注和帮助,赢得了许多荣誉。10 年来,合唱团的成员团结奋斗,坚持按时练习,加强艺术指导,努力提高歌唱水平,并不断增加新生力量。他们经常参加省市组织的重大纪念活动演出,经常到学校、工厂和农村演出,慰问老区群众,和共同战斗的人民共同歌唱。

10 年,在人类历史长河中是短暂的一瞬。但是,10 年在战士的一生中是宝贵的年华。岁月如流,10 年过去,当年发起成立合唱团的老战士,已进入古稀之年,但是,他们并没有战士暮年的伤感,而是老当益壮。一个坚强的信念支持着他们,鼓励着他们。他们歌唱着时代的主旋律,坚持正确的政治方向,为了中国人民瑰丽的事

[①] 本文摘自《中山大学老战士合唱团成立十周年》专刊。原题目为《光辉的十年——祝贺中山大学老战士合唱团成立十周年》。

业,越唱越年轻。"十年磨一剑",中山大学老战士合唱团已磨炼成为一个坚强团结、朝气蓬勃的战斗集体,成为广东老干部中一面光辉的旗帜。

10年来,中山大学老战士合唱团热爱祖国、热爱人民、热爱中国共产党、热爱社会主义,勇往直前、艰苦奋斗,发扬了母校的优良传统,为母校增添光彩、增添荣誉。母校每年新生入学训练和校庆等活动,合唱团都回学校认真地参加文艺演出,为母校树立光辉的典范,我们深为感佩。现值老战士合唱团成立10周年,谨致衷心的祝贺。祝老战士合唱团全体同志健康长寿,永葆青春。祝愿母校爱国主义、艰苦奋斗和不断进取的传统精神,世代相传。

附录

附录

中大老校长黄焕秋逝世[①]

记者昨日从中山大学获悉,中山大学原党委书记、校长、教育家黄焕秋因病医治无效,于2010年2月28日凌晨2时43分在广州逝世,享年94岁。

黄焕秋于1916年出生于惠州黄氏教育世家,父亲为惠城知名老校长黄植桢。他在中学读书时开始接受进步思想熏陶,向往革命。1933年9月就读中山大学文学院教育系,1935年12月积极投身"一二·九"爱国学生运动、参加中共领导的"突进社",1937年10月加入中国共产党。大学毕业后主要从事乡村教育工作,在罗定和韶关(曲江)地区开展党建工作。1945年抗战胜利后回到广州,从事文教统战工作。1946年6月到香港参与筹办为党组织培养干部的达德学院,担任教员兼教务和党建工作。

解放战争时期,黄焕秋历任中共香港工委青年工作领导小组组长,中共香港工委群委书记,中共华南分局青年妇女工作组组长、青委书记,参与华南地区青年运动领导工作。建国初期任青年团华南工作委员会书记兼华南团校校长等职。

1953年8月起,黄焕秋从事高等教育工作,历任中山大学教务长、党委副书记、副校长、校长、党委书记、顾问、中山大学校友会会长、中山大学校友总会名誉会长等职(其间曾任暨南大学教务长、党委常委、副校长),1979年12月—1982年6月黄焕秋担任中山大学党委副书记(主持全面工作),1979年12月—1982年8月任中山大学副校长(主持全面工作),1982年6月—1984年7月任中山大学党委书记,1982年9月—1984年7月任中山大学校长。1982年当选为中共十二大代表。1992年3月离休。黄焕秋是新中国高等教育事业的开拓者之一,华南地区青年团重建和青年工作的领导者之一。

黄焕秋遗体告别仪式定于2010年3月6日(星期六)上午10时30分在广州市殡仪馆白云厅举行。

[①] 本文载《南方都市报》2010年3月2日GA14版。

忆 黄 老[①]

王将克

每个人在成长过程中都或多或少地会有几个对他有重要影响的人,我也不例外,黄焕秋校长就是其中一个。在这里我不用太多华丽的言语,只想通过我个人科研历程中的一些琐事来让大家体会他做人的最大价值。

1972年黄校长从干校回校参加领导工作,初时主管科研、教学。1974年10月,我把发现三水盆地早第三纪鱼化石的信息向他汇报,他非常高兴,鼓励我加快进度,争取早出成果。有他的支持,使我从事该研究充满信心。经3年多的努力,我完成了初步报告,时值1978年,正好遇上党中央召开全国科技大会的好形势。记得当时有一位叫蒋顺章的新华社记者带着华国锋主席手令,到中山大学找主管科研工作的领导,了解中大科研的重大成果,并特别强调:"该成果不属于国家机密,可以上报宣传;记者要直接对成果负责人进行采访,成果上报要用成果负责人的姓名署名。"

三水盆地发现的鱼化石,主要是鲤科鱼类,属早第三纪,距今5000万年。过去国内外发现的鲤科鱼化石主要是上新世,距今1200万年前。三水盆地早第三纪发现的鱼化石是世界发现的最古老的鲤科鱼化石,对探索世界鲤科鱼类(淡水鱼)的起源意义重大。鱼化石的发现和报道均不属国家科研保密范围,领导经研究决定将鱼化石项目介绍给蒋顺章记者,由他采访报道。

当时,蒋记者到了地质系,单独采访了我,不知怎的,我感到有种压力,因为按常规,记者应先找基层革委会,并由他们陪同采访。当我问及此事,蒋记者说,本次向科技人员直接采访科技成果的做法是中央的决定,并出示华国锋主席手令,叫我无需顾虑,但我还是有所担心。焕秋同志知道后找我谈心,安慰我,给我打气,叫我不要有所顾虑,放开手大胆干,这让我悬着的心放下了一大半,也为我进京和以后的工作鼓足了劲。

三水鱼化石的科研成果在鱼化石专家刘东生教授的支持和帮助下顺利通过鉴定,后来中科院古脊椎所所长杨钟健教授为本书撰写序言。该专著在中国古生物志专册出版,在高等学校影响颇大,时为助教的我能在中国古生物志出专著,为中大争光,甚

[①] 本文载《中大老园丁》2010年第2期(总第74期),第17~18页。

感荣幸。我想，如果没有黄校长为我的工作铺路除障，为我提供一个良好的研究环境，我是不可能出这样的成绩，有一位好领导的支持很重要，这点，相信很多同时期工作的同志都有所感受。

1980年以后，黄校长任校党委书记和校长，主持全面工作。在那个条件简陋的年代搞科研，真是举步维艰，困难重重，如经费、设备，甚至人际关系等等。然而难得的是校领导黄焕秋同志和科研处长黄茂春同志对我们的工作给予了大力的支持与帮助，为我们的科研团队日后出成果打下了坚实的精神和物质基础。1980年我开始着手"地质体蛋白质残留物氨基酸项目研究"，从搜索资料，消化资料，筹建实验室，出差野外采集样品到实验室反复试验，写研究报告，最终出版《氨基酸地质年代学》和《氨基酸生物地球化学》两部系统论著，填补了国内自然科学学科空白。所有这些成绩的取得，除了我本人和我团队的努力外，与领导的支持是分不开的。

黄校长非常关心氨基酸实验室的发展，1984年他带领科技考察团到美国，其中考察了加利福尼亚大学巴达（Bada）教授的氨基酸测年实验室，并带回许多相关科研资料交给我，为我们创建国内首个地质体氨基酸实验室提供了宝贵的参考资料，氨基酸实验室最终于1986年建成并投入使用，在氨基酸测年工作中发挥了极其重要的作用。

1990年我们完成《氨基酸生物地球化学》一书书稿，送到北京请中科院刘东生院士审查并推荐到科学出版社出版，按常规在科学出版社出版著作起码要排期三年。时临北京召开"第13届国际第四纪地质大会"，该书已纳入地质大会丛书，筹备组要求科学出版社在8个月内出版。但由于要加班，出版社要求我们自己解决加班费。我就把此事向黄焕秋校长作了汇报，他一听，考虑到此事意义重大，于是答应利用即将出差香港之机求助香港爱国商人梁銶琚先生和何善衡先生。两位老人得知后觉得这是一件大好事，当即答应提供资金帮助。随后，黄校长和太太张杰同志从香港出差回来，当晚就把筹备款送到我家中让我点收。最终，长达53万字的《氨基酸生物地球化学》由科学出版社如期出版，成为我国高校唯一一本参加第13届国际第四纪地质大会系列丛书。每当回想此事都令我非常感动，每在紧要关头黄校长都真正起到了作为一位领导的关键作用。

回顾我多年走过来的路是艰辛的，当时开展科研工作的条件和现在比起来简直是天渊之别。只能说明一点，就是社会发展了、时代进步了，却也让我们这代人感叹生不逢时，但同时我又是幸运的，因为我遇到了黄老这样的好领导，以至我可以坚持走到今天，不敢说有多大成绩，也算是实现了自己为科学奋斗终生的目标，总算是欢笑多于唏嘘。在这里我想说，谢谢您黄老，感谢您这位多年的良师益友，今天您虽离我们而去，但却永远活在我们心中，您的精神将鞭策着我们永远向前。

忆焕秋同志二三事[①]

梁必骐

黄焕秋老校长为中山大学的建设和发展贡献了毕生精力。特别是"文化大革命"后，中大百废待兴，走马上任的焕秋同志大胆提出走出去，团结海内外校友和热心祖国教育事业的爱国人士，争取到大量捐助，令康乐园内一座座教学楼和办公大楼拔地而起。也正是远见卓识的焕秋同志，力排众议，顶住压力，领导中大新办和复办了一批基础文科专业（如经济、法律、管理、人类学、社会学等系）和若干工科专业，为中大成为名符其实的综合性大学奠定了基础。

黄校长不仅是一位高瞻远瞩的领导，也是一位平易近人的良师益友。"焕秋同志"就是广大教工对老校长的亲切称呼，大家都喜欢找他谈工作、谈思想、提意见、提建议，倾诉苦衷、请求帮助，无论在办公室、家里或路上，经常可以看到教师同焕秋同志倾谈，即使他离休以后也不例外。焕秋同志性格开朗，待人随和，与人平等相处，所以无论在位时或离休后都始终保持同群众亲密接触，老教师都特别乐意同他谈心，这在校领导中是不多见的。

我认识焕秋同志是在学生时代。1957年为纪念"一二·九"运动，时任中山大学教务长的焕秋同志带领我们几百位同学去广州扫大街、卖报、当公共汽车售票员，当时的大学生被视为"天之骄子"，市民看到胸佩红、白校章的领导、教师和青年学生扫大街，感到很新奇，当然也非常欢迎。

不过，我真正同焕秋同志近距离接触是从20世纪80年代开始。回顾往事，其中有几件小事特别令我感动和难忘。

1982年5月，中大第六次党代会召开前夕，作为校党委书记的黄焕秋同志亲自来到地学三系（地理、气象、地质）党员代表小组参加讨论会，在会上我第一个发言，毫无保留地对校党委的工作提了若干意见和建议，没想到焕秋同志听后立即就肯定我的发言，并表示会带回去认真研究。当时校党委没有地学方面的成员，新党委候选人也未考虑地学三系，他听了大家发言后，认为应给地学三系一个名额，后经商定，由我们增选一位候选人，通过小组充分酝酿，与会代表一致推举我做候选人。后

[①] 本文载《中大老园丁》2010年第2期（总第74期），第19～20页。

来因为已提名的新党委候选人中具有高级职称的教师较多，但缺中级职称的教师，而我刚于一年前被破格晋升为副教授，所以党委建议改推候选人，讨论时却意见不一，经过反复讨论，最终还是另推了一位非党代会代表的党员讲师做候选人。焕秋同志在位期间对地理学科的建设和发展是十分重视的，他反复强调中大地学基础相当好，过去在全国的地位也很高，多次提出要继承和发扬地理系的优良传统，加强地学建设。最明显的例子就是地学大楼的建成，没有焕秋同志的拍板，肯定是不可能的。

1987年4月，校招生办何振东主任要我陪同黄焕秋老校长去江西进行招生调查和宣传。我们到达南昌后受到省招生办领导的热情接待，刚住下，黄老就提出要见见江西省中大校友会的负责人。第二天见到一批老校友，黄老十分高兴，热情地同他们握手、倾谈、照相，晚上又一起聚餐。黄老走到那里都没忘记校友。我们在省招办领导和校友的陪同下，在南昌访问了几所省重点中学，同校领导座谈，然后又到九江、庐山、景德镇、共青城等地参观、调查、宣传、座谈，并首次在江西招收了一批免试生。黄老一路都特别强调保证学生质量，关心当地的教育和建设。在景德镇，当听说市二中发生一场大火烧毁了图书馆，黄老当场就拿出一笔钱，请招办主任代购图书赠送该校。黄老在江西仅逗留数天，却给当地领导和校友留下了深刻的印象。后来我多次去江西招生，同省市招办领导闲谈时，他们都一致赞赏黄老高瞻远瞩、思维敏捷、热情开朗、平易近人。

1996年11月，自然地理专业56级校友聚会庆祝入学40周年，许多同学建议宴请老师时也请当年的校领导黄焕秋同志参加。校领导参加一个小班的聚会，似无先例。不过，我还是同李春初一道抱着试试看的态度，前往黄老家里。出乎意料的是，他不仅热情地接待了我们，而且爽快地接受了我们的邀请。在聚餐会上，校友们见到老校长都异常兴奋，包括来自香港、上海、南京、武汉等地的学子们来到老校长面前敬酒，黄老笑逐颜开，也不断举杯回应，并赞许说："你们班真不简单，凝聚力很强。"

2004年是中山大学成立80周年，我们这群50年代的中大学子相约撰写了一部《重睹芳华》回忆录，作为向母校80大庆的献礼。根据同窗的强烈要求，我又登门恳请黄老为该书写个序言，想不到88高龄的老校长居然答应了我们的请求。特别令人感动的是，黄老在"序言"中，不但认为该回忆录的"许多文章写得生动活泼、真实感人、内容丰富、有情有义，而且行文流畅、文笔优美，同时还附有许多珍贵的历史照片，是一部可读性强的好书"。更对我们此举作了高度的赞扬，他写道："一个班的同学在经过半个世纪之后，还能以心相约，以文相聚，自筹经费结集出版这样一部回忆录，并作为母校大庆的献礼，实在难得，这在中大还是首例。我谨借此机会祝贺《重睹芳华》的出版，并期望中大学子为母校写出更多作品，作出更大贡献。"

进入21世纪,我们搬进了新居,正好与黄老同住一幢楼,因而有更多的机会同黄老近距离接触,聆听黄老的教诲。每次在路上遇到黄老,他都会停下来嘘寒问暖,了解情况、谈论见解,还不时问及地理系一些老先生的情况,足见他即使离休了,仍然十分关心学校的发展和老知识分子的状况。同黄老谈心的确是一种享受,我们莫不从中感受到黄老的睿智、魅力和高尚情操,令人获益匪浅。黄老走了,但我始终忘不了他的音容笑貌,更忘不了他的亲切关怀和教诲。

黄老西去,精神长存!

怀念黄焕秋老校长[①]

张维耿

1950年，我在南方大学第一期学习。有一天我们集合在草棚大礼堂，陈唯实副校长宣布华南团工委书记黄焕秋同志来校作报告。黄焕秋同志从国内国际形势谈起，鼓励我们结业后以满腔热情投身到民主改革和建设事业之中。他为大家描绘出社会主义的幸福图景。他风趣地说："到建成社会主义的时候，那时的生活比以往地主资产阶级过的要好得多；实现社会主义的时间不会很长，到那时你们还不用留胡子呢。"那是我第一次见到黄焕秋同志，知道他担任中共中央华南分局的团工委领导。

1956年，我考进了中山大学中文系，黄焕秋同志时任党委副书记和副校长。黄副校长平易近人，教职工和学生都亲切地称呼他焕秋同志。我当时当甲班班长，有较多的机会听焕秋同志讲话。焕秋同志经常鼓励我们关心政治，走与工农相结合的道路，学好科学技术知识，把自己培养成为又红又专的人才，为建设社会主义事业贡献自己的力量。

"文革"结束后，我国进入了改革开放时期，黄焕秋同志调回中大担任校长。焕秋同志提出要成立两个中心：一个是英语培训中心，一个是汉语培训中心。英语培训中心培训本国出国人员的英语技能，汉语培训中心培训外国留学生的汉语技能。焕秋同志指派教务处的扬伊白同志与中文系领导筹划成立汉语培训中心事宜。1981年7月，中大汉语培训中心正式成立，附在中文系，高华年教授担任主任，我担任副主任。1982年2月，我到南京出席教育部召开的全国文科、艺术、体育院校留学生教育工作经验交流会，报到时在出席单位一栏填上中山大学汉语培训中心。与会代表感到有些奇怪："为什么汉语培训的中心在你们中大呢？"我说："'中心'是英语center的意译，相当于'单位'、'机构'的意思。"没想到时过几年，兄弟院校都先后用开了"汉语中心"、"对外汉语教学中心"、"国际交流中心"这一类名称。可见焕秋同志领对外开放潮流之先，在为单位起名上颇有前瞻性。

汉语培训中心成立之初，来我校学习的外国学生还不多，为扩大招生做准备，我们提出从77级毕业生中选留4名教师（汉语言文学专业2名，英语专业2名）的计

[①] 本文出自《中大老园丁》2010第2期（总第七十四期），第21～23页。

划，焕秋同志同意给予大力支持。为提高教师的对外汉语教学理论水平和教学技能，我们派出教师轮流到北京语言学院和南京大学脱产进修半年，还让一些教师利用假期到北京语言学院参加对外汉语教师短期培训班。培训教师所需的全部经费，焕秋同志都知会财务部门给予报销。

在焕秋同志担任校长期间，每年都要召开一至二次有外事、教务、总务、财务、保卫等处领导参加的办公会议，听取留学生工作汇报，协调有关外国留学生各个方面的工作。我记得1983年开办春季短期汉语学习班之前，焕秋同志亲自主持了一次有关各处领导出席的会议，从外国学生的教学、接待、住宿、膳食、保安等都仔细过问并一一落实之后才宣布散会，其认真负责的精神和一抓到底的作风令人十分钦敬。

经过近20多年的发展，中大汉语培训中心的名称已经先后改为对外汉语教学中心、国际交流学院，再改成现在的国际汉语学院，办成了拥有完整系列对外汉语教师队伍，与国外多所院校建立交流关系，招收博士和硕士学位研究生、本科生和进修生约800人规模的教学单位。国际汉语学院今天能够取得如此业绩，我们不会忘记80年代初的创办人——我们敬爱的老校长黄焕秋同志。

焕秋同志，我们怀念您，我们深切地怀念您！

人间重晚情
——黄焕秋同志谈向胡耀邦学习

林耀先

在我的精美的影集里，放着焕秋同志和张杰同志合影的生活相片，后面写着唐代诗人刘禹锡的一句名诗："人间重晚情。"

我于1979年从省委组织部转来中大党委办工作，到1984年焕秋同志退居二线当顾问，我也离开党办。这段时间正是焕秋同志工作的黄金时期，在五六年间，他集党委书记、校长、分管后勤副校长的工作一起担任，人称"三驾马车一起拉"。可见他工作之辛苦和责任的重大。在这些日子里，我在他身边当秘书，经常接受他的工作指示，聆听他深刻的教诲，感到无比的荣幸。

后来大家都退休了，刚好又在党群分会，接触的机会更多了。我一有空就到他家促膝谈心，听他不断地讲述"昨天的故事"。和他在一起感到心里很亲近，感情十分真切。他年纪虽大，但头脑非常清醒，很少重复讲过的事情，而且一讲就一两个小时，毫无倦意。在谈论中，他不时提起胡耀邦同志，对他非常怀念。

焕秋同志是搞青年团工作的，和耀邦同志一条战线，他们关系十分密切，也非一般的关系，是战友关系。1982年耀邦同志指示中央组织部到中大要了20多名本科毕业生充实中央机关，焕秋同志亲自审查，逐一挑选。其中林雄同志现任省委常委、宣传部长。在谈到耀邦同志家庭时，焕秋同志笑着说：耀邦有个宝贝女儿叫"满妹"，有来广州就来我家做客，她活泼可爱，连名字也都起得可爱。因为她52年在四川出生时，家里特别高兴，她外婆打趣说："三个孙子又添了一个小孙女，该满足了，因此就给她起名'满妹'。"焕秋同志说："耀邦做人很直爽，很有骨气，严于律己，是个心地透亮、大公无私的人，从来不给儿女寻私的机会。"满妹在部队时正赶上工农兵上大学，她给父亲写封信，希望托关系让她上大学，但耀邦认为上大学要靠自己的能力，不应该走后门，因而没有答应她的要求。焕秋同志说："耀邦是我一面镜子，做了榜样，我的子女一个也没让进中大，是向他学习来的。"

焕秋同志说："学习耀邦同志要从大处着眼，学习他通观全局，把握国家命运的能力和勇气。"他说，耀邦是历届党内最有威信最得人心的领导之一。十一届三中全

---

① 本文载《中大老园丁》2010第2期（总第74期），第22～23页。

会以后，他发动了平反冤假错案，解放了上千万干部和群众，发动了真理标准的讨论，破除了"两个凡是"。他得了民心和党心，受到党和人民的高度信任，当上了总书记，这是历史的选择，是众望所归，人心所向，是理所当然的。只是过早逝世，太可惜。2005年11月18日，党中央在人民大会堂举行座谈会，纪念胡耀邦诞辰90周年，肯定了他"建立了不朽的功勋和优秀的品德"。焕秋同志一直观看现场直播，当他听到曾庆红号召全国人民"学习他锐意改革，勇于创新的精神"时，他感动得热泪满面，十分感慨地说："耀邦确实具有非凡的勇气和胆识。"学习他首先要学习这一点。焕秋同志说："其实在76年抓'四人帮'后的第五天，耀邦就提出'停止批邓'。77年秋天他提出平反冤假错案。耀邦的先知先觉来自他对党的无限忠诚和对人民的高度负责。我们要学习他强烈的革命事业心和政治责任感，始终不知疲倦地为党和人民贡献自己的智慧和力量。"他还说："以胡锦涛同志为总书记的党中央为胡耀邦同志召开90周年诞辰座谈会，这本身就是空前的壮举，此举震惊了中外，也是对历史的还原，是符合党心民心的重大举措，是十分正确的。"

焕秋同志走了，那天当我站在他遗体前最后告别的时候，内心无限的思念，难以表达忧伤的感情。不相信这位中共地下老党员、中国教育开拓者真的走了。我们也步入老年了，时日无多，当自己感到衣食住都沉重和困难时，生命随时都有危险，一切都可能瞬间破灭，唯有那人间晚年的感情永远存在。

怀念焕秋校长[①]

谢宗荣

焕秋校长驾鹤西去,使人们十分怀念。

我认识焕秋校长始于1952年夏天,当年他是华南团委书记,来石牌中大体育馆作报告。我当时是地质系学生团支委委员,坐在较前的位置,清楚地看见他站在台上,身穿短袖白色衬衣,下穿黄色长裤,年轻英俊,讲话条理清楚,很有说服力。他会后和我们亲切握手而别,态度十分和善、没有官架子,第一次见面印象很深。后来和当年中大团委书记司徒梅芳闲谈中,知道这位华南团委书记黄焕秋才36岁。

听完报告后,学校开展学习思想政治教育。不久,我们毕业了,国家分配我去北京中央地质部工作。与此同时,中大地质系也随全国高等院校调整,合并到湖南长沙中南矿冶学院。

20多年过去,"文革"也结束,焕秋同志回到母校当校长。过去地质系在南中国知名度很高,有一定基础,华南需培养这类人才,焕秋校长极力支持恢复地质系,将地理系中的地质专业独立出来成立地质系。并拟聘请原地质系主任陈国达教授回母校担任地质系主任,力求把地质系办好。(陈国达教授是中国科学院院士,地质力学研究所长,曾任中南矿冶学院副院长、地质系主任)当时,我受我的老师陈国达邀请,回母校协助他一起努力办好地质系。相隔28年后,在康乐园见到焕秋校长,谈起当年石牌时代,大家相视而笑。

我回母校工作常有与焕秋校长接触直至退休。他常散步于教育超市这条路,有时也参加中大理工校友联谊会,见面时嘘寒问暖。我曾将新作《新的长城》一书奉上请他提意见,他阅后告诉我,中大的学生能为国防工程建设作贡献,是中大的荣誉;在部队白手兴家开创军事地质是创举,在工作中跋山涉水,不畏劳苦,为国防贡献青春,是一个共产党员应有的本色。他的话我铭记心中。现今,焕秋校长走了,祝他一路走好。

[①] 本文出自《中大老园丁》2010第2期(总第74期),第24页。

卜算子·悼焕秋老校长[①]

苟锡泉

驾鹤夜归天，

慈态依如故。

学府曾遭浩劫摧，

痛惜园荒芜。

斩棘又斩棘，

改革中流柱。

花果而今竞荣，

功德永留驻。

---

① 本文载《中大老园丁》2010 第 2 期（总第 74 期），第 24 页。

黄焕秋与许崇清

许锡挥

黄焕秋同志以年逾九十高寿走完了人生旅程,对于他的离世,我有特别的感受。他不仅是我的老领导、老前辈,而且是我们一家的世交。焕秋同志和我的父亲许崇清有着数十年的情谊,这情谊历经了战争烽火和政治风雨。回首往事,我感慨万千。

焕秋同志于1937年从中山大学教育系毕业后,就参加了"乡村教育实验区"的工作,这是当时的省教育厅长许崇清为实施民众教育而开拓的一个基地。从此两人开始交往。

1939年许崇清第二次出任中山大学校长并将学校从云南澄江迁回广东坪石之后,于1941年初邀请焕秋同志到中大担任新生指导员。当时中大的学生主要来自广东、广西和湖南,大都经历颠沛流离的逃难生活,他们的抗日爱国情绪高涨,但因经济来源受阻而陷于生活困难的人不少,面对这些学生,焕秋同志满腔热情地进行教导和关照。

焕秋同志是中共地下党员,起初,许崇清并不知情。一次,许问他:"你是不是中共党员?"他答道:"我还不够资格吧!"许崇清心知肚明,心照不宣。此时,中共粤北省委指派焕秋同志专门联系许崇清,并单线联系中大教师中部分党员,努力开拓地下党的工作。

许崇清校长任内,倡导学术自由,他聘请了多位研究马克思主义而又具有高深学识的人文社会科学教授来校任教,深受学生欢迎。国民党CC派立即向重庆教育部告状,教育部长陈立夫向蒋介石报告,随即以"引用异党,危害中大"为由,撤去许崇清的校长职务。此事激发了一场"挽许"运动,声势浩大席卷全校,焕秋同志当时亲身经历了这场斗争。

1941年夏天,许崇清被迫离开中大后回到战时省会韶关,继续主持第七战区编纂委员会,焕秋同志跟随前往。这个战时文化出版机构名为国民党战区长官司令部直属单位,实际上成为中共地下党的活动据点,更是广东战时后方的一个进步文化阵地。机构成员中,共产党员和进步分子占50%以上。焕秋同志负责的资料室全是地

---

① 本文载《中大老园丁》2010年第2期(总第74期),第14~16页。

下党员。他还以中共后北江特委身份,负责联系会内党组织其中一条线。

许崇清主持出版的四份杂志:《新建设》、《阵中文汇》、《教育新时代》和《学园》,当时被人们称为"浓黑中的几盏灯火"。焕秋同志负责《教育新时代》的编辑工作。这份杂志用新观点研究教育理论问题,给教育界带来了新思想。那个年月,许崇清住在山坡上,焕秋同志住在山下的农家,两人朝夕相见。他们在艰苦的战争环境中,为抗战和革命并肩战斗。

1942年春,焕秋同志因肺病请假休养,接着发生"粤北事件",中共广东党组织遭到破坏并停止活动,焕秋同志被迫离开广东去了广西桂林,两人就分开了。

抗日战争的最后日子里,焕秋同志在广西经历了湘桂大撤退的磨难,许崇清则流亡在粤北山区。1945年抗战胜利后,他们本可以在广州重聚并合作从事文化教育工作,但随即爆发全面内战,焕秋同志奉组织指示,转去香港开辟革命基地。当时的香港成为华南革命指挥中心,焕秋同志在中共香港分局(后华南分局)担任重要工作。许崇清与他虽不能相见,但两人仍然暗中互通信息。许不时收到从香港秘密传来的革命报刊以至中共文件。

随着革命形势的迅速发展,许崇清与家人于1949年春也去了香港。此时,焕秋同志已随华南分局转移到粤湘赣边根据地,准备迎接大军南下。中共香港工委派何平同志负责联系许崇清,并安排其家人在香港的生活。何平同志也是抗战时期与焕秋同志一起在七战区编委会工作的战友,后来更与他结为姻亲。可以说,从何平同志身上也看到了焕秋同志的影子。

广州解放前夕的香港,情况非常复杂。知名民主人士杨杰在家中被国民党"军统"暗杀,轰动一时。当日,何平同志就来到我家,对许崇清说:"您要小心,有人来不要随便开门,少上街为好,有什么情况立即通知我。"

广州解放了!许崇清参加完港九教育界庆祝新中国成立的大会回来后,就急着要返回广州。但那时珠江三角洲战事尚未结束,特务土匪活动猖獗,南下大军也不熟悉情况,环境相当复杂,路途并不安宁。临行前,何平同志交给许崇清一封密函,是中共华南分局的特别证明,以便路上遇到麻烦时向当地党政军求助。11月初,许崇清和夫人经由深圳解放区平安到达广州。此前我已在何平同志的安排下,跟随参加接管的同志先期回到广州。

焕秋同志与许崇清分别多年之后,在解放后的广州重逢,十分欣喜。

50年代初期,焕秋同志在中山大学任教务长和党委副书记,他同冯乃超副校长一道,与许崇清校长建立起团结合作的党内外关系,互相支持,互相尊重,成为全国大学中"有口皆碑"的楷模。这时正是中大历史上的黄金季节。

1956年,在高教部召开的全国大学校长教务会议上,许崇清批评当时照搬苏联经验产生的弊端,学生过度依赖教师、压抑创造精神、学习负担过重、健康水平下降,建议采取措施加以纠正。焕秋同志完全支持许崇清的意见,他们回校后立即召开教学工作会议,采取有力措施,收到良好效果。在教育理念上,他们两人是默契相通的。

1959年"反右倾"运动中,焕秋同志受到错误批判并被调离中大,他离开前去与许崇清话别,两人相对无言。焕秋同志流下了眼泪,许崇清感到惋惜而又无奈。

"文革"风暴中他们在不同的岗位上都受到了史无前例的冲击。特别要指出的是,许崇清的去世,与外调人员前来逼供,要他证明抗战时期七战区编委会内的中共党员(包含焕秋同志)都是投靠了国民党的叛徒,令他十分气愤,导致心肌梗塞有着直接关系。许崇清于1969年辞世时,焕秋同志也未能前来悼念。事后,他表示"这是难以弥补的遗憾"。

焕秋同志重新回到中大领导岗位时,许崇清已去世多年,但他时刻思念着。他任校长期间,不止一次对我说:"许老当年十分强调按照教育工作的客观规律办事,我们今天也要牢牢把握住这一条,不可违背。"

1988年,焕秋同志在广东学术界纪念许崇清诞辰一百周年纪念会上作学术报告,题为《我们的师表——辩证唯物主义教育理论先驱、新中国高等教育开拓者》。1994年广东教育出版社出版《许崇清文集》时,他撰写了《卷首语》。1999年焕秋同志热心捐赠10万元支持许崇清奖学金。焕秋同志在纪念中大70周年校庆拍摄《山高水长》电视片谈及中大历史时,强调说,应当突出邹鲁和许崇清两位老校长。

我不能忘记的是2006年的一件事。焕秋同志打电话问我:"你过70了吧,还有写作能力吗?"我答:"您有什么事要我做,我做得到的一定尽力。"于是,我赶往他家。焕秋同志此时已年届九十,他对我说:"抗战时期在韶关的七战区编委会是我们党的重要阵地,做了许多工作,起了很大作用,但广东党史研究者很少谈及它,我想写一篇回忆当时情况的稿子,请你帮忙,因为只有你熟悉情况,别人代替不了。"

此后,我接连到焕秋同志家中记录他的口述。焕秋同志气力不足,声音较小,而我也老年性耳聋,两人都很吃力。我整理出一个初稿,主要写焕秋同志自我回忆亲身经历的史实。他看了之后没有表态,我以为是写得不好。某日,他叫我去,对我说:"不是这样写的,主要不是讲我自己,要讲许老,我是协助他的。"我明白了,就按他的意思重新写一篇《许崇清与七战区编纂委员会》。初稿交去后,我真没有想到,焕秋同志竟夜以继日,亲笔补充修改了许多内容,即送给《广东党史》编辑部。这篇稿件很快就发表,在编者按语中,特别讲到焕秋同志"不顾年逾九旬高龄,亲笔记下了许老在编纂委员会工作的艰辛岁月"。这可能是他生平最后一篇著述了。

在告别仪式上,我见到安睡着的焕秋同志,脑海中浮现出他仍在口述历史的情景。

沉痛悼念我校老领导黄焕秋同志①

中国共产党党员、中山大学原党委书记、校长，忠诚的无产阶级革命战士、教育家、老红军，副部长级（正部长级医疗待遇）离休干部黄焕秋同志因病医治无效，于2010年2月28日凌晨2时43分在广州逝世，享年94岁。

黄焕秋同志出生于1916年7月，广东惠州人。1933年9月就读于中山大学文学院教育系，1935年12月积极投身"一二·九"爱国学生运动，参加中共领导的"突进社"，1937年10月加入中国共产党。大学毕业后主要从事乡村教育工作，在罗定和韶关（曲江）地区开展党建工作。1945年抗战胜利后回到广州，从事文教统战工作。1946年6月到香港参与筹办为党组织培养干部的达德学院，担任教员兼教务和党建工作。解放战争时期，黄焕秋同志历任中共香港工委青年工作领导小组组长，中共香港工委群委书记，中共华南分局青年妇女工作组组长、青委书记，参与华南地区青年运动领导工作。建国初期任青年团华南工作委员会书记兼华南团校校长等职，受到广大青年的爱戴。1953年8月起，黄焕秋同志接受党的安排，从事高等教育工作，历任中山大学教务长、党委副书记、副校长、校长、党委书记、顾问、中山大学校友会会长、中山大学校友总会名誉会长等职（期间曾任暨南大学教务长、党委常委、副校长），1982年当选为中共十二大代表。1992年3月离休。

离休后，黄焕秋同志仍然满腔热情地全力支持中山大学历届领导班子的工作，为中山大学的事业发展竭尽全力。

黄焕秋同志是华南地区青年团重建和青年工作的领导者之一、新中国高等教育事业的开拓者之一，他为广东高等教育和青年工作发展，为培养社会主义建设人才作出了突出贡献。黄焕秋同志热爱教育、热爱中山大学、热爱师生员工，坚决执行党的知识分子政策，尤其注重爱护广大知识分子，黄焕秋同志为党的事业、为中山大学的教育事业奋斗一生，奉献一生。

3月6日，黄焕秋同志遗体告别仪式在广州举行。

黄焕秋同志逝世后，党和国家领导人胡锦涛、温家宝、李长春、习近平、李克强、王岐山、刘延东、李源潮、汪洋、张高丽、朱镕基、李岚清、吴官正对黄焕秋同志的逝世表示深切哀悼，并向其家属表示亲切慰问。

---

① 本文出自《中山大学报》第219期2版。

中央国家机关有关部门领导同志袁贵仁、王秦丰、叶克冬；广东省领导同志黄华华、刘玉浦、朱明国、胡泽君、朱小丹、肖志恒、林雄、梁伟发、徐少华、李容根、雷于蓝、宋海、佟星、林木声、万庆良、王珣章；中山大学党委书记郑德涛、校长黄达人；老同志卢瑞华、匡吉、欧初、张汉青、祁烽、郑群、张展霞、陈开枝、李延保；中组部、教育部、团中央、广东省委、广东省政协等有关单位，海内外各校友会，黄焕秋同志家乡惠州市委、市人大、市政府、市政协，分别以不同方式对黄焕秋同志的逝世表示深切哀悼，并向其家属表示亲切慰问。各兄弟高校也先后发来唁电、唁函表示哀悼。

　　6日上午，广州市殡仪馆白云厅庄严肃穆，哀乐低回。正厅上方悬挂着黑底白字的横幅"沉痛悼念黄焕秋同志"，两侧是白底黑字的挽联："革命者忠心耿耿，道路崎岖，宽容似海。平生治校育才，沥胆披肝。讵南天共仰高山，元夜忽沉星斗。"

　　"教育家盛德巍巍，勋劳超卓，廉洁如冰。今日摧梁折柱，伤魂雪涕。知细草常怀春泽，大爱永在人间。"横幅下方是黄焕秋同志的遗像。黄焕秋同志的遗体安卧在鲜花翠柏丛中，身上覆盖着鲜红的中国共产党党旗。

　　10时30分，广东省领导朱小丹、徐少华，老同志张展霞、陈开枝、李延保，中山大学党委书记郑德涛等现任校领导、老校领导，黄焕秋同志的家属、亲属，各级党政领导，黄焕秋同志生前战友、同事、学生和社会各界友好近500人来到黄焕秋同志的遗体前肃立默哀，向黄焕秋同志的遗体三鞠躬。各级领导、战友、同事、学生和社会各界人士与黄焕秋家属一一握手，表示慰问。

　　郑德涛书记在仪式上介绍了黄焕秋同志生平。李萍副书记主持了告别仪式。

南天星斗陨康园 风骨长存留心间[①]

——缅怀原校长黄焕秋

2月28日凌晨2时43分,中国共产党党员、中山大学原党委书记、校长,忠诚的无产阶级革命战士、教育家、老红军,副部长级(正部长级医疗待遇)离休干部黄焕秋同志因病逝世,享年94岁。

曾经,在艰难困苦的岁月里,是黄焕秋老校长,带领中大在曲折中前行;在改革开放的浪潮中,又是黄焕秋老校长,引领中大勇立时代潮头。如今,黄焕秋老校长走了,带着他对革命教育事业的忠诚和热情,带着他对中大难以割舍的情感,匆匆地离开了我们。人乘黄鹤去,名随青史留。虽然黄焕秋老校长走了,但他的光辉业绩和高尚品德将彪炳千古,永远铭记在所有中大人心中。

回忆起与黄焕秋老校长共事的岁月,中山大学原副校长、中国行政学泰斗夏书章教授满怀深情地说:"焕秋同志一生为革命而从事教育,又为发展教育而改革创新,他是一位革命的教育家,也是一位教育的革命家。"在中大港澳研究中心原主任、中大三任校长许崇清之子许锡挥教授心目中,黄焕秋老校长是中大历史上能体现中大优良传统的领导人之一,"胸怀宽广、淡泊明志,既务实创新,又包容严谨。黄焕秋身上展现的这些品质,正是中山大学优良传统的集中体现"。

高瞻远瞩开先河 力排众议复办人文专业

曾任中大教务处处长的李修宏老师向我们讲述了上世纪70年代末复办文科专业的情况。当时,由于经过了1953年院系调整和十年"文革"浩劫,中大的办学力量被严重削弱,只剩下数理化生地文史哲等为数不多的几个专业。

面对这个七零八落的烂摊子,怎样才能更好地促进各学科发展?黄焕秋老校长力主要复办或增设法律、经济、人类学、社会学、计算机等学科。可是,由于当时整个教育界盛行"重理工轻人文"的风气,学校管理层很多人认为没必要复办人类学、社会学这些"没有用"的人文学科。

---

① 本文出自《中山大学报》第219期02版。

但黄焕秋老校长认为，中山大学作为一所综合性大学，必须始终坚持文理科全面发展。凭着"咬定青山不放松"的韧劲，他力排众议，顶住压力，终于把这些文科专业一个个复办起来。

"从那以后，中大朝着综合性大学的目标又迈进了一步，可以说是归功于焕秋同志当年的远见卓识。"李修宏老师如是说。

不仅是文科类专业，黄焕秋老校长还积极促成了管理学院、英语培训中心、港澳研究中心等的创办和发展。说起管理专业的创办，曾任珠三角研究中心主任的李学柔老师不禁竖起了大拇指："今天中大的管院能在全国排名前列，焕秋同志有不可磨灭的功劳。"当时国内高校都没有设置管理专业，黄焕秋老校长认为，中国一定要有自己的管理专业。于是，他一方面四处聘请专家，一方面千方百计争取海外华侨的资金支持，为管理专业后来的蓬勃发展奠定了基础。可以说，今天的管理学院能在国内颇具影响力，离不开黄焕秋老校长当年的见识和谋略。

两次出访创内地高校第一

1979年，黄焕秋老校长先后以两大壮举，带领中大开全国高校先河。那年2月18日至3月5日，作为改革开放后内地第一个访港的高校教师代表团，黄焕秋老校长率领中山大学教师代表团12人应邀访问了香港大学、香港中文大学和香港理工学院三所院校。4月21日至5月17日，时任中大党委书记的黄焕秋同志和校长李嘉人再次率团前往美国高校和研究机构进行访问交流，这是改革开放后内地第一个出国访问的高校学术代表团。在他的领导下，中大先是访港、访美，后来还与日本、法国、澳洲、加拿大等国的名校建立了合作交流关系，对外学术交流局面得以不断开拓。

兴办岭院又一历史创举

上世纪80年代末，黄焕秋老校长更以他高瞻远瞩的气魄再次为中国的教育史添上浓墨重彩的一笔。在原岭南大学校友的支持下，他提出了一个倡议：从中大挑选几个系，合并成立中山大学岭南（大学）学院。将已经解散了的大学复办成现有大学的一个学院，这是中国教育史上从未有过的创举。而岭南学院今天的辉煌也进一步印证了黄焕秋老校长当年的智慧。

动员热心人士捐资助学

不仅如此，黄焕秋老校长还紧密联系、动员海内外各方热心教育的人士和校友，为中大更好地开展教学科研及体育文化活动,创造良好的基础条件。在康乐园里,只要一说起梁銶琚堂,老一辈中大人都会自豪地向你介绍说,它是爱国企业家梁銶琚先生捐资兴建的,"这可是改革开放后内地高校的第一座以境外捐资人命名的建筑啊!""你别看如今以企业家命名的建筑不胜枚举,"黄天骥教授说,"但要知道那是改革开放初期,那个年代哪个大学敢以企业家命名一栋楼?还是境外人士!但中大在焕秋同志的领导下开了全国先河,这就是了不起的。"值得一提的是,梁銶琚先生为修建梁銶琚堂捐了600多万元,工程完工后还有结余,黄焕秋老校长将余款全部还给了梁先生,让梁家人好生感慨。

不拘一格招人才

在老一辈中大人心目中,黄焕秋老校长最为人称道的一点就是他对知识分子非常尊重,尽自己所能爱护知识分子,做知识分子的贴心人,与知识分子同呼吸共命运。

倾尽全力爱才护才

在历次政治运动中,特别是"反右"运动和"文革"期间,黄焕秋同志都极力主张要实事求是地区分两类不同性质的矛盾,扩大团结面,竭尽全力帮助师生们避免受到不公对待,减轻政治干扰对中大学术的伤害。在"文革"结束后的拨乱反正中,黄焕秋老校长等校领导积极地为许多被错划为右派的老师和学生平反,共纠正了30多宗冤假错案,为300多名师生摘掉了"反革命分子"的帽子,也请回了容庚教授、商承祚教授等国宝级人物重新执教讲坛。每每谈及这些,许多老教授和校友仍是感念不已。

在许锡挥教授的记忆中,有一件事让他印象尤为深刻。上世纪50年代初,中大化学系的徐贤恭教授遭到公安部门审查,原因是他曾为当过国民党特务的亲戚提供住宿。面对审查,原先不知情的徐教授感到委屈而愤恼,他一气之下离开中大到武汉高校任教。得知这一情况,作为教务长的黄焕秋同志立即与时任中大党委第一书记的冯乃超赶往武汉,亲自登门道歉,将徐教授请回了中大。

正是在这种思想自由的学术氛围中,上世纪50年代初期,中大迎来了历史上的又一个"黄金时期"。"当时中大学术风气盛行,教授们心情舒畅,教学研究其乐融融。不少从北方调来的教授感慨'来到中大,真的是到了解放区'。"忆起那段岁月,许锡挥教授赞不绝口,"当时中大团结知识分子的举措在全国高等教育界是有口皆碑的。"

重用人才不问出处

谈起黄焕秋老校长的知人善任,在中大人事处工作多年的罗畹华老师深有感触:"看重能力和业务水平而非政治历史,是焕秋校长一贯的用人风格。"要知道,在当时那个年代,大家都是"以出身论英雄",黄校长能够顶住重重压力,不拘一格招人才,真正体现了他作为教育家的风范和能为他人所不敢为的魄力。十年"文革",中大的外语老师几乎都流失到其他学校,除了公共外语,全校没有一个真正的外语专业。浩劫过后,黄焕秋老校长等校领导先是到广东外语学院谈判,但谈了半天费尽喉舌,结果每个专业只要回了两个老师。经过几番周折,他们终于打听到珠江电影制片厂有一位关先生精通日语,但彼时的关先生因"文革"受过审查,没被重用,只是一名闲散职员。同时,黄校长他们还找到一位潘老师,她是中日混血儿,日语口语很好,但就是没有大学学历。面对这两位"奇人异士",黄焕秋老校长不介意他们的政治历史,不计较他们的学历高低,秉持着"英雄不问出处,是人才就要重用"的原则,不顾众人反对,坚持把两人招进中大任教,后来两人都成长为日语系的骨干教师。

和风细雨暖人心

黄焕秋老校长虽然身为一校之长,位居高位,但他无论是对师生还是对保姆,都十分和蔼可亲,平易近人,从来不摆架子。大儿媳宋蔚鸿也是中大教师,她说:"在儿女们眼中,他是一位慈祥的长者,对后辈关爱有加,从没感觉到他有什么架子。"在黄焕秋老校长的夫人张杰老师的记忆中,黄焕秋一年到头几乎都没有休息日,除了处理学校日常事务外,他还利用下班后的时间到老师家里聊天谈心,老师们有什么困难也愿意找他反映。"每天傍晚远远地看见他朝家里走来,我们就赶紧把饭菜端上,可他半路上又遇到一位老师,等到聊完回来饭菜都已经凉了。"就这样数十年如一日,黄焕秋老校长总是随时随地倾听老师们的意见,推心置腹同他们交谈,尽心尽力地帮他们解决困难。"老一辈中大人都亲切地称呼他'焕秋同志',很少称他'黄校长'。"许锡挥教授向我们介绍说。

三起三落仍从容

回忆起上世纪50年代初,时任华南团委书记的黄焕秋同志作报告时的场景,中大原副校长、物理系教授李华钟记忆犹新:"我们当时对他崇拜极了,他的报告条理清晰,分析细致,从不喊口号,我们每次听完都很受启发,期待着他下一次的报告。"令李华钟校长更为敬佩的是,虽然黄焕秋老校长在历次运动中都受过排挤,"50年代初被扣上'地方主义'的帽子,'反右'运动中被打成'右倾机会主义分子','文革'中再度受到迫害","但他从没有流露出任何消极委屈的情绪,仍是一心扑在教育上,几次找我谈工作都谈到晚上十一二点。从华南团委书记到中大副教务长,是连降三级啊,要是换了别人,肯定受不了这么大的打击,他却还是一如既往地对工作充满热情,保持着一个革命者的风采与睿智。"李华钟教授感慨道。

大局出发勇担当

在中大,还盛传着这样的佳话:改革开放初期,有一次岭南基金会会长来中大访问,却被扣上"帝国主义"的帽子给赶了出去。虽然这并非黄焕秋老校长的指示,但等到后来岭南基金会会长再一次来访时,黄焕秋老校长主动上前握手道歉,这让对方很感动,颇为理解地说:"我们是各为其主,无可厚非。"黄校长就是这样,什么事情都从大局出发,为了更好地团结校友、海内外知名人士,很多不是他应该承担责任的错误,他都主动向人家道歉。罗睕华老师回忆说,80年代初,只要有黄焕秋老校长出席的校友会,他都会主动向校友们敬酒,代表校党委向曾经在历次政治运动中遭到迫害的校友们动情地道歉,尽管,政治运动当时,他并不是中大的第一把手。

清正廉明严律己

宽厚待人的黄焕秋老校长在处理原则性问题上却一点也不含糊。曾在中大学生处工作了9年的易汉文老师说:"80年代初,毕业生分配时有股不好的风气,一些家长总是给领导塞纸条走后门,这给我们造成了很大压力。对此黄焕秋老校长明确表态'我也收到不少纸条,但我绝不会拿出来,你们该怎么分配就怎么分配',这一句话在当时给了我们莫大的支持。"

黄焕秋老校长生活俭朴,出行都是和老伴坐公交车,生病了打吊针也只是去校医院,从来不搞特殊。"黄焕秋老校长的清正廉明、严于律己在中大是出了名的。"曾与他共事的林耀先老师向我们讲述了一件生活小事。有一次,林老师和黄焕秋老校长外出办事,按当时的政策,黄焕秋老校长可以享受住单人间的待遇,但他为了给学校节省开支,坚持只住最普通的房间。晚上睡觉时,他怕自己打呼噜的声音影响到其他人休息,就往嘴里塞了棉花。事情虽小,却映射出黄焕秋老校长严于律己的生活作风。不仅对自己要求严格,对家人,黄焕秋老校长也从不讲情面。他的一个儿子高考时上了一本线,按当时的情况,如果黄焕秋老校长提出录取照顾的要求,是完全有条件的。但他坚持让儿子按分数就读,最后他的儿子被福建一所高校录取。

老骥伏枥志常在

1992年3月,黄焕秋老校长离休。晚年的他依然心系教育,情系中大。先后担任中山大学校友会会长、中山大学校友总会名誉会长等职。90年代初,黄焕秋老校长在参加校友会时仍一再强调要充分尊重教师在学术上独立思考的能力,不要打击有不同意见的教师。也许正是由于黄焕秋老校长睿智随和的人格魅力,在他退休后,康乐园中仍可经常看到教职工走上前去与他谈心的身影。一生平和从容的黄焕秋老校长在晚年却变得很容易激动,他经常为高校出现的一些不良风气而忧心落泪。中文系黄天骥教授回忆说,有一次黄焕秋老校长在校道上碰到他,说起地理系一位学术精湛的老师未能评上博导,黄焕秋老校长为中大没能让优秀教师在业务上充分发挥作用而痛心。"说到激动处,焕秋同志竟流下了眼泪。"谈起这些,黄教授感慨万千,几度哽咽。

创中心余热生辉

离休之后的黄焕秋老校长本可以呆在家安享晚年,但他仍是"老骥伏枥,志在千里"。在黄焕秋老校长看来,中大作为华南第一高校,理应承担起服务社会的责任。1992年9月,他发起创办了中山大学珠江三角洲经济发展与管理研究中心,并出任中心主任。后来,他历时两年多,从其他高校力邀李学柔教授到中大担任珠三角研究中心主任。在他的带领下,中心的有关专家学者与企业家一起,积极地为粤、港、澳的经济建设和社会进步建言献策,充分发挥了中大在华南地区经济建设中的重要作用。

高龄获奖仰辛勤

1998年,时年82岁的黄焕秋老校长以其在高等教育方面的突出贡献,喜获"霍英东特别成就奖"。获奖之后,黄校长当即将奖金的五分之一(10万港币)捐献给了中山大学"许崇清教育基金",继续书写着他的中大情怀。

五十七载康园情。黄焕秋老校长为教育、为中大的发展鞠躬尽瘁,倾尽了大半生的心血。如今，虽然黄焕秋老校长已离我们而去，但通过这一个个细微的记忆片段，我们仍可见到一位杰出教育家的身影，在字里行间浮现。黄焕秋老校长的生前好友、原广东省政协副主席、广东中华民族凝聚力研究会会长郑群写了挽联："数十年勤政重教，树人鼎新，朝如斯，夕如斯，蔽芾甘棠遗厚爱；一刹那裂电轰雷，摧梁折栋，神宛在，行宛在，蒿里薤露恸羊城。""焕秋同志身上代表着中大的优良传统，体现着中大人的集体性格。可谓'南天星斗，学院栋梁'"、黄天骥教授如是评价。

  人无音容在，身去志长存。斯人已逝，回望黄焕秋老校长一生足迹，我辈当继老校长思想，承老校长遗风，是对其最好的纪念。

黄焕秋同志逝世[①]

中国共产党党员、中山大学原党委书记、校长，忠诚的无产阶级革命战士、教育家、老红军，副部级离休干部（正部级医疗待遇）黄焕秋同志因病医治无效，于2010年2月28日凌晨2时43分在广州逝世，享年94岁。

中山大学黄焕秋同志治丧委员会定于2010年3月6日上午10时30分在广州市殡仪馆白云厅举行黄焕秋同志遗体告别仪式。

---

① 本文载《南方日报》2010年3月2日A9版。

老校长带领中大走向世界[①]

人物档案

黄焕秋，生于1916年7月，广东惠州人。1933年9月就读于中山大学文学院教育系，1935年12月积极投身"一二·九"爱国学生运动，参加中共领导的"突进社"，1937年10月加入中国共产党。1946年6月到香港参与筹办达德学院，担任教员兼教务和党建工作。解放战争时期，黄焕秋历任中共香港工委青年工作领导小组组长、中共香港工委群委书记、中共华南分局青年妇女工作组组长、青委书记。建国初期任青年团华南工作委员会书记兼华南团校校长等职。1953年8月起，黄焕秋历任中山大学教务长、党委副书记、副校长、校长、党委书记、顾问、中山大学校友会会长、中山大学校友总会名誉会长等职（其间曾任暨南大学教务长、党委常委、副校长），1982年当选为中共十二大代表。1992年3月离休。

中山大学西区某宿舍楼1001号，悲伤又平静。今年元宵凌晨，中山大学原校长黄焕秋与世长辞，享年94岁。

这是他的家，照片已挂在墙上。照片上的他淡定安闲。儿媳宋蔚鸿陪伴着黄焕秋夫人张杰——一位面露淡淡哀愁的老人平静地坐着。共事过的老同志都来了。

也许此刻，他正在另一个世界，续写着他的家国梦想、事业情怀。

爱 才 者

千里追回教授传为佳话

曾与他共事的许锡挥说："无论在多动荡的年代，焕秋同志总是千方百计地保护知识分子，减轻对他们的不公正对待。"

许锡挥讲述了一个发生在上世纪50年代初的故事。彼时，冯乃超先生任学校党委第一书记，黄焕秋任教务长。中大著名化学家徐贤恭先生因曾为当过国民党特务的

[①] 本文载《南方日报》2010年3月3日 A12版。

亲戚提供过住宿而遭到公安部门审查。追查行为让徐先生委屈而恼火，便一气之下离开了中大到武汉大学任教。"冯乃超和黄焕秋知道后，立即前往武汉大学，把徐教授请回了中大，这件事也被传为佳话。"

一位白发老人发话了。她是罗畹华，在中大任人事处长多年。"焕秋同志任人唯贤，我最有体会。"罗畹华回忆，"文革"期间，中大外语系的日语、德语、法语老师都流失到了广东外语学院。浩劫过后，校长李嘉人和黄焕秋为复办外语系，发动了一切关系。

罗畹华将找寻日语老师的故事娓娓道来："'文革'后，在焕秋同志等人的努力下，学校终于在珠江电影制片厂找到了一名精通日语的关先生；此外，焕秋同志想到他好友的妻子潘老师是中日混血儿，日语口语相当好，这两人都让他们觉得很合适。"

但，关先生受过审查，潘老师没有大学学历。"录用与否，学校经过了激烈的讨论。可焕秋同志他们还是坚持要了人。"罗畹华说，重业务表现，轻政治历史，大胆搜罗有能力者是黄焕秋的一贯作风。

黄焕秋同志执掌中大期间是中大历史上快速发展的时期之一。他的胸怀、眼光、对人才的渴望，让中大人享受着学校的温暖、平和、公平和美好。离休后，他仍热心学校教育事业。中大人说，从老人身上，总能深刻读出何为对学校难以割舍的情感。

改 革 者

率先组团赴美成为中国高校第一

在老校长家的长椅上，中山大学原副校长、中国行政学泰斗夏书章教授静静坐了很久。老同志们都在回忆着老校长生平的故事，夏老仔细聆听，若有所思。

"故事太多了！"共事多年，夏书章百感交集，在他看来，黄焕秋是"革命的教育家，教育的革命家"。

1946年，黄焕秋到香港参与筹办为党组织培养干部的达德学院；1953年起，曾任暨南大学副校长，中山大学党委书记、校长，数十年如一日，奋斗在文教战线上，为"文革"后中大文理学科的恢复和完善作出卓越贡献。

改革开放之初，黄焕秋的又一个"壮举"在中大校史上写下浓墨重彩的一笔。夏书章回忆说，改革开放后黄焕秋先后率团到香港高校和美国高校交流，让中大成为改革开放后中国内地首个与美国高校有往来的高校；后来，他还组团前往加拿大等地，与名校进行校际交流活动，让中大的视野更加开阔。

好 男 人

从未和妻子红过脸吵过架

这几天,黄家客人不断,若黄老生前。每当有人来,夫人张杰定会礼貌地迎上去,紧紧地握住他们的双手。来者轻轻送上问候,再深深鞠躬,用最简朴的方式送着逝者。

谈起丈夫,张杰说,这辈子,他们从来没有红过脸、吵过架,夫妻相敬如宾。同时,黄焕秋是一个大爱之人,以至于他从教数十年,几乎未放过寒暑假。

"年轻时,孩子还小,那时候就常有老师找他谈心。"张杰说,每当这时,她就会领着孩子在家门外等待:"饭菜做好了,远远看到他的身影,以为要来了,有时候又突然走过来一个老师要和他谈心。"又是一个小时,饭菜都凉了。张杰说,她早已习惯如此。只是,这一回,再等他也不会回来了。

黄焕秋夫妇育有二子五女,多数从教,且甚有成就。大儿媳宋蔚鸿也是中大教师,她说:"他是慈祥的长者,从没感觉到他有什么架子,对后辈关爱有加。"

1月15日,黄焕秋因气喘住进了ICU病房。需照料家里的儿媳宋蔚鸿没想到10多天前对老人的探望竟是最后一面。"他只是嘱咐我,让孩子好好念书。"这孩子是黄焕秋的长孙女,如今在美国深造。

老校长三起三落康乐园[①]

——黄焕秋走完94年人生历程，爱才惜才之名为老教师们称道

黄焕秋，1916年出生于惠州黄氏教育世家，中山大学原党委书记、校长、教育家、老红军，2010年2月28日在广州逝世，享年94岁。

老校长黄焕秋去了，中山大学传来这则悲伤的消息。黄焕秋，对于老中大人来说，是一个熟悉又亲切的名字，他的身影曾鲜活地渗透在康乐园中，三起三落的人生经历更成了一段传奇。上月28日，他在广州走完了94年的人生历程。

革命青年献身教育

黄焕秋1916年出生于惠州的一个教育世家，其父为惠城知名老校长黄植桢。

也许是受家族文化熏陶，黄焕秋于1933年报考中大选择的就是教育学专业。此后一生更继承了父亲衣钵——从1953年起，他在中大康乐园度过了半个多世纪。

和那个时代的年轻人一样，黄焕秋在中大读书时开始接受共产主义思想熏陶，是个向往革命的激进青年。1935年"一二·九"运动，他走在了最前列。1937年在大学毕业之年，黄焕秋成了一名共产党员。

到1950年，年仅34岁的黄焕秋已经是青年团华南工作委员会书记。

连降三级　三起三落

中山大学原副校长李华钟回忆起60年前的黄焕秋，总忘不了那个画面——34岁的团工委书记黄焕秋在讲台上侃侃而谈，面对着像李华钟一样20岁出头的一群大学生，没有大喊口号，但台下掌声雷动。

"他演讲棒极了，没有豪言壮语，但条理清晰，讲道理很细，令人信服。"李华钟说。

让李华钟想不到的是，没过多久，风云人物黄焕秋却来到中大校园成了他的师

[①] 本文载《南方都市报》2010年3月3日 GA17版。

友,担任中大教务处副处长。"从团省委书记到中大教务处,这可是连降三级啊!"李华钟开始很想不通,后来才知道因为"反地方主义",曾在山区做过地下工作的黄焕秋受了牵连。

这样的起落在黄焕秋后半生并没有消停。1959年,反右倾,黄焕秋因"说错话"被下放到清远,呆了一年后调入暨大。1966年"文革",他再次受到冲击。

"冯乃超、黄焕秋、曾桂友,当时被称为中大的三大右派,我和他走得近,又被人称为小黄焕秋……"李华钟说,令他一辈子最佩服的是,这么多次上上下下的遭遇,从未见到黄焕秋流露出半点委屈、不解、消极的情绪,"他对人对事总是很平淡。"

力排众议　网罗人才

"不要打击有不同学术见解的老师"、"充分尊重他们学术上独立思考的能力",黄焕秋的话曾在校友会上给很多人留下深刻印象。中大的老教师们提起这位老校长说得最多的是:尊重知识分子,爱人才,也会用人才。

"文革"结束,百废待兴。而此时的中大经过1953年的院系拆分调整、"文革"的冲击,已成七零八落的"烂摊子"。1973年,中大校长李嘉人把黄焕秋从暨大调回,从1979年起,他担任中大党委副书记、副校长,1982年任中大党委书记、校长。

黄焕秋首先提出了复办院系,法律、经济、人类学、社会学、计算机系、气象学……十多个院系陆续复办。

复办院系,却面临一个大难题:人才奇缺。中山大学原人事处处长、原外语学院党委书记罗畹华回忆,复办外语系,但日语、德语、法语一个老师都没有,一个大学100多个专业就只剩一个公共外语教师,李嘉人校长和黄焕秋副校长去外语学院(今广东外语外贸大学)要人,结果每个系也只能要回两个人!

回忆当年与黄焕秋四处网罗人才的情景,这位昔日人事处处长特别有感触。"当时听说珠江电影制片厂有个人日语很好,但此人受过审查,别的学校都不敢用,焕秋就把他请来了,后来成为中大骨干教师之一。又有一位潘顺华老师,是中日混血儿,口语很好,可是没有大学学历,很多人有争议,黄焕秋说,人家口语地道,起码可以训练学生的口语水平,这位老师最后被聘为中大的日语系教师。"

罗畹华说,现在年轻人无法感受到当时这样做的风险,这两位老师,受过审查,有海外关系,这都是"禁区",但老校长顶下来了,正是当时这批老领导的大胆用人,才为今日中大综合性大学构建了扎实的基础。

也许正是与知识分子打交道时保持谦逊的姿态，在退位之后，老校长黄焕秋依然得到教师们的好口碑，很多老教师爱去找他聊天，一生平和谦逊的黄焕秋在晚年却变得容易激动起来，他心忧高等教育，谈起"钱学森之问"，谈起高校的官场化，这个90多岁的老人常会激动地落泪。

秋叔驾鹤西天去　风骨长留康乐园[①]

2010年2月28日，元宵节。凌晨2时43分，中山大学原党委书记、校长黄焕秋与世长辞，这位修研中大学术、阐扬中大精神、创新中大格局的老人，离开了他热爱的中大、他热爱的教育事业。

中山大学西区某宿舍楼1001号是黄焕秋的家。《羊城晚报》记者赶到时，家中端坐了几位曾与他共事数十年的老同志。斯人已逝，留给生者的，更多是对逝者的怀念和对人生的思考。墙上照片中的他从容淡定，而在众人的诉说中，他的面庞又有了一种别样的清晰……

做　事

革命的教育家与教育的革命家

中山大学原副校长、中国行政管理学会名誉会长夏书章教授如是概括："他是一个革命的教育家，也是一个教育的革命家。"

黄焕秋出身于教育世家。他1933年就读中山大学教育系。抗战开始后，他参加中国共产党并发动和组织人民群众参加抗战。1946年，黄焕秋到香港参与筹办达德学院。这一学院先后培养学生逾千人。其中一些人后来回到广州，成为广州解放的重要力量和中大发展的新鲜血液。

1953年8月，黄焕秋离开共青团华南工作委员会的岗位，从事高等教育工作。在教育战线上，他依旧保持了一个革命者的风采与睿智。改革开放初期，中大在黄焕秋主政之下进一步焕发出勃勃生机。

夏书章回忆说，1979年2月和4月，黄焕秋先后率中山大学教师代表团赴香港和美国的高校访问交流，中大由此成为改革开放后内地第一个派出学术代表团访港和出国访问的高校。中大档案馆原馆长易汉文告诉记者，为改善办学条件，黄焕秋辗转联系到了梁銶琚先生。梁銶琚堂是改革开放后中国高校第一栋以境外捐资人名字命名的建筑。中大开风气之先，令国内其他高校咋舌。

[①] 本文出自《羊城晚报》2010年3月3日A10版。

许锡挥教授讲了一个故事：广州解放后不久，中大化学教授徐贤恭因为在解放前夕为做国民党特务的亲戚提供过住宿而遭到公安部门的审问追查，徐一怒之下辞职去了武大，黄焕秋与时任党委第一书记的冯乃超随即赶到武汉恳请慰留，最终将徐教授请回了中大。

骨干教师关燕军原是珠江电影制片厂的工作人员，而珠三角研究中心原主任李学柔则是黄焕秋历时两年多从其他高校请回来的。

李学柔回顾了管理学院的发展历程：建国后很长一段时间国内高校都没有管理专业，黄焕秋认为"中国一定要有管理专业"。在国内延揽人才的同时，多方努力争取资金，办学格局也逐步由最初的经济系的一个专业，发展为在全国享有盛誉的管理学院。为更好更快地培养改革开放急需人才和发展高科技，他力主复办和增设法律、经济、计算机等系，成立地学院、管理学院等四个学院和重点研究所（室）、高级研究中心，并为此付出很大心血。

为　人

律己以严与待人以宽

黄焕秋有两个别样称谓："秋叔"和"焕秋同志"，从中可以看出他与同事相处的融洽。"秋叔"是他大学毕业后从事乡村教育工作时就获得的"雅号"，而"焕秋同志"则是他与同事之间不成文的约定。

在夫人张杰的记忆中，他总是一年忙到头，工作之外，"乐意去接近老师，下班后经常到老师家里聊天，老师们有什么问题也很愿意找他"。

黄焕秋的儿媳宋老师告诉记者，黄焕秋在家中是一个既慈祥又不讲情面的长者。他对家人关爱有加，对保姆也十分客气；他的一个儿子高考时上了一本线，完全有条件为儿子找一个更好的学校，但在他看来"儿子考上什么学校就读什么学校"。七个子女中学有成就者甚多，但他没有让任何一个留在中大。

林耀先老师回忆说，焕秋校长睡觉时有打鼾的习惯，一次同他在外出差住宿，为了不影响同事休息，校长"往嘴里塞了棉花"。梁銶琚先生为修建梁銶琚堂捐了600多万元，工程完工后还有结余，他将余款全部还给了梁先生，让梁家人好生感慨。

易汉文老师于20世纪80年代初在学生处工作，"那个时候毕业生分配有一种不好的风气，一些学生为了找到好单位就找领导，递条子。我们面临很大的压力。焕秋同志说：'我也收到很多条子，但决不会把条子拿出来，分配的事情你们该怎么办就怎么办'"。

境　界

落难与救赎

从教务长到校长再到顾问、校友会会长，从中大到暨大再回到中大，待人与律己，黄焕秋留下了让共事者感念的故事。"他对知识分子和教师非常尊重"，很多老教授回忆与黄焕秋相处的岁月，都会反复强调这句话。"黄焕秋同志热爱师生员工，尤其注重爱护广大知识分子，坚决执行党的知识分子政策。"中山大学则给出了上述评价。盖棺之论背后，则是他本人宽厚的品性与坚韧的性格。

他曾三度起落，解放初被看做"地方主义"，"反右"运动中被下放清远，"文革"中再次被打倒。中大原副校长李华钟回忆起这段往事，一度陷入沉思："他没有在我们面前表现出来任何消极和委屈，我们当时都不解，也很佩服，换个人肯定接受不了。"而他倘有能力，总是尽一切可能去保护学校的专家教授。1973年回校后，黄焕秋纠正了30多宗冤假错案，为许多被错划为右派的学生平反，为两位知名教授平反改正，恢复名誉。

采访过程中，数位老同志谈到动情处一度哽咽，有记者问，如何评价黄焕秋在中大历史中的地位？黄天骥教授归纳说："他身上代表了中山大学的传统，体现了中大人的集体性格。"对黄焕秋而言，他无愧于此。

简　历

黄焕秋出生于1916年7月，广东惠州人。1933年9月就读中山大学文学院教育系，1935年12月积极投身"一二·九"爱国学生运动、参加中共领导的"突进社"，1937年10月加入中国共产党。大学毕业后主要从事乡村教育工作，在罗定和韶关（曲江）地区开展党建工作。1945年抗战胜利后回到广州，从事文教统战工作。1946年6月到香港参与筹办为党组织培养干部的达德学院，担任教员兼教务和党建工作。1953年8月起，黄焕秋接受党的安排，从事高等教育工作，历任中山大学教务长、党委副书记、副校长、校长、党委书记、顾问、中山大学校友会会长、中山大学校友总会名誉会长等职（期间曾任暨南大学教务长、党委常委、副校长），1982年当选为中共十二大代表。1992年3月离休。离休后，黄焕秋同志仍然满腔热情地全力支持中山大学历届领导班子的工作，为中山大学的事业发展竭尽全力。

星斗陨落　老校长长留心间[①]

——黄焕秋曾带领中大穿越艰难时期使开明自由学术精神得以薪火相传

2月28日，时针将一位老人的人生定格在了凌晨2时43分。

那一刻，将毕生精力贡献给了党和国家教育事业的中国共产党党员、中山大学原党委书记、校长、忠诚的无产阶级革命战士、教育家黄焕秋老人驾鹤西去，享年94岁。

黄焕秋，这位睿智、开朗、随和的老人，用自己将近一个世纪的人生深刻诠释了中国无产阶级革命战士、教育家的优秀品质。

而在中山大学悠长的历史中，他更是一盏带领中大穿越艰难历史时期，使中大开明、自由的学术精神得以薪火相传的明灯。也正是他，在我国改革开放初期的浪潮中带领着中大勇立潮头，为中大的发展指明了方向。

1998年，因为在教育事业上的杰出贡献，黄焕秋获"中山大学霍英东成就奖"。颁奖典礼上，中山大学为黄焕秋校长送上了由中文系黄天骥教授亲笔书写的"南天星斗、学苑栋梁"匾幅，八个掷地有声的大字正是黄焕秋为教育事业奉献一生的真实写照。

3月1日，82岁的杨白清老师一个上午都在忙着打电话，曾任中大校友会秘书长的她，逐一拨通海内外校友们的电话，转告着黄焕秋离去的消息。"这是我能为老校长做的最后一件事情了。"

今年77岁的许锡挥教授是原中山大学港澳研究中心主任、中大三任校长许崇清之子。在他的眼中，黄焕秋是中大历史上能体现中大优良传统的领导人之一。"胸怀宽广、淡泊明志，既务实创新，又包容严谨。黄焕秋身上展现的这些品质，正是中山大学优良传统的集中体现。"

企业家名字命名建筑物创先河

1935年，黄焕秋毕业于中山大学教育系。抗战时期，中大由广州迁至云南，后

---

① 本文出载《广州日报》2010年3月3日A7版。

来又再搬到韶关坪石,当时才20多岁的黄焕秋在时任校长许崇清领导下出任中大新生指导员。"从那时起到今天,半个世纪有多啦,黄焕秋历任中大教务处长、党委副书记、副校长、校长、党委书记、顾问、中山大学校友会会长、中山大学校友总会名誉会长等职,从年轻的革命战士到鹤发老人,一生与康乐园结下了深厚的缘分。"

黄焕秋的一生,为中山大学留下了无数宝贵财富,正是他敢为天下先的领导风格,带领着中大一次又一次地开创了全国高校的先河。

"文化大革命"结束后,历尽沧桑的中山大学百废待兴。1980年,黄焕秋出任中大校长。原中大校长曾汉民回忆说:"当时的中大什么都缺,尤其是教育设施。没钱就建不了教学楼,怎么办?正是黄焕秋大胆地提出设想,走出去,团结海内外热心教育、关心祖国发展的人士,动员他们捐建教学设施。"而中山大学的大礼堂梁銶琚堂,正是改革开放后内地高校最早以境外捐资人名字命名的建筑。

提起梁銶琚堂,许多老中大人都会对黄焕秋竖起大拇指。"如今,企业家命名的建筑不胜枚举,"中文系的黄天骥老师说,"但改革开放初期,那个年代哪个大学校园里敢以企业家命名一栋楼?但中大在焕秋同志的领导下做了,开全国先河,这就是了不起的。"

不仅如此,1979年2月18日至3月5日,以黄焕秋副校长为团长的中山大学教师代表团一行12人应邀访问香港大学、香港中文大学和香港理工大学,这是改革开放后内地第一批访港的高校教师代表团。改革开放初期,也是黄焕秋带队,在全国高校中率先到美国访问,开展学术活动,学习西方先进的教育理念。1979年在中美宣布建交后,中山大学又率先接待了美国加州大学洛杉矶分校学术代表团来访,随后,又派出学术代表团到美国高校进行访问交流。

中大人心目中永远的"秋哥"

上世纪70年代末,中大仅剩数理化生地文史哲等专业,复办专业迫在眉睫。于是,经济系、法律系、人类学系、社会学系等基础文科专业陆续复办,但这与当时的风气相悖。"有些人不同意复办文科专业,觉得没有用,黄焕秋为此顶住了非常大的压力,但还是把中大的文科一个一个地复办起来了。"曾任中山大学教务处处长的李修宏介绍。

也正是从这时开始,中山大学再次向综合性大学迈进,文科专业发展迅速,哲学、人类学、历史学、中文等专业学术研究水平均走在国内前列。

与此同时,黄焕秋和教职员工聊天的身影在康乐园里已经成了一道独特的风景线。"'焕秋同志'是很多中大人对老校长的亲切称谓。大家很少称他'黄校长',更为亲切的称呼则是'秋哥',"许锡挥教授说,"秋哥"走到那里,必然有教师或其他什么人和他边走边谈。

黄焕秋的家里也经常高朋满座,大家不是去送礼,而是找他谈工作、诉苦、请求帮助、提出建议。当时绝大多数教师家里没有电话,于是随时会有人敲门找他,他也来者不拒。"校内的情况他知道得一清二楚。他把教工当作朋友,学校遇到什么问题,他都能和你平等交流,将心掏出来给你!"曾汉民说。

无论在位还是离休,焕秋同志出行都是和老伴坐公交车,生病了要吊针也只是去校医院,从来不搞特殊。而且,虽是中大老校长,但黄焕秋七个儿女没有一个沾上他的光在中大工作。他的一个儿子在高考中已经上一本线,身为中山大学的领导,如果向学校提出录取照顾的要求,在当时是有条件的,但黄焕秋说"他什么样的成绩就应到什么样的学校读书"。最终,这个儿子在福建完成大学学业。

知人善用爱才如命

"尊重知识分子,爱惜人才。"即使在风雨如晦的"文革"岁月里,黄焕秋的用人理念也从未被动摇。在此期间,冯乃超、黄焕秋等学校领导仍然顶住政治风雨,最大限度地保护知识分子。

"文革"初期,中山大学化学系一位教授被公安部门审问,原因是在广州解放前曾有国民党特务在他家中住过,但这位教授对这个人的身份却是一无所知。平时不问世事的化学教授,对突如其来的审问深感委屈,愤而离开中大到其他高校任教。黄焕秋与时任中山大学党委第一书记的冯乃超亲自到武汉登门道歉,将这位老师请回中大。

"文革"结束后,也正是黄焕秋代表学校,一个一个地敲开了商承祚、容庚等"国宝"级老专家的家门,为他们落实待遇,说服他们复出,为中大的学术发展重新打开了局面。

上世纪70年代,中大要恢复外语系,师资紧缺,中大只能面向社会公开招聘。"如果过分关注历史问题,很多人才都无法招回来。"长时间担任中大人事处负责人的罗豌华说。一位在珠江电影制片厂工作的关先生,熟练掌握外语,由于受过审,未受重用,成为电影厂一名闲散人员,黄焕秋还是把关先生聘到学校。

还有一位潘老师,是中日混血儿。"日语相当于她的母语啊!"罗豌华回忆说,但潘老师没有大学学历,录用与否,学校经过了激烈的讨论。但黄焕秋考虑到她日语口语十分地道,坚持把她要了进来。

黄焕秋对人才的爱惜在他离开了校长岗位后也没有改变。黄天骥回忆,1995年,已是中大研究生院常务副院长的他有一次在校道碰上已经退休的老校长黄焕秋，老校长因地理系一位优秀的教师未能评上博导而伤心落泪，感叹有些人业务上很出色却没能评上博导，深感学校没能让优秀教师发挥作用而痛心。"从来没看见老校长在我面前哭，还是为别人的事情。"黄天骥感慨地说。

新中国高等教育事业开拓者

中国共产党党员、中山大学原党委书记、校长，忠诚的无产阶级革命战士、教育家、老红军、副部长级（正部长级医疗待遇）离休干部黄焕秋同志因病医治无效，于2010年2月28日凌晨2时43分在广州逝世，享年94岁。

黄焕秋同志出生于1916年7月，广东惠州人。1933年9月就读中山大学文学院教育系，1935年12月积极投身"一二·九"爱国学生运动、参加中共领导的"突进社"，1937年10月加入中国共产党。大学毕业后主要从事乡村教育工作，在罗定和韶关（曲江）地区开展党建工作。1945年抗战胜利后回到广州，从事文教统战工作。1946年6月到香港参与筹办为党组织培养干部的达德学院，担任教员兼教务和党建工作。解放战争时期，黄焕秋同志历任中共香港工委青年工作领导小组组长，中共香港工委群委书记，中共华南分局青年妇女工作组组长、青委书记，参与华南地区青年运动领导工作。建国初期任青年团华南工作委员会书记兼华南团校校长等职，受到广大青年的爱戴。1953年8月起，黄焕秋同志接受党的安排，从事高等教育工作，历任中山大学教务长、党委副书记、副校长、校长、党委书记、顾问、中山大学校友会会长、中山大学校友总会名誉会长等职（其间曾任暨南大学教务长、党委常委、副校长），1982年当选为中共十二大代表。1992年3月离休。

黄焕秋同志是新中国高等教育事业的开拓者之一，华南地区青年团重建和青年工作的领导者之一，他为广东高等教育和青年工作发展，为培养社会主义建设人才作出了突出贡献。黄焕秋同志热爱教育、热爱中山大学、热爱师生员工，尤其注重爱护广大知识分子，坚决执行党的知识分子政策。黄焕秋同志为党的事业、为中山大学的教育事业奋斗一生，奉献一生。

黄焕秋同志遗体告别仪式定于2010年3月6日（星期六）上午10时30分在广州市殡仪馆白云厅举行。

领导风范　感人至深[①]

刘美芙

黄焕秋同志是我的老领导，也是我姐姐的老同学。远在30年代，姐姐同我讲过，她的同班同学黄焕秋和曾生，一文一武，是中山大学进步青年的杰出代表。在我少年的脑海中，留下了难忘的记忆。50年代初，我在华南团委工作，黄焕秋同志是华南团委书记。少年时代对黄焕秋同志的印象，在工作中逐渐转化为理性认识，进而更深刻地领略他作为领导者的高尚品德。黄焕秋同志具有平等待人、与人为善的亲和力；严以律己、宽以对人的豁达胸怀；从实际出发、实事求是的唯物主义精神；百折不挠、绵里藏针的原则性。凡是接近过他的人，都会感受到他的人格魅力。华南团委是朝气蓬勃的青年干部集体，以黄焕秋同志为首的领导班子，对青年干部既放手使用，又在工作中予以具体指导。干部心情舒畅，工作积极。上下级之间，同级之间，关系融洽和谐。这都与黄焕秋同志本人的领导素质密不可分。

黄焕秋同志学者的领导风范，感人至深。他从不张扬，对干部的关心和帮助细致入微，对干部的教育和启迪持久深邃，恰似春雨润物细无声。有一次，他让我去一个单位讲团课，课前，向我详细介绍该单位团员和青年的思想情况，提示讲课要达到的目的。课后，及时把听众的反应告诉我，给予肯定、鼓励和鞭策，让我学会在实践中总结提高。

黄焕秋同志不随波逐流。他在受委屈的日子里，仍然是从容淡定。在反"地方主义"的会议上，他坦然地默默听着各种"意见"。他深知自己想的和做的都是为了党的需要，个人并无所求。他坚信真理，坚信事实胜于雄辩。

黄焕秋同志淡泊名利，从不以领导自居。他只讲奉献，与世无争。他平凡而伟大。

我于1956年调到北京工作后，与黄焕秋同志保持着联系，聆听他的教诲。我最后一次见到他，是2006年7月10日在康乐园他的家。他送给我《中山大学编年史》并给我讲述有关情况。我最后一次听到他的声音，是在2009年2月8日的电话中。万万没有料到，今年3月1日，我却听到了不幸的消息，电话中传来张杰同志微弱的

[①] 本文载《中大老园丁》2010年第3期（总第75期），第23页。

声音:"焕秋同志于元宵节凌晨与世长辞了!"元宵节本应合家团圆,永别亲人的悲痛为什么偏偏在这个时刻袭来!

我遥望南方,向黄焕秋同志默哀告别,他的学者风范和诲人不倦的一幕幕又浮现在眼前!他的高尚品德和无私奉献精神,与世长存,永放光彩!

忆焕秋老师[①]

劳励群

抗战爆发，日寇入侵广州。省女师辗转迁徙粤北贫瘠、荒芜的"黄塱坝"。1941年我也来到这片荒地。可喜的是，聘来了两位年轻教师，那高个子是您——黄焕秋老师。

您勇挑两门主课：教育行政、教材教法。您清晰的立场观点，理论联系实际的教学方法，生动活泼的表达形式，深深地吸引着我们，解决了我学习上的盲目性和饥渴感。每节课快完结的时候，真不愿意听到下课铃声摇响！从此，您是我的启蒙老师，是我在流浪于茫茫大海中搜获到的"航标"。

多少个午间时分，师生们饭后午睡去了，您却独自在简陋的茶棚里，泡上一杯清茶，啃两块薄饼，度过疲劳的午休。有一天，我到茶棚去看望您，您热情地招呼我坐下。我曾请教您：当教师好不好？不是说"唔穷唔教书"的吗？您笑着说："这是不懂得教育工作伟大的人说的话！"接着，您耐心地阐述了当教师的"使命"，教师是"人类灵魂的工程师"，暗示我毕业后最好到中大或桂林师院去学习。还问我，有没有当一辈子老师的勇气？我微微地点了点头，算是我初步的冥想。没想到，后来我真的考入了中山大学师范学院，还当上了一辈子的教育工作者，实现了您的叮嘱和厚望。

1942年，学校突然宣布：黄老师不再来校上课了！周老师暗暗告诉我们：黄老师失踪了。黄老师为什么会失踪了呢？同学们百思不得其解，冥冥中我忆起了，您曾说过：有机会要到广西桂林师院去看看。

及后，周老师私下传言：粤北地区的共产党组织遭到破坏了，难道您的失踪跟这联系在一起？是否被迫"潜伏"到广西桂林去了？多少个年头，我们都在黑暗的日子里度过，再没有见到您的踪影！

革命胜利了，天亮了！1950年我们重叙在广州。您在华南分局重挑"青委"书记职责，到我们执信女中视察来了。我急于向您请教：我参加到青年团去好吗？您却明确地说：努力创造条件，参加到共产党里来吧。按照您的叮嘱，我终于在党组织的

[①] 本文载《中大老园丁》2010年第3期（总第75期），第19～24页，作者是黄焕秋同志抗战时期的学生。

关怀和教育下，光荣地参加了伟大的中国共产党，实现了您所指引的愿望。

　　1953 年，您接受党的安排，长期从事高等教育工作，继许崇清老校长后，成为新中国高等教育事业中一位光辉的开拓者。母校的教工告诉我，您在历任的领导岗位上，坚决执行党的知识分子政策，是一位知人善用、爱才如命的好领导。您的品质正如许锡挥教授概括的：胸怀宽广、淡泊明志，既务实创新，又包容严谨。许多专家、学者都能团结在您的周围，带领中山大学穿越一个又一个困境。

　　1992 年，您离休了，但没有离开一生为革命、为教育事业的宗旨，思想上永不离休。在许崇清教育哲学研讨会上，您精辟的论述，深刻的理解，使我大受启发。还叮嘱我们：要继续发扬许老的精神！

　　我退休后参加了中山大学老战士合唱团，您精神上经常鼓励我们，行动上积极支持我们。您曾多次带领我们到老解放区去，到机关去，到学校去，回母校去，鼓舞我们坚持革命传统教育的付出。

　　2010 年 2 月 28 日啊！这令人诅咒的日子，它夺走了您的生命！虽说"生"与"死"是自然规律，但您的精神呀，确实还在熠熠生辉，永不泯灭！

　　我忘不了您对我毕生的指引。我愧无建树慰师魂；但我长怀思念在心间。敬爱的、尊敬的黄焕秋老师，安息吧！有千千万万的学子在奋发图强，在继往开来，会让您走得安心！走得舒畅！

怀念黄焕秋同志[1]

吕　坪[2]

我认识黄焕秋同志不仅是在广州的华南团委,而是抗日期间在广西的桂林。那时我在广西大学先修班读书,跟香港虹虹歌咏团因香港被日军侵占而撤到桂林的二三十人,自发地开展抗日宣传。那时我在《新华日报》驻桂林办事处陈东同志那里借来刚出版的《整风文献》,如获至宝,回来发动大家逐篇手抄下来准备学习。当时桂林的报纸就制造舆论说:香港"奸匪""虹虹歌咏团"有数十人潜入桂林。因为我在香港时也是"虹虹"的团员,这个时期也跟他们一起活动,国民党反动派要动手了,列出黑名单要逐个逮捕,黄焕秋同志当时在广西大学校长室工作,知道这个风声马上通知了我,我即撤离西大,掩蔽起来。这是我同焕秋同志初次打交道,也是我们认识的一个序幕。

广州解放时,我还在香港。当时我的组织关系在时任华中局组织部第一副部长钱瑛大姐手里,准备由她派遣去接管新解放的城市。因为广州刚解放,我就从香港到广州来看看新的广州。知道黄焕秋同志担任华南团工委书记,顺便去拜访他。他问我:"你现在哪里工作?"我回答:"现在香港等待接管新解放城市。"焕秋同志说:"广州正是新解放城市,你是广东人就应该到广州来。"我说:"这由不得我决定,我的组织关系在华中局组织部钱瑛大姐手上。"焕秋同志说:"那就电请钱瑛同志调你到广州来。"这样我就调回广州在华南团工委工作。当时团工委副书记赖大超兼任组织部长,需要一个助手,我即被任命为组织部副部长。当时我和焕秋同志直接接触还不是很多的,但觉得他作为第一把手,对所有团委的同志都一样亲切,完全没有首长的架子。而且从来都没有训斥下面的同志,有时有的同志做错了,他也是从正面讲清道理说不能那样干。他善于从正面去引导同志,即便是挨了批评也心悦诚服。

1950年末,我被派去苏联共青团中央团校学习。毕业回来,刚好批判他的"地方主义"和"青年主义"错误的运动已经结束。我还弄不懂什么叫"地方主义"和"青年主义",我觉得,他跟赖大超和从山西调来的孟宪德同志两个主要的外来干部关系都很好,没有什么"地方主义"的情绪,至于"青年主义",刚入城,先从学生

---

[1]　本文载《广州青运史资料与研究》2010年5月第1期,第11~12页。
[2]　本文作者系广东省文联原党组书记。

和工厂发展团员也是无可厚非的。我专门请他吃了一顿饭，安慰他说这种问题将来总会解决的，果然，这两个错误终于得到平反。

我从苏联学习回来，焕秋同志要我去办华南团校，在组织上，财力上和工作上都得到他的大力支持。

后来，我们分别在团委"毕业"了。焕秋同志主要从事教育工作，在中山大学校长的岗位上离休。我则主要搞宣传、文化工作，我都经常会去拜访他。他的心脏情况不太好，我还介绍他去找省人民医院的名中医周伯康看病，他也定期去。想不到的是，我和他最后一次见面竟是同住在省人民医院东一栋十二楼。他当时神志已经不大清醒了，因为肺结核有复发现象，临时转去结核病医院，后来就听说他已经去世了。

在我的心中，黄焕秋同志一直是个良师益友。我很尊重他，虽然工作岗位不同，但我时常和老伴夏耘一起去看望他，他的夫人张杰同志是一个温柔、淡定的女同志，对焕秋同志也照顾得很好。

现在焕秋同志走了，走到另外一个世界去了，但他的言行举止、音容笑貌仍然活在我们心中。

焕秋同志的崇高品格

王文彬[①]

黄焕秋同志于 2010 年 2 月 28 日病逝,第二天,我偕同原华南团委老同事廖士专、李焕娥到他住家向他老伴张杰大姐表达在穗老团干的深切慰问。我们进门后首先向焕秋同志的遗像默哀致敬。抬头一望,在明亮的灯光下,他背靠大红花,笑容满面,神采奕奕,栩栩如生。张大姐说他生前坦然想到人老总有离世这一天,早就准备好笑对人生的肖像。大家坐下倾谈时,张大姐非常淡定地细述焕秋入院后如何顶住严寒,在坚强与病魔搏斗下仍念念不忘出院后要继续做的事,我们非常感动,肃然起敬。我回家后几天的脑海里,就像过电影似的追忆焕秋同志同我们交往的一幕幕情景,凸显出他的崇高品格:一息尚存,坚强应对。

我清晰地记得第一次跟他见面是在 60 多年前从香港进入东江游击区的小集会上。当时我是香港地下党在培侨中学的支部书记。时在 1949 年 5 月,我在沙头角海滩乘组织早安排好的小艇渡海过境,由粤赣湘边纵队派来的一班战士接应,带到王母墟开会地点。入屋见有 20 多人坐地围着等开会。焕秋同志第一个讲话,自我介绍他是中共中央华南分局群众工作委员会的书记,按照分局决定把群委改组为华南分局青妇组,由他任组长,余慧和陈恩任副组长。任务是要深入到粤东,参与巩固和发展解放区的工作,动员群众支持游击队,准备迎接解放军南下。为便于行军,大家编成一个排,下辖 3 个班,由有在东纵参战经验的林挺任排长兼指导员。第二天清早,焕秋等领导同志都以普通士兵的姿态行动。听到哨子响,就集合排队步行。一路上风餐露宿,每天行军七八个小时。头几天,不少人扭伤脚,长脚泡,大家自嘲"溃不成军"。焕秋很心疼,常跟林挺跑前跑后关照各人,控制行军速度,解决口干、肚饥的问题。每晚到宿营地,又亲自张罗向老百姓买稻草铺地作床,烧热水泡脚。临近敌占区,焕秋和林挺更是操心,找护送的部队指战员反复研究,找出安全通道。

6 月初,青妇组跟随华南分局的领导机关,从海陆丰转到梅县,还没住定,就遇着国民党第十二兵团胡琏残部南下溃逃,分局指示青妇组紧急疏散。我随焕秋等同志转去揭阳河婆镇,跟汕头地委青妇委的领导同志会合,走访一些基层单位调查研究。

[①] 作者系共青团广东省委原书记、新华社澳门分社原副社长。

7月底，根据分局指示，召集粤赣湘和闽粤赣两个地区从事青妇工作的负责干部开会，首先由参加了党中央召开的"三代会"（团代会、青代会、学代会）的代表张震传达会议精神，接着由黄焕秋传达华南分局的期望，与会同志反应热烈，增强了历史的使命感。会议有力地推动了潮梅地区公开建团的工作，掀起参军和支前的新高潮。

形势的发展比人们的预料还快。华南分局针对解放军南下日益接近广东，急需集结大批干部配合接管广州及其他大中城市的情况，指示青妇组筹建华南工作团。8月底，华南工作团团本部在河婆镇成立，黄焕秋任团长，周钢鸣（华南文联主席）、张海鳌任副团长。我被安排在团本部人组织干事分管青年团的工作。9月初，华南工作团把香港过来的干部，潮汕地委抽调的100多名县团级干部、潮汕干校200多名学员，梅州公学抽调的300多名学员以及华南文工团、南方人民银行的财经中队等多个团体共约1000人集结起来，在安流黄竹坑培训，编成11个队，用半个月的时间，学习中央有关接管城市的方针政策及北方接管城市的经验，通过学习，提高认识，严明纪律，做好入城的思想准备。

10月14日，华南工作团赶到翁源的龙仙镇，跟日夜盼望的解放军会师。15日下午，全团集中听云广英、李凡夫同志传达叶剑英同志关于做好接管广州工作的指示精神，在大会即将结束的时候，突然在场外响起鞭炮声，传来了广州已解放的捷报，顿时场内的欢呼声和掌声雷动。黄焕秋当机立断，向部队要了一辆大卡车和几捆新军服，于17日带领团本部和青妇组20多人，乘车跟随解放军赶往广州。10日夜抵广州市郊沙河，为了不惊动市民，大家在马路边的骑楼下，就地挨着躺了一晚。19日凌晨，大家穿好新军装，整顿好队容，坐上卡车进城，分别入住爱群大厦和新亚酒店。广州的接管工作由两个大的工作团承担，一个是从北方随解放军到达的南下工作团，另一个是华南工作团，负责接管了公安局、政法、银行、金融、文教机构和较大的工厂企业。在陈恩、林挺同志的带领下，我参加了接管在永汉北路的国民党"三青团"总部。国民党逃跑得非常狼狈，总部里乱七八糟，到处散落大批档案和文件。10月25日，中国新民主主义青年团广州市委员会就在那里挂牌办公。

11月5日，叶剑英、方方同志在爱群大厦会议室接见了青妇组的领导成员，宣布为适应形势发展的需要，分设分局青委和分局妇委，并相应建立青年团华南工委和华南妇女联合会。分局青委由黄焕秋任书记，陈恩、赖大超任副书记。

团华南工委认真贯彻中央关于围绕党的中心工作任务开展青年工作的指导思想，在党领导开展的接管城市、恢复生产、巩固治安、整顿金融、土地改革、抗美援朝等中心工作中，发动团员青年积极投身，当好党的助手。1950年为支援解放军渡海解放海南岛，动员12000多名船工参加渡海作战，其中大多数为青年。1951年发动报考军事干校，有30433名青年报名，被录取的3435名中，团员占1077名。在土改运动中，团的队伍取得很大发展。据 1952 年底统计，广东省的团员达 15 万。有 80%的乡和广州及中等城市的大工厂和重点学校建立了基层团支部。华南团委还注意推动各级团委结合青年的特点，开展多姿多彩的文娱活动，促使广东省的群众性活动走在全国的前头。广州在全国各大城市中，成为最早成立少年儿童宫、青年文化宫之一。1950 年 10 月，由苏联列宁共青团中央书记萨米恰斯尼为团长的世界民主青年联盟代表团到广州访问后说："我到过不少地方，华南地区和广州市的青年最热情，给我留下深刻的美好的印象。"

焕秋同志从实践中体察到创办团校是提高团干部质素，更好开拓团工作的关键，在分局青委会议上提出建议得到赞同，随后向叶剑英、方方同志汇报得到大力支持，在他们亲自过问下，广州市政府把西村一处早已停办的海事专科学校含近百亩土地，拨作创建华南团校的校址。黄焕秋被推定为团校校长，华南团委秘书长林挺专职筹建。我也从华南团委研究室调至团校任组织科科长。

1950 年春节后，林挺带着从机关抽调的 22 人和一个警卫班进驻校址。面对大片烂地和房屋残旧、经费不足、办学人员欠缺的困难，有些同志流露出畏难的情绪。焕秋和林挺一再鼓励大家要以抗大为榜样，发扬长征精神，战天斗地，赤手建校。经过两个多月的奋战，清除杂草，把烂地建成运动场，因陋就简，把原有的小礼堂改建为可上大课的课室，把旧房修成可入住的宿舍和办公室，把旧仓库改建成大饭堂、图书室。1950 年 4 月，华南团校举行开学典礼，叶剑英同志亲临祝贺，并作了热情洋溢的讲话。他明确地提出应把"理论学习，总结工作，反省思想，与劳动实践相结合，为人民服务"作为教学方针，学员深受鼓舞，掀起刻苦学习的热潮。焕秋为取得党委和有关方面的重视，亲自上门邀请分局和各部门领导同志到团校讲课，方方及杨一辰、肖向荣、区梦觉、李坚贞、李凡夫、曾生等同志先后到团校讲课。华南团校在西村办了 17 期，培训了团干部 3000 多人，不少成为各级团委的领导，有的还被调配到地县党政机构当骨干。

华南团委的办公地点最初设立在广大路的平民宫，后搬到烈士陵园的广东咨议局旧址，团委有逾 200 个工作人员、10 多个部室，住房紧张。焕秋同志就选在楼梯口仅有十几平方的小房安顿，既作办公又作宿舍。他是公认的水平高又平易近人的好领导，直接找他的人很多。没有人称他"黄书记"，而是亲切地称他"焕秋同志"，甚至称他为"秋哥"。由于任务繁重，过于劳累，显得很清瘦，大家心疼地劝他注意休息，他总是笑呵呵说："不碍事"，"一样忙"。

眼看华南团委的工作开展得有声有色，没料到一场政治风浪突然降临。1952 年 8 月，紧随着华南分局批判广东土改"右倾"和第三书记方方同志犯"地方主义"的错误，波及华南团委，并责成召开扩大会议，揭发批判黄焕秋同志犯"青年主义"、

"地方主义"的错误,最后确定他调离。焕秋同志面对一连串缺乏根据的指责,无从申辩,仅要求报名到茂名参加广东最后一期土改。1953年,焕秋被调到中山大学,历任该校教务长、党委副书记、副校长、校长、党委书记、顾问等职,带领中大穿越艰难时期,使中大开明、自由的学术精神得以薪火相传,为高等教育事业和培养社会主义杰出人才作出突出贡献。我在焕秋同志离开华南团委两年后才与他重逢,他对在团委的挫折毫无怨言,而是深情地询问团委的工作有什么新进展,他熟悉的同志的近况,并兴奋地讲述他重返教育战线的心得,显现他为人淡泊明志,宽宏大量。

1983年,我被派往澳门工作,先任南光公司副总经理,后任新华社澳门分社副社长。我深知焕秋同志有在香港工作的丰富经验,多次与他约晤求教。他每次都细心听取我介绍港澳的社情民意,探讨港澳回归的走向。提示我要注意身处港澳的特殊环境,要采取有别于内地的工作作风和方法,反复强调:要坚定信念,尽心尽力,重于调研,清正办事。他的话对我莫大的鼓励和支持。令我很不过意的是每次晤面后,他总是执着下楼送我到大门口才话别。我铭记他的谆谆教导,在港澳任职7年多和回到内地选进广东省政协常委会、兼任港澳台胞专委会副主任6年多的工作,没有辜负他的恳切期待。

1999年,适逢原在华南分局工作过的老同志发起庆祝分局成立50周年的活动。焕秋同志积极响应,同时倡议不仅要邀请华南团委的老同志参加,还要后来在广东省团委工作过的老同志也参加,越多越好。1999年9月16日,在广州迎宾馆举行纪念华南分局成立50周年大会时,广州和远在深圳、湛江、惠阳、肇庆、佛山等地的老团干近200人,欢聚一堂,会后集队到广东省团委和由原省团校升格为青年干部学院参观。省团委在机关的同志全部出来欢迎接待。参观时遇到下雨,大家热情不减,坚持到底。焕秋不顾已届83岁高龄和已在大会发言比较疲劳,主动要求在新老团干合影前讲话。他满怀深情缅怀叶剑英等领导同志关心青年工作和华南团委初创时团干部齐心合力打开工作局面的感人事迹,期望大家要从建设社会主义强国和迎接21世纪新挑战的高度,进一步提高对做好青少年工作重要性的认识,勉励老团干要焕发革命精神,为培养教育青少年做些力所能及的事。焕秋同志的话打动大家的心,获得一次又一次的掌声。会后,焕秋又提示在广州的老团干,要设法把联谊活动延续下去。经反复协商,成立了老团干联络小组,推举原团省委办公室主任廖士专为组长,并取得团省委的大力支持。从2000年起,每年春节后都举行一次以广州老团干为主的茶话会。焕秋同志仅有两次因病因事缺席,其余他都由老伴张大姐陪同参加,每次都或长或短发表讲话。2009年,焕秋已届93岁还出席讲话。老团干联络组还组织了红色旅游,到毛主席为中山县新平乡青年突击队写下按语的地方参观,到江西共青城胡耀邦同志的陵墓拜祭,组织到团委蹲点工作、劳动的社队慰问,多次发动向几个团委的农村联系点捐书建立"希望书库"。发动大家向团省委的期刊《生力军》投稿撰写回忆录,从中精选40多篇,编印成一本题为《倾注热情的岁月》专集,反响很好。上述活动,有助于老团干增进友谊,相互鼓励,与时俱进,发挥余热,做好无怨无悔无虚度。

黄焕秋同志虽然离开了,但他"胸怀宽广,淡泊明志,充满睿智、热情待人"的崇高品格,像一座丰碑永远活在我们心中。

深切怀念黄焕秋同志[①]

叶维平

今年2月28日是元宵节,原本是欢乐的日子,但中午12点,老同学、老战友、中山大学校友会原秘书长杨白清同志来电话告诉我一个不幸的消息:我们尊敬的老领导黄焕秋同志在当天凌晨去世了。听到这个噩耗,我禁不住心头一颤,潸然泪下。我随即将这不幸的消息用电话转告给一些原来曾在团华南工委和广州市团委工作过的老战友,他们听到这个消息后,无不感到悲痛。

焕秋同志是华南地区青年运动的卓越领导者,是我国著名的教育家和教育改革的先驱,他为青年运动和教育事业作出了重大的贡献。在他的革命生涯中,虽然曾遭遇过来自自己阵营的三次严重折磨(1952年的"反地方主义"、1959年的"反右倾机会主义"、1966—1976年的"文化大革命"),但丝毫没有动摇他崇高和坚定的理想信念。他把毕生的精力都贡献给教育一代代青少年这项伟大的事业,并作出了显著的成绩。在3月6日上午中山大学为他举办的遗体告别仪式上,我看到了党中央、国务院和省委负责同志以及广大群众献给他的花圈,听到了国家教育部和中山大学对他的悼词,都对他的一生作出了很高的评价,使我深深感到,像焕秋同志这样一个真正为人民奉献一切的革命者将永远活在人民的心中。

我是在1949年2月开始和焕秋同志相识的。

1948年7月初,党组织派我到香港参加中共中央香港分局城委举办的广州地区学生战线党员干部学习班,8月初学习班结束后回到中山大学,中大我地下党的总负责人胡泽群同志接了我的组织关系,并分配我负责联系中山大学文、法两个学院地下党和爱国民主协会(党的秘密外围组织)的一条主要线。12月中旬,我所联系的一个党员被敌特诱捕,我面临暴露的危险,党组织决定要我立即撤退去香港。12月19日,我带着我的上级领导人胡泽群同志写的一封藏着接头暗语的便信,到香港九龙青山道我地下党的联络站找到了联络站的负责人杨宝莲同志(地下党员,原广州市中华文化学院学生)。接上关系后,我要求去农村参加武装斗争。杨宝莲同志说,她会向组织反映,如组织同意,待下次交通员来时带我去农村,要我先在香港等候通知。

---

① 本文载《广州青运史资料与研究》2010年12月第2期,第9~17页。

当时我已经做好了去农村的准备。过了一个月，1949年1月20日，联络站的施泽霖同志（地下党员，原中山大学工学院学生）来通知我，因工作需要，组织决定我不去农村，留在香港搞学联工作，组织关系由中共中央香港分局城委系统转到分局群委系统，要我去九龙福华街6号3楼香港学生社找俞仲达同志接头。俞仲达同志原是中大文学院学生，地下党员，是1947年"五卅一"运动时经中大全体同学大会选出主持大会的五位主席团成员之一，也是大会选出领导运动的公开机构——学生工作委员会的委员之一。我在"五卅一"运动时就与他相识。"五卅一"运动后他撤退到香港工作。当时在香港学生社任总编辑。我当天就找到了俞仲达同志。俞仲达同志对我说，全国学联在香港设有一个秘密的办事处，名叫"全国学联香港办事处"，也叫"全国学联华南办事处"，负责联系华南各地的学联。现在由于解放战争的胜利，全国解放为期不远，党中央决定今年春天在华北解放区召开全国学生代表大会，正式成立中华全国学生联合会。原在香港工作的全国学联的同志大部分都已北上解放区准备参加学代会去了。香港分局决定在群委下成立一个学联工作组去接替全国学联香港办事处原来的工作。我们就是学联工作组的成员。组织要我们尽快到全国学联香港办事处去接头。办事处当时只留下两位同志，一位同志姓刘，湖南人，住在办事处；另一位同志姓车，上海人，住在另外的地方。他们两位也很快就要离开香港到解放区去。接头之后我们就搬到办事处，去工作和住宿。由于全国学联香港办事处是秘密活动的，当然不能公开挂牌，对外只是一处私人住宅。它是原全国学联以一位工作人员个人的名义租住的民居，位于九龙荔枝角道一幢很陈旧的楼房的三楼。这三楼实际上只有一间约20平方米的房间，中间用木板隔成两半，一半是有窗户可见阳光的客厅，另一半是一间没有窗户的黑房。客厅是我们工作和吃饭的场所。当时领导我们学联工作组的是许稚人（许彦常）同志。她是中共香港工委群委属下的青委负责人之一，是抗日战争时期入党的老党员，原来也是抗战时期中大文学院的学生。她说，我们学联工作组还要增加一位同志。过了几天，她带来了一位女同志。出乎我意料的是，这位女同志竟然是我们中大学运中鼎鼎有名的英雄人物潘明丽同志。她原是中大文学院的学生，地下党员，是1947年1月中大"反美抗暴"运动时的公开领导机构"抗暴委员会"的委员；又是1947年"五卅一"运动时期中大地下党为公开领导群众斗争而组成的5人公开工作组成员之一，也是"五卅一"运动时的学生工作委员会的委员。在"五卅一"大游行中，她走在队伍的前列，遭到特务的殴打，受了重伤。但她毫不畏惧，伤好后继续留在学校中坚持斗争。她来和我们一起工作，我们都很高兴。她来了之后，我们的学联工作组就人员齐备了。组织指定俞仲达同志任组长，潘明丽和我是组员。由于当时香港仍在英国的统治下，国民党特务在香港的活动也很猖狂，我们还处于地下状态，地址和活动都要保密，对外只装成是一户普通的家庭，俞、潘两人假扮夫妇，我作为俞的弟弟。潘住在里间的黑房，我和俞则住在外面的客厅。

许稚人同志给我们工作组布置的任务是：①搜集和整理华南各地的学运情况，提供给组织作为指导学运工作的参考；②设法与华南各大城市的学联保持联系，了解学运的进展情况；③按照原先约定的通讯地址，给各地学联寄送我党报刊的剪报，供他们作学习、宣传之用。我们工作组就按照组织的布置努力去完成这些任务。1949年2月初，许稚人同志对我们说，党中央决定，全国学生代表大会将于3月1日在已经和平解放的北平召开。为了迎接全国学代会的召开，分局决定在2月下旬召开华南学生代表大会，成立华南学联。从现在起我们工作组的主要任务是为召开华南学生代表大会、成立华南学联做好准备工作。准备工作主要是起草提交大会讨论通过的文件，包括：①华南学生联合会成立宣言；②华南学生当前行动纲领；③华南学生联合会组织章程；④大会向中共中央毛泽东主席、向中国人民解放军朱德总司令、向华南人民解放军致敬电文；向全国学生代表大会致贺电文、向全国学生代表大会提案；向解放区师生致敬书、向华南国民党统治区教师致敬书、告海外同学书。具体分工是：俞仲达同志负责起草华南学生联合会成立宣言；潘明丽同志负责起草华南学生联合会组织章程；我负责起草华南学生当前行动纲领。至于各项致敬、致贺电文、提案、告同学书等，则由我们三人分别起草，交俞仲达同志汇总。我们就按照分工，夜以继日地赶写。过了两天，许稚人同志陪同一位中年的男同志来到我们的工作地点。他身材魁梧，仪表堂堂，温文尔雅，像个学者。许稚人同志介绍说，他是我们的上级领导黄焕秋同志（没有说他的职务），他今天来检查我们召开学代会的准备工作。随即焕秋同志详细询问了我们的准备工作情况，向我们详细分析了当时国内外的形势和华南形势，阐明了召开华南学生代表大会、成立华南学联的重要意义，明确指出当前华南学运形势的特点和方针、任务，并指示我们在起草华南学联成立宣言及华南学生行动纲领时应重点写哪些问题。他的谈话使我们豁然开朗。他虽是党内的一位高级领导人，但在和我们谈话过程中始终采取同志式的平等商量的态度，绝不以领导者的身份把自己的观点强加于人，使我们感到很亲切。在他这次来检查工作之后，我们的准备工作进展得很顺利。此后他和许稚人同志又多次来检查我们的文件起草情况，他特别对宣言和行动纲领的草稿看得很仔细，提出了很具体的修改意见。我们根据他的意见对文件草稿进行了多次修改，之后他又进行了认真的审阅和修改，才算定稿。在焕秋同志和许稚人同志的具体指导下，我们及时和妥善地完成了召开华南学代会的准备工作。焕秋和稚人同志对我们的准备工作表示满意。

华南学生第一次代表大会于1949年2月21日至23日在香港青山达德学院陈其瑗院长的住所秘密举行（陈院长早在1948年冬就北上东北解放区参加新政协的筹备

工作)。参加大会的学生代表有邓克流（代表华南各大城市学生）、陈念祖（代表香港、澳门地区学生）、陈渊（达德学院学生会主席，其本人是华侨，代表海外归国侨生）和俞仲达（代表全国学联华南办事处）。潘明丽和我则作为全国学联华南办事处的工作人员列席大会。黄焕秋、许稚人两位同志作为上级党委的领导人到会。大会由俞仲达同志主持。大会的第一天上午，黄焕秋同志代表香港分局作了政治形势和华南学运方针、任务的报告。他的报告，没有气冲霄汉的豪言壮语，也没有慷慨激昂的鼓动口号，而是使用朴素的语言进行充分的说理；但是逻辑严谨，层次分明，条理清晰，听后令人头脑开窍，心悦诚服。下午讨论焕秋同志的报告。大家一致认为，焕秋同志的报告很好，听了后使大家更加认清了形势，明确了任务，提高了信心，鼓舞了斗志。第二天整天是讨论《华南学联成立宣言》、《华南学生当前行动纲领》、《华南学生联合会组织章程》以及各项致敬电、致贺电、致敬书、告同学书等文件。大家对文件表示赞同，当然也提出了一些补充、修改意见。第二天上午是大会闭幕式，原定的议程是通过决议；推选华南学联主席和参加全国学代会代表及焕秋同志来作总结。但当天一早，焕秋同志就赶来通知，从内部得到消息，港英当局已决定取消达德学院的注册许可，今天就来封闭达德学院。他要求我们迅速结束会议，尽快撤离。因此，我们立即开会，一致通过修改后的宣言、行动纲领、组织章程、各项致敬电、致贺电、提案、告同学书等文件，决议正式成立华南学生联合会，推选中山大学学生何锡全同学为华南学联主席和华南学联参加全国学生代表大会筹备委员会及出席全国学生代表大会的代表（何锡全同学当时已经北上到了华北解放区，没有参加华南学生第一次代表大会）。大会在通过这些决议后闭幕。与会人员立即撤离，分批绕道新界兜了一个大圈子后安全回到港岛各自的住所。

为了使华南地区的同学都了解华南学联成立的重大意义和当时华南学运的方针任务，焕秋同志要求我们尽快编写关于召开华南学生代表大会、正式成立华南学联的新闻报道，连同庆祝全国学生代表大会开幕与华南学联成立的文章以及大会通过的《华南学生当前行动纲领》等文件，送交《华商报》公开发表；同时将《华商报》刊登的有关召开华南学生第一次代表大会，成立华南学联的报道和大会通过的决议、文件编成一本名为《华南学生当前行动纲领》的小册子交新民主出版社公开出版，以供华南地区广大同学学习。1949年2月27日，香港《华商报》刊登了召开华南学生第一次代表大会、成立华南学联的新闻报道，同时刊登了焕秋同志撰写的题为《华南青年学生团结起来》的文章（发表时署名"左群"）。这篇文章主要是谈如何正确认识当时的形势和华南学生的重要任务。文章的基本内容就是焕秋同志在华南学生第一次代表大会上所作的报告的要点。同年3月1日，《华商报》刊登了庆祝全国学生代表大会开幕与华南学联成立特刊。特刊内容包括：《华南学生当前行动纲领》、

《广州学生为庆祝全国学生代表大会告同学书》和三篇文章。一篇是俞仲达同志写的《华南学运的新形势》（署名"伟江"）；一篇是我写的《在统一胜利的旗帜下靠拢》（署名"维冰"）；一篇是潘明丽同志写的《新春以来的蒋管区学运简讯》（署名"惠敏"）。《华商报》为了刊登这个特刊，特地将它原来的副刊《茶亭》暂停1日。《华南学生当前行动纲领》这本小册子，也在1949年3月由新民主出版社公开出版发行。

在此我要说明一件事实：由于当时我们还处于地下状态，不允许把召开华南学生第一次代表大会、正式成立华南学联的真实地点是在香港达德学院这件事公开见报，所以在编写华南学联成立这条公开报道稿时，焕秋同志要我们将开会地点写成"在华南解放区某地举行"；将消息来源写成"东江前线通讯"。而从"华南解放区"将稿件寄到香港需要一段时间，因此将开会时间写成从"2月1日"开始举行，"会议历时5天"。从当时条件下的斗争策略考虑，这样写是完全必要的。但因为这条新闻是1949年2月27日的《华商报》公开刊登的，所以广东解放后出版的关于中共广东党史、广州党史的著作，如中共广东省委党史研究室编的《中共广东党史大事记（新民主主义革命时期）》（1993年12月第1版）和中共广州市委党史研究室编的《中共广州党史记事1919.5—2006.12》（2008年11月第1版）这样的权威著作，也根据1949年2月27日《华商报》的公开报道，将召开华南学生第一次代表大会、成立华南学联的时间写作"1949年2月1日至5日"。而实际的开会时间是1949年2月21日至23日。开会的地点，上述两本书都写明是在香港，这是正确的。《中共广东党史大事记（新民主主义革命时期）》没有写明与会代表姓名；《中共广州党史记事1919.5—2006.12》写了与会代表姓名，但把全国学联华南办事处的代表写成何锡全，而把俞仲达作为列席人员，但实际上何锡全在1948年11月已离港北上大连转入华北解放区，作为全国学联华南办事处正式代表出席会议的是俞仲达，而不是何锡全。希望这两本书在以后再版时能够改正。

华南学联成立和中华全国学生第十四届代表大会召开、正式成立了中华全国学生联合会（以下简称"全国学联"）之后，原在香港的全国学联华南办事处就改为华南学联秘书处，一切活动仍然处于秘密状态，工作人员仍然是原来的三位同志。日常工作除了原来的三项任务外，还增加了一项，即在学运的重大节日或碰到重大事件时，以华南学联的名义在报上公开发表宣言、通电、告同学书等文告。

1949年3月中旬，我们的工作改由焕秋同志直接领导。一天，焕秋同志对我们说，为了节省经费，学联工作组只能留一个人完全脱产，其余两位同志需去找社会职业。这时香港培侨中学小学部正缺一名史地教师，原来想安排潘明丽同志去接任，但她随身没有带高中毕业证书，不能在港英当局的教育司注册，而我当时恰好带有一张高中毕业证书，因此就决定由我去接任。焕秋同志写了一封介绍信叫我去培侨中学找到当时在那里担任高中教师的华嘉同志（当时为香港工委群委负责人之一，他在培侨中学任教师用的姓名是邝剑萍）。华嘉同志带我去见了培侨中学小学部的主任梁雪怡。随后由学校叫人带我到港英当局教育司办了注册手续。从3月15日起，我正式到培侨中学的小学部任教师，但仍继续从事学联工作组的工作，党的组织关系也留在学联工作组。

1949年4月8日，中共中央批准中共中央香港分局改称中共中央华南分局。分局改称后，决定撤销香港工委属下的群委，在分局下成立青年妇女工作组，黄焕秋同志任组长，原群委下的青妇工作由分局青妇工作组负责，其他工作转交分局城委负责。4月中旬，焕秋同志和俞仲达同志准备随分局机关内迁粤东解放区；我与潘明丽同志仍留在香港负责华南学联的工作，党的关系则转到分局城委系统，改由城委学联工作组组长邓克流同志（原中山大学工学院学生，中大地下党的负责人之一，也是我入党宣誓时的监誓人和入党后的上级联系人）来领导我们的工作。此后，我在香港就没有再见到焕秋同志，但他在领导我们工作时的和蔼可亲、平等待人的态度，渊博的学识，高水平的理论修养，处事决策的睿智、敏捷以及严谨、细致、一丝不苟的作风，却给我留下了深刻的印象。

我再次见到焕秋同志是在广州解放以后。

1949年7月中旬，组织决定将我从城委学联工作组调入城委调研组。调研组是城委所属的一个秘密机构，其任务是搜集、研究、整理广州地区国民党的党、政、军和财经、文教等各方面的材料，搞好接管底册，以配合解放军解放和接管广州。调研组下分几个组，我所在的是工交组，负责搜集、研究、整理广州地区国民党反动政府和大官僚分子所经营的工业、农业、交通运输业和公用事业等方面的企业材料，整理成接管底册，以供解放军解放和接管广州之用。1949年9月，解放大军即将发动解放广东战役，华南分局电令城委立即率调研组和准备参加接管广州的干部进入东江解放区北上迎接解放大军南下解放广州。我们调研组于9月下旬进入东江解放区的王母圩，编入华南分局直属的专为接管广州而组建的干部队伍——粤赣湘边纵队东江教导营。教导营总人数近千人，共四个营。教导营的领导机构名为"东上行动委员会"（以下简称"行委"），主任是周楠（原桂滇黔边纵政治委员），副主任是钟明（分局城委副书记）。我们工交调研组的同志被编进第二营。营长是杨应彬（原粤桂边纵队参谋长），教导员是华嘉。他们都是"行委"委员。编队之后，我们二营就由周楠、钟明同志带领从盐灶渡过大亚湾北上，原计划第一站到粤赣湘边纵队司令部所在地河源，第二站到粤赣边境与解放大军会合，然后随军南下解放和接管广州。但形势发展之快出乎我们的意料。当我们经过连续多日的行军于10月16日到达离河源60华里的古竹时，就得到广州已于10月14日解放的喜讯，大家一方面非常兴奋，恨不得马上赶回广州；另一方面也感到未能赶上和跟随大军进广州，有点遗憾。第二天（17日）下午 2 时，我们赶到河源，粤赣湘边纵队副政委梁威林同志传达华南分局的命令，要我们立即赶返广州。当晚 7 时我们全营就乘船从东江顺流而下，于 18 日上午到达惠州。在惠州会合了原在惠州地区参加接管工作的第三、第四营和尾随我们二营北上河源折返的第一营，于 10 月 20 日晚从惠州乘船赶赴广州。10 月 21 日拂晓抵达广州长堤登岸，住进东亚酒店等待分配工作。

教导营返抵广州后，负责接管工作的各部门军代表纷纷前来向钟明同志要干部。我本以为我原在中大读经济系，后来又在调研组搞经济调研，一定会把我分去工业或财经部门。但后来发现我们工交调研组的同志一个个都被各有关部门的军代表连人带接管底册接走了，最后只剩下我未知去向。我就去找钟明同志询问，钟明同志笑着对我说："青委要你去搞青年团工作。你有什么意见？"我在香港工作时就从报上看过中共中央 1949 年 1 月 1 日颁布的《关于建立中国新民主主义青年团的决议》，4 月又在报上看过中国新民主主义青年团第一次全国代表大会在北平召开的消息和中共中央政治局委员、书记处书记任弼时同志向大会作的政治报告。当时我就产生过希望将来能做团的工作的念头。所以当钟明同志征求我的意见时，我当即表示服从组织决定。钟明同志叫我去新亚酒店找黄焕秋同志报到。我当即到新亚酒店找到黄焕秋同志。虽然几个月不见，他还是那么亲切、热情。他说："欢迎你又回来搞青年工作。"他随即介绍我认识在座的陈恩同志。他说："现在正在组建青年团华南工作委员会和青年团广州市工作委员会。陈恩同志是分局青委副书记和广州市青委书记，也是团华南工委副书记和广州团市工委书记。我们准备办一个团刊，由许稚人、俞仲达和你三位同志去筹办，由陈恩同志领导。"当天是 10 月 25 日，是青年团广州市工委成立和挂牌办公的日子，我当即跟随陈恩同志到了汉民北路（现北京路）省财厅前团市工委的办公地址（原三青团广州市团部旧址）。在那里我又见到了我的老领导胡泽群同志，他当时是市青委副书记、团市工委副书记兼组织部长。他得知我调回来搞团的工作也很高兴。陈恩同志还介绍我认识了市青委委员、团市工委常委兼宣传部长董世扬同志，并说："关于办团刊的事，由董世扬同志管，如何筹办，你请示他。"不料到了第二天，分局决定调许稚人同志去担任方方同志的秘书，分局青委又决定俞仲达同志任团华南工委调研室主任，办团刊只剩下我一个人。后来虽然增加了李小文、毛怀坤、李伟仙三位同志，我们曾经商量过如何办，提出了一些意见。但当时团市工委刚成立，市委交给团市工委的任务是充分发动青年参加庆祝解放和协助接管工作，团市工委绝大部分干部都下校下厂去发动青年，陈恩、董世扬同志的精力都放在这方面，对办团刊的事还排不上议程。我自己觉得，我性格比较内向，不活跃，不善言辞，但比较细心，对广州地下学联的情况较熟悉，搞组织工作比搞宣传工作适合。我向胡泽群同志谈了我的想法,希望调我去组织部工作。胡泽群同志也有同感。11月初,市青委决定把我从宣传部调到组织部工作。

广州解放后,华南分局决定成立分局青年工作委员会(简称"分局青委")和青年团华南工作委员会(简称"华南团工委"),由黄焕秋同志担任分局青委书记和华南团工委书记。叶剑英同志在入城之初接见原分局青妇组干部时就指出:现在党的中心任务是集中力量做好广州市的接管工作,青委应集中力量做好广州市青年发动工作和组织工作,在广州取得经验,指导全面工作。按照剑英同志的指示,焕秋同志把广州市作为开展青年团工作的重点,指导广州市团工委大力发动青年参加庆祝解放、搞好接管、巩固治安、稳定金融等党的中心工作,使广大青年在斗争中得到锻炼,提高觉悟,为建团做好思想和组织准备。1949年12月,团华南工委和团广州市工委联合举办广州学生干部训练班,把经过地下斗争考验的广州地下学联成员和在解放初期各项工作中涌现出来的一部分积极分子集中起来培训,进行形势与任务、社会发展史、革命人生观和团的基本知识教育,然后在自觉申请的基础上,按照团章规定的手续,吸收为青年团员。与此同时,把已经抽调到工厂、企业和党政机关工作的地下学联和党的其他秘密外围组织的成员,符合入团条件的,在自愿申请的基础上,也按照团章规定的手续,发展为青年团员。在抓好学校、机关建团的同时,团广州市工委又抽调干部组成工作组,深入工厂、农村发动青年积极参加党的中心工作,从中发现和培养积极分子,开展建团工作。1951年上半年,团华南工委组建了建团工作队前往粤中地区指导和推动建团工作。各地市团工委也抽调干部组成建团工作组深入工厂、农村发动青年积极参加党的中心工作,在此基础上开展建团工作。1951年,土地改革和城市民主改革在广东全省铺开后,各级团组织按照党委的部署,全力投入这两项中心工作,在农村积极发动青年参加土改运动;在工厂、企业积极发动青年参加民主改革运动,从运动中提高青年觉悟,发现、培养积极分子,开展建团工作。至1952年底全省建团工作已经取得了很大的成绩。具有一定规模的工厂、企业普遍建立了团的基层组织。农村团员已达15万。80%的乡已建立了基层团组织,团员的素质也是好的。这段期间,团华南工委的建团工作是符合中共中央的建团决议和华南分局的指示精神的。焕秋同志在这方面是作了重要贡献的。但在1952年下半年开展的广东第一次反地方主义时,焕秋同志却遭到了批判,被指责犯了"青年主义"、"地方主义"等错误,并把他调离团的工作岗位。

对焕秋同志的批判,是在当时批判华南分局第三书记方方同志犯了所谓土改"右倾"和"地方主义"错误这个大背景之下,紧接着对方方同志的批判之后进行的,是把焕秋同志作为"地方主义"在青年工作方面的"代表"来批判的。对焕秋同志的批判和对方方同志的批判的基调也是一致的。1994年1月,中央纪律检查委员会在关于方方同志问题的复查结论中明确指出:"1952年对方方同志土改'右倾'、'地方主义'的批判,1953年对方方同志'官僚主义、分散主义'的批判,都是缺乏事实根据的,应予否定。"党中央同意中纪委的复查结论,撤销原给予方方同志的处分,为方方同志恢复政治名誉。根据党中央对方方同志的复查结论精神,联系到当年对焕秋同志的批判背景以及当时团华南工委的实际工作情况,当年对焕秋同志的这些批判,同样是缺乏事实根据的,也理应加以否定。

从1953年8月开始,焕秋同志转到高等教育战线工作。他虽然离开了团的工作岗位,但他一直从事着教育青年的工作。可以说,他把一生都献给了教育青年的光荣事业。

离开团的工作岗位后,焕秋同志仍然非常关心团的工作。1982年广州青运史研究委员会成立和1993年广州市老团干联谊会成立以后,他长期担任这两个组织的顾问或名誉顾问,这两个组织举行的重大活动,他都积极参加。广州市委党史研究室、共青团广州市委、广州青运史研究委员会、广州市老团干联谊会联合举办的纪念广州爱国民主协会(地下学联)成立暨广州"五卅一"运动40周年、50周年、55周年的几次大型活动,他也应邀参加,并和与会同志一起照相留念。

1985年我从北京调回广州工作后,每年春节,我或到他家探望,或者打电话给他拜年。他接电话时,从来不是简单说几句应酬的话,而是详细询问我的工作和身体健康情况,并对青运史研究和老团干联谊会的工作提出宝贵意见。今年春节,我打电话给他拜年时,他家人接电话说,他因病住医院,不在家。我请他家人转告我对他的祝福,祝他早日康复出院。不料到元宵节中午,竟然听到了他与世长辞的噩耗,感到心情十分沉重。

焕秋同志虽然永远离开了我们,但他所创造的精神财富,将永远留在我们心中。他一生的为人,永远值得我们怀念。

良师益友黄焕秋同志

黄菘华①

我是解放后才认识黄焕秋同志的。广州一解放，我们都集中在爱群大厦，组织上已确定我搞团的工作，和大家一起听焕秋同志和陈恩同志作报告。报告内容主要是介绍情况和今后工作的一些设想，焕秋同志讲到将来要建青年大厦，让广大青年有文化活动场所，他把大厦描述了一番，令我十分神往，觉得团工作很有搞头。但这时，我只知道他任华南团工委书记，他还不认识我。

不几天，我就离开爱群大厦到汉民北路238号（今北京路372号）团市工委机关。当时工作未分工，有什么干什么，哪里忙就到哪里帮。团市工委正为欢迎解放军入城式、苏联专家来拍片做准备，市学联动员学生彩排，工作忙得很，我常成了市学联的工作人员。

忽然有一天，胡泽群同志（团市工委副书记兼组织部长）通知我，要调我到华南团工委，并给我一封介绍信。当时工作未开展，调动时无需交接什么，只身就前往。华南团工委最初设在大南路原国民党的一个军事单位，离团市委徒步也不过一二十分钟。我到达后，焕秋同志没有同我说什么，只说我调去组织部，这是我和焕秋同志的第一次互相认识。他请赖大超部长接待我，赖也没说多少话，带我找了个位置，我便呆在那里，天天按时上班，自己带点书报去读。过了十天八天，赖对我说，市委不同意把你调来，你还是回团市工委吧，于是我又回到团市工委。

一

之后，由于工作关系，我和焕秋同志便时有往来，只觉得他人很随和，但说不上有什么了解。到1951年的一天，他忽然叫我到他那里，那时华南团工委在现在烈士陵园旁建起了一栋办公楼，他们已由后面的原议会圆顶礼堂（现广东革命历史博物馆）搬到新址办公。我当时毫无思想准备，也不知说什么好。他又说，我们先了解一下这方面的情况，便叫我上他的车，一起到文德南路的一间民房，房子很宽敞，是

---

① 黄菘华曾任广州市委常委、宣传部长，解放前夕担任广州地下党及党的外围组织"地下学联"的负责人。

方少逸的住宅。

原来他已事先同方约好,我们在客厅坐好后,便喝着已沏好的茶。后来我知道他和方是老朋友,在30年代一起参加革命。寒暄几句之后,便转入正题,当时方管华南联大的工作,该校是由解放前的私立大学如国民大学、广州大学等合并而成的,由民主党派主管。方是民革的领导,所以他来向方了解情况。

他们像谈家常一样,无拘无束,焕秋同志先从教师对思想改造的问题谈起,问教师是否知道要进行思想改造,有什么反应,想法和意见等等。当接触到往事时,他们就回忆起往事;当说到某人的态度时,也聊起这个人其他的一些情况,但总不离开主题。焕秋同志拿着小本子,不时做记录。

快到午饭时,我们才告辞出来。焕秋同志也没有布置我做什么。我感到这次经历虽然不过是一个上午,但焕秋同志向我做了一次言传身教。它首先引起了我对知识分子思想改造问题的注意和重视,其次使我懂得在一个重要的任务将要到来之前就应做好准备,而准备工作中应把调查研究掌握情况放在首位,只有情况明,才好下决心,才能避免盲目性。还有,如何进行调研,他也给我做了一次示范。

这是我和焕秋同志的交往中较为深入的一次。过去听他作报告,他没有煽动的言辞和手势,只是条理清晰地娓娓道来,使听者对问题的认识清楚明了,这次,我感到他不仅平易近人,而且待人诚恳,叫人毫无拘谨,畅所欲言,又善于启发引导,他是良师益友。从这次开始,当北京派干部来广州搞知识分子思想改造时,他还叫我陪同去参观,看地方,我知道他要求我尽快融入这一工作中。

二

1952年6月,一场突如其来的风暴爆发了!这就是广东的第一次"反地方主义",方方、古大存同志被指责为"地方主义"头子,抵抗中央的方针政策,另搞一套,特别是土改政策、华侨政策、工商业政策、知识分子政策等严重右倾。在华南分局的运动告一段落后,向下传达贯彻,华南团委也成了重灾区。焕秋同志成了批判斗争的重点。出于长期受组织性纪律性的教育,我对上级下达的一切都不会持异议,十分拥护。当时华南团委怎么搞,我不知道。但有一天,突然通知我(还有董世扬同志等)去参加揭发批判的会议。我们到了华南团委一个能坐几十人的会场,会议正在进行,坐下后,听到揭发批判一个接着一个,听者不断发出嘘嘘声,表示对发言的支持,又表示不齿于焕秋同志的错误,尖锐的言辞像利刃一样刺进焕秋同志的心,他哭了一次又一次。

我虽已入党多年,但从未经历过这样的党内斗争。对焕秋同志虽然了解不多,但他给我的印象很不错,此时突然变成这样糟糕的一个人呈现在我的面前,与原来的认识差距实在太大,我的思想无法跟得上,脑子里一片混乱:是不是一定要这样批斗才能使一个同志认识和改正错误呢?我想着想着,会场上的同志向我示意,促我也进行揭批。我实在找不到揭发的问题,也未懂得用激烈愤慨的言词表态以示立场站稳,内心实在感到为难。但在不断敦促的示意之下,也无法逃脱,只好站起来,讲了几句焕秋同志不是没有优点的,但对错误要正确对待等的话,与当时的气氛甚不协调,不少人感到愕然,甚至个别人表示气愤退场,但我不是华南团委的干部,是个"客人",也未有人起来批我。我发觉自己闯了祸,会被认为是给运动泼了冷水,再严重点的就是反对群众运动了。散会后我怏怏而返,一直感到不安。

事后,我才知道华南团委的"反地方主义"是分局区梦觉(组织部副部长)来领导和督战的,她到过延安,对搞政治运动很有经验。后来我继续参加一些政治运动,才对这种做法有所了解,并逐步适应,知道运动只能"一边倒",要发动群众,不能泼冷水,否则就挫伤群众的积极性,自己也站到了运动的对立面,至于发生不实的问题,待以后甄别时再来解决。但在"左"的指导思想下,甄别是不会彻底落实的。直到党的十一届三中全会之后,才完全明白为什么会搞出那么多冤假错案。

到了1956年我调到市委党校,地点在河南新港路中大的斜对面。有一次,几个党校同志相约去中大看焕秋同志。他离开华南团工委后,调到中大任教务长,地位显然降低了,也可能遇到一些人另眼相看,因此去的时候,我带着一个疑问:他的情绪会受影响、会低落?并认为这是人之常情。但见面时,他见到我们很感愉快,谈起他眼下的工作兴致勃勃,丝毫没有消沉、气馁的样子。我以为他是在中大读的是教育系,对教育工作一向有兴趣、有感情,现在到了中大,有了一份自己喜欢的工作,就很安心,有满足感,对工作有这样的态度并不奇怪。但在华南团工委受到的批判,在我们看来是不公正和不实的(当时只是内心的感受,不能公开说),后来的事实证明,"反地方主义"的负面后果几十年都未能消除,是完全错误的。对这一点,我相信他当时是心知肚明的,但他也丝毫没有受委屈的流露,更没有愤愤不平的牢骚。面对这个情况,我很佩服他的修养,能够敞开胸怀,踏踏实实去迎接新的工作,充分体现他的敬业精神。见面时间不太长,但使我也获得一次很好的教益。

三

这次见面之后,由于政治运动一个接着一个,同志们之间甚少往来,担心牵连起来惹麻烦,我也一直未与焕秋同志谋面。"文革"结束后,1977年,我受病魔侵袭,病后又恢复了一段时间,到1979年,才调回市委党校。那时是党的十一届三中全会之后，政治气氛已较前宽松得多，同志们相互往来已不感到惊悸，我同焕秋同志也不时见面。我去中大访友时，总去看他；中大有些教师搞中大校史，他又介绍来找我，那时偶然也谈到解放后的一些国家大事，但也谈不深。1982年5月的一天，他邀请我到中大作一次报告，讲一讲解放战争时期中大的学生运动。老领导安排理应从命，我便依时去了。听众是学生和学生干部，他们很热情，会场气氛很好，我也受到鼓舞和鞭策。以后，我才知道，焕秋同志这一安排是有目的的，他想把我调到中大，先让中大的同学和搞学生工作的干部认识我，看看反应如何，才设法办调动手续。他有这个想法，并没有直接告诉我，是一位与我认识的中大同志向我透露的，甚至还说到让我先搞一个能了解各方面情况的单位，然后再负担更多的工作。我当时并未答应，但也没有拒绝，只支吾了一下，表示我知道是什么一回事。那位同志鼓励我到中大，和他们一起一定能把工作搞好。

我当时的想法是，到大学工作并不轻松，要处理的事情比党校复杂多了，不过这工作也是有意义的。后来，中大去同市委商量，市委没有答应，事情就此作罢。

我回忆这一情况，是觉得焕秋同志在处理这个问题给我的启发。他虽然对我有一定的了解，但并不因此而采取行政办法来任命干部，而是公开让人了解，看看反应如何，群众认可之后再考虑下一步。党管干部和群众路线并不是矛盾的，走群众路线也不是搞形式主义，尤其是在大学、研究机关、学术团体，焕秋同志这种工作方法就更重要。

后来，我接触到中大的一些同志，他们都反映焕秋同志在处理许多事情都比较透明，先尽量把问题让群众了解，领导上考量后才决定，作风民主；在处理知识分子的问题上很注意政策，不搞官僚主义，不以权压人，不采取单纯行政办法来判断问题，不把学术问题政化，因而口碑好，深得教师的认同，大家都心情舒畅，学术成果也多起来。

四

1983年我调到市委，和团市委的领导来往较多，当时修广州党史早已有个党史办，团市委也希望能设立一个搞青运史的机构。陈恩同志找我谈这件事，我当然很赞成，他的意思是叫我出把力，快些促成此事。我便以个人名义写了一个报告给市委书记许士杰同志，并对他推荐这个机构由陈恩同志牵头，想不到他很快就批复同意，然后由团市委去办正式手续。青运史办搞起来后，洪志军同志组织青运老同志进行过多次活动，到深圳等地座谈，焕秋同志也常参加，我们聊话机会就更多了。当时有同志已感到，广州市的青运史解放前的好说，解放后因有许多政治运动，对团的工作如何评估，曾作出的结论如何处理，难度不小。不过搞青运史先征集材料，发动大家写回忆，所以一时还未把这个历史问题摆上议事日程。

我还在党校时，在1980—1981年间，党史教研室就搞冯白驹传记，当时这是个敏感问题，有风险，因为冯曾被认为是"地方主义"头子，但省委杨应彬秘书长已批准他们去翻阅冯的档案。我当时主管党史教研室，看了他们的摘录后可以断定这是一宗冤假错案。《冯白驹传》出版之后，海南的反映非常强烈，派人来要求让他们再版，并改名为《冯白驹将军传》。不久，广州对两次"反地方主义"的个人结论都进行了复查更改，1983年冯白驹、古大存的反党集团一案由中央平了反。

到90年代，就有些老团干谈起团市委50年代初期的历史问题。作为第一次反地方主义的组成部分的团市委错误结论需要解决是顺理成章的事情，于是以叶维平、黄穗生（市党史室）等同志为主，向有关同志进行了调查，发动大家写了许多回忆材料，做了大量工作，才写成一个复查的请示报告给市委。

焕秋同志对这件事不仅非常关心，而且出了力，起了重要的作用。复查报告送市委后，我受一些老同志和青运史机构的委托，去找主管这方面工作的市委领导催促过，但似乎还在犹豫。焕秋同志向我了解此事的进展情况后，亲自打电话给市委领导，说明情况和道理。不到两天，那位领导便对我说，焕秋同志已与他联系过，我们清楚了，市很快便会批复。可见焕秋同志对团的工作非常关心，参加活动几乎没有缺席，次次请他讲话他都乐意承担，而且在关键时刻还亲力亲为地给予支持帮助。

当时市地方志办公室已写出解放后的广州志，送我审阅。关于团市委的"错误"仍按市一次团大的结论来写，对这种写法我作了许多修改，当时地志办的领导认为他们无权按我的意见改写，因为没有文件根据，这对他们是个为难的问题。这时候，市委的批复下达了，该卷地方志关于这个问题才全部改写。

接着，华南团委一些老同志俞仲达、王文彬、廖士专等也对华南团委的"错误"问题进行复查，但据说，上面认为，因为没有处分人，也就没有复查、平反的问题，因此，他们所写的材料就不好上报，只能找个报刊发表，我知道后认为这样做是不够的，领导没有一个否定的态度，以后人们怎样对待这件事情呢？我便与俞仲达同志联系，陈述我的意见，但俞说焕秋同志认为这样做便可以了。因为这样，我就不好再说什么了，但内心总感到不安，同时也觉得焕秋同志对别人的事那么热心解决，而对自己的事却不那么打紧，也表现出他情操的高尚。

五

在90年代，除上述谈到的事情外，焕秋同志和我经常联系还有其他事情，他过一些日子，就会给我一个电话，电话中向我了解的是各种信息，如果要了解的问题多了，他就请我到他家里攀谈，详细交换情况并询问我的看法。他虽年事已高，但还十分关心国家大事，尤其关心的是珠三角（包括南沙）的问题，市对南沙的重要部署、决策他特别留意。逐渐我知道霍英东对南沙的地位、作用，以及开发南沙的打算，有一套考虑，中大的一些部门受霍的委托为此事提供智力支持。因此，这就成了他关注的重要问题之一，他不断向我了解情况，看来同这个事情有关。后来霍奖励他一笔奖金，他肯定是作出贡献的。他退而不休，年事已高还关心国家大事，关心改革开放，这真是难能可贵的精神。

有一次，我向他介绍一位美国耶鲁大学有高学位的毕业生，正在北京的一所著名大学任教授，且在学术研究有成就，想到中大来。这位教授的父亲是个老党员，估计焕秋同志是认识的。他听了我们介绍很高兴，马上就说要中大了解并办手续，这也充分表现他求贤若渴的本色。

在和焕秋同志交往中，我们的友谊日增，一次谈得高兴，他忽然说："我有好酒，送你一瓶。"我说我无此嗜好，给我成了浪费，你是良师，给我的启发帮助比酒要礼重得多，够我向您致谢了。

之后，由于他年事已高，中大的同志也向我反映他的健康已大不如前，过去他能回访我，这时就只能我去拜访他。我之所以不时去看他，是因为在我心目中他是良师益友，我从他的为人，他的情操，他对工作的处理，获得了许许多多的启发和教育，使我受益匪浅。他是位慈祥的长者，从不厉言疾色，对同志有很大的亲和力；他身处逆境，但不气馁，仍然孜孜不倦地埋头工作；他不计较安排，到了中大，好似找到了归宿，以敬业精神安身立命于教育事业；他重视政策和工作方法，赢得知识分子的信任，发挥了大家的活力；他关心团的工作，把团市委的事重于自己的事；他退而不休，高龄还关心国家大事，关心改革开放。他的确是良师益友，获得社会广泛的敬佩和尊重，对此，他是无愧的。

缅怀黄焕秋同志[1]

刘智莹[2]

惊闻黄焕秋同志逝世的噩耗，我悲痛万分，朦胧的泪眼中，他高大的身影在我的脑子里萦绕不去，深切缅怀这位优秀的老共产党员、卓越的青年运动老领导、教育家。他的崇高形象永远活在我们心中！

焕秋书记是我们的好领导

1949年11月我奉命从香港调回广州市，分配在华南团工委工作。那时，黄焕秋同志是华南团工委书记，我到华南团工委报到后，组织部钟锦全同志与我谈话，告诉我分配到研究室搞内勤、资料工作。研究室主任是俞仲达同志，副主任是陈荻波同志。黄焕秋同志是机关一号首长，我和他接触的机会是不多的，可是有两件事，他对我的教育，却是我终生难忘，终生受益的。

第一件事是我从香港调到机关工作的第三天，全体机关同志都要去参加广州扫荡地下钱庄的工作，当然我也要参加。当时省市机关的同志都是穿统一的浅绿色或黄色制服（后来改为灰色），我刚来机关，还没有领到制服，明天就要外出执行任务了，我便到行政科去领制服。可是行政科的黄同志却说："制服已经发完了，第二批制服还没有领回来。"我一听就急了，走出行政科，坐在行政科旁边的楼梯级上哭起来。刚好焕秋同志外出回来，要上二楼他的办公室，看见我坐在那里哭，他便来我的身边问我："小同志（那年我刚16岁），你是新来的吧？我还没见过你呢！有什么解决不了的事让你哭了？"我站起来说："明天大家都要去执行扫荡地下钱庄的任务，我也要去，可是我没有领到制服，行政科黄同志说制服都发完了。大家都穿制服，只有我一个人穿便装，我怎样去执行任务？人家怎样会相信我？"他听了我说的话，笑了起来说："这样就要哭啦！"并问我："你叫什么名字，在哪个部门？"我说："我是前天才从《香港学生半月刊》团组织调回来的，分配在研究室工作，叫刘智莹。"他伸出手来和我握手说："欢迎你！"可是马上就很严肃地说："你现在已调到革命机关工作

---

[1] 本文载《广州青运史资料与研究》2010年5月第1期，第13~16页。
[2] 本文作者系广州青年运动史研究委员会副秘书长。

了,就是一名机关干部,一名革命战士,要学会面对各种问题、各种困难,要学会坚强,多向老同志学习,不要哭鼻子了!"接着他让黄同志把他还没有领的制服发给我,他身材高大,穿大号制服,我身材瘦小,穿起来,衫长过膝,很不合身,但第二天我还是穿着这件制服和同志们一起到桨栏路、十三行,参加扫荡地下钱庄的斗争去了。黄焕秋同志这几句语重心长的教诲,是我参加革命后上的第一堂课,也是我这一生走在革命征程上的座右铭。

第二件事是1951年5月,我与钟锦全等六七位同志调来团市工委工作。临离开时我到焕秋同志办公室向他道别,我说:"焕秋书记,我要调到团市工委工作了,我舍不得华南团工委的同志……"焕秋同志笑着说:"这是组织的决定,广州团市工委的工作,主要管基层团组织,对你这样年轻、缺乏基层工作经验的同志,是个极好的锻炼机会,这样会进步得更快,成长得更快。希望你好好学习,好好锻炼。节假日可以常回来,机关周末晚会,同志们还喜欢听你唱歌,看你跳蒙古舞、朝鲜舞呢!"我们调到团市工委后钟锦全同志任团市工委组织部副部长,我参加了珠江区建团工作组搞水上船艇青年的建团工作。正如焕秋同志所说的,到基层工作确实是受益匪浅,让我学会了联系群众,依靠群众,工作能力也长进了。

1953年焕秋同志也调离了团华南工委,到高教战线工作去了。

焕秋同志是我们青运史研究的好顾问

经中共广州市委批准,1982年6月广州青年运动史研究委员会成立。黄焕秋这位德高望重的青年运动老前辈、老领导,被聘为广州青年运动史研究委员会的顾问。其时焕秋同志是中山大学党委书记、校长,工作相当繁忙,且他离开共青团工作领导岗位多年了,但他仍心系共青团事业,非常关心和积极支持广州青年运动史的征集、研究、编写工作。

1983年组织任命我当团市委青运史研究室主任。焕秋同志经常关心、过问青运史工作,从多方面支持广州青年运动史的征集、研究、编写工作。每年我们报送给他审阅的青运史工作年度总结和新一年的工作计划,他都认真审阅,通过电话或书面提出意见,或约我们到他家去听他的意见。对团市委、青运史委员会召开的会议或举办的活动,只要受到邀请,他都尽量抽时间参加,可见他对青年工作的支持与重视。而且,每次参加会议,他老人家总是提前来到会场,询问此次会议讨论的具体内容和要解决的问题,以便他的发言有的放矢。他说他不喜欢开会发言海阔天空,白白浪费时间。可见焕秋同志有很注重务实、讲究效果的好作风。

焕秋同志还具体指导我们开展青运史征研工作。他多次叮嘱我们,要抓紧时间,先采访那些年龄大和多病的老同志，否则会造成不可弥补的遗憾和损失。他严肃地对我说："这就是史学工作上叫做'抢救活资料'，特别要记住'抢救'这两个字，不然他们就把脑子里的史料带到马克思那里去了。"在这位严师顾问的督促下，我们研究室拟定了几十位要抢先访问的青运老战士名单，如谭天度与陈志文（两位都是"五四"时期的）、宋维静、马景坛（30年代初中山大学的学生会主席）、方少逸、温焯华、张直心、杜埃、徐青、陈维岳、周锦照、伍乃恩（女）、梁威林、杨康华、章沛、徐英（女）、梁绮（女）等同志，青运史委员唐健同志（原市建工局局长）还亲自带我们到北京访问了在京的谌小岑、吴华、曾生、阮群英（女）、肖希明、于光远、朱荣、邹嵩、李士洋、胡泽群、司徒艳、李桦等十多位老同志，访问这些老同志后，晚上回住处马上整理成访问记录，请这些老同志审阅后签名确认，这批资料都是颇有价值的广州青运史资料。

尽管焕秋同志工作很忙，但对我们要上门采访他，或去向他请教工作时，他总是安排时间接待我们，不厌其烦地指导我们的工作，提供他所知的历史资料。有一次，他在出国访问的前一天，打电话约我们去他家里谈"一二·九"运动时期一些老同志之间有争议的问题。虽然已是行色匆匆，他仍不吝啬时间，与我们谈了两个多小时，并列出几个老同志的名字，要我们在他出访期间去访问这几位老同志，等他回来时再召开座谈会研究弄清"一二·九"时期，历史上一些有争议的问题。

最难能可贵的是，他还在百忙中亲自召开征集史料座谈会，亲自动笔撰写专题史稿。

20世纪30年代中发生"一二·九"运动时，因广东党组织遭严重破坏，广州已没有党、团组织活动了。但在日军侵华，面临国家危亡威胁的时候，焕秋同志和他那一代青年学生，忧国忧民，把抗日救国作为己任，他们在党的"八一宣言"和一些进步书刊影响下，或受身边的左翼老师（有些就是共产党员）、进步学长、朋友、亲人的影响下，锐意寻找共产党，迫切要求加入共产党。他们找志同道合的同志，组织进步青年社团，开展爱国抗日运动。这就是这个时代青年运动的主题。在这些进步社团中，由当时在上海失去党组织关系的王均予来到广州，联系、组织一批进步青年组成"中国青年同盟"（简称"中青"）和由秘密党员何思敬教授指导下建立起来的"突进社"这两个进步团体，人数最多，组织严密，活动能力较强，对当时广州的爱国救亡运动起了主力军的作用。这些左翼青年团体对后来广东党的恢复、重建起了组织准备的作用。这是我们计划内重点征集、研究、编写的专题。焕秋同志是"突进社"的重要成员之一，我们请他承担主持这一专题资料的征研、编写工作，他欣然答应了我们的请求，由他出面发动组织"突进社"的核心成员，如张直心、杜埃、陈维岳、刘天行、余小曼等十多位老同志，多次座谈回忆史实，核实资料，后由老同志执笔撰写成文：《三十年代"突进社"组织和活动情况》。他自己还亲自撰写了《记中山大学乡村服务实验区》一文。这两篇文章均收编入广州党史研究室、广州青运史研究委员编入广州党史研究室、广州青运史研究委员会、广州教育学院合编，广东人民出版社出版的《一二·九运动在广州》一书中。焕秋同志还为该书撰写了热情洋溢的序言。

焕秋同志既重视抢救"活资料"，也很重视查阅文献档案资料，以求得对史料的印证。中山大学是各个革命历史时期，广东学生运动的中心阵地（有时还是学生运动的指挥中心），因此中大图书馆、档案室珍藏了许多各个时期的报纸、杂志，有不少珍贵的学生运动史资料，有些还是稀有的历史文献。这些资料是不容借阅的，可是中大图书馆、档案室却对我们青运史研究室的同志常开绿灯，不能借出的，或可以在档案室查阅、摘抄。这绿灯的背后，自然是焕秋校长为我们做了工作。可见焕秋同志对广州青运史的征研、编写工作的关心支持是无微不至的。

1995年，广州青运史研究委员会根据中央党史领导小组及团中央青运史指导小组的部署，要求各地把青运史的征研、编写等工作重点，迅速从民主革命时期，转到对建国后的团史、青年运动史资料的征研、编写。为了统一思想，明确任务，部署工作，广州青运史研究委员会到珠海白藤湖，召开了一次委员会会议（会期3天），这次焕秋顾问是带病来参加会议的，会上他发言，主要谈了三点意见：

（1）支持迅速把青运史的征研、编写工作重点转移到建国、建团时期，他觉得这工作重点的转移已稍为迟了一点，望抓紧时间，加紧征研、编写速度。

（2）在"左"的错误思想、方针的干扰下，青年团的工作历程，是在曲线中、挫折中前进的。他谈到了华南团工委、团广州市工委在建国头三年的工作受错误批判的问题，和不少团干部被错误批判、处理的问题，建议首先要依靠团市委，特别是中共广州市委，把问题搞清楚。事实证明当时是搞错了，要坚决改正、平反，要恢复历史的本来面目，要为当时被错误批判、处理了的同志彻底平反。否则怎样可以写出真实、可信的青年运动史留给后代。搞历史要不唯上、不唯书，只唯实。错了就必须坚决改正，不论涉及谁，不管他的官职有多高。共产党是讲实事求是的，有了这条原则，你们不要怕，否则对不起党，对不起人民，对不起广大的团员和青年，也写不出信史来。

（3）搞历史是件政策性很强的工作，希望青运史研究室的同志，加强学习，努力提高水平，写出高质量的历史资料来。同时建议团市委的领导，给从事青运史工作的同志更多的支持和关怀。

最后，焕秋同志还郑重地表示：我们这些青年运动的老战士、老团干，只要活着，就一定支持你们。

焕秋同志的发言,既给我们指明了工作方向、任务,又给了我们信心和鼓舞。他说到做到,当我们走访他回忆团华南工委、团广州工委成立过程时,他做了认真的回忆,提供了详情。我们把他的回忆整理成文发表在《广州青年工作的回顾与研究》一书中。

焕秋同志不仅自己关心、重视青运史的征研、编辑出版工作,还热心动员老同志、老同学、老战友、老团干及中山大学历史系的专家学者为广州青运史委员会撰写历史文稿,同时他也亲自为我们编辑出版的《一二·九运动在广州》和《建国头三年的广州青年工作》两书撰写了序言,在两篇序言的字里行间,表现出他对广州青年运动与共青团事业,充满了关爱之情与不可割舍的情结。

而今焕秋顾问离我们而去了!怀念他,就要继承发扬党的优良传统;怀念他,就要学习他为党为人民为青年团的事业鞠躬尽瘁的崇高品德。

安息吧,我们爱戴的华南团工委老书记!我们崇敬的广州青年运动史研究委员会的好顾问!

黄焕秋先生生平大事年表

1916 年

7月16日，出生于广东省惠阳县（现广东省惠州市惠城区桥西）一个知识分子家庭。黄焕秋先生的父亲黄植桢先生为惠州市知名教育家，曾任惠州府两等学校、惠阳县立第二小学校长20余年，黄焕秋先生为其次子。

1921 年

9月，入读惠阳县立第二小学。

1927 年

9月，入读广东省立第三中学（位于惠州，1938年更名为广东省立惠州中学，1954年更名为广东省惠阳高级中学）。

1929 年

9月，入读广东省立第二中学（位于广州）。

1932 年

7月，高中毕业（因广东省立二中受灾毁，1932年广东省立第二中学并入省立第一中学，1935年省立第一中学更名为广东省立广雅中学）。

9月，进入北平辅仁大学教育系读书。

1933 年

2月，返回广东，在韶州师范学校附属小学任教。

9月，转入中山大学文学院教育系读书。开始参加爱国学生运动。在学期间，在中山大学设立的平民学校任教，同时参加广州新文字学会，任会长。

1935 年

12月，加入中共外围组织"突进社"，同时参加中山大学乡村服务实验区的民众教育工作。

1936 年

11月，鲁迅先生于10月19日逝世后，刚成立数月的中共南方临时工作委员会派人找到广州文化界、学生界的骨干，包括黄焕秋先生等人，筹备组织悼念鲁迅先生的活动。11月8日，广州文明路中山大学附中礼堂举行"广东文化界追悼鲁迅先生大会"，时任中山大学"突进社"成员、新文学学会广州分会负责人黄焕秋先生上台演说。

1937 年

9月，毕业于中山大学文学院教育系，获学士学位，毕业论文研究中国乡村教育问题。毕业后参加由广东省教育厅主办的花县乡村教育服务实验区工作，负责群众教育。

10月，在广州加入中国共产党，介绍人为刘秉钧、俞福亲同志，与刘秉钧同志单线联系。

1938 年

2月初，为江村师范青年学生宣讲"农村青年教育和群众工作"。

3月，得中共南方临时工委负责人尹林平约谈，商量派人到国民党军队工作，推动抗日统一战线的发展。

4月，到南海县筹建大沥社会教育实验区，任广东省教育厅大沥社会实验区主任。

10月，广州沦陷，迁至罗定。在新成立的罗定中心县委负责宣传工作，主编《三罗日报》。

1939 年

5月，在韶关参加广东省教育厅主持的社会教育工作团，任第二大队队长、代总干事，随即开赴惠阳地区，并在东江前线开展群众宣传组织工作。

7月，在惠阳地区任广东省教育厅社教团大队长。

11月（ —1942年5月），参加曲江中心县委，任组织委员。

1940 年

8月，参加后北江特委，任宣传委员，任后北江特委组织部长。

夏秋间，返回韶关，任广东省儿童教养院教材编辑部编辑，兼任省立女子师范学校代课教员，讲授"教育行政"和"教材教法"。

1941 年

1 月，应中山大学代理校长许崇清之邀，到刚从云南澄江迁回广东坪石的国立中山大学（1940 年 8 月，国立中山大学迁址广东省抗战的大后方粤北坪石，1941 年 1 月中旬进犯粤北的日军包围坪石之时，学校仓促通告紧急疏迁）工作，任新生部指导员。

此期间，党内组织关系转到中共北江特委。特委交付他的主要任务是联系许崇清校长以及国立中山大学教师中的部分地下党员，并负责宣传工作。

2 月，任坪石期间的中山大学训导员。

7 月，在曲江家中。（许崇清代理校长因国民党 CC 派告密"引用异党，危害中大"，于 1941 年 6 月被免去校长职务）

10 月，许崇清先生返回韶关主持第七战区编纂委员会，黄焕秋先生跟随前往，任编委会编辑兼资料室主任，协助《教育新时代》杂志编辑工作，并完成党交给的密切联系许崇清先生的任务。此期间，发表了文章：

《开展平山的工作》（《教育新时代》第 1 卷第 2 期）；

《难童教育的特点和实施要点》（《教育新时代》第 1 卷第 3 期）；

《中国教育的新精神》（《教育新时代》第 3 卷第 2 至 4 期）；

《实施宪政与实现教育底民主性》（《新建设》第 1 卷第 8 期）；

《抗战四年来的广东社会教育》（《新建设》第 2 卷第 6、7 期）；

《中国新教育的基本内容》（《新建设》第 2 卷第 9 期）等。

12 月，经中共党组织同意，第七战区编纂委员会参加国民党。

1942 年

2 月，因肺病离职休养，与粤北省委李大林书记单线联系。

5 月，发生"粤北事件"，中共粤北省委因叛徒出卖被严重破坏。

6 月，离开广东到广西桂林。停止党组织活动，执行上级指示"勤业务、勤学习、勤交友"。

8 月，在广西融县协助创办长安中学，后在此任教师。

1943 年

年初，到桂林任广西大学讲师兼校长办公室秘书、先修班主任。

1944 年

9 月，广西大学抵融（1944 年 6 月，战火波及广西，广西大学于 6 月陆续迁至融县，9 月 8 日国民党桂林市政府下紧急疏散令，10 月开始根据战局改迁贵州榕江，12

月迁妥）后，学生中一些失去组织联系的中共地下党员张根年、叶昭楠、王永、李启光、林宏元等挺身而出，倡导建立学生自治机构，得到黄焕秋先生和张先辰（总务长）、石兆棠（后接张先辰任总务长）等教授的支持，遂召开学生代表会议，成立"系代表会"。

1945 年

5月25日，学校多名进步学生在两湖会馆召开了"西大学生民主大会"，就国内外形势展开了激烈的辩论，最后一致通过由林宏元和叶启青两位同学起草、经黄焕秋先生修改的《广西大学全体学生民主宣言》书。宣言要求成立民主联合政府，结束国民党一党专政的统治，减租减息，改善人民生活等。（8月，日本投降，抗日战争胜利结束）

10月6日，由学生发起，在融县融东镇镇公所举行"西大死难病故师长同学追悼大会"，学校教务长、训导长参加了大会。大会出版了纪念特刊，校长室黄焕秋秘书作为学生运动实际领导人之一，撰文痛悼张根年同志。（广西大学决定离榕返桂，8月15日贴出布告："教职员每人发旅费一万元，学生每人八千元，以自行离榕为原则，至广西融县集合。"路途艰辛，师生死亡颇多）

12月，因支持广西大学青年学生开展昆明"一二·一"爱国学生运动的斗争，被国民党当局列入将要逮捕黑名单，从桂林转移到广州。

1946 年

1月，由李嘉人同志接上组织关系后，恢复中共党组织关系。协助中共广东区委李嘉人同志在广州开展文化统战工作，公开职业为广东省民众教育馆群众教育部主任（馆长为黄焕秋同志老师王越教授）。

6月，得知被国民党广东当局列为黑名单第一名。在驻香港中共中央代表方和广东区委负责人尹林平同志安排下，参加协助著名爱国人事陈其瑷先生筹办达德学院。

8月，香港达德学院公开招生，10月正式开学。担任教务和党建工作，任副教授、教授兼注册组主任。

10月，向中共香港工委负责人方方、连贯同志汇报香港达德学院情况，确定党在达德学院的方针：长期隐蔽、培养干部、积蓄力量、以待时机。

1947 年

5月，任中共香港分局青年工作小组组长，主要任务是发动港九青年支援内地革命斗争。

1948年

1月，任中共香港工委群众工作委员会书记。

2月，离开香港达德学院，专职从事中共香港工委工作。

1949年

2月，中共华南分局青年妇女工作组成立，由黄焕秋、陈恩、余慧三人组成，黄焕秋先生任组长。

5月，随华南分局领导机关离开香港，内迁到粤东解放区。之后，华南分局机关前往江西赣州，青妇组人员留在粤东解放区开展青年和妇女工作以及干部培训工作。

7月，在揭阳县河婆镇召开粤赣湘和闽粤赣两个边区青年、妇女工作会议，传达青代会、团代会的会议精神，成立两个地区的青年团和妇女组织。

7月22日，华南分局发出《加紧准备应届南下大军的工作指示》，组织"华南工作团"。青妇组负责筹备成立华南工作团，黄焕秋先生为团长，周钢鸣、张海鳌先生为副团长。青妇组部分骨干于7月底在揭阳县河婆中学着手组建华南工作团，以正副团长组成华南工作团团委，黄焕秋先生为主任，实行集体领导下首长负责制。

9月2日，在筹建华南工作团期间，潮汕地区抽调干部陆续到达，作大会动员报告，向大家说明，华南工作团的主要任务是培训干部准备到广州参加接管工作。华南工作团集训期间主讲"城市工作政策"。

9月8日，华南工作团本部连同抽调来的干部和潮汕军政干部学院共300多人转移到揭陆华边行委会所属的棉洋乡黄竹坑村，集中编队分组。

9月23日，率团本部及一至七队，由黄竹坑出发，于28日到达龙川县老隆镇，休整四天。从30日至10月4日，全团学习毛主席《论人民民主专政》，并在老隆镇附近乡村，广泛开展宣传工作并向群众作调查访问。

10月4日，华南工作团召集会议传达分局电报，要求10日前赶到翁源县龙先镇与南下工作团会合，由黄焕秋和周钢鸣、张海鳌等同志负责整编队伍。

10月14日，广州解放。华南工作团大队在离龙先8里处休息，作了讲话，党中央的指示信要求在军事上会师后，同时要在思想上、政策上会师。

10月19日，率华南工作团进入广州市。进广州后，任中共华南分局青委书记、青年团华南工委书记。

1950年

5月，创办华南团校，兼任校长，分期培训县区青年团干部，参加土改运动及建团工作。

10月，参加中国青年代表团访问苏联，庆祝十月革命纪念活动。其间访问莫斯科大学等校，了解苏联高等教育体制和高校团的工作。

1952年
5月，接通知调往团中央工作，因本人请求参加土改，留穗。

7月，赴茂名参加土改，负责全县土改先行点高桐村土改工作，至1953年7月结束。其间任中共茂名县委常委。

1953年
8月，赴中山大学，任副教务长（中央人民政府高等教育部任命通知时间为1954年7月）。

11月12日，向全校教师报告教学改革问题。

12月17日，教务会议上报告培养师资与期中教学检查情况。

1954年
1月14日，向中山大学全校教师作"厉行精简节约，反对铺张浪费"的报告。

5月15日，在青年团教师大会上鼓励年轻教师刻苦钻研，继续上进。

10月23日，向全校学生作"怎样培养独立思考能力，学好功课"的报告。

12月，向全校教师作"关于考试考查问题"的报告。

1955年
1月1日，向全校教职工作"关于第一个五年计划文教工作"的报告。

1月20日，中山大学校务委员会（学术委员会）成立，当选为委员。

8月23日，中共广东省委高等学校委员会批准成立中共中山大学委员会，为副书记。

10月11日，教务会议研究新生情况及存在问题。

12月17日，向全校同学作"认真学好五年计划"的报告。

1956年
4月28日，在中山大学学生科学研究协会成立大会上作"把学生科学研究活动进一步开展起来"的讲话。

6月2—3日，中山大学第一次党员大会召开，作"中共中山大学委员会成立以来的工作总结和今后工作任务"的报告，当选为新一届党委委员。被选举为出席广东省党代会的代表。

8月,到北京参加高教部召开的全国高校校长和教务长座谈会。

1957 年

2月23日,向全校教师工作"上学期教学工作计划执行情况和本学期的工作计划"的报告。

3月2日,向全校学生作"关于教务方针"的报告。

10月10日,中共中山大学党组成立,冯乃超同志为党组书记。冯乃超同志休养期间,代理党组书记。

10月,新一届校务委员会(学术委员会)组成,当选为委员。

1958 年

2月,署名文章发表《坚持勤俭办学 加强劳动教育——学习长葛县第三中学》(《学术研究》第1期)。

6月,署名文章发表《党的知识分子政策的伟大胜利》(《学术研究》第2期)。

10月4—5日,中国共产党中山大学第一次代表大会召开,作"中山大学整风运动总结"和"中山大学1958—1959学年度跃进计划纲要"报告。会上,当选为新一届党委常委和书记。

10月8—9日,共青团中山大学第一次代表大会召开,应邀出席并讲话。

1959 年

4月30日,撰写关于请调地质师资给区梦觉、杨康华的信。

6月27日,在中山大学新一届校务委员会第一次会议,作关于"中山大学1959—1960年工作计划"的说明。

10月,因传达中央反右倾文件泄密停职。

1960 年

1月,被错误定为右倾机会主义分子,受撤销党内外职务、降级、留党察看处分。

4月,下放清远大学农场任办公室主任,在生产队参加劳动。其间,就清远地区农村因浮夸虚报粮食产量,超额上调粮食致农民严重缺粮、已出现大量人员因营养不良严重浮肿、甚至出现死亡个案、需采取应急措施的问题,向省委作紧急书面报告,建议采取应急措施。

1961 年

1 月，清远大学农场撤销，因身体原因在家休养。

1962 年

1 月，中央监委通知平反，撤销右倾机会主义分子处分。

2 月 14 日，被中共广东省委组织部任命为暨南大学副教务长。

7 月 12 日，中共广东省委常委会第 34 次会议决定任命为暨南大学教务长。

1963 年

7 月，任中共暨南大学委员会常委。

10 月，在高州参加"四清"试点。

1964 年

10 月 31 日，经国务院第 148 次全体会议通过任暨南大学副校长兼教务长。

1966 年

"文化大革命"期间被审查，先在三水，后转至曲江枫湾劳动。

1972 年

2 月，任中山大学副校长。

9 月 5 日，任中山大学革命委员会副主任。

1974 年

5 月 23 日，塞浦路斯共和国总统马卡里奥斯一行 8 人来校访问，与李嘉人校长出面接待。

7 月 2 日，加拿大教育代表团一行 13 人来校访问，出面接待，并互赠礼品。

11 月 27 日，美国大学校长代表团一行 13 人来校访问，与李嘉人校长出面接待。

1977 年

6 月 28 日，在理科科研工作会议上作"关于我校科研工作总结"的报告。

11 月 16 日，当选为广东省第五届人民代表大会代表。

12 月 21 日，任中共中山大学党委副书记。

1978 年

1 月，当选广东省教育学会副会长。

4 月，出席全国教育工作会议。

7 月 27 日，在全校落实政策大会上讲话。

10 月 25 日，在校党委整风会议上总结讲话。

12 月 30 日，中山大学学术委员会成立，任主任。

1979 年

1 月 13 日，中共暨南大学党委核查小组发出《关于黄焕秋同志的平反决定》，对"文化大革命"期间，强加的"走资派"、"修正主义分子"、"特奸"等一切污蔑不实之词"应予推倒"，"彻底平反，恢复名誉"。

2 月 16 日，在校党委常委扩大会议上总结讲话。

2 月 18 日—3 月 5 日，率中山大学教师代表团一行 12 人访问香港大学、香港中文大学和香港理工学院，参观各校主要教学、科研设施，访问知名学者和造诣较深的教师。在港会见中山大学、岭南大学校友。这是改革开放后内地第一个访港的高校教师代表团。

3 月 12 日，教育部党组通知，经党中央批准，公布中山大学党政领导班子，其中黄焕秋同志任中山大学党委书记、副校长。

3 月 20 日，致函（栋才副校长），感谢香港大学等友好人士热情接待我校代表团。

4 月 23 日—5 月 17 日，以李嘉人校长为团长、黄焕秋副校长为副团长的中山大学学术代表团一行 9 人应邀访问美国加州大学洛杉矶分校，就两校合作互派访问学者与我校派遣研究生等问题交换意见。代表团还考察了华盛顿、纽约、波士顿、奥马哈、洛杉矶等地的高等教育和科研情况，会见了中山大学和岭南大学校友。这是改革开放后中国第一个出国访问的高校学术代表团。

11 月 11 日，致函（祁锋、杨奇同志），商讨关于邀请校友参加校庆活动事宜。

11 月 19—28 日，中山大学、中南五省（区）辛亥革命史研究会和广东史学会联合举办的"孙中山与辛亥革命学术讨论会"在中山大学召开，到会致开幕词。

12 月 29 日，参加李嘉人校长追悼会，并护送骨灰盒到广州革命公墓安放。

1980 年

1 月，原校长李嘉人逝世（1979 年 12 月 22 日）后，代理校长。

6 月 3 日，中山大学高等教育研究会成立，任会长。

8月6日，在杨庆堃先生受聘中山大学名誉教授大会上讲话。

9月16日，出席教育部委托中山大学与美国加州大学洛杉矶分校联合举办的中山大学广州英语培训中心开学典礼，并与埃文·维·斯文森副校长签署两校《学术交流协议书》。

10月10日，全校党员大会召开，当选为出席中共广东第五次党代会代表。

10月20日，伊斯兰教古尔邦节，师生联欢、聚餐，到会致节日祝贺。

10月30日，关于邀请港澳校友来校参观事，致函（德泰先生）。

11月12日，中山大学规划委员会成立，任主任，负责拟订学校事业发展规划。

12月18日，关于吕锦汉同志出国学习一事，函复（鲍尔·G.克拉克主任）。

12月18日，致函各国相关大学商讨为中山大学出国学习人员提供奖学金事宜。

1981 年

1月2日，致函邀请香港中文大学历史系主任王德昭及孙国栋，经济系教授张健民，工商管理学院院长闵建蜀，中文系教授黄继持，中文系博士徐芷仪，社会科学学院院长李沛良等先生来校访问。

1月19日，函复香港中文大学马临校长，欢迎其来访。

1月26日，邀请美国细菌学博士钟英长先生来校任教。

2月，筹备成立中山大学汉语培训中心。

3月3日，接待香港中文大学校长马临来校访问，并就今后两校学术交流问题诚挚交换意见。

3月5日，参加1980年度学生先进集体、三好优秀生、三好学生和优秀生干部表彰大会，颁发奖金和奖品。讲话强调大学生应在建设社会主义精神文明中成为先锋力量。

3月20日，致函香港大学中文系主任赵令扬教授，传达关于"三校联合研究华侨史计划"的意见。

4月2日，致哈佛燕京学社第四任社长克雷格教授感谢信。

4月15日，在全校思想政治工作会议上总结讲话。

5月12日，在首届教工代表大会二次会议上，作学校工作报告。

5月13日，在省高教工作会议上作《认清形势，肃清"左"的影响，把学校工作做好》的发言。

6月11—13日，出席中共党史学术讨论会，当选会议成立的广东中共党史学会副会长。

6月9日，致函港中文大学陈方正秘书长，感谢其盛情接待。

6月9日，函谢香港大学黄丽松校长，感谢其对签订"三校联合研究华侨史计划"的支持。

6月9日，给香港理工学院李格致院长、卢景文副院长致谢函。

6月9日，给香港会计学专家刘仲谦先生等校友致谢函。

6月9日，给郑金祥等校友致谢函。

7月28日，致函香港中文大学秘书长陈方正，欢迎其来校访问。

9月21日，中共广东省委第一书记任仲夷来校宣讲党的十一届六中全会《决议》，会后陪同到学生宿舍、膳堂了解情况，与同学们亲切交谈。

10月5日，在校党委常委扩大会议上谈深入学习贯彻党的六中全会精神。

10月14日，在纪念辛亥革命70周年茶话会上讲话。

11月18日，关于兴建礼堂汇款事宜，致函梁銶琚先生。

11月20日，在全校思想政治工作会议上总结讲话。

11月23日，在中山大学与香港中文大学学术交流协议签字仪式上与马临校长分别代表两校签字。

1982年

1月4日，在全校思想政治工作会议上作总结——"切实加强学生思想政治工作"。

1月13日，主持党委召开各民主党派代表座谈会，听取进一步办好学校的意见。

1月14日，在校党委召开的1981年度先进党支部、优秀党员表彰大会上，代表党委向会议表示祝贺，号召全校党支部和广大党员向他们学习。

1月22日，出席中山大学举行的春节团拜活动，向全校教职工致新春贺词。

2月11日，出席攻读硕士学位研究生开学典礼，到会祝贺并讲话。

3月3日，迎接三八妇女节全校妇女聚会，到会祝贺并讲话。

3月18日，在学校召开的1981年度三好学生、优秀学生干部和先进班集体表彰大会上讲话，表彰先进，鼓励师生更好地开展三好活动，严肃校纪，坚决地把歪风邪气刹住。

4月5日，为谭达先生1950年在中大文学院毕业的有关情况及经历作证明书。

4月27日，纪念中山大学"五·卅一"学生运动35周年，参加过"五·卅一"运动的校友从各地赶来聚会。黄焕秋先生当时是中共香港分局青年组的领导成员，参加了运动的指导。会上发言，回顾了当时香港党组织声援运动及培育、转移运动骨干的情况。

6月21—24日，在中国共产党中山大学第六次代表大会上，代表党委作"全党同心同德，为建设现代化的社会主义中山大学而奋斗"的工作报告，当选新一届党委常委和党委书记，并被选为中共十二大代表。

6月27日，致函邀请同济大学李国豪校长来校讲学。

9月1—11日，出席在北京召开的中国共产党第十二次全国代表大会，回校后向全校党员和民主党派负责人传达"十二大"会议精神，号召坚决按照"十二大"精神办好中山大学。

9月16日，教育部党组通知，中央同意黄焕秋先生任中山大学校长。（注：1982年11月30日中华人民共和国国务院文，任命黄焕秋为中山大学校长）

10月18—24日，出席中国社会科学院历史研究所《中国史研究》编辑部、社会科学出版社和中山大学历史系联合召开的"中国封建社会经济结构、特点及其发展道路学术讨论会"开幕式并讲话。

10月29日，出席聘请中国科学院学部委员陈国达教授为中山大学地质系名誉教授仪式并讲话。

11月5日，在学习"十二大"文件第一期干部轮训班上作学习小结。

11月12日，在中山大学建校58周年庆祝大会上作重要讲话，表彰近年在教学、科研中取得成就的教师。

11月20日，参加由香港大昌贸易行有限公司执行副董事长、恒生银行副董事长梁銶琚先生赠建的礼堂——梁銶琚堂的奠基典礼。在座谈会上，对梁先生捐赠礼堂表示衷心感谢，高度赞扬梁先生爱祖国、爱家乡、热心支援祖国高等教育事业的高尚品德和可贵精神。

11月27日，出席首批授予硕士学士学位及颁发证书典礼并讲话。

12月5日，在中山大学校友会筹备会成立，任主任，主持第一次会议，讨论通过校友会章程草案，决定校友会成立大会的日期。

12月17日，中山大学高等教育研究室成立会议，作"关于开展高等教育理论研究和教学管理问题"报告，当选为研究室主任。

12月20日，中国科学院学部委员、著名桥梁和力学专家、同济大学校长李国豪教授应邀来校讲学，前往看望并亲切交谈。

12月22日，致函许士芬先生所赠刊物及书籍。

1983年

1月，在《高等教育研究》发表《开展高等教育研究，办好社会主义大学》署名文章。

1月21—23日，主持在顺德清晖园召开的以学校改革问题为中心内容座谈会，就学校进一步改革工作交换意见。

2月10日，伊朗核物理学家萨哈瓦特教授来校访问，与物理系同行进行学术交流，并向我校赠送一台离子发生器。在热情友好气氛中，设便宴招待客人。

2月11日，在学校举行迎春座谈会上讲话，党的"十二大"把教育和科学确定为经济发展的一个战略重点，要按照"十二大"精神，解放思想，从我校实际出发，抓住重点，认真搞好学校的调整改革工作，强调只有改革，中山大学才能开创新局面，为四化建设做出新贡献。

3月26日，主持召开以1938年中山大学从广州迁至云南澄江、粤北坪石时期中山大学地下党组织领导学生运动情况为中心内容的座谈会，有17位老同志参加，共同勉励，为祖国四化建设培养又红又专的高级人才而竭尽力量。

4月10日，出席广东省第六届人民代表大会第一次会议。

5月，应美中关系全国委员会罗森会长邀请，率团访问美国，顺访加拿大和香港，并与香港中文大学签署两校交流协议。

6月9日，接见纽约市立大学纽约市学院访华团团长Harleston校长及夫人一行7人来校访问。

8月19日，关于成立重点大学事宜，写信给胡耀邦、叶剑英、赵紫阳同志，同时寄予省委领导同志。

9月12日，在1983级新生开学典礼上讲话，代表全体师生员工热烈欢迎新同学，向新同学介绍学校情况，要求和勉励同学们继承和发扬中大光荣传统，通过四年的大学生活，把自己培养成为祖国和人民需要的又红又专人才。

9月14日，全国政协常委、著名经济学家千家驹教授应邀到校作"当前中国社会主义经济问题"学术报告，出席报告会和全校近千名师生听取报告。

10月18日，出席在中山大学召开的"中国封建社会经济结构、特点及其发展道路学术讨论"并讲话。

1984年

1月14日，致函感谢香港孔安道纪念基金会主席孔宪康先生所捐款项。

2月22日，致函汤明檖教授，回复学校分子生物研究室建设的问题。

4月15日，主持校党委召开的部分老系主任座谈会，听取教学、科研改革意见。

6月6日，致函香港大学黄丽松校长，介绍暨南大学副校长赴港访问。

6月6日，关于我校60周年校庆暨英东体育馆奠基典礼给港澳知名人士致函。

6月19日，致函感谢香港汉荣书局创办人石景宜先生。

7月4日，中共广东省委宣传部副部长杜联坚同志来中山大学宣读经中央组织部批准、教育部转发的中山大学新领导班子成员名单，其中黄焕秋同志任中山大学顾问。最后讲话，感谢省委领导对中山大学的关怀，希望新班子以学校现在的基础为起点，更快更好地把学校工作搞上去，将尽自己的力量，和大家一起为办好中山大学而共同奋斗。

7月25日，受聘为广东省孙中山研究会顾问。

9月9日，纪念孙中山创建中山大学60周年及中山大学北京校友会成立大会在北京举行，与新任校长李岳生先生专程前往祝贺。

10月27日，在梁銶琚堂落成典礼上参与剪彩并致词。

11月11日，为建校60周年，在欢迎各地来宾、校友晚宴上讲话。

11月12日，中山大学建校60周年校庆日，与来自国内外的中大校友参加校庆各项活动，并座谈交流开展校友活动的经验。

11月15日，在校庆60周年纪念日致台湾校友的信。

11月20日，出席中山大学和广东省历史学会、中南地区辛亥革命研究会联合举办的孙中山学术讨论会开幕式并讲话。

11月27日，在欢迎岭南校友宴会上致祝酒词。

1985年

3月13日，校务委员会成立，任委员。

3月，广东省社会科学学会联合会第二届委员会顾问。

11月10日，参加中山大学61周年校庆座谈会。

1988年

2月，作《开拓辩证唯物主义教育理论的先驱——隆重纪念著名教育家许崇清先生诞辰一百周年》，载《中山大学学报》（社科版）第1期。

1989年

9月1日，出席纪念尚仲衣教授逝世50周年座谈会。

10月24日，国家教委人事司通知，中组部通知黄焕秋同志按国家机关副部长级待遇。

1990年

11月11日，中山大学校友会理事年会，会上一致同意黄焕秋先生出任中山大学校友会会长。

1991年

2月28日，筹办成立中山大学珠江三角洲经济发展与管理研究中心，任主任和顾问。

10月，作《珠江三角洲经济创刊词》，载《珠江三角洲经济》第1期。

1992年

4月，作《资助珠江三角洲研究意义深远——贺香港培华教育基金成立十周年》，载《珠江三角洲经济》第3期。

6月，作《珠江三角洲经济发展回顾与前瞻研讨会开幕词》，载《珠江三角洲经济》第4期。

10月，撰写《达德学院建立的历史背景及其影响——在香港达德学院福建校友会大会上的讲话》，载《达德学院的教育实践》一书（北京群言出版社）。

1993年

8月，应台北国立中山大学校友会的邀请，赴台北参加中国现代化研讨会。作《实现现代化要重视人才培养，优先发展教育——珠江三角洲经济发展呼唤人才》论文。

12月，作《一次有历史意义的学术研讨会——中国现代化学术研讨会纪要》，载《珠江三角洲经济》第3期。

1994年

7月，撰写《〈许崇清文集〉卷首言》，载《许崇清文集》（广东教育出版社）。

7月，作《大学校长与企业家首次恳谈会开幕词》，载《珠江三角洲经济》第2期。

12月，作《香港基础设施与环境研讨会闭幕词》，载《珠江三角洲经济》（专辑）。

1995年

8月，完成《珠江三角洲经济发展回顾与前瞻》（多人合作）专著（中山大学出版社），获广东省高教厅"人文社会科学研究优秀成果二等奖"。

1996年

11月，撰写《达德学院建立的历史背景及其影响》，载《达德学院建校五十周年纪念文集》（广东人民出版社）。

1997年

1月，作《香港珠还　前程似锦》，载《当代港澳》（特刊）。

6月16日，写成《祝福你，香港！》，欢庆香港回归，电传香港中大校友会汪健先生。

6月，撰写《建国头三年的广州青年工作》一书"序言"。

7月，撰写《优势互补　共创辉煌——祝贺香港回归与珠江三角洲经济发展研讨会开幕》，载《珠江三角洲经济》第2～3期。

1998年

8月25日，校党委常委扩大会议决定，由黄焕秋同志任本届校务委员会名誉主任。

12月1日，庆祝黄焕秋教授荣获霍英东成就奖大会在中大小礼堂举行。该奖项是霍英东奖金（中国地区）的奖项之一，奖励长期在某一领域有特别成就者（奖港币50万元）。首届获奖者共5人，中山大学原党委书记、校长黄焕秋先生因对我国教育试验做出杰出的贡献而获奖，是获奖者中唯一的教育界人士。

1999年

3月，作《建国初期华南分局领导下的广东青年工作》，载《广东青年干部学院学报》。

7月，撰写《〈中山大学史稿〉序言》载《中山大学史稿》（中山大学出版社）。

2001年

1月，撰写《中大往事口述》，载《我们的中大》（中山大学出版社）。

2004年

2月，作《文化青山——香港达德学院概况》"序言"。

3月，作《难忘达德》，载《广东党史》第3期。

5月，作《永远的彩虹》，载《广东党史》第5期。

5月，作《香港达德学院创建和被封闭的经过的回忆》，载《达德岁月：香港达德学院纪念集》（中山大学出版社）。

9月15日，参加陈序经教授百年诞辰纪念会。

10月，撰写《亲切怀念杨庆堃教授》（为《岭南校友》专刊而写）。

2005年

7月，《中山大学编年史》"序"，载《中山大学编年史》（中山大学出版社）。

2006年

4月，撰写《许崇清和七战区编纂委员会》，载《广东党史》第4期。

2007年

8月，作《香港达德学院再现历史风采》，载《老战士》杂志第36期"香港回归10周年纪念"专号。

2010年

2月28日，于广州逝世。遗体告别仪式在广州市殡仪馆白云厅举行。中山大学挽联：

革命者忠心耿耿，道路崎岖，宽容似海。平生治校育才，沥胆披肝。讵南天共仰高山，元夜忽沉星斗。

教育家盛德巍巍，勋劳超卓，廉洁如冰。今日摧梁折柱，伤魂雪涕。知细草常怀春泽，大爱永在人间。

后 记

焕秋同志的一生和教育、教育实践及中山大学紧密相连。他从 1933 年入读国立中山大学，直至人生的最后历程，先后在中山大学学习工作 50 多年，其中数十年在学校的领导岗位。他担任领导时期，给中山大学写下了发展历史上辉煌的一页。编撰《黄焕秋文集》（以下简称《文集》），既是对黄老教育活动、教育思想的梳理，更是对黄老亲历并领导中山大学发展的历史轨迹的梳理和纪念。

学校高度重视《文集》的出版工作。黄达人前校长在任时即重视《文集》编撰工作。郑德涛书记、许宁生校长均对《文集》编撰出版工作高度重视，并作序言。梁庆寅教授在担任学校党委常务副书记期间开始书面指导《文集》的编辑思路。党委副书记李萍教授牵头主持《文集》编撰工作，多次亲自主持或授意召开编辑会议，指导解决文稿编辑过程中的疑难问题，直到书稿送审、出版、印刷成书，抓得具体细致，保证了《文集》顺利完成。

编委会的同志们都是资深的中大前辈，虽然《文集》材料内容多、时间跨度大，他们怀着对焕秋同志的深厚感情，字斟句酌、呕心沥血，为《文集》的最后成书付出了艰辛的劳动。耄耋之年的许锡挥老师为《文集》抗战文献收集提了供可贵线索，并参与《生平年表》撰写及手稿部分审稿。刘瀚飞老师负责会议记录审校。德高望重的黄天骥教授负责公开发表稿件审定及整个《文集》的统稿工作。他们审稿严谨认真、一丝不苟，令人感佩。

《文集》材料的收集得到各方的支持。《文集》以学校档案馆藏档案材料为主体，学校图书馆完成抗战文献的查找及录校，程焕文馆长及有关同志对此工作给予热情支持。焕秋同志的夫人张杰女士及家人对《文集》材料收集鼎力支持，他们悉心整理了黄老书房，寻找可供出版的文稿和照片，及时交《文集》编委会作收编参考。同时，《文集》编撰得到广东省档案馆、暨南大学档案馆对个别材料收集与印证方面的帮助、支持和方便。老校长曾汉民教授主动提供 20 帧照片供编委会参考；档案馆前馆长易汉文老师热情从其他途径收集材料；张淑琼校友得知学校编撰黄老校长文集，有关抗战时期的文献有缺，便主动将查阅到所缺文献进行数码拍照，并把无法拍摄清楚的内容输入文档，与拍摄的文献一起发电子邮件给文献收集的老师。

《文集》编撰过程中，档案馆承担了组织协调及编辑工作，原馆长黎启业老师担任《文集》执行编委，他在做好各种相关工作的安排和布置的同时，主动选择整理难度大的稿件审稿。他们辛勤的劳动迎来《文集》付梓。高教所的屈琼斐老师参与最初审稿，完成部分稿件输入编辑工作，充实了年表部分的内容，对《生平年表》的范式提出很好建议并付诸实施。学校党委办公室、出版社领导积极参加编委工作会议，落实编辑出版事宜，促进编辑出版进程。

《文集》的出版得到学校校友总会的热情支持。他们主动牵线校友，得到佛山校友会、香港海外校友联谊会的倾力资助，体现了海内外校友们对老校长的深切怀念之情和对母校的深厚情意。

编委会对所有关心、支持和帮助编辑出版《黄焕秋文集》的校内外同仁表示衷心的感谢！

编者

2012 年 3 月 6 日

2012 年 4 月 28 日修改